# Die Deutschen

Guido Knopp ▪ Stefan Brauburger ▪ Peter Arens

# Die Deutschen

## Vom Mittelalter bis zum 20. Jahrhundert

Von Guido Knopp, Stefan Brauburger, Peter Arens

In Zusammenarbeit mit Friederike Dreykluft, Peter Hartl, Friedrich Scherer, Sebastian Scherrer, Ricarda Schlosshan, Annette Tewes, Luise Wagner-Roos

C. Bertelsmann

KURZERKLÄRUNGEN DER ABBILDUNGEN AUF DEN TITELSEITEN UND IM VORWORT:
Seite 1: Hambacher Schlossfest, 1832
Seite 3: Otto der Große (links), Königin Luise von Preußen (Mitte), Albrecht von Wallenstein (rechts)
Seite 6: Einzug des Vorparlaments in die Frankfurter Paulskirche, 1848
Seite 7: Friedrich I. Barbarossa
Seite 8: Luther und Karl V. in Worms, 1521
Seite 9: Friedrich der Große im Siebenjährigen Krieg, 1758
Seite 10: Deutsche Artillerie im Deutsch-Französischen Krieg, 1870/71
Seite 11: Kaiser Wilhelm II. mit Familie vor Schloss Sanssouci

## Umwelthinweis

Dieses Buch und der Einband wurden auf chlorfrei gebleichtem Papier gedruckt. Die Einschrumpffolie (zum Schutz vor Verschmutzung) ist aus umweltfreundlicher und recyclingfähiger PE-Folie

## Impressum

4. AUFLAGE 2008


UMSCHLAGGESTALTUNG:
R · M · E Roland Eschlbeck
und Rosemarie Kreuzer, München

GRAFISCHE GESTALTUNG UND SATZ:
Thomas Dreher, München
(dreher@gestaltungswelten.de)

DRUCKVORSTUFE:
Lorenz & Zeller, Inning a. A.

KARTOGRAFIE:
Peter Palm, Berlin

DRUCK UND BINDUNG:
Polygraf Print, Prešov
Printed in Slovakia

ISBN 978-3-570-00942-0
www.cbertelsmannverlag.de

## Vorwort

»Uuana pistdu?«, »Uuerpistdu?« – »Von wo bist du?«, »Wer bist du?« Diese Sätze zählen zu den ältesten überlieferten der deutschen Sprache. Sie sind bezeichnend. Denn Fragen wie »Wer sind die Deutschen? Woher kommen sie? Wohin führt ihr Weg?« waren ständige Begleiter unserer wechselvollen Geschichte. Sie stehen für die Suche nach sich selbst, für helle Epochen und schlimmste Irrwege, für lange unerfüllte Hoffnungen: Einheit, Freiheit und Frieden. Sie spiegeln aber auch die Sorgen und Erwartungen der Nachbarn. Ihnen konnte nie egal sein, wie es um die Machtverhältnisse in der Mitte Europas bestellt war, was die Deutschen aus ihrer Lage zwischen Nord und Süd, Ost und West machen.

»Wer sind wir?«, »Woher kommen wir?« – hier geht es auch um das Thema der Gemeinsamkeit, um die bindenden Erfahrungen eines Volkes, das immer wieder gespalten war und seit nunmehr fast zwei Jahrzehnten aufgerufen ist, innere Einigung zu finden. Dass dies nach den fürchterlichen Abgründen im 20. Jahrhundert – Nationalsozialismus, Krieg und Holocaust – und nach Jahrzehnten der Teilung in der bipolaren Welt in einem friedlich geeinten, freien Land geschehen kann, ist ein historischer Glücksfall.

Die Deutschen haben sich heute einer geteilten und gemeinsamen Vergangenheit zu stellen. Eine vielfältige Erinnerungskultur ist praktisch Staatsräson in einer Gesellschaft, die ihrer Geschichte schon deshalb nicht entgehen kann, weil sie überall präsent ist, herausfordert, mahnt, mitunter bedrängt, aber auch viele Angebote offeriert: zu erfahren, zu erklären, zu begreifen, zu lernen und Schlüsse für Gegenwart und Zukunft zu ziehen.

Der Befund ist scheinbar paradox. Den Klagen über schwindendes Geschichtsbewusstsein und Mängel an historischer Bildung steht eine Konjunktur des Historischen gegenüber. Nicht nur die Vielzahl aufwendiger Ausstellungen, Bestseller, Bildbände zur Geschichte überrascht. Gedenktage und Mahnmale beschäftigen die Öffentlichkeit, beleben den aktuellen Diskurs. Während der Fußball-WM 2006 hat sich das Deutschlandbild überaus erfrischend präsentiert, nach innen und nach außen. Da ist auch die Rede von neuem Patriotismus, da geht es um Geschichtsbilder und Symbole wie Fahne und Hymne. Und daneben die latenten Kontroversen: »Leitkultur« oder »Multikulti«, Europa und Globalisierung, Bürger und Staat, Bund und Länder. Kaum, so scheint es, hat die »Nation« ihren Rahmen gefunden, befindet sich alles wieder im Fluss: Was ist denn heute »deutsch« zwischen Europa, globaler Herausforderung und »World Wide Web«? Was bleibt von der Identität in einem allmählich schwindenden Nationalstaat?

Der renommierte US-Historiker James J. Sheehan stellte den Deutschen in den 1980er-Jahren ein in Anbetracht damaliger Teilung tröstlich anmutendes Zeugnis aus. Sei bei ihnen doch eine territoriale oder staatliche Kontinuität immer die Ausnahme gewesen. Der »nationalen« Existenz zweier oder dreier Generationen stünden doch viele andere Angebote gegenüber, in denen die Deutschen das Gefühl von Zusammenhalt auch jenseits staatlicher Gefüge nicht verloren hätten. Im aktuellen Gespräch über die »innere Einigung« in einer sich globalisierenden Welt ist das vielleicht ein Denkanstoß, jenseits von allzu nationaler Enge auf die eigene Geschichte zu blicken.

Dieses Buch ist im Kontext der zehnteiligen ZDF-Reihe »Die Deutschen« entstanden. Es vertieft die Inhalte der historischen Dokumentarfilme, die einen Bogen über zehn wechselvolle Epochen unserer Geschichte spannen, von den Anfängen unter Otto dem Großen im 10. Jahrhundert bis zur Ausrufung der ersten deutschen Republik durch Philipp Scheidemann im November 1918. Es sind tausend

Jahre deutscher Vergangenheit, deren Spuren bis in unsere Gegenwart reichen.

Das Zweite Deutsche Fernsehen hat die politische Geschichte des 20. Jahrhunderts immer wieder gespiegelt. Das Projekt »Die Deutschen« will nun einen vertiefenden Blick auf die Epochen werfen, die dorthin führten. Es ist nicht nur eine Vorgeschichte jener Abgründe von Menschlichkeit mitten in Europa, die sich im vergangenen Jahrhundert auftaten, die tausend Jahre geben viele Aufschlüsse: darüber, wie sich deutsche Identität im Verhältnis zu den Nachbarn, im Miteinander und Gegeneinander, unter ganz verschiedenen Voraussetzungen ausprägte, welche Herausforderungen die »föderative Nation« über die Epochen hinweg formten.

Immer wieder haben sich die Deutschen mit Völkern verglichen, die ihren Nationalstaat schon früher erlangten; so war in der historischen Rückschau oft von der »verspäteten Nation« die Rede. Doch wo liegen die Anfänge?

Es gibt plausible Gründe, bei einer Betrachtung über »Die Deutschen« im 10. Jahrhundert zu beginnen. Den »Startpunkt« bei den »alten Germanen« zu setzen, etwa bei Hermann dem Cherusker (alias Arminius), der den Römern eine empfindliche Schlappe bescherte, war einst populär – er ist aber auch äußerst abenteuerlich. Das Aufeinandertreffen germanischer Stämme mit dem römischen Weltreich ist allenfalls ein europäischer Vorgang, wenngleich national oder nationalistisch gestimmte Historiker in der Vergangenheit am liebsten neben Arminius, Theoderich und Chlodwig auch noch Karl den Großen eingedeutscht hätten. Gerade eine historische Figur wie der legendäre Frankenkaiser gehört wohl eher in die Ahnenreihe der berühmten Europäer als in die einer bestimmten Nation. Bei den Nachfahren jenes »Großen«, die um das kaiserliche Erbe stritten, sieht das schon anders aus. Sie teilten den Nachlass in ein Ost- und ein Westreich. Im Osten, dem späteren Kern Deutschlands, herrschte dann Ludwig, den man später »den Deutschen« nannte.

Deutsche Geschichte in engerer Auslegung beginnt mit der Ära der deutschen Könige und Kaiser. Seit dem frühen 10. Jahrhundert ist in den Annalen schon vereinzelt von einem Königreich der Deutschen die Rede. In den darauf folgenden Epochen bildete sich vor allem über die Sprache das Fundament künftiger Identität. In der Tat drehten sich Machtkämpfe auf dem mitteleuropäischen Boden immer wieder um die Frage nach Einheit oder Teilung. Mal gab es Kräfte, die spalteten, mal solche, die zur Einigung drängten. Mal wuchsen Territorien zusammen, mal wurden sie wieder getrennt. Mal gelang es, ein Machtzentrum zu bilden, dann wurde es wieder geschwächt. Immer wieder galt es, Gegensätze unter ein Dach zu bringen: dynastische, machtpolitische, religiöse. Starke föderale Traditionen prägten die deutsche Geschichte. Von Anfang an war Deutschland ein Land der Stämme und Regionen, die auf ihre Eigenständigkeit achteten – denken wir nur an die Bayern! Die Vielfalt machte aber auch stets den kulturellen Reichtum Deutschlands aus.

In der Tat gelang es den Deutschen – anders als den Briten, Franzosen und Spaniern – nicht, bis in die zweite Hälfte des 19. Jahrhunderts in einem geeinten Staat zu leben. Das hatte auch lange Zeit niemanden gestört, bis die Epoche kam, in der sich die Menschen auf ihre gemeinsame Sprache und Kultur besannen und meinten, sie gehörten unbedingt geeint – und nicht mehr geteilt durch Kleinstaaterei, wie es im Mittelalter und in der frühen Neuzeit der Fall war. Dies traf zusammen mit den Herausforderungen der Moderne, sich politisch und wirtschaftlich neu zu organisieren. Die Bürger forderten von den Monarchen mehr Freiheit, Mitbestimmung und Mobilität; Handel und Industrie drängten in größere Räume, um sich besser entfalten zu können. Und es galt, sich militärisch zu behaupten gegen mächtige Gegner – wie etwa das napoleonische Frankreich. So wurde der Nationalstaat auch für die Deutschen Leitmuster innerer und äußerer Selbstbestimmung. Das Modell ist im Prinzip bis heute gültig – auch wenn die

Globalisierung darüber hinweggeht und die Einigung Europas voranschreitet.

Nachdem der deutsche Nationalstaat 1871 von »oben« gegründet und auch von »unten« Zustimmung fand, setzten ihn kaiserliche Eliten schon nach wenigen Jahrzehnten wieder aufs Spiel. Die Weimarer Republik wollte an die demokratischen Traditionen anknüpfen, die es immer gab, aber sie hatte an den Bürden der Vergangenheit schwer zu tragen und zerbrach letztlich auch daran.

Im Vordergrund der zehn Kapitel dieses Buches stehen Persönlichkeiten, deren Namen sich mit zentralen Ereignissen aus tausend Jahren deutscher Geschichte verbinden. Doch handelt es sich nicht um Biografien, sondern um einen personalisierten Zugang, der den Weg erschließen soll zu den einzelnen Epochen. In ihren Zeiten spiegeln sich die zentralen Fragen nach Einheit und Vielfalt, Vereinigung und Teilung, Selbstverständnis und Identität. Es soll begreiflich werden, warum die Frage der Deutschen nach sich selbst in der Geschichte immer wieder auf der Tagesordnung stand.

Doch geht es in der Darstellung nicht nur um Menschen, die Geschichte machten, sondern auch darum, was Geschichte mit den Menschen machte, um das Volk, das sich im Lauf der Jahrhunderte mehr und mehr als »deutsch« verstand. Dem »Oben« wird das »Unten« gegenübergestellt, die jeweilige politische, kulturelle und gesellschaftliche Lebenswelt gespiegelt.

Helle und dunkle Epochen prägten die Vergangenheit, Zeiten von Barbarei und kultureller Blüte, von erbitterten Konflikten wie glanzvollen Momenten friedlichen Zusammenlebens – inmitten eines Kontinents, der die Geschicke der Welt immer wieder entscheidend bestimmte.

Es wird klar, dass die deutsche Frage stets ein Spiegelbild der europäischen Geschichte war und dass die Gestaltung Deutschlands den Nachbarn nie gleichgültig sein konnte.

Wer oder was war überhaupt »deutsch«? Werden »die Deutschen« sich einig oder nicht? Wer oder was bringt sie zusammen? Was verbindet sie, was trennt sie? Wer trug dazu bei, dass Deutschland in der Mitte Europas Konturen gewinnt? Wer oder was stand dem entgegen? Einige Schlussfolgerungen legt der Gang durch tausend Jahre deutscher Geschichte nahe:

- »Deutschland« bedeutete stets Einheit und Vielfalt. Der Föderalismus steht im »Stammbuch« der Deutschen wie die Buntheit europäischer Kultur.
- Die Regionen boten immer wieder Ankerpunkte gemeinsamer Identität.
- »Deutsche Nation« als Ausdruck von Kultur und Sprache spiegelte auch jenseits staatlicher Existenz Gemeinsamkeiten.
- Die politische Nation ist eine späte »Erfindung«, der Nationalstaat Bismarck'scher Prägung war keineswegs die zwangsläufige Form.
- »Einheit« ohne »Freiheit«, dieser Weg führte die Deutschen an historische Abgründe.
- Wo der Begriff »Volk« nicht von freier Bestimmung, sondern von Herkunft, Eigenart, Abstammung geprägt war, kam es zu Abgrenzung und Ausgrenzung.
- Deutschland war stets ein Land vieler Gegensätze und auf innere Toleranz angewiesen.
- Immer wieder stellte sich der Gegensatz »äußere Einigung – innere Einigung« als Herausforderung dar.
- Die deutsche Geschichte ist geprägt durch die Mittellage. Deutschland kann nur mit, aber nicht gegen Europa existieren.

Es sind Wahrnehmungen, die sich im Laufe von zehn Epochen verdichteten, die sich in den historischen Kapiteln des Buches spiegeln.

## Otto und das Reich

In der Ära Ottos I. im 10. Jahrhundert wuchs der Zusammenhalt auf dem Boden der deutschen Stämme. Dazu trug wesentlich die Heimsuchung durch einen gefürchteten Gegner von außen bei – die Ungarn. So etwas eint. Ansonsten waren die Stammesherzöge, die den König wählten, auf ihre Eigenständigkeit bedacht und wollten weiter mitbestimmen. Das Ringen zwischen dem Ganzen und den Teilen, von zentraler Macht und partikularen Kräften, sollte die deutsche Geschichte weiterhin prägen. Die Frage, ob es dem König und späteren Kaiser gelingen würde, dem aus den Stämmen der Sachsen, Bayern, Schwaben und Franken erwachsenden Volk ein eigenes Bewusstsein als Deutsche zu geben, stand nicht im Vordergrund, die Sprache hingegen erwies sich mehr und mehr als Merkmal eigener Identität.

## Heinrich IV. und der Papst

Das deutsche Königtum hatte mit Otto an die Tradition der römischen Cäsaren und Karls des Großen angeknüpft. Der deutsche König war somit auch Kaiser und Schutzmacht der abendländischen Christenheit. Der Streit, ob der Papst über dem Monarchen stehen sollte oder umgekehrt, geriet im 11. Jahrhundert zum Machtpoker zwischen dem Salierkönig Heinrich IV. und Papst Gregor VII. Als sich die deutschen Fürsten auf die Seite des römischen Pontifex schlugen und sich gegen ihren Monarchen stellten, musste Heinrich einlenken. Sein legendärer Gang nach Canossa und der Kniefall vor Papst Gregor VII. markierten den symbolischen Höhepunkt des Konflikts. Weiterhin blieb der »Stellvertreter Christi«

eine mitbestimmende dritte Kraft auf deutschem Boden.

## Barbarossa und das Kaisertum

Für Höhepunkt und Niedergang des mittelalterlichen deutschen Kaisertums steht die Dynastie der Staufer. Friedrich I. (1152 – 1190), »Barbarossa« (»Rotbart«) genannt, galt schon zu Lebzeiten als glanzvoller Herrscher, der für »die Ehre des Reiches« kämpfte – als König von Deutschland, von Burgund und Italien sowie als Kaiser der römischen Christen. Doch trieb der übersteigerte Anspruch auf die Kaiserherrschaft den deutschen Herrscher in einen Konflikt zwischen heimischen und internationalen Belangen; das sollte sich auch künftig so fortsetzen. Wieder band der Machtkampf mit der römischen Kurie Kräfte, wiederum erstarkten auf deutschem Boden die Territorialherrscher. Heinrich der Löwe, Herzog von Sachsen und Bayern, war ein Vasall, aber auch ein Gegner Friedrich Barbarossas. Als der Herzog dem Kaiser die Gefolgschaft verweigerte, wurde er in die Verbannung geschickt. Nach der Dynastie der Staufer endete die mittelalterliche Kaiserherrlichkeit, und die Fürsten gewannen wieder die Oberhand.

## Luther und die Nation

Ein einfacher Mönch wurde zur epochalen Figur, die wie keine andere zuvor die Deutschen einte und spaltete. »Heiliges Römisches Reich Deutscher Nation« lautete der Name, den das Staatengebilde in der Mitte Europas seit dem 15. Jahrhundert trug. Es war die Epoche des Habsburgerkaisers Karl V., der sich als Wahrer der christlich-römischen Einheit verstand, aber auch die große Zeit der Reichstage, auf denen die Stände über das Schicksal Deutschlands und der Christenheit mitbestimmten. Ob Fürsten oder Ritter, Bauern oder Bürger der Städte – viele witterten im Laufe der Reformation die Chance, auf Distanz zu Rom und dem Kaiser zu gehen. Luther appellierte auch an nationale Gefühle und schuf mit seiner Bibelübersetzung eine Basis gemeinsamer Sprache und Identität. Der Konflikt eskalierte. Um Frieden herzustellen, wurde festgelegt, dass sich jeder Landesherr selbst für oder gegen die Reformation entscheiden konnte: »Cuius regio, eius religio« lautete später die Formel, das Kaisertum ging geschwächt aus dieser Epoche hervor. Am Ende stand ein neues Selbstgefühl der Deutschen, vor allem als Sprachgemeinschaft – doch die religiöse Spaltung sollte die weitere staatliche und territoriale Entwicklung entscheidend prägen.

## Wallenstein und der Krieg

Ferdinand II., machtbewusster Vertreter der Gegenreformation und habsburgischer Herrschaftsansprüche auf den Kaiserthron, wollte in letzter Minute das Rad der Geschichte zurückdrehen, das hieß die Macht des Kaisers gegenüber den Fürsten stärken und den Protestantismus gewaltsam eindämmen. Das dazu notwendige Heer besorgte ihm der böhmische Landedelmann und Kriegsorganisator Albrecht von Wallenstein. Unter seinem Kommando wurde die kaiserlich-katholische Herrschaft wieder bis an die norddeutschen Meere vorgeschoben, bis Schweden auf der Seite der Protestanten in den Krieg eingriff. In den Schrecken des Dreißigjährigen Krieges gelangte der Generalissimus jedoch zu der

Einsicht, dass nur ein Ausgleich zwischen den Mächten und den Konfessionen dem Gemetzel ein Ende setzen konnte. Man warf ihm Verrat vor, 1634 wurde er ermordet.

Bereits ein Jahr später kam es in Prag zu einem vom Kaiser und von den Fürsten ausgehandelten deutschen Frieden. Doch wurde dieser Alleingang von den europäischen Mächten nicht hingenommen. Das fürchterliche Hauen und Stechen dauerte noch weitere 13 Jahre. Im Westfälischen Frieden 1648 strebten die Unterzeichner eine Balance in der Mitte Europas an, um die machtpolitischen und religiösen Gegensätze auszugleichen. Die konfessionelle Teilung und territoriale Zersplitterung auf deutschem Boden wurde festgeschrieben, sie war der Preis für den ersehnten Frieden.

## Preußens Friedrich und die Kaiserin

Das »Alte Reich« glich nun einem territorialen Puzzle. All das wirkte einer nationalen Entwicklung nach westeuropäischem Muster entgegen. Weil eine zentrale Gewalt fehlte, bildeten sich neue Mächte an der Peripherie heraus. Mit dem Erstarken Brandenburg-Preußens änderte sich das Gleichgewicht auf deutschem Boden. Österreich war schon eine Großmacht, Preußen wollte es noch werden. Es kam zu einer dramatischen Rivalität zweier Monarchen, die unterschiedlicher kaum sein konnten: der lebensfrohen Habsburgerin Maria Theresia aus dem katholischen Wien und dem verschlossenen Hohenzollernkönig Friedrich II. aus dem protestantischen Potsdam. Ihr Machtkampf gipfelte im Siebenjährigen Krieg – ein deutscher und europäischer Konflikt. Der »Dualismus« der beiden Mächte läutete schließlich das Ende des Alten Reiches ein und bestimmte die deutsche Staatenwelt bis in die zweite Hälfte des 19. Jahrhunderts.

## Napoleon und die Deutschen

Ein Jahrhundertherrscher, der kein Deutscher war, sorgte für die historische Wende. Bonaparte wühlte ganz Europa auf, veränderte die Landkarte, erzwang die Abdankung des Habsburgers Franz II. als römisch-deutschen Kaiser und gab dem Alten Reich den Todesstoß. Der französische Kaiser sorgte – im Verbund mit deutschen Fürsten, die er für sich gewinnen konnte – für eine gründliche Flurbereinigung auf deutschem Boden. Aus der territorialen Zersplitterung gingen am Ende größere deutsche Staaten hervor – die Basis für die spätere Einheit. Als Reformer säte Bonaparte das Verlangen nach Freiheit, als Tyrann weckte er das deutsche Nationalgefühl wie kein anderer Mächtiger zuvor.

Mit Waterloo war sein Schicksal besiegelt. Träumten immer mehr deutsche Bürger seit den Befreiungskriegen von der nationalen Einheit, so beschlossen die alten Mächte eine Ordnung für Deutschland und Europa, die weiterhin im Zeichen der Dynastien stand. Es kam lediglich zu einem lockeren Zusammenschluss von 35 souveränen Fürsten und vier freien Städten. Die Monarchen hatten das Sagen im sogenannten »Deutschen Bund« von 1815. Doch neue Kräfte, welche die weitere Entwicklung in Deutschland beeinflussen sollten, nationale und liberale, waren in Bewegung geraten.

## Robert Blum und die Revolution

»Freiheit« und »Einheit« lautete das Ziel des deutschen Bürgertums während der Revolution von 1848. Im ersten gesamtdeutschen Parlament war Robert Blum ein entscheidender Wortführer. Sein Werdegang war beispielhaft für das Schicksal der Paulskirchenversammlung. Die Vorstellungen der verschiedenen »Parteien« reichten von einer demokratischen Republik als Staatsform bis zur konstitutionellen Monarchie. Die andere Frage war: Wo sollten die Grenzen des geeinten Staates verlaufen? Die »Großdeutschen« wollten, dass zumindest Deutsch-Österreich dazugehörte, die »Kleindeutschen« setzten auf die Führungsmacht Preußen, unter Ausschluss Österreichs. Über all das kam es zum Streit.

Während sich der Disput im Parlament hinzog, erholten sich die Fürsten von dem Schrecken und beendeten den Traum der Revolutionäre. Das Militär der Monarchen war stärker als die Kraft der Idee. Robert Blum wurde stellvertretend für die demokratische Bewegung erschossen, galt fortan als ihr Märtyrer. Gemessen an den hohen Zielen, scheiterte die Revolution, doch der Geist von 1848 blieb lebendig. Die Freiheitsrechte fanden später auch Eingang in die Weimarer Verfassung und das Grundgesetz der Bundesrepublik Deutschland.

## Bismarck und das Deutsche Reich

Die Einheit »von oben« erschien nach der gescheiterten Revolution als eine Alternative. Bismarck ebnete – weitaus weniger planmäßig als oft behauptet – den Weg zum ersten deutschen Nationalstaat. Dies geschah um den Preis preußischer Dominanz, unter Ausschluss Österreichs. Der neue Staat war keine Demokratie, sondern ein Bund von Fürsten, und doch gab es durchaus Jubel in der Bevölkerung, auch Zustimmung »von unten«. Würde auf die äußere auch die innere Einheit folgen? Der Kulturkampf und die »Sozialistengesetze« Bismarcks spalteten die Gesellschaft. Die boomende Wirtschaft forderte koloniale Expansion, stieß aber auf Vorbehalte des Kanzlers. Aus der Sicht des erfahrenen Staatsmanns und Diplomaten war das Reich »saturiert«, sollte sich selbst genügen. Er behielt das europäische Gleichgewicht im Blick. Seine Bündnispolitik ist ein Paradebeispiel für den Umgang mit der sensiblen deutschen Mittellage. Doch sollte es bald allzu viele Stimmen geben, die meinten, Deutschland könne nur Weltmacht oder gar nicht sein.

## Wilhelm und die Welt

Hieß es noch unter Bismarck, das Deutsche Reich sei am Ziel angekommen, so tönte es unter Kaiser Wilhelm II.: »Volle Fahrt voraus!« War er nur das Spiegelbild der verspäteten Nation, die unbedingt aufholen wollte? Große Teile des Bürgertums stimmten den Weltmachtplänen ihres Kaisers zu. Demokraten, die ihm nicht folgen wollen, nannte der Monarch abschätzig »vaterlandslose Gesellen«. Doch in den Augen der Opposition stellte der selbstherrliche Wilhelm II. die Gefahr für das Vaterland dar.

Der Kontinent taumelte in den Ersten Weltkrieg – die Urkatastrophe des 20. Jahrhunderts. Am Ende nahm das Volk das Heft in die Hand. Die deutsche Revolution von 1918 zwang den Kaiser zur Abdankung. Vom Balkon des Reichstags wurde die erste Demokratie auf deutschem Boden ausgerufen. »Das deutsche Volk hat auf der ganzen Linie gesiegt«, verkündete Philipp Scheidemann im November 1918 die erste deutsche Republik, welche die schweren Bürden der Vergangenheit zu tragen hatte, aber doch die Chance barg für einen Neuanfang. Die Worte, die damals fielen, wurden jedoch erst siebzig Jahre später dauerhafte Wirklichkeit.

Das erste geeinte Reich sollte 74 Jahre existieren, bis es in den ersten Maitagen des Jahres 1945 zerbrach: 48 Jahre Kaiserreich, 14 Jahre Republik und 12 Jahre Hitlers »Drittes Reich«. Der schlimmste Krieg der Geschichte und das Menschheitsverbrechen, der Holocaust, gingen von deutschem Boden aus. Nie wieder, sagten die Siegermächte, sollten die Deutschen in der Lage sein, die Welt an solche Abgründe zu führen. Der Kalte Krieg spaltete Deutschland, Europa, die Welt. Erst nach 40 Jahren, als die Mauer fiel, erfüllten sich jene Hoffnungen und historischen Ziele, die das demokratische Deutschland in seine Verfassung geschrieben hatte: die deutsche Einheit in Freiheit und Frieden in einem einigen Europa.

Die Bürger des geeinten Landes haben nach den blutigen Jahrhunderten Grund zur Dankbarkeit. Sie sind – zum ersten Mal – umzingelt von Freunden und Verbündeten. Die Grenzen haben ihren trennenden Charakter verloren, der Kontinent befindet sich auf dem Weg zur Union, Europa funktioniert nicht ohne das geeinte Deutschland. Und genauso wenig ist auch Deutschland ohne das Bekenntnis zu Europa überlebensfähig.

Die Geschichte der Deutschen bietet viele Anhaltspunkte, sich den Herausforderungen der Gegenwart zu stellen. »Einheit und Vielfalt«, kulturell wie politisch, ist eine Formel, die über viele Epochen hinweg getragen hat und auch für die Zukunft Perspektiven aufzeigt; die »föderative Nation« ist für ihre europäische Rolle gut vorbereitet. Das ist eine Botschaft dieses Buches.

Besonderer Dank gilt den Autoren der Filme, den Mitautoren der Buchkapitel sowie den historischen Fachberatern, die das ambitionierte Vorhaben mitgestaltet haben. Den Professoren Stefan Weinfurter, Heinz Schilling und Hagen Schulze danken wir zudem für die Durchsicht der Manuskripte. Sie standen dem Projekt mit ihrem kompetenten Rat von Anfang zur Seite. Insofern ist die Publikation auch ein Ergebnis unseres gemeinsamen Nachdenkens über »Die Deutschen«.

# Otto

## und das Reich

Karl der Große war sein Vorbild, doch für Otto I. blieb seine Macht lange Zeit nur ein Traum. Machtgierige Fürsten und die eigene Familie machten ihm das Leben schwer, ein Einfall der Ungarn kostete ihn fast sein Reich. Dass es ihm dennoch gelang, die Stämme zu einigen, rettete seine Herrschaft – und sorgte für so etwas wie eine erste echte nationale Identität. Nicht nur das: Ottos Griff nach der Kaiserwürde legte den Grundstein für ein einmaliges Herrschaftssystem, welches die Geschicke der Deutschen noch über Jahrhunderte hinweg bestimmen sollte.

Papst Johannes XII. hatte Otto nach Rom gerufen – der Heilige Stuhl war in Gefahr.

Rom, 2. Februar 962. Im ersten Morgenlicht des Tages warteten seine Heiligkeit, der Papst, und einige der Edlen Roms vor den Toren der Stadt auf einen Zug aus Kriegern, der sich über den Monte Mario langsam auf sie zubewegte. Unerwartet kam der Zug keineswegs: Längst hatten Boten gemeldet, dass sich fremde Krieger der Ewigen Stadt näherten. Auch um wen es sich hier handelte, war allen bereits klar – der Mann an der Spitze des Zuges war den Römern längst kein Unbekannter mehr. Otto I., König der Ostfranken und Langobarden, herrschte über weite Teile Mitteleuropas. Man wusste: In Rom wollte der Monarch nun Kaiser werden.

Die Kaiserwürde: Seit der mächtigste aller Frankenkönige, Karl der Große, im Jahre 800 von Papst Leo III. zum Kaiser und Schutzherrn der Christenheit berufen worden war, galt sie als das höchste und ehrenvollste Amt, das einem Herrscher überhaupt zuteil werden konnte. Lange Zeit hatte es keinen Kaiser mehr gegeben, und erst mit Otto, dem König der Ostfranken, war wieder ein Machthaber auf der politischen Bühne Mitteleuropas erschienen, der das Potenzial zu haben schien, Karls Nachfolge anzutreten.

Den ruhmreichen Titel begehrte Otto schon seit Langem: Bereits zehn Jahre zuvor hatte er Italien dem eigenen Herrschaftsgebiet angegliedert und seinen Erzbischof Friedrich nach Rom gesandt, wo der Geistliche für ihn die Kaiserwürde beanspruchen sollte. Damals hatte man ihn abgewiesen: Dem römischen Statthalter Alberich II. war es gelungen, durch umsichtiges Handeln die fremden Krieger am Einmarsch in die Stadt zu hindern und so Roms Unabhängigkeit zu bewahren.

Jetzt war es ausgerechnet der Sohn Alberichs, der als Papst Johannes XII. diesen fremden König aus dem Norden zu sich gerufen hatte, um Rom – wie es offiziell hieß – vor einem renitenten italienischen Fürsten, dem Markgrafen Berengar, schützen zu lassen. Böse Zungen behaupteten allerdings, dass Seine Heiligkeit alles andere als einen christlichen Lebenswandel pflege. Er halte sich eine Mätresse, und für einen Priester nehme er den Namen des Herrn beim Würfelspiel allzu häufig in unflätiger Weise in den Mund. Wie man heute vermutet, war all dies nur üble Nachrede, doch zeigte es, wie wenig Freunde der Papst in der Stadt tatsächlich hatte. Schon lange suchten seine Widersacher nach Mitteln und



**9** Der Cheruskerfürst Arminius besiegt das römische Heer unter Publius Quinctilius Varus (»Schlacht im Teutoburger Wald«)

**476** Der germanische Heerführer Odoaker stürzt den letzten weströmischen Kaiser Romulus Augustulus

**800** Krönung des Frankenkönigs Karl (des Großen) zum römischen Kaiser durch den Papst

## »thiudisc«

Zu Ottos Zeiten sprachen die Sachsen, Franken, Bayern und Schwaben kein Deutsch, wie man es heute kennt, sondern eine bunte Vielzahl weitläufig verwandter Dialekte. In der Summe nannte man diese Dialekte »thiudisc«, was »Volkssprache« heißt und nicht viel mehr bedeuten musste, als dass die Sprecher sich in allem verständigten, nur eben nicht auf Latein beziehungsweise in romanischen Sprachen.

Trotz aller sprachlichen Unterschiede war es dieses »thiudisc« – lateinisch »lingua theodisca« –, das fremden Völkern an Ottos Kriegern am stärksten auffiel. Die Volkssprachen der germanischen Stämme wurden damit zum Kennzeichen jener sprachlich so ungeschliffenen Barbaren, welche die Italiener in Anlehnung an dieses »thiudisc« später die »tedeschi«, also die »Deutschen«, nannten.

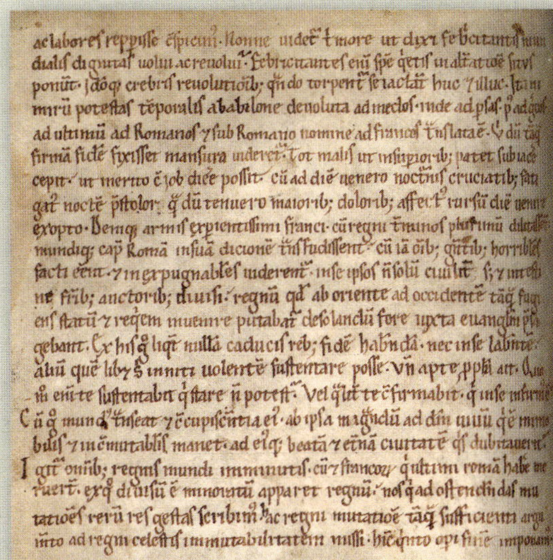

Wegen, den Stellvertreter Christi vom Heiligen Stuhl zu stoßen. Ottos Ankunft in Rom mit seinen blondbärtigen Kriegern war daher nicht nur eine unwillkommene Präsenz fremder Soldaten, sondern machte den Feinden des Pontifex auch ganz konkret einen gehörigen Strich durch die Rechnung. Überhaupt – was waren das für Leute, die hier wie Eroberer daherkamen? Diese unkultivierten Fremden, die lange Bärte trugen, grauenvolles Bier statt Wein zu trinken pflegten und sich in einer groben, ungeschlachten Sprache, dem »thiudisc«, miteinander unterhielten. Es waren Barbaren, die die Römer ihrer Sprache nach »tedeschi« nannten – »Deutsche« eben.

## Deutschland im Jahr 900

Im 10. Jahrhundert befanden sich dort, wo heute Deutschland und Frankreich liegen, zwei Königreiche: West- und Ostfranken. Sie waren Relikte der letzten großen Ära politischer Einigkeit unter dem mythenumrankten Frankenkaiser Karl dem Großen. Sein Reich hatte – für mittelalterliche Maßstäbe – gigantische Ausmaße gehabt: vom Atlantik bis zur Elbe, von der Nordsee bis nach Rom. Doch war es nicht von Dauer: Nach seinem Tod wurde dieses Imperium unter seinen Nachkommen aufgeteilt. Der Grund für die Zersplitterung lag in der fränkischen Erbtradition, der zufolge nicht



**912** Geburt des Liudolfingers Otto, Sohn des Sachsenherzogs Heinrich I. (deutscher König seit 919), in Wallhausen

**926** Reichstag in Worms: Heinrich I. erwirbt die Heilige Lanze vom burgundischen König Rudolf II.

**936** Nach dem Tod seines Vaters wird Otto I. in Aachen zum deutschen König gekrönt. Adelsrebellionen gegen Otto I. (bis ca. 967)

nur ein einziger Sohn in den Besitz der gesamten Macht gelangen sollte, sondern nach der jeder – männliche – Nachkomme einen eigenen Anteil erhielt.

Dieser Zerfall von Karls Frankenreich ist bis heute auf der Landkarte Europas sichtbar: Aus den Teilen Westfranken und Lothringen sollten eines Tages Frankreich und die Beneluxstaaten hervorgehen, und Ostfranken wurde zur Urzelle jenes Gebiets, aus dem in späterer Zeit das »diutsche lant«, das Land der Deutschen, entstehen sollte.

Seinem leuchtenden Vorbild gedachte Otto nachzueifern: dem legendenumwobenen Karl dem Großen.

Vom derzeitigen Deutschland war damals noch nicht allzu viel zu erkennen. Das Land war eine dünn besiedelte, schlecht erschlossene Wildnis, in der sich gerade einmal vier Millionen Menschen verloren, in isolierten Siedlungen und unter Bedingungen, die in etwa einem heutigen Drittweltland glichen. Städte gab es nur wenige, die meisten Menschen fristeten als Bauern in Hütten aus Holz und Lehm ihr Dasein, permanent bedroht durch Hungersnöte, Naturkatastrophen oder Krieg.

Auch von ihrem Selbstverständnis her trennen die heutigen Deutschen von den damaligen Bewohnern des Ostfrankenreichs Welten. Zwar sind sich Sachsen, Franken, Bayern und Schwaben des heutigen Deutschland ihrer regionalen Herkunft deutlich bewusst, doch in erster Linie verstehen sie sich als Deutsche. Im 10. Jahrhundert verhielt sich dies genau umgekehrt. Vor allem anderen war man damals einem regionalen Stamm zugehörig, war Sachse, Franke, Bayer oder Schwabe – und sonst nichts. Regionale Unterschiede waren bedeutsam in einer Zeit, da Reisen extrem beschwerlich waren und die Menschen in der Regel höchstens wenige Kilometer von dem Ort entfernt starben, an dem sie geboren wurden.

*Es gab im Reich viele Völker und viele Sprachen, man sprach Fränkisch, Alemannisch, Bairisch und Sächsisch. Das Bewusstsein der Völker, Teil einer einzigen Nation zu sein, ist dagegen ganz langsam gewachsen und hatte viele Faktoren. Die Sprache war nur einer unter ihnen.*

GERD ALTHOFF,
HISTORIKER



**937** Otto I. schlägt einen Einfall der Ungarn in Franken zurück

**938** Ottos I. älterer Bruder Thankmar rebelliert gegen den König und kommt ums Leben

**939** Auch Ottos I. jüngerer Bruder Heinrich erhebt sich

Ottos Vater Heinrich war der Legende nach beim Vogelfang die Königswürde angetragen worden.

Wenn überhaupt Gemeinsamkeiten bestanden, dann in der Sprache. Alle im Reich gesprochenen Dialekte waren einander ähnlich und ließen sich auf einen gemeinsamen Nenner bringen, das »thiudisc«. Der Begriff, der übersetzt in etwa »Sprache des gemeinen Volkes« bedeutet, bezeichnet die Summe sämtlicher Dialekte und war die Schnittstelle der germanischen Sprachvariationen, mit der man sich auch trotz größter Schwierigkeiten untereinander zwischen Franken und Bayern, Schwaben und Sachsen verständigen konnte.

Dass man jedoch auch politisch etwas gemein haben sollte, dessen war man sich – wenn überhaupt – kaum bewusst. Ottos Herrschaft sollte genau dieses Selbstverständnis nachhaltig verändern.

## Das Ende einer Tradition

Ottos genaues Geburtsjahr ist unbekannt, wird aber auf 912 datiert. Sein Vater war König Heinrich I. – auch Heinrich der Vogler genannt, da ihm die Königswürde angeblich während der Vogeljagd angetragen worden war.

König Heinrichs Herrschaft hatte eine Zäsur in der Geschichte des Ostfrankenreichs markiert. Er war von seiner Herkunft her kein Franke wie seine Vorgänger, sondern ein Fürst der Sachsen und damit der Führer eines Stammes, der erst hundert Jahre zuvor von Karl dem Großen durch einen langen, blutigen Krieg zwangschristianisiert worden war. Seine Herrschaft bedeutete damit einen echten Bruch mit der Vergangenheit des Ostfrankenreichs, das bis dahin nur Franken auf dem Thron gekannt hatte.

»Der Vogler«, der von Zeitgenossen meist als weiser und gerechter König geschätzt wurde, verkörperte jedoch nicht nur aufgrund seiner Abstammung eine wichtige Zäsur. 929 überraschte er mit der Gestaltung seiner »Hausordnung«, einer Art politischen Testaments, in dem er deutlich machte, dass man in Sachsen von den fränkischen Traditionen nicht viel hielt. Normalerweise hätte er sein Reich wie Karl der Große unter seinen Söhnen aufteilen müssen. Doch Heinrich ordnete an, dass von ihnen nur einer, nämlich Otto, sein Nachfolger und Erbe werden solle. Dies war ein Traditionsbruch, der damals von vielen mit großem Unmut auf-



940 Mordkomplott Heinrichs gegen Otto I.

941 Otto I. söhnt sich mit Heinrich aus

944 Saliergraf Konrad der Rote wird Herzog von Lothringen

genommen wurde. Langfristig erwies er sich jedoch als ein kluger Schachzug: Heinrich festigte dadurch die Macht des ostfränkischen Reiches und verhinderte dessen Schwächung infolge einer Zersplitterung in Teilgebiete.

Als Otto 23 Jahre alt war, erlitt sein Vater Heinrich bei der Jagd einen Schlaganfall, an dessen Folgen er im Sommer des darauffolgenden Jahres verstarb. Noch auf dem Totenbett hielt Heinrich an seiner »Hausordnung« fest, obgleich sie immer für böses Blut innerhalb der Familie sorgte. Vor allem Ottos Brüder fühlten sich brüskiert und übergangen. Ottos älterer Halbbruder Thankmar sah sich durch die Entscheidung des Vaters geradezu gedemütigt und beobachtete den Aufstieg des jüngeren Bruders mit großem Argwohn. Er war König Heinrichs Erstgeborener und hatte sich daher die größten Ansprüche auf den Thron der Ostfranken ausgerechnet. Auch Ottos Mutter Mathilde war mit der Wahl ihres Mannes nicht einverstanden, sie hätte viel lieber einen anderen Sohn, Ottos jüngeren Bruder Heinrich, auf dem Thron der Ostfranken gesehen. Mathilde hielt Heinrichs Anspruch für am berechtigsten, denn nur er entstammte einer Zeit, in der sein Vater bereits König gewesen war, nur er war, wie man sagte, »unter dem Purpur geboren« und damit ein echter »Königssohn«. Damit war Ottos Thron bereits in Gefahr, noch bevor der junge Prinz ihn überhaupt bestiegen hatte.

Edgitha, seiner ersten Frau, blieb Otto auch über ihren Tod hinaus sehr verbunden, indem er ihr Andenken wahrte.

## Ein schweres Erbe

Glücklicherweise hatte Ottos Vater Heinrich die Übergabe der Königswürde an Otto sorgfältig vorbereitet. Schon früh war Otto in die Politik eingeführt worden. Kaum erwachsen, war Otto im Alter von 17 Jahren zum Mitregenten erhoben worden, seit dem Jahr 929 war er mit Edgitha verheiratet, einer Angelsächsin, die dem Festlandsachsen die Freundschaft des englischen Königshauses sicherte. Schon früh so in die Politik seines Vaters mit einbezogen, bestand für seine Rivalen kaum eine Einflussmöglichkeit. Heinrich der Vogler hatte Tatsachen geschaffen, und Ottos Brüdern blieb nur wenig mehr, als sie zähneknirschend in Kauf zu nehmen.



**945** Mit Billigung Ottos I. vertreibt Markgraf Berengar von Ivrea König Hugo vom italienischen Thron

**946** Edgitha, Gemahlin Ottos I., stirbt

**948** Otto I. gründet die Bistümer Brandenburg und Havelberg für die Mission

Aachen, die Lieblingspfalz Karls des Großen – hier das Münster mit der Pfalzkapelle, die den Thron des Kaisers birgt – war Schauplatz der glanzvollen Krönung Ottos zum König der Ostfranken.

Auch Otto war sich dabei durchaus bewusst, in welch schwieriger Lage er sich befand. Der Neid seiner Brüder war ihm nicht entgangen, er wusste genau, wie viel davon abhing, dass seine Konkurrenten die Kraft und Würde seines Amtes rechtzeitig zu spüren bekamen. Und welche Gelegenheit eignete sich dafür besser als die Thronbesteigung? Große Rituale zählten viel in einer Zeit, da kaum jemand des Lesens und Schreibens mächtig war. Feste und Feiertage waren die Marken mittelalterlicher Geschichte. Alles musste öffentlich zelebriert werden, damit es in den Köpfen der Menschen die notwendige Geltung erhielt.

Zum Tag der Thronbesteigung hatte man den 8. August 936 erkoren, als Krönungsort Aachen. Diese Wahl fiel keineswegs zufällig – Aachen war die Lieblingspfalz Karls des Großen gewesen, hier befand sich sein Grab. Karl der Große – er war das Maß, an dem Otto sich selbst messen wollte, die Verkörperung der Tradition, in der er sich selbst sah. Wie der Chronist Widukind von Corvey berichtet, war dies schon an den Gewändern augenfällig, die er zum Tag der Krönung angelegt hatte: Zu seinem großen Tag erschien er nicht etwa als Sachse, sondern als Franke gekleidet.



**950** Otto I. unterwirft Böhmen

**951** Erster Italienzug Ottos I.: Er heiratet Adelheid von Burgund und nimmt die italienische Königswürde an

**952** Reichstag in Augsburg

Der große Moment war gekommen: Ottos Krönung zum König der Ostfranken nahm ihren Lauf. Dabei folgte alles einem genau festgelegten Protokoll, denn es galt, den Thronanspruch des jungen Königs auf vielen Ebenen deutlich zu machen: weltlich und vor Gott, vor den Fürsten und vor dem Volk.

Als erste Bedingung für die Erhebung Ottos zum König sah das Reglement die Zustimmung der Fürsten vor. Diese versammelten sich im Säulenhof der Basilika und geleiteten den jungen Thronfolger dort zu einem eigens errichteten Sitz. Dann huldigten sie ihm als ihrem neuen König und schworen ihm die Treue. Zwar hatte diese Königswahl – die später zu einer festen Institution in den Krönungsfeierlichkeiten des Reiches werden sollte – weitestgehend symbolischen Wert, doch Otto maß ihr große Bedeutung bei. Das öffentlich zelebrierte Ritual stellte die Ergebenheit der Herzöge dem neuen König gegenüber vor aller Augen zur Schau. Dies war wichtig, denn nur wenn Otto sich der Loyalität seiner Fürsten sicher sein konnte, würde er über ein Land herrschen können, das regional so zersplittert war.

Nach dieser weltlichen Erhebung zog der junge König zu seiner Erhebung vor Gott in die Basilika ein. An der Pforte erwartete ihn Hildebert, der Erzbischof von Mainz. Er berührte Ottos rechte Hand mit seiner linken und schritt mit ihm in die Mitte der Kirche, wo er den Herrscher dem anwesenden Volk als einen von Gott erkorenen – und von seinem Vater Heinrich auserwählten – König präsentierte. Auch dieses Ritual war sehr wichtig, denn es legitimierte den jungen König vor dem Volk. Schließlich wurde Otto am Thron Karls des Großen zum König des ostfränkischen Reiches gesalbt und gekrönt. Er empfing die Insignien seines Amtes: Schwert, Königsmantel, Zepter und Stab.

Zu den Gepflogenheiten gehörte außerdem, dass der König im Anschluss an seine Thronbesteigung zu einem großen Gastmahl lud, zu dem sich Arm und Reich versammelten: Adlige, Bischöfe sowie das Volk der Pfalz. Auch das Bankett war ein Ritual zur Inszenierung des Königs, und wieder kam den Fürsten des Reiches eine besondere Rolle zu. Sie versahen dabei die wichtigsten Hofämter ihres neuen Herrn: Herzog Eberhard von Franken fungierte als Truchsess, Arnulf von Bayern als Marschall, Hermann von Schwaben als Mundschenk und Giselbert von Lothringen als Kämmerer. Damit symbolisierten Heinrichs alte Verbündete die Nähe zu ihrem neuen Herrscher. Heinrichs einstige Gefolgsleute – so die Botschaft – würden künftig auch Otto mit Rat und Tat zur Seite stehen.

Durch seine symbolträchtige Selbstinszenierung an einem der glanzvollsten Orte fränkischer Geschichte hatte Otto für einen denkwürdigen Einstand gesorgt – eine spektakuläre Thronbesteigung, deren Ähnlichkeit mit den fränkischen Inthronisationen bereits Ottos eigenen Herrschaftsanspruch klar vorausahnen ließ: die Macht und Herrlichkeit Karls des Großen.

In der Realität war Otto jedoch so kurz nach seiner Krönung von seinem Vorbild noch weit entfernt, auch hatte er zunächst noch ganz andere Sorgen. Bevor er ein Weltreich erschaffen konnte, musste er sich erst einmal selbst auf dem Thron der Ostfranken behaupten. Otto kehrte in das Gebiet der Sachsen heim, um sich eine Basis zu schaffen: Den unbedeutenden Marktflecken Magdeburg machte er zu seiner



**953** Ottos I. Sohn Liudolf, Herzog von Schwaben, erhebt sich gegen den Vater

**954** Liudolf und Konrad der Rote verlieren ihre Herzogtümer

**955** Otto I. schlägt mit seinem Heer in der Schlacht auf dem Lechfeld die Ungarn

In die Tracht eines Franken gekleidet, wie hier auf der historisierenden Zeichnung von Ernst Förster (1800–1885), sorgte der selbstbewusste junge König schon bei seiner Krönung für einen Eklat.

Königsstadt. Sie war einst ein Geschenk seines Vaters gewesen, und mit ihr fühlte er sich eng verbunden. Sie sollte sich als unverzichtbar erweisen, vor allem in den Auseinandersetzungen mit dem sächsischen Adel, der schon bald gegen die Herrschaft des neuen Königs aufbegehrte.

Denn die Nobilität kam – trotz des einmütigen Fürstenschwurs – mit dem neuen König nur sehr schwer zurecht. Anders als sein Vater Heinrich, der auf die Ambitionen und Motive seiner Fürsten große Rücksicht genommen hatte, scherte sich Otto herzlich wenig um deren Belange. Seine Gegner, die schon mit



959 Gründung des Frauenstifts St. Cyriacus zu Gernrode durch den Markgrafen Gero

960 Otto I. gründet die Ostmark

961 Zweiter Italienzug Ottos I. (bis 965)

Entsetzen die in ihren Augen selbstherrlichen Krönungsfeierlichkeiten verfolgt hatten, stellten bald fest, dass Otto ein fähiger Machthaber war, der die Zügel fest in der Hand hielt. Er überging etablierte Erbregelungen nach Belieben, und wenn es Positionen im Reich zu vergeben gab, dann zog er seine eigenen Gefolgsleute ungeachtet aller echten oder empfundenen Ansprüche einfach vor.

Traditionen bedeuteten ihm wenig – vor allem nicht, wenn sie seine Machtinteressen berührten. Er entzog Königin Mathilde die Verfügungsgewalt über ihr Witwengut, das Kloster Quedlinburg, ein Geschenk ihres Gemahls Heinrich. Es ihr wegzunehmen war selbst für einen König eine ungeheure Tat.

Über die Konsequenzen seiner Entscheidungen war Otto sich durchaus im Klaren: Sein Bestreben, die eigene Position zu festigen, verschaffte ihm nicht nur Freunde unter den Mächtigen des Reiches. Doch was für viele wie Willkür aussah, war präzises Kalkül. Schließlich befand sich der König in einer Situation, in der er sein Handeln genau abwägen musste. Heinrich war ein dominanter König gewesen, dessen Persönlichkeit man im Reich respektiert hatte, doch nachdem der alte König zu Grabe getragen worden war, traten Ottos Gegenspieler immer offener auf den Plan. Vor allem seine Brüder Thankmar und Heinrich pochten auf ihre Ansprüche. Sie in Schach zu halten setzte umsichtiges Taktieren und klug belehnte Vasallen voraus, die nur ihm treu sein würden. Doch es war nicht sicher, dass er sich immer allein kraft seines Standes und seiner Macht würde durchsetzen können: Er würde seine Krone verteidigen müssen – notfalls sogar mit dem Schwert und gegen die Mitglieder seiner eigenen Familie.

## Gegen die Fürsten

Im Kulturhistorischen Museum der Stadt Magdeburg ist das Original eines 1240 geschaffenen Reiterstandbilds des Königs zu bewundern. Es zeigt Otto I., wie er wohl den Großteil seines Lebens zubrachte – nicht etwa auf einem Thron, sondern unterwegs, auf dem Rücken eines Pferdes. Magdeburg war Ottos Heimat, doch das Reich regierte er von dort aus nicht. Stattdessen war Ostfranken ein sogenanntes Reisekönigtum, was bedeutete, dass sich der König mehr als die Hälfte des Jahres auf einer großen Reise durch seine Territorien befand und jeweils vor Ort regierte. So legte Otto jedes Jahr viele tausend Kilometer auf dem Pferderücken zurück. Er bediente sich dabei festgelegter

Mittelalterliche Reiche wurden vom Pferderücken aus regiert, und Otto machte da keine Ausnahme.



**962** Otto I. wird in Rom vom Papst zum römischen Kaiser gekrönt: Begründung des Heiligen Römischen Reiches

**963** Synode in Rom unter Otto I.: Papst Johannes XII. wird abgesetzt, Ende der Mätressenherrschaft

**964** Otto I. setzt Papst Benedikt V. zugunsten von dessen Vorgänger Leo VIII. ab

Routen, der »Itinerare«, und besuchte dabei immer wieder dieselben Gegenden. Als Stützpunkte auf seinen Reisen standen ihm Pfalzen zur Verfügung. Zwar geht ihr Name auf das lateinische »palatium«, »Palast«, zurück, doch waren sie weit weniger prunkvoll als die Residenzen der Herrscher späterer Jahrhunderte. Eher ähnelten sie befestigten Gutshöfen, die im Reich jeweils immer eine Tagesreise voneinander entfernt lagen.

Vielleicht mutet diese Form der Regierung – vor allem angesichts der großen Mühsal, mit der das Reisen im Mittelalter verbunden war – sehr beschwerlich an, dennoch war das Reisekönigtum ein notwendiger Bestandteil mittelalterlicher Politik. Denn Ottos Reich war groß, und es in dieser Zeit unter Kontrolle zu halten bedeutete, bei seinen Vasallen so präsent zu sein, dass keiner einen Aufstand gegen die eigene Herrschaft wagen würde. Auch für die Untertanen, die den König oft nur vom Hörensagen kannten, war es wichtig, dass der König sich leibhaftig zeigte, Gesetz und Ordnung verkörperte in einem Land, in dem allzu oft Räuberbanden ihr Unwesen trieben. In einer Zeit vor Fernsehen und Radio musste das Staatsoberhaupt sich eben noch persönlich unter sein Volk begeben, um sich dessen Gefolgschaft zu vergewissern.

Dennoch war es auch für Otto unmöglich, an allen Punkten seines Reiches gleichzeitig für Ordnung zu sorgen. In einem Land voller aufrührerischer Fürsten kam es immer wieder zu Aufständen, die es rasch niederzuschlagen galt. Und für Ottos Reich, in dem der König schon so kurz nach seiner Krönung sich viele Adlige zu Feinden gemacht hatte, galt dies ganz besonders. Tatsächlich sollte es nur ein knappes Jahr dauern, bis es zum ersten grö-

## Die Fürsten

Die Fürsten waren zu Zeiten Ottos Regionalherrscher, die in ihren jeweiligen Territorien als königliche Amtsträger den Monarchen vertraten. Da es aufgrund der technischen Möglichkeiten des Mittelalters für den König unmöglich war, überall im Reich präsent zu sein, benötigte er mächtige Verbündete in allen Regionen des Reiches, um diese zu schützen und zu verwalten.

Doch der Umgang mit den Fürsten führte oft zu Problemen, denn nicht selten waren sie unzufrieden mit ihrem Anteil an der Königsherrschaft, und da es zu ihrem Aufgabenbereich gehörte, ihren Herrscher auch militärisch zu unterstützen, verfügten viele über eine beträchtliche Anzahl an Kriegern. Da sie versuchten, ihre Macht innerhalb ihrer eigenen Familien zu halten, war es für den König kaum möglich, die ihnen zugestandenen Besitztümer zu kontrollieren.

Auch hier brachte Ottos Regentschaft eine Wende. Er begann, Territorien und Ämter an kirchliche Würdenträger zu übertragen – durch ihre Verpflichtung zum Zölibat hatten sie keine Nachkommen, und der Besitz fiel mit ihrem Tod an den König zurück.

So kam es zu einer Besonderheit, die das Reich noch lange auszeichnen sollte: weltliche Macht in den Händen kirchlicher Würdenträger. Ottos »Reichskirchensystem« begründete eine Tradition, welche die Geschicke des Reiches bis zu seinem Ende noch ganz wesentlich bestimmen sollte.



965 Reichstag in Köln

966 Dritter Italienzug Ottos I. (bis 972)

967 Synode in Ravenna

ßeren Aufstand kam. Es war Ottos älterer Halbbruder Thankmar, der ihn anführte.

Grund für diese Rebellion war ein Richtspruch Ottos, der als Musterbeispiel für den Regierungsstil des jungen Königs gelten könnte. Der Konradinerherzog Eberhard, einst ein enger Vertrauter von Ottos Vater Heinrich, hatte sich mit einem Sachsen namens Brun überworfen. Als dieser Zwist in Feindseligkeiten zwischen den beiden ausartete, schritt Otto ein – und bestrafte den alten Kämpen Eberhard ungewöhnlich hart. Nicht nur, dass dieser umfangreiche Reparationen an Brun zu leisten hatte. Otto demütigte ihn noch zusätzlich, indem er Eberhards Hauptleute persönlich bestrafte. Er verurteilte sie zu einer üblen Strafe, dem Hundetragen. Auch wenn diese Bestrafung heute seltsam anmuten mag, so war das Tragen toter Hunde eine der schändlichsten und blamabelsten Ehrenstrafen des Mittelalters.

Hinsichtlich des vergossenen Blutes war es ein gerechter Richtspruch, doch durch Ottos alle Hierarchien missachtende Behandlung fremder Gefolgsleute verlor Eberhard endgültig das Gesicht. Im Zorn verweigerte er Otto die Gefolgschaft.

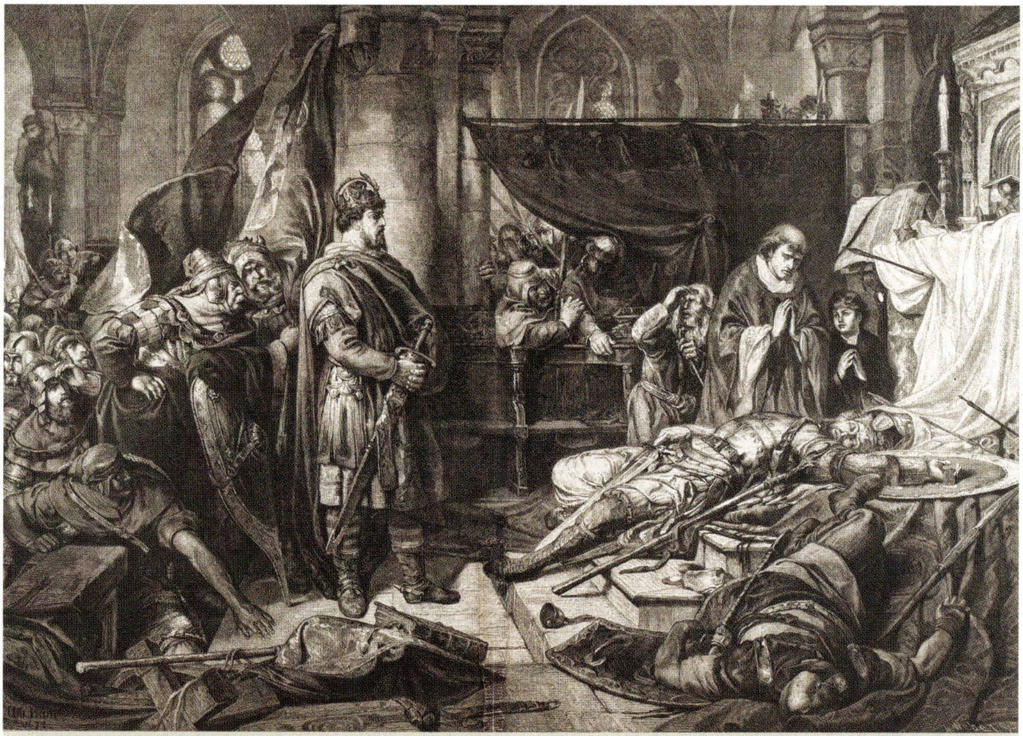

Der Tod seines gegen ihn rebellierenden Bruders Thankmar auf der Erseburg verschaffte Otto nur eine kurze Atempause in dem Bemühen, sein Reich zu konsolidieren.



**968** Otto I. gründet das Erzbistum Magdeburg als Zentrum der Ostmission

**969** Gründung Kairos durch die Fatimiden

**Um 970** Geburt Leif Erikssons, des ersten Entdeckers Amerikas, in Island († um 1020)

In der dem König nicht wohlgesinnten Familie verfolgte man die Entwicklung mit großem Interesse. Auf den ersten Adligen, der sich ob Ottos rücksichtslosen Regierungsstils gegen den König auflehnte, hatte man schließlich nur gewartet. Vor allem Thankmar sah in Eberhards Rebellion seine große Chance. Nicht nur in der Frage der Thronfolge hatte er mit Otto eine Rechnung offen, auch die Verfügungsgewalt über das Erbe seiner Mutter hatte Otto ihm entzogen. Das Fass zum Überlaufen brachte aber ein Markgrafentitel, von dem Ottos Bruder glaubte, dass er ihm zustehe. Der König hatte ihn Thankmar verweigert und einen Gefolgsmann namens Gero vorgezogen. Den statusbewussten Königssohn hatte diese Wahl zutiefst beleidigt.

## Kampf um die Macht

Thankmar und Eberhard, die einander als Schicksalsgenossen erkannten, verbündeten sich jetzt und entfachten gemeinsam eine gewaltige Adelsrebellion, der sich viele anschlossen, die sich Otto im Laufe seiner jungen Regentschaft bereits zu Feinden gemacht hatte. Plündernd und mordend zogen sie durch das Reich, wobei ihnen zufällig auch Ottos jüngerer Bruder Heinrich in die Hände fiel.

Nur durch beherztes Eingreifen gelang es Otto, der Rebellion ein Ende zu setzen und die Abtrünnigen in die Enge zu treiben. Thankmar hatte sich in die Erseburg in Sachsen zurückgezogen, doch die Burgbesatzung sah angesichts der Übermacht des Königsheeres keine andere Wahl, als zu kapitulieren. Zuerst schien es, als würde die Übergabe ohne größeres Blutvergießen ablaufen, doch unter den Soldaten Ottos waren auch Gefolgsleute Heinrichs, denen die Gefangennahme ihres Herrn durch Thankmar eine schwere Schmach zugefügt hatte. Jetzt sahen sie die Stunde der Rache gekommen und stellten den Verräter in der Burgkapelle. Obgleich Thankmar sich ihnen ergab und seine Waffen niederlegte, wurde er von einer durch ein Fenster geworfenen Lanze getötet.

Mit Thankmars Tod verlor Eberhard seinen wichtigsten Verbündeten; er sah ein, dass er den König kaum noch würde besiegen können. Um Gnade bittend, warf er sich seinem adligen Gefangenen Heinrich zu Füßen. Heinrich witterte jetzt selbst seine große Chance und verzieh ihm – unter einer Bedingung: Der Rebell solle ihm dereinst selbst dabei behilflich sein, wenn er sich der Krone des Ostfrankenreichs bemächtigte.

Eberhard, zwar isoliert, doch durch Heinrichs Fürsprache vor Schlimmerem bewahrt, nahm an und streckte schließlich gegenüber Otto die Waffen. Vermutlich auf Heinrichs Fürsprache hin und auch, um weitere Unruhe im Reich zu vermeiden, bestrafte er den Fürsten für seine Rebellion vergleichsweise milde. Nur einen einzigen Monat musste Eberhard in Hildesheim in der Verbannung verbringen, bis Otto Gnade walten ließ. Dass sein Bruder Heinrich mit dem Verschwörer bereits dabei war, einen neuen Plan auszuhecken, um ihn des Throns zu berauben, ahnte der König allerdings nicht.

Und so rumorte es schon bald erneut in Ottos Reich. Heinrich nahm Eberhard bei seinem Wort und entfachte selbst einen Aufstand gegen seinen Bruder. Dabei schien er sich seines Sieges gewiss zu sein: Zum Jahreswechsel des Jahres 939 hatte er zu einem Gastmahl geladen, bei dem er in der Manier eines regierenden Königs Geschenke verteilt und sich der Loyalität seiner adligen Gäste versichert hatte.



**971** Die Rus muss Bulgarien an Byzanz abtreten

**972** Prinzessin Theophanu von Byzanz heiratet den Thronfolger, den späteren Otto II., der seit 967 gekrönter Mitkaiser ist

**973** Tod Ottos I. (des Großen) in Memleben. Otto II. folgt ihm als deutscher König nach

Quedlinburg war Ottos spiritueller Mittelpunkt. Hier lag sein Vater Heinrich begraben.

Maßgebliche Verbündete in dieser neuen Verschwörung waren nicht nur der durch sein Versprechen gegenüber Heinrich gebundene Eberhard, sondern auch Giselbert von Lothringen, der sein Herzogtum dem westfränkischen Königreich eingliedern wollte.

Damit brach im Frühjahr 939 die nächste Rebellion im Ostfrankenreich an – zu Ottos großem Verdruss: zuerst Thankmar und jetzt Heinrich! Der König vermochte sich mit der Tatsache, dass ihm schon wieder jemand aus seinem engsten Familienumkreis das Leben schwermachen wollte, zunächst kaum abzufinden. Auch dass sich diese seltsame Koalition aus dem Lothringer, dem zunächst so reumütigen Eberhard und seinem eigenen Bruder gegen ihn erheben sollte, hatte er nicht erwartet. Dennoch musste er handeln. Ein Heer seiner Vasallen besiegte Eberhard und Giselbert bei Andernach, wobei der eine im Kampf fiel, während der andere auf der Flucht im Rhein ertrank.

Hauptverschwörer Heinrich musste sich der Gnade seines älteren Bruders ausliefern – und war überrascht, als sie ihm gewährt wurde. Mehr noch: Otto kam seinem Bruder großmütig entgegen. Er ernannte seinen jüngeren Bruder zum Statthalter im jetzt herrenlos gewordenen Lothringen. Dies geschah nicht ganz uneigennützig, hoffte der König doch, so Heinrichs Drang nach Herrschaft zu befriedigen und endlich Frieden im Reich zu schaffen. Heinrich hätte sich damit zufriedengeben können – immerhin war er im Gegensatz zu Thankmar mit dem Leben davongekommen, der König hatte ihm verziehen. Doch nur ein Teil des Reiches war ihm bei Weitem nicht genug, schließlich betrachtete er sich selbst als den legitimen Herrscher über das ostfränkische Reich. Otto gegenüber nahm er das Angebot an – doch insgeheim wartete er nur auf eine erneute Gelegenheit, um seinem Bruder die Königswürde zu entreißen. Vielleicht durch einen Mord?

War Magdeburg so etwas wie die Heimatbasis Ottos, so betrachtete er die Pfalz Quedlinburg in Sachsen als seinen spirituellen Mittelpunkt. Der Ort war eng mit Ottos Vater Heinrich verbunden, der hier oft Station gemacht hatte und hier auch begraben lag. Wenn der König hierherkam, dann begab er sich stets zum Grab seines Vaters, um dort zu beten.

Für Bruder Heinrich schien Quedlinburg daher ein idealer Platz für einen Anschlag zu sein. In offener Rebellion war er gescheitert, doch vielleicht konnte ihm ein Attentat zum Thron verhelfen. Zusammen mit aufständischen Sachsen vereinbarte er ein Komplott: Ostern 941 sollte Otto umgebracht werden, am Grab seines Vaters. Doch dem König wurde der Plan verraten, woraufhin er sich in Quedlin-



Nach 973 Tod Roswithas von Gandersheim (* um 935), der ersten deutschen Dichterin

974 Feldzug Ottos II. gegen die Dänen unter König Harald Blauzahn, die in Nordalbingien eingefallen sind

976 Bayernherzog Heinrich der Zänker erhebt sich gegen Otto II., der ihn 978 endgültig unterwirft

burg während der Feierlichkeiten von einem Trupp schwer bewaffneter Krieger schützen ließ. Gleich nach dem Ende der Zeremonien wurden die Verschwörer gefangen genommen und kurz darauf hingerichtet. Heinrich war dank der engen Familienbande vor Ottos Zorn geschützt, doch der König setzte ihn in der Pfalz Ingelheim fest. Von dort aus würde sein intriganter Bruder keinen Schaden mehr anrichten können. Lange Zeit schien es, als wäre eine Versöhnung zwischen den beiden ausgeschlossen. Erst eine Demutsgeste Heinrichs verbesserte das Verhältnis der verfeindeten Brüder wieder. Zu Weihnachten 941 warf sich Heinrich dem König auf dessen Weg zur Messe zu Füßen, und Otto nahm seinen Bruder – auch dank der Vermittlung ihrer Mutter Mathilde – wieder an. Bei all seinem Zorn war dies eine kluge Entscheidung, denn hätte er sich einer Aussöhnung widersetzt, so wäre dies abermals Wasser auf die Mühlen all jener gewesen, die in Heinrich noch immer den legitimen Thronfolger sahen. Also machte er seinem geltungssüchtigen Bruder ein weiteres Zugeständnis, indem er ihm das Herzogtum Bayern überließ. Mit besserem Erfolg – Heinrich gab sich endlich zufrieden, auch wenn die Intrigen bis zu Ottos Tod weiterschwelten. Er verzichtete jedoch auf seinen Thronanspruch. Otto war damit aus den ersten großen Krisen seiner Herrschaft mit knapper Not und viel Glück siegreich hervorgegangen.

Gegen die Überfälle der Reiterhorden aus dem Osten half nur ein rascher Rückzug hinter sichere Burgmauern.

Dennoch: All diese Aufstände sollten nur ein schwacher Vorgeschmack sein von dem, was noch kommen würde. Denn die schlimmste Stunde seiner Herrschaft stand Otto noch bevor. Während er versuchte, mit List, Diplomatie und Gewalt sein Reich zusammenzuhalten, lauerte jenseits von dessen Grenzen eine viel größere Gefahr.

*Die Ungarn zündeten Burgen und Städte an und richteten überall ein solches Blutbad an, dass eine totale Entvölkerung drohte.*

WIDUKIND VON CORVEY

Im Osten lebte ein Volk, dessen Krieger immer wieder über Ottos Untertanen herfielen, Städte zerstörten, Kirchen in Brand steckten, plünderten und mordeten. Mehr als fünfzigmal waren sie bereits sie in das Ostfrankenreich eingefallen, schon sein Vater Heinrich hatte seine liebe Not mit ihnen gehabt. »Magyar« nannten sich die ungarischen Steppenreiter. Allein bei der bloßen Erwähnung ihres



**978** König Lothar von Frankreich besetzt Aachen

**979** Der Gegenzug Ottos II. führt bis zu einer symbolischen Belagerung von Paris

**980** Der Friedensschluss von Margut-sur-Chiers sichert Lothringen für das Deutsche Reich

Namens schlugen die Menschen ein Kreuz. Taktisch waren sie Ottos Truppen weit überlegen. Gegen ihre schnellen, wendigen Reiterhorden schien kein Kraut gewachsen. Und jetzt richteten die Ungarn ihren Blick abermals gen Westen. All die Aufstände im Ostfrankenreich waren ihnen nicht verborgen geblieben: Ihre Abgesandten, die schon seit Längerem Ottos Hof hin und wieder besucht hatten, waren über die instabile politische Lage bestens informiert. Jetzt brauchten sie nur noch auf den geeigneten Moment zu warten, um zuschlagen zu können. Tatsächlich sollte sich eine solche Gelegenheit bald ergeben – was wiederum an Ottos Zwist mit seiner Familie lag.

## Eine Hochzeit mit Folgen

Ottos erste Frau Edgitha starb am 29. Januar des Jahres 946. Damit ergab sich für den König die Notwendigkeit, nach einer zufriedenstellenden Nachfolgelösung für seine Herrschaft zu suchen – wie einst sein Vater Heinrich vor ihm. Wie dieser würde auch er nur einen einzigen Erben haben: Sein 930 geborener Sohn Liudolf sollte nach ihm König werden.

Doch dann trat eine neue Frau in Ottos Leben, und alles wurde anders. Sie hieß Adelheid und war eine kluge, junge italienische Königswitwe, die früh ihren Mann verloren hatte und von einem Markgrafen namens Berengar bedroht und gefangen gehalten worden war. Unter abenteuerlichen Umständen war ihr die Flucht aus Berengars Burg am Gardasee gelungen, und nun harrte die Dame in Canossa eines Retters aus dem Norden, der ihr in ihrer Not beistehen könnte.

Und tatsächlich: Sowohl Otto als auch sein Sohn Liudolf sahen sich veranlasst, der jungen Dame, die zudem über beträchtliche Besitztümer verfügte, zu Hilfe zu eilen. Doch Ottos Bruder Heinrich, der einstige Renegat, spann auch von Bayern aus noch immer seine Fäden und sorgte dafür, dass seinem Neffen Liudolf in Italien die Stadttore verschlossen blieben. Frustriert kehrte der Königssohn wieder heim. Otto selbst zog ohne Schwierigkeiten im Herbst 951 in Italien ein und vertrieb Berengar.

Für Otto war dessen erster Italienzug jedoch nicht nur wegen Adelheid eine wichtige Gelegenheit. Denn an dem Land jenseits der Alpen war er schon länger interessiert, und das nicht nur wegen des angenehmen Klimas, der fruchtbaren Böden und der wohlhabenden Städte. Italien verhieß dem deutschen König einen weit kostbareren Preis: die Kaiserkrone, Erbe der römischen Cäsaren, Sinnbild längst vergangener, glorreicherer Epochen, denen Otto neuen Glanz zu verleihen gedachte. Nur wenn ihm die Kaiserwürde zuerkannt würde, könnte er mit seinem Vorbild Karl dem Großen gleichziehen. Die Kaiserkrone erhielt man jedoch nicht durch eine Wahl gewöhnlicher Fürsten, so wie die Krone des ostfränkischen Reiches, nein, ein Kaiser zu sein hieß, vom Papst in Rom höchstselbst dazu berufen zu werden. Nur hier, in Italien, würde Otto das bekommen können, wonach es ihn schon immer verlangt hatte. In Padua schlug der König sein Lager auf und sandte den Erzbischof von Mainz in die Stadt der Städte, wo er mit dem obersten Herrn der Christenheit über Ottos Erhebung zum obersten aller Könige verhandeln sollte.

Zu Ottos großer Enttäuschung schlug die diplomatische Mission jedoch fehl. Papst Agapet II. war einer Krönung Ottos gar nicht einmal so abgeneigt, doch der mächtige römische Statthalter Alberich II. sah überhaupt keinen



982 Otto II. unterliegt in Süditalien den Sarazenen und Byzantinern

983 Tod Ottos II. in Rom

984 Theophanu übernimmt gegen den Widerstand Heinrichs II. des Zänkers die Regentschaft für den noch unmündigen Otto III.

## Die Kaiserwürde

Die Kaiser Roms waren das Vorbild der Kaiser des Mittelalters. Diese hatten sich als »Überherrscher« den Erdkreis untertan gemacht, und das antike Kaisertum erwies sich als das einzige Modell einer Großherrschaft, in der zahlreiche Völker zusammengefasst waren. Karl der Große war der Erste gewesen, der im Jahr 800 durch die Krönung zum Kaiser an römische Traditionen angeknüpft hatte und damit seinem Reich und sich selbst eine ganz besondere Legitimation und Qualität verlieh. Doch um Kaiser zu werden, war die Krönung durch den Papst, den neuen Herrscher von Rom, erforderlich. Er allein besaß die Befugnis zur Vergabe der römischen Kaiserkrone – und verfolgte damit oft seine ganz eigenen Pläne.

Bis ins 16. Jahrhundert wurde die Kaiserwürde vom Papst verliehen – erst mit Maximilian I. gelang es 1508 einem deutschen Kaiser, sich auch ohne den Papst zum Kaiser aufzuschwingen. Später entstand daraus ein Wahlkaisertum, in dem die Fürstenwahl und die Verleihung des Kaisertitels zusammenfielen.

Grund, wieso man dem langbärtigen, ungehobelten Ausländer, der nicht einmal richtig lesen und schreiben konnte, die altehrwürdige Kaiserkrone und damit den Herrschaftsanspruch über alle Christen so ohne Weiteres übereignen sollte. Auf Alberichs Betreiben lehnte man Ottos Kaiserkrönung daher ab. Dies war ein schwerer Rückschlag für den ehrgeizigen Emporkömmling. Fürs Erste tröstete Otto sich daher mit der jungen Königswitwe Adelheid. 951, noch in Pavia, nahm er die junge Dame zu seiner Frau und nannte sich von nun an »Rex Francorum et Langobardorum« – »König der Franken und der Langobarden«.

*In den Bibelzitaten und Bildern der Krone ist ein ganzes Herrschaftsprogramm enthalten, das die Könige auf eines verpflichtet: Sie sind abhängig von der Hilfe Gottes und können nichts aus sich selbst heraus tun. Sie sind Könige von Gottes Gnaden.*

GERD ALTHOFF ZUR REICHSKRONE

Seinem Sohn Liudolf – der selbst versucht hatte, wegen Adelheid nach Italien zu ziehen – passte diese Heirat und der damit verbundene Machtzuwachs überhaupt nicht. Als dann



**985** Heinrich der Zänker erhält Bayern als Herzogtum zurück

**986** Die Herzoge von Polen und Böhmen anerkennen die Reichshoheit

**987** Nach dem Tod des letzten Karolingerkönigs wird Hugo Capet König von Frankreich und begründet die Kapetingerdynastie

Adelheid ihrem Mann kurz darauf noch einen Sohn gebar und absehbar wurde, dass Liudolfs eigene Thronfolge gefährdet war, brach abermals das aus, von dem Otto gehofft hatte, es sei mit der Unterwerfung seines Bruders Heinrich ausgestanden: ein Familienstreit um die Thronfolge des Ostfrankenreichs.

Auch jetzt war es nicht schwer, Verbündete gegen Otto zu finden. Otto war immer noch von zahlreichen Feinden umgeben, denn an seinem eigenmächtigen Regierungsstil hatte sich seit der Krönungszeremonie nicht viel geändert. Wichtigster Bundesgenosse Liudolfs wurde

Die Kaiserwürde blieb Otto in Italien zwar versagt, doch in Adelheid fand der verwitwete König eine neue Frau.

Herzog Konrad der Rote, Ottos Schwiegersohn und einstmals ein enger Vertrauter. Auch ihn hatte Otto bloßgestellt, und zwar bei den Verhandlungen mit dem italienischen Rebellen Berengar, den Otto zynischerweise nun wieder als Gefolgsmann in Italien einsetzen ließ. Ziel der beiden war dabei nicht nur der Thron des Reiches, sondern auch der Sturz des intriganten Heinrich von Bayern.

Konrad vermutete hinter Ottos Affront ihm gegenüber eine Intrige Heinrichs, und Liudolf hasste seinen Onkel nicht erst seit jenem Tag, an dem Heinrich ihm den Italienfeldzug vermasselt hatte.

Beiden war klar, dass ihnen nur ein Sieg über Otto und die Vertreibung Heinrichs zu dem verhelfen würden, was ihnen ihrer Meinung nach von Rechts wegen zustand. Die Zeit zum Handeln schien nun gekommen – noch im selben Jahr verweigerten Sohn und Schwiegersohn dem König die Gefolgschaft. Und tatsächlich – die alten Gräben zwischen Otto und seinen Adligen brachen abermals auf, und noch ehe sich's der König versah, stand ihm 952 abermals ein Waffengang gegen seine eigenen Leute bevor.

Kaum aus Italien zurückgekehrt, hatte Otto in seinen Stammlanden erneut alle Hände voll zu tun. Er führte Krieg gegen seine Fürsten, belagerte Mainz und Regensburg, doch diesmal es gelang ihm nicht so einfach, seine rebellischen Verwandten wieder zu unterwerfen. Die Kämpfe zogen sich hin und banden alle Kräfte des Königs. Durch den Bürgerkrieg war das Reich der Ostfranken nach außen hin völlig wehrlos.

Als hätte Otto nicht schon genug Sorgen mit dem erneuten Aufstand in seiner Familie, wurde jetzt auch noch die latente Bedrohung



**988** Die Christianisierung Russlands beginnt mit der Taufe des Kiewer Fürsten Wladimir I. nach orthodoxem Ritus

**989** Theophanu unternimmt einen Italien- und Romzug (bis 990)

**990** Tod des Sequenzendichters Ekkehard II. von Sankt Gallen

durch die Ungarn sehr real. Denn Uneinigkeit und offen ausgetragene Streitigkeiten im Reich der Ostfranken – dies war die Gelegenheit, auf die die Ungarn geduldig gewartet hatten. Die Invasion des Jahres 954 übertraf alle vorherigen Überfälle bei Weitem. Jetzt terrorisierten die Ungarn das Ostfrankenreich nicht nur mit einigen Reiterhorden, sondern sie waren mit einem vieltausendköpfigen Heer gekommen. Nun wollten sie nicht nur rauben, diesmal waren sie auf die Vernichtung Ottos aus.

Der erfuhr von der Gefahr durch seinen Bruder Heinrich, dessen Herzogtum Bayern besonders unter dem Wüten der Ungarn zu leiden hatte. Schlimmer noch: Gerüchte drangen zu ihm, dass Heinrichs Feind, Ottos Sohn Liudolf, mit den Angreifern gemeinsame Sache machte. Liudolf war von dem Ansturm der Ungarn ebenso überrumpelt worden wie Otto. Um von den Eroberern verschont zu werden, hatte er sich und seine Besitztümer freigekauft – und ihnen noch viel größere Reichtümer versprochen: die Städte und Ländereien seines Vaters Otto. Dadurch noch mehr angespornt, verwüsteten die Magyaren jetzt weite Teile des Ostfrankenreichs.

Als sich herausstellte, dass Liudolf sich auf einen Pakt mit den Ungarn eingelassen hatte, begannen die schwersten Stunden in der Regierungszeit Ottos I. Sein eigen Fleisch und Blut machte gemeinsame Sache mit dem schlimmsten aller Feinde! Dennoch wurde Otto Unterstützung von einer unerwarteten Seite zuteil: Der Plan des Prinzen scheiterte, weil er des Volkes Meinung nicht bedacht hatte: Als sich Liudolfs Allianz mit den Magyaren herumsprach, empfand man für Ottos Sohn überall im Reich nur Verachtung. Was für ein Mensch war das, der sein Land dem schlimmsten aller Albträume preisgab, alles nur wegen eigensüchtiger Ambitionen auf den Königsthron! Mit einem Schlag wechselte auch unter Ottos erbittertsten Gegnern die Stimmung. Eine wahre Sympathiewelle für den König wogte durch das Land. Zu sehr fürchtete man die Magyaren, als dass man auch nur ansatzweise Partei für den Mann ergriff, der mit den gottlosen Horden gemeinsame Sache machte. Schon wandten sich die ersten Verbündeten von Liudolf ab. Im Juni 954 unterwarf sich auch Konrad in Langenzenn dem König. Liudolf war nun isoliert, doch erst nach der Einnahme seines Hauptquartiers, der Stadt Regensburg, sah sich Ottos rebellischer Sohn zum Einlenken gezwungen.

Liudolf war besiegt. Ihm blieb – wie einst auch seinem Feind Heinrich lange vor ihm – ebenfalls nur ein einziger Ausweg: die bedingungslose Unterwerfung, auch im sicheren Wissen um die Tatsache, dass Otto eine solche Geste nach christlichen Grundsätzen nicht einfach ignorieren konnte. Er warf sich seinem Vater, der sich gerade auf einer Jagd befand, barfuß und im Büßergewand zu Füßen und schwor unter Tränen hoch und heilig, dessen Willen von nun an zu achten. Otto verzieh seinem Sohn. Ein weiser Entschluss: Nur wenn er seine Familie hinter sich wusste, würde er sein Reich vor den Ungarn retten können.

## Ottos schwerste Stunde

Mit der Unterwerfung Liudolfs und Konrads war der Familienfriede wiederhergestellt, das Königshaus stand hinter seinem Herrn. Die Nachfolgestreitigkeiten, die Otto schon seit fast zwanzig Jahren beschäftigten, waren jetzt endlich ausgeräumt. Anlass zur Freude bestand dennoch nicht. Das Reich war in großer Gefahr,



991 Nach Theophanus Tod geht die Regentschaft an Adelheid, die Großmutter Ottos III., über

992 Ein Handelsvertrag mit Byzanz sichert Venedig die Unabhängigkeit

993 Dem langjährigen Bischof Ulrich von Augsburg († 973) wird die erste urkundlich bezeugte päpstliche Heiligsprechung erteilt

Auch Liudolf hatte sich gegen den Vater erhoben und sich mit den Ungarn verbündet, doch als frommer Christ musste Otto seinem Sohn verzeihen.

noch immer wurde es von den Ungarn verheert. Wie würde man die Geister, mit denen Liudolf sich verbündet hatte, wieder los? Würde Otto die schrecklichen Reiterhorden wieder aus dem Reich der Ostfranken vertreiben können?

Das Gefährliche an den Ungarn war, dass es Ottos Truppen fast nie gelang, sie in einem offenen Kampf zu stellen. Die Ungarn unternahmen keine gewöhnlichen Kriegszüge mit großen, schwerfälligen Heeren, sondern kämpften nach Art der Hunnen vom Pferderücken aus und verließen sich auf die Kunst ihrer legendären Bogenschützen. Ungarische Kompositbögen waren geniale Konstruktionen, die aus bis zu einem Dutzend miteinander verleimter Horn- und Holzschichten bestanden. Diese Schichtbauweise erlaubte kleine und kompakte Waffen, die gleichwohl über die Reichweite und Durchschlagskraft von Langbögen verfügten. Wo gewöhnliche Bogenschützen erst absitzen mussten, konnten die Ungarn ihre Bögen im vollen Galopp einsetzen. Das



994 Otto III. übernimmt 14-jährig selbst die Herrschaft

995 Otto III. wendet sich gegen die Obodriten

996 Erster Italienzug: Otto III. wird zum römischen Kaiser gekrönt

Resultat war eine tödliche Kombination aus Effektivität und Mobilität.

Schwere Rüstungen benötigten die Magyaren ebenfalls nicht. Sie kämpften außerhalb der Reichweite fränkischer Langschwerter oder Lanzen, deckten ihre Feinde mit einem tödlichen Pfeilhagel ein und zogen sich zurück, bevor ihre wütenden Gegner sie stellen konnten. Nahmen diese die Verfolgung auf, so umgingen die Reitertruppen sie und fielen ihnen mit vernichtenden Blitzangriffen in die Flanke. All dies machte die Ungarn zu einer unkalkulierbaren Gefahr. Jeder Feldzug gegen sie war ein militärisches Vabanquespiel.

Die Stärke und die Durchschlagskraft der Ungarn beruhten auf ihrer Beweglichkeit und ihren leichten Kompositbögen.

Doch im Überschwang ihrer eigenen militärischen Überlegenheit begingen die Horden aus dem wilden Osten einen entscheidenden Fehler: Sie ließen sich auf eine offene Feldschlacht ein. Anfang August erreichten die ersten Nachrichten den König, denen zufolge die Steppenreiter ihre übliche Strategie der Raubzüge aufgegeben hatten und jetzt Augsburg belagerten. Diese Nachrichten überraschten den König. Eine Belagerung klang so gar nicht nach der bis dahin praktizierten Kampfweise der Ungarn.

Militärisch gesehen stellten die Magyaren nicht viel mehr als eine schnelle Eingreiftruppe dar. Sie waren auf leichte Beute aus – Klöster oder kleine Siedlungen. Ihre Stärke beruhte auf blitzartigen Überfällen, nicht auf langwierigen Belagerungen. Eine Belagerung war immer eine komplexe und kostspielige Angelegenheit und für die Belagerer mindestens ebenso riskant wie für die Belagerten.

Die Ungarn waren für solche Unternehmungen kaum gerüstet. Dass sie dennoch eine der großen Städte des Reiches bedrohten, ließ erahnen, dass sie eine Entscheidungsschlacht mit Ottos Heer herbeizuführen versuchten – eine endgültige Entscheidung um die Vorherrschaft im Reich der Ostfranken. Lange dachte Otto über eine angemessene Reaktion nach – und entschied sich schließlich, nach Regensburg zu ziehen. Möglicherweise bot eine Feldschlacht mit den Ungarn Otto auch endlich die Chance, die mobilen Invasoren zu stellen und ein für alle Mal zu besiegen.

Gegen die verheerenden Fernkampfwaffen setzte Otto dabei auf das Hightech des Mittelalters, Panzerreiter: mit Flügellanzen bewaffnete Krieger, die in schweren Panzern aus Metallschuppen zu Pferd in die Schlacht



997 Zweiter Italienzug Ottos III. (bis 1000)

998 Otto III. macht gegen Widerstände des römischen Adels und deutscher Fürsten Rom zum Reichszentrum

999 Beginn der Christianisierung der Färöer

## Die Ungarn

Schon unter Ottos Vater Heinrich hatten die deutschen Lande unter den Ungarneinfällen zu leiden, weshalb dieser Herrscher das System der »Sachsenburgen« etabliert hatte, bei dem sich die Bevölkerung angesichts der Gefahr durch Überfälle in Sicherheit bringen konnte. Dennoch war es erst Ottos Sieg auf dem Lechfeld, in dessen Folge die Ungarn als Streitmacht aufgehört hatten zu existieren. Sie konvertierten zum Christentum und wandelten sich zu einer respektierten Nation.

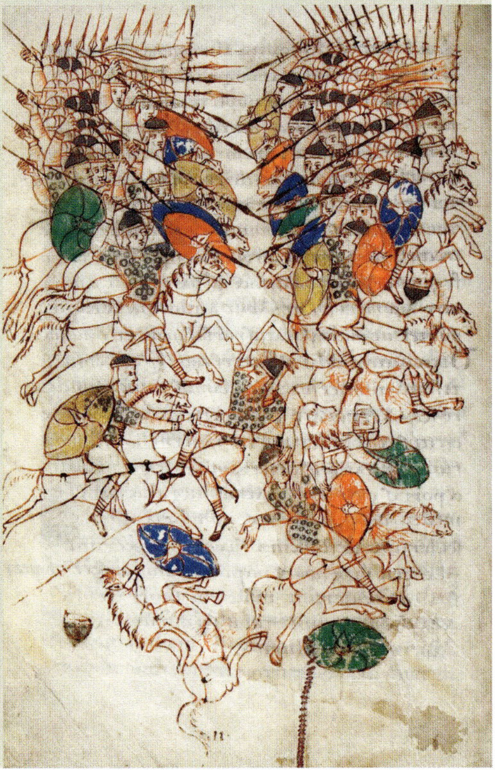

zogen. Sie waren die Vorläufer jener Bewaffneter, die später als die Ritter das Klischee des Mittelalters mit prägen sollten. Schon früher hatten sie sich gegen berittene Feinde gut bewährt, indem sie etwa Karl Martell, dem Großvater Karls des Großen, zum Sieg über die Reitertruppen der Araber verholfen hatten.

Doch der Einsatz schwerfälliger Panzerreiter gegen die äußerst beweglichen Ungarn blieb noch immer ein großes Risiko. Otto wusste, dass er nur dann siegreich aus dem Kampf hervorgehen würde, wenn er auf dem Schlachtfeld taktisch den Überblick behielt.

12 000 Ungarn erwarteten ihn bei Augsburg. Gegen sie mobilisierte er ebenfalls 12 000 Krieger – Männer aus allen Teilen seines Reiches. Sieben »Aufgebote der Stämme« sammelte er in seinem Feldlager bei Ulm: zwei Abordnungen der Schwaben, ein Heer der Bayern, das von seinem ihm einst so feindlich gesinnten Bruder Heinrich angeführt wurde, sowie fränkische Soldaten unter dem Befehl von Liudolfs ehemaligem Komplizen Konrad dem Roten. Für Konrad war die Beteiligung am Heereszug die beste Möglichkeit, seinen Namen wieder reinzuwaschen. Außerdem war eine Abordnung der Böhmen dem Ruf des deutschen Königs gefolgt. Zwar gehörte ihr Land nicht zu Ottos Fürstentümern, doch auch Böhmen hatte unter den Überfällen der Ungarn stark gelitten, und nun sahen sie in dem Feldzug der Deutschen die Möglichkeit, sich die Magyaren ein für alle Mal vom Hals zu schaffen. Binnen gerade mal vier Wochen war es Otto gelungen, diese eindrucksvolle Streitmacht in Kampfbereitschaft zu versetzen. Doch auch trotz der großen Eile waren es vier lange Wochen für Augsburg, das kurz vor der Aufgabe stand.



**1000** Otto III. errichtet in Gnesen ein polnisches Erzbistum mit den Suffraganen (Diözesen) Kolberg, Krakau und Breslau

**1001** Mit der Krönung Stefans I. (des Heiligen) entsteht das Königreich Ungarn

**1002** Otto III. stirbt 21-jährig an Malaria. Sein Nachfolger wird Heinrich II., Sohn Heinrichs des Zänkers

Denn die Stadt war auf die Belagerung schlecht vorbereitet gewesen. Ihre Befestigungen befanden sich in einem desolaten Zustand, als sich der Ring der Ungarn immer enger um die Stadt schloss. Viele der Mauern waren zu niedrig, und Wehrtürme gab es nicht. Auch leitete den Abwehrkampf kein militärisch erfahrener Kommandant, sondern ein Priester: Bischof Ulrich soll sich entgegen den damaligen Verhaltensregeln für Geistliche sogar selbst ins Schlachtgetümmel geworfen haben.

Mit dem Eintreffen der Nachricht, dass Otto Truppen sammelte, um die Stadt zu befreien, begann für die Augsburger ein Wettlauf gegen die Zeit. Die Abwehr der Steppenreiter verlangte ihnen die letzten Kraftreserven ab. Immer wieder stürmten die Ungarn, von den Peitschen ihrer Befehlshaber angetrieben, gegen die Stadtmauern an.

Die Lage der Eingeschlossenen wurde mit jeder Stunde verzweifelter. Hunger und die vielen Opfer schwächten die Verteidiger zusehends. Sie konnten nur hoffen, dass es ihnen gelingen würde, die Stadt so lange zu halten, bis das »Aufgebot der Stämme« eintreffen würde.

Am 9. August 955 geschah schließlich etwas für die Verteidiger Augsburgs völlig Unerwartetes. Hornsignale ertönten, und vor den Augen der verblüfften Augsburger brachen die Ungarn die Belagerung ab. Die Männer auf den Mauern der Stadt verfielen in ungläubiges Staunen: Das gesamte Heer der Ungarn zog sich aus der unmittelbaren Umgebung der Stadt zurück. Was hatte dieser plötzliche Aufbruch zu bedeuten? Gaben die Magyaren etwa auf? Gerüchte kursierten, die Ungarn sammelten sich in ihrem Feldlager östlich der Stadt. In Augsburg war klar: Endlich kam König Ottos Entsatzstreitmacht. Die Ungarn zogen ab, um sich zur Schlacht zu sammeln.

Tatsächlich hatte das »Aufgebot der Stämme« nicht weit von Augsburg entfernt ein letztes Marschlager vor der Stadt bezogen. Auch dort bereitete man sich auf den Zusammenstoß mit der gefürchteten Streitmacht der Ungarn vor.

Wichtig war vor allem der göttliche Beistand – nicht umsonst nannte man König Otto auch einen »großen Beter«. Für den tief in der

Eine Wunderwaffe wie die Heilige Lanze sollte helfen, den Kampf gegen die Ungarn siegreich zu bestehen.



**1003** Herzog Boleslaw I. von Polen gliedert Böhmen und Mähren in sein Reich ein

**1004** Erster Italienzug Heinrichs II.: Er wird in Pavia zum König der Lombarden gekrönt

**1005** Geburt Macbeths, Königs von Schottland (†1057)

Kultur des Mittelalters verwurzelten Otto war die Schlacht gegen den heidnischen Feind nur mit göttlichem Beistand zu gewinnen. Aus diesem Grund führte er auch eine »Wunderwaffe« des Mittelalters mit sich, die »Heilige Lanze«. Zusammen mit dem Reichsapfel, dem Zepter und der Reichskrone zählte die Heilige Lanze zu den Reichsinsignien und war eine der bedeutendsten Reliquien der Christenheit.Der Legende nach hatte ein römischer Legionär namens Longinus mit der Lanze dem gekreuzigten Christus nach dessen Tod die Seite geöffnet, um zu prüfen, ob er wirklich gestorben sei. Auch war in die Lanzenspitze angeblich ein Nagel von Jesu Kreuz eingearbeitet. Ottos Vater Heinrich hatte die Lanze selbst 926 von dem Hochburgunderkönig Rudolf II. erworben, sie war also ein Familienerbstück.

*Ob die Heilige Lanze ursprünglich als eine Longinus-Lanze interpretiert wurde oder ob die Reliquienkraft nur mit Partikeln in Verbindung gebracht wurde, die von den Kreuzesnägeln Christi eingeschmiedet wurden, können wir heute nicht mehr mit Sicherheit sagen. Jedenfalls handelt es sich vom Typus der Lanze her definitiv um eine Arbeit des 8. Jahrhunderts, also um eine karolingische Flügellanze.*

FRANZ KIRCHWEGER,
HISTORIKER

Einer so wertvollen Reliquie maß man übernatürliche Kräfte bei. Jetzt sollte die Lanze den Deutschen auch den bitter benötigten göttlichen Beistand gegen die feindlichen Horden verschaffen. Der für die Schlacht angesetzte Tag war darüber hinaus dem heiligen Laurentius geweiht. Otto versicherte sich auch der Hilfe dieses Märtyrers, indem er gelobte, ihm ein Bistum zu stiften, wenn er aus dem Kampf als Sieger hervorgehen würde. Seinen Kriegern verordnete er Gottesdienste und Gebete – nur mit göttlicher Hilfe würden sie den kommenden Tag überstehen.

## Entscheidung auf dem Lechfeld

Am Morgen des 10. August befahl Otto schon beim ersten Dämmerlicht den Aufbruch. Schweigend machte sich das Heer der Stämme auf den Weg. Otto wusste, dass er gegen die wendigen ungarischen Reiter nur bestehen konnte, wenn er die Initiative nicht verlor. Für die letzte Etappe hatte er daher eine Marschroute gewählt, die seine Soldaten mitten durch die Wildnis führte. Ein Heer in Bewegung war immer sehr anfällig für etwaige Angriffe, deshalb glaubte sich Otto in den Wäldern um Augsburg vor den Ungarn in Sicherheit. Schauplatz der Schlacht sollte das Lechfeld sein, eine Ebene vor den Toren Augsburgs, die von Norden nach Süden vom Fluss Lech geteilt wurde. Otto plante, aus nordwestlicher Richtung in das Schlachtfeld einzurücken, möglichst unbemerkt von den vermeintlich auf der anderen Seite des Lechs lagernden Ungarn. Durch den Fluss geschützt, so hoffte er, bliebe ihm genug Zeit, in aller Ruhe seine Panzerreiter in Schlachtformation aufzustellen, bevor der Kampf beginnen würde.

Doch die Ungarn kamen Otto zuvor. Über die Bewegungen des deutschen Heeres bestens im Bilde, hatten sie den Lech längst durchquert. Noch während Ottos Heer sich dem Lechfeld näherte, wurde es von den Ungarn an seiner verwundbarsten Stelle, der Nachhut, attackiert.



1006 König Rudolf III. von Burgund setzt seinen Neffen Heinrich II. als Erben ein

1007 Heinrich II. gründet das Bistum Bamberg

1008 Mit der Taufe von Olof Skötkonung beginnt die Christianisierung Schwedens

In der – hier in einer Handschrift aus dem Jahr 1457 wiedergegebenen – Schlacht auf dem Lechfeld bei Augsburg stand das Schicksal der ostfränkischen Stämme auf des Messers Schneide.



**1009** Bei der Einweihung wird der Mainzer Dom durch einen Brand zerstört

**1010** Genua und Pisa greifen die Araberherrschaft auf Sardinien an (1016 endgültige Eroberung)

**1011** Bernhard II. wird Herzog von Sachsen

Über die völlig überraschten Krieger brach von einem Moment auf den nächsten die Hölle herein. Pfeilhagel prasselten auf Ottos Krieger hernieder, durchschlugen Panzer, Schilde und töteten Lasttiere und Pferde. Binnen Kurzem war die Nachhut versprengt und das Kontingent der Böhmen, das den Tross sichern sollte, in die Flucht geschlagen oder überwältigt. Panik griff um sich, Ottos Heer drohte auseinanderzufallen. Die Deutschen waren dabei, eine Schlacht zu verlieren, die überhaupt noch nicht richtig begonnen hatte.

In seiner Not schickte Otto seinen besten Krieger an das Ende des Heereszuges, um dort die Lage wieder unter Kontrolle zu bringen. Herzog Konrad sollte das Ruder herumreißen und ein Debakel verhindern.

Ein glücklicher Zufall kam ihm dabei zu Hilfe. Denn die beutegierigen Ungarn hatten schnell erkannt, dass ihnen bei dem Überfall auf die Nachhut das gesamte Gepäck der Ostfranken in die Hände gefallen war. Anstatt den Fliehenden nachzusetzen, machten sie sich nun über deren Habseligkeiten her, wurden dadurch abgelenkt und konnten deshalb von Konrad und seinen Kriegern überwältigt werden. Dank eines glücklichen Umstands und mutigen Eingreifens war die Niederlage damit in letzter Minute abgewendet.

Doch Ottos ursprünglicher Schlachtplan war dennoch dahin. Die Ungarn griffen jetzt von allen Seiten an, und die Heeresspitze hatte bereits erste Scharmützel zu bestreiten. Die Gefahr bestand, dass die wendigen Ungarn Ottos Heer einkreisen würden. Otto sah nur in einem raschen Angriff eine Chance, der Umklammerung durch die Ungarn noch zu entgehen. Hörner gaben den Stämmen das Signal zum Angriff. Otto selbst führte, wie Chronisten berichten, seine Krieger in die Schlacht – in seiner Hand die Heilige Lanze. Ein blutiges Gemetzel brach aus, das über lange Zeit keinen Sieger sah.

Die Moral seiner Krieger war für Otto von entscheidender Bedeutung. Um den Pfeilsalven der Ungarn begegnen zu können, war es wichtig, dass er seine Truppen zusammenhielt. Und tatsächlich: Seine Panzerreiter erwiesen sich als wirksames Gegenmittel gegen die Ungarn. Zwar verursachten die Pfeile der Ungarn fürchterliche Verluste bei den Deutschen, doch mit dem Lech im Rücken und dem Heer der Deutschen vor sich, gelang es den Magyaren nicht, die Umzingelung zu durchbrechen.

*Diese Stellung verlieh ihr auch die Kraft und Bedeutung einer siegbringenden Waffe. Im Besitz dieser Heiligen Lanze konnte Otto der Große mit seinen Truppen in dem Bewusstsein in die Schlacht ziehen, dass er unbesiegbar bleiben würde.*

FRANZ KIRCHWEGER,
HISTORIKER

Und dann kam Otto, dem »großen Beter«, schließlich doch noch der Himmel zu Hilfe. Schwere Sommergewitter werden in den Quellen erwähnt, die an jenem 10. August 955 über dem Lechfeld niedergingen. Noch während der Schlacht ergoss sich ein sintflutartiger Wolkenbruch über das Lechfeld, und diese Wassermassen erwiesen sich für die empfindlichen Bögen der Ungarn als fatal: Die komplizierte Schichtkonstruktion der Bögen ging aus dem Leim, das Holz quoll auf, verzog sich und machte die Wunderwaffe der Ungarn nutzlos. Jetzt rächte sich ihre Fernkampftaktik. Denn bis auf ihre Bögen waren sie ansonsten nur leicht bewaffnet und daher im Nahkampf der geballten Wucht von Ottos gepanzerter Streitmacht hoffnungslos unterlegen, wobei ihnen auch ihre Schnelligkeit nicht mehr nutzte. Nach und nach lösten sich die Schlachtreihen der Ungarn auf. Bald floh das gesamte Heer Hals über Kopf. Manche versteckten sich in den umliegenden Ortschaften, andere versuchten schwimmend über den Lech zu entkommen.

Doch Otto war vorbereitet und hatte klugerweise sämtliche Fluchtwege von Kriegern blockieren lassen. An den Furten und Booten waren Truppen Ottos postiert, die gnadenlos alle Flüchtenden niedermachten. Gebäude, in denen sich Ungarn verschanzt hatten, wurden kurzerhand niedergebrannt.

*Die Kühneren unter den Feinden leisteten anfangs Widerstand; als sie aber sahen, wie ihre Gefährten flohen, gerieten sie zwischen die Unsrigen und wurden niedergemacht.*

WIDUKIND VON CORVEY

Die Schlacht wurde zum blutigen Massaker, das noch tagelang andauerte. Die Flüchtenden wurden getötet, Gefangene geköpft oder gehängt, unter ihnen auch Horka Bulscu, der Heerführer der Ungarn. Von den Reiterhorden der Magyaren kehrte fast niemand mehr in die Heimat zurück.

Eine solch grausame Behandlung der Unterlegenen war ganz im Sinne Ottos. Zu oft hatten die Ungarn sein Land überfallen, und mit dem Sieg in der Lechfeldschlacht bot sich eine günstige Gelegenheit, das kriegerische Potenzial der Ungarn über Jahre hinweg einzudämmen. Allerdings hatte der Triumph auch viele Opfer gekostet. Zu ihnen zählte der ehemalige Renegat und Herzog Konrad der Rote, dessen mutigem Handeln das Ostfrankenheer gleich zu Beginn der Schlacht die Rettung verdankte. Er hatte in der großen Hitze des Sommertages Teile seiner Rüstung abgelegt, um besser atmen zu können, woraufhin ein Pfeil ihn traf und tödlich verwundete. Doch vor Otto hatte er sich rehabilitiert.

## Der Traum von der Kaiserwürde

Dank dem für ihn glücklichen Ende der Lechfeldschlacht war Otto aus der schwersten Krise seiner Regentschaft doch noch siegreich hervorgegangen. Von der vernichtenden Niederlage sollten sich die Magyaren so schnell nicht wieder erholen, die Bedrohung, die von ihnen ausging, war ein für alle Male gebannt. So hatte der König bewiesen, dass er nicht nur ein »großer Beter« war, sondern auch ein entschlossener Kriegsherr, der in der Schlacht klug und umsichtig agierte, seinen Feind rücksichtslos vernichtete und damit seinem Reich dauerhaft den Frieden brachte. Hinzu kam – der Feind von außen hatte die Stämme des Reiches verändert. Im Kampf gegen die Ungarn waren sie vereint. Zum ersten Mal fühlten sie sich auch jenseits ihrer Stammeszugehörigkeit zu einem großen Ganzen verbunden, entwickelten Sachsen, Franken, Schwaben und Bayern ein starkes Gemeinschaftsgefühl.

*Durch den herrlichen Sieg mit Ruhm beladen, wurde der König von seinem Heer als Vater des Vaterlandes und als Imperator, als Herrscher über die Völker, begrüßt. Denn solch eines Sieges hatte sich kein König vor ihm in zweihundert Jahren erfreut.*

WIDUKIND VON CORVEY



**1016** Untergang des jüdischen Chasarenreichs

**1018** Frieden von Bautzen: Polen behält die Lausitz, das Reich erhält Böhmen zurück

**1019** Knut der Große, König von England, wird nach dem Tod seines Bruders Harald II. auch König seiner Heimat Dänemark

Die Begegnung Ottos mit Johannes XII. in einer Darstellung aus dem 15. Jahrhundert. Sein Vater Alberich II. hatte einst Otto die Kaiserwürde verweigert.

Otto hatte den Zenit seiner Macht erreicht – die Familienstreitigkeiten waren beigelegt, die schlimmsten Feinde außerhalb des Reiches vernichtend geschlagen. Sein Reich nahm Konturen an. Im Norden erstreckte es sich bis an die Nord- und die Ostsee, im Osten bis an die Elbe und die Saale: Es umfasste weite Teile des heutigen Deutschland.

Aber Otto dachte noch immer in anderen Dimensionen. Selbst in der dunkelsten Stunde seiner Herrschaft hatte der König seinen Traum von der Kaiserkrone nicht aufgegeben. Das große Vorbild seiner eigenen Kaiserkrönung stand ihm auch jetzt noch vor Augen: der europäische Herrscher Karl der Große. Auf dem Lechfeld hatten ihn seine Truppen einen »Imperator« genannt, und mit dem Sieg über die Ungarn sah man in ihm auch im Ausland einen Schutzherrn der Christenheit, wie es ebenso Karl der Große gewesen war. Eine passende Gelegenheit für Otto, sich auch dieses Titels als würdig zu erweisen, sollte sich nur wenige Jahre später tatsächlich bieten.

Weihnachten 960 erreichte Otto abermals ein Hilferuf aus Italien. Pikanterweise war es der junge Papst Johannes XII., Erbe und Sohn des Statthalters Alberich II, von dem Otto einst abgewiesen worden war, der ihn jetzt nach Italien rief. Wieder war es Markgraf Berengar, dessen Ambitionen im Land südlich der Alpen für Unruhe sorgten. Jetzt machte der aufmüpfige Fürst dem Papst sogar die Herrschaft über Rom streitig. Johannes bat Otto, als Schutzmacht in Italien unter den Fürsten für Ordnung zu sorgen und die Güter des Papstes zu sichern. Eine günstige Gelegenheit für den König. Und Berengar war für Otto kein Gegner. Zehn Jahre zuvor war er mühelos mit ihm fertig geworden. Mit einem Gefolge von mehr als

Nachdem Berengar schon einmal für Unruhe gesorgt hatte, musste der aufmüpfige Fürst von Otto abermals zur Ordnung gerufen werden.



**1020** Der Stammsitz der Habsburger, die Habsburg, wird errichtet

**1021** Dritter Italienzug Heinrichs II. (bis 1022)

**1022** Synode in Pavia mit Dekreten zur Kirchenreform, u.a. Strafen für verheiratete Geistliche

1000 Kriegern aus allen Stämmen überquerte er in Begleitung seiner Gemahlin Adelheid, der Italienerin, im August des Jahres 961 die Alpen. Berengar machte abermals keinerlei Anstalten, sich dem Ostfranken entgegenzustellen, und brachte sich hinter die Mauern einer seiner Burgen in Sicherheit. Dieser Rückzug war nur im Sinne Ottos, denn dessen Ziel war ja Rom und die Kaiserkrone und keine langwierige Belagerung eines Provinzfürsten.

Nun, da Otto den Papst vor Berengar gerettet hatte, zog er nach Rom. So war es zu jener Szene vor den Toren der Stadt gekommen, von wo der König am 2. Februar 962 in die Ewige Stadt einzog und dort einen prachtvollen, aber unterkühlten Empfang bereitet bekam. Auch dies war durchaus in Ottos Sinn – für Förmlichkeiten hatte er nicht den weiten Weg nach Rom auf sich genommen. Ohne große Umschweife begab er sich in die Petersbasilika, die Krönung zum Kaiser fand noch am selben Tag statt.

Die Feindseligkeit der Römer war ihm jedoch nicht entgangen. Viele verziehen es Papst Johannes XII. nicht, dass er das Erbe seines Vaters Alberich II. so schändlich mit den Füßen trat und Otto in die Stadt gelassen

Mit seiner Krönung zum Kaiser durch den Papst in Rom war der »Imperator« Otto, als den ihn sein Heer bereits nach dem Sieg auf dem Lechfeld gefeiert hatte, auf dem Zenit mittelalterlichen Ruhmes angelangt.



**1023** Treffen Heinrichs II. mit Robert II. von Frankreich zum Thema einer großen Kirchenreform

**1024** Tod Heinrichs II. (Beisetzung im Bamberger Dom). Sein Nachfolger Konrad II. begründet die Salierdynastie (bis 1125)

**1025** Tod König Boleslaws I. von Polen, nur zwei Monate nach seiner Thronbesteigung

hatte. Otto reagierte auf die Situation in höchst pragmatischer Weise: Während der Krönungsmesse stand ein finster blickender Sachse mit blankem Schwert neben seinem Herrn, um ihn notfalls zu schützen. Lange hatte Otto auf diesen Augenblick warten müssen, den Empfang der Kaiserkrone aus der Hand des Papstes. Gegen beinahe jedes Mitglied seiner Familie hatte er Krieg geführt. Mutter und Geschwister hatten sich gegen seine Herrschaft verschworen. Von seinem eigenen Sohn war er hintergangen und an seine schlimmsten Feinde verraten worden. Nein, jetzt, da er so kurz davorstand, zum höchsten und mächtigsten aller Herrscher aufzusteigen, würde er sich nicht seine größte Stunde durch Unachtsamkeiten zerstören lassen. Und tatsächlich: Ob potenzielle Mörder durch den Sachsenkrieger abgeschreckt wurden oder nicht – die Zeremonie verlief ohne Zwischenfälle. Am 2. Februar 962 wurde dem auf einem Rundstein aus Porphyr knienden Otto endlich die lang ersehnte Kaiserkrone aufs Haupt gesetzt. Endlich war Otto Kaiser. Der Gipfel seiner Macht war erreicht.

Sein Kaisersiegel »Otto Imperator Augustus« wies den Herrscher als Nachfolger der römischen Cäsaren aus.

## Auf dem Gipfel der Macht

Sein Ziel, das er nahezu drei Jahrzehnte zuvor in Aachen so klar vor Augen gehabt hatte, war damit erreicht. Als einfacher, von innerfamiliären Streitigkeiten geplagter König der Ostfranken hatte er es geschafft, der mächtigste Mann der römisch-christlichen Welt zu werden. Längst nannte man ihn »Otto den Großen«. Er hatte für Frieden im Reich gesorgt und die Ungarn vernichtet. Die monarchische Macht der Ottonen war gefestigt, seinen nach ihm benannten Sohn hatte er als Nachfolger etabliert, ganz der Thronfolgeregelung seines eigenen Vaters folgend.

Diesmal sollte Otto viele Jahre in Italien bleiben. Der Aufenthalt im Süden war jedoch nicht nur pures Vergnügen: Jetzt, da im Ostfrankenreich Frieden herrschte und Otto Kaiser war, ergaben sich ganz neue Probleme: So standen die italienischen Fürsten in ihrer Renitenz den einstigen Rebellen seines Ostfrankenreichs in nichts nach. Hier zeichnete sich ein langer Konflikt ab, der auch Ottos Nachfolger beanspruchen sollte. Er sollte nicht der letzte deutsche Kaiser sein, der wegen des unberechenbaren Südens an seiner Krone schwer zu tragen hatte.

Fast noch schwerer wog jedoch die »internationale« Politik, in die Otto nun aufgrund sei-



**1026** Erster Italienzug Konrads II. (bis 1027)

**1027** Konrad II. wird zum römischen Kaiser gekrönt

**1028** Konrads II. zehnjähriger Sohn Heinrich III. empfängt das Herzogtum Bayern und in Aachen die Königskrönung

ner Kaiserwürde verwickelt war. Große und fremde Reiche, die man daheim in Ostfranken oft nur aus Geschichten kannte, beanspruchten die Aufmerksamkeit des Kaisers. Mehrere Feldzüge musste er führen: gegen die Araber, die Normannen, sogar gegen den Papst selbst und seine Nachfolger.

*Diese Krone trugen bis 1806 alle Könige und Kaiser des Heiligen Römischen Reiches. Die Krone und die Kaiserwürde verschafften den Herrschern einen Vorrang vor allen anderen europäischen Königen.*

**GERD ALTHOFF, HISTORIKER**

Auch brachte ihn die neu erworbene Kaiserkrone in Konflikt mit dem anderen römischen Reich, das noch immer im Osten, in Byzanz, existierte. Dessen Kaiser Nikephoros II. erhob den Anspruch, der einzige Erbe des antiken römischen Weltreichs zu sein. Um weiteren Streitigkeiten vorzubeugen, fasste Otto 967 schließlich einen ambitionierten Plan. Sein nach ihm benannter Sohn und Nachfolger sollte eine byzantinische Prinzessin heiraten, um so die beiden Reiche durch Familienbande miteinander zu verflechten. Doch über die Frage nach der Herrschaft über Ravenna fand man keine Einigkeit. Erst nachdem Nikephoros II. einem Mordkomplott zum Opfer fiel und mit Johannes I. Tzimiskes ein neuer Kaiser den byzantinischen Thron bestieg, hatte Ottos Brautwerbung Erfolg. 971 traf eine prunkvolle Gesandtschaft aus Byzanz mit einer Braut für Ottos Sohn in Italien ein. Doch die Auserwählte entpuppte sich nicht als Prinzessin, sondern lediglich als Nichte des Kaisers mit dem Namen Theophanu, was eigentlich ein diplo-

Die Vermählung seines Sohnes Otto II., hier bei dessen Krönung, mit der Byzantinerin Theophanu besiegelte das Bündnis zweier Reiche.



**1029** Vergeltungszug Konrads II. gegen die Polen unter König Mieszko II.

**1030** Baubeginn für den Speyerer Dom, der zur Grablege der Salierkönige wird

**1031** Heinrich I. wird König von Frankreich

matischer Affront war. Dennoch heiratete Otto II. im April des darauf folgenden Jahres die schöne und kluge Frau und hatte eine glückliche Wahl getroffen: Unter dem männlichen Titel »Imperator Augustus« wurde Theophanu zu einer der mächtigsten und einflussreichsten Frauen der deutschen Geschichte. Mit der Vermählung war das Bündnis zwischen Otto – dem Herrscher über das Weströmische Reich – und dem Oströmischen Reich besiegelt. Ostrom und Westrom erkannten sich gegenseitig an.

Die große Politik kostete Otto viel Zeit. Zehn lange Jahre war er jetzt fast ohne Unterbrechung mit Tausenden seiner Gefolgsleute in Italien. Das gefiel nicht allen: Für die deutschen Herzöge war der Kaiser in der Heimat nicht präsent genug. Viele sahen in der Abwesenheit vom Land seiner Geburt eine Sünde des Königs, sein Königreich galt als verwaist. Erst 973 kehrte der Kaiser endgültig wieder nach Norden zurück.

## Ottos letzte Jahre

Der lange Aufenthalt hatte Otto und seine Krieger verändert. Als Franken, Schwaben, Sachsen, Bayern waren sie losgezogen. Zwar kehrten sie nicht als Deutsche wieder heim, doch als Stammesangehörige, die sich bewusst waren, dass sie in ein größeres Reich integriert, in ihm vereint waren.

Dieses Bewusstsein hatte sich nach der Lechfeldschlacht 955 allmählich zu entwickeln begonnen, aber letztlich waren es die Italiener gewesen, die dem aufkeimenden Gefühl der Zusammengehörigkeit zum ersten Mal einen Namen gegeben hatten. Das abfällige »tedeschi« für Ottos bunt zusammengewürfeltes Heer war zu einem Begriff geworden, unter dem die Stämme des Ostfrankenreichs ihre Gemeinsamkeit definieren konnten: Sie waren »Deutsche«. Diese Bezeichnung, diese Klammer, wurde damit zu einem Synonym für ein Eigenbewusstsein, das sogar die Kaiserkrone Ottos lange überdauern sollte.

*Hinzu kam noch der gewaltige Körperbau, der die volle königliche Würde zeigte, das Haupt mit ergrauendem Haar bedeckt, die Augen funkelnd und wie ein Blitz durch plötzlich treffenden Blick einen besonderen Glanz ausstrahlend. Der Bart wallte voll herab, ganz wider die alte Sitte. Die Brust war wie mit einer Löwenmähne bedeckt, der Bauch nicht zu stattlich, der Schritt einst rasch, jetzt gemessener.*

WIDUKIND VON CORVEY ÜBER OTTO

Den Palmsonntag 973 feierte Otto wieder in Sachsen, in Quedlinburg. Dort hielt er einen großen Osterhoftag ab, der zur glanzvollen Inszenierung eines bereits zu Lebzeiten legendären Herrschers wurde: Ihm, einem wahren Kaiser, machten Abgesandte aus allen Himmelsrichtungen, aus allen Regionen der damals bekannten Welt die Aufwartung. Doch Quedlinburg sollte den letzten großen Auftritt des Kaisers erleben. Mit 61 Jahren war Otto längst nicht mehr der Jüngste, und er hatte seit fast vierzig Jahren über sein Reich geherrscht. Todesahnungen plagten ihn zusehends. So war ihm während einer Jagd zu Himmelfahrt in einem höchst seltsamen Traum eine mysteriöse Frau mit wächsernem Gesicht und wächsernen Gewändern erschienen und hatte ihm seinen nahen Tod infolge eines Darmleidens angekündigt.



**1032** Basel wird Teil des Heiligen Römischen Reichs

**1033** Nach dem Tod König Rudolfs III. von Burgund wird Konrad II. zum burgundischen König gekrönt

**1034** Baubeginn der ersten urkundlich erwähnten deutschen Synagoge in Worms

**1035** Ferdinand I. wird König von Kastilien und Léon

**1037** Zweiter Italienzug Konrads II. (bis 1038), der in Cremona die Erblichkeit niederer Lehen in Reichsitalien verfügt

**1038** Konrad II. lässt Heinrich III. als König von Burgund krönen

Die Krypta des Klosters Memleben, in dem Otto völlig überraschend am 7. Mai 973 starb.

Am 7. Mai 973 wurde Otto, als er in der Pfalz Memleben Station machte, von einem heftigen Fieber befallen. Es kam urplötzlich, nichts hatte zuvor auf eine Erkrankung des Kaisers hingedeutet. Am Morgen hatte sich der Kaiser wie gewohnt beim ersten Morgenlicht aus seinem Lager erhoben, er hatte alle Gottesdienste des Tages mitgefeiert, sich mit einigen Regierungsangelegenheiten beschäftigt. Nun saß er bestens gelaunt im Kreise seiner Getreuen beim Essen, als er plötzlich auf einem Stuhl zusammensackte. Nur einmal erlangte er noch kurz das Bewusstsein, gerade lange genug, um die Sterbesakramente von einem Priester zu erhalten. Dann verstarb er.

Tiefe Trauer herrschte im gesamten Reich. In einem dreißigtägigen Leichenzug überführte man die sterblichen Überreste des Kaisers nach Madgeburg. Dort wurde Otto neben seiner ersten Frau Edgitha in der Gruft des Domes zur letzten Ruhe gebettet.

## Das Vermächtnis

Mit Otto starb einer der mächtigsten Herrscher, den man im Reich der Stämme, ja in ganz Europa bis zu jenem Zeitpunkt je gekannt hatte. Sein Aufstieg vom König der Ostfranken zum Kaiser der Christenheit war beispiellos. Der Ruhm seiner Herrschaft sollte seinen Tod lange Zeit überdauern. Schon seine Zeitge-

Mit Ottos Tod endete eine wechselhafte Regentschaft. Sein Sieg auf dem Lechfeld geriet zu einer der Gründungsmythen eines Reiches der Deutschen.



**1039** Heinrich III. tritt die Nachfolge seines verstorbenen Vaters Konrad II. an

**1040** Heinrich III. verbietet Fehde und Blutrache

**1041** Heinrich III. besiegt Herzog Břetislav von Böhmen, das nun lehensabhängig wird

nossen sahen ihn als »den Großen«, und vielen galt er fast ein Jahrtausend lang als der Stifter eines Reiches, vielleicht sogar einer Nation der Deutschen.

Bewusst war sich Otto dessen aber nicht. Als er 962 in Rom die Krone empfing, hatte Otto nicht die Zukunft der deutschen Stämme im Sinn, sondern vor allem die Erhaltung der eigenen Macht. Er knüpfte seine Herrschaft an den Ruhm der Vergangenheit: an das glorreiche Römische Reich der Antike. Dadurch stellte sich der Sachse nicht nur in die Nachfolge Karls des Großen, sondern auch in die Tradition der großen römischen Kaiser, wie Augustus, Mark Aurel und Konstantin. Dieser Rückgriff auf die Vergangenheit war bewusst gewählt. Man glaubte damals, dass es vier Weltreiche gäbe, bevor die Welt unterginge und das Jüngste Gericht über die Menschheit hereinbräche: die Reiche der Babylonier, der Perser, der Griechen und schließlich der Römer. Indem Otto zum römischen Kaiser gekrönt worden war, wurde nach dem Glauben seiner Zeitgenossen der Untergang der Welt hinausgezögert – und Otto hatte sich zum Oberherrscher über eines der vier größten Reiche künftiger Epochen gemacht.

Damit hatte Otto ein Reich begründet, aber keine Nation der Deutschen, wie man sie heute kennt. Denn vor allem war er ja zum »römischen Kaiser« erkoren worden, der über die Deutschen gebot – sein echtes Erbe ist die Verbindung der römischen Kaiserwürde mit einem Königreich, das als Heiliges Römisches Reich Deutscher Nation in die Geschichte eingehen sollte.

Ein deutsches Königtum, doch kein Königreich der Deutschen: Das Reich, dessen Urheber er war, wurde zum Dachverband für die Gesamtheit der Territorien, die sich seiner Herrschaftsidee zugehörig fühlten. »Heilig«, denn seine Kaiser waren durch Ottos Erbe eng an die Päpste gebunden und lagen oft im Streit mit ihnen. Friedrich Barbarossa erklärte daher 1157 das Reich für »heilig«, um ein Gegengewicht zum Einfluss des Papstes und seiner ebenfalls »heiligen« Kirche zu schaffen. »Römisch«, denn Otto hatte sein Reich in die Tradition der Antike gestellt. Die Krone, die Otto trug, ging

Das Geschlecht der Ottonen bestimmte bis zum Jahr 1024 die Geschicke des Reiches.



**1042** Mit dem Erlöschen der dänischen Dynastie fällt der englische Thron an Eduard den Bekenner aus dem Haus Wessex

**1043** Die arabische Herrschaft über Apulien wird von süditalienischen Normannen beendet

**1044** Nach dem Tod Herzog Gozelos I. wird Lothringen aufgeteilt auf die Cäsaren zurück, die römischen Kaiser. »Deutsch«, weil dieses Reich jenes identitätsstiftende Dach war, unter dem die Angehörigen der deutschen Stämme sich auf ihren kleinsten gemeinsamen Nenner einigen konnten. Wie eine Klammer war es oft das Einzige, das die Deutschen zusammenhielt, während sie langsam zueinanderfanden und über die kommenden Jahrhunderte hinweg allmählich begannen, sich als eine Einheit zu begreifen.

Es war ein langwieriger Prozess, und Ottos Erbe hatte viele Konsequenzen. Mit der Verleihung der Kaiserwürde durch den Papst waren Ottos Nachfolger durch ein enges Schicksalsband mit der Kirche verknüpft. Diese Verbindung ebnete der Kirche den Weg, sich zu einer wahren Supermacht des Mittelalters zu entwickeln, und führte immer wieder zu Problemen und Streitigkeiten um die Vorherrschaft. Kaiser werden konnte man nur durch den Papst, aber bei wem fand dieser Schutz, wenn es keinen Kaiser gab? Ottos Erbe beinhaltete auch die Herausbildung eines klerikalen Systems, in dem die Geistlichkeit innerhalb des Reiches zu einem immer größeren Machtfaktor erwuchs.

Hinterlassenschaft war auch die starke Position der weltlichen Fürsten im Reich, die den Kaisern – wie schon Otto – immer wieder schwer zu schaffen machten. Denn die Fürsten waren ein wichtiger Bestandteil der Politik. Wie schon unter Otto blieben sie auch weiterhin unberechenbare Verbündete, und oft sollte ihre Macht die ihres Kaisers bei Weitem übertreffen.

Erst 1356 wurden mit der »Goldenen Bulle« Regeln für das Wechselspiel zwischen Fürsten und Kaiser schriftlich niedergelegt, so etwa ein »Grundgesetz« des Reiches, und ab 1519 regelten zusätzliche »Wahlkapitularien« Rechte und Pflichten des Kaisers und seiner Fürsten im Reich. Bis heute lässt sich an den weitreichenden Befugnissen der Bundesländer noch erahnen, über welche Macht einst die einzelnen Landesfürsten in Deutschland verfügten.

Ein Erfinder des Heiligen Römischen Reiches Deutscher Nation, ein Stifter einer Nation der Deutschen, war Otto ganz sicher noch nicht. Jahrhunderte sollten noch vergehen, bis aus seinem Erbe so etwas wie ein echter Staat der Deutschen werden würde. Dennoch war Otto es gewesen, der einen wesentlichen Teil des Fundaments gelegt hatte. Unter seiner Regentschaft bildeten sich Konstanten heraus, die den Charakter des Reiches ganz wesentlich bestimmen sollten – die Kaiserwürde, die Rolle der Fürsten und die Bedeutung der Reichskirche. Nicht zufällig besannen sich viele, als 1806 das Heilige Römische Reich Deutscher Nation unter den Marschtritten der Armeen Napoleons versank, wehmütig auf das Mittelalter. Denn das Reich hatte – obgleich es im Lauf der Zeiten morsch geworden war – den Deutschen über die Jahrhunderte hinweg trotz aller Zersplitterung Identität verliehen und sie unter einem Dach zusammengebracht, unter dem sie fast ein Jahrtausend später schließlich auch zur Nation werden sollten.



**1045** Erstmalige urkundliche Erwähnung der Mark als neuer deutscher Gewichtseinheit

**1046** Erster Italienzug Heinrichs III. (bis 1047). Auf der Synode von Sutri Schlichtung der Papstwirren. Krönung zum römischen Kaiser

**1047** Belehnung der Normannenfürsten in Apulien und Aversa durch Heinrich III.

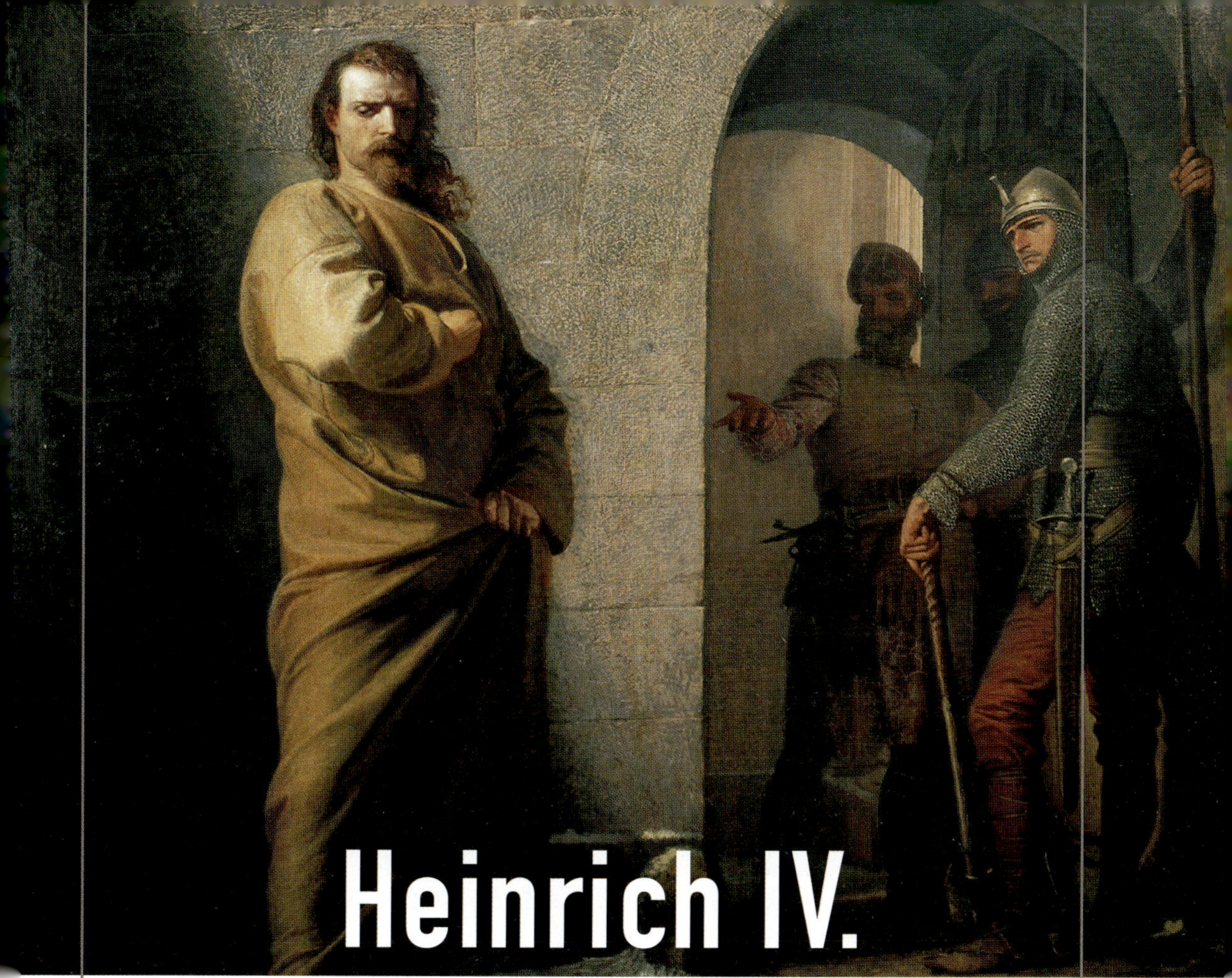

# Heinrich IV.

## und der Papst

Kein König vor ihm und kaum einer nach ihm musste so tief sinken: Als Heinrich IV. 1077 in Canossa vor Papst Gregor VII. kniete, schien er auf dem Tiefpunkt seiner Macht angekommen. Die nackte Angst vor dem Verlust der Krone hatte den stolzen Herrscher zu diesem letzten Mittel greifen lassen. Denn nur der Papst konnte ihn vom Bann lösen und somit die Macht des Saliers retten. Doch war Canossa wirklich eine Erniedrigung? Oder wurde der Ort Schauplatz eines raffinierten Kalküls? Tatsächlich gelang es Heinrich IV., sein Herrschertum zu bewahren. Doch wie hoch der Preis für diesen Triumph war, zeigten erst die folgenden Jahrhunderte.

Viele Ereignisse, die als »Wendepunkte der Geschichte« gelten, werden von den Zeitgenossen gar nicht als solche wahrgenommen. Erst die Rückschau auf Jahrzehnte oder Jahrhunderte verleiht einem Ereignis seine Bedeutung und vermittelt die Erkenntnis, dass hier etwas begann, das den Lauf der Welt veränderte. Seltene andere Begebenheiten erlangen schon während oder kurz nachdem sie stattfanden, eine solche Bedeutung. Eine davon ist der Gang nach Canossa: Heinrich IV., seinerzeit der mächtigste weltliche Herrscher auf Erden, stand im eisigen Januar 1077 im armseligen Büßergewand barfuß im Schnee vor dem Tor der Burg Canossa in Oberitalien, in die sich der Papst zurückgezogen hatte. Er flehte um Gnade und um seine Wiederaufnahme in den Schoß der Kirche. Der oberste Führer der Christenheit hatte Monate zuvor den Kirchenbann über ihn verhängt und zudem all seine Untertanen vom Treueid entbunden. Sollte es Heinrich nicht gelingen, den Papst umzustimmen, so wäre er seine Krone wahrscheinlich endgültig los. Drei Tage, so die Quellen, hielt Gregor VII. seinen Widersacher hin, erst dann ließ er das Tor öffnen und gewährte Heinrich Einlass. Heinrichs Herrschaft war gerettet. Aber dennoch: Es war eine nie da gewesene Schmach, kein König vor und kaum einer nach Heinrich hatte so tief sinken müssen. So zumindest die gängige Interpretation. Die Szene von Canossa gehört seither zu den berühmtesten Bildern des Mittelalters; noch heute – fast ein Jahrtausend später – steht der Ausdruck »nach Canossa gehen« für die schlimmstmögliche Erniedrigung, die einem Machthaber zustoßen kann.

Mit Heinrich III. erreichte die Ausübung weltlicher und geistlicher Macht durch den Kaiser ihren Höhepunkt.

Wie hatte es so weit kommen können? Was war geschehen, dass der König des Deutschen Reiches so in Bedrängnis geraten war, dass er nur noch diesen einen Ausweg sah? Wer war dieser Heinrich, der in der Meinung späterer Historiker, vor allem jener des 19. Jahrhunderts, die Herrlichkeit deutschen Herrschertums so leichtfertig verspielt hatte? Die Eckdaten sind schnell aufgezählt: Heinrich IV. war der dritte Herrscher aus dem Geschlecht der Salier, das mit Konrad II. 1024 die Königswürde übernommen hatte, nachdem der letzte König aus dem Geschlecht der Ottonen kinderlos gestorben



**1050** Geburt Heinrichs IV. in Goslar.

**Um 1050** Der lateinisch geschriebene erste Ritterroman erscheint: »Ruodlieb«

**1051** Isfahan wird von den Seldschuken erobert und Hauptstadt ihres Großreiches

war. 1050 geboren, wurde Heinrich IV. 56 Jahre alt und erlebte eine Regierungszeit, die wie kaum eine andere des Mittelalters von triumphalen Höhen und katastrophalen Niederlagen geprägt war. Bei den meisten mittelalterlichen Herrschern ist es nahezu unmöglich, ihre Art, ihren Charakter genauer zu beschreiben. Denn die zeitgenössischen Schilderungen loben den König oder Kaiser in der Regel mit stets ähnlichen Floskeln von Stärke und mildem Wesen, von Güte und Kraft. Bei Heinrich IV. liegt der Fall etwas anders: Freund und Feind haben sich ausgiebig über ihn ausgelassen und ein jeweils überbordend positives oder verdammenswert negatives Charakterbild des Königs entworfen. Die Polarität der vorliegenden Quellen macht es jedoch nicht gerade leicht, den Wahrheitsgehalt zu ermitteln. War Heinrich IV. nun ein schauderhafter Wüstling, der die Konventionen mit Füßen trat und das Reich in Unruhe stürzte? Oder war er der tragische Held einer Umbruchzeit, der alles in seiner Macht Stehende tat, um die Ehre des Reiches und des deutschen Königtums aufrechtzuerhalten?

*Ich lese wieder und wieder die Geschichte der römischen Könige und Kaiser. Doch ich finde vor Heinrich keinen einzigen unter ihnen, der vom römischen Papst exkommuniziert oder abgesetzt worden wäre.*

OTTO VON FREISING

## »Deo gratias«

Heinrich IV. wurde am 11. November 1050 in der Pfalz Goslar geboren. Dass das genaue Datum bekannt ist, ist für das Mittelalter nicht selbstverständlich, weil man sich der Menschen meist nur an ihrem Todestag erinnerte. Doch die Geburt Heinrichs war von außergewöhnlicher Bedeutung. Da das Kaiserpaar bis dahin zur allgemeinen Enttäuschung lediglich vier Töchter bekommen hatte, war der Thronfolger im ganzen Reich sehnlichst erwartet worden. »Deo gratias«, seufzten die Chronisten erleichtert, denn ein Sohn bedeutete die Fortführung des Herrscherhauses und damit aller Wahrscheinlichkeit nach ein Leben in Ruhe und Sicherheit. An Ostern 1051 wurde der Kleine auf den Namen seines Vaters, Heinrich, getauft. Bereits sein erstes Lebensjahr verbrachte er auf beständiger Reise im Hofstaat seiner Eltern. Er sollte den Untertanen präsentiert werden, auch wenn die Reise für ein Kind seines Alters enorm strapaziös gewesen sein muss. Im November 1053 versammelte Kaiser Heinrich III. die Fürsten des Reiches in Trebur, um dort den Kleinen zum deutschen König wählen zu lassen.

Niemand rechnete mit ernsthaftem Widerstand gegen die Sohnesnachfolge auf dem deutschen Thron. Die »Großen des Reiches«, das heißt die weltlichen und geistlichen Fürsten, erkoren aus ihrer Mitte denjenigen, den sie für am würdigsten hielten, dereinst die deutsche Königskrone zu tragen. Starb ein Herrscher kinderlos, so traten meist mehrere Bewerber um die Krone gegeneinander an und mussten möglichst viele Fürsten von ihrer Wahl überzeugen. Hatte ein amtierender Herrscher allerdings einen Sohn, war es seit Jahrhunderten Tradition, dass dieser auch auf den Vater folgte.

In diesem sicheren Bewusstsein hatte sich auch Heinrich III. mit seinem Gefolge auf den Weg nach Trebur gemacht. Und tatsächlich trafen die Fürsten ebenfalls zahlreich dort ein.



**1052** Die Byzantiner erobern Edessa (= Urfa) von den Arabern zurück

**1053** Der Vater Heinrichs IV. lässt diesen in Trebur zum (Mit-)König und Nachfolger wählen

**1054** Kirchenschisma, u.a. über Zölibatsfrage, zwischen Rom und Konstantinopel (erst 1965 formell aufgehoben)

# Die Dynastie der Salier

Das fränkische Adelsgeschlecht der Salier regierte das Deutsche Reich von 1024 bis 1125. 1024 wurde Konrad II. in Kamba zum deutschen König erhoben, und drei Jahre später bekam er in Rom die Kaiserkrone. Unter seinem Sohn Heinrich III. erlebte das deutsche Kaisertum einen Höhepunkt seiner Macht. Mit dessen Sohn Heinrich IV. begann eine Zeit dramatischer Konflikte, die auch Auseinandersetzungen mit seinen Söhnen beinhalteten. Heinrich V., der schließlich die Macht von seinem Vater übernahm, starb 1125 kinderlos. Nach der Regierung Lothars III. ging das Reich mit Konrad III. (1138–1152) auf das Geschlecht der Staufer über.

Allein das war schon ein Zeichen dafür, dass sie dem Willen des Herrschers zustimmen würden, denn nach mittelalterlichen Gepflogenheiten drückte man eine Ablehnung bereits im Vorhinein dadurch aus, dass man gar nicht erst erschien. Allerdings war der Rückhalt Heinrichs III. unter den weltlichen Fürsten in den letzten Jahren erheblich ins Wanken geraten. Immer wieder war von Unruhen, Konflikten, ja Rebellion die Rede gewesen. Die unumstößliche Allmacht Heinrichs III. wurde zunehmend in Frage gestellt. Und das bekam der Kaiser nun deutlich zu spüren.

Die Fürsten erklärten sich zwar mit der Ernennung des kleinen Heinrich durch den Vater einverstanden – doch unter einer Einschränkung: Sie würden ihm nur dann folgen, wenn er ein »rex iustus«, ein »gerechter König«, werde. Gefolgschaft mit Bedingung? Das war nahezu ein Affront – in jedem Fall aber eine deutliche Warnung in Richtung des amtierenden Kaisers Heinrich III. und auch, obschon es der Kleine sicherlich noch nicht verstehen konnte, an den frisch gekürten König Heinrich IV.

Der Kaiser hatte auf die schnelle Wahl seines Sohnes gedrängt. Man vermutet heute, dass er bereits zu dieser Zeit ernsthaft an Gicht erkrankt war und wusste, dass ihm nicht mehr allzu viel Zeit blieb, seine Nachfolge zu regeln. Tatsächlich starb Heinrich III. am 5. Oktober 1056 im Alter von erst 39 Jahren. Er hinterließ seine Frau Agnes mit den Töchtern und Söhnchen Heinrich, kaum sechs Jahre alt. Für die Kaiserwitwe begann eine schwere Zeit. Eine wirkliche Regentschaft durch eine Frau wäre in jener Epoche undenkbar gewesen, als Mutter des Königs aber war es ihre Aufgabe, zusammen mit ihren Beratern das Reich so lange zu



**1055** Konzil von Florenz im Beisein von Heinrich III. und dem Papst

**1056** Tod Heinrichs III. Seine Witwe Agnes von Poitou übernimmt die Regentschaft für den unmündigen Heinrich IV.

**1057** Agnes überträgt Schwaben und die Verwaltung Burgunds an Rudolf von Rheinfelden

Die Präsentation des lang ersehnten Thronerben, wie sie sich ein romantisierender Maler des 19. Jahrhunderts vorstellte.



**1058** Malcolm III. wird König von Schottland († 1093)

**1059** Der Normannenherzog Robert Guiscard erhält Apulien, Kalabrien und Sizilien als päpstliche Lehen

**1060** Geburt Gottfrieds von Bouillon, des Anführers beim Ersten Kreuzzug und Regenten des Königreichs Jerusalem († 1100)

Die Pfalz Kaiserswerth in einer Darstellung des 19. Jahrhunderts. Ihre Ruine vermittelt noch heute einen Eindruck von der Pracht der salischen und staufischen Pfalzen.

verwalten, bis der kleine Heinrich die Volljährigkeit erreichte. Zwar schlug sich Agnes faktisch gar nicht schlecht in ihrem Bemühen, die widerspenstigen Fürsten auf einer Linie zu halten, doch langfristig wäre ihr niemals Erfolg beschieden gewesen. Die Vorurteile und Anfeindungen, denen sie ausgesetzt war, lassen sich noch gut aus den Quellen rekonstruieren. So berichten die Annalen des Klosters Niederaltaich: »Der König war nämlich ein Kind, die Mutter aber ließ sich als Frau von den Ratschlägen dieser und jener leicht bestimmen, die Übrigen aber, die bei Hof bestimmten, waren alle der Habsucht erlegen, und niemand fand dort ohne Geld in seinen Angelegenheiten Gerechtigkeit, und so herrschte kein Unterschied zwischen Recht und Unrecht.« Für Agnes' Gegner war es nicht schwer, eine Gruppe zusammenzubringen, welche die Regentschaft über das Reich selbst übernehmen wollte – und dies auf eine Art und Weise, wie sie das Deutsche Reich bis zu diesem Zeitpunkt noch nicht erlebt hatte.

## Tatort Kaiserswerth

1062 lud die Kaiserin zu einem Hoftag in die Pfalz Kaiserswerth am Rhein. Die Ruinen des mächtigen Bauwerks sind noch heute bei Düsseldorf zu besichtigen. Damals diente es als glanzvolle Kulisse für eine Versammlung der Großen des Reiches.

Die Fürsten hatten sich zahlreich eingefunden, und ein festliches Bankett unterstrich die Feierlichkeit des Tages. Unter den Gästen war auch der ehrgeizige Erzbischof Anno von Köln, dem Agnes' eigenständiges Handeln zunehmend ein Dorn im Auge war und der dem Festtag ein brutales Ende bereitete. Unter einem Vorwand lockte Anno den Jungen aus der Pfalz heraus auf sein prächtiges Schiff, das am Rheinufer vertäut lag. »Kaum aber hatte er das Schiff betreten«, berichtet der Geschichtsschreiber Lampert von Hersfeld, »da umringten ihn die vom Erzbischof angestellten Helfershelfer seines Anschlags, rasch stemmten sie die Ruder hoch, warfen sich mit aller Kraft in die



**1061** Robert Guiscard erobert mit Bari den letzten byzantinischen Stützpunkt in Europa

**1062** Erzbischof Anno von Köln entführt Heinrich IV. in Kaiserswerth und wird Regent im Wechsel mit Adalbert von Bremen

**1063** Die Normannen erobern kurzzeitig Tarent von den Byzantinern

Erzbischof Anno von Köln ließ Heinrich aus der Pfalz Kaiserswerth entführen und ihn – letztlich erfolglos – in seinem Sinn erziehen.

Riemen und trieben das Schiff blitzschnell in die Mitte des Stroms.« Heinrich aber habe Verdacht geschöpft und sei beherzt in den Rhein gesprungen. Graf Ekbert, der ebenfalls in den Entführungsplan eingeweiht war, habe als Erster begriffen, dass der Junge zu ertrinken drohte, und ihn aus den Fluten gezogen. Heinrichs Leben war gerettet, doch die Entführung wurde konsequent durchgezogen. Das Schiff mit Erzbischof Anno und dem kleinen König fuhr nach Köln und mit ihm die Reichsinsignien, jene Wertgegenstände, die stets den aktuellen Machthaber auswiesen. Und das waren nach dem neuen Stand der Dinge Anno von Köln und seine Parteigänger.

Warum die Kaiserwitwe Agnes das alles offenbar widerstandslos geschehen ließ, darüber schweigen sich die Quellen aus. Tatsächlich dürfte es ihr kaum möglich gewesen sein, etwas gegen die Kleriker zu unternehmen. Sie scheint sich relativ resigniert aus der Politik zurückgezogen zu haben. Noch im darauffolgenden Winter begab sie sich auf eine Reise über die Alpen und in das Kloster Fruttuaria in Rom. Welche Folgen das traumatische Erlebnis für den Jungen hatte, kann man nur mutmaßen. Er wurde seiner Mutter gewaltsam entrissen, die zudem nichts zu seiner Rettung unternahm. Das Verhältnis zwischen Sohn und Mutter würde auch Jahrzehnte später noch schwierig bleiben. Ansonsten hatte der kleine König keine andere Wahl, als sich mit der Situation abzufinden, so dramatisch sie sich für ihn zunächst auch darstellte. Wie einen Gefangenen habe man den jungen Herrscher herumzerren lassen, so der Geschichtsschreiber Adam von Bremen. Doch es war offenbar nie geplant gewesen, dem Jungen seine Krone dauerhaft vorzuenthalten. Die Kirchenfürsten wollten ihn ganz in ihrem Sinne prägen und während seiner Unmündigkeit die Herrschaft im Reich ausüben, die sie der Kaiserwitwe nicht zutrauten. Die Rechnung Annos von Köln aber ging nicht vollständig auf. Erzbischof Adalbert von Hamburg-Bremen machte dem Kölner bezüglich des Einflusses auf den Jungen bald Konkurrenz. Zu Adalbert fasste Heinrich Vertrauen. Dem Kölner Erzbischof scheint er dagegen die Entführung nie verziehen zu haben. Als Heinrich am 29. März 1065 aus Anlass seiner Schwertleite für mündig erklärt wurde, wollte er als Erstes Anno an die Kehle gehen, heißt es – was Umstehende nur mit Mühe hätten verhindern können.



**1064** Sündenablass und Segen Papst Alexanders III. bestärken die spanischen Kämpfer um eine »Reconquista«

**1065** Heinrich IV. übernimmt die Herrschaftsgeschäfte

**1066** Heinrich IV. heiratet Berta von Turin. Schlacht von Hastings: König Harald II. unterliegt Wilhelm dem Eroberer

Die Entführung von Kaiserswerth war das prägende Erlebnis in Heinrichs Kindheit: Nie wieder in seinem Leben würde er den Fürsten völlig vertrauen, da einige von ihnen ihm so übel mitgespielt hatten. Doch letztlich war er es, der als Sieger aus dem Debakel hervorging. Mit vierzehn Jahren erhielt er sein Königreich zurück. Die Erfahrung, dass es oft im Leben eine zweite Chance gibt, auf die es sich zu warten lohnt, sollte sein Handeln bis zu seinem Tod noch häufiger bestimmen.

## Die ersten Kilometer

Für Heinrich begann im März 1065 nun der endlose Reiseweg eines mittelalterlichen Königs. Sein Reich kannte weder Hauptstadt noch Verwaltung. Der König konnte Regierung dementsprechend nur dort ausüben, wo er sich höchstpersönlich hinbegab. Das zwang ihn zum oftmals täglichen Wechsel seines Aufenthaltsorts. Geschätzte 120 000 Kilometer – in etwa drei Weltumrundungen – legte Heinrich IV. im Laufe seiner fünfzigjährigen Regierungszeit zurück. Bevorzugte Anlaufstellen des königlichen Trosses waren die fürstlichen oder bischöflichen Pfalzen. Für deren Herren aber war der Besuch eines Königs ein zweischneidiges Schwert. Zwar bot die Anwesenheit des Herrschers seinen Gastgebern die Möglichkeit, sich von ihm bestimmte Rechte verbriefen zu lassen, doch Hofstaat und Gefolge wollten ebenfalls verköstigt werden. Es war ein teures Privileg, gegen das sich einige Fürsten auch zunehmend sträubten oder sich zumindest mit Ausflüchten zu behelfen suchten. Der schwerfällige Tross des Hofes konnte in der Regel kaum mehr als 25 Kilometer am Tag zurücklegen.

Oft war das zu wenig, um wieder eine befestigte Stadt oder Burg zu erreichen. Dann hieß es, ein Lager aufzuschlagen und sich mit den örtlichen Gegebenheiten abzufinden. Das Leben eines Herrschers verlief dementsprechend häufig spartanisch und anstrengend. Zahlreiche Königskinder des Mittelalters fielen den Strapazen zum Opfer, und auch die durchschnittliche Lebenserwartung ihrer Eltern war nicht allzu hoch. Heinrich IV. dagegen scheint sein mobiles Dasein gut verkraftet zu haben. Ein ungewöhnlicher Glücksfall der Archäologie ermöglicht auch heute noch Rückschlüsse auf sein Leben und seinen Gesundheitszustand. Im Jahr 1900 öffnete eine eigens dafür eingerichtete Kommission bei Umbaumaßnahmen die salischen Kaisergräber im Speyerer Dom. Die meisten Gräber waren verwüstet, die Leichname der Kaiserinnen Bertha und Gisela und die von Konrad II. und Heinrich III. völlig zu Staub zerfallen. Das Grab Heinrichs IV. aber hatte die Jahrhunderte nahezu unversehrt überstanden. In seinem Sarg fanden sich zahlreiche Grabbeigaben, wie eine Grabkrone und ein Brustkreuz aus Kupfer, ein goldener Fingerring und die Reste eines Mantels, von Lederschuhen und einer Kopfunterlage aus Wolle. Noch spektakulärer aber: Das Skelett war mit Ausnahme der Schienbeine und Füße nahezu komplett erhalten. Auffälligstes Merkmal des Leichnams war seine ungewöhnliche Größe. Heinrich IV. muss mindestens 1,80 Meter groß gewesen sein, in einer Zeit, in der ein durchschnittlicher Mann kaum eine Größe von 1,70 Meter erreichte. Die Kommission vermerkte in ihrem Bericht beeindruckt: »Die gewölbte Brust, die breiten Schultern, das schmale Becken, die energische mechanische Durcharbeitung der langen Extremitätenknochen, namentlich



1067 Die Wartburg wird bei Eisenach errichtet

1069 Feldzug Heinrichs IV. gegen den slawischen Stamm der Liutizen

1070 Otto von Northeim wird geächtet, sein Herzogtum Bayern an Welf IV. übertragen

# Das Reich im 11. Jahrhundert

Konrad II. gelang es, das Königreich Burgund dem Deutschen Reich anzugliedern. Seine Nachfolger herrschten somit über ein Gebiet gigantischen Ausmaßes. Im Norden begrenzte es die Nordsee, im Osten die Elbe, im Westen reichte es bis in die Provence und im Süden bis nach Oberitalien. Etwa fünf Millionen Menschen verschiedenster Ethnien, von denen sich die wenigsten untereinander verständigen konnten, bevölkerten diese Landstriche. Das bunte Völkergemisch unterstand zwar einer Krone, doch nur eine Minderheit dürfte davon überhaupt je berührt worden sein. Da keinerlei Verwaltungsapparat existierte, musste kein Untertan Steuern an den Kaiser zahlen. Wohl aber war er seinem direkten Lehnsherrn abgabeverpflichtet. Die allermeisten Bewohner des Reiches lebten von den Erträgen ihrer Landwirtschaft, die sich dank technischer Neuerungen wie dem Kummet im Verlauf des 11. Jahrhunderts erheblich steigerten. Doch auch das Städtewesen, das in Oberitalien bereits weit entwickelt war, erlebte nördlich der Alpen zunehmenden Aufschwung.

Das Deutsche Reich unter Heinrich IV.



**1071** Bambergs Bischof Hermann gründet das Benediktinerkloster Banz

**1072** Die Normannen erobern Palermo von den Sarazenen

**1073** Sachsenaufstand unter Otto von Northeim gegen das salische Königtum (bis 1075). Gregor VII. wird Papst

Das Mittelschiff des Speyerer Doms, der heute die größte erhaltene romanische Kirche in Europa ist und zum UNESCO-Weltkulturerbe zählt.

jene der Arme und Hände, geben die Gestalt eines schlanken, aber kräftigen, beinahe athletischen Mannes, zu allen ritterlichen Übungen geschickt und in ihnen geübt.« Wie alle Salier war auch Heinrich IV. dunkelhaarig.

Hoch zu Ross oder auch zu Fuß muss er in seinem königlichen Ornat eine imposante Figur abgegeben haben. Untertanen, die ihren König ja nur dann zu Gesicht bekamen, wenn dessen Tross zufällig ihre Gegend passierte, dürften beeindruckt gewesen sein. »Im Antlitz erscheint männliche Kraft mit beinahe weiblicher Anmut gepaart«, begeisterte sich die Speyerer Kommission in ihrem Grabungsbericht weiter, »der große Hirnschädel, die feine Stirnbildung, die energische, vortretende Unterstirn, die lange, edle und kräftige Nase gaben dem scharf modellierten, schmalen Gesicht einen energischen Ausdruck, der noch gehoben wurde durch den starken kriegerischen Schnurrbart. Die großen, offenen Augen, der feine Mund, das fast zarte Kinn verliehen dem Ausdruck eine gewissen Weichheit und besondere individuelle Schönheit.«

*Heftete er seine durchdringenden Augen auf das Antlitz eines Menschen, so durchschaute er dessen innerste Regungen und sah gleichsam mit Luchsaugen, ob einer im Herzen Hass oder Liebe zu ihm trug.*

ANONYM, »DAS LEBEN KAISER HEINRICHS IV.«, KAPITEL 1

Die Ausgräber konnten am Skelett keinerlei Spuren von ernsthaften Verletzungen oder Krankheiten finden. Lediglich ein Schneidezahn scheint Heinrich als Kind ausgeschlagen worden zu sein, oder er verlor ihn. Jedenfalls verschoben sich die übrigen Zähne zur Mitte und schlossen die Zahnlücke. Das »königliche Antlitz«, das die Ausgräber so fantasievoll beschrieben, dürfte also nahezu keinen Makel aufgewiesen haben. Wie der König tatsächlich aussah, ist heute nur noch schwer zu sagen. Verschiedene Versuche, das Gesicht Heinrichs anhand der vorhandenen Fotos des



**1074** Frieden von Gerstungen zwischen Heinrich IV. und den Sachsen

**1075** Investiturstreit um die Frage, ob König oder Papst über die Einsetzung der Bischöfe entscheidet

**1076** Synode in Worms mit Absageschreiben an Gregor VII. Dieser erklärt den Kirchenbann über Heinrich IV.

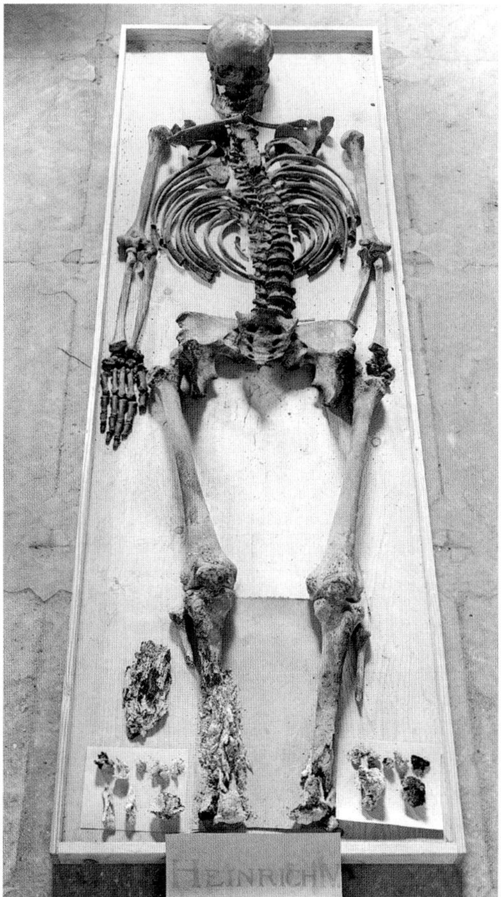


Keinerlei Spuren von ernsthaften Verletzungen oder Krankheiten: Das Skelett Heinrichs IV., wie es die Ausgräber 1900 vorfanden.

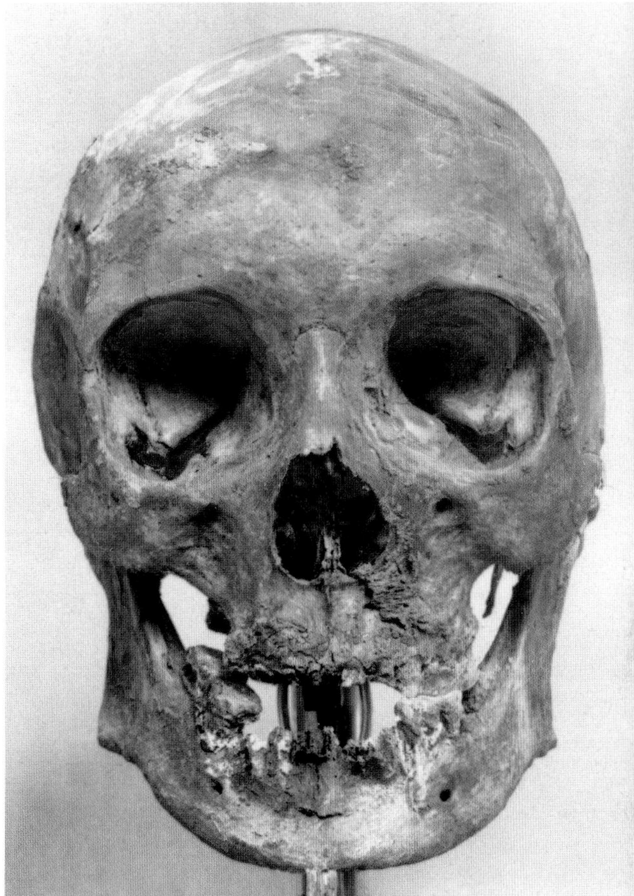

Der Schädel Heinrichs IV. Die Gebeine sind heute für moderne wissenschaftliche Untersuchungen nicht mehr zugänglich.

Schädels mit Computerprogrammen aus der Kriminalistik zu rekonstruieren, kamen zu recht unterschiedlichen Ergebnissen. Die bildlichen Darstellungen aus dem Mittelalter sind noch zu schematisch, um individuelle Züge auszumachen, sodass wir uns mit der schwärmerischen Beschreibung eines Zeitgenossen begnügen müssen, »... dass er in der Umgebung Vornehmer die anderen überragend, ja größer als er selbst erschien, und dass sein Antlitz einen Scheu erregenden Glanz zeigte, weshalb der Blick der ihn Anschauenden wie vor einem Blitz zurückprallte, während unter seinen Hausgenossen und in kleinerem Kreis sein Gesicht freundlich, seine Gestalt nicht ungewöhnlich aussah«.



**1077** Heinrichs IV. Gang nach Canossa zu Gregor VII. Oppositionelle Fürsten küren Rudolf von Rheinfelden zum Gegenkönig

**1078** Wilhelm der Eroberer veranlasst den Bau des Londoner »White Tower« (Vorläufer des Tower)

**1079** Geburt des Scholastikers Pierre Abaelard († 1142)

Eine Einschätzung seiner geistigen Fähigkeiten zu geben fällt noch schwerer. Vermutlich konnte der Herrscher lesen und schreiben, da er seine Jugendjahre unter Aufsicht der Kirchenfürsten verbracht hatte. Überliefert ist allerdings kein einziges Wort, das Heinrich selbst geschrieben hat. Auch mündliche Äußerungen werden nirgends zuverlässig zitiert. Sprachrohr des Herrschers waren seine Urkunden und Briefe, die von seiner Hofkapelle niedergeschrieben wurden. An nahezu jedem Ort, an dem der Hof Station machte, wurden Untertanen vorstellig, die ihren Herrscher um Hilfe oder juristische Entscheidungen ersuchten. Da diese dann in Form von Urkunden schriftlich fixiert wurden und auch der Ausstellungsort vermerkt wurde, sind wir noch heute, fast ein Jahrtausend später, recht zuverlässig über die Reisewege Heinrichs informiert. An der Seite des reisenden Königs waren in der Regel seine Familie, seine Dienstleute und ein stets wechselnder Kreis anderer auserwählter Personen. Dies konnten Bittsteller, Besucher oder Vorgeladene sein. Zu den in loser Folge stattfindenden Hoftagen wurden die geistlichen und weltlichen Fürsten des Reiches herbeigerufen und berieten politische Fragen und Rechtsstreitigkeiten. Erst wenn Konsens erzielt war, wurde der Beschluss rechtens und ausgeführt. Es existierte keinerlei niedergeschriebenes Recht, auf das ein Kläger hätte pochen können. Gewohnheit und Übereinstimmung regelten das politische und juristische Miteinander.

*Der Kaiser war in der Schrift dermaßen beschlagen, dass er die Urkunden, von wem auch immer er sie erhielt, selber lesen und verstehen konnte.*

VITA OTTOS VON BAMBERG

Zwar war der König auf seinem Reiseweg in der Regel gut geschützt, doch in einer Zeit ohne Medikamente und kaum vorhandenen medizinischen Wissens konnte der banalste Schnupfen das Leben eines Herrschers beenden. Auch von Heinrich berichten die Quellen für das Jahr 1065, »... dass die Ärzte ihn aufgaben und die Fürsten schon darangingen, über die Nachfolge zu beraten«. Zwar überstand der König seine Krankheit offenbar unbeschadet, doch sein Hofstaat war alarmiert.

Die Dynastie der Salier brauchte Nachwuchs, um Sicherheit und Kontinuität zu gewährleisten. Heinrichs Braut war schon seit Jahren bestimmt. Bereits im Alter von fünf Jahren war ihm seine Cousine Berta von Turin anverlobt worden, die Tochter des Grafen Otto von Savoyen und der Markgräfin Adelheid von Turin. Die Grafen von Savoyen kontrollierten die westlichen Alpenpässe und hielten damit ein strategisches Mittel in Händen, das sich für Heinrich noch einmal bezahlt machen würde. Das ein Jahr jüngere Mädchen war bei Hofe aufgewachsen und auf die künftige Rolle als Königin vorbereitet worden. Die Hochzeit 1068 erschien dementsprechend folgerichtig, löste allerdings beim Bräutigam kaum Begeisterung aus. »Er hatte seine edle und schöne Gemahlin auf Rat der Fürsten wider Willen zur Ehe genommen«, schreibt der Chronist Bruno. »Sie war ihm so verhasst, dass er sie nach der Hochzeit freiwillig nie mehr sah, da er schon die Hochzeit selbst nicht aus freiem Willen gefeiert hatte.« Nun hätte diese Ehe den Weg der meisten aus Staatsräson geschlossenen Verbindungen gehen können. Die Eheleute hätten sich mehr oder minder unglücklich in ihr Schicksal gefügt. Doch die Strategen bei Hofe hatten nicht mit dem starken Willen des Bräu-



**1080** Schlacht an der Weißen Elster: Gegenkönig Rudolf findet den Tod

**1081** Erster Italienzug Heinrichs IV. (bis 1084). Wahl Hermanns von Salm zum neuen Gegenkönig

**vor 1082** Der Teppich von Bayeux ist fertiggestellt

tigams gerechnet, denn dieser rief schon Mitte 1069 die Fürsten zur Verkündigung eines bizarren Privatanliegens zusammen. Er wolle sich von seiner Frau Berta von Turin scheiden lassen, verkündete der junge Herrscher seinem staunenden Publikum, weil er »die Ehe mit ihr nicht vollziehen« könne. Eine Scheidung sei, so der selbstbewusste Monarch, kein Problem, da er unter Eid versichere, dass er die Gemahlin, »wie er sie empfangen habe, unversehrt und in unbefleckter Jungfräulichkeit bewahrt« habe. Einer zweiten Ehe stehe somit also nichts im Wege. Die Zuhörer waren entgeistert. Dass sich ein Herrscher eine oder mehrere Geliebte nahm – nun gut, das kannte man. Aber eine offizielle Trennung, und dann auch noch unter so präzisen Angaben des Grundes – das war schon sehr ungewöhnlich.

Warum Heinrich seine junge Frau plötzlich so zuwider war, bleibt im Dunkeln. Vielleicht lag es daran, dass sie mit ihm am Hof aufgewachsen war und er vermutlich eine eher geschwisterliche Bindung zu ihr hatte. Möglicherweise aber war es auch eine Trotzreaktion, weil sein alter Widersacher Anno von Köln ihn zu dieser Ehe gezwungen hatte. Die Fürsten jedenfalls sahen sich nicht in der Lage, über die heikle Angelegenheit zu beschließen, und überließen Rom die Entscheidung. Der Papst aber dachte gar nicht daran, dem seltsamen Wunsch stattzugeben. Der Junge war verheiratet und würde das auch bleiben! In Person des Gesandten Petrus Damiani ließ er dem König ausreichend die Leviten lesen, und der temperamentvolle Herrscher fügte sich. Immer noch trotzig, gestand er zu, »dass die Königin wieder in die Throngemeinschaft aufgenommen« werde. Er wolle sie aber so behandeln, als »habe er sie gar nicht«. Lange scheint er bei diesem Vorsatz jedoch nicht geblieben zu sein, denn bereits im nachfolgenden Jahr kam ein Sohn Heinrich zu Welt, der allerdings kurz nach der Geburt starb. Auch Tochter Adelheid, die im August 1071 geboren wurde, lebte nicht lange. Ein Schwesterchen namens Agnes folgte 1072 oder 1073, und dann – im Februar 1074 – konnte endlich die Geburt des ersehnten Stammhalters vermeldet werden. Erst zwölf Jahre später, im August 1086, kam das fünfte Kind, wieder ein Sohn, zur Welt, der als Heinrich V. schlussendlich auf dem Thron nachfolgen würde. Somit war aus einer widerwilligen Ehe letztlich doch noch eine Dynastie hervorgegangen. Das Treuegelöbnis gegenüber seiner Frau allerdings hinderte Heinrich auch nicht daran, so wird berichtet, andere schöne Untertaninnen mit seiner Gunst zu erfreuen. Die Quellen überschlagen sich nahezu vor Abscheu über den Wüstling Heinrich, vor dem kein Rock im Reich sicher gewesen sei. »Er, der der König über viele Völker war, richtete in sich selbst der bösen Lust einen Thron auf, der Königin aller Laster«, entrüstete sich der sächsische Geschichtsschreiber Bruno. »Zwei oder drei Konkubinen hatte er zur gleichen Zeit, aber auch damit war er noch nicht zufrieden. Wenn er hörte, jemand habe eine junge und hübsche Tochter oder Gemahlin, befahl er, sie ihm mit Gewalt zuzuführen, wenn er sie nicht verführen konnte. Zuweilen begab er sich auch mit zwei oder drei Begleitern bei Nacht dorthin, wo er solche wusste, manchmal gelangte er an das Ziel seiner üblen Begierden, manchmal war er auch nahe daran, von den Eltern oder dem Gemahl seiner Geliebten umgebracht zu werden.« Und damit noch nicht genug: »Zahlreiche und große Schandtaten dieser Art übergehe ich, um zu einer anderen Sorte von Verbrechen zu kommen. Nur dieses



**1082** Robert Guiscard schlägt mit seinem Heer den byzantinischen Kaiser Alexios bei Durazzo (heute Durres) und nimmt die Stadt ein

**1083** Rückeroberung Madrids von den Mauren durch König Alfons VI.

**1084** Heinrich IV. wird in Rom vom Gegenpapst Clemens III. zum Kaiser gekrönt

eine möge hier noch zuletzt angefügt werden, was der gerechte Richter nicht ohne Strafe lassen möge, die Schande nämlich, die er seiner Schwester angetan hat, als er sie mit eigenen Händen niederhielt, bis sie ein anderer auf seinen Befehl und in seiner Gegenwart vergewaltigt hat.«

*Nachdem der König die Einfalt der Kindheit hinter sich gelassen hatte, in das Jünglingsalter, diesen Tummelplatz aller Schandtaten, eintrat, ... ließ er den steilen und engen Pfad zur Rechten liegen und wählte die abschüssige breite Straße zur Linken als Weg. Er entsagte völlig dem Tugendpfad und beschloss, nur noch seinen Begierden zu folgen.*

BRUNOS »BUCH VOM SACHSENKRIEG«, KAPITEL 1

Laut Bruno von Merseburg habe er sogar einen Verführer zu seiner Ehefrau geschickt, um sie dann in flagranti zu ertappen und somit einen Scheidungsgrund zu haben. Das hinterlistige Ränkespiel ging allerdings gründlich daneben und endete angeblich damit, dass Berta und ihre Hofdamen den König ordentlich verprügelten. Wie viel von derartigen Geschichten den Tatsachen entsprach und wie viel Verleumdung war, lässt sich kaum noch ermitteln. Die prüde Freudlosigkeit des Klosteralltags dürfte manch schreibenden Mönch wahrscheinlich zu kräftigen Übertreibungen angeregt haben. Auf der anderen Seite greift wohl die Metapher von Rauch und Feuer: Ein Kind von Traurigkeit war Heinrich IV. wahrscheinlich nicht.

Genügten schon derartige Gerüchte, um den Ruf des jungen Herrschers zu ramponieren, so ließ Heinrich auch darüber hinaus kaum eine Gelegenheit aus, um sich die Empörung der Zeitgenossen zuzuziehen. Besonderen Anstoß erregte die Tatsache, dass er sich gern mit sogenannten Ministerialen umgab. Die Ministerialen waren eine eigentlich unfreie Gruppe von Dienstleuten, die der Herrscher nun mit Hofämtern und Posten an sich band und ihnen damit einen enormen sozialen Aufstieg ermöglichte. Im Gegenzug schuf er sich so eine bedingungslos treue Gefolgschaft, der er offenbar mehr vertraute als den gewieften Fürsten.

*Eine moderne Annäherung an Heinrich IV. hat also zu konstatieren, dass er mit seiner Politik Regeln verletzte, die den Zeitgenossen wichtig waren.*

GERD ALTHOFF, HISTORIKER

Chronisten konnten sich gar nicht genug darüber ereifern, wie konsequent Heinrich auf alles Althergebrachte pfiff. »Während langer Zeit schon begann der König alle Mächtigen zu verachten, dagegen die Geringeren durch Reichtümer und Hilfen emporzuheben, und nach dem Rat der Letzteren verwaltete er, was zu verwalten war. Von den Vornehmen aber ließ er selten einen zu seinen geheimen Dingen zu«, schimpft der Chronist von Niederaltaich. »Und weil dies vielen und in ungeordneter Weise geschah, entzogen sich die Bischöfe, die Herzöge und andere Große des Reiches den Angelegenheiten des Königs.«

Die Kritik scheint an Heinrich IV. abgeprallt zu sein. Dieser junge Mann würde sich kaum zügeln lassen, so viel wurde bereits in seinen ersten Herrschaftsjahren klar. Er war



**1085** Tod Gregors VII. Heinrich IV. verkündet den Gottesfrieden für das Reichsgebiet

**1086** Domesday Book, das englische Reichsgrundbuch, abgefasst im Auftrag von Wilhelm der Eroberer

**1087** Heinrichs IV. ältester Sohn Konrad wird 13-jährig zum König gekrönt

ein furchtloser, konsequenter König, der sich nicht scheute, neue Wege zu gehen – solange sie ihm Vorteile verschafften.

## Der Sturm zieht auf

Heinrichs erste Regierungsjahre wurden von Konflikten in Sachsen geprägt. Hier hatte er durch eine Reihe von Burgenbauten, die er außerdem noch mit seinen getreuen Ministerialen besetzte, den Unmut der dortigen Fürsten erregt. Zudem hatte er offenbar einige der Großen durch schroffes Verhalten brüskiert. Die Kämpfe zwischen königlichen und fürstlichen Truppen in Sachsen erschütterten das Reich. In den Quellen taucht erstmals das Wort »bellum civile«, »Bürgerkrieg«, auf. Im »Frieden von Gerstungen«, 1074, musste der Herrscher zunächst klein beigeben. Die Sachsen erzwangen die »Schleifung«, das heißt die Zerstörung, sämtlicher Burgen in Sachsen und Thüringen und bestanden auf der Rück-

Der Geburtsort Heinrichs IV., die Pfalz Goslar. Sie präsentiert sich heute in der üppigen Rekonstruktion des 19. Jahrhunderts. Den Zustand zur Zeit Heinrichs IV. hat man sich erheblich schlichter vorzustellen.



**1088** Gegenkönig Hermann findet bei einer Privatfehde den Tod

**1089** Ehe Welfs V. von Bayern mit Mathilde von Tuszien führt zum Bund süddeutscher mit oberitalienischen Königsgegnern

**1090** Zweiter Italienzug Heinrichs IV. (bis 1097)

Szenen aus dem Leben Gregors VII. – links mit Heinrich IV., rechts bei seiner späteren Flucht aus Rom – in der Chronik Ottos von Freising.

gabe aller Rechte und Besitztümer, die Heinrich ihnen aberkannt hatte. Sogar der Zugang zur Pfalz Goslar, seinem Geburtsort, sollte dem König von nun an verwehrt bleiben. Eigentlich war es eine Niederlage auf ganzer Linie, doch überraschend wendete sich das Blatt zu Heinrichs Gunsten. Bei der Schleifung der Harzburg übertrieben die beteiligten Bauern es mit ihrer Zerstörungswut und schändeten Gräber der Königsfamilie. Für die damalige Zeit war das ein unverzeihlicher Skandal, und Heinrich schwappte eine Welle der Solidarität entgegen. Binnen Kurzem hatte er wieder ein imposantes Heer an seiner Seite und errang in der Schlacht an der Unstrut im Juni 1075 einen triumphalen Sieg. Im Herbst unterwarfen sich die Anführer des Aufstands, und der König konnte in der Pfalz Goslar ein fröhliches Weihnachtsfest feiern. Die dort zahlreich versammelten Fürsten schworen, Heinrichs kleinen Sohn Konrad als ihren König anzuerkennen. Es war der Höhepunkt seiner noch jungen Herrscherkarriere: Die »innenpolitischen« Gegner waren bezwungen und die Thronfolge gesichert. Was konnte ein kaum fünfundzwanzigjähriger König mehr verlangen?

Doch der Kampf gegen die Fürsten war nicht die einzige Front, an der sich Heinrich IV. behaupten musste. Wollte er als Herrscher dauerhaft Erfolg haben, so musste er ein Einvernehmen mit dem Papsttum in Rom erzielen. Das Verhältnis zwischen Papst und deutscher Krone hatte sich seit dem Tod Heinrichs III. erheblich verschlechtert. Während der Jugendzeit seines Sohnes war dank der selbst ernannten Reichsverweser einiger Konfliktstoff entstanden, und auch Heinrich selbst hatte nicht allzu lange gebraucht, um mit seinem bizarren Scheidungsbegehren für Irritationen bei der Kurie zu sorgen.



**Um 1090** Der Geheimbund der Assassinen (»Haschischesser«) wird gegründet, die gezielt politische Morde begehen

**1091** Das Königreich Kroatien fällt an Ungarn.

**1092** Das Seldschukensultanat bricht nach dem Assasinenmord an Wesir Nizam al-Mulk zusammen

Nun aber stand eine Auseinandersetzung ins Haus, die die Welt des Mittelalters erschüttern würde und unter dem Sammelbegriff »Investiturstreit« in die Geschichtsbücher einging.

Am 21. April 1073 starb Papst Alexander II., und bereits am folgenden Tag wurde in tumultartiger Hektik der Kleriker Hildebrand zu seinem Nachfolger erhoben. Er nannte sich Gregor VII. und sollte zum mächtigsten Gegenspieler Heinrichs IV. werden, zu dem Mann, der »den Erdkreis zum Erzittern brachte«, wie es ein Historiograf formulierte. In den widerstreitenden Meinungen über seine Person steht Hildebrand Heinrich IV. in nichts nach. Für viele gehörte er zu den gewaltigsten Denkern auf dem Stuhl Petri, er sei der Erneuerer von Moral und Macht der römischen Kurie. Für andere war gerade er es, der die anschließenden Turbulenzen zu verantworten hatte. Einer seiner Vorgänger im Amt, Papst Leo IX., soll zu ihm gesagt haben: »Wenn du jemals, was Gott verhüten möge, den päpstlichen Stuhl besteigst, wirst du die ganze Welt ins Unglück stürzen.« Der Name »Höllenbrand« machte die Runde. Der Neue auf dem Stuhl Petri war am deutschen Hof kein Unbekannter. Seit Jahren schon hatte er die kuriale Politik maßgeblich mitbestimmt und war auch bereits einmal als Gesandter seines Vorgängers am Hof Heinrichs III. aufgetreten. Über Herkunft und Kindheit kann in seinem Fall nur spekuliert werden. Er wurde wohl zwischen 1020 und 1030 in der Toskana geboren. Historiker nehmen an, dass er an der Laterankirche in Rom zum Kleriker ausgebildet wurde. Unter den Reformpäpsten ab Leo IX. legte er dann eine steile kuriale Karriere hin: ein ehrgeiziger Mann, kompromisslos und durchsetzungsstark. »Virga Assur«, die »Zuchtrute Gottes«, nannte ihn Petrus Damiani einmal. Hildebrand selbst war sich seiner zwiespältigen Wirkung auf andere durchaus bewusst. »Es entgeht Uns nicht«, schrieb er 1074 an die Markgräfin Mathilde von Tuszien, »wie unterschiedlich Meinung und Urteil der Menschen über Uns sind, da doch in denselben Angelegenheiten Uns die einen schonungslos hart, die anderen allzu milde nennen. Ihnen wissen Wir in der Tat nichts Wahreres, nichts Richtigeres zu antworten, als was der Apostel sagt: ›Für mich ist es ohne Belang, ob von euch oder sonst von einem weltlichen Gericht ein Urteil über mich ergeht.‹ Der allmächtige Gott vielmehr, der in Wahrheit Unser Herz prüft, lehre Uns und Euch, seinen Willen zu erfüllen, und lege sein Gesetz in Unser Herz.« Das hieß nichts anderes, als dass ihm das Urteil der Zeitgenossen herzlich egal war. Nur der Herr im Himmel würde über ihn richten dürfen.

Gregor VII. ließ von Beginn an keinen Zweifel daran, dass mit ihm eine neue Ära der römischen Kurie anbrechen sollte. Seine Gedanken fasste er im »Dictatus Papae« zusammen, einem auf den ersten Blick unscheinbaren, losen Blatt, das am 3. oder 4. März 1075 in das päpstliche Register eingetragen wurde. Benannt ist es nach der ersten Zeile, »Dictatus Papae«, was zunächst einmal nichts anderes heißt, als dass der Papst selbst es diktiert hatte. Darunter aber prangen Sätze wie Donnerhall. Nur dem Papst sei es erlaubt, heißt es da: »... dass er allein die kaiserlichen Herrschaftszeichen verwenden darf; ... dass alle Fürsten allein des Papstes Füße küssen; ... dass er von niemandem gerichtet werden darf ... und dass es ihm erlaubt ist, Kaiser abzusetzen«.

Das höchste Konfliktpotenzial aber beinhalteten die Beschlüsse, die direkt in eine Praxis eingriffen, die unter den römischen Kaisern



**1093** Papst (seit 1088) Urban II. kann wieder nach Rom zurückkehren

**1094** Der spanische Ritter und Nationalheld El Cid erobert Valencia von den Mauren zurück

**1095** Konzil in Clermont: Papst Urban II. propagiert den Kreuzzug

seit Generationen üblich war: Sie bestimmten, wer an der Spitze eines Bistums stehen durfte, das heißt, sie besetzten die Bischofsstühle im Reich.

Zu Beginn des Pontifikats Gregors VII. bemühten sich beide Seiten zunächst auffallend um ein gutes Einvernehmen. Er hege gegen den König »überhaupt keine Abneigung«, schrieb Gregor im Herbst 1073 an Herzog Rudolf von Schwaben. Er wünsche sich, dass die »geistliche Gewalt und die höchste Herrschaft in einträchtiger Einheit verbunden« seien. Auch der junge Heinrich zollte dem Pontifex in Rom schuldigen Respekt. Er sei sich seiner Sünden bewusst und hoffe auf die Nachsicht des Papstes, beteuerte er im September 1073. Beide betonten immer wieder, die Beseitigung der Missstände in Reich und Kirche gemeinsam vorantreiben zu wollen. Noch im Dezember 1074 hatte Gregor Heinrich von seinem Plan berichtet, ins Heilige Land zu ziehen, um den bedrängten Christen dort zu Hilfe zu kommen. Für dieses kühne Vorhaben erbat er die Unterstützung des Königs. Doch im Hochgefühl des Triumphs über die Sachsen überschritt Heinrich die Grenze und investierte am 28. September 1075 einen Kleriker namens Tedald mit dem Erzbistum Mailand.

Gregor VII. reagierte prompt. Mit schärfsten Worten untersagte er Tedald, sein Amt anzutreten: »Verflucht sei der Mensch, der seine Hoffnung auf einen Menschen setzt! Behalte außerdem im Sinn, dass die Macht der Könige und Kaiser und alle Anstrengungen der Sterblichen vor den Rechten des Papstes und der Allmacht Gottes, des Allerhöchsten, wie Asche gelten und Spreu.« Und an den König erging per Brief eine scharfe Warnung: »Du hast Dich kanonischen und apostolischen Dekreten gegenüber gerade in den allerwichtigsten Erfordernissen der christlichen Religion als widerspenstig erwiesen. Denn, um vom Übrigen zu schweigen, wie Du das geachtet hast ..., was Du Uns einst ... in der Mailänder Frage versprochen hattest, das zeigt die Sache selbst. ... Deshalb muss sich Deine Erhabenheit vorsehen, damit sich in Deinen Worten und Botschaften an Uns fortan kein willentlicher Ungehorsam mehr findet.«

Doch Heinrich dachte nicht daran, einen Rückzieher zu machen. Ganz im Gegenteil scheint sein Trotz nun herausgefordert gewesen zu sein. Offenbar binnen weniger Tage, wenn nicht weniger Stunden, entschloss er sich, den offenen Konflikt mit dem Papst zu wagen. Am 24. Januar 1076 versammelte er in Worms 26 Bischöfe zu einer Synode, um über die strittigen Fragen zu debattieren. Auch bei vielen geistlichen Fürsten fand Heinrich mit seiner Empörung über den Papst offene Ohren. Allzu oft hatten sich die Bischöfe schon über diesen Gregor geärgert, der ihnen Befehle erteilte, anstatt sie zu bitten, und ständig neue Gründe für Ermahnungen und Maßregelungen fand. Die Geistlichen kamen zu dem Schluss, dass Gregor ohnehin gar kein rechtmäßiger Papst sei, er sei nicht ordnungsgemäß gewählt worden, ja, er habe sich sein Amt regelrecht erschlichen. In einem Protestschreiben verkündeten die Bischöfe, »... dass wir den Gehorsam, den wir Dir niemals versprochen haben, auch weiterhin niemals halten werden, und weil niemand von uns, wie Du öffentlich erklärt hast, Dir bisher als Bischof galt, wirst Du auch für keinen von uns fortan als Papst gelten«.

Heinrich IV. aber war selbst das noch nicht genug. Er ließ ein eigenes Schreiben aufsetzen, in dem er »Hildebrand« als den



**1096** Erster Kreuzzug (bis 1099). Judenpogrome in Speyer, Mainz, Worms

**1097** Die Kreuzfahrer belagern die von den Seldschuken beherrschten Städte Nicäa und Antiochia

**1098** Für den abgesetzten Konrad wird Heinrichs IV. jüngerer Sohn zum König gewählt: Heinrich V. (Krönung 1099)

»schlimmsten Feind des Reiches« schmähte. Er habe es gewagt, sich gegen den König zu erheben, der das Haupt des Reiches sei. Er könne nicht anders, als sich dem Urteil der Bischöfe anzuschließen. Das Schreiben gipfelte schließlich im dröhnenden Schlusssatz: »Ich, Heinrich, durch die Gnade Gottes König, sage dir zusammen mit allen meinen Bischöfen: Steige herab, steige herab!«

## Investiturstreit

Die Zeit des Kampfes zwischen weltlicher und geistlicher Macht in den Jahren 1075 bis 1122 bezeichnet man als Investiturstreit, obwohl es faktisch um mehr ging als um die Frage, wer über die Berufung von Bischöfen entscheiden durfte.

Die Zuständigkeit für die »Investitur«, die Einsetzung der Bischöfe, war eines der wichtigsten Machtpotenziale des Mittelalters. Denn wer den Bischof bestimmte, entschied damit gleichzeitig über einen Großteil der Machtverteilung im Reich. Bereits unter den Merowingern war die Wahl der geistlichen Oberhirten an die Zustimmung des Herrschers gebunden gewesen. Und bis in die Zeit der Salier hatte daran auch niemand Anstoß genommen. Doch die überkommene Praxis stand im Widerspruch zur kirchenrechtlichen Auffassung, nach der ein Laie keineswegs einen Geistlichen einsetzen durfte. Gregor VII. war entschlossen, die »Investitur« wieder vollständig in die Hände der Geistlichkeit zu legen.

Nach zähen Verhandlungen und Kämpfen waren es schließlich Heinrichs Sohn Heinrich V. und Papst Calixt II., die 1122 in Worms eine Einigung erzielten. Das »Wormser Konkordat«, das heute im vatikanischen Geheimarchiv aufbewahrt wird, regelte das Prozedere der Bischofseinsetzung neu. Innerhalb des Bischofsamtes wurde nun zwischen dessen weltlichen und geistlichen Funktionen unterschieden. Der Kaiser verzichtete auf die Investitur mit Ring und Stab und gewährte die freie kanonische Wahl und Weihe der Bischöfe. Allerdings würden die Bischöfe in Zukunft zumindest im deutschen Reichsteil in ihre Besitzungen durch den König eingesetzt werden, der ihnen ein Zepter verlieh. Die Trennung zwischen weltlicher und geistlicher Macht – hier wurde sie festgeschrieben.



**1099** Tod El Cids. Eroberung Jerusalems durch die Kreuzfahrer

**Um 1100** Die provenzalische Troubadourdichtung, eine höfische Minnelyrik, verbreitet sich in Europa

**1101** Tod Graf Rogers I., des Herrschers von Sizilien und Bruders von Robert Guiscard

Die Messer waren gewetzt – die dramatischste Auseinandersetzung zwischen geistlicher und weltlicher Macht des Mittelalters konnte beginnen. Und noch sah es so aus, als säße der junge Heinrich am längeren Hebel. Er hatte seine Sachsenkriege gewonnen, er wusste die Mehrheit des deutschen Adels hinter sich – was sollte ihm schon passieren! Doch es dauerte nur wenige Monate, bis sich das Blatt komplett gewendet hatte.

Gregor VII. zeigte sich von der Wormser Drohung völlig unbeeindruckt und entschloss sich zu einem nie da gewesenen Schritt: Er setzte den König schlichtweg ab. »Heiliger Petrus«, so betete er auf der Fastensynode am 22. August 1076, »kraft deiner Gewalt und Vollmacht spreche ich König Heinrich … die Herrschaft über das Reich der Deutschen und Italiens ab, löse alle Christen vom Eid, den sie ihm geleistet haben oder noch leisten werden, und untersage, dass irgendjemand ihm fortan als dem König diene. … Und weil er es verachtet hat, wie ein Christ zu gehorchen, binde ich ihn als dein Stellvertreter mit der Fessel des Kirchenbannes.«

Welf I. von Bayern gehörte zu den Fürsten, die den Aufstand gegen Heinrich IV. wagten und scheiterten.

Dass Könige und Kaiser über den Papststuhl bestimmten, war die mittelalterliche Welt gewöhnt. Aber dass der Papst verfügte, wer der rechtmäßige König sei, war unerhört.

»Nachdem die Bannung des Königs an die Ohren des Volkes gelangt war, erzitterte unser ganzer römischer Erdkreis«, beschrieb Bischof Bonizo von Sutri die Stimmung. Die nächsten Monate waren gekennzeichnet von einem rapiden Machtverlust Heinrichs. Zunächst hatten die Bischöfe noch mehrheitlich für ihn Partei ergriffen, zweimal noch belegten Kirchenversammlungen Hildebrand mit dem Bann. Doch die Teilnehmer an den von Heinrich einberufenen Versammlungen wurden stetig weniger. Und schlimmer noch – der Himmel schien sich gegen die Sache des Königs entschieden zu haben. Einer der energischsten Parteigänger Heinrichs in seinem Kampf gegen Gregor war Bischof Wilhelm von Utrecht gewesen. Als dieser von einer Krankheit dahingerafft wurde und zu allem Überfluss auch noch der Blitz in die Kathedrale von Utrecht einschlug, deuteten die Zeitgenossen das als Zei-



1102 Krönung Kolomans von Ungarn zum kroatischen König: Personalunion der Königreiche Ungarn und Kroatien

1103 Heinrich IV. verkündet einen allgemeinen Reichsfrieden für vier Jahre

1104 Heinrich V. erhebt sich gegen Heinrich IV.

chen Gottes. Der Tote sei gar dem Abt von Cluny noch einmal erschienen und habe gesagt, er sei auf ewig in der Hölle begraben. Weitere Todesfälle häuften sich: Erzbischof Udo von Trier und Bischof Eppo von Zeitz, ebenfalls auf der Seite des Königs, starben überraschend. Einer nach dem anderen wandten sich nun diejenigen, die sich noch in Worms vor ihren König gestellt hatten, von diesem ab. Doch es war offenbar nicht ausschließlich die Gottesfurcht, die viele zum Abfall bewegte. Heinrich IV. hatte die Treue seiner Bischöfe überschätzt. Mancher scheint sich Gedanken darüber gemacht zu haben, wer sich am Ende durchsetzen würde, und das, so ihre um sich greifende Meinung, konnte auch Gregor VII. sein.

Zu allem Überfluss nahmen mächtige weltliche Fürsten, in erster Linie die drei süddeutschen Herzöge Welf von Bayern, Rudolf von Schwaben und Berthold von Kärnten, Kontakt zu den sächsischen Gegnern Heinrichs und den auf der Seite des Papstes stehenden Bischöfen auf. Eine gefährliche Allianz begann sich zusammenzubrauen.

Die Grabplatte Rudolfs von Rheinfelden im Merseburger Dom. Der Leichnam des Gegenkönigs ist bis auf seine rechte Hand verschwunden.

Am 16. Oktober 1076 kamen die Großen des Reiches in Trebur zusammen. Der König war ausdrücklich nicht eingeladen! Doch konnte er sich sicher sein, dass sich da nichts Gutes tat. Heinrich IV. bezog Quartier im auf der anderen Rheinseite gelegenen Oppenheim, kaum fünf Kilometer vom Versammlungsort der Fürsten entfernt. Zwar führte er ein Respekt einflößendes Heer mit sich, wovon sich die Versammelten anscheinend aber wenig beeindrucken ließen. Sie sahen sich mit einer komplizierten Situation konfrontiert. Der Papst hatte sie vom Treueid gegenüber ihrem König entbunden. Aber wie sollte es nun weitergehen? Sollten sie sich weiterhin zu Heinrich bekennen? Einem Herrscher, dem viele von ihnen ohnehin mit gehörigem Misstrauen begegneten? Was wäre die Alternative? Ihn absetzen? Delegationen und Gesandtschaften eilten hin



**1105** Heinrich V. nimmt seinen Vater gefangen und nötigt ihn zum Thronverzicht

**1106** Heinrich IV. kann fliehen, stirbt aber bald darauf. Heinrich V. folgt ihm als König nach

**1107** Die Könige von England und Frankreich verzichten gegenüber dem Papst auf ihr Investiturrecht

Heinrich IV. sah sich 1076 gezwungen, von Oppenheim aus (hier die Ruine der Burg Landskron) tatenlos der Fürstenversammlung in Trebur auf der anderen Seite des Rheins zuzuschauen.

und her. Heinrich versuchte, Signale des Einlenkens zu übermitteln – schließlich stand ihm das Wasser bis zum Hals. Aber auch päpstliche Legaten wirkten offenbar beschwichtigend auf die Großen des Reiches ein, die zu Beginn der Versammlung wahrscheinlich direkt einen neuen König wählen wollten. Und noch einmal wendete sich das Blatt. Doch das Urteil der Fürsten war für Heinrich Chance und Niederlage zugleich. Sie ließen Heinrich mitteilen, dass er seine Krone verlöre, sollte es ihm nicht gelingen, sich binnen eines Jahres vom Bann des Papstes zu befreien. Und die Entscheidung darüber, ob er die Krone dann behalten könne, sollte bereits am 2. Februar 1077 auf einer neuen Versammlung fallen, zu der die Fürsten auch den Papst einluden. Bis dahin aber werde König Heinrich als gewöhnlicher Sterblicher angesehen und habe alle Insignien seiner Würde abzulegen.

Für Heinrich war es die letzte Gelegenheit, das Steuer noch einmal herumzureißen. Er musste unter allen Umständen verhindern, dass sich seine mächtigsten Gegenspieler – Papst und Fürsten – zusammenschlossen und ihn auf einem gemeinsamen Hoftag vom Thron stürzten. Für einen Herrscher, der sein Königtum als direkt von Gott verliehen betrachtete, wäre es undenkbar gewesen, sich einem derartigen Gericht zu unterwerfen. Er, Heinrich, durch Gottes gerechten Willen König, von Christus selbst zur Königsherrschaft berufen



**1108** Ludwig VI. wird König von Frankreich und stärkt seine Stellung gegenüber dem Adel

**1109** Tod des Kirchenlehrers und Philosophen Anselm von Canterbury (* 1033)

**1110** Erster Italienzug Heinrichs V. (bis 1111)

und zum Königtum gesalbt, könne von niemandem außer Gott gerichtet werden, hatte er noch selbst im Absageschreiben an Gregor VII. formuliert.

## Der Gang nach Canossa

Die Zeit war jetzt derart knapp, dass der König sofort handeln musste. Ihm blieb nichts anderes übrig, als sich ungeachtet des bevorstehenden Winters über die Berge gen Süden aufzumachen, um den Papst abzufangen, bevor dieser deutschen Boden betrat. Noch vor Ende des Jahres versammelte er in Speyer seine Familie und eine kleine Schar Getreuer, die bereit waren, sich mit ihm auf den gefährlichen Weg über die Alpen zu begeben.

Der Chronist Lampert von Hersfeld wählte theatralische Worte für das Drama, das sich nun anbahnte: »Der Winter war grauenvoll, und die hoch aufragenden und mit ihren Gipfeln die Wolken berührenden Berge, über die der Weg führte, starrten von so ungeheuren Schnee- und Eismassen, dass auf den glatten steilen Hängen weder Reiter noch Fußgänger ohne Gefahr auch nur einen Schritt tun konnten. Aber das Nahen des Jahrestages, an dem der König in den Bann getan worden war, duldete keine Verzögerung der Reise. Denn der König kannte den gemeinsamen Beschluss der Fürsten, dass er, wenn er bis zu diesem Tag nicht vom Bann losgesprochen wäre, verurteilt werden und den Thron unwiderruflich verlieren sollte. ... Als sie ... bis auf die Scheitelhöhe des Berges vorgedrungen waren, gab es kein Weiterkommen. ... Bald krochen sie auf Händen und Füßen vorwärts, bald stützten sie sich auf die Schultern ihrer Führer. ... Sie fielen hin und rutschten ein ganzes Stück den Berg

1111 Heinrich V. zwingt Papst Paschalis II., ihn in Rom zum Kaiser zu krönen

Um 1112 Geburt Ottos von Freising, Bischof von Freising und Geschichtsschreiber († 1158)

1113 Baubeginn der Tempelanlage Angkor Wat (fertiggestellt 1153)

## Mathilde von Tuszien

Die Markgräfin Mathilde von Tuszien gehört zu den einflussreichsten Frauen des Mittelalters. Geboren wurde die Tochter des Herzogs Bonifaz der Toskana und Beatrix´ von Lothringen etwa 1046. Als der Vater 1052 ermordet wurde und ihre älteren Geschwister ebenfalls in kurzer Folge starben, erbte Mathilde die gesamten Ländereien des Herzogs sowie nach dem Tod zweier Ehemänner weitere Territorien. Als treue Parteigängerin Gregors VII. gewährte sie dem Papst auf ihrer Burg Canossa Zuflucht vor den herannahenden Truppen Heinrichs IV. Auch in späteren Jahren unterstützte sie den Papst mit großzügigen Finanzspritzen. Legendären Ruhm genoss die Gräfin sowohl wegen ihres unermesslichen Reichtums als auch wegen ihrer Intelligenz und Bildung, die sie aus der Masse der in den Quellen meist wenig beachteten Frauengestalten des Mittelalters hervorragen lassen.

hinunter. Schließlich gelangten sie aber doch unter größter Lebensgefahr ins Tal. Die Königin aber und die Frauen ihres Gefolges wurden auf Rinderhäute gesetzt und von den Bergführern hinabgezogen. Die Pferde ließen sie teils mit Hilfe von speziellen Vorrichtungen hinunter, teils schleiften sie sie mit zusammengebundenen Füßen hinab. Von diesen aber starben viele beim Hinunterschleifen, viele wurden schwer verletzt, und nur ganz wenige entrannen heil und gesund diesen Gefahren.« Lampert war nachweislich nicht dabei, als sich Heinrichs Tross über die Berge quälte. Sicherlich hat der Mönch in seiner heimeligen hessischen Klosterstube noch manch gruselige Ausschmückung hinzugefügt. Dass der Weg aber in der Tat beschwerlich war, wird man dem Schreiber glauben können. Die drei süddeutschen Herzöge hatten die gängigen Pässe über die Alpen sperren lassen. Der König musste einen Umweg durch Burgund in Kauf nehmen und erhielt hier von Verwandten seiner Frau die Erlaubnis, über den immerhin 2000 Meter hohen Mont Cenis zu ziehen.

Jenseits der Alpen aber schien sich das Blatt zu seinen Gunsten zu wenden, denn den dortigen lokalen Potentaten ging der Machtanspruch des Papstes ebenfalls zu weit. Sie hießen den König, in dem sie möglicherweise den einzigen ernst zu nehmenden Gegner Gregors VII. sahen, begeistert willkommen.

Dem Papst, der sich bereits auf dem Weg nach Norden befand, blieb dieser bedenkliche Stimmungsumschwung nicht verbor-



**1114** Heinrich V. heiratet Mathilde, die 12-jährige Tochter des englischen Königs

**1115** Heinrich V. unterliegt der Fürstenopposition in der Schlacht am Welfesholz (bei Mansfeld)

**1116** Zweiter Italienzug Heinrichs V. (bis 1118)

gen. Heinrichs Tross erhielt immer mehr militärischen Zulauf. Es wäre ein Leichtes für ihn gewesen, den Papst festzusetzen, wenn er es gewollt hätte. Gregor VII. zog sich in die Burg Canossa am Nordkamm des Apennin zurück, die seiner mächtigen Parteigängerin Mathilde von Tuszien gehörte. Und kaum hatten sich die Burgtore hinter dem Papst geschlossen, machten Kundschafter ganz in der Nähe schon die ersten Ritter Heinrichs aus.

Was nun? Einen Papst konnte Heinrich IV. schwerlich mittels Belagerung zum Einlenken zwingen, geschweige denn, dass er die Burg Canossa stürmte. Der König war in der festen Absicht gekommen, eine Einigung mit dem streitbaren Mann auf dem Papstthron herbeizuführen. Was sich in der Folgezeit abspielte, gehörte zum festen Ritus der mittelalterlichen Konfliktbeilegung. Vermittler, Unterhändler und Boten wurden in die Burg entsandt und unterbreiteten ein Angebot nach dem anderen. Doch alle Versuche scheiterten: Gregor VII. blieb eisern und beharrte darauf, die Streitigkeiten erst auf dem von den Fürsten anberaumten Tag in Augsburg zu verhandeln. Die Emissäre wurden immer ratloser: Der Papst verweigerte sich dem gängigen Spiel von Angebot und Gegenangebot. Offensichtlich wollte er den König abblitzen lassen. Hätte Gregor VII. die Burg einfach verlassen und wäre nach Norden, Richtung Deutsches Reich, gezogen, so hätte ihn Heinrich kaum daran hindern können, ohne vollends das Gesicht zu verlieren. Dann wäre der Fürstentag mit dem Papst nicht mehr aufzuhalten gewesen.

König Heinrich musste handeln und entschloss sich zu einer Aktion, die als der »Gang nach Canossa« Geschichte machen würde. Der Papst selbst ist es, dem die detaillierteste schriftliche Schilderung der Vorgänge zu verdanken ist. Der König »stand drei Tage vor dem Burgtor, nachdem er alle königlichen Herrschaftszeichen abgelegt hatte, in kläglichem Aufzug, barfuß und in einem Wollhemd, und hörte nicht eher auf, mit vielen Tränen die Hilfe und die Tröstung des apostolischen Erbarmens zu erflehen, bis alle Anwesenden, zu denen diese

Canossa, Burg Mathildes von Tuszien, die zum Schauplatz eines der dramatischsten Ereignisse der Weltgeschichte wurde (Kupferstich des 17. Jahrhunderts).



**1117** In Rom obsiegt die Patrizierpartei und vertreibt Papst Paschalis II.

**1118** Balduin I., König von Jerusalem, dringt gegen die Fatimiden bis zum Nil vor. Er stirbt an einer Fischvergiftung

**1119** Hugo von Payns gründet in Jerusalem zum Schutz der Pilger den ersten geistlichen Ritterorden: die Templer

Heinrich im Büßergewand vor dem Papst, der ihn anschließend gnädig wieder in »die Gemeinschaft der Heiligen und in den Schoß der heiligen Mutter Kirche« aufnahm.



**1120** Gründung Freiburgs im Breisgau durch Herzog Konrad von Zähringen

**1121** Gegenpapst Gregor VIII. wird gefangen genommen, an Papst Kalixt II. ausgeliefert und eingekerkert († 1137)

**1122** Wormser Konkordat: Heinrich V. verzichtet zugunsten des Papsttums auf sein Investiturrecht

Rufe gelangten, von so viel Milde und Mitleid erfüllt wurden, dass sie sich mit vielen Bitten und Tränen für ihn bei Uns verwandten und sich alle über die ungewöhnliche Härte Unsres Sinns wunderten. Einige sagten, Unsere Haltung sei nicht der Ernst eines strengen Papstes, sondern die Grausamkeit eines wilden Tyrannen.« Ob das alles tatsächlich so stattgefunden hat, sei dahingestellt. Dass Heinrich wirklich drei Tage barfuß im Schnee bibbern musste, erscheint eher fraglich. An der Tatsache aber, dass er sich in Canossa öffentlich erniedrigte und den Papst um Vergebung anflehte, ist nicht zu rütteln – und daran, dass seine Handlung zum Ziel führte, ebenfalls nicht. »Von dem Drängen seiner Reue und den flehentlichen Bitten aller, die zugegen waren, überwunden«, schreibt Gregor VII., »haben Wir schließlich die Fessel des Kirchenbanns gelöst und ihn wieder in die Gnade der Gemeinschaft der Heiligen und in den Schoß der heiligen Mutter Kirche aufgenommen.«

*Canossa war ein Ereignis, aber es steht auch als historische Chiffre. Diese bezeichnet den Beginn und den Weg einer Entzauberung der Welt.*

MAX WEBER, SOZIOLOGE

Durch seinen Bußgang hatte Heinrich erreicht, was ihm die Fürsten als Ultimatum gestellt hatten: Der Kirchenbann war gelöst! Was heute als Verhalten eines Staatsmannes äußerst seltsam erscheint, war für das Mittelalter durchaus »normal«. Schon mehrfach hatten sich Herrscher einer Kirchenbuße unterzogen und öffentlich Abbitte geleistet. In Canossa aber hatte sich etwas ereignet, was einmalig war. Einmal waren die Ereignisse durch die Kälte und die offenbar lange Dauer des Bußgangs ungewöhnlich dramatisch. Darüber hinaus wurde hier nicht nur eine kirchliche Strafe zurückgenommen, sondern auch die »Absetzung« Heinrichs als König, die Gregor ebenfalls verkündet hatte. Dennoch kam Heinrich nicht ganz ungeschoren aus der Angelegenheit heraus. Er musste schwören, sich mit den gegnerischen Fürsten seines Reiches auszusöhnen und den Papst auf seinem Weg über die Alpen zu beschützen. Interessant ist in diesem Zusammenhang, dass in dem päpstlichen Register, in dem der Eid Heinrichs niedergeschrieben wurde, vom »deutschen König« und »deutschen Reich« die Rede ist. Heinrich selbst hätte diese Formulierung niemals benutzt, verstand er sich doch als künftiger Kaiser des Römischen Reiches und keineswegs nur als Herrscher eines »deutschen« Landes. Nichtsdestotrotz war die Versöhnung erreicht und sollte gemäß mittelalterlicher Gepflogenheit mit einem gemeinsamen Mahl bekräftigt werden.

Die Stimmung bei Tisch aber war bereits wieder – zumindest wenn man den Quellen glaubt – frostig. Mürrisch und schweigsam habe Heinrich IV. das Mahl über sich ergehen lassen und dabei mit dem Fingernagel in der Tischplatte gebohrt, berichtet der Historiograf Rangerius von Lucca.

## Der Gegenkönig

Wäre es nach Heinrich IV. gegangen, so wäre der »Fall Canossa« abgehakt gewesen. Er hatte dem fürstlichen Ultimatum Folge geleistet, sein Amt und seine Würde waren wiederhergestellt. Seine Widersacher jenseits der Alpen aber sahen das ganz anders. Die weltlichen und geistli-



**1123** Das Erste Laterankonzil bestätigt das Ende des Investiturstreits für Deutschland und Reichsitalien

**1124** Beginn der Christianisierung Pommerns durch Missionsreise Bischof Ottos von Bamberg

**1125** Heinrich V. stirbt als letzter Salier. Herzog Lothar III. von Sachsen wird zum deutschen König gekrönt

chen Fürsten fühlten sich von König und Papst hintergangen. Beide hatten sich im Grunde unter Ausschluss des Adels zusammengetan und eigenmächtig Nägel mit Köpfen gemacht. Anfang Februar 1077 – dem Zeitpunkt, an dem man eigentlich mit dem Papst gemeinsam über Wohl und Wehe Heinrichs hatte verhandeln wollen – traf sich die Gruppe der Düpierten in Ulm, um »über das Staatswohl zu verhandeln«. In Forchheim kamen dann wenige Wochen später die Mächtigsten unter den Fürsten, wie die Bischöfe von Mainz, Salzburg, Magdeburg, Worms, Würzburg, Passau und Halberstadt, die drei süddeutschen Herzöge und der einflussreiche Otto von Northeim, zusammen. Der Zweck der Versammlung war klar – im Gepäck der Fürsten befand sich bereits eine neue Krone. Sie würden aus ihrer Mitte einen neuen König wählen, und zwar einen, den sie für würdig erachteten. Was anmutet wie ein Staatsstreich, war so illegal nicht. Die Fürsten verstanden sich als »Glieder des Reiches«, auf ihren Schultern ruhte das Wohlergehen des Landes. Es hieß nun, einen König zu finden, der die Anforderungen an einen christlichen und gerechten Herrscher besser erfüllen würde, als Heinrich IV. das getan hatte. Sie nahmen die historische Versammlung sogar zum Anlass, die Königswahl auch für die Zukunft neu zu regeln. Von nun an sollte niemand mehr zum König erhoben werden, nur weil sein Vater bereits dieses Amt innehatte. Einziges Kriterium für die Königswahl sei es, dass der Kandidat »geeignet« sei, und darüber zu entscheiden sei die heiligste und oberste Pflicht der Fürsten des Reiches. Auch wenn im Deutschen Reich noch viele Male der Sohn eines Königs auf dem Thron sitzen würde – hier in Forchheim wurden die Weichen gestellt, dass sich in Deutschland das Prinzip der Wahlmonarchie durchsetzte, während sich in Frankreich beispielsweise die Erbmonarchie verfestigte. Die Versammlung der Fürsten gewann damit erheblich an Bedeutung. Sie würden über viele Jahrhunderte als mächtige Mitbestimmer über Reichsangelegenheiten entscheiden und damit ihre Position ausweiten wie in keinem anderen Land Europas. Es waren die ersten Schritte auf dem Weg in die Kleinstaaterei.

In Forchheim fiel die Wahl schließlich auf Rudolf von Rheinfelden, den Herzog von Schwaben. Der erste Gegenkönig der deutschen Geschichte war für Heinrich IV. alles andere als ein Unbekannter. Rudolf war ein ehrgeiziger Adliger, der schon früh die Nähe der Kaiserfamilie gesucht hatte. 1059 hatte er Mathilde, die Schwester Heinrichs IV., geheiratet. Die Quellen behaupten sogar, er habe Mathilde entführt, um sich so Ehe und Herzogtitel zu erzwingen. Obwohl Mathilde bereits ein Jahr nach der Hochzeit starb, erfreute sich Rudolf seitdem der Gunst seines königlichen Schwagers. Hinsichtlich der Wahl seiner zweiten Frau ging er nicht minder geschickt zu Werke. Adelheid von Turin war die Schwester Bertas, der Frau Heinrichs IV., der Rheinfeldener damit erneut Schwager des Königs. Doch ebenso ausschlaggebend wie seine hochwohlgeborene Verwandtschaft war sein ausgesprochenes militärisches Talent. Ein neuer König würde sich auch mit dem Schwert behaupten müssen, das wussten auch die Königswähler von Forchheim. Rudolf sei ein »erlauchter Herzog, ein Mann von großer Autorität und gutem Ruf im ganzen Reich, treu der Wahrheit und dem Recht, ein tapferer Kriegsmann, ausgezeichnet in jeglicher Tugend«, musste selbst der Biograf Heinrichs IV. einräumen.



1126 Geburt des spanisch-arabischen Philosophen Averroës (* 1198)

1127 Der Templerorden erhält die päpstliche Approbation

1128 Lothar III. wird zum König von Italien gekrönt

Am 26. März 1077 wurde Rudolf von Erzbischof Siegfried von Mainz im Dom zum König gesalbt und gekrönt, und bereits wenige Monate später war er in schwerste Kämpfe gegen die Truppen seines Schwagers verstrickt. Heinrich IV. enthob ihn seines Herzogtums Schwaben und belehnte damit den Staufer Friedrich – eine folgenschwere Entscheidung: Denn dessen Erben würden die Geschicke des Reiches in den Folgejahrhunderten auf dem deutschen Thron bestimmen. Es kam zu einem mehrjährigen Bürgerkrieg, in dem sich keine der beiden rivalisierenden Seiten längerfristig durchsetzen konnte.

Papst Gregor sah sich in einer unangenehmen Situation. Er hatte die Wahl Rudolfs von Rheinfelden nicht gewollt, immerhin hatte er ja kurz zuvor den Bann von Heinrich IV. gelöst. Parteigänger Heinrichs wollte er aber beileibe auch nicht sein. »Inzwischen vergaß der Papst«, schrieb Bruno in seinem »Buch vom Sachsenkrieg«, »– ich weiß nicht, warum – seinen apostolischen Eifer.« Auf Deutsch: Gregor saß die Sache zunächst einmal aus. Dauerhaft neutral bleiben konnte er aber auch nicht. Immerhin war er einer der wichtigsten Drahtzieher im Konflikt. Vergebens bemühte er sich, alle Beteiligten an den Verhandlungstisch zu bringen, um im Reich den Frieden wiederherzustellen. Doch die Kontrahenten sträubten sich. Jede Seite versuchte, den Papst von sich zu überzeugen und zu einer Parteinahme zu bewegen. Und langsam, aber sicher setzten sich Rudolfs Parteigänger durch. Immer wieder flüsterten sie dem Papst ein, Heinrich intrigiere gegen ihn. Am 7. März 1080 schließlich sprach Gregor VII. wieder den Bann über Heinrich aus. Da er sich und sein Handeln in Canossa damit in gewisser Weise auch selbst infrage stellte, rechtfertigte er sich nun mit der Argumentation, er habe Heinrich im Januar 1077 gar nicht wieder in sein Königsamt eingesetzt. Nun gewähre er, »dass Rudolf das Deutsche Reich regiere und verteidige«. Der Papst als Bestimmer über den deutschen Thron – diese Entwicklung war ganz im Sinne Gregors VII.

Doch diesmal nahm Heinrich IV. seine Exkommunikation gelassener. Das Schwert des Papstes schien stumpf geworden zu sein. Der König und seine Anhänger ignorierten den Bann weitgehend. Heinrich hatte große Pläne und war offenkundig entschlossen, sich diese nicht vom Papst durchkreuzen zu lassen.

## Die Schlacht an der Elster

Am 15. Oktober 1080 standen sich die Heere der beiden Könige an der Weißen Elster in Thüringen gegenüber, und »es begann das schreckliche Morden«, wie Brunos »Buch vom Sachsenkrieg« berichtet. Heinrichs Truppen gerieten schnell in Bedrängnis und wichen bereits zurück, als sich das Schicksal zu ihren Gunsten wendete. Von Tross zu Tross verbreitete sich die Nachricht, dass König Rudolf schwer verwundet worden sei. Er hatte einen Hieb in den Unterleib bekommen, und offenbar war seine rechte Hand erheblich verletzt worden. In den meisten Quellen heißt es, dass Rudolf seine Hand in der Schlacht verloren habe. Letzteres war in der Sprache der Zeit ein untrügliches Zeichen des Himmels.

»Denn Rudolf veranschaulichte durch seine abgehauene Rechte die gerechte Strafe für den Meineid«, berichtet die Vita Heinrichs, »da er sich nicht gescheut hatte, den seinem Herrn und König geschworenen Treueid zu brechen, und gleichsam, als hätte er nicht genügend



**1129** Der Dom in Quedlinburg wird fertiggestellt (begonnen 997)

**1130** Papstschisma zwischen Innozenz II. und Anaklet II. († 1138)

**1131** Lothar III. trifft sich in Lüttich mit Innozenz II. und verspricht ihm die Rückführung nach Rom

Nach jahrelangem Zwist kam es am 15. Oktober zwischen den Heeren Heinrichs IV. und Rudolfs zur entscheidenden Schlacht an der Elster (hier in einer Darstellung des 19. Jahrhunderts).

Todeswunden erhalten, traf ihn auch noch die Strafe an diesem Glied, damit durch die Strafe seine Schuld offenbar werde.« Wie das Skelett Heinrichs hat auch die Hand Rudolfs von Rheinfelden fast ein Jahrtausend überstanden. Sie wurde mumifiziert und in einem Reliquienkästchen aufbewahrt – ein gruseliger und doch hochinteressanter Anblick, der noch heute in die dramatischen Ereignisse von 1080 zurückversetzt. Dunkelbraune, ledrige Haut umgibt eine Hand, die nach heutigen Gesichtspunkten ungewöhnlich schmal ist. Die wasserhaltigen Hautpartien der äußeren Handbereiche sind stark geschrumpft. Nur die Länge entspricht noch nahezu dem Originalzustand. Im Auftrag des ZDF führte das Anthropologische Institut der Universität Mainz eine computertomografische Untersuchung des seltenen Relikts durch.



1132 Erster Italienzug Lothars III. (bis 1133)

1133 Lothar III. wird in Rom in der Lateranbasilika zum Kaiser gekrönt

1134 König Magnus von Dänemark erkennt die Reichshoheit an

Zunächst einmal fiel auf, dass der Zeigefinger der Hand gebrochen und die Bruchstelle nicht verheilt war. Die Verletzung muss also unmittelbar vor dem Tod eingetreten sein. Professor Alt von der Universität Mainz geht davon aus, dass die Hand Rudolfs, die das Schwert umfasste, einen so gewaltigen Hieb abbekam, dass der Zeigefinger der Belastung nicht standhalten konnte. Ein weiteres Ergebnis aber ist noch interessanter: Schnittspuren am Handgelenk belegen, dass ein Schwerthieb die Hand auf dem Schlachtfeld nur halb abtrennte. Sie wurde dann nachträglich mit Hilfe eines Messers oder eines anderen scharfen Gegenstands abgetrennt. Ob es sich hier um eine Amputation handelte, die das Leben des Patienten retten sollte, oder aber eine Abtrennung post mortem, kann heute nicht mehr ermittelt werden. Die Medizin spricht in einem solchen Fall von einem perinatalen Befund, das heißt, die Abtrennung wurde entweder noch am lebenden Körper oder aber unmittelbar nach dem Tod vorgenommen.

Fest steht jedoch, dass der Verlust der Hand Rudolfs von Rheinfelden der größte Propagandaerfolg Heinrichs war. In der Sichtweise

Der Tod des Gegenkönigs: Einen Tag nach dem »schrecklichen Morden« (Brunos Buch vom »Sachsenspiegel«) erlag Rudolf von Schwaben seinen schweren Verletzungen.



**1135** (Gegen-)König Konrad III. (seit 1127) unterwirft sich Lothar III.

**1136** Zweiter Italienzug Lothars III. (bis 1137)

**1137** Lothar III. erobert Apulien und Kalabrien und stirbt bei der Alpenüberquerung

der Zeitgenossen hatte Gott ein Zeichen gegeben. Eben die Hand, mit der Rudolf einst seinem König die Treue geschworen hatte, hatte er nun verloren. Der wahre König hatte gesiegt.

Einen Tag später erlag der erste deutsche Gegenkönig seinen schweren Verletzungen. Seine vergoldete Grabplatte im Merseburger Dom ist mit der Umschrift versehen: »König Rudolf, dahingerafft für das Gesetz der Väter, zu beklagen nach seinem Verdienst, ist hier im Grab bestattet. Als König war ihm, hätte er in Friedenszeiten geherrscht, niemand seit Karl vergleichbar an Fähigkeiten des Geistes und Schwertes. Dort, wo die Seinen siegten, fiel er, heiliges Opfer des Krieges. Der Tod ward ihm Leben: Für die Kirche sank er dahin.«

Die Grabplatte ist von besonderer kunsthistorischer und historischer Bedeutung. Rudolfs Anhänger hatten keine Mühen gescheut, um darauf hinzuweisen, dass hier ein rechtmäßiger König beigesetzt war. So ist Rudolf auf der Platte im Flachrelief mit allen königlichen Insignien abgebildet. Er trägt den auf der rechten Schulter geschlossenen Königsmantel, die Chlamys, auf dem Kopf ist die Bügelkrone zu sehen, in den Händen hält er ein doppeltes Lilienzepter und den Reichsapfel. Ebenso ließen sich auch die salischen Herrscher darstellen.

Der ursprüngliche Platz des Grabmals im Kircheninnern lässt sich heute nicht mehr exakt bestimmen. Es stand wohl zunächst mitten im Chor des Domes direkt vor dem Hochaltar unter einem Baldachin. Von Kerzen erleuchtet, machte das Grab ungeheuren Eindruck auf fromme Dombesucher. Auch Zeitgenossen wunderten sich, dass ein solch propagandistisches Denkmal von Heinrich IV. geduldet wurde. Der Historiograf Otto von Freising sah Erklärungsbedarf und behauptete, Heinrich habe bei einem späteren Besuch des Merseburger Domes auf die Frage, warum er dieses Grab gestatte, spöttisch geantwortet: »Wenn doch alle meine Feinde so ehrenvoll begraben wären!«

## Der Kaiser

Der dritte Salier auf dem Thron befand sich auf einem Höhepunkt seiner Macht. Die innerdeutschen Feinde waren niedergerungen. Zum Dank für den Triumph ließ Heinrich den Dom von Speyer, mit dessen Errichtung unter seinem Großvater Konrad II. begonnen worden war, in großem Stil umbauen. Heinrich IV. war es, der dem Dom die Gestalt verlieh, die wir heute noch in Speyer bewundern können. Im Besitz der deutschen Krone war er nun fast dreißig Jahre, aber noch immer fehlte ihm, was einen wahren mittelalterlichen Herrscher des Deutschen Reiches ausmachte: der Kaisertitel.

1081 brach Heinrich IV. über die Alpen nach Italien auf. Am 21. Mai stand er vor den Mauern von Rom. Der König hatte mit einem triumphalen Empfang gerechnet, doch die Römer weigerten sich, ihm die Tore zu öffnen. So empfingen Heinrich »Lanzen statt Wachslichter«, wie ein Schreiber spottete, »Schmähungen statt der Lobgesänge, ja wildes Geschrei statt der Ehrenbekundungen«. Drei lange Jahre musste der König warten, bis die Verhandlungen mit dem Klerus und dem römischen Adel zum Abschluss gebracht wurden und der Deutsche in die Stadt einziehen konnte. Sein Widersacher Gregor VII. hatte sich längst resigniert in die Engelsburg zurückgezogen. Er hatte keine militärischen Möglichkeiten, um dem König Einhalt zu gebieten. Der eigens erhobene Gegenpapst Clemens II. krönte Hein-



**1138** Beginn der Stauferdynastie (bis 1254): Konrad III. wird zum König gekrönt

**1139** Zweites Laterankonzil: Einführung des Zölibats für Priester, Simonieverbot betätigt

**1140** Konrad III. erobert die Burg Weinsberg nach langer Belagerung von den Welfen

rich IV. am 31. März 1084, einem Ostersonntag, zum Kaiser. Als letzte Verzweiflungstat rief der ausgebootete Gregor VII. wenig später die Normannen zu Hilfe. Brennend und mordend zogen deren Krieger durch die Stadt am Tiber und hinterließen eine Spur der Verwüstung, und Gregor blieb nichts anderes übrig, als anschließend mit den Eindringlingen zu fliehen. Am 25. Mai 1085 starb der streitbare Papst im Exil in Salerno. Als seine letzten Worte wurden zitiert: »Ich habe die Gerechtigkeit geliebt und das Unrecht gehasst, deshalb sterbe ich in der Verbannung.«

Heinrich IV. überlebte seinen Gegner um mehr als zwei Jahrzehnte. Auch diese Zeitspanne war geprägt von Triumph und Niederlage, von Verrat und Versöhnung. Wie der Beginn, so gehörte auch das Ende seiner Herrschaft zu den großen Dramen des Mittelalters. Sein Sohn Heinrich V. hatte sich gegen den Vater erhoben und dann in einem demonstrativen Akt Abbitte geleistet, um sich mit dem Herrscher zu versöhnen. Doch in Wahrheit hatte der Sohn dem Vater eine Falle gestellt und setzte ihn Ende 1105 in der Burg Böckelheim bei Bad Kreuznach fest. Zur Jahreswende

Der Dom von Speyer, der die Jahrhunderte seit Heinrich IV., der ihn umfassend umbauen ließ, nahezu unverändert überstanden hat.



**1141** Konzil von Sens: Abaelard wegen Häresie verurteilt

**1142** Der Welfe Heinrich der Löwe (* 1129) wird Herzog von Sachsen

**1143** Gründung der Stadt Lübeck als erste deutsche Hafenstadt an der Ostsee

Auf dieser Zeichnung in der Chronik Ekkehards von Aura empfängt Heinrich V. die Reichsinsignien von seinem Vater. Mit ihm erlosch das Herrschergeschlecht der Salier.

wurde er in die Pfalz Ingelheim verschleppt, wo der Druck für den alt gewordenen König schließlich so groß wurde, dass er »freiwillig« abdankte und dem verräterischen Sohn die Reichsinsignien auslieferte. Euphorisch wählten die Fürsten des Reiches Heinrich V. zum König, jubelnd in der Gewissheit, den verhassten Vorgänger endlich losgeworden zu sein. Der »Erzpirat«, wie Ekkehard von Aura schrieb, »der Fürst der Häretiker, der Abtrünnige und Verfolger der Seelen und Leiber« war entmachtet! Aber noch einmal – wie so oft in Heinrichs Leben – wendete sich das Schicksal. Ihm gelang die Flucht aus Ingelheim, und er begann bereits wieder ein Heer aufzustellen. Doch am 7. August 1106 starb der streitbare Kaiser in Lüttich. Als er seine Augen schloss – so die Legende –, begannen die Glocken des Doms von Speyer zu läuten.

*Der Sohn, der ihn stürzte, verdankte es ihm, dass die königliche Herrschaft, die er übernahm, mehr war als ein bloßes Schattengebilde.*

EGON BOSHOF, HISTORIKER

Erst Jahre später konnte der Leichnam Heinrichs, der zum Zeitpunkt seines Todes im Kirchenbann gestanden hatte, auf Geheiß Heinrichs V. in der Familiengrablege in Speyer beigesetzt werden. Tausende Menschen standen dabei Spalier. Die ehemaligen Untertanen warfen Getreideähren und versuchten, den Sarg zu berühren. Der alte Glaube an die Heiligkeit des Königs fand hier noch einmal ihren Ausdruck in der Treue des Volkes.

War Heinrich IV. ein Verlierer oder ein Gewinner? War Canossa ein Moment tiefs-



**1144** Der Kreuzfahrerstaat Edessa wird von den Seldschuken erobert

**1145** Papst Eugen II. ruft zum Zweiten Kreuzzug auf

**1146** Konrad III. entschließt sich unter dem Eindruck Bernhards von Clairvaux zur Kreuznahme

Die Grabkrone Heinrichs IV. ist heute in Speyer zu besichtigen.

ter Schande? Historiker sehen die Ereignisse heute differenziert. Die Quellen belegen, dass der Bußakt von Canossa für die Beteiligten keineswegs so überraschend kam, wie es zunächst den Anschein hatte. Vor seinem Erscheinen am Tor der Burg hatte Heinrich immer wieder Unterhändler und Vermittler entsandt. Doch Papst Gregor war offenkundig nicht zu Verhandlungen und einem daran sich anschließenden Akt der Versöhnung bereit, wie es mittelalterlichen Gepflogenheiten entsprochen hätte. Der »Gang nach Canossa« schließlich war ein aus der Rückschau hervorragendes Manöver, um den Papst zum Einlenken zu zwingen. Als Mann Gottes musste Gregor dem Büßer verzeihen, auch wenn es der Politiker in ihm wahrscheinlich nicht gewollt hat. Königsfreundliche Quellen lobten Heinrich für seinen erfolgreichen Schachzug: »Als Heinrich erkannte, wie sehr er in Bedrängnis geraten war, fasste er in aller Heimlichkeit einen schlauen Plan. Plötzlich und unerwartet reiste er dem Papst entgegen und erreichte mit einem Schlag zwei Dinge. Er empfing die Lösung vom Bann und verhinderte durch sein persönliches Dazwischentreten die für ihn verdächtige Unterredung des Papstes mit seinen Gegnern.«

Tatsächlich war Heinrichs Rechnung aufgegangen. Er hatte innerhalb der von den Fürsten gesetzten Frist die Lösung vom Bann erreicht, indem er den Papst in eine Situation lavierte, in der dieser nicht mehr anders konnte, als nachzugeben. Und doch war es kein Sieg von Dauer.

*Letztlich war mit Canossa doch eine Entwicklung eröffnet worden, die den Keim in sich trug, dass die Welt ihren eigenen Gesetzen folgen und ihre eigenen Werte entwickeln konnte. Der Prozess der Rationalisierung ... war auf den Weg gebracht, auch wenn es bis zu seiner vollen Entfaltung noch vieler Jahrhunderte weiterer Ausformung bedurfte.*

**STEFAN WEINFURTER, HISTORIKER**

Bereits drei Generationen nach Heinrich fällte der Historiograf Otto von Freising ein Urteil über Heinrich IV., das über Jahrhunderte gültig blieb. Die Kirche, so Otto von Freising, habe damals beschlossen, »ihn nicht als Herrscher des Erdkreises zu ehren, sondern als ein wie alle Menschen aus Lehm gemachtes irdenes



**1147** Zweiter Kreuzzug (bis 1149): Konrad III. bricht in den Orient auf. Allgemeiner Rechtsfriede

**1148** Das Kreuzzugsheer mit Konrad III. und Ludwig VII. von Frankreich scheitert vor Damaskus

**1149** Von den aufgebrochenen 240 000 Kreuzfahrern kehrt nur ein Bruchteil zurück

Geschöpf mit dem Schwert des Bannes zu treffen«. Canossa, so Otto, habe den König schwer beschädigt. So war es tatsächlich. Nicht die Buße selbst hatte Heinrich erniedrigt, sondern vielmehr die enorme Diskrepanz zwischen dem, was er selbst hatte verkünden lassen, und dem, was er nun lebte. Er unterwerfe sich ausschließlich dem Gericht Gottes, hatte er getönt, nur um sich dann kurz darauf dem Papst zu unterwerfen. Die Sakralität des Herrscheramts, die von den Saliern so hervorgehoben worden war, hatte enorme Risse bekommen. Die Folgen würden Heinrichs Nachfolger zu tragen haben. Nie wieder sollte es einem Herrscher gelingen, einen von ihm installierten Papst längerfristig an der Macht zu halten. Canossa stellte die Weichen im Kampf zwischen »Regnum« und »Sacerdotium«, dem Konflikt zwischen der weltlichen und der geistlichen Macht. Die folgenden Jahrhunderte würden zeigen, dass es nicht das römische Kaisertum, sondern das Papsttum war, das als einzige Institution des Mittelalters unangefochten bleiben sollte. Der Staat selbst würde sich über die Jahrhunderte zu einem vollständig säkularen Gebilde entwickeln. Noch im 19. Jahrhundert war das Bild der Demütigung des Königs im kulturellen Gedächtnis der Deutschen. Am 14. Mai 1872 formulierte Reichskanzler Otto von Bismarck in einer Auseinandersetzung mit der römischen Kurie den Satz: »Seien Sie außer Sorge: Nach Canossa gehen wir nicht – weder körperlich noch geistig.«



**1150** Albrecht der Bär nimmt Brandenburg in Besitz

**Um 1150** Der ungarische König Geza II. siedelt deutsche Siedler in Siebenbürgen an (»Siebenbürger Sachsen«)

**1151** Ein Feldzug Konrads III. gegen Heinrich den Löwen und dessen Residenz Braunschweig scheitert

# Barbarossa

## und das Kaisertum

Nach den Wirren des frühen Mittelalters, Barbarei und Investiturstreit kam mit dem Staufer Friedrich Barbarossa I. ein Kaiser an die Macht, der wie kein anderer deutscher Herrscher vor und nach ihm den Glanz des hohen Mittelalters verkörpern sollte. Barbarossa etablierte die Deutschen im Konzert der großen Mächte Europas. Seine langjährigen Italienzüge, sein Kampf für ein universelles Kaisertum, aber auch die Hoftage in repräsentativen Pfalzen und sein Eintreten für ritterliche Kultur machten ihn zur führenden politischen Figur des Abendlandes und danach zum jahrhundertelangen Mythos.

## Der schlafende »Kaiser Rotbart«

Kaiser Friedrich I. Barbarossa verkörpert mit Karl dem Großen und Otto I. den Inbegriff mittelalterlicher Kaiserherrlichkeit. Zwar gibt es ebenso wenig wie bei den anderen Herrschern jener Zeit ein authentisches Porträt des Staufers, doch legen uns viele Chronisten nahe, dass wir ihn uns als einnehmenden und klugen Herrscher vorstellen müssen. Das Problem in der Sicht auf Barbarossa besteht darin, dass sein überliefertes Profil – die politische Begabung, der zweifellose Mut und die enorme Tatkraft – verdeckt wird von einem mythischen Umhang, in den ihn schon Zeitgenossen und erst recht nachfolgende Jahrhunderte gehüllt haben.

Ob Machtmensch, Kriegsherr, Erlöser – viele Epochen haben sich ihr eigenes Barbarossa-Bild modelliert. Das populärste ist Stein geworden im Kyffhäuser-Denkmal, das 1896 auf den Ruinen der Reichsburg Kyffhausen bei Bad Frankenhausen, einst eine der mächtigsten Festungen der Stauferzeit, errichtet wurde. Es zeigt oben das Reiterstandbild Wilhelms I. und unten im Steinsockel den sechseinhalb Meter hohen Barbarossa. Alle hundert Jahre, so die Sage, erwacht Barbarossa tief im Berg aus seinen Träumen und fragt den Zwerg Alberich, ob die Raben noch um den Gipfel kreisen. Wenn sie dies eines Tages nicht mehr tun, weil das deutsche Volk ihn braucht, wird der verzauberte Stauferkaiser aus dem Berg heraustreten, um das alte Kaiserreich zu erneuern. 1817 machte das romantische Gedicht »Der alte Barbarossa« von Friedrich Rückert aus der Sage einen Pflichtstoff für das deutsche Bildungsbürgertum. Barbarossa würde wiederkehren, um die Deutschen zu einen, sie zu Freiheit und Größe zu führen, so träumten Vertreter einer konservativen Romantik.

Barbarossa, wie ihn sich Romantiker des 19. Jahrhunderts vorstellten: im Kyffhäuser-Denkmal Bad Frankenhausen, das 1896 eingeweiht wurde.

Diesen Moment sahen die Deutschen 1871 gekommen, als Barbarossa wiederauferstanden zu sein schien in Gestalt des Hohenzollernkaisers Wilhelm I., dem Felix Dahn bewusst den Namen »Barbablanca« andichtete: Der alte Kaiser verlässt den Berg und übergibt seine Krone dem neuen. Ein nach Eigenbedeutung hungerndes, politisch zersplittertes Land, das sich einen geeinten Nationalstaat wünschte, bemächtigte sich in einer Phase nationalen Hochgefühls mittelalterlicher Kaiserherrlichkeit und gründete darauf das zweite Kaiserreich.

Eine kuriose Fußnote besteht übrigens darin, dass der Volksmund den schlafenden Kaiser bis ins 18. Jahrhundert hinein nicht mit Friedrich I. Barbarossa gleichsetzte, sondern mit seinem Enkel Friedrich II. von Hohenstau-



**1152** Nach dem Tod Konrads III. wird Barbarossa (* um 1122) einhellig zum König gewählt

**1153** Vertrag von Konstanz: Friedrich I. und Papst Eugen III. sichern sich gegenseitige Unterstützung zu

**1154** Erster Italienzug Friedrichs I. (bis 1155). Hoftag in Goslar: Heinrich der Löwe erhält Bayern

fen. Oder dass man neben der Burg Kyffhausen immer wieder andere Orte wie die Burg Trifels in der Pfalz oder den Untersberg im Salzburger Land als die wahre Ruhestätte ausgemacht hat. Die seit dem Mittelalter hin und her schlingernden Interpretationen haben den Blick auf den historischen Barbarossa bis zum heutigen Tage verstellt. Bereits kritische Zeitgenossen wie Heinrich Heine konnten mit den Barbarossa-Idealisierungen eines Rückert wenig anfangen; im »Wintermärchen« (1844) dichtete er respektlos: »Herr Rotbart – rief ich laut – du bist / Ein altes Fabelwesen, / Geh', leg' dich schlafen, wir werden uns / Auch ohne dich erlösen.«

Friedrich I. Barbarossa ist auf die romantische Verklärung durch das frühe 19. Jahrhundert und die wilhelminische Mythisierung seiner Person durch die »Kyffhäuser-Deutschen« (Heinrich von Treitschke) indes nicht angewiesen. Sein Leben als Herrscher im 12. Jahrhundert war überreich an Abenteuern und dramatischen Höhe- und Wendepunkten. Die überraschende Erhebung zum deutschen König im Jahr 1152 nach Jahrzehnten gewaltiger innenpolitischer Unruhen, das realpolitische wie symbolhafte Ringen zwischen Kaiser und Papsttum um die Vorherrschaft im christlichen Abendland, die nicht enden wollenden Kriege mit den reichen oberitalienischen Städten,

## Das 12. Jahrhundert

Die Welt des 12. Jahrhunderts in Deutschland und Europa war eine Welt des enormen Wandels, sie wurde in vielerlei Hinsicht freundlicher. Nach dem Untergang des Weströmischen Reiches im späten 5. Jahrhundert und dem Ende Karls des Großen brach sich eine neue Kultur Bahn, die als die entscheidende Initialzündung für die Entwicklung des heutigen modernen Europa gewertet werden kann. In Deutschland wurden während dieser Zeitspanne die meisten Städte gegründet, ebenso fast alle Burgen. Hatten die Menschen zuvor in versprengten Siedlungskammern gelebt, so dehnten sich die besiedelten Gebiete nun aus und rückten enger zusammen, indem Urwälder gerodet und Sümpfe trockengelegt wurden. Wirtschaftlich ungenutzte Gebiete waren die Ausnahme, es gab Ende des 12. Jahrhunderts weniger Waldflächen als heute. Innovative Anbaumethoden wie die Dreifelderwirtschaft und neue Agrartechnologien wie Wassermühlen und schollenwendende Pflüge hatten zur »Vergetreidung« der Landwirtschaft geführt und damit prosperierende Lebensbedingungen geschaffen. Europa blieb über einen längeren Zeitraum von extremen Hungersnöten verschont, zwischen 1100 und 1300 herrschten im sogenannten Mittelalterlichen Optimum wärmere Temperaturen als zuvor. Im deutschen Sprachraum lebten Ende des 12. Jahrhunderts 10 Millionen Menschen, womit sich ihre Zahl seit der Jahrtausendwende verdoppelt hatte. Erst im 19. Jahrhundert der Industrialisierung würde es wieder eine solche Bevölkerungsexplosion geben.



**1155** Friedrich I. lässt sich in Rom zum Kaiser krönen

**1156** Rainald von Dassel († 1167) wird Reichskanzler. Friedrich I. heiratet Beatrix von Burgund

**1157** Hoftag zu Besançon: Konflikt zwischen Kaiser und Papst um die Gottesunmittelbarkeit des Kaisertums

das publikumswirksame Duell mit seinem Cousin Heinrich dem Löwen, die feierliche Überhöhung eines alles überstrahlenden Rittertums und nicht zuletzt die Kreuzzüge ins Gelobte Land haben die 35 Jahre seiner Kaiserherrschaft zu einem der spektakulärsten und wichtigsten Zeitabschnitte der deutschen Geschichte gemacht.

*Gipfel und Niedergang mittelalterlicher Kaiserherrlichkeit, so will es unsere geläufige Geschichtssicht, ist mit der Dynastie der Staufer verbunden.*

HAGEN SCHULZE, HISTORIKER

Generell war das Barbarossa prägende 12. Jahrhundert in Deutschland und Europa von überragender Bedeutung. Die Welt wurde modern. Aus dem frühen, dunklen Mittelalter erstrahlte nun die Blütezeit des hohen Mittelalters. Wer sich Barbarossa nähert, sollte dies in Kenntnis der ihn umgebenden, neuen Kulturstufe in Europa tun. Es war die glanzvolle Zeit der Staufer, der Gipfel der ritterlichen Kultur im christlichen Europa. Und dabei regierten ihre Könige und Kaiser gerade mal ein gutes Jahrhundert lang, von 1138 bis 1254 – mit Friedrich I. Barbarossa in ihrem Zentrum (1152–1190).

## Der Staufer auf dem Weg zur Macht

Nach dem Herrschergeschlecht der Ottonen und Salier kamen in deutschen Landen 1138 die Staufer an die Macht. Sie waren neben den Welfen und den Zähringern das dritte bedeutende Adelsgeschlecht aus Schwaben, benannt nach ihrer Stammburg Stauf auf dem Berg Hohenstaufen bei Göppingen. Ihr König Konrad III. erwies sich allerdings als nicht fähig, das besonders im Süden vom erbitterten Kampf zwischen Welfen und Staufern zerrüttete Deutschland zu befrieden. Um die Feindschaft dieser beiden einflussreichsten Familien (»hie Welf – hie Waiblingen«; Staufer wurden sie erst von Historikern des 15. Jahrhunderts genannt) zu beenden, erhoben die wahlberechtigten Fürsten 1152 einen jungen Schwaben zum neuen König: Friedrich war Sohn eines Waiblingers und einer Welfin und dank dieser Abstammung prädestiniert, zwischen den das Land zermürbenden Streithähnen zu vermitteln. Von Beginn an bewies der dreißigjährige König sein überragendes politisches Talent, betrieb zwischen den Großen des Reiches eine kluge Politik des Ausgleichs, vermittelte den Bischöfen und Fürsten das Gefühl einer scheinbaren Ranggleichheit, als wäre er lediglich Erster unter Gleichen. Dem Papst ließ er höflich seine Königswahl mitteilen, allerdings ohne um deren Bestätigung zu bitten. Das Reich, so hieß es in der Botschaft zweimal, sei ihm »von Gott übertragen«, nicht vom Stellvertreter Gottes auf Erden, wie er auch hätte formulieren können. Dies war eine kleine, gezielte Unbotmäßigkeit, die man als Auftakt eines jahrzehntelangen Zwistes um Ehre und Rangfragen zwischen Kaiser und Papst, zwischen »Regnum« und »Sacerdotium«, zwischen weltlicher und geistlicher Macht, verstehen mag. Bei aller Diplomatie war Friedrich von Beginn an vor allem politischer Stratege. Mit unbeirrbarer Hartnäckigkeit verfolgte er das Ziel, die Königsgewalt in Deutschland gründlich zu erneuern und eine stabile, staufische Dynastie aufzubauen. Schon nach wenigen Monaten hatte Friedrich mit Hilfe eines großen Landfriedensgesetzes die königliche Autorität wie-



**1158** Zweiter Italienzug Friedrichs I. (bis 1162). Heinrich der Löwe gründet München. Bologna: erste Universitätsgründung

**1159** Schisma nach Tod Papst Hadrians IV. zwischen Alexander III. und dem kaiserfreundlichen Viktor IV.

**1160** Konzil von Pavia: Vom Kaiser einberufen, entscheidet es für Viktor IV.

derhergestellt und die mächtigen deutschen Fürsten auf seine Seite gebracht; man schaute mit Optimismus in die Zukunft.

*Ein Kaiser sei niemandes Untertan außer Gott und der Gerechtigkeit.*

BARBAROSSA

Wer war dieser Ausnahmepolitiker? Über seine Kindheit wissen wir nicht viel. Die welfischstämmige Mutter hat er früh verloren. Er muss sehr an ihr gehangen haben, damit ließe sich seine zeitlebens freundliche Haltung zur welfischen Verwandtschaft erklären. Eine ritterliche, höfische Ausbildung ist gewiss, die Schwertleite wird er in den Vierzigerjahren des 12. Jahrhunderts empfangen haben. Der junge Friedrich genoss nicht die Erziehung eines Thronfolgers, der Schwerpunkt lag auf der körperlichen Ertüchtigung und der Ausbildung an den Waffen, unter Vernachlässigung von Gelehrsamkeit und schönen Künsten. In seiner Muttersprache war er sehr redegewandt, Lateinisch hingegen, schränkt sein Chronist Rahewin ein, konnte er »besser verstehen als sprechen«. In Herrscherurkunden wird der junge Mann schon früh neben seinem herzoglichen Vater aufgeführt, er hatte ihn also bei dessen diplomatischen Missionen begleitet. Ab 1143 bewährte er sich in kriegerischen Auseinandersetzungen, 1146 beteiligte er sich am Kreuzzug ins Heilige Land. Im selben Jahr übernahm er das schwäbische Herzogtum von seinem erkrankten Vater. Sein Onkel Konrad III. zog ihn nun mehr und mehr auch zu hohen politischen Angelegenheiten hinzu, sodass in ihm ein versierter Staatsmann heranwuchs, verhandlungserprobt und reich an exklusiven Erfahrungen. Da sich in den mittelalterlichen Quellen eher

Friedrichs Onkel Konrad III. (hier in einer Miniatur aus dem 13. Jahrhundert) war ihm ein kundiger Lehrmeister in politischen Angelegenheiten.

Hinweise auf chronologische Abläufe finden lassen als profunde Porträts, sind wir auf schmuckvolle Schilderungen wie auf die des Geschichts-



**1161** Geburt Lotarios dei Conti di Segni, des späteren Papst Innozenz III.

**1162** Mailand wird von den kaiserlichen Truppen zerstört wie zuvor schon Crema (1160)

**1163** Dritter Italienzug Friedrichs I. (bis 1164). Veroneser Bund der Kaisergegner. Paris: Bau von Notre-Dame

schreibers Acerbus Morena angewiesen, die gleichwohl nicht ohne Reiz ist:

»Er war mittelgroß, von schöner Gestalt und besaß wohlgestaltete Glieder; sein helles Angesicht war von rötlicher Farbe, sein Haar fast blond und gekräuselt; ... seine Zähne waren weiß, seine Hände sehr schön, sein Mund anmutig; äußerst kriegerisch, zögernd zum Zorn, kühn und unerschrocken, geschwind und beredt; freigebig, aber nicht verschwenderisch, behutsam und vorausschauend im Rat, von schneller Auffassungsgabe und sehr weise; gegenüber Freunden und Guten liebenswürdig und gütig, schrecklich aber gegenüber Bösen und unerbittlich; er verehrte die Gerechtigkeit und liebte die Gesetze, fürchtete Gott und war bereit zu Almosen; vom Glück außerordentlich begünstigt, von fast allen geliebt.«

*Von den Menschen des Hochmittelalters wissen wir selbst dort wenig, wo die Quellen reichlicher fließen. Bei Barbarossa ist das anders. Es gibt eine ganze Reihe von Zeitgenossen, die nicht nur sein ansprechendes Äußeres beschrieben.*

HARTMUT BOOCKMANN, HISTORIKER

Friedrichs allseits beschriebene Gerechtigkeitsliebe und Gesetzestreue ist einer der Schlüssel zu seiner Persönlichkeit; seine Untertanen verehrten ihn ob dieser Tugenden. Dieser Wesenszug, Recht als obersten Grundsatz zu verstehen, hat allerdings seine Kehrseite. Denn auch seine offen zutage tretende Grausamkeit in den Kriegshandlungen gegen die norditalienischen Städte ist mit seiner Entrüstung über nicht eingehaltene Gesetze oder Absprachen zu erklären. Es waren übrigens die Italiener, die ihm aufgrund seiner rotblonden Haupt- und Barthaare den Namen »Barbarossa« verliehen.

## Erster Italienzug und Kaiserkrone

Schon wenige Jahre nach seiner Erhebung zum König hatte Friedrich die innenpolitischen Verhältnisse weitgehend konsolidiert.

Während die Welfen das größte Stück Land in Deutschland besaßen und insbesondere den Norden beherrschten, waren die Territorien der Staufer, Zähringer und Babenberger wesentlich kleiner. Da Friedrich in Deutschland kaum mehr Gebiete für seine staufische Dynastie reklamieren konnte, war es nur noch eine Frage der Zeit, wann er sein Augenmerk über die deutschen Grenzen hinaus richten würde. Dass er auf Italien kam, hatte historische und praktische Gründe.

Nach dem Erlöschen des weströmischen Kaisertums im 5. Jahrhundert hatte sich mit der Krönung Karls des Großen durch Papst Leo III. das westliche, in der Folge deutsche Kaisertum entwickelt. Mit der Kaiserwürde Ottos I. im 10. Jahrhundert war in deutschen Landen die Überzeugung entstanden, dass jeder neue deutsche König die Aufgabe habe, nach Rom zu ziehen und dort vom Papst die Würde des römischen Kaisers zu erhalten. Auf den Titel gab es keinen juristischen Anspruch, sondern nur den der Tradition. Zu den kaiserlichen Pflichten gehörte der Schutz von Kirche und Papst vor ihren Feinden. Zwar hatte ausgerechnet Friedrichs Vorgänger Konrad III. die Kaiserwürde nicht erlangen können, doch empfand Friedrich I. Barbarossa die Krönung durch den Papst und einen Anspruch auf Nord- und Mittelitalien als völlig natürlich.



**1164** Die in Mailand erbeuteten Reliquien der Heiligen Drei Könige lässt Friedrich I. nach Köln überführen

**1165** Friedrich I. veranlasst die Heiligsprechung Karls des Großen in Aachen

**1166** Vierter Italienzug Friedrichs I. (bis 1168)

Mit der Kaiserwürde gingen allerdings auch Verpflichtungen und Probleme einher. Zum einen musste der Kaisertitel vom Papst verliehen werden, sonst war er wertlos; oft genug war dies mit eitlen Kämpfen zwischen den beiden Häuptern um die Führungsrolle im christlichen Abendland verbunden. Zudem stieß die symbolische Rangerhöhung des deutschen Königs über die europäischen Nachbarn bei diesen naturgemäß nicht auf große Sympathie. Es hatte also auch Nachteile, einen Kaiser zu haben, wenn andere sich mit Königen bescheiden mussten.

Italien stand Mitte des 12. Jahrhunderts für den Inbegriff einer modernen Gesellschaft. Südlich der Alpen blühten Handel und Handwerk, hier waren das Girokonto und bargeldloser Zahlungsverkehr erfunden worden. In den Städten herrschten frühdemokratische Verhältnisse. Sie waren unabhängig, eine aufstrebende Bürgerschicht hatte sich zulasten ihrer bischöflichen und adligen Stadtherren das Recht auf kommunale Autonomie erfochten. Bildung und Medizin wurden gefördert. In diese Welt ohne zentrale Führung drang ein Kaiser ein, der aus einer anderen Zeit zu stammen schien – der ein spätantikes Herrschaftsmodell repräsentierte und der Städte nicht in erster Linie als freie, bürgergetragene Metropolen verstand. Mit Friedrich und den norditalienischen Stadtstaaten prallten zwei antagonistische Kräfte aufeinander, die sich drei Jahrzehnte lang in eine zähe, kriegerische Auseinandersetzung voller Brutalität und gegenseitigen Unverständnisses verstricken sollten.

Eine Gelegenheit zum Italienzug bot sich, als zwei Kaufleute der Städte Lodi und Como bei Friedrich Klage führten über die aggressiven Expansionsbestrebungen Mailands, der reichsten Stadt in der Lombardei. Hierzu muss man wissen, dass die Städte untereinander einen erbitterten Konkurrenzkampf ausfochten und das Recht des Stärkeren herrschte. Einschüchterung und Gewalt gegen die kleineren Städte waren an der Tagesordnung. Im Oktober 1154 brach Friedrich mit einem relativ kleinen Heer von 1800 Kriegern und einigen Reichsfürsten gen Süden auf, um die wichtigsten Vertreter Reichsitaliens zu treffen und die Mailänder zu disziplinieren. In Italien wurde er mit einer völlig fremden Welt konfrontiert. Nicht nur die Machtfülle und der Reichtum der Kommunen verwunderten ihn, sondern auch ihr Selbstbewusstsein und ihre Wehrhaftigkeit. Gegen das glänzend befestigte Mailand hatte sein Heer keine Chance und musste unter dem Spott der Bewohner wieder abziehen. Dafür hielten sich die Deutschen an den schwächeren Chieri und Asti schadlos. Auch das mit

Die erste Begegnung Barbarossas mit Papst Hadrian IV. (Kupferstich aus dem 16. Jahrhundert) geriet beinahe zum Eklat.



**1167** Fieberepidemie im eroberten Rom. Lombardenbund führt zur Auflösung der Herrschaft Friedrichs I.

**1168** Heinrich der Löwe heiratet die englische Königstochter Mathilde

**1169** Friedrichs I. Sohn Heinrich VI. wird dreijährig zum König gewählt

Mailand verbündete Tortona konnte nach langer Belagerung eingenommen und zerstört werden, weil es Friedrichs Truppen schließlich gelang, die Stadt vom Wasser abzuschneiden. Dennoch, der erste Einschüchterungsversuch gegenüber den arroganten Stadtstaaten hätte eindrucksvoller ausfallen können.

Friedrich zog nach Rom weiter, um aus der Hand des Papstes Hadrian IV. die Kaiserkrone zu empfangen. 1153 war im Vertrag von Konstanz vereinbart worden, dass Friedrich dem Papst in dessen Kampf gegen die Normannen in Sizilien und die Stadt Rom beistehen und im Gegenzug die Kaiserwürde erhalten solle. In Sutri trafen Friedrich und Hadrian aufeinander, und nur durch die Aufmerksamkeit ihrer diplomatischen Begleiter wurde die Begegnung nicht zum Fiasko. Der König weigerte sich, den Marschalldienst auszuüben, das heißt, das Pferd des Papstes am Zügel zu führen und die Steigbügel des Tieres zu halten. Der Konflikt konnte schließlich beigelegt werden, weil Friedrichs Berater ihn davon zu überzeugen vermochten, dass es sich um eine rein traditionelle Ehrbezeugung und nicht um einen Vasallendienst handelte. Der Zwischenfall zeigt aber, in welch hohem Maß der deutsche König auf seine äußerliche Ehre bedacht war und jeglichen Gesichtsverlust verabscheute. Die nächste Herausforderung erwartete ihn vor den Toren Roms, das seit einiger Zeit eine neue kommunale Regierung gebildet hatte. Die Senatoren der Stadt wollten Friedrich gegen eine Zahlung von 5000 Pfund in Silber die Kaiserwürde übertragen. In der Gewissheit, dass die Krone nur dann in Europa Anerkennung fände, wenn er sie vom Papst erhielte, beschied er die Gesandtschaft in legendärer Schärfe und mit unerschütterlichem Sendungsbewusstsein:

»Wollt ihr wissen, wo der alte Ruhm eures Rom geblieben ist, der würdevolle Ernst des Senats, die tapfere Zucht der Ritterschaft und der unbezwingliche Schlachtenmut? Bei uns Deutschen sind sie geblieben. Auf uns gingen jene Tugenden über mit der Krone der Cäsaren: Hier sind eure Konsuln, hier euer Senat, hier eure Legionen! Unserer Weisheit und unserem Schwert seid ihr euer Dasein schuldig.«

Damit hatte Barbarossa die Stadtrömer brüskiert. Er wollte sein Kaisertum aber nicht auf die römische Bürgerschaft gründen, sondern auf die höchste Autorität der lateinischen Kirche. Nur so konnte seine Herrschaft auf die abendländische Christenheit ausstrahlen und universellen Charakter erhalten.

Am 18. Juni 1155 wurde Friedrich in der Peterskirche von Papst Hadrian IV. unter dem Schutz deutscher Waffen zum Kaiser gekrönt. Noch am selben Tag kam es zu einem Aufstand der wütenden Römer, den Friedrich vor allem dank der Krieger Heinrichs des Löwen mit großer Mühe und Not niederschlagen konnte. Friedrichs Eroberungslust hatte sich mit den Kämpfen gegen die Römer vorerst erschöpft. Er setzte nun nicht, wie im Konstanzer Vertrag versprochen, zum Feldzug gegen die Normannen in Sizilien an, sondern folgte dem Wunsch seiner Fürsten, nach Deutschland zurückzukehren.

## Rückkehr und Sacrum Imperium

Zurück in Deutschland, machte sich der frisch gesalbte Kaiser an die Aufgabe, seine Macht weiter zu festigen. Es gelang ihm im Sommer 1156 endlich, das Herzogtum Bayern seinem welfischen Vetter Heinrich zu übertragen, der dieses Gebiet seit Langem für sich bean-



Um 1170 Geburt der Dichter Walther von der Vogelweide und Wolfram von Eschenbach

1171 König Heinrich II. von England beginnt mit der Eroberung Irlands

1172 In Venedig wird die Dogenmacht durch ein Adelsparlament beträchtlich beschnitten

Gegen den Widerstand der Römer ließ sich Friedrich am 18. Juni 1155 durch Hadrian IV. zum Kaiser krönen (untere Hälfte einer Miniatur aus dem 15. Jahrhundert).

spruchte. Dafür musste Friedrich seinen Babenberger Onkel Heinrich Jasomirgott entschädigen. Die Markgrafschaft Österreich wurde von Bayern ausgegliedert, zum neuen Herzogtum erhoben und Jasomirgott überlassen – es war die Geburtsstunde Österreichs.

*Salve, mundi domine, Caesar noster, ave!*

ARCHIPOETA,
DER FRIEDRICH I. ALS
»HERRN DER WELT« PREIST



**1173** Grundsteinlegung zum Bau des Schiefen Turmes in Pisa

**1174** Fünfter Italienzug (bis 1178)

**1175** Nach Friedrichs I. vergeblicher Belagerung von Alessandria scheitern die Friedensverhandlungen mit den Lombarden

Der Machthunger Heinrichs des Löwen, hier mit seiner Gemahlin Mathilde (Glasfenster im Dom von Lübeck), schien unstillbar.

Auch Otto von Freising, Geschichtsschreiber und Bischof (Glasmalerei, 13. Jh.), hatte unter dem Expansionsdrang des Löwen zu leiden.

Damit hatte Friedrich den langjährigen Streit zwischen Welfen und Babenbergern beendet und beide zu seinen Verbündeten gemacht. Heinrich der Löwe hatte mit Bayern eine Landbrücke geschaffen von der Ostsee bis nach Italien und schwang sich mit der Einverleibung des Herzogtums nun zum größten Territorialfürsten Europas empor. Sein Gebietshunger indes war noch nicht gestillt. Er wandte sich nach Osten und gewann von Schwerin aus die slawischen Gebiete Mecklenburgs und Pommerns für sich: zuerst die Eroberung mittels Waffengewalt, dann die Missionierung der heidnischen Bewohner und schließlich der Landausbau sowie die Ansiedlung deutschsprachiger Bevölkerung. Die Ostkolonisation, sie trug Namen und Handschrift Heinrichs des Löwen.



**1176** Friedrich I. unterliegt dem Lombardenbund bei Legnano und schließt Frieden mit Alexander III.

**1177** Frieden von Venedig mit Verbesserung der kaiserlichen Position

**1178** Friedrich I. wird in Arles zum burgundische König gekrönt

Heinrich war bei der Wahl seiner Mittel alles andere als zimperlich. Berühmt ist die Errichtung einer Holzbrücke 1156 in München. Um auf seiner eigenen Brücke Zölle für die Flussquerung erheben zu können, musste zuerst die weiter im Norden gelegene Isarbrücke des Bischofs von Freising niedergebrannt werden. Als Otto von Freising sich über das rüde Vorgehen bei Friedrich beschwerte, begünstigte dieser dennoch Heinrich. Dies zeigt die Vorzugsbehandlung, die der Kaiser seinem welfischen Vetter angedeihen ließ, und auch, dass er dessen Machtzuwachs hinnahm.

Die Isarbrücke ist Grundlage einer Entwicklung, die aus einer unbedeutenden Mönchssiedlung eine der größten Städte Deutschlands machen sollte. Bereits Ende des Mittelalters war das 1158 gegründete München die Hauptstadt des Herzogtums Bayerns und bedeutendes Handels- und Gewerbezentrum – nach mehreren Erweiterungen würde die Stadt auf stolze 13 500 Einwohner anwachsen. Zwar war München die wichtigste Stadtgründung im Süden von Heinrichs Territorium, aber der Schwerpunkt seiner Aktivitäten lag im Norden. Auch Lübeck, Braunschweig und Schwerin wurden vom Löwen gegründet, die alten Städte Stade, Bremen, Hamburg, Lüneburg, Göttingen und Celle weiter gefördert. Die Burg Dankwarderode ließ Heinrich zu einem prächtigem Palast ausbauen, der den kaiserlichen Pfalzen in nichts nachstand und eine unverhohlene Machtdemonstration darstellte.

Aber auch Friedrich war nicht untätig. Im Juni 1156 heiratete der Vierunddreißigjährige auf dem Hoftag in Würzburg die sechzehnjährige Beatrix von Burgund, ein Ereignis von europäischer Tragweite, zu dem sich Würdenträger aus allen Teilen des Reiches sowie aus England, Dänemark, Polen und Ungarn einfanden. Seine Ehe mit Adela von Vohburg hatte er einige Jahre zuvor von der Kurie auflösen lassen – unter dem Vorwand, dass sie ihm keine Kinder geboren habe und mit ihm

Burg Dankwarderode in Braunschweig, ursprünglich zwischen 1160 und 1175 als die Prachtpfalz von Heinrich dem Löwen erbaut. Um 1900 wurde die Anlage als neoromanischer Bau rekonstruiert.



**1179** Tod der Mystikerin Hildegard von Bingen (* um 1098)

**1180** Heinrich dem Löwen wird die Reichsacht erklärt, Sachsen und Bayern aberkannt, Sachsen wird aufgeteilt

**1181** Friedrich I. gewinnt Lübeck. Heinrich der Löwe unterwirft sich und geht ins englische Exil

Die Hochzeit Barbarossas mit Beatrix von Burgund 1156 in Würzburg (Gemälde von Giovanni Battista Tiepolo, um 1750) war ein gesellschaftliches Großereignis.

verwandt gewesen sei. Kinder sollte sie allerdings mit ihrem nächsten Ehemann haben, und die angebliche Verwandtschaft lag viele Generationen zurück. Es ist also zu vermuten, dass zwischen Friedrich und seiner ersten Frau keine sehr intime Beziehung bestand. Außerdem trachtete der Kaiser wohl nach einer standesgemäßeren und politisch vorteilhafteren Heirat. Seine neue Frau Beatrix belebte die frische Ehe sodann mit einer beträchtlichen Mitgift, welche sich unter anderem in rund 5000 Kriegern ausdrückte, die sie als Hochzeitsgeschenk für Friedrich mit nach Würzburg brachte. Fruchtbar sollte ihre Ehe mit schließlich zehn Kindern ebenfalls sein. Beatrix konnte durch die Heirat ihr Erbland gegen Widersacher halten, Friedrich hingegen gelangte an unmittelbare Herrschaftsrechte in Burgund und in der Provence, zudem an Zugänge zu wichtigen Alpenstraßen.

Auch in anderer Weise erweiterte Friedrich seinen Status und den des Reiches. Im März 1157 tauchte in einem Schreiben an Bischof Otto von Freising, in dem der Kaiser seine Fürsten zum Kriegszug gegen das aufsässige Mailand aufforderte, die Bezeichnung »heiliges Reich« (»sacrum imperium«) auf. Wahrscheinlich ging diese Formulierung auf eine Idee seines Kanzlers und wichtigsten Helfers Rainald von Dassel zurück, der zunehmend Image und Politik Friedrichs lenkte und der hauptverantwortlich für Friedrichs Konzept der »restauratio imperii«, der Wiederherstellung der Reichsgewalt, war. Nach der Überlieferung Ottos von Freising heißt es in dem Brief:

»Weil Wir durch göttliche Vorsehung und Milde die Leitung von Stadt und Welt in Händen halten, müssen Wir hinsichtlich verschiedener Ereignisse und Vorgänge Sorge tragen für das heilige Reich und den göttlichen Staat.«

Die Absicht hinter der neuen Formel war offenkundig und ist für das Verständnis der Persönlichkeit Friedrichs und seine jahrzehntelange Politik fundamental. Indem er das Reich »heilig« nannte, legte die Monarchie ihren säkularen Charakter ab und wurde in eine höhere Sphäre gehoben. »Sacer« (heilig) und nicht etwa »sanctus« (geheiligt) meinte



**1182** Erste urkundliche Erwähnung der Stadt Jena

**1183** Friedensschluss Friedrichs I. mit dem Lombardenbund in Piacenza und Konstanz

**1184** Prachtvolles Hoffest in Mainz zur Schwertleite der Kaisersöhne. Sechster Italienzug Friedrichs I. (bis 1186)

## Das »Heilige Römische Reich«

Das Reich entstand als regnum Francorum im 10. Jahrhundert unter der Dynastie der Ottonen aus dem ehemals karolingischen Ostfrankenreich heraus. Erst unter Friedrich I. Barbarossa kam es 1157 zur Bezeichnung »sacrum imperium«. 1254 entstand während des sogenannten Interregnums, als sich drei Könige um die Herrschaft stritten, die Wendung »Sacrum Imperium Romanum«, um das spätantike, römische Vermächtnis zu bekräftigen. Die Hinzufügung »Deutscher Nation« (»nationis Germanicae«) erfolgte erst im 15. Jahrhundert, als der Reichsanspruch auf den deutschen Sprachraum beschränkt war. Offiziell fand die Bezeichnung erstmals Verwendung 1512 beim Reichstag in Köln, zu dem Kaiser Maximilian die Reichsstände unter anderem zwecks Erhaltung des »Heiligen Römischen Reiches Teutscher Nation« geladen hatte. »Heiliges Römisches Reich Deutscher Nation« war als offizielle Bezeichnung bis 1806 in Gebrauch.

ein von Natur aus erhöhtes Reich, das keine päpstliche Weihe nötig hatte. Dies war direkt gegen das Papsttum gerichtet, das die königliche Autorität auf eine weltliche reduzierte. Im Streben nach der Vorherrschaft in der christlichen Welt hatte Friedrich das Rad der Geschichte wieder zurückgedreht. Dennoch entfaltete die Bezeichnung »sacrum imperium« keine durchdringende Wirkung. Wenn es im hohen Mittelalter eine universale Größe gab, über die nationale Herrschaft hinaus, so konnte dies nur die Kirche sein, und kein Land neben anderen, kein Kaiserreich neben Königreichen. Bei den europäischen Herrschern konnte das »sacrum imperium« nicht verfangen, sie erkannten die Formel als das, was es war: als einen politischen Trick, der Kaiser und Reich über den Papst und über das christliche Abendland erheben sollte.

Ende des Jahres spitzte sich der Streit zwischen Kaiser und Papst, zwischen Imperium und Sacerdotium, zu – auch hier wurde die Eskalation aller Wahrscheinlichkeit nach von kaiserlicher Seite herbeigeführt. Es geschah bei einer großen Reichsversammlung in Besançon, als zwei päpstliche Legaten Klage führten gegen die Gefangennahme eines schwedischen Erzbischofs, die Friedrich nicht verhindert hatte. Einer der beiden war Roland von San Marco, der Kanzler Hadrians IV. und künftige Papst Alexander III., der ein erbitterter Gegner Friedrichs werden sollte. Sie überreichten ein Schreiben, das Rainald von Dassel verlas, indem er übersetzte:



**1185** Der 1004 von Kaiser Heinrich II. begründete Bamberger Dom brennt in einem Großfeuer ab

**1186** Heirat Heinrichs VI. mit der Königstochter Konstanze von Sizilien

**1187** Saladin besiegt ein Kreuzfahrerheer an den Hörnern von Hattin und erobert darauf auch Jerusalem

»Du, ruhmreichster Sohn, musst dir doch vor Augen führen, wie gern und freudig dich deine Mutter, die hochheilige römische Kirche, vor zwei Jahren aufgenommen, mit welch herzlicher Liebe sie Dich behandelt hat, welche Fülle der Würden und Ehren sie dir zuteil werden ließ, wie sie deine Hoheit suchte, und wie sie rein nichts tat, wovon sie vermuten könnte, dass es nur im Geringsten gegen den königlichen Willen sei.«

Und jetzt der entscheidende Satz:

»Und es reute Uns auch jetzt nicht im Mindesten, in allem deinen Wunsch und Willen erfüllt zu haben, ja, bei dem Gedanken, was die Kirche Gottes ... an Vorteilen gewinnen könne, würden Wir Uns mit Recht freuen, wenn es möglich gewesen wäre, dass deine Herrschaft aus Unserer Hand noch größere Lehen empfangen hätte.«

Welch ungeheure Kränkung! Der Kanzler hatte das lateinische Wort »beneficia« nun mit »Lehen« übersetzt, statt mit »Wohltat«, wie er es auch hätte tun können. Damit entschied er, Öl ins Feuer zu gießen. Dies hätte den wortführenden Kardinal beinahe das Leben gekostet, denn der aufgebrachte Pfalzgraf Otto von Wittelsbach wollte mit dem Schwert auf ihn losgehen und konnte nur vom Kaiser höchstpersönlich davon abgehalten werden. Der diplomatische Bruch, der Skandal war da.

Den beiden Legaten wurde die Abreise befohlen mit der Botschaft für den Papst, dass die kaiserliche Macht von Gottes Gnaden sei, nicht von seinem Stellvertreter auf Erden: »Richtet Eurem Herrn aus, dass Wir die Krone des Reiches von Gott und durch die Wahl der Fürsten erhalten haben und nicht von seinem anmaßenden Diener. Das Reich ist heilig. Sacrum imperium!«

Reichskanzler Rainald von Dassel (Skulptur vom Dreikönigsschrein, um 1200, Kölner Dom), Friedrichs wichtigster Ratgeber.

Friedrich war damals 35 Jahre alt und hatte in politischer Hinsicht keinerlei Schwierigkeiten zu befürchten. Er wollte sich dem Papst nicht mehr unterordnen, sondern vielmehr die Situation für sich erzwingen. Nicht von ungefähr sollte wenige Jahre später (1160) eine von allen gehörte Klage laut werden, die aus dem Ausland Empörung den Deutschen gegenüber zum Ausdruck brachte. Sie verfehlt bis heute ihre Wirkung nicht. Von John of Salisbury, dem späteren Bischof von Chartres, stammt die berühmte, bissige Frage: »Wer hat denn die Deutschen zu Richtern über die Nationen eingesetzt?«



1188 Hoftag in Mainz: Friedrich I. nimmt das Kreuz

1189 Friedrich I. bricht zum Dritten Kreuzzug auf

1190 Friedrich I. ertrinkt beim Baden in Kleinasien: Nachfolger wird Heinrich VI. Gründung des Deutschen Ordens

Langsam entstand in Europa das Bild von den zügellosen, anmaßenden Deutschen, deren kaiserliches Selbstbewusstsein als Einmischung in die Nachbarreiche aufgefasst wurde. Der Begriff »deutsch« bekam einen negativen Beigeschmack.

## Zweiter Italienzug und Schisma

Im Juni 1158 brach Friedrich erneut nach Italien auf, um nach der Eingliederung Burgunds auch in den ehemaligen Reichsgebieten Norditaliens die kaiserliche Herrschaft wiederherzustellen. Dazu musste vor allem Mailand besiegt werden, das wie die meisten italienischen Städte seine Opposition gegen ihn aufrechterhalten hatte. Friedrich hatte aus den Fehlern des ersten Italienzugs gelernt und führte nun ein gewaltiges Heer, verstärkt durch Truppenkontingente aus Böhmen und Ungarn, über die Alpen. 50 000 Mann soll der Gesamtzug gezählt haben, auch Heinrich der Löwe war wieder dabei.

Die klugen Mailänder schätzten die Kräfteverhältnisse richtig ein und kapitulierten, bezahlten dem Kaiser zudem 9000 Pfund in Silber. Bei dem nachfolgenden Reichstag auf den Ronkalischen Feldern in der Poebene räumten die Vertreter der Städte dem Kaiser das Recht auf Regalien ein, auf wirtschaftlich nutzbare Hoheitsrechte, wie Münz- und Zollrechte, Förderrechte in Bergwerken, Forst- und Jagdrechte sowie Steuern. Rahewin zufolge ließen sich somit jährlich Erträge von 30 000 Pfund Silber erzielen, deren reale Kaufkraft sich heute nur erahnen lässt, weil Vergleichsgrößen fehlen. Die Rechtsgelehrten Friedrichs beriefen sich dabei auf 500 Jahre altes römisches Recht, das von den antiken Cäsaren auf deren Erben, die deutschen Kaiser, übergegangen sei. Doch es dauerte nicht lange, bis sich der Widerstand zu regen begann. Die Mailänder merkten zunehmend, dass sie ihre Autonomie zugunsten der Deutschen aufgegeben hatten, dass sie dem Kriegsrecht unterlagen und womöglich einer Tyrannis entgegensteuerten. Also rebellierten sie gegen die lästigen Funktionäre des Kaisers und organisierten den lombardischen Widerstand. Und Friedrich, der mit der Idee städtischer Freiheit nichts anzufangen wusste, fühlte sich hintergangen – hatte er doch geglaubt, den italienischen Kommunen nach bestem Wissen und Gewissen eine faire Rechtsordnung gegeben zu haben, außerdem hatten sie auf die Gesetze den Eid geschworen. Die neuzeitlichen Bürger und der antike Kaiser – eine tragische Konstellation. Beide Seiten kämpften um ihr »heiligstes« Recht und gegen die gewaltsamen Übergriffe des anderen mit einer finsteren Entschlossenheit, die keine Gnade erlaubte.

Nachdem die Belagerung Mailands ohne Erfolg blieb, ließ Friedrich die Umgebung verwüsten und nahm sich das Städtchen Crema vor. Die hier verübten Gräueltaten sollten sich in das historische Gedächtnis der Italiener tief einbrennen. Trauriger Höhepunkt des Angriffs war der Einsatz turmhoher Belagerungsmaschinen, die an die Stadtmauern gefahren wurden. Oben auf den Kriegsgeräten hatte Barbarossa Körbe mit Cremasker Geiseln als lebende Schutzschilde aufhängen lassen, darunter auch Kinder, die in den Kämpfen umkamen. Die beweglichen Turmgiganten entschieden die Schlacht. Die Cremasker durften die Stadt mit dem, was sie tragen konnten, verlassen. Anfang 1160 wurde Crema dem Erdboden gleichgemacht. Der heroische Widerstand der



1194 Heinrich VI. wird in Palermo als König Siziliens gekrönt. Geburt seines Sohnes Friedrich II.

1195 Tod Heinrichs des Löwen

1197 Tod Heinrichs VI.

Friedrich I. Barbarossas Einzug in Mailand 1162 (Zeichnung von Julius Schnorr von Carolsfeld). Die blühende Metropole Norditaliens wurde von den kaiserlichen Truppen in Schutt und Asche gelegt.

Bevölkerung sollte die Wut der anderen Städte auf die Deutschen weiter anstacheln.

Zwei Jahre später kapitulierte Mailand angesichts der zermürbenden Verwüstungs- und Belagerungsmaschinerie der kaiserlichen Truppen. Die Bewohner zogen barfuß aus der Stadt und fielen vor dem Kaiser auf die Knie, der aber kein Erbarmen zeigte. Am 26. März fielen Friedrichs Truppen und die der mit ihm verbündeten italienischen Städte über Mailand



**1198** Staufisch-welfischer Thronstreit führt zur Doppelkönigswahl: Philipp von Schwaben und Otto IV.

**1199** Tod des englischen Königs und Kreuzfahrers Richard I. Löwenherz (* 1157)

**Um 1200** Das Nibelungenlied entsteht im Donaugebiet

her und begannen die systematische Verwüstung einer der blühendsten Metropolen des Abendlands. Bis auf wenige Kirchen und Klosterbauten wurden alle Mauern, Paläste und Bürgerhäuser in Schutt und Asche gelegt, die Bewohner ins Umland umgesiedelt. Am Palmsonntag nahm Barbarossa im Kloster Sant'Ambrogio huldvoll die Ölzweige entgegen, das Symbol des Friedens auf Erden.

Es war ein zweifelhafter Sieg, an der Grenze zur Barbarei. Die mitleidlose Zerstörung der Stadt und die Bestrafung der Aufständischen schreckten zunächst ab, verstärkten im Grunde aber den Unabhängigkeitswillen der Italiener. Traditionell verfeindete Städte schlossen sich angesichts des »furor teutonicus« zu einer »Gemeinschaft der Italiener« zusammen und entwickelten ein Wirgefühl, das ihnen bis dahin unbekannt war. Friedrichs unerbittliches Vorgehen gegen die Stadtstaaten sollte das negative Deutschlandbild der Italiener auf lange Zeit prägen.

Während des vierjährigen Italienfeldzugs war neuer Konfliktstoff zwischen Kaiser und Papst entstanden. 1159 war Papst Hadrian IV. gestorben und mit Alexander III. sein Nachfolger gewählt worden. Obwohl dieser die Mehrheit des Kardinalskollegiums auf sich vereinigen konnte und somit für die römische Kirche als neuer rechtmäßiger Papst akzeptiert war, wurde ein Gegenpapst ausgerufen: Viktor IV. als der Favorit von Barbarossa. Zu gut erinnerte sich Friedrich an Alexander als jenen Gesandten Hadrians, der ihm in Besançon in der leidigen »Beneficia«-Affäre die Stirn geboten hatte und von dem nichts Gutes zu erwarten war. Auf der Kirchenversammlung in Pavia 1160 versuchte Barbarossa unter dem Vorwand einer neuerlichen, unparteiischen Wahl, seinen Kandidaten Viktor bestätigen zu lassen. Die Mehrheit der Kardinäle fehlte allerdings, auch Alexander war in weiser Vorahnung dem Konzil ferngeblieben. Gleichwohl verkündete am Ende ein zweifelhaftes Dokument mit der Unterschrift von weit über 100 Erzbischöfen und Bischöfen die Bestätigung des kaiserlichen Gegenpapstes. Auch wenn es geschickt in ganz Europa platziert wurde, blieb nach einem ersten Moment der Überraschung die längerfristige Wirkung seines Inhalts besonders bei den zentralen Mächten wie Frank-

Die spätsalische Zweischwerterlehre war der päpstlichen Kurie in Rom ein Dorn im Auge (Darstellung aus dem »Sachsenspiegel«).



1208 Philipp von Schwaben wird in Bamberg von Otto von Wittelsbach ermordet

1209 Der Welfe Otto IV. wird von Papst Innozenz III. zum Kaiser gekrönt

1211 Innozenz III. bannt Otto IV.

reich und England blass. Alexander hatte die Sympathie des lateinischen Westens und sollte bis zum Ende der Kirchenspaltung der für die christliche Welt rechtmäßige Papst sein und Friedrich sich an ihm die Zähne ausbeißen. Wie erwartet, erteilte der neue Papst der spätsalischen Zweischwerterlehre, die eine Gleichberechtigung der beiden Gewalten – der geistlichen und der weltlichen – befürwortete, eine definitive Absage. Der Kaiser erhalte das weltliche Schwert vom Papst und müsse es nun im Auftrag der Kirche führen: Diese Rückstufung des Staates musste den Widerspruch Friedrichs herausfordern.

1164 ließ Friedrich die bei der Einnahme Mailands erbeuteten Reliquien der Heiligen Drei Könige nach Köln überführen. Die Aufbewahrung der von der abendländischen Christenheit hochverehrten Gebeine in seinem Reich sollte dieses in eine religiöse Aura tauchen. Im Land Barbarossas würden nun die ersten königlichen Bewunderer des göttlichen Kindes eine neue Heimat haben. Das gleiche Ziel verfolgte er mit der Heiligsprechung Karls des Großen ein Jahr später in Aachen: Wenn der Reichsgründer heilig war, dann konnten sich nachfolgende Kaiser wie Barbarossa viel besser auf ein »sacrum imperium« berufen. Die Reliquienschau in Köln und die Aachener Kanonisierung sind weitere Belege für das Vertrauen Friedrichs auf effektvolle Inszenierungen als ein wirkungsvolles Mittel von Politik.

Doch Friedrich musste konkrete Aktionen folgen lassen, wollte er die Reichsgewalt in Italien wiederherstellen. Er musste Alexander loswerden und seinen eigenen Kandidaten durchsetzen. Also zog 1167 erneut ein deutsches Herr nach Italien, trotzte der feindseligen Atmosphäre und besiegte nach anfänglichen Schwierigkeiten bei Tusculum das Aufgebot der Römer: »Den Unsrigen wurde ein zweites Cannae bereitet, weil wir die Deutschen mehr fürchteten als alles andere auf der Welt«, so ein italienischer Chronist. Alexander, der sich lange in Südfrankreich aufgehalten hatte und 1165 nach Rom zurückgekehrt war, musste in höchster Not aus der Stadt fliehen. Militärisch stand Friedrich nun als Sieger da, Rom war eine kaiserliche Stadt geworden, es war ein Moment des großen Triumphs. Doch die Herzen des Abendlands hatte er für sich nicht gewonnen, und den Zuspruch seines Gottes ebenso wenig. Das zumindest mussten die Menschen jener Tage angesichts des Verhängnisses denken, das nun seinen Lauf nehmen sollte.

Am Tag nach der Prozession auf Sankt Peter, dem 2. August 1167, brachen furchtbare Gewitter über die Stadt herein. Zuerst rissen die Wassermassen die Lager der Deutschen fort, dann legte sich brütende Hitze über die Stadt. Was nun geschah, ist bis heute ungeklärt. Innerhalb kürzester Zeit starben hunderte Krieger, wurde aus Rom eine wahre Fieberhölle. In den Straßen türmten sich die Leichen, wegen des Gestanks schlossen die Ärzte auf Pestilenz. Doch hatte wohl nicht die Pest oder die Malaria die Menschen dahingerafft, sondern die Ruhr – darauf zumindest deuten die Berichte hin, in denen von »Schmerzen des Kopfes, der Eingeweide und der Beine« die Rede ist. Die katastrophalen hygienischen Zustände in den Straßen Roms sowie das die Erreger verbreitende Unwetter könnten das Trinkwasser verseucht und eine infektiöse Darmerkrankung hervorgerufen haben. Am 6. August verließen die Deutschen die Ewige Stadt – zu spät. Von Friedrichs Streitmacht waren Tausende



**1212** Friedrich II. wird in Mainz zum (Gegen-) König gekrönt. Kinderkreuzzug

**Um 1215** Tod des Dichters Hartmann von Aue (* um 1170)

**1220** Friedrich II. wird zum Kaiser gekrönt, widmet sich Sizilien und überlässt das Deutsche Reich seinem Sohn Heinrich

qualvoll zugrunde gegangen, auch zahlreiche Bischöfe und Fürsten, darunter Friedrich IV. von Schwaben sowie Welf VII. und, was besonders schwer wog, Kanzler Rainald von Dassel. Was die römischen Soldaten nicht vermocht hatten, hatte die Seuche geschafft. Friedrichs militärischer Triumph endete im Debakel. Einige Zeitgenossen sahen im Massensterben von Rom ein Gottesurteil, verschuldet durch Friedrichs unbeirrbare Ablehnung Alexanders oder gar durch seine Zerstörung von Gotteshäusern. Friedrich hatte sein Ziel, die oberitalienischen Städte endgültig zu disziplinieren, nicht verwirklichen können. Diese schlossen sich zum Lombardischen Städtebund zusammen, der »Lega Lombarda«, um ihre Autonomie gegenüber der kaiserlichen Herrschaft wiederherzustellen. Sieben Jahre später sollte es zur endgültigen Konfrontation kommen.

## Von Burgen, Pfalzen und Fürsten

In der Folgezeit widmete sich Friedrich dem Ausbau seiner königlichen Herrschaft in Deutschland. Die unglückliche Romreise hatte ihm in den Augen der Fürsten nicht wirklich schaden können; so wählten sie 1169 seinen nur dreijährigen Sohn Heinrich zum Thronfolger. Aufgrund des Todes zahlreicher Fürsten und Adliger in Rom und des Erwerbs von Kirchenlehen konnte Friedrich Titel und Positionen neu vergeben und frei gewordene Territorien in seinem Sinne neu ordnen. Dank der zusätzlichen finanziellen Mittel aus Norditalien kam die Infrastruktur in Gang. Neue Straßen wurden gebaut, die sich zu florierenden Handelswegen entwickelten.

Im Laufe der Jahre wurden die Reichsterritorien im mitteldeutschen Osten, im Rheingau, in Schwaben und Franken, der Pfalz und im Elsass weiter erschlossen: durch Rodung, die Gründung von Städten und die Errichtung von Burgen. Kein Jahrhundert in der Geschichte der Deutschen hat so viele Stadtgründungen erlebt wie die gut 100 Jahre der Stauferzeit, keiner hat hierfür mehr getan als Friedrich, ungeachtet seiner schlechten Erfahrungen mit städtischer Autonomie und wehrhaftem Bürgertum in Italien. Besonders im Kerngebiet des Reiches betrieb Friedrich eine Reihe von Stadtgründungen, von denen Gelnhausen an der Kinzig 1170 eine der wichtigsten ist – heute steht hier die besterhaltene Pfalz aus der Kaiserzeit. Die Zeitspanne zwischen 1150 und 1250 wird von Historikern gerne als die klassische Epoche im Burgenbau bezeichnet. Die Staufer haben sich nicht wie Ottonen und Salier im Bau gewaltiger Dome verewigt, sondern richteten ihr Augenmerk mehr auf Profanbauten wie Wohn- und Verteidigungsanlagen. Besonders der Vater Barbarossas, Herzog Friedrich I. von Schwaben, gilt als Pionier der Burgenbaus. Er hatte am Oberrhein eine derartige Vielzahl von Burgen errichten lassen und sich zugleich deren jeweiliges Umland einverleibt, dass ein Chronist später die berühmten Worte schrieb, er habe am »Schweif seines Pferdes immer eine Burg« mit sich gezogen. Die meisten Burgen Ende des 12. Jahrhunderts gehörten den Staufern.

Materieller Fortschritt und gesteigerte Lebenskultur fanden ihren Ausdruck auch in den Pfalzen, die Friedrich vor allem in Gebieten unmittelbarer Königsherrschaft bauen ließ, wie Kaiserslautern, Eger, Wimpfen, Hagenau und vor allem Gelnhausen, dem Glanzpunkt staufischer Palastarchitektur. Der Name »Pfalz« leitet sich ab aus »Palast« (lateinisch »palatium«)



**1226** Tod des Franziskus von Assisi (* um 1181/82)

**1227** Die dänische Herrschaft über Norddeutschland endet nach einer Niederlage bei Bornhöved

**1229** Der Kreuzzug Friedrichs II. (seit 1228) endet mit Rückgewinnung Jerusalems

und meint die hochwertige Zusammenführung von Sakral- und Wohnbau. Während die Burgen grundsätzlich als Sitze des niederen und des hohen Adels dienten, waren die Pfalzen standesgemäße Aufenthaltsorte für den umherziehenden König, seine Familie und seinen Reisehof. Die mittelalterlichen Kaiser besaßen keine zentrale Residenz in einer Hauptstadt, sondern waren ständig in ihrem Riesenreich unterwegs, wie Barbarossa dies in Deutschland, Italien, Burgund und Lothringen tat. In den Pfalzen saß die Gerichtsbarkeit, fanden Reichsversammlungen und Hoftage statt, wurde Streit geschlichtet, wurden Gesandte empfangen und Feste gefeiert. Sie waren eher leicht befestigt – Ausnahmen stellten die auf hohen Felsen gelegenen Wimpfen und Trifels dar – und in erster Linie repräsentative Wohnsitze, sie waren mehr Residenzen als Festungen. Sie waren in der Tradition Karls des Großen entstanden, dessen Pfalz in Aachen das symbolische und architektonische Urbild für die nächsten Jahrhunderte darstellte. Insofern stand der intensive Bau von Pfalzen unter Friedrich bewusst im Zeichen des Kaisertums, sodass von Pfalzen im Grunde nur in Deutschland oder Italien die Rede sein kann.

Während Friedrich versuchte, seine Vorstellungen von der Gestaltung des Reiches territorial und architektonisch zu verwirklichen, konzentrierte sich Heinrich der Löwe auf sich selbst, das heißt auf die Erweiterung seiner Gebiete und die Untermauerung seiner herzoglichen Stellung. Er wählte Braunschweig zum Zentrum seiner Herrschaft; das ihm von Friedrich nach zähem Ringen übertragene Bayern behandelte er dagegen eher stiefmütterlich. Der große Coup gelang ihm 1168, als er Mathilde, die Tochter des englischen Königs, heiratete. Mit dieser exquisiten Verbindung stieg er endgültig in den Rang der Königsgleichen auf, wurde einer der mächtigsten Männer Europas.

Die Kaiserpfalz in Gelnhausen/Hessen, eine der wichtigsten Residenzen Barbarossas. Hier wurde 1180 bei einem Reichstag die Entmachtung Heinrichs des Löwen besiegelt.



Um 1231 Eike von Repgow vollendet den »Sachsenspiegel«, das bedeutendste Rechtsbuch des deutschen Mittelalters

1235 Friedrich II. entthront Heinrich nach einer Rebellion und setzt ihn in Süditalien gefangen († 1242)

1240 Nach päpstlichem Bann (1239) lässt Friedrich II. seine Truppen in Rom einziehen

Fürsten wie Heinrich waren auf gewisse Weise die eigentlichen Häupter des Reiches. Ohne die Fürsten in seine Politik einzubeziehen, hätte Friedrich keine konstruktive Herrschaft ausüben können. Schließlich verdankte er ihnen auch seine Wahl zum König, denn anders als Frankreich oder England war Deutschland keine Erb-, sondern eine Wahlmonarchie. Reichsfürsten erhielten ihr Lehen nur von König und Reich. Ihr Rang und Einfluss bemaßen sich nach ihrer Funktion im Königsdienst. Je größer ihr Engagement, wie beispielsweise bei der militärischen Unterstützung Friedrichs in Italien, desto gewichtiger war ihre Stimme im Rat und bei bedeutsamen politischen Entscheidungen. Das diesem Konsens zugrunde liegende Lehnsrecht – ein Herr leiht einem Vasallen ein Gut und erhält dafür dessen Dienste – konnte aber zur Folge haben, dass der Kaiser womöglich sein Tafelsilber verscherbeln musste, um sich die Zustimmung seiner politischen Eliten zu sichern. Gegengaben wie Lehen, Privilegien und Geld stärkten die Fürstentümer oder ließen diese erst entstehen. Die regionalen

Stadtpanorama von Braunschweig, unter Heinrich dem Löwen eine der mächtigsten Städte des deutschen Mittelalters.

Hoheitsträger zu beherrschen erforderte einen klugen Kaiser. Es sollte Friedrich immer wieder gelingen, die adligen, stammesherzoglichen Machtgruppierungen zugunsten der staufischen Herrschaft und des Reichsfriedens je nach Notwendigkeit zu einen oder gegeneinander auszuspielen.

## Das Itinerar des Kaisers

Da das Reisekönigtum von Friedrich I. Barbarossa keine feste Residenz kannte, zog er mit einem Tross von häufig einigen tausend Begleitpersonen zwischen den Zentren seines Reiches umher. Sein Weg, sein Itinerar, folgte dabei politischen oder wirtschaftlichen Entscheidungen. Primäre Aufenthaltsorte waren die Bischofs- und Königspfalzen Süddeutschlands (Frankfurt, Mainz, Worms, Speyer, Würzburg, Nürnberg, Regensburg) sowie die oberitalienischen Städte (Mailand, Livia, Lodi). Friedrich I. überquerte zur Aufrechterhaltung seines Imperiums fünfmal die Alpen, insgesamt verbrachte er elf Jahre in Italien.



**1245** Papst Innozenz IV. erklärt Friedrich II. für abgesetzt

**1248** Grundsteinlegung für den Kölner Dom (erst 1880 vollendet)

**1254** Friedrichs II. († 1250) Sohn Konrad IV. stirbt als letzter deutscher Stauferkönig. Interregnum (bis 1273)

## Das Reich zur Zeit Kaiser Friedrichs I.

**1257** Doppelwahl zum deutschen König von Richard von Cornwall und Alfons X., dem Weisen, von Kastilien

**1268** Karl I. von Anjou lässt Konradin, Sohn Konrads IV., in Neapel hinrichten: Untergang der Stauferdynastie

**1273** Der Habsburger Rudolf I. wird deutscher König

Sie loswerden konnte er nicht. Seit dem Ende der karolingischen Monarchie im 9. Jahrhundert waren es die großen adligen Familien der einzelnen Territorien gewesen, in Franken, Sachsen, Bayern oder Schwaben, die Deutschland maßgeblich mitgeformt und sich folglich einen Anspruch auf die Beteiligung an der Königsherrschaft erworben hatten. Als der fundamentale Investiturstreit zwischen Papst und Monarchie im 11. Jahrhundert die Könige zermürbt hatte, war der Adel in das Machtvakuum gestoßen und hatte sich auf Dauer Vorteile verschaffen können.

Zu Zeiten Barbarossas blieb der Fürstenstand gestärkt, ein zentrales, starkes Königtum, wie es Frankreich und England entwickelt hatten, sollte in Deutschland nicht mehr zustande kommen. Barbarossa war der erste deutsche Herrscher, der sich in diesem System zwischen Kaiser und Fürsten, zwischen zentraler und regionaler Macht, auf hohem Niveau behaupten musste.

## Die Entscheidungsschlacht von Legnano

Im September 1174 ging der zermürbende Langzeitkonflikt mit den norditalienischen Städten um die Anerkennung der Rechte des Reiches in die letzte Runde. Viele Reichsfürsten, darunter Heinrich der Löwe, blieben dem Feldzug Friedrichs diesmal fern. In der Lombardei war ein regelrechter Kampfbund gegen den Kaiser entstanden: Die Städte der Lega Lombarda hatten in den letzten Jahren unter Mailänder Führung ihre Kräfte gebündelt und waren stärker denn je. Zahlreiche Burgen Friedrichs waren zerstört, seine Verwalter davongejagt worden. Trotz des kaiserlichen Verbots hatten die Mailänder ihre Stadt wieder aufgebaut – und die Verursacher der Zerstörung nicht vergessen. Am Stadttor waren Karikaturen des kaiserlichen Herrscherpaares angebracht worden. Sandsteinfiguren zeigten Beatrix mit obszöner Geste und Friedrich als dämonisches Wesen.

Die Deutschen trafen auf einen hochmotivierten, bis an die Zähne bewaffneten Gegner. Zwar versuchte sich Friedrich an der Belagerung der neuen Stadt Alexandria, zog aber nach sechs Monaten unverrichteter Dinge weiter. Bei dem Dorf Montebello vereinbarten die gegnerischen Parteien schließlich einen Vorfrieden. Es war das erste Mal, dass Kaiser Barbarossa von einer gewaltsamen Konfliktbeendigung abrückte, weil ihm klar war, dass die Truppenstärke nicht ausreichte, aber vielleicht auch, weil er eine Lösung durch Verhandlungen zunehmend als besser erachtete. In dieser Pattsituation versuchte er dennoch ein letztes Mal, das Blatt zu wenden, und wandte sich an Heinrich den Löwen. Ihre Begegnung in Chiavenna nördlich des Comer Sees hat in den Geschichtsbüchern einen Ehrenplatz gefunden.

Der Kniefall von Chiavenna (Miniatur um 1190) gilt als eines der spektakulärsten Ereignisse der Weltgeschichte.



**1278** Rudolf I. besiegt auf dem Marchfeld seinen Widersacher König Ottokar II. von Böhmen

**1280** Tod des Universalgelehrten Albertus Magnus (* um 1200).

**Um 1280** Die »Carmina Burana« werden aufgezeichnet

Dabei soll der Kaiser vor dem Welfenvetter das Knie gebeugt haben, als er ihn um Waffenhilfe bat. Diese Geste ist so spektakulär, dass sie über die Jahrhunderte wenig an Popularität eingebüßt hat. Ob es wirklich zu dem Kniefall gekommen ist? Zweifellos ist die Begebenheit von späteren Geschichtsschreibern genüsslich ausgeschmückt worden, an dem Treffen selbst zweifelt die Mehrheit der Historiker aber nicht. Heinrich war zu intelligent, um den demütigen Wunsch des Kaisers ganz abzuschlagen, doch forderte er als Gegenleistung das Silberbergwerk der reichen Stadt Goslar. Ohne diese zentrale Einnahmequelle wäre Friedrich zahlungsunfähig gewesen, also lehnte er den Handel ab. Die beiden Bundesgenossen trennten sich.

Der Löwe war schlecht beraten gewesen, seine Zurückweisung Barbarossas beziehungsweise seine unersättliche Gier sollte sich später rächen. Königin Beatrix soll zu Barbarossa nach dessen Kniefall gesagt haben: »Gott wird dir helfen, lieber Herr, wenn du dich einst dieses Tages und dieses Hochmuts erinnern wirst.«

Ohne die Truppen Heinrichs des Löwen stand das Heer Barbarossas in der Schlacht von Legnano am 29. Mai 1176 gegen die Streitmacht Mailands und des Lombardenbundes auf verlorenem Posten (Gemälde von Amos Cassioli, 1832–1891).



**1291** Tod Rudolfs I. Schweizer Eidgenossenschaft: »Ewiger Bund« von Uri, Schwyz und Unterwalden

**1298** Rudolfs I. Sohn Albrecht I. wird deutscher König nach Absetzung und Tod Adolfs von Nassau (seit 1292)

**1300** Papst Bonifatius VIII. verkündet das erste Heilige Jahr

Die Versöhnung Papst Alexanders III. und Barbarossas (Gemälde von Girolamo Gambarato, 1591–1628) in Venedig beendete einen jahrelangen Streit.

Die Entscheidung fiel im Mai 1176 in Legnano, einem kleinen Ort in der Lombardei. Hier stand die Idee eines Reiches von der Ostsee über die Alpen bis zum Mittelmeer auf des Messers Schneide. Ein Sieg konnte die dauerhafte Anbindung Norditaliens an das Reich sichern. Eine Niederlage würde nicht nur Friedrichs Italienpolitik, sondern auch seine ganze persönliche Zukunft in Frage stellen. Das deutsche Aufgebot war ohne die Truppen des Löwen dem lombardischen Bundesheer unter Führung des Konsuls von Mailand nicht gewachsen.

Die Schlacht von Legnano ist in Italien zu einem Mythos geworden, zu einem Sieg der »Gemeinschaft der Italiener« (»Ytalicorum communia«). Es handelte es sich aber nicht um eine große Vernichtungsschlacht, wie sie die italienische Geschichtsschreibung gerne zu dramatisieren pflegt, denn der weitaus größte Teil des deutschen Heeres erlitt keinerlei Schaden. Dennoch zwang sie den Kaiser zu einer radikalen Kehrtwende in seiner Italien- und damit auch Europapolitik. Die politische Kraft des städtischen Potenzials war nicht mehr aufzuhalten. Barbarossa musste das Heft des Handelns aus der Hand geben und die Macht eines Stärkeren anerkennen, eine für den Vierundfünfzigjährigen neue Erfahrung.

*Der Sieg der Lombarden bei Legnano bedeutet für Friedrich das Hindernis des Schicksals, das den ins Leben Stürmenden zum Anhalten zwingt und zur Besinnung bringt. Er war groß genug, um zu lernen, dass er, wie hoch er auch stand, andere Mächte müsse gelten lassen, dass er sich einigen müsse, wo er nicht herrschen konnte, und er handelte nach der gewonnenen Einsicht, ohne seiner Würde etwas zu vergeben.*

RICARDA HUCH,
SCHRIFTSTELLERIN

Trotz der Niederlage auf dem Schlachtfeld war der kluge Diplomat in Friedrich wach geblieben. In den Friedensverhandlungen gelang es ihm, die Lombarden und den Papst gegeneinander auszuspielen. Die Städte erhielten ihren Autonomiestatus gegen die Zahlung einer hohen Ablösesumme zurück, sie akzeptierten Friedrich als obersten Gerichtsherrn und legten den Treueid auf ihn ab. Mit Sizi-



**1308** Albrecht I. wird von seinem Neffen Johann ermordet. Ihm folgt der Luxemburger Heinrich VII.

**1313** Heinrich VII., 1312 in Rom zum Kaiser gekrönt, stirbt beim Rückmarsch

**1314** Doppelwahl zum deutschen König des Wittelsbachers Ludwig der Bayer und des Habsburgers Friedrich der Schöne

lien wurde ein Waffenstillstand auf fünfzehn, mit den Lombarden auf sechs Jahre vereinbart – 1183 sollte Friedrich den Lombardenbund im Konstanzer Frieden anerkennen. Auch mit Alexander III. schloss er Frieden, wenngleich er viele Jahre zuvor geschworen hatte, diesen niemals als Papst zu akzeptieren. Alexander hatte sich als unüberwindlicher Gegner erwiesen. Im Gegenzug bestätigte Alexander ihn als Kaiser und seinen Sohn Heinrich als römischen König.

In Venedig kam es im Sommer 1177 vor grandioser Kulisse zum Friedenskuss. Nichts war dem Zufall überlassen worden, mit dem Pontifex und dem Kaiser reichten sich zwei Meister der publikumswirksamen Inszenierung die Hand. In den Quellen heißt es: »Den Kaiser packte Gottes Geist, als er sich Alexander näherte. Er legte seinen Purpurmantel ab und warf sich ausgestreckt dem Papst zu Füßen. Unter Tränen hob ihn dieser huldvoll auf, küsste und segnete ihn, worauf die Deutschen mit lauter Stimme ›Te deum laudamus‹ sangen …«

Wie groß der Gesichtsverlust für Friedrich gewesen sein mag, dem Papst Fußfall und Fußkuss erweisen zu müssen, dessen Pferd am Zügel zu führen und die Steigbügel zu halten, oder ob der Realpolitiker in ihm mühelos die Oberhand behielt, darüber lässt sich nur spekulieren. Jedenfalls bekannte er in seiner Rede, die er auf Deutsch hielt: »Alle Welt möge wissen, dass, wenn uns auch die Würde eines römischen Cäsaren umstrahlt, wir trotzdem ein Mensch geblieben sind, geschlagen mit der menschlichen Schwäche, Irrtümer zu begehen.«

Die 18 Jahre währende Spaltung der Kirche und der auszehrende Machtkampf mit dem Papst waren beendet.

## Heinrich der Löwe – Jäger und Gejagter

Während Barbarossa in der Schlacht von Legnano scheiterte, stellte Heinrich der Löwe zu Hause in Braunschweig dynastischen Anspruch und königliches Selbstbewusstsein zur Schau. Die Gegnerschaft des Kaisers hatte er nach dessen Kniefall in Chiavenna in Kauf genommen, weil er sich stark genug wähnte. Außerdem waren es seit der Niederlage vor Rom immer mehr deutsche Fürsten müde geworden, gen Italien zu ziehen. Sie hatten auf ihren Besitztümern eine zunehmende Verantwortung wahrzunehmen, wenn sie ihre politische Herrschaft sichern wollten. Und das tat der welfische Doppelherzog auch: Er widmete sich mit großer Leidenschaft dem Ausbau seiner Territorien und wähnte sich außer Gefahr.

Bei der Machtprobe würde entscheidend sein, wer im Kerngebiet des Reiches die größte Unterstützung besaß. Als Friedrich aus Italien zurückkehrte, flogen ihm trotz seiner Niederlage die Herzen der Menschen zu. Der Löwe hingegen galt als Verräter, er hatte sich durch seine Herrschaftspraxis bei den Fürsten zu viele Feinde gemacht. Nun würde ein Showdown seinen Anfang nehmen, den sich die Höfe Europas nicht entgehen lassen wollten – zu spannend war das Aufeinanderprallen dieser beiden Giganten.

Schon als ihm 1156 nach Sachsen auch das Herzogtum Bayern zugesprochen worden war, hatte Heinrich mit der Stadtgründung Münchens, der Errichtung einer eigenen zollpflichtigen Brücke über die Isar und der Zerstörung der Konkurrenzbrücke des Bischofs Otto von Freising seine Skrupellosigkeit zur Genüge unter Beweis gestellt. Im Norden und Nordosten war er nicht zimperlicher verfahren,



1321 Tod des Dichters Dante Alighieri (* 1265)

1322 Herzog Ludwig II. besiegt Friedrich den Schönen bei Mühldorf am Inn

1324 Bann und Absetzung Ludwigs durch Papst Johannes XXII.

wobei er seine Machtposition und Gebietsgewinne in der Regel zulasten kleinerer Dynastien erreichte. Heinrich unterhielt in der Burg Dankwarderode seine ständige Residenz, die einem Königssitz gleichkam. Das berühmte Löwendenkmal der Burganlage, das die Macht der Welfenfamilie zur Schau stellte, war die erste frei im Raum stehende Großplastik des Mittelalters.

Im Vergleich dazu reiste Kaiser Friedrich in Ausübung seines Herrscheramts von Pfalz zu Pfalz und »verschliss sich im Sattel«. Gerade bei seinen Italienreisen nahm Friedrich große Mühen und Risiken auf sich. Die endlosen Ritte zu jener Zeit bei Regen, Schnee und Eis waren nicht nur anstrengend, sondern im Feindesland auch gefährlich. Barbarossa war der Inbegriff des mittelalterlichen deutschen Königs und Kaisers, der unermüdlich für den Ruhm des Reiches unterwegs war, um dessen Rechte zurückzugewinnen oder zu bewahren. Elf seiner 38 Regierungsjahre verbrachte er in Italien, fünfmal insgesamt zog er in das Land südlich der Alpen.

Während Friedrich sein Amt ausfüllte, sammelte der Löwe Macht und Gebiete. Er unterhielt beste Beziehungen zum König von England und wurde bei eigenen Reisen ins Heilige Land vom byzantinischen Kaiser empfangen. In den eroberten Gebieten östlich der Elbe schlossen ihn seine Untertanen entweder in ihr Nachtgebet mit ein, oder sie fürchteten ihn wie den Leibhaftigen. Bekundungen von Chronisten zufolge war Heinrich ein durch und durch manipulativer, egoistischer, die Menschen verachtender Machtpolitiker. Giselbert von Mons nannte ihn »den hochmütigsten und erbarmungslosesten Fürsten aller Zeiten«. Andererseits war er einer der eifrigsten Städtegründer des hohen Mittelalters, wie Lübeck, Bremen, Lüneburg und Schwerin bezeugen. Und die von ihm veranlasste Erschließung des Ostens mögen viele als eine seiner bedeutenden Leistungen erkennen, obwohl auch hier nicht die Belange Deutschlands, sondern ausschließlich seine persönlichen Machtinteressen die Antriebsfeder darstellten.

*Auf ihrer Vereinigung [Barbarossas und Heinrichs des Löwen] beruhte die Zukunft des Deutschen Reiches, der Welt. Mit vereinter Macht konnten sie die Herrschaft der Deutschen über Italien und das Papsttum herstellen, aber sie verstanden sich nicht.*

LEOPOLD VON RANKE,
HISTORIKER

Das Löwenstandbild (Kopie) vor der Burg Dankwarderode versinnbildlichte die Macht der Welfen.



**1328** Ludwig wird in Rom von städtischen Beamten zum Kaiser gekrönt, Johannes XXII. abgesetzt

**1337** Beginn des Hundertjährigen Krieges zwischen England und Frankreich (mit Unterbrechungen, bis 1453)

**1346** Der Luxemburger Karl IV. wird zum deutschen König gekrönt († 1378)

Seine Demutsgeste gegenüber dem Löwen hatte Friedrich klargemacht, dass seine königliche Stellung in gefährlicher Weise von einem Reichsfürsten abhängen konnte. Chiavenna, so ein Historiker, habe den gleichen Signalcharakter gehabt wie der Akt von Canossa ein Jahrhundert zuvor, weil dort die wahren Machtverhältnisse zutage getreten seien. Zurück in Deutschland, beschloss der Kaiser, die Beschwerden der Fürsten über die Rechtsbrüche des Löwen nicht mehr zu ignorieren. Ein Vierteljahrhundert hatte er seinen Cousin begünstigt, dessen Machthunger toleriert und den Klagen der Fürsten keine Beachtung geschenkt. Eine gute Gelegenheit bot sich, als Heinrich mit dem mächtigen, welfenfeindlichen Erzbischof Philipp von Köln aneinandergeriet. Beide wurden von Friedrich aufgefordert, im Januar 1179 beim Reichstag in Worms zu erscheinen, doch Heinrich blieb diesem wie auch den beiden kommenden Versammlungen im Juni und August fern. Durch seine Abwesenheit verstieß Heinrich selbstherrlich gegen seine Lehnspflichten gegenüber dem Kaiser. Im August 1179 wurde eine Heerfahrt der Fürsten gegen den Löwen beschlossen, ein halbes Jahr später wurden ihm wegen »Nichtachtung der kaiserlichen Majestät« die Herzogtümer Sachsen und Bayern aberkannt und der Verfügung des Kaisers zugesprochen. Binnen eines Jahres hatte der Welfenherzog die mächtigen Reichsfürsten und den Kaiser gegen sich aufgebracht und seine Existenz verschleudert. Friedrich nahm dem Löwen seine beiden Herzogtümer sowie alle Lehen, das genaue Strafmaß ist in der Gelnhäuser Urkunde vom 13. April 1180, einem der berühmtesten Dokumente der hochmittelalterlichen Verfassungsgeschichte, festgehalten:

»Besonders aufgrund der offensichtlichen Auflehnung wird Heinrich von Braunschweig als widersetzlich beurteilt und ihm demgemäß das Herzogtum Bayern wie das von Westfalen und Engern wie auch die sämtlichen Lehen, die er vom Reich hatte, auf einstimmiges Urteil der Fürsten aberkannt.«

Von den beiden Herzogtümern war Sachsen die eigentliche Domäne Heinrichs, hier hatten sich auch in der Vergangenheit die Machtkämpfe zwischen dem Löwen und den konkurrierenden Fürsten abgespielt. Sachsen wurde geteilt. Der östliche Teil, Engern, wurde an Bernhard von Anhalt verliehen und der westliche, Westfalen, an Philipp von Köln. Lange haben die Historiker darüber gerätselt, warum Barbarossa die Herzogtümer Sachsen und Bayern nicht seinem Reich einverleibte. Mit einem solchen territorialen Zugewinn hätte Deutschland vielleicht eine ähnlich zentralistische Entwicklung genommen wie Frankreich und England und sich zu einem mächtigen Einheitsstaat entwickeln können. Vielleicht verfolgte Friedrich mit der Zerschlagung Sachsens das Ziel, kein übermächtiges Herzogtum im Norden des Reiches mehr zuzulassen. Nach der Maxime »divide et impera« – »teile und herrsche« – ließen sich kleine, überschaubare Territorien besser unter kaiserliche Kontrolle bringen. Wahrscheinlicher aber ist, dass seine politischen Möglichkeiten für eine Übernahme des Machtbereichs Heinrichs nicht ausreichten und Friedrich sich dessen bewusst war. Erst dank der Hilfe der Fürsten hatte er Heinrich den Löwen besiegen können, also musste er ihnen die anfallende Beute auch überlassen. In der Forschung wird zudem die Auffassung vertreten, Friedrich und Heinrich seien Getriebene der Fürsten gewesen – und Letztere die gewieften Nutznießer des Konflikts.



1347 Eine Pestepidemie wütet in Europa (der »Schwarze Tod«, bis 1351)

1348 Karl IV. gründet die erste deutsche Universität in Prag

1355 Karl IV. wird in Rom zum Kaiser gekrönt

Rekonstruktion der Pfalzanlage Werla bei Goslar, mit einzelnen Steinbauten und Umfassungsmauer. Nach dem Hoftag 1180 geriet die Pfalz in Vergessenheit und verfiel.

Wie dem auch sei, der Sturz Heinrichs führte zu einer gravierenden Neuordnung im Reich, die bis in das heutige föderalistische Deutschland Bestand hat. Die Teilung Sachsens wurde nie rückgängig gemacht, Westfalen verblieb nach dem Zweiten Weltkrieg beim neuen Bundesland Nordrhein-Westfalen. Bayern wurde übrigens dem Pfalzgrafen Otto von Wittelsbach verliehen und verblieb bei dieser Dynastie bis zum Ersten Weltkrieg.

Dem Löwen waren damit Macht, Ehre und Besitz genommen, er war für vogelfrei erklärt oder – aus heutiger Betrachtungsweise – einfach zum Privatmann geworden. Sein Fall sorgte in Europa für immenses Aufsehen. Dennoch glaubte der Löwe, sich auf seine politischen Freunde verlassen zu können, wie auf seinen Schwiegervater, den König von England. Seine Rechnung ging nicht auf; England und besonders Frankreich entschieden sich dagegen, wegen Heinrich einen Krieg gegen einen Kaiser vom Zaun zu brechen, der seine Position inzwischen gefestigt hatte. Später sollte sich sogar König Waldemar von Dänemark, dessen Sohn mit der Tochter des Löwen verheiratet war, auf die Seite des Staufers stellen.

Obwohl manche seiner Ratgeber Friedrich vor einer militärischen Konfrontation mit dem mächtigen Welfenherzog gewarnt hatten, führte er sein Reichsheer nach Sachsen hinein. Was nun folgte, musste jeden überraschen. Auf der Burg Werla bot der Kaiser den Männern Heinrichs drei Termine an, um die Seite zu wechseln. Die Zahl der Überläufer war enorm – zum einen, weil sie die Lage richtig einschätzten, und zum anderen, weil der Löwe seine Macht nicht auf die Furcht seiner Vasallen und Ministerialen hatte gründen können. Der Adel lenkte größtenteils ein, lediglich die von Heinrich geförderten bürgerlichen Städte, wie Braunschweig, Lüneburg und Lübeck, blieben vorerst aufseiten des Welfen. Friedrich musste im Grunde keine einzige Schlacht schlagen und konnte sich es sogar leisten, einen Großteil seines Heeres zu entlassen. In nur wenigen Monaten hatte er den Kosmopoliten und



1356 Erlass der Goldenen Bulle, einer Verfassungsurkunde zur Regelung der Nachfolge im Königtum

1370 Der Frieden von Stralsund beendet den siegreichen Krieg der Hansestädte gegen Dänemark

1377 Ende des päpstlichen Exils in Avignon (seit 1309). Baubeginn des Ulmer Münsters

Machtmenschen Heinrich besiegt, der dem Kaiser auf allen Gebieten – strategisch, diplomatisch und militärisch – unterlegen war. Als Friedrichs Heer am Ende vor Lübeck stand und die Stadt nach Rücksprache mit dem Löwen schließlich die Schlüssel ihrer Tore übergab, war das Schicksal des Welfen endgültig besiegelt. Auf dem Erfurter Hoftag unterwarf er sich dem Kaiser, der ihm lediglich seine Erbgüter Braunschweig und Lüneburg ließ. Heinrich wurde für drei Jahre aus der Heimat verbannt und ging an den Hof seines englischen Schwiegervaters. Mit 66 Jahren fiel er vom Pferd, war in der Folge halb gelähmt und starb 1195, ohne jemals mehr zu alten Würden gelangt zu sein. Heinrich der Löwe ist in der deutschen Geschichtsschreibung trotz seines armseligen Endes ein illustrer Name geblieben.

Im Bund mit den Fürsten hatte Friedrich den mächtigsten Fürsten ausgeschaltet. Es ging ihm um die Entmachtung, nicht die Vernichtung seines Gegners. Obwohl sie einander lange freundschaftlich verbunden gewesen waren, schien für beide starken Männer am Ende kein Platz in Deutschland zu sein – besonders wenn der eine sich kaiserlicher gab als der Kaiser selbst.

## Das Hoffest zu Mainz 1184

Nach der Verbannung Heinrichs des Löwen hatte Barbarossa den Gipfel seiner Macht erklommen. Er war sowohl unangefochtener Kaiser seines Imperiums als auch respektierter König seines Landes – in der deutschen Geschichte kann dies von nur wenigen Kaisern gesagt werden. 1184 lud er zum Hoffest nach Mainz ein, das eines der berühmtesten Feste des europäischen Mittelalters werden sollte. Laut der »Sächsischen Weltchronik« bewirtete der Kaiser auf der Maaraue gegenüber der Stadt Mainz über 40 000 Ritter, nach Giselbert von Mons waren es gar 70 000, ohne die Geistlichen und die Angehörigen der anderen Stände. Die meisten der rund 100 deutschen Reichsfürsten hatten sich eingefunden, Bischöfe, Herzöge und Grafen, in ihrem Gefolge Ritter und Vasallen. Auch hochrangige Besucher aus Frankreich, England, Italien und Spanien waren dem Ruf Barbarossas gefolgt. Es war ein Ereignis der Superlative,

Barbarossa mit seinen Söhnen (Miniatur aus der Welfenchronik).



1378 Tod Gregors XI. führt zu Großem Schisma: Urban VI. und Clemens VII. als Gegenpäpste. Karls IV. Sohn Wenzel folgt ihm

1384 Tod des englischen Reformators John Wycliffe (* vor 1330)

1389 Schlacht auf dem Amselfeld: Die Serben unterliegen den Osmanen das größte jemals in Deutschland gefeierte Fest, von dem die »Sächsische Weltchronik« berichtet: »Dat was de groteste hochtit en, de ie em Dudischeme Land ward.«

Die Beobachter waren geblendet von der Prachtentfaltung in den Maarauen, von Hunderten von Rittern in flatternden Waffenröcken und glänzenden Kettenhemden, von festlichen Pavillons, behangen mit farbenprächtigen Bändern und Wappen, geschmückt mit Gold und orientalischer Seide. Von all den hohen Herren versuchte sich jeder im besten Lichte darzustellen, sei es mit eindrucksvollem Gefolge oder kostbaren Geschenken. Allein der mächtige Erzbischof von Köln führte knapp 2000 Ritter mit sich. Barbarossa beabsichtigte, 20 000 Männer aus allen Teilen des Reiches zu Rittern zu machen, dazu sollte ein Sängerwettstreit in deutscher Sprache stattfinden. Mit Friedrich von Hausen und Hinrich von Veldeke nahmen die bekanntesten Minnesänger des Reiches daran teil.

*Der Glanz der Stauferzeit aber geht neben dem Kaisertum vor allem auf das Rittertum zurück. Es ist symptomatisch, dass die Magnaten und selbst die Könige in ihrem Spiegelbild den Ritter führen: Der Ritter ist die Wappenfigur der Zeit, sein Erscheinungsbild bestimmt ihr Gesicht.*

JOSEF FLECKENSTEIN,
HISTORIKER

Offizieller Anlass war die Schwertleite für Barbarossas Söhne Heinrich und Friedrich. Mit ihrer Berufung zu Rittern gab Friedrich öffentlich bekannt, wer seine Amtsnachfolger werden sollten. Heinrich, der Ältere, war als der nächste römisch-deutsche König und Kaiser vorgesehen, Konrad, der jüngere, wurde unter dem Staufernamen Friedrich V. Herzog von Schwaben. Sie erhielten Schwert und Sporen, dazu Schild und Lanze und waren fortan aufgenommen in den Ritterstand. Friedrich und Heinrich waren dem hohen Ideal der ritterlichen Kultur zweifellos gewachsen. Sie hatten nicht nur eine Waffenausbildung durchlaufen, sondern waren auch vollendet im höfischen Auftritt, mit Worten und in ihren Umgangsformen und sollten die neue Generation der Staufer verkörpern.

Das Hoffest zu Mainz diente aber nicht allein der Schwertleite seiner Söhne, sondern war zugleich große Politik. Mit seinen inzwischen 60 Jahren musste Barbarossa für die Zukunft vorsorgen und sich ein loyales Netzwerk schaffen, von dem auch seine Söhne profitieren sollten. Barbarossa demonstrierte den anwesenden Königen von Frankreich und England sowie den mächtigen Reichsfürsten seine kaiserliche Grandezza und politische Macht. Er knüpfte und intensivierte wichtige Beziehungen mit Gesprächen, Gunstbeweisen und Geschenken. Die Großzügigkeit, die »largitas«, die Kaiser und Fürsten gegenüber den Bedürftigen und Spielleuten bewiesen, diente auch der Mehrung des eigenen Ruhms – schließlich konnte man sich gewiss sein, dass die umherziehenden Spielleute später die »largitas« der hohen Herren priesen und einem tausendköpfigen Publikum von ihr kündeten. Der Glanz des Festes, die Zurschaustellung der höfischen Kultur der Staufer, die Repräsentation imposanten Rittertums als vorbildliche Lebensform konnten ihre strategische Wirkung nicht verfehlen in einer Zeit, in der Herrscher ihr politisches Programm nicht in Reden, sondern in Zeremonien und symbolischen Handlungen zum Ausdruck brachten.



1400 Absetzung Wenzels durch die vier rheinischen Kurfürsten: Pfalzgraf Ruprecht wird deutscher König († 1410)

1401 Der Seeräuber Klaus Störtebeker wird nach Niederlage gegen die Hanseflotte in Hamburg hingerichtet

1405 Tod des Groß-Khans Timur Lenk führt zum Verfall des Mongolenreichs

Diese spätmittelalterliche Miniatur vermag einen gewissen Eindruck von der Pracht zu vermitteln, mit der das Hoffest, zu dem Barbarossa nach Mainz geladen hatte, abgehalten wurde.

Geschickt war auch die Wahl von Mainz als Schauplatz des Festes, was der Kirche gefallen musste, denn die Stadt war Sitz eines der bedeutendsten Bistümer jener Zeit. Der Gottesdienst zum Pfingstmontag, am 20. Mai 1184, markierte den Auftakt. Friedrich erschien mit der Kaiserkrone, um seine Vorrangstellung im christlichen Abendland zu unterstreichen, Graf Balduin von Hennegau kam die Ehre zu, das Reichsschwert voranzutragen. Die Zeremonie verkörperte die Reichsidee Friedrichs: Sie sollte die Mächtigen des Reiches unter dem Kaisertum vereinen, ein Gefühl von Zusammengehörigkeit hervorrufen und sie an ihren gemeinsamen Lehnsherrn binden: Kaiser Friedrich Barbarossa. Rangunterschiede zwischen Reichsfürsten, Herzögen und Grafen wurden für die Dauer des Festes außer Kraft



**1409** Konzil von Pisa: Absetzung der Päpste von Rom und Avignon, Neuwahl eines dritten Papstes

**1410** Niederlage des Deutschen Ordensheers bei Tannenberg gegen Polen und Litauer. Deutscher König: der Luxemburger Sigismund

**1414** Konzil von Konstanz (bis 1418): Ende des Großen Schismas

# Rittertum und höfische Kultur

Das Turnierspiel war aus Frankreich entlehnt. Nachdem Papst Urban II. 1095 zum Kreuzzug nach Jerusalem aufgerufen hatte, waren in erster Linie französische Ritter gen Jerusalem aufgebrochen. Die Eroberung der Stadt mit Feuer und Schwert steigerte das Selbstbewusstsein der Kreuzfahrer enorm. Ihre Kampfkraft hatte sie zu angesehenen Mitgliedern der christlichen Gemeinschaft gemacht. Um in dieser neuen Kriegskultur weiterbestehen zu können, mussten Kampftechniken geübt und vervollkommnet werden. So kam es in Frankreich zu ersten Turnieren, die in der Folgezeit zunehmend beliebter wurden. Schließlich waren Ritterspiele fester Bestandteil bei internationalen Festen und Hoftagen. 1129 ist das erste Turnier in Deutschland belegt.

Ein berittener Krieger war nur dann ein Ritter, wenn er im christlichen Sinne für die Schwachen eintrat und die römische Kirche schützte. Der Soldat Gottes, der »miles Christi«, steht im Dienst der Religion und ihrer Verbreitung, wird von Kirche und Gesellschaft ausdrücklich getragen. In der Gemeinschaft der Ritter hat er einem Ehrenkodex zu folgen, der Rechte und, noch mehr, Pflichten umfasst, insbesondere den Schutz der höfischen Gesellschaft und die Treue seinem Lehnsherrn gegenüber.

Das Rittertum erneuerte das kulturelle Leben in Deutschland von Grund auf. Die Kirche als bisherige Trägerin der Kultur und Schriftlichkeit verlor ihre Monopolstellung, damit auch das Latein, zugunsten einer Besinnung auf die Volkssprachen. Höfische Ritterepen wie »Erek« (1185) und »Iwein« (um 1205) von Hartmann von Aue oder »Parzival« (um 1210) von Wolfram von Eschenbach wurden auf Mittelhochdeutsch verfasst. Sie wandten sich weltlichen Themen zu, dem Abenteuerleben (»Aventiure«) der Ritter sowie der Liebe (»Minne«). Damit verkörpern sie den Beginn einer modernen Literatur in Deutschland. Erstmals bemühten sich Dichter um eine psychologische Feinzeichnung ihrer Figuren, und vor allem entdeckten sie etwas erregend Neues: die Liebe, jene hohe Minne, das in Gedichten und Liedern ausgebreitete kunstvolle, jedoch erfolglose Weben eines Ritters um die Liebe einer adligen Dame – voll angedeuteter Erotik, doch ohne körperlichen Genuss. Ritterliche Ehre und höfische Minne wurden zum zentralen Gegenstand zeitgenössischer Literatur – in Epik wie in Lyrik –, und erst recht die Stauferzeit hat sich diese Kultur in all ihrer Blüte und Modernität erschlossen.

Natürlich durften auch Ritterspiele, wie hier auf einer Buchmalerei aus dem 14. Jahrhundert dargestellt, beim Hoffest nicht fehlen.

gesetzt zugunsten eines harmonischen, verschworenen Rittertums – entsprechend der Idee des Runden Tisches aus der Artussage, in der König Artus Erster unter Gleichen, »primus inter pares«, war. Die Chronisten sahen diese Idee im feierlichen Gottesdienst verwirklicht, obwohl in Wahrheit auch hier Politik gemacht wurde und keiner der Großen und Adligen frei von Eitelkeit war. Natürlich hatten sie ein feines Gespür für ihre jeweilige Platzierung, wie am Eklat um den Erzbischof von Köln abzulesen ist, der voller Zorn den Gottesdienst verlassen wollte, weil man ihm den Platz neben dem Kaiser vorenthielt. Nach dem Gottesdienst fand das Festmahl statt, anschließend begannen die Ritterspiele, die bei keinem Fest fehlen durften. In Mainz beteiligten sich selbst der alte Kaiser und seine Söhne daran und stritten auf gleicher Ebene inmitten der anderen Fürsten und Ministerialen. Dies zeigt ihre demonstrative Wertschätzung: Sie alle waren Ritter. Giselbert berichtet: »Auch der Herr Kaiser tat mit, und wenn er auch an Größe und Schönheit nicht alle übertraf, so führte er doch seinen Schild vorzüglich.«

Das Mainzer Pfingstfest 1184 verkörpert den Höhepunkt der Repräsentation der staufischen Adelsgesellschaft. Als wäre den Mächten des Himmels schwindlig ob so viel neuer Kultur und Prachtentfaltung, bereitete ein plötzlich aufkommender Orkan dem Hoffest von Mainz am dritten Tag ein vorzeitiges Ende. Er verwüstete die Zeltstadt, viele Teilnehmer wurden verletzt, einige Dutzend starben. Otto von Blasien in seinen »Marbacher Annalen«: »In der Dämmerung der heiligen Pfingstnacht erhob sich ein sehr starker Wind von Westen und brachte beim Oratorium des kaiserlichen Palastes das Nachbargebäude und viele andere zum Einsturz. Was die göttliche Macht anzeigte, wurde als kein gutes Zeichen aufgenommen.«

Zum wiederholten Mal hatten die Launen der Natur einen feierlichen Schlüsselmoment in Barbarossas Lebensplan verdorben. Nicht nur Vertreter der Kirche sahen im Sturm einen



**1429** Die Erhebung von Sundzoll (erst 1857 abgeschafft) durch Dänemark führt zum Krieg mit der Hanse

**1431** Konzil von Basel (bis 1449). Jeanne d´Arc, Orléans´ Befreierin (1429), wird in Rouen zum Tod verurteilt

**1434** Cosimo (il Vecchio) de´ Medici begründet in Florenz die Herrschaft seiner Familie

Mit der Wahl von Mainz zum Schauplatz seines Festes hatte Barbarossa eine kluge Entscheidung getroffen.

Fingerzeig Gottes gegen ritterliche Selbstinszenierung und höfische Eitelkeit. Das epochale Pfingstfest in Mainz ging entzaubert zu Ende.

## Das Ende

Nachdem sich beim Mainzer Hoffest die enge Verbundenheit zwischen Ritter- und Kaisertum gezeigt hatte, offenbarte sich vier Jahre später jene zwischen Rittern und Kirche. 1188 nahm Kaiser Barbarossa auf dem »Hoftag Jesu Christi« in Mainz unter »größtem Jubel, Lobpreis und Freudenzähren aller Anwesenden« das Kreuz, um nach Jerusalem aufzubrechen, das in die Hand der Muslime gefallen war. Per Schiff reiste er mit seinen Fürsten die Donau hinab, hinter Belgrad erwartete ihn und seine rund 15 000 Ritter der beschwerliche Fußmarsch. Er hatte den Kreuzzug akribisch vorbereitet, Passierverträge vereinbart und mittellose Schwärmer sowie zwielichtige Reiterkrieger aus seinem Zug ausgeschlossen. Friedrich war Ende sechzig, und spätestens im Hochland von Anatolien würden die Reisestrapazen kaum zu ertragen, Hunger und Durst ihre ständigen Begleiter sein. Dennoch: Die Befreiung Jerusalems aus den Klauen der »Ungläubigen« und die Bewahrung des Heiligen Grabes waren für den Kaiser des römisch-katholischen Abendlandes eine Pflicht und würde – als ein Stück persönlicher Motivation – sein politisches Vermächtnis endgültig krönen und der Gipfel seines Kaisertums sein. Den Königen Englands und Frankreichs, Richard Löwenherz und Philipp II., wollte er den Kreuzzug nicht überlassen. Dass er endlich geschafft hatte, als ideelles Haupt der Christenheit zu gelten, belegen ihm geneigte Einschätzungen wie die eines englischen Chronisten: »Der gewaltige Mann, dessen Reich vom mittelländischen Meer bis zum nördlichen Ozean reicht, wies alle Lockungen der schmeichlerischen Welt zurück und ließ sich demütig zum Kampf für Christus umgürten. Er, der Söhne hatte, die ihrer jugendlichen Kraft nach für einen solchen Krieg geeigneter erschienen, hatte das Banner der Christenheit ergriffen, als könnte nur er allein es tragen.

*Der Staufer übernahm mit seiner Entscheidung für den Kreuzzug letztlich die Führung der Christenheit; auch fremdländische Geschichtsschreiber, in Zeiten des Schismas nicht selten überaus kritisch gegenüber dem Imperium eingestellt, priesen ihn nun gleichsam als »ihren« Kaiser.*

FERDINAND OPLL,
HISTORIKER



**1440** Der Habsburger Friedrich III. († 1493) wird deutscher König

**1448** Friedrich III. und Papst Nikolaus V. schließen das Wiener Konkordat (gültig bis 1806)

**1449** Nikolaus V. unterwirft den letzten Gegenpapst, Felix V., mit Hilfe Friedrichs III.

Eine Reise ins Heilige Land, ob zu Fuß oder über das Meer, war eine strapaziöse Angelegenheit. Buchmalerei aus dem 14. Jahrhundert.

«Der zaudernde Basileus von Konstantinopel war mitschuld daran, dass die Männer mit dem großen Kreuz auf ihren Gewändern erst im Frühjahr 1190 Kleinasien erreichten. Spätestens in den unerbittlichen Wüsten und weglosen Gebirgen war es um den Enthusiasmus des Heeres geschehen. Die ständigen Attacken der furchtlosen Seldschuken taten ihr Übriges. Die siegestrunkenen Verse Uhlands, »Zur Rechten sieht man wie zur Linken, einen halben Türken heruntersinken«, strafen die furchtbaren Verluste unter den Kreuzfahrern Lüge.

Endlich gelangte das Heer über das kilikische Gebirge ins Tal des Saleph (heute Göksu), hatte also von armenischen Christen bevölkertes Freundesland erreicht. Es war der 10. Juni 1190, ein Sonntag, die Sonne brannte vom Himmel. Friedrich durchquerte mit seiner Leibgarde den Fluss, einer Rast entgegen. Nach einem Imbiss wollte er in dem kühlen Gebirgsgewässer ein Bad nehmen. Er legte seine Kleidung ab, stieg ins Wasser und ertrank vor den Augen seiner fassungslosen Soldaten.

*Hätte Allah nicht die Gnade gehabt, den Muslimen seine Güte dadurch zu zeigen, dass er den König der Deutschen in dem Augenblick zugrunde gehen ließ, da er im Begriff stand, in Syrien einzudringen, schriebe man heute: Syrien und Ägypten haben einst dem Islam gehört.*

IBN AL-ATHIR,
GESCHICHTSSCHREIBER

Ein Chronist: »Bei diesem Bericht versagt unser Griffel und verstummt unsere Rede.«

Die genaue Todesursache ist bis heute ungeklärt. Ein Kälteschock oder eine Herzattacke könnte der Grund sein, vielleicht war ein im Wasser treibender Baumstamm gegen seinen Kopf geprallt. Anscheinend wurde er von Ärzten bis in den Abend hinein behandelt, doch auch hier fehlen genaue Angaben.

Die Gebeine Barbarossas – das Wertvollste, da Beständigste eines menschlichen Köpers – sollten in Jerusalem beigesetzt werden, doch



**1450** Johannes Gutenberg erfindet den Buchdruck mit beweglichen Lettern

**1452** Letzte reguläre Kaiserkrönung in Rom: Friedrich III. wird vom Papst gekrönt

**1453** Sultan Mehmed II. erobert Konstantinopel und beendet die Geschichte des Byzantinischen Reiches

Der Gedenkstein für eine Persönlichkeit, »deren Bild sich magisch weiter verbreitet« (J. Burkhardt).

das Kreuzfahrerheer, geschwächt durch fortwährende Kämpfe und grassierende Krankheiten, erreichte sein Ziel nicht. Auch nach Speyer, wo seit 1184 die sterblichen Überreste seiner Gemahlin Beatrix von Burgund ruhten und an ihrer Seite ein Platz für Barbarossa vorgesehen war, sind die Gebeine nie gelangt. Der Leichnam wurde wohl während des chaotischen Weitermarschs des geschundenen Heeres in den Kirchen von Tarsus und Antiocha (heute: Antakya) beigesetzt, die Gebeine in der Kathedrale von Tyrus (heute: Sur im Libanon). Auch als unter Kaiser Wilhelm II. die Kyffhäuser-Herrlichkeit um Barbarossa aufblühte und die Suche neu belebt wurde, blieben die Gebeine des Kaisers verschollen.

## Das Ende der Staufer

Nach Barbarossas Tod 1190 ging das Königtum auf seinen Sohn Heinrich VI. über, der das durch Heirat erlangte Königreich Sizilien dem deutschen Herrschaftsbereich hinzufügte. Heinrich starb bereits 1197, woraufhin ein Jahr später zwischen Welfen und Staufern ein erneuter, der »deutsche« Thronstreit, einsetzte. Erst 1212 kam Barbarossas Enkel Friedrich II. an die Macht, der in Sizilien aufgewachsen war und nun für acht Jahre nach Deutschland zog, bevor er den Rest seines Lebens wieder im Süden Italiens verbrachte. Friedrich II. genießt einen Sonderstatus in der Galerie deutscher Kaiser; schon von seinen Zeitgenossen wurde er aufgrund seiner prachtvollen Hofhaltung und seiner Sympathie den Künsten und den Wissenschaften gegenüber »Stupor mundi« (das »Staunen der Welt«) genannt. Politisches Glück besaß er weniger. Als der Hochadel in den Jahrzehnten nach Barbarossas Tod der geschwächten Königsgewalt immer mehr Privilegien abringen konnte, waren die Erben Barbarossas außerstande, die von diesem verfolgten Einheitsbemühungen fortzuführen. Konrad IV., der Sohn Friedrichs II., war der letzte staufische König (1250–1254), sein Nachkomme Konradin wurde in Neapel 1268 hingerichtet. Mit ihm war das mächtigste Herrschergeschlecht Europas ausgestorben.



**1455** In England beginnen die »Rosenkriege« (bis 1485) zwischen York und Lancaster mit der Schlacht bei Saint Albans

**1456** Athen fällt unter osmanische Herrschaft (bis 1833)

**1460** Verlust des habsburgischen Thurgaus an die Eidgenossen

*»Unweit dieser Stelle ertrank am 10. Juni 1190 der römisch-deutsche Kaiser Friedrich I. Barbarossa im Goksu an der Spitze seines Heeres auf dem Wege nach Palästina, nachdem er mit dem seldschukischen Sultan Kilic Arslan II. den friedlichen Durchmarsch durch dessen Lande vereinbart hatte.«*

TEXT AUF BARBAROSSAS GEDENKSTEIN

1971 stiftete die deutsche Botschaft in Ankara einen Gedenkstein für den ertrunkenen Kaiser an der Stelle seines Todes, an der linken Seite der Straße Nr. 35 von Konya nach Silifke. Von hier blickt man hinunter in das von einer wilden Bergwelt umgebene Flusstal – ein würdiger Ort zum Sterben.

Sein hohes Alter und die Umstände seines rätselhaften Todes, erlitten im Kampf für die Christenheit, haben zu dem jahrhundertelangen Ruhm des Stauferkaisers und seiner Verklärung sicher erheblich beigetragen. Letztlich aber möchte man der Auffassung Jakob Burkhardts zuneigen, der wahre Größe nicht in erster Linie den historischen Leistungen eines Herrschers zuschreibt, sondern der Persönlichkeit, »deren Bild sich magisch weiter verbreitet«. Eine solche, menschlich überzeugende Persönlichkeit ist Friedrich I. Barbarossa – vor vielen anderen in der deutschen Geschichte.



1464 Tod des Universalgelehrten und Kardinals (seit 1450) Nikolaus von Kues (* 1401)

1469 Heirat der Thronfolger Isabella von Kastilien und Ferdinand von Aragón

1478 Wiedereinführung der Inquisition in Aragón und Kastilien. Das Holstentor in Lübeck wird vollendet

# Luther

## und die Nation

Es begann 1517 mit einem Protest im Zeichen des Glaubens. Luther wollte die Kirche reformieren. Doch auch politisch traten die Deutschen in eine neue Epoche. Der Reformator legte die Axt an die Wurzel kirchlicher und weltlicher Macht: Um zur Gnade zu gelangen, brauche es keinen Mittler zwischen Gott und den Menschen. In seinem Kampf gegen Rom spielte er die nationale Karte, die Deutschen sollten sich von fremder Bestimmung befreien. Durch die Übersetzung der Bibel schuf er einen gemeinsamen Sprachschatz. Die religiöse Teilung aber sollte die deutsche Geschichte noch Jahrhunderte bestimmen. Fürsprecher sahen in ihm den Einiger, seine Gegner den Spalter der Nation.

## »Hier stehe ich ...«

»Mönchlein, Mönchlein, du gehst einen schweren Gang ...« – was Ritter Georg Frundsberg, der »Vater der Landsknechte«, der Söldner damals, beim Einzug Luthers in Worms sagte, ging wohl vielen durch den Kopf, die in der Bischofsstadt am Rhein dem kommenden Ereignis entgegenfieberten. 7000 Menschen, noch einmal so viele, wie sonst dort lebten, waren gekommen, wollten offenbar in der Nähe sein, wenn der berühmte Reformator zur Anhörung vor den römisch-deutschen König und künftigen Kaiser Karl V. trat. Frundsberg, der als hoher Militär in den Diensten der Habsburger stand, wusste, dass das königliche Schutzversprechen für den von der römischen Kirche gebannten Luther jetzt noch galt. Wie aber würde es weitergehen?

»Mit dem gnädigen Beistand Christi ... werde ich keinen Buchstaben widerrufen«: Luther vor dem Reichstag in Worms.

Sofort nach seinem Eintreffen in Worms am 16. April 1521 sollte das Verhör eingeleitet werden. Luther wurde nicht auf dem normalen Weg zur Versammlung geführt, sondern über Seitenwege – auf den Straßen hatte sich eine große Menschenmenge eingefunden. Der Augustinermönch und Doktor der Theologie sollte sich vor dem König und »erwählten« Kaiser Karl V. (gekrönt 1530) sowie den »Reichsständen« – darunter Kurfürsten, Fürsten und Vertreter der Reichsstädte – für seine Schriften verantworten. Die damals mächtigsten Männer auf deutschem Boden hatten sich am 17. April 1521 in Worms zum Reichstag versammelt, um zunächst über Steuern für das Reich, dessen Gerichtsbarkeit sowie die Mitsprache der Fürsten bei der Regierung und auswärtigen Angelegenheiten zu beraten. Für die meisten Teilnehmer war die Verteilung von Macht und Einfluss drängender als die Befragung eines ketzerischen Mönchs aus Sachsen. Die »Causa Lutheri« spielte sich zwar vor den Ständen ab, doch die Entscheidung bedurfte aus der Sicht des Habsburgerhofes nicht der Zustimmung des Reichstags. Sie wurde auch nicht im Tagungssaal verhandelt, sondern parallel, zunächst im noblen Quartier des Kaisers, im Wormser Bischofshof – die Nuancen in der Frage der Zuständigkeit sollten später eine Rolle spielen.

Was sich dann ereignete, zählt zu den Schlüsselmomenten deutscher Geschichte, hatte die Anmutung eines klassischen Dramas: David gegen Goliath, der Mönch, Professor und Prediger aus Wittenberg von Angesicht zu Angesicht mit einem der mächtigsten Männer der Welt: dem Monarchen König Karl V. aus dem Geschlecht der Habsburger. Er herrschte über viele Reiche um den halben Erdball, war von Kindesbeinen an überhäuft mit Titeln



1483 10.11.1483 Martin Luther wird als Sohn eines Bergmanns in Eisleben geboren

1484 11.5.1484 Schlacht von Leitzersdorf: Friedrichs III. Armee unterliegt den Ungarn unter König Matthias Corvinus

1485 22.8.1485 Schlacht von Bosworth Field: Die Niederlage Richards III. führt zur Ablösung der York-Dynastie durch das Haus Tudor

und Ehren. In Deutschland regierte er als deutscher König. Neben Spanien und den eigenen Stammlanden mit dem Kern Österreich zählten zu seinem Herrschaftsgebiet die Niederlande (wo er 1500 geboren wurde), Burgund, die Königreiche Neapel, Sizilien, Sardinien sowie die spanischen Kolonien in Amerika und Asien. Stolz soll der Einundzwanzigjährige verkündet haben: »In meinem Reich geht die Sonne nicht unter.«

*Ich, Doktor Luther, bin gelehrter in der Schrift als der Kaiser.*

MARTIN LUTHER, 1531

Und dann sein Gegenüber, dessen Reich irgendwie nicht von dieser Welt, doch in diesem historischen Moment kaum minder mächtig erschien, wenn man beobachtete, was in Deutschland zu dieser Zeit im Gange war. Die Wucht der Gedanken des Reformators war überall spürbar, vor und hinter den Pforten des Bischofshofes.

Am Ende machten vor allem seine Worte Geschichte: »Wenn ich nicht durch Zeugnisse der Schrift oder mit offenbaren Vernunftgründen besiegt werde, so bleibt mein Gewissen befangen in Gottes Wort.« Und auch das soll Luther gesagt haben, als er sich weigerte zu widerrufen: »Hier stehe ich und kann nicht anders« – eine spätere Hinzufügung.

Karl V. war Herrscher über ein gewaltiges Imperium, in dem, wie es hieß, »die Sonne nicht unterging«.

Im Schreiben zur Vorladung nach Worms hatte es noch recht undramatisch geheißen, man wolle von ihm »Erkundigungen einholen seiner Lehren und Bücher halben«. Im Bischofshof angekommen, stellte der Offizial Johannes von der Ecken zwei knappe Fragen, wies auf einen Bücherstapel auf dem Tisch und wollte von Luther hören, ob die Schriften von ihm stammten. Als er bejahte, fragte Ecken: »Willst du sie alle verteidigen, oder bist du bereit, etwas davon zu verwerfen?«

Luther hatte eine zweiwöchige Reise quer durch die deutschen Lande hinter sich, dabei war ihm viel Jubel entgegengebrandet. Nun,



**1486** 9.4.1486 Friedrichs III. Sohn Maximilian I. wird deutscher König

**1487** Der »Hexenhammer«, ein Regelwerk zur Hexenverfolgung, verfasst vom Dominikaner Heinrich Institoris (d.i. Kramer), erscheint

**1488** 3.2.1488 Dem Portugiesen Bartolomeu Diaz gelingt als erstem Europäer die Umsegelung des Kaps der Guten Hoffnung

## Kaiser und Reichsstände

Das Ringen von Königen und Fürsten um die Vormachtstellung prägte weiterhin die Geschichte des »Heiligen Römischen Reiches«. Mit Otto dem Großen war eine ununterbrochene Tradition begründet worden, wonach der deutsche König auch über das Römische Reich herrschte. Die Legitimation dieser Würde aber blieb christlich-universell. Das Reich war nach wie vor ein internationales Gebilde und keineswegs ein zentral verfasster Staat, sondern ein föderatives Wahlreich, in dem mächtige, eigenständige Kurfürstentümer die Macht des Königs und Kaisers zunehmend einschränkten. An eine einheitliche Reichspolitik war kaum zu denken. Dem Kaiser standen 400 überaus unterschiedliche Reichsstände gegenüber: mächtige Kurfürsten, die anderen Reichsfürsten – weltliche und geistliche –, kleine Reichsritterschaften, Reichsabteien und stolze Reichsstädte. Allenfalls ein Herrscher mit einer starken Hausmacht, mit festem Rückhalt im eigenen Territorium, hatte die Chance, sich durchzusetzen. Insofern war das Haus Habsburg prädestiniert für das Kaisertum. Doch auch Maximilian I., der bis 1519 regierte, sah sich dem Druck der Stände ausgesetzt, bemühte sich um Reformen, die letztlich wenig fruchteten: Ob bei der Errichtung eines vom König unabhängigen Reichskammergerichts oder dem sogenannten Reichsregiment, an dessen Beschlüsse der Monarch gebunden sein sollte, bei der Einführung einer Reichssteuer oder Bildung eines Reichsheeres – immer wieder scheiterten solche Anläufe am Mitspracherecht der Stände, die zunehmend auch eigene Interessen verfolgten.

kaum angelangt, verlangte man ohne Anhörung, dass er seine Thesen widerrief und sich unterwarf. Luther, der immerhin die Urkunde, mit der ihm der päpstliche Bann angedroht wurde, ins Feuer geworfen hatte, blieb besonnen, bat sich Bedenkzeit aus – obwohl sein Standpunkt längst klar war: »Dies berührt Gott und sein Wort. Dies geht der Seelen Seligkeit an.« Der junge Herrscher kam seinem Wunsch nach. Noch am selben Tag schrieb Luther: »Mit dem gnädigen Beistand Christi in Ewigkeit werde ich keinen Buchstaben widerrufen.«

Als der Delinquent wieder vor die Versammlung trat, erhob er seine Stimme in lautem Deutsch. Er verteidigte seine Schriften, in denen er am Papsttum kein gutes Haar ließ, jene »unglaubliche Tyrannei, die Hab und Gut verschlungen hat und fort und fort auf empörende Weise weiter verschlingt, ganz besonders in unserer hochberühmten deutschen Nation«. Nun kam es auch zum Affront mit dem Monarchen: In der Sache habe er nichts zu widerrufen, sagte er vor den Versammelten, bis »Eure allergnädigste Majestät, durchlauchtigste fürstliche Gnaden oder wer sonst vermag« Beweise vorlege, die »mich des Irrtums überführen und mich durch das Zeugnis der Propheten oder des Evangeliums überwinden«. Und er spielte einmal mehr die deutsche Karte: »Ich sage das nicht in der Meinung, so



**1492** 31.3.1492 Königliches Alhambra-Edikt zur Ausweisung aller taufunwilligen Juden aus Spanien

**1492** 12.10.1492 Christoph Kolumbus sucht einen westlichen Seeweg nach Indien und entdeckt dabei Amerika (die Bahamas)

**1493** 19.8.1493 Maximilian I. übernimmt die Regierung von Friedrich III.

hohe Häupter hätten meine Belehrung oder Ermahnung nötig, sondern weil ich meinem lieben Deutschland den Dienst nicht versagen wollte, den ich ihm schuldig bin.« Seine Verteidigungsrede schloss er mit dem Stoßgebet: »Gott helfe mir, amen.«

*Wer gegen die heutige Tyrannei protestiert, wie Luther vor 400 Jahren als Mönch protestierte, hat das Recht, sich auf ihn zu berufen.*

HUGO BALL,
DRAMATURG, SCHRIFTSTELLER
UND ZEITUNGSVERLEGER, 1919

Luther trotzte den höchsten Autoritäten, verurteilte die römische Amtskirche, betonte, dass keine Macht der Welt zwischen Gott und dem Menschen stehe und dass allein der Herr im Himmel Gnade spenden könne. Er prangerte die klerikale Anmaßung an, berief sich auf die deutsche Nation in Abgrenzung zu Rom und erklärte die Heilige Schrift zum alleinigen Maßstab seiner Lehren. Den Zorn vor allem des Klerus zog er sich zu, als er mit der Bibel beweisen wollte, dass die Macht der Kirche nicht durch das Wort Gottes zu begründen sei und dass Päpste ebenso wie Konzile irren könnten. Damit legte er die Axt an die bestehende Ordnung. Mit etwas Verspätung – weil der Kaiser kaum Deutsch verstand, musste er seine Rede auf Latein noch einmal wiederholen – brandete Beifall auf, in den sich aber auch Protest und schockierte Rufe mischten.

Die Reaktionen nach dem spektakulären Auftritt spiegelten die kontroversen Standpunkte, Hoffnungen und Stimmungen seiner Zeitgenossen. Karl V. verließ den Saal erbittert und in der Gewissheit, genug erfahren zu haben. Seine Geduld war am Ende und er entschlossen, die Reichsacht über Luther zu verhängen. Aus dem spanischen Gefolge Karls V. ertönten die Rufe »Al fuego!« (»Ins Feuer mit ihm«!) Die anwesenden deutschen Fürsten enthielten sich jeder Missfallensbekundung. Zwei vom Reichstag abgestellte Geleitsleute schützten Luther mit der Waffe und begleiteten ihn bis zu seiner Herberge.

Der Auftritt in Worms wurde immer wieder zu einem geradezu magischen Moment der deutschen Geschichte stilisiert. Schon zu Luthers Lebzeiten setzte ein erbitterter Kampf der Meinungen ein. Anhänger und Gegner lieferten sich die erste Propagandaschlacht der Geschichte, zunächst mit Flugschriften. Die einen stellten Luther wie einen Heiligen dar, der dem römischen Vielfraß das gierige Maul stopft, die anderen sahen in ihm vor allem den Ketzer und Spalter. Der Stoff eignete sich für Legenden, und die Faszination Luthers verblasste auch in den kommenden Jahrhunderten nicht. Ob Gegner oder Befürworter – Einigkeit herrschte darin, dass Luther ein Phänomen war, und vor allem ein deutsches. Die Frage ist, wer mehr zu diesem Nimbus beigetragen hat, er selbst oder die Nachwelt. Jede Generation machte sich ihr eigenes Bild von ihm, ob als Reformator, Aufklärer, Erwecker, Nationalikone, völkisches Idol oder gar als angeblicher Wegbereiter eines verhängnisvollen deutschen Sonderweges.



**1493** 23.12.1493 Die Schedel'sche Weltchronik von Hartmann Schedel erscheint in Nürnberg

**1495** 7.8.1495 Reichstag in Worms: Maximilian I. verkündet den »Ewigen Landfrieden« zur Beendigung des Fehdewesens

**1497** 24.6.1497 Giovanni Caboto erreicht als erster Europäer das amerikanische Festland, glaubt sich aber in China

## Epoche im Umbruch

Eigentlich wollte der Mönch und gelehrte Theologe zunächst nur Missstände in der Kirche anprangern und ganz und gar nicht Politik betreiben. Seine zentrale Botschaft zielte auf das Verhältnis zwischen Gott und dem Menschen. Dass sein Wirken dazu beitrug, Deutschland, Europa und in gewisser Weise auch die Welt zu revolutionieren, konnte er nicht voraussehen, geschweige denn, dass er dies jemals für sich beansprucht hätte. Und bei allem Personenkult, der schon zu seinen Lebzeiten um ihn betrieben wurde, war doch gerade er getragen von einer Epoche, die man später nicht ohne Grund die »frühe Neuzeit« nannte. Geistige, religiöse, wirtschaftliche und soziale Umbrüche waren die Voraussetzung, dass Luthers Denken und Handeln eine solche Wirkung entfalten konnten.

Der Ruf nach Reform der Kirche »an Haupt und Gliedern« war schon im 15. Jahrhundert laut geworden. Manche Bischöfe, Geistliche, Theologen an den Universitäten beklagten längst die unhaltbaren Zustände. Geistliche Fürsten waren auch Inhaber weltlicher Gewalt, oft gaben sie sich eher als Herrscher denn als Hirten. Das Papsttum mischte sich in das Schicksal von Dynastien und Völkern ein. Vielerorts in Europa regte sich Widerstand gegen die kuriale Bevormundung, das Finanzgebaren, den Pomp und den Ämterkauf, Bischofssitze gingen oft an Meistbietende. Vor allem die Renaissancepäpste entwickelten eine abschreckende Geldgier, schwelgten in Luxus, bereicherten aber andererseits die Weltkultur um prächtige Bauten und Kunstwerke – als spendable Mäzene.

Für Abgaben und Steuern habe die Kirche tief in die Taschen vor allem der deutschen Untertanen gegriffen, so lautete jedenfalls der Vorwurf damals (heute ist bekannt, dass andere Nationen mehr zahlten). Mehr und mehr wurde das päpstliche Regiment auf den Reichsversammlungen kritisiert. Auch die deutschen Fürsten bezogen Position. Schon 1456 hatten sie alle Kritikpunkte in den »Gravamina [Beschwernissen] der deutschen Nation« niedergeschrieben: die große Verschwendung, die Vetternwirtschaft, die Fremdbestimmung. Die gläubigen Untertanen sehnten sich nach einer Rückführung des Kirchlichen auf den religiösen Kern und die Seelsorge. So war die Zeit offenbar reif für einen wie Luther.

Auch sonst standen die Zeichen der Zeit auf Wandel. Wenngleich vor allem in Deutschland Wissenschaft und Bildung nach wie vor kirchlich gebunden waren, begannen viele Gelehrte die geistliche Bevormundung in Frage zu stellen, fochten Werte, Dogmen, Wahrheiten, die als absolut galten, an. Der »Humanismus« entdeckte den Menschen neu, setzte mehr Vertrauen in die sittlichen und geistigen Fähigkeiten des Individuums, das sich aus eigener Kraft vervollkommnen könne. Auch der Kosmos wurde neu definiert, die kopernikanische Wende stand bevor, die Erde wich der Sonne als Zentrum des Universums. Die Erschließung der Kontinente in Übersee öffnete den Horizont der Europäer, leitete die Epoche der Weltgeschichte ein, die unter der Führung der seefahrenden europäischen Nationen stand. Mächtige Territorialstaaten bildeten sich heraus, die sich von fremder Bestimmung lösen wollten, vor allem von der römischen Kirche. Die Epoche nationaler Eigenwege zeichnete sich ab. Frankreich, England, Spanien schritten besonders



**1498** 20.5.1498 Der Portugiese Vasco da Gama erreicht erstmals Indien auf dem Seeweg um Afrika herum

**1498** 23.5.1498 In Florenz wird der religiöse Fanatiker Girolamo Savonarola (* 1452) auf der Piazza della Signoria als Ketzer verbrannt

**1502** 18.10.1502 Der sächsische Kurfürst Friedrich III. der Weise gründet die Universität Wittenberg

entschlossen voran, ihr Kirchenwesen suchten sie so weit wie möglich als National- oder Territorialkirche unter dem Dach der römischen Universalkirche zu gestalten. Gebildete räsonierten über die Legitimität der bestehenden gesellschaftlichen und sozialen Ordnung. Für eine schnelle Verbreitung der neuen Ideen sorgte nicht nur die höhere Mobilität, sondern auch eine technische Erfindung: das Drucken von Büchern und Schriften mit beweglichen und wiederverwendbaren Lettern.

Internationaler Handel beflügelte die Wirtschaft. Kaufleute konnten ungeheure Vermögen anhäufen. Mit dem Aufstieg des Bürgertums begann auch die Blüte der Städte, die für freiheitliche Reformen besonders aufgeschlossen waren. Gleichzeitig gab es eine große Zahl von »Habenichtsen«, drohte breiten Schichten die Verarmung. Und dann kam Luther, der die Missstände in der Kirche beseitigen wollte, tatsächlich aber eine Lawine ins Rollen brachte. Seine Lehre beeindruckte Mächtige und Ohnmächtige gleichermaßen. Ob Fürsten, Ritter, Bürger oder Bauern, für sie ging es in der Zeit der Reformation nicht nur um Glauben, sondern auch um die Zukunft ihres Standes in einer sich verändernden Welt.

Luther wurde am 10. November 1483 in der kleinen Stadt Eisleben in der Grafschaft Mansfeld geboren. Auch hier zeigte sich der Fortschritt der Zeit. In der Harzregion sorgte Kupfer, wichtigster Rohstoff bei der Münz-, Glocken- und Kanonenherstellung, für wirtschaftlichen Wohlstand. Einer, der davon profitierte, war Hans Luder, Martin Luthers Vater – die Namensänderung in »Luther« erfolgte später durch den Sohn. Luder war der älteste Sprössling eines thüringischen Bauern. Er heiratete Margarete Lindemann, die Tochter einer angesehenen Eisenacher Bürgerfamilie. Hans Luder brachte es mit etwas väterlichem Kapital, viel Fleiß, Wagemut und Unternehmergeist zum Pächter und Hüttenmeister – ein Aufstieg in frühkapitalistischer Zeit, wie er im Buche

Luthers Mutter Margarete, geborene Lindemann, entstammte einer angesehenen Eisenacher Bürgerfamilie.



**1505** 17.7.1505 Luther tritt getreu seinem Gelübde in das Kloster der Augustinereremiten in Erfurt ein

**1506** 18.4.1506 Der Grundstein für den Bau des neuen Petersdoms in Rom wird auf Weisung von Papst Julius II. gelegt

**1506** 20.6.1506 Tod von Christoph Kolumbus (* 1451), der nach vier Amerikareisen immer noch glaubt, Indien entdeckt zu haben

Hans Luder brachte es zum Pächter und Hüttenmeister und wollte, dass sein Sohn Jura studiert und Karriere macht.

steht. Fleiß, Sparsamkeit, Bescheidenheit galten viel in der Familie – dass daraus später einmal die »deutschen Tugenden« werden sollten, konnte niemand ahnen.

War dem Vater noch jede Schulbildung versagt geblieben, so sollte Martin Jura studieren und Karriere machen. Im Hause Luder wurde der vielversprechende Jurastudent sogar mit »Ihr« angeredet. Dann aber kam es zu dem Ereignis, das alles veränderte: Bei Stotternheim in der Nähe von Erfurt geriet der Sohn in ein Gewitter, wurde von Todesangst befallen: Ein Blitz schlug wenige Meter vor ihm ein. Ganz Kind seiner Zeit, betete er zur Mutter Mariens, die als Beschützerin der Bergleute gilt: »Hilf du, heilige Anna, ich will Mönch werden!« Luther blieb unversehrt und machte seinen Vorsatz wahr. Allerdings dürften ihm schon früher Zweifel an seiner Berufung zum Juristen gekommen sein, war er doch stets ein von geistlicher Unruhe Getriebener. Nun verkaufte und verschenkte er Hab und Gut, verabschiedete sich von seinen Freunden und trat im Juli 1505 in das Kloster der Erfurter Augustinereremiten ein, eines strengen und gelehrten Ordens. Der Vater soll getobt haben, redete ihn nun wieder mit »Du« an. Zur Primizfeier des Sohnes, seiner ersten Messe als Priester, überbrachte er allerdings – mit einem Gefolge von 20 Berittenen – ein großzügiges Geldgeschenk. Doch Martin Luther wurde von ganz anderen Gedanken beherrscht. Die Erfahrung, als Priester unmittelbar vor Gott zu stehen, ließ ihn in Ehrfurcht erstarren. »Wie soll ich eine Majestät von solcher Größe anreden?« Qualen religiösen Suchens und Selbstzweifel plagten ihn. Die guten Werke, das bußfertige Leben als Priester und Mönch – Fasten, Beten und Beichten – all das befolgte er wie kein Zweiter. Ruhe fand er dabei indes nicht, fühlte sich dennoch als Sünder.

Wie finde ich einen gnädigen Gott? Dies wurde zur Schlüsselfrage, an der sich sein



**1507** 27.2.1507 Luther erhält seine Priesterweihe

**1507** 12.3.1507 Tod des Renaissanceherrschers Cesare Borgia (* 1475)

**1508** 4.2.1508 Maximilian I. wird in Trient zum Kaiser gekrönt

Schicksal entscheiden sollte – und das der Reformation. Doch noch war Pater Martin Luther ein braver Mönch, studierte in Wittenberg, wurde dort im Oktober 1512 zum Doktor der Theologie promoviert, erlangte die Stelle einer Bibelprofessur (den Professorentitel gab es noch nicht). Damit erwarb er das Recht auf eine eigene Lehrmeinung – sofern er keine kirchlichen Dogmen verletzte. Seine Gewissensqualen ließen sich dadurch nicht bändigen. Mehr denn je beschäftigten ihn die Fragen: Wie kann ich vor Gott bestehen? Wie finde ich Gnade? Muss ich sie verdienen, oder ist sie ein Geschenk? Alle Angebote der Kirche, mit der eigenen Schuld umzugehen, gaben ihm keine Antwort.

## Das Unwesen des Ablasshandels

Ängste und Zweifel bewegten nicht nur Luther. Das Bedürfnis nach jenseitiger Geborgenheit war unter den Zeitgenossen groß, die Furcht vor dem Jüngsten Gericht und den Höllenqualen allgegenwärtig. Verheerende Naturkatastrophen und Pestepidemien konnten sich die Menschen nur mit dem Zorn Gottes erklären. Durch gute Taten versuchten viele Zeitgenossen, ihr Sündenregister abzuschwächen, durch Stiftungen, Spenden und Wallfahrten – und durch »Ablassbriefe«. Ablässe gab es für Wallfahrten, Pilgerreisen und auch für Geld. Gemeint war damit nicht die Vergebung der Sünden, sondern der Erlass »zeitlicher Sündenstrafen«, etwa die Verweildauer im »Fegefeuer«. Die Kirche sah sich im Besitz eines »Gnadenschatzes«, der solchen Nachlass erlaubte. Luther reiste selbst nach Rom, um dort »wie ein toller Heiliger« durch Kirchen und Katakomben zu laufen, um jeden Ablass zu erhalten, den man beim Besuch vor Ort erlangen konnte.

Nun aber uferte der Handel mit Ablassbriefen immer mehr aus. Um den Bau des neuen Petersdoms zu finanzieren, kam Medici-Papst Leo X. auf die Idee, das lukrative Geschäft noch auszuweiten. Generell sah der Klerus darin ein probates Mittel, Löcher in den Kassen zu stopfen. Luther empörte nicht nur der finanzielle Missbrauch, er prangerte auch den Irrweg im Bußverständnis an. Christi Heil lasse sich nicht mit menschlichen Werken verrechnen, schon gar nicht mit Geld, das marktschreierisch von Predigern eingefordert werde. So führte seine

Albrecht von Brandenburg gelangte mit Geld aus dem Ablasshandel in das Amt des Erzbischofs vom Mainz: 29 000 Dukaten.



1509 27.4.1509 Papst Julius II. verhängt den Kirchenbann über die Republik Venedig

1512 3.5.1512 Fünftes Laterankonzil (bis 1517) beginnt Kirchenreform

1512 Luther wird Doktor der Theologie und Professor für Bibelauslegung in Wittenberg

Ablassprediger wie Johann Tetzel machten das Ringen um das Seelenheil ihrer Gläubigen zum lukrativen Geschäft.

persönliche Suche nach Gnade mitten ins Wespennest des Ablassgeschäfts. Wie sehr der einträgliche Handel mit Macht und Politik zu tun hatte, würde er bald zu spüren bekommen.

Im Februar 1514 war der Erzbischof von Mainz, Uriel von Gemmingen, gestorben, und das Domkapitel wählte den erst vierundzwanzigjährigen Albrecht von Brandenburg zum Nachfolger. Er war wissenschaftlich gebildet, zeigte aber wenig theologisches Verständnis. Er kam aus dem Hause Hohenzollern, war Bruder des Kurfürsten von Brandenburg und schien für einiges Regierungsgeschick zu bürgen. Doch Albrecht war bereits Erzbischof von Magdeburg und Administrator (Bistumsverweser) in Halberstadt. Grundsätzlich verbot das Kirchenrecht die Anhäufung erzbischöflicher Stühle, doch gegen eine Geldzahlung war die römische Kurie bereit, eine Ausnahmegenehmigung zu erteilen. Dafür sollte Albrecht insgesamt 29 000 Dukaten für das Amt und den Dispens zahlen. Damit er die riesige Summe aufbringen konnte, fand Papst Leo X. folgende Lösung: Albrecht sollte den Vertrieb des Ablassbriefs für den Petersdom übernehmen, die eine Hälfte sollte direkt in die päpstliche Baustelle fließen, die andere der bischöflichen Schuldentilgung dienen. Den enormen Betrag wollte Rom allerdings sofort kassieren. Hier trat nun ein weiterer Akteur ins Spiel der Mächtigen: das Bankhaus Fugger. Es streckte die 29 000 Dukaten vor und ließ seine Eintreiber ausschwärmen – im Tross der Ablassprediger.

Einer der fähigsten Prediger im päpstlich-kurfürstlichen Ablassgeschäft war der Dominikaner Johann Tetzel, der seit 1517 in der Kirchenprovinz Magdeburg wirkte. »So bald der Gülden im Becken klingt, im huy die Seel in Himmel springt«, lautete seine simple wie erfolgreiche Parole. Mit geradezu beschwörenden Ritualen und schaurigsten Verheißungen vermochte er das einfache Volk zu beeindrucken. So erklärte er den Ablass zum »wirksamsten Sühnmittel der Sünde«.

Um die »Tetzelkästen«, die Kasse, kümmerten sich Angestellte der Fugger. Sie hatten alle Hände voll zu tun, denn der Zulauf war groß. Doch dem Geschäft waren Grenzen gesetzt. Der Kurfürst von Sachsen etwa, Luthers Landesherr Friedrich der Weise (1463–1525), gewährte Eintreibern keinen Zutritt zu seinem Fürstentum und ließ den Ablasshandel dort ver-



**1513** 11.3.1513 Leo X., Sohn von Lorenzo de Medici, wird zum Papst gewählt als Nachfolger von Julius II.

**1514** 9.8.1514 Herzog Ulrich von Württemberg lässt die Anführer des »Armen Konrad«, eines aufständischen Bauernbunds, hinrichten

**1515** 14.9.1515 Nach der verlorenen Schlacht von Marignano gegen die Franzosen erklären sich die Eidgenossen »auf ewig« für neutral

## Die Fugger

Die Fugger waren zwar nicht von Adel, aber als Kaufmannsfamilie mächtiger als manche Fürstendynastie. Ihren Reichtum verdankten sie einem brillanten Tauschgeschäft. 1488 hatten sie den Grafen von Tirol mit erheblichen Summen bedacht und sich im Gegenzug dafür das Recht zur Ausbeutung von Silber- und Kupferminen gesichert. Zudem beteiligten sie sich am ostindischen Gewürzhandel, beides Boombranchen.

Da im Heiligen Römischen Reich viel gewählt wurde, war für Kandidaten die Versuchung groß, den angestrebten Titel durch Bestechung zu sichern. Dabei erlangte die Augsburger Handelsfamilie als Kreditgeber Macht und Einfluss. Nicht nur der neue Erzbischof von Mainz, Albrecht von Brandenburg, gelangte mit Fugger-Geld an sein Ziel. Schon bei der vergangenen Wahl des Habsburgers Maximilian I. zum König (1509) waren 171 000 Gulden aufzubringen, bei Karl V. sollte die Summe noch größer werden. Für ihre Barleistungen erhielten die Fugger immer mehr Privilegien – im Jahr 1514 war Jakob Fugger zum Reichsgrafen erhoben worden, 1530 erhielt die Familie die Landeshoheit für ihre Güter, wenig später folgte das Münzprivileg. In der Zeit des Frühkapitalismus litten aber auch viele Menschen Not. In ihrer Heimatstadt Augsburg ließ die reiche Kaufmannsfamilie eine Armensiedlung errichten, die sogenannte Fuggerei.

bieten, um zu verhindern, dass Geld vom eigenen Territorium in fremde Kassen floss. Nun aber pilgerten viele Sachsen, auch aus Wittenberg, ins benachbarte brandenburgische Jüterbog, wo Tetzel seinen Ablass feilbot. Er machte das Volk glauben, Reue und Buße seien nach Erwerb des Briefes nicht mehr vonnöten. Das ärgerte den Fürsten, vor allem jedoch empörte es Luther, der nicht nur Professor, sondern auch Prediger und Seelsorger war.

Von der Kanzel der Wittenberger Stadtkirche aus wetterte der aufgebrachte Theologe immer wieder gegen Tetzel, dem es mehr um Gewinn als um Buße gehe; dabei zog er deftige Vergleiche: »Wenn einer gleich die heilige Jungfrau Maria, Gottes Mutter, geschwängert hätte, so könnte es der Tetzel vergeben, wenn man in den Kasten lege, was sich gebühre.«

Wie sehr hatten Luther immer wieder Zweifel geplagt, wie sehr hatte er immer wieder um Antworten gerungen auf die für ihn entscheidende Frage: Waren es Opfer, Reue oder Buße, mit denen der Mensch Gottes Vergebung erlangen konnte? Führten Redlichkeit



**1516** 29.3.1516 Die Republik Venedig prägt für einen den Juden vorbehaltenen Wohnbezirk den Begriff Ghetto

**1516** Matthias Grünewald vollendet den Isenheimer Altar in Colmar

**1517** 23.1.1517 Die Niederlage gegen die Osmanen vor Kairo beendet die Herrschaft der Mamelucken in Ägypten

Nur durch die Gnade Gottes selbst könne der Mensch das ewige Heil erlangen, so Luther. Der Priester stehe nicht zwischen Gott und den Menschen, wie die Predella des Altars der Stadtkirche zu Wittenberg zeigt.

und gute Werke wirklich ins Paradies? Warum hatte der Apostel Paulus geschrieben, das Heil komme allein durch Gottes Gnade?

Irgendwann zwischen 1511 und 1518 hatte Luther sein »Turmerlebnis«. Nach wiederholter Bibellektüre, vor allem des Römerbriefes – insbesondere Kapitel I,17 –, wurde für ihn eine Ahnung zur Gewissheit: Gott übte nicht Gerechtigkeit wie ein irdischer Richter, vielmehr war die Gnade ein Geschenk. So offenbarte sich ihm das Bild vom barmherzigen Gott. »So halten wir nun dafür, dass der Mensch gerecht werde ohne des Gesetzes Werke, allein durch den Glauben.« Nur der Glaube versetze den Menschen in den Zustand der Gnade. Äußere Werke wie Askese, Kasteiung oder Geldspenden – all das lenke von der Wahrheit ab. »Da fühlte ich mich völlig neu geboren – als wäre ich durch die geöffneten Pforten ins Paradies selbst eingetreten«, erinnerte sich Luther später. Für ihn offenbarte sich der barmherzige Gott nicht als zorniger Richter, sondern als gütiger Herr. Die innere Rechtfertigung spielte sich allein zwi-

## Thesenanschlag

Es gehört zu den berühmten Bildern der deutschen Geschichte: Der tatkräftige Reformator nagelt am 31. Oktober 1517 mit lauten Hammerschlägen das weltverändernde Thesenblatt an das Hauptportal der Wittenberger Schlosskirche. Doch ausgerechnet diese Episode, überliefert von Luthers Freund Philipp Melanchthon, dürfte eine Legende sein: Zwar war es durchaus üblich, Disputationen durch öffentlichen Aushang am Schwarzen Brett zu eröffnen – und dafür kam auch eine Kirchentür in Frage. Dass aber der Professor höchstselbst mit Hammer und Nägeln zu Werke ging, ist kaum vorstellbar. Luther berichtete nie von einem solchen Vorgang, und Kronzeuge Melanchthon befand sich zu diesem Zeitpunkt gar nicht in Wittenberg.



**1517** 31.10.1517 Luther verbreitet 95 Thesen gegen den Ablasshandel (laut Melanchthon zuerst an der Tür der Wittenberger Schlosskirche)

**1518** 12.10.1518 Reichstag in Augsburg: Bei einer dreitägigen Interrogation durch Kardinallegat Cajetan weigert sich Luther zu widerrufen

**1519** 2.5.1519 Tod Leonardo da Vincis (* 1452)

schen Gott und dem einzelnen Christen ab, sie bedurfte nicht mehr der Vermittlung durch die Kirche und ihre Heiligen.

## Luthers Thesen

Die Auswüchse des Ablasshandels, der Widerspruch zum wahren Sinn des Bußsakraments, hatten Luther derart provoziert, dass er sich Luft verschaffte, seine Kritik in 95 Thesen bündelte. Unter anderem schrieb er, Buße lasse sich nicht erkaufen, und die Ablässe des Papstes befreiten weder die Lebenden noch die Toten von Sünde und Schuld. So schrieb er in These 36: »Ein jeder Christ, der wahre Reue empfindet über seine Sünden, hat völlige Vergebung von Strafe und Schuld, die ihm auch ohne Ablassbriefe gehört.«

In anderen Zeiten hätte sein Protest vielleicht allenfalls zu einer Debatte in Gelehrtenkreisen geführt. Doch bedingt durch die geistigen, politischen und gesellschaftlichen Umstände, kam eine Lawine ins Rollen, die den künftigen Reformator selbst erstaunte.

Die lateinisch abgefassten Thesen schickte Luther dem Mainzer Erzbischof Albrecht von Brandenburg, der sie wahrscheinlich erst Ende November in seiner Aschaffenburger Residenz zu lesen bekam. Albrecht ließ daraufhin ein Gutachten anfertigen, das die Brisanz des Inhalts bestätigte. Der Erzbischof berichtete nach Rom, ohne allerdings formal Anzeige zu erstatten. Papst Leo X. erwartete vom General der Augustinereremiten, dass er Luther besänftigte, es sollte kein Aufsehen geben, das Mönchsgezänk ein Ende haben. Doch Luther war weit davon entfernt, etwas zurückzunehmen. Die Universitäten reagierten schnell. Damals pflegte man dort eine offene Streitkultur, die Tradition des Disputs. Die provokanten Thesen wurden übersetzt, erschienen auf Deutsch und fanden in bis dahin nicht bekanntem Tempo Verbreitung: Innerhalb von 14 Tagen waren sie im größten Teil des Reiches zu lesen. Aus Nürnberg, Basel und Leipzig sind Nachdrucke bekannt. Luther traf offenbar den Nerv der Zeit. Die gelehrte Welt – von Erasmus von Rotterdam bis hin zu Thomas Morus in England – diskutierte die Anwürfe, die Emotionen kochten hoch. Ablassprediger Johann Tetzel war tief gekränkt. Sein Lehrmeister Konrad Koch, Theologieprofessor in Frankfurt an der Oder, verfasste Rechtfertigungsthesen und forderte als Erster, Luther müsse als Ketzer auf dem Scheiterhaufen verbrannt werden. Der Ton verschärfte sich, und es kam zu Handgreiflichkeiten. Von Wittenberger Studenten wird berichtet, dass sie über einen reisenden Buchhändler herfielen, der Rechtfertigungsblätter für den Ablass verkaufen wollte. Die gesamte Ladung wurde auf dem Marktplatz verbrannt. Luther missbilligte zwar das Verhalten der studentischen Raufbolde, doch schon jetzt zeichnete sich ab: Die Geister, die er gerufen hatte, waren schwer zu bändigen.

In Rom forderten die Dominikaner – der Orden, dem der Ablassprediger Tetzel angehörte –, dass Luther der Prozess gemacht werde. Wenn der Papst jetzt keine Härte zeige, stelle er nicht nur seine Autorität, sondern die der gesamten römischen Kirche in Frage. Zudem war eine der wichtigsten Finanzquellen in Gefahr. Am 7. August 1518 erhielt Luther die Vorladung in die Ewige Stadt. Binnen 60 Tagen sollte er sich bei der Kurie verantworten wegen des Verdachts der Ketzerei. Die weitere Entwicklung lässt sich nur mit den speziellen politischen Verhältnissen in Deutschland erklären.



**1519** 28.6.1519 König Karl I. von Spanien (* 1500), Enkel Maximilians I., wird als Karl V. zum deutschen Kaiser gewählt

**1519** 4.7.1519 Beginn der Leipziger Disputation zwischen dem katholischen Theologen Johann Eck und Luther

**1519** 20.9.1519 Ferdinand Magellan beginnt die erste Weltumsegelung (bis 1522)

# Der Buchdruck

Dass der gelehrte Gedankenaustausch im beginnenden 16. Jahrhundert aufblühen konnte, war auch dem technischen Fortschritt zu danken: Der Mainzer Johannes Gensfleisch, genannt Gutenberg, hatte Mitte des 15. Jahrhunderts den Buchdruck mit wiederverwendbaren Bleilettern und Druckformen erfunden. Bis dahin waren die meisten Texte per Hand abgeschrieben worden – eine zeitaufwendige, teure und vor allem exklusive Prozedur. Die neuen Druckerzeugnisse hingegen ließen sich in großer Zahl und relativ preisgünstig produzieren. Besonders Schwankliteratur und religiöse Schriften erreichten hohe Auflagen. Allmählich entstand so etwas wie eine »öffentliche Meinung«: In rasantem Tempo verbreiteten sich Ideen – und Kritik – nicht nur bei den großen Gelehrten, sondern auch unter den Bürgern vor allem der Städte. Rund zehn Prozent der Bevölkerung waren damals des Lesens mächtig. In ganz Europa gab es im Jahr 1500 etwa 1000 Druckereien. Eine halbe Million Nachdrucke von Luthers Schriften sollen 1521 bereits existiert haben. Die spätere Bibelübersetzung hatte 1523 eine Auflage von 5000 Exemplaren erreicht, fünfzehn Jahre später umfasste sie schon 200 000. Die Reformation war die erste Auseinandersetzung in der Weltgeschichte, die von der Publizistik entscheidend bestimmt wurde.

**1520** Luthers drei reformatorische Programmschriften (u.a. »Von der Freiheit eines Christenmenschen«) erscheinen

**1520** 7.4.1520 Tod Raffaels (* 1483)

**1520** 10.12.1520 Luther verbrennt die Bannandrohungsbulle

## Friedrich der Weise

Dabei gewann eine Figur der Zeit besondere Bedeutung. Auf Anraten von Freunden bat Luther seinen Landesherrn Friedrich den Weisen um Schutz. Der Kurfürst war keineswegs erklärter Befürworter der provokanten Thesen und ebenso wenig Anhänger ihres Verfassers. Aber die Dreistigkeit Tetzels hatte auch ihn herausgefordert. Zudem freute er sich über den beachtlichen studentischen Zulauf, den die von ihm 1502 gegründete Wittenberger Universität erfuhr, seitdem Luther von sich reden machte.

Mit dem populären Kurfürsten betrat nun ein Mann die Bühne, der die Wirkungsgeschichte Luthers wesentlich beeinflussen sollte. Schon bald würde sich herausstellen, dass das Schicksal des jungen Reformators nicht nur vom religiösen Gehalt seiner Schriften bestimmt wurde, sondern auch von den Machtfragen seiner Zeit. Er geriet zur Schachfigur auf dem Feld der Politik, wurde Teil eines Ränkespiels und am Ende vor allem Nutznießer der besonderen deutschen und internationalen Lage.

In Augsburg tagte im Sommer 1518 der Reichstag. Der neunundfünfzigjährige Kaiser Maximilian I. wusste, dass ihm nicht mehr viel Zeit blieb, und er wollte deshalb seinen Enkel Karl noch vor seinem Tod zum deutschen König wählen lassen und damit der Gefahr vorbeugen, dass die deutsche Königswürde und das damit verbundene Recht auf die Kaiserwürde womöglich dem Hause Habsburg verloren ging – an einen ehrgeizigen Mitbewerber, den französischen König Franz I. Mit diesem Ansinnen scheiterte der amtierende Kaiser. Die Kandidatenfrage war also ungeklärt.

Für die Wahl entscheidend würde wieder das Kollegium der Kurfürsten sein, einer unter ihnen war besonders prominent, Friedrich der Weise von Sachsen. Er galt als Mann des Ausgleichs und war auch bei seinen Untertanen beliebt. Einflussreich, wie er war, buhlten die Habsburger nun um sein Votum für Karl. Der Papst wollte das verhindern und erhoffte sich von Friedrich eine Entscheidung zugunsten

Friedrich der Weise, der Kurfürst von Sachsen, stellte Luther unter seinen Schutz.

Medici-Papst Leo X. wollte den Petersdom mit Ablassgeldern finanzieren.

des Franzosen. Das kam Luther zugute – niemand, keine Partei, wollte es sich mit seinem einflussreichen Schutzherrn verscherzen. Der gefährliche Gang nach Rom, der ihn womöglich das Leben gekostet hätte, blieb dem aufmüpfigen Theologen – auch nach Zustimmung des Papstes – erspart. Friedrich gab schließlich den Habsburgern die Zusage, Karl zu wählen, und Maximilian I. versicherte, Luther werde auf deutschem Boden angehört.

So profitierte dieser von den verschränkten Machtverhältnissen im »Alten Reich«. Statt sich in die Löwengrube Vatikan begeben zu müssen, wurde er nach Augsburg vorgeladen – das bedeutete Heimvorteil.

## Vorladung nach Augsburg

Im Oktober 1518 hatte sich Luther erstmals einer Anhörung zu stellen. Schauplatz der Befragung war das Augsburger Palais der

## Die Königswahl

Wahlkönigtum statt Erbmonarchie – dies blieb eine deutsche Besonderheit. Im Hochmittelalter waren es noch die Fürsten, der Adel und das Volk gemeinsam, die den König wählten. Er stand an der Spitze des Reiches. Ihm gebührte gleichzeitig die höchste Würde der Christenheit, die römische Kaiserkone. Die mächtigsten Fürsten im Reich erhoben schließlich den Anspruch, dass nur noch sie allein entscheiden sollten, wer Monarch wird – sie setzten ihr ausschließliches Wahlrecht durch. Sie wurden Kurfürsten – drei geistliche: die Erzbischöfe von Mainz, Köln und Trier, sowie vier weltliche: der Pfalzgraf bei Rhein, der Herzog von Sachsen, der Markgraf von Brandenburg – und schließlich der König von Böhmen. Die »Goldene Bulle« aus dem Jahr 1356 regelte die rechtliche Stellung der Wahlfürsten und das Verfahren der Königswahl.

Die Kurfürsten genossen umfangreiche Privilegien: Ihre Territorien waren unteilbar, sie verfügten über uneingeschränkte Gerichtsbarkeit und bestimmten über Münzen, Steuern und Zölle. Die Bulle galt als »Reichsgrundgesetz«. Das goldene Siegel der königlichen Kanzlei, das an alle Ausfertigungen der Urkunde geknüpft war, gab ihr den Namen.



**1521** 8.5.1521 Das Wormser Edikt verhängt über Luther die Reichsacht und Verbrennung seiner Schriften.

**1521** 13.8.1521 Der spanische Konquistador Hernándo Cortés lässt die eroberte aztekische Hauptstadt Tenochtitlán zerstören

**1522** 9.1.1522 Adrian von Utrecht († 1523) wird Nachfolger von Leo X. als Papst Hadrian VI.

Familie Fugger. In Vertretung des Papstes versuchte Kardinal Thomas Cajetan, Luther zum Widerruf seiner Thesen zu bewegen. Der aber wollte über sie disputieren, wobei es ihm gelang, bezüglich der Frage des Ablasses eine Grundsatzdiskussion zu entfachen, die auch die oberste Lehrgewalt des Papstes betraf. Cajetan ließ sich provozieren und zu einer Bemerkung hinreißen, die verräterisch war: »Was schert den Papst Deutschland?« Solche Aussagen mussten bei den deutschen Fürsten, die schon seit sechs Jahrzehnten »Beschwernisse« der Nation gegenüber Rom beklagt hatten, noch mehr Befremden hervorrufen.

Luther aber war in Gefahr. Man hatte ihn gewarnt, dass Cajetan gegen ihn vorgehen und ihn verhaften lassen wolle. Deshalb floh er aus Augsburg, ohne sicher zu sein, irgendwo wirklich Schutz zu finden.

Im Sommer 1519 traf Luther in Leipzig auf seinen nächsten Gegner, Johann Eck aus Ingolstadt. Er war von den Augsburger Fuggern gefördert worden, weil er Thesen gegen das Zinsverbot der mittelalterlichen Kirche formuliert hatte. Eck galt als gefürchteter Disputator – nicht zu Unrecht, wie sich zeigte. Denn im Verlauf der Diskussion gelang es ihm tatsächlich, Luther so in Rage zu bringen, dass dieser eine provozierende Behauptung aufstellte: Nicht nur Päpste, auch die Konzile hätten schon geirrt und seien nicht unfehlbar. Das zielte auf den Kern kirchlicher Autorität und Tradition. Die Fronten verhärteten sich. Eine Einigung war nicht in Sicht. »Das bedeutet eine neue Kirche bauen«, erregte sich Kardinal Cajetan voller Empörung. Luthers Aussagen waren nicht mehr mit den römischen Dogmen vereinbar. Die Kritik am Ablass geriet zum Generalan-

Ob Fürsten, Bürger oder Bauern – viele verstanden diese Schrift durchaus auch als politisch.

Der päpstliche Legat Thomas Cajetan verlangte von Martin Luther die Rücknahme seiner 95 Thesen.



**1522** Luthers Übersetzung des Neuen Testaments erscheint

**1523** Der Reichsritteraufstand unter Franz von Sickingen wird von den süddeutschen Fürsten niedergeschlagen

**1523** 29.8.1523 Tod des Humanisten und Reichsritters Ulrich von Hutten (* 1488)

Kaiser Maximilian I. hatte seinen Enkel zu seinem Nachfolger bestimmt. Doch für die Zustimmung der Kurfürsten musste er enorme Geldgeschenke aufbringen.

griff auf die Papstkirche – in deren Pontifex der Querdenker immer mehr den Antichrist sah – und führte geradewegs in die Reformation und zum Bruch mit der katholischen Kirche.

Zum Durchbruch verhalfen Luther drei Streitschriften: »An den christlichen Adel deutscher Nation von des christlichen Standes Besserung« wendete sich an Kaiser und Reichsstände. Der Reformator forderte ein »Nationalkonzil«, da alle Christen geistlichen Standes seien. In der Schrift »Von der babylonischen Gefangenschaft der Kirche« erkannte er von den traditionell sieben Sakramenten der mittelalterlichen Kirche nur noch die Taufe und das Abendmahl an. Das dritte Werk, »Von der Freiheit eines Christenmenschen«, nennt die Prinzipien, nach denen sich die Kirche erneuern soll: »Sola fide«: Nur durch den Glauben, nicht durch gute Werke werde dem Menschen die Gnade Gottes zuteil. »Sola gratia«: Eben durch diese Gnade und nicht durch Leistungen erlange der Gläubige das Heil. »Solus Christus«: Allein durch Christus, nicht etwa durch Heilige oder andere Autoritäten zwischen Gott und dem Menschen, sei Erlösung von den Sünden möglich. »Sola scriptura«: Allein die Heilige Schrift sei Gradmesser für rechtes Handeln.

Durch Bibellektüre sollte der Einzelne sein Gewissen bilden, und das stehe über den Dogmen und Traditionen. Für Luther bedurfte es zur Erlangung der göttlichen Gnade keiner Mittelsperson, denn für alle Zeit sei Jesus Mittler zwischen Mensch und Gott. Das bedeutete ein »Priestertum aller Gläubigen«, eine Lehre, die einen besonderen Priesterstand in der Kirche überflüssig machte und folglich de facto die römische Amtskirche. Damit revolutionierte er das Verständnis von Amt und Kirche, focht nicht nur die Unfehlbarkeit des Papstes an, sondern den Gehorsam gegenüber kirchlichen Würdenträgern überhaupt. Der bestehenden Ordnung wurde der Boden entzogen, es entstand ein neuer Kirchenbegriff.

Rom erkannte die Gefahr, wollte dem Treiben Luthers Einhalt gebieten. Am 15. Juni 1520 wurde von Papst Leo die Bulle, eine Urkunde, ausgefertigt, die ihm den Bann, also die Exkommunikation, androhte, zudem das Verbot, kirchliche Ämter auszuüben, Sakramente zu empfangen und zu spenden.

Die Wahl des deutschen Königs hatte inzwischen stattgefunden. Karl V. war zum



**1524** 24.12.1524 Tod Vasco da Gamas (* 1469)

**1525** 24.2.1525 Das Heer Karls V. besiegt bei Pavia die französischen Truppen, König Franz I. wird gefangen genommen

**1525** 8.4.1525 Albrecht I. von Brandenburg wandelt den verbliebenen Deutschordensstaat in das weltliche Herzogtum Preußen um

Zeitgenössische Karikatur: Luthers Wort wiege mehr als alle Worte des Klerus. Er erklärte die römische Amtskirche für überflüssig, der bestehenden Ordnung wurde der Boden sinnbildlich entzogen.

Nachfolger seines Großvaters, Maximilians I., gewählt geworden. Auch hier hatten die Fugger wieder ihre Hände im Spiel, indem sie dem Habsburger die gigantische Summe von 500 000 Gulden für Geldgeschenke und Bestechungen liehen. Die Mainzer Kurstimme zum Beispiel kostete mehr als 100 000 Gulden, wohingegen die des Kölner Erzbischofs mit 40 000 Gulden fast ein Schnäppchen darstellte. Karl musste für die Wahl insgesamt fast 853 000 Gulden aufbringen – die Kurfürsten hatten gut gepokert: Wahrscheinlich hätte der Habsburger ihre Stimmen für weniger Geld bekommen, da sie dem französischen König letztlich misstrauten und doch einen Abkömmling aus einem deutschen Herrschergeschlecht vorzogen.

Die Zeit der Rücksichtnahme war nun für Karl V. vorbei. Der im Jahr 1500 geborene Monarch träumte von der Wiederherstellung des universalen Kaisertums, sah sich der Einheit der römischen Christenheit und der Autorität des Heiligen Stuhls verpflichtet. Für ihn galt es, die Reformation einzudämmen, die überall im Reich Anhänger gefunden hatte. Eine Flut von Schriften und Flugblättern hatte Luther bekannt gemacht. Auch seine Studenten waren nicht untätig geblieben und besetzten immer mehr Pfarrstellen. Aus Sicht der kirchlichen Autoritäten und vieler Landesherren musste die um sich greifende Häresie rasch beendet werden.



**1525** 5.5.1525 Luther distanziert sich in »Wider die mörderischen Rotten der Bauern« vom Bauernaufstand (seit Oktober 1524)

**1525** 15.5.1525 Bauernkriege: 5000 Bauern, die die Aufhebung der Leibeigenschaft fordern, sterben in der Schlacht bei Frankenhausen

**1525** 27.5.1525 Thomas Müntzer wird in Mühlhausen enthauptet

Am 10. Oktober 1520 traf die päpstliche Bulle, in der Luther zum Widerruf binnen 60 Tagen aufgefordert wurde, in Wittenberg ein. Gleichzeitig brannten an vielen Orten Deutschlands seine Schriften. Dagegen protestierten seine Anhänger, die Romfeindlichkeit in der Bevölkerung nahm noch zu. Der Konflikt wurde immer offener ausgetragen, Gleiches mit Gleichem vergolten: Am 10. Dezember, dem letzten Tag der Widerrufsfrist, organisierte Philipp Melanchthon – Humanist, Gelehrter und Freund Luthers – eine Verbrennung von Büchern, darunter das päpstliche Rechtsbuch und weitere kuriale Schriften, vor dem Wittenberger Elstertor. Luther selbst warf sein Exemplar der Bannandrohungsbulle in die Flammen, woraufhin Papst Leo im Januar 1521 formell den Bann über ihn verhängte.

Der päpstliche Nuntius Aleander hatte Friedrich den Weisen aufgefordert, gegen den Aufrührer vorzugehen. Doch der reagierte diplomatisch auf die fremde Einmischung, indem er darauf hinwies, dass Ruhe und Ordnung in Gefahr seien, wenn man etwas gegen Luther unternehme. Der Emissär des Vatikans schilderte in einem erbosten Schreiben nach Rom die angespannte Atmosphäre: »Diese tollen Hunde, die Deutschen, sind ausgerüstet mit den Waffen des Geistes und des Armes und wissen sich trefflich zu rühmen, dass sie nicht mehr die dummen Bestien sind wie ihre Vorfahren.«

Immer öfter klangen in der Auseinandersetzung nationale Töne an – nicht im Sinne des Nationenbegriffs im späteren 19. Jahrhundert, der auf politische Selbstbestimmung der Völker, einen die gesamte Nation umfassenden Staat zielte. Vielmehr ging es um das eigene Selbstbild, Stereotypen von Selbst- und Fremdzuschreibungen, man begann sich von den Nachbarn und anderen Völkern mehr und mehr abzugrenzen. Auch Luther appellierte an das gemeinsame deutsche Schicksal, immer wieder sprach er von der »ruhmreichen deutschen Nation«, deren »Hab und Gut verschlungen« werde. Doch in erster Linie meinte er damit die Fürsten und anderen Stände. An den »christlichen Adel deutscher Nation« hatte er seine Appelle gerichtet. »Wie kommen wir Deutschen dortzu, dass wir solche reuberey, schinderey unserer güter von dem babst leyden mussen? Hat das kunigreich zu Franckreich sichs erweret, warumb lassen wir Deutschen uns alszo narren und effen?« Luther forderte die Deutschen auf, sich ein Vorbild zu nehmen an Mächten, die sich eindeutiger gegen Rom behaupteten.

## Entscheidung in Worms

Nach mittelalterlichem Recht hatte der Kirchenbann automatisch die sogenannte »Reichsacht« zur Folge. Wer aus der Gemeinschaft der Christen ausgeschlossen wurde, galt als recht- und friedlos, konnte von jedermann gefangen genommen oder getötet werden. Niemand durfte den Delinquenten beherbergen oder Kontakt zu ihm halten.

Eine solche Reichsacht drohte nun Luther und seinen Anhängern. Doch wieder kam die deutsche »Fürstenfreiheit« (Libertät) zu Hilfe. Der Kaiser konnte keineswegs frei schalten und walten. Denn für die Wahl hatte Karl nicht nur Geldmittel einsetzen müssen, sondern war gegenüber den Fürsten noch zu weiteren Konzessionen gezwungen gewesen. Die Vereinbarungen wurden in einer »Wahlkapitulation« festgehalten. Ein Passus, auf den maßgeblich



**1525** 27.6.1525 Luther heiratet die ehemalige Nonne Katharina von Bora

**1525** 29.10.1525 Luther hält in Wittenberg die erste Messe in deutscher Sprache ab

**1525** 30.12.1525 Tod des Augsburger Kaufmanns und Bankiers Jakob Fugger

Friedrich der Weise gedrängt hatte, legte fest, dass niemand ohne Anhörung der Reichsacht verfallen dürfe. Karl V. hatte dem zugestimmt – so wurde der alte Automatismus ausgehebelt, dass auf den Bann sogleich die Acht folgte. Kurfürst Friedrich rang dem Kaiser nun das Zugeständnis ab, dass Luther auf dem Reichstag in Worms 1521 zu verhören sei – mit der Möglichkeit zum Widerruf. Und wenn nicht, würde er dann sofort verhaftet. Der Reformator wurde gewarnt, doch er brannte darauf, dorthin zu reisen, um seinen Standpunkt darlegen zu können. »Und wenn so viel Teufel in Worms wären, wie Ziegel auf den Dächern, ich wollte doch wohl hineinkommen.« Der Weg dorthin wurde für ihn zum Triumphzug.

Auch für den Gesandten des Papstes, Aleander, barg die Reise nach Worms Risiken. Empört berichtete er über das aufgeheizte Klima vor der Ankunft Martin Luthers: »Die für mich gemietete Wohnung verweigern sie mir. ... Mein Name auf der Tür wird weggewischt, und tausend andere rohe und freche Streiche fallen vor. ... Alle die vielen und großen Gefahren, denen ich stündlich ausgesetzt bin, kann und will ich nicht aufzählen: Man glaubt mir doch nicht eher, als dass ich – was Gott verhüte – gesteinigt oder in Stücke gehauen bin von diesen Leuten, die, wenn sie mir auf der Straße begegnen, mit der Hand nach dem Schwertgriffe fahren, mit den Zähnen knirschen und mit einem deutschen Fluche eine Todesdrohung zurufen.« Die aufgewühlte Stimmung zugunsten Luthers war nicht allein mit Glaubensfragen zu erklären, hier entlud sich auch politischer, sozialer und nationaler Protest. »Neunzig Prozent der Deutschen erheben das Feldgeschrei ›Luther‹«, berichtete Aleander, »und der Rest ruft zumindest ›Tod den Römern‹.« Die Popularität des »Ketzermeisters« musste dem Legaten zu denken geben: »Ich vermute, es wird bald von ihm heißen, er tue Wunder.« Die Reformation hatte sich inzwischen in eine Massenbewegung verwandelt und war von den Mächtigen zunächst völlig unterschätzt worden.

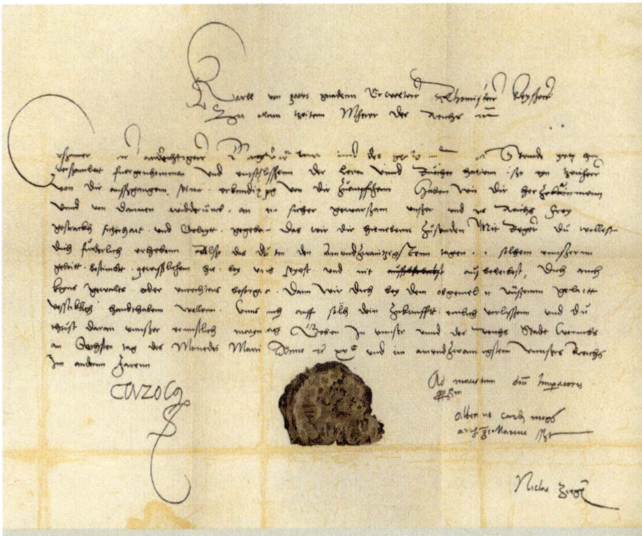

Die Kurfürsten hatten erwirkt, dass niemand ohne Anhörung der Reichsacht verfallen dürfe. Mit diesem Schreiben lud Karl V. Luther nach Worms.

*Da stand er vor Kaiser und Reich als der Führer der Nation, heldenhaft wie ihr Volksheiliger, der streitbare Michael. ... Keine andere der neuen Nationen hat je einen Mann gesehen, der so seinen Landsleuten jedes Wort von den Lippen genommen.*

HEINRICH VON TREITSCHKE
(1834–1896), HISTORIKER



**1526** 14.1.1526 Frieden von Mailand: Karl V. zwingt Franz I. zur Aufgabe seiner italienischen Ansprüche

**1526** 27.8.1526 Erster Reichstag in Speyer beschließt weitgehende Zurücknahme des Wormser Edikts

**1527** 6.5.1527 Beginn des Sacco di Roma: Plünderung Roms durch kaiserliche Landsknechte

# Reichstage

Schon seit Jahrhunderten rief der König die Mächtigen des Reiches zu Versammlungen bei Hofe. Zunächst stand es dem Monarchen grundsätzlich frei, bei wem er sich Rat und Zustimmung zur Regelung von Angelegenheiten im Reich holte.

Im 15. Jahrhundert gewannen diese Versammlungen an Bedeutung und nahmen immer mehr Form an. Auf den sogenannten »Reichstagen« bildeten die Kurfürsten einen eigenen Rat. Sie waren dort der mächtigste, nicht aber der einzige Stand, der mitbestimmte. Ein weiteres Gremium setzte sich aus den übrigen Fürsten, Prälaten, Grafen und den »Herren« zusammen. Zudem gab es den Rat der Freien Reichsstädte. Mit dem Kaiser stimmten sich die versammelten Stände über wichtige Reichsfragen ab, über Krieg und Frieden, Erlass von Gesetzen, die das gesamte Territorium betrafen. Am Ende stand meist ein Erlass (Reichsabschied), der nach der Unterzeichnung durch den Kaiser öffentlich verkündet wurde. Historische Bildnisse geben Aufschluss, wie die Reichsversammlung zusammengesetzt war. Sie zeigen den doppelköpfigen Reichsadler, der Kopf ist der Kaiser, die Reichsstände bilden die Flügel: In oberster Linie sind die sieben Kurfürsten zu sehen, unter ihnen 30 Fürsten, 50 Bischöfe, 80 Prälaten, Repräsentanten der 85 Freien Reichsstädte sowie 140 Grafen und andere Adelsfamilien. Was die »Causa Lutheri« anbelangte, so hatte der Kaiser zwar den Rat und das Votum der Stände eingeholt, aber nach Auffassung des kaiserlichen Hofes war eine förmliche Zustimmung zur Reichsacht nicht erforderlich.

**1527** 22.6.1527 Tod des Staatsphilosophen und Politikers Niccolò Machiavelli (*1469)

**1528** 6.4.1528 Tod des Malers und Humanisten Albrecht Dürer (* um 1471)

**1529** 19.4.1529 Zweiter Reichstag in Speyer: »Protestatio« evangelischer Reichsfürsten gegen die Wiedereinsetzung des Wormser Edikts

Die Nibelungenstadt wurde nun zum Schauplatz für Luthers dritten und entscheidenden Auftritt. Nuntius Aleander hätte ihn am liebsten verhindert, war er doch immer noch der Auffassung, es sei nicht zulässig, dass »Handlungen seiner Heiligkeit«, gemeint war der Papst, »an anderem Ort geprüft werden«. Die Stände hatten ihre Zustimmung zur Reichsacht davon abhängig gemacht, dass Luther die Möglichkeit zum Widerruf erhalte. Mit dem Reformator und dem jungen König begegneten sich zwei Welten, zwei völlig verschiedene Charaktere. Der Reformator hegte keinen Groll gegen den Kaiser, ihm kam er vor wie ein »unschuldig Lämmlein zwischen Säuen und Hunden«, und er meinte, dass vor allem der Klerus einen schlechten Einfluss auf ihn ausübte. Doch Luther irrte sich: Er bekam es mit einem Regenten zu tun, der aus »Überzeugung« handelte.

Kardinal Hieronymus Aleander wollte, dass Luther ohne Anhörung für vogelfrei erklärt würde.

*Luthers Glaube an das Geschriebene war unendlich. Den Papst verwarf er, weil er in der Bibel nicht vorkam. Die Mönche und Nonnen ebendeshalb. Den Kaiser aber, und die Obrigkeit und den Krieg nicht, denn sie standen drin …*

HUGO BALL,
SCHRIFTSTELLER, 1919

Wenn der Reformator glaubte, zwischen den Monarchen und die römische Kirche ließe sich ein Keil treiben, dann hatte er sich geirrt. »Der soll mich nicht zum Ketzer machen«, warnte Karl V. Nach Luthers Auftritt am 18. April 1521 in Worms und seiner dabei ausgesprochenen Weigerung zu widerrufen, ließ er keinen Zweifel daran, dass seine Geduld am Ende war: »Ihr wisst, dass ich von den allerchristlichen Kaisern der edlen deutschen Nation, den katholischen Königen von Spanien, den Erzherzögen von Österreich und den Herzögen von Burgund abstamme, die alle bis zu ihrem Tode treue Söhne der katholischen Kirche gewesen sind. ... Deshalb bin ich fest entschlossen, an diese Sache meine Reiche und Herrschaften, meine Freunde, meinen Leib, mein Blut, mein Leben und meine Seele zu setzen.« Eine Glaubensspaltung im Reich hätte das Ende des universalen, christlichen Kaisertums bedeutet. Die Einheit im Glauben war das einende Band des riesigen Habsburgerimperiums und des römisch-deutschen Reiches. Doch für Karl V. war es auch eine Gewissensfrage, die Einheit



**1529** 24.9.1529 Türkische Heere stehen vor Wien und belagern erstmals die Stadt

**1529** 1.10.1529 Marburger Religionsgespräch zwischen Luther und Zwingli: Differenz in der Frage der Realpräsenz beim Abendmahl

**Um 1530** Der Moskauer Kreml wird vollendet

der abendländischen Christenheit zu wahren. Insofern stand Luthers »Hier stehe ich« ein inbrünstiges »Ich kann nicht anders« des Monarchen gegenüber.

Vor den Reichsständen erklärte er: »Nachdem wir die hartnäckige Antwort gehört haben, die Luther gestern in unser aller Gegenwart gegeben hat, reut es mich, so lange gezögert zu haben, gegen den genannten Luther und seine falsche Lehre vorzugehen; und ich bin fest entschlossen, ihn ferner nicht mehr zu hören.« Er wolle gegen ihn »wie gegen einen notorischen Häretiker« vorgehen, und es solle die Reichsacht verhängt werden. Er hielt sich jedoch an seine Zusicherung des freien Geleits, das auch die Stände gefordert hatten. Dem tiefgläubigen Karl wäre es überdies unerträglich gewesen, sein königliches Wort zu brechen. Drei Wochen wurden Luther für die Heimreise zugestanden. Doch dann war er vogelfrei, und das bedeutete höchste Gefahr. Sein Schutzherr hatte jedoch schon vorgesorgt. Kurfürst Friedrich beabsichtigte, ihn unterwegs in Sicherheit zu bringen. So kam es: Am 4. Mai 1521 wurde Luthers Wagen von Bewaffneten »überfallen«, er selbst aus der Kutsche gezerrt und entführt. Während die Öffentlichkeit ihn zum Märtyrer verklärte, wurde er als »Junker Jörg« eingekleidet und von seinem Landesherrn auf der Wartburg bei Eisenach untergebracht. Den berühmtesten Kopf in seinem kleinen Reich hatte Friedrich der Weise bis zum Auftritt in Worms nie persönlich gesehen – und nachdem er Luther hatte sprechen hören, fand er sein Auftreten auch viel zu forsch. Friedrich blieb der römischen Kirche noch lange verbunden. Zeitlebens hielt er an seinem katholischen Glauben fest, doch er rettete den Reformator und damit womöglich die Reformation.

Das Wormser Edikt wurde am 25. Mai 1521 verkündet und veröffentlicht. Danach durfte niemand mehr dem Geächteten heimlich oder öffentlich Hilfe oder Beistand gewähren. Jedermann, der seiner habhaft werden konnte, war verpflichtet, Luther auszuliefern. Wer gegen die Reichsacht verstieß, zog selbst den Bann auf sich. Dass der Monarch damit die Kluft zwischen Luther-Gegnern und -Anhängern noch vertiefte, nahm er offenbar in Kauf.

Selbst wenn der künftige Kaiser die Acht durchsetzen wollte – konnte er dies überhaupt? Auffallend ist, dass das Edikt nicht einmal vom »Erzkanzler« des Reiches, Albrecht von Brandenburg, unterzeichnet wurde. Luther-Anhänger drohten ihm Gewalt an, falls er unterschreibe, der »Großkanzler« sprang für ihn ein.

Nach Karls V. Selbstverständnis war sein Edikt für die Fürsten und die anderen Stände auf jeden Fall verbindlich. Dass nach Luthers Weigerung zu widerrufen reichsrechtliche Konsequenzen zu ziehen seien, hatten sie ebenfalls zugesagt. Auch stimmten sie einem Edikt des »erwählten Kaisers« zu, allerdings unter der Auflage, dass es ihnen zur Kenntnis- und Stellungnahme und damit wohl auch zu weiterer Beratung vorgelegt wurde. Aus Furcht vor neuerlichen Einsprüchen empfahlen Berater Karls V., die Stände nicht noch einmal mit der Sache zu betrauen. Die noch offene Frage der Zuständigkeit entschied der Monarch schließlich für sich – als Advokat und Verteidiger der Kirche und des Glaubens. Die Verkündung und Veröffentlichung der Reichsacht fand am 25. Mai im Bischofshof statt. Joachim I. von Brandenburg und die drei geistlichen Kurfürsten erklärten, dass »ihnen das Edikt gefalle und dass es nun zum Vollzug kommen müsse«. Friedrich der Weise und der Pfälzer hatten sich diesem Votum nicht angeschlossen.

Offenbar hatten zuvor Geheimverhandlungen zwischen Mitgliedern des habsburgischen Hofes und Vertretern von Kursachsen stattgefunden – mit einem erstaunlichen Resultat: Friedrich dem Weisen wurde die Urkunde mit dem Edikt gar nicht erst zugestellt – wohl ohne Wissen des Kaisers. So musste sich der sächsische Kurfürst auch nicht daran gebunden fühlen. Dort, wo der »Ketzer« sich aufhielt, würde also keine Verfolgung stattfinden. Wollte man die Lage auf diese Weise beruhigen? Die Stimmung allein in Worms war so aufgeheizt, dass dies nahelag. Weniger die Verhängung der Reichsacht als die Frage ihrer Vollstreckung barg Sprengstoff.

Was wäre geschehen, wenn es zur Jagd auf Luther gekommen wäre? Es war mit erbittertem Widerstand im Volk zu rechnen. Die

In der sogenannten »Luther-Stube« der Wartburg bei Eisenach, in der Luther als »Junker Jörg« Zuflucht gefunden hatte, entstand die revolutionäre Bibelübersetzung des Reformators.



1532 23.7.1532 Nürnberger »Anstand« bringt einen vorläufigen Religionsfrieden im Reich

1532 27.7.1532 Karls V. »Peinliche Halsgerichtsordnung« ist das erste allgemeine Strafgesetz mit Strafgerichtsordnung

1532 16.11.1532 Ein spanisches Expeditionsheer unter Francisco Pizarro richtet in Cajamarca ein Massaker unter den Inka an

Eine zeitgenössische Karikatur, die sich gegen Luther richtet. Der Reformator als »Sackpfeiffer des Teufels«.

Fürsten und anderen Stände standen stärker als der Habsburgerhof unter dem Eindruck der Stimmung in Stadt und Land. Bauern, Bürger, Ritter und Adlige bekannten sich zu Luther in einem für sie mitunter beängstigenden Ausmaß. Es ist davon auszugehen, dass Friedrich mit der Entführung Luther aus der Schusslinie bringen wollte und dafür auch bei einigen »Kaiserlichen« Zustimmung fand. Damit hatte der Reformator allein durch seine Popularität in das Machtgefüge eingegriffen, die Reaktion der Massen schien unkalkulierbar – ein bis dahin beispielloser Vorgang.

Zwar hatte die Reichsacht dem herkömmlichen Verständnis des Monarchen als Beschützer von Kirche und Glauben entsprochen, sie blieb aber ohne Wirkung. Auf der Wartburg hatte Luther ein sicheres Versteck. In den folgenden Jahren widersetzten sich bedeutende Stände des Reiches einem Vollzug. Da nicht nur große Teile des Volkes, sondern auch viele Fürsten die Kirchenkritik des Reformators teilten und seiner sich ausformenden Theologie Sympathie entgegenbrachten, war eine konsequente Durchführung der Acht ausgeschlossen. Der Gebannte wurde nicht gefangen genommen und dem Kaiser ausgeliefert, ebenso blieben seine Anhänger und Beschützer unbehelligt. Auch die Anordnung, wonach Luthers Schriften zu vernichten seien, wurde nicht befolgt, das entsprechende Dokument war den Ständen nie vorgelegt worden.

Es kam hinzu, dass das Edikt die letzte Amtshandlung Karls V. war, bevor er abreiste und fast ein Jahrzehnt deutschen Landen fernblieb. Das war nichts Außergewöhnliches – vor seiner Wahl hatte der Habsburger, der Spanien regierte und sich als Burgunder oder Niederländer fühlte, noch nie einen Fuß auf deutschen Boden gesetzt.

Auch dies war bezeichnend für die deutsche Lage. Immer wieder war der Monarch abgelenkt, Karl hatte als römisch-deutscher Kaiser für die Sicherheit des gesamten Reiches zu sorgen. Im Südosten griffen die muslimischen Türken unter Süleiman dem Prächtigen an. Und der König von Frankreich machte Karl zeitlebens die Herrschaft im Abendland



1534 23.2.1534 Ratswahl in Münster: Die radikalreformatorischen Wiedertäufer regieren die Stadt (bis 24.6.1535)

1534 15.8.1534 In Paris gründet der spanische Ex-Offizier Ignatius von Loyola den Jesuitenorden

1534 4.10.1534 Luther legt zur Michaelismesse seine erste vollständige Übersetzung der Bibel vor

streitig; schon während des Wormser Reichstags hatte sich die nächste Konfrontation mit Franz I. abgezeichnet. Die Kriege gegen so mächtige Feinde beschäftigten den Monarchen. Zum Stellvertreter im Reich ernannte er seinen Bruder Ferdinand, ansonsten musste er die deutsche Politik weitgehend den Fürsten überlassen. All das kam der Reformation zugute.

## Die Bibelübersetzung

Der geächtete Luther befand sich 1521/22 auf der Wartburg. Selbstzweifel plagten ihn und Gewissensbisse, ob er nicht doch zu viel Unfrieden gestiftet hatte. Er nutzte die Zeit, begann das Neue Testament nach dem griechischen Urtext ins Deutsche zu übertragen. Zwar hatte es schon einige ober- und niederdeutsche, auch

# Die Lutherbibel

Die Lutherbibel war nicht nur in religiöser, sondern auch in sprachgeschichtlicher Hinsicht ein Meilenstein: Das Deutsche war gerade erst dabei, sich als Schriftsprache herauszubilden. Der ostmitteldeutsche Wortschatz wurde durch Luthers Bibelübersetzung prägend für das Hochdeutsche. In einer Zeit, als man in Kirche und Wissenschaft Lateinisch und bei Hofe mit Vorliebe Französisch sprach und das Volk verschiedene Dialekte, wurde hier ein Fundament für die spätere Kulturnation gelegt. Luther gab dem Volk einen gemeinsamen Fundus an Vokabeln, Bildern, Sprüchen. Beispielsweise war das »Scherflein«, das man noch heute in einer Redewendung »beizutragen« pflegt, in Wahrheit eine Erfurter Kleinstmünze, die durch Luther ins Lukasevangelium und in den gesamtdeutschen Sprachgebrauch gelangte. Innerhalb von elf Jahren erreichte Luthers Neues Testament 85 Auflagen. Die Bibel wurde zum Bestseller. Binnen eines halben Jahrhunderts wurde die vollständige Bibel, die 1534 herauskam, 100 000-mal gedruckt – offiziell –, ohne die Raubkopien. Hatte man bis 1517 überhaupt nur 80 Bücher und Druckschriften in deutscher Sprache gezählt, so kamen in den darauf folgenden sechs Jahren 855 hinzu, davon stammte allein ein Drittel von Luther. Die Reformation ermöglichte den Durchbruch des Deutschen als Kultursprache, und diese spannte wiederum – bei aller Spaltung im Glauben – ein einendes Band künftiger nationaler Identität.



**1534** 13.10.1534 Alessandro Farnese, aus altem Adelsgeschlecht, wird als Paul III. Papst (bis 1549)

**1534** 3.11.1534 Der wegen Scheidung exkommunizierte Heinrich VIII. sagt sich von Rom los und wird Oberhaupt der anglikanischen Kirche

**1535** 6.7.1535 Hinrichtung des Staatsmanns und Autors Thomas Morus (* 1478) nach Ablehnung des Gefolgseids auf Heinrich VIII.

## Katharina von Bora

Die Auflösung der Klöster schuf neue Probleme: Während die Mönche vielfach einer Tätigkeit als Pfarrer nachgehen konnten, mussten die Nonnen versorgt werden. Zu ihren Eltern zurück fanden die wenigsten. Eine Ehe bot sich an. So erging es auch der vierundzwanzigjährigen Zisterzienserin Katharina von Bora, die 1523 das Kloster Marienthron bei Grimma verlassen hatte, in dem sie seit ihrem 16. Lebensjahr gelebt hatte. Die Männersuche gestaltete sich für sie nicht einfach: Mal wollte der Auserwählte nicht, mal sie. Schließlich warf sie einen Blick auf Martin Luther höchstpersönlich. Doch der zögerte, obwohl er von der Wichtigkeit der Ehe überzeugt war. »Freilich ist es wahr, dass derjenige huren muss, der nicht ehelich wird. Wie sollt's anders zugehen?«, sagte Luther schon 1522. Erst im Juni 1525 fügte er sich und heiratete.

Die Ehe wurde glücklich. Katharina bekam sechs Kinder. Luther gab ihr den Spitznamen »Herr Käthe«, weil sie sich als tüchtige Geschäftsfrau erwies. Mehr noch, ihr häusliches Leben wurde zum Vorbild für eine kulturgeschichtliche Institution ersten Ranges: das protestantische Pfarrhaus. Bis ins 20. Jahrhundert hinein war es als Zentrum religiöser, intellektueller und moralischer Bildung prägend für Deutschlands geistige Eliten.

alemannische Übersetzungen vor seiner Zeit gegeben, doch es fehlte eine gemeinsame Sprache, die alle verstehen konnten.

*Ich danke Gott, dass ich in deutscher Sprache meinen Gott so höre und finde, wie ich, und sie mit mir, [ihn] bisher nicht gefunden haben, weder in lateinischer, griechischer noch hebräischer Sprache.*

MARTIN LUTHER, 1518

Diese schuf der Reformator nun in geradezu genialer schöpferischer Weise. Er meinte, man müsse »dem Volk aufs Maul schauen« – nur wenn auch der »gemeine Mann« die Heilige Schrift begreife, werde dieser wahrhaft zum Glauben finden. Luther übertrug schwer verständliche Vergleiche und Bilder der Heiligen Schrift in den Alltag und die Lebenswirklichkeit der Menschen. So lieferte er die erste verständliche und einprägsame Übersetzung des Neuen Testaments. Das beeindruckte auch seine Gegner. Und hatte die lateinische Gutenbergbibel noch so viel wie zwei Bauernhöfe gekostet, so war die Lutherbibel schon bald für den Wochenlohn eines Zimmerergesellen zu haben. Das alarmierte die Gegner: »Nun sind



**1536** Johannes Calvins »Institutio Religionis Christianae« erscheint in Basel mit der Lehre der doppelten Prädestination

**1536** 12.7.1536 Tod des Humanisten Erasmus von Rotterdam (* 1465)

**1538** 17.12.1538 Paul III. bannt Heinrich VIII. und verhängt das Interdikt über ganz England

daselbst Schneider und Schuster, Weiber und andere einfältige Idioten, die die Bibel gleich als einen Bronnen aller Wahrheit mit höchster Begierde lesen.« Das Auslegungsmonopol der Amtskirche geriet ins Wanken.

Noch während Luther an seiner Bibelübersetzung arbeitete, nahmen die Menschen vielerorts die Reformation selbst in die Hand: Immer mehr Mönche und Nonnen verließen die Klöster, Priester heirateten ihre Mätressen, das Abendmahl wurde unter beiderlei Gestalt gereicht. In Erfurt nahm sich das aufgebrachte Volk die Stiftsherren vor – und erst als diese auf ihre Steuerfreiheit verzichteten, ebbte die Revolte ab. Die Wittenberger beschlossen eine neue Stadtordnung, wonach die Abendmahlsworte laut auf Deutsch gesungen und allen Gläubigen Brot und Wein gereicht werden sollten. Hier wie andernorts waren Bildnisse und Statuen aus den Kirchen entfernt und zerstört worden, weil diese angeblich dem zweiten Gebot, »Du sollst dir kein Bildnis machen …«, widersprachen. In den Gotteshäusern sollte künftig durch innere Einkehr die Nähe zu Gott gefunden werden. Bildhafte Darstellungen stünden dem entgegen. Mancherorts mündeten die Vorgänge in barbarische Bilderstürme.

Seine Rebellion gegen Bischof Richard von Greiffenklau bezahlte Luther-Anhänger Franz von Sickingen mit dem Leben.

Im März 1522 hielt es Luther in seinem Versteck nicht mehr aus, er verließ die Wartburg gegen den Willen seines Kurfürsten. Längst predigten radikale Anhänger in seinem Namen – gegen den Willen des Reformators –, und es vermengten sich religiöse mit gesellschaftlichen Konflikten. Ihm blieb keine Wahl, als selbst wieder in die Öffentlichkeit zu treten. Trotz seiner Prominenz blieb Luther bodenständig, ein Mann des Volkes. Die seelsorgerische Arbeit hatte für ihn Priorität. Manche Konflikte in Mitteldeutschland konnte er durch persönliches Eingreifen schlichten, die Erstürmung von Kirchen und Klöstern eindämmen. Die »Wittenberger Wirren« ebbten binnen einer Woche ab, in der Luther Tag für Tag gegen den Aufruhr gepredigt hatte. Doch der Geist wehte, wo er wollte, die Reformation löste auch schwärmerische Gefühle und revolutionäre Vorstellungen aus, lud sich mit sozialen und politischen Forderungen unterschiedlichster Stände auf.



**1540** 27.9.1540 Papst Paul III. erkennt die Jesuiten unter Führung des Ignatius von Loyola als Orden an

**1541** 20.1.1541 Der Rat der Stadt Genf erlässt eine von Calvin ausgearbeitete Kirchenordnung

**1542** 21.7.1542 Paul III. setzt das Sanctum Officium ein: die Heilige Inquisition

## Ritteraufstand und Bauernkriege

Der Ritterstand, der niedere Adel, früher Speerspitze und Stütze des Reiches, hatte seine Bedeutung schon im 15. Jahrhundert verloren. Galt die Ritterburg vormals als Symbol für die Herrschaft im Land, so schmälerte die Entwicklung der Geschütze und Schusswaffen ihre militärische Bedeutung. Immer öfter entschieden große Söldnerheere, in denen Landsknechte dienten, die Kriege. So büßte die ehemals stolze, gut ausgebildete, ritterliche Adelsschicht allmählich ihren Status ein – auch politisch: Denn die Landesfürsten konzentrierten immer mehr Macht in ihren Händen. Ritter wie Götz von Berlichingen, dem Goethe später mit seinem gleichnamigen Drama zu Ruhm verhelfen sollte, wehrten sich gegen diese gesellschaftliche Degradierung. Von Luthers Appell »An den christlichen Adel deutscher Nation« fühlten sich auch die Ritter angesprochen, sahen sich legitimiert, gegen den Klerus vorzugehen und kirchliche Güter in Besitz zu nehmen – notfalls mit Gewalt.

Am 27. August 1522 eröffnete Franz von Sickingen – ein reformbegeisterter Reichsritter, der Luther auf dem Weg nach Worms auch Schutz gewähren wollte – die Fehde gegen den Trierer Fürstbischof Richard von Greiffenklau. Der sperrte sich rigoros gegen reformatorische Ideen und war für viele Adlige und Ritter Inbegriff des hemmungslosen Machtstrebens kirchlicher Territorialherren. Zudem hatte er lange als Parteigänger des französischen Königs Franz I. bei der Kaiserwahl 1519 gegolten – so gab es auch an seiner deutschen Gesinnung Zweifel.

Immerhin 1500 Reiter und 5000 Mann Fußvolk hatte Sickingen im sogenannten »Pfaffenkrieg« mobilisieren können, um Trier zu belagern. Seine Reiter trugen den Spruch »O Herr, dein Wille werde« auf den Ärmeln. Der Kurfürst von der Pfalz und der hessische Landgraf eilten jedoch dem bedrängten Bischof zu Hilfe – noch zählte fürstlicher Zusammenhalt mehr als religiöser Zwist. Franz von Sickingen wurde bei der Beschießung seiner Feste Landstuhl tödlich verwundet.

Auch ein anderer ritterlicher Weggefährte Luthers machte von sich reden: der Reichsritter Ulrich von Hutten. Ihm ging es weniger um Kirche und Glaube als um das Motiv einer nationalen Erweckung. Er forderte Einheit und Freiheit des Reiches im Sinne eines deutschen Vaterlands. Er war wie so manche Zeitgenossen inspiriert von einem spektakulären Quellenfund des vorangegangenen Jahrhunderts, die vom römischen Geschichtsschreiber Tacitus verfasste (sogenannte) »Germania«. Hier war vom gemeinsamen Ursprung der Deutschen die Rede, von Edelmut und Blutsgemeinschaft: willkommene Nahrung für einen frühen deutschen Patriotismus, für den aber weder Luther noch die Fürsten viel übrighatten. Die Nation als gemeinsames Band, dafür war die Zeit noch nicht reif. Der Versuch der Ritterschaft, die reformatorische Bewegung mit nationalen oder ständischen Interessen zu verbinden, scheiterte. Dieser Spuk hatte ein Ende. Doch im Reich gärte es weiter.

Auch die Bauern schöpften aus Luthers Forderungen neues Selbstbewusstsein. Im Gebiet der heutigen Länder und Bezirke Baden-Württemberg, Rheinland-Pfalz, Franken, Thüringen, Sachsen sowie anderen Gegenden kam es zu Aufständen – unter Berufung auf die »Freiheit des Christenmenschen«. Unruhen auf dem Land hatte es immer wieder gege-



**1542** 14.12.1542 Maria Stuart wird Königin von Schottland (bis 1567)

**1543** 24.5.1543 Tod von Nikolaus Kopernikus (* um 1473), der sein heliozentrisches Weltbild in »De Revolutionibus Orbium Coelestium« darstellte

**1544** 13.1.1544 Gustav I. Wasa und die schwedischen Stände bekennen sich auf dem Reichstag von Västerås zum evangelischen Glauben

ben, vor allem in Hungerjahren. Nun jedoch erhoben sich auch zu Wohlstand und Selbstbewusstsein gelangte Bauern gegen ihre Herren. Mit dem Rückenwind der Reformation, dem Bewusstsein, nicht nur für die irdische, sondern auch die göttliche Ordnung zu fechten, erhielt der Protest eine ungeahnte Schubkraft. Zunächst schlug sich Luther auf die Seite der Landleute, gab den »Herren, Bischöfen und tollen Pfaffen, … die ihr … schindet und schatzt, eure Pracht und Hochmut vorführt, bis es der arme Mann nicht länger ertragen kann« die Schuld. Tatsächlich litten die Bauern unter der Abgabenlast, den Frondiensten und der Leibeigenschaft. Alte Rechte, wie der freie Zugriff auf die »Almende«, das allen gehörende Land, auf Wasser und Holz, wurden eingeschränkt. Dörflicher Selbstverwaltung waren in den vergangenen Jahrzehnten vielerorts Zügel angelegt worden. Immer wieder kam es zu Revolten. Nun breiteten sich die Aufstände wie ein Flächenbrand aus. Mehr religiöse Freiheit, besseres Auskommen, mehr Selbstverwaltung hießen die Forderungen – die nötigenfalls mit dem Einsatz von Waffen erkämpft werden sollten.

Dem Reichsritter Ulrich von Hutten ging es weniger um den Glauben. Er wollte die Freiheit des Reiches im Sinne einer deutschen Einigung.

*Gott der Allmächtige hat unsere Fürsten toll gemacht, dass sie meinen, sie könnten tun und ihren Untertanen gebieten, was sie nur wollen.*

MARTIN LUTHER, 1523

Ein Ereignis im Schwarzwald – im Juni 1524 – führte dort zur Eskalation: Seit Wochen hatten die Bauern in der Nähe des kleinen Städtchens Stühlingen von frühmorgens bis spätabends auf den Feldern geschuftet, um die Ernte einzubringen. Nun sollten sie die Arbeit unverzüglich liegen lassen und wurden zum Schloss ihres Grundherrn, des Grafen von Lupfen, befohlen. Dort erteilte ihnen Gräfin Helena die Anweisung, sofort auf den Wiesen Schneckenhäuser zu sammeln. Ihre Dienstmädchen bräuchten dringend welche, um Garn darauf zu wickeln. Schockiert über solche und andere Willkür, widersetzten sich die Bauern. In Windeseile breitete sich die Bewegung aus – über die Landesgrenzen hinweg. Im gesamten Süden des Reiches, vom Elsass bis nach Tirol und in die Steiermark, vom nördlichen Eichs-



1545 Die letzthändige Revision der Lutherbibel erscheint

1545 13.12.1545 Beginn des Konzils von Trient, das einen Ausgleich zwischen den Konfessionen sucht

1546 18.2.1546 Tod Luthers in Eisleben

feld bis zum Bodensee und nach Bern. Dabei beriefen sich die Landleute nicht mehr nur auf das »alte Recht«, das unter ihren Vorfahren gegolten hatte, sondern auch auf die Heilige Schrift. Im Februar 1525 gaben sich die Bauern sogar ein eigenes Programm: die »Zwölf Artikel«. Unter Berufung darauf, dass alle Gläubigen gleich und frei seien, forderten sie die Abschaffung der Leibeigenschaft, die Begrenzung der Frondienste und Pachthöhe, freies Fischerei- und Jagdrecht sowie die Wahl der Pfarrer durch die Gemeinde. Während manche Bauernvereinigungen noch auf Verhandlungen und eine friedliche Lösung des Konflikts setzten, wählten andere den Weg der Gewalt, plünderten Schlösser und Klöster, schreckten auch vor Mord nicht zurück. Ehemalige Landsknechte gewährten Schützenhilfe, brachten den militärisch Unerfahrenen das blutige Kriegshandwerk bei. Es gelang den Bauern, einige Burgen, Klöster und Städte einzunehmen, sie bildeten Zusammenschlüsse, gaben sich eigene »Verfassungen«.

In seiner Schrift »Wider die räuberischen Rotten der andern Bauern« verdammte Luther die Gewalttaten der Landleute.

Obwohl Luther viele ihrer Forderungen anerkannte, lehnte er jeden politischen Missbrauch der Heiligen Schrift ab und wetterte gegen die Eskalation. Er musste sich entscheiden – für die Bauern oder für die Obrigkeit. Nachdem er die Aufständischen mehrmals vergeblich zu Frieden und Mäßigung ermahnt hatte, verfasste er im Frühjahr 1525 eine kämpferische Schrift: »Wider die räuberischen und mörderischen Rotten der Bauern«. Er warf ihnen schwere Sünde vor. Die Fürsten sollten erbarmungslos gegen sie vorgehen: »Man soll sie zerschmeißen, würgen, stechen, heimlich und öffentlich, wie man einen tollen Hund erschlagen muss.«

Die Landesfürsten, mal mehr, mal weniger unterstützt von Städten und Rittern (einige blieben auf der Seite der Bauern), stellten Heere auf. Anfang April 1525 kam es bei Leipheim zur ersten großen Schlacht dieses »Bauernkriegs«. Hier richteten sich moderne Waffen und Kanonen gegen Mistgabeln, Sensen, Spieße und Keulen. Vor allem aber mangelte es den Bauern an militärischer Erfahrung und einer zentralen Führung. Mehr als 1000 von ihnen verloren an einem Tag ihr Leben – das militärisch überlegene Heer der Fürsten siegte auf der ganzen Linie. Nach der schockierenden Nachricht von der Niederlage lösten sich viele süddeutsche Bauerngemeinschaften auf, während Landes- und Grundherren grausame Rache übten.



**1546** 20.7.1546 Karl V. verhängt über den sächsischen Kurfürsten Johann Friedrich I. und Landgraf Philipp I. von Hessen die Reichsacht

**1547** 16.1.1547 Großfürst Iwan der Schreckliche (* 1533) wird in Moskau vom Metropoliten zum ersten Zaren gekrönt

**1547** 24.4.1547 Im Schmalkaldischen Krieg besiegt Karl V. bei Mühlberg/Elbe Johann Friedrich I. von Sachsen

Der Abgesang auf die aufständischen Bauern geriet zum Blutbad. Von Luthers markigen Worten ermuntert, zog der hessische Landgraf Philipp »der Großmütige« gegen die letzte Bauernhochburg in Thüringen, wo der wortgewaltige Prediger Thomas Müntzer sich zum Führer der Landbevölkerung aufgeschwungen hatte. Zunächst ein Anhänger Luthers, hatte er sich dann theologisch wie politisch radikalisiert und predigte jetzt die vollständige Gleichheit der Menschen, denen die Unterstützung durch himmlische Heerscharen gewiss sei. Seine Anhänger brandschatzten Klöster, Kirchen und Herrensitze in Thüringen. Mit 5000 Mann zog Landgraf Philipp gegen die 8000 Mann zählenden Bauerntruppen. Am 15. Mai 1525 kam es bei Frankenhausen zur Schlacht. 5000 Landleute wurden getötet; Thomas Müntzer geriet in Gefangenschaft, wurde grausam gefoltert und schließlich enthauptet.

Schätzungen zufolge verloren während des Krieges bis zu 100 000 Bauern ihr Leben. Die Leibeigenschaft sollte noch fast 300 Jahre fortbestehen. Bis ins 19. Jahrhundert war die Bauernschaft als politisch relevanter Faktor in Deutschland ausgeschaltet – zumindest was die große Politik anlangte. Die These vom absoluten Niedergang des Bauernstands hingegen ist ein Mythos des 19. Jahrhunderts. Trotz der Niederlage blieben viele Bauern des Alten Reiches selbstbewusst und zu politischem Handeln in ihren Dörfern und zur Durchsetzung ihrer Rechtsposition vor Gerichten fähig.

Die Demonstration territorialer Gewalt durch die Fürstenheere aber wirkte nachhaltig. In der Folgezeit gab es in Deutschland keine nennenswerten Versuche mehr, das bestehende Ordnungsgefüge zu durchbrechen. Luther war vollends ins Lager der Fürsten übergewechselt, die ihn zum Teil für den Aufruhr verantwortlich machten. Der Reformator selbst gestand ein: »Ich, Martin Luther, habe im Aufruhr alle Bauern erschlagen, denn ich habe geheißen, sie totzuschlagen. All ihr Blut ist auf meinem Hals.« Die Fürsten hatten am meisten von dem Konflikt profitiert, gingen daraus gestärkt hervor. Von ihnen erwartete sich Luther Schutz für die eben erst begonnene Kirchenerneuerung. Sie gaben ihm einen Rückhalt, den er keinesfalls aufs Spiel setzen wollte.

Im Gegensatz zu Luther sprach sich der Prediger Thomas Müntzer für eine gewaltsame Bauernbefreiung aus und griff sogar selbst zur Waffe.

*Als Erstes müssen wir das weltliche Recht und Schwert gut begründen, dass nicht jemand daran zweifle, es sei durch Gottes Willen und Ordnung in der Welt.*

MARTIN LUTHER, 1523

Mit seinen Ansichten über die Aufstände nahm der Reformator vorweg, was die politische Ethik des Luthertums nachhaltig prägen sollte. Es ging



**1548** 15.5.1548 »Augsburger Interim«, diktiert von Karl V.: Den Protestanten wird nur Priesterehe und Laienkelch zugestanden

**1552** 15.1.1552 Vertrag von Chambord: überkonfessionelle Allianz von Heinrich II. von Frankreich und Moritz von Sachsen gegen Karl V.

**1553** 16.10.1553 Tod des Malers und Lutherfreunds Lucas Cranach der Ältere (* 1472)

um das Verhältnis von Untertan und Obrigkeit. Seine Theologie griff die Lehre des Augustinus von den zwei Reichen auf, dem Reich der Gnade und dem Reich der Welt. Dem ersten gehörten die Rechtgläubigen in Christo an, dem zweiten die von Gott entfremdeten ungläubigen Menschen. Hinzu trat die Lehre von den zwei Regimentern. Das Regiment Gottes erstreckt sich über die ganze Welt. Es wirkt also in beiden Reichen. Das Regiment über die Gläubigen ist allein geistlich; das weltliche »wehret den unchristen und boeßen, dass sie äußerlich müssen fried halten und still sein«. Luther argumentierte, dass auch die weltliche Gewalt ihre Macht von Gott besitze. Denn ohne Ordnung sei in der Welt auch keine Freiheit des Evangeliums möglich. Daraus ergibt sich ein eigenes Verständnis von Herrschern und Beherrschten. In seiner Schrift »Von der weltlichen Obrigkeit, wie weit man ihr Gehorsam schuldig sei« heißt es: »Darum muss man die beiden Regimente sorgfältig voneinander unterscheiden und beide bleiben lassen: eins, das fromm macht, das andere, das äußerlich Frieden schafft und bösen Werken wehrt.« Luther beruft sich auf die Römerbriefe des Apostels Paulus: »Jedermann sei Untertan der Obrigkeit, die Gewalt über ihn hat. Denn es ist keine Obrigkeit außer Gott; wo aber Obrigkeit ist, die ist von Gott angeordnet.« Der Reformator gesteht den Untertanen zwar ein Widerstandsrecht zu, beschränkt dies mit Rücksicht auf die äußere Ordnung aber auf Bitten und Eingaben und duldenden Gehorsam bis zur Aufopferung des eigenen Lebens. In den darauffolgenden Jahrhunderten werden solche Zitate immer wieder ins Feld geführt, um das Handeln des Staates zu verteidigen oder gar seine Rechtsbrüche zu beschönigen.

Zwar forderte Luther eine entschiedene Trennung von geistlichem und weltlichem Regiment, doch wird sich nicht leugnen lassen, dass er den Anfängen der rechtlichen Unterordnung der Kirche unter die weltliche Obrigkeit durch die wachsende landesherrschaftliche Zuständigkeit nicht entschieden genug entgegengetreten ist. Künftig oblag es dem Fürstenstaat, auch die äußere Ordnung der Kirche festzulegen. Das lief Luthers ursprünglicher Intention, die Verschränkung von kirchlicher und weltlicher Macht zu lösen, zuwider. Hier gab er den realen Verhältnissen schlicht nach, als er erkannte, dass allein die Fürsten den Bestand der Reformation sichern konnten. Zur Trennung von Staat und Kirche kam es nicht. Die geistliche Befreiung wurde am Ende mit weltlicher Untertänigkeit erkauft – was nicht heißt, dass nicht schon im 16. Jahrhundert Lutheraner dessen ungeachtet immer wieder zu entschiedenem politischem Handeln und zum Widerstand in der Lage waren. Die berühmte calvinistische Widerstandslehre Westeuropas hat ihre Wurzeln im lutherischen Widerstand Magdeburgs gegen Kaiser Karl V. während der Jahre 1551 und 1552.

## Reich und Reformation

Zwischen 1525 und 1535 nahm auch die »evangelische« Alltagswelt in Deutschland Gestalt an. Der Begriff ergab sich aus der zentralen Bedeutung der Heiligen Schrift, vor allem der Evangelien. Die Gläubigen durften nun auf Kirchenbänken sitzen, um ihre Aufmerksamkeit ganz der Predigt widmen zu können. Die Kanzeln wurden ausgeschmückt, dem Altar gleichgestellt – das Wort sollte nicht mehr hinter dem Abendmahl zurückstehen. Nicht nur in den Texten, auch in den Liedern war die deutsche Sprache zu hören. Im Singen wurde die Gemeinde am Gottesdienst beteiligt. Der



**1553** 27.10.1553 Der Gelehrte Michael Servet(us) muss auf Betreiben Calvins in Genf auf den Scheiterhaufen

**1554** 25.7.1554 Hochzeit zwischen Maria I. von England (»Bloody Mary«) und dem Sohn Karls V., Philipp II. von Spanien

**1555** 25.9.1555 Reichstag in Augsburg bringt den Augsburger Religionsfrieden mit dem Grundsatz des »cuius regio, eius religio«

Das berühmte Gemälde von Lucas Cranach dem Jüngeren zeigt Luther, umringt von anderen Geistesgrößen und Reformern des 16. Jahrhunderts, darunter Philipp Melanchthon und Erasmus von Rotterdam.

Reformator selbst schrieb zahlreiche Kirchengesänge, komponierte eigene oder variierte überlieferte Melodien, übersetzte Texte oder verfasste neue. Eine Sammlung von Luther-Chorälen erschien erstmals 1524 in Wittenberg, der »Große« und der »Kleine« Katechismus aus dem Jahr 1525 dienten der Vermittlung seiner Lehre.

*Er hat durch seine Reformation eine ganze Nation zum Denken und Gefühl erhoben.*

GOTTFRIED HERDER (1744–1803), PHILOSOPH UND PREDIGER

Und es erinnert noch mehr an ihn aus jener Zeit. Zahlreiche Künstler haben den Reformator verewigt, auf Bildern, Holzschnitten, Kupferstichen, Grafiken. Über 300 Porträts sind erhalten, die bekanntesten von Lucas Cranach. Nach Schätzungen von Historikern kommen noch tausende, mittlerweile verschollene Abbildungen hinzu. Nach heutigem Verständnis gehörte Luther zu den frühen »Medienstars« der deutschen Geschichte. Berüchtigt sind seine zahlreichen überlieferten Sprüche, oft geprägt von derbem Humor und rücksichtsloser Härte vor allem gegenüber dem Papst. Von christlicher Milde ist da nichts zu spüren. »Warum rülpset und furzet ihr nicht? Hat es



**1556** 12.9.1556 Abdankung Karls V.: sein Sohn Philipp II. wird König Spaniens (bis 1598), sein Bruder Ferdinand I. deutscher Kaiser

**1558** 21.9.1558 Tod Karls V.

**1558** 17.11.1558 Elisabeth I., Tochter Heinrichs VIII., wird englische Königin (bis 1603)

euch nicht geschmacket?« – diese Worte wurden ihm wohl nachträglich in den Mund gelegt, die folgenden aber angeblich nicht: »Wenn ich hier furze, riecht man das in Rom.« Notiert wurden einige dieser Sprüche von Studenten, die bei Luthers zu Hause Aufnahme fanden und von Luthers Ehefrau Katharina verköstigt wurden. Der Reformator war in den Genuss einer fürstlichen Transferleistung gekommen: Friedrich der Weise überließ dem prominenten Untertan das ihm bestens bekannte Augustinerkloster in Wittenberg. »Herr Käthe« war ihrem Gatten eine große Stütze, durch die Beherbergung der jungen gelehrten Gäste beugte sie wirtschaftlichen Nöten vor.

*Unter uns gesagt, ist an der ganzen Sache nichts interessant als Luthers Charakter, und es ist auch das Einzige, was der Menge eigentlich imponiert. Alles Übrige ist ein verworrener Quark, wie er uns noch täglich zur Last fällt.*

JOHANN WOLFGANG VON GOETHE

Erneut waren es äußere Konflikte des Reiches und Belange des Hauses Habsburg, die Karl V. davon abhielten, der um sich greifenden Reformation ein gewaltsames Ende zu setzen. Der Monarch führte Krieg gegen Frankreich, auf dessen Seite sich auch der Papst schlug, woraufhin die Truppen des Habsburgers 1527 Rom eroberten und die Stadt plünderten. Der französische Monarch Franz I. verbündete sich daraufhin mit den Türken, die das Imperium im Südosten bedrängten. So suchte Karl V. wiederum die Unterstützung der deutschen Fürsten. Für den Verteidiger der Christenheit hatte der Krieg gegen die muslimische Gefahr, die 1529 Wien bedrohte, eine höhere Priorität als der Kampf gegen die Reformation.

Glaubensfragen wurden auf dem ersten Reichstag zu Speyer 1526 auf ein später einzuberufendes allgemeines Konzil vertagt. So lange sollte jeder Landesfürst in seinem Territorium bestimmen, wie er es mit der Religion halten wollte: »Wie ein jeder solches gegen Gott und Kayserl. Majestät hoffet und vertrauet zu verantworten.« Daraufhin erließen die Fürsten von Hessen und Sachsen eigene Regeln für die evangelischen Gottesdienste. Kirchengut wurde eingezogen. Albrecht von Hohenzollern war der erste Fürst, der sein Land reformierte. Als Hochmeister des Deutschen Ordens säkularisierte er 1525 den Ordensstaat, wurde Herzog von Preußen. Das waren Vorentscheidungen mit langfristigen Folgen, hier wurde das Fundament für eine spätere protestantische Großmacht gelegt.

1529 wollte Karl V. dem Gedanken an die Einheit der römischen Christenheit wieder zur Geltung verhelfen und den Beschluss von 1526 – sein Entgegenkommen in Kirchenfragen zugunsten der Fürsten – rückgängig machen. Sein Bruder und Stellvertreter Ferdinand I. tat dies auf dem Speyerer Reichstag kund. Die evangelischen Fürsten legten unter Berufung auf ihr Gewissen eine »Protestation« vor. Der künftige Name der evangelischen Christen war gefunden: »Protestanten«. Karl V. war gewappnet. Er hatte sich mit dem Papst ausgesöhnt und ließ sich 1530 in Bologna, damals die zweitgrößte Stadt im Kirchenstaat auf italienischem Boden, zum römisch-deutschen Kaiser krönen. Diese Berufung erschien dem Habsburger wie ein Auftrag des Himmels, die Glaubenseinheit zu retten. Seine »Mission« führte ihn wieder nach Deutschland. Auf dem Augsburger Reichstag 1530 sollte



**1560** 19.4.1560 Tod des Reformators und Humanisten Philipp Melanchthon

**1562** 1.3.1562 Beginn der Hugenottenkriege (bis 1598) mit dem Blutbad von Vassy

**1563** 4.12.1563 Nach 18 Jahren geht das Konzil von Trient zu Ende

# Luther und die Juden

Neun Tage vor seinem Tod hatte Luther seine letzte Sonntagspredigt gehalten und darin ein unrühmliches Erbe hinterlassen: Wieder einmal hatte er die Juden scharf angegriffen. Seit seine anfänglich euphorischen Erwartungen, die Juden würden sich in Scharen zum neuen, schriftgemäßen Christentum bekehren, enttäuscht worden waren, zählte er die Juden ebenso sehr zu seinen Erzfeinden wie Türken und Papst. Im Jahr 1543 hatte er die Abhandlung »Von den Juden und ihren Lügen« veröffentlicht. Darin gab er sieben Ratschläge, wie gegen die Juden vorzugehen sei, unter anderem: »Erstens stecke man ihre Synagoge oder Schule mit Feuer an und beschütte, was nicht verbrennen will, mit Erde, damit kein Mensch jemals einen Stein davon sehe. Solches soll man tun, unserem Herrn und der Christenheit zu Ehren, damit Gott sieht, dass wir Christen sind.« Judenfeindschaft mochte in seiner Zeit nichts Ungewöhnliches sein. Kommt hinzu, dass die meisten dieser Verdikte vom »alten« Luther stammen, der seine Reformation von apokalyptischen Gegenkräften bedroht sah, auch von Juden, die nicht willens waren zu konvertieren.

Auch diese Worte des Reformators hallten nach, wie er es wohl nie zu ahnen vermochte. Im späteren deutschen Kaiserreich, vor allem aber in der Ära des Nationalsozialismus, wurden solche Passagen missbraucht und instrumentalisiert. Dabei wurde stets verkannt, dass die Juden für den Reformator immer »Gottes Volk« geblieben waren. Er mahnte an seinem Lebensende ihre Bekehrung an, nicht ihre Ermordung. Und mit der Rassenlehre des 19. und 20. Jahrhunderts hatte es schon gar nichts zu tun.

**1564** 18.2.1564 Tod Michelangelos (* 1475)

**1564** 25.7.1564 Auf Ferdinand I. folgt sein Sohn Maximilian II. als deutscher Kaiser

**1566** 10.8.1566 Beginn des niederländischen Unabhängigkeitskampfs gegen Spanien durch einen »Bildersturm« in Flandern

Auf dem Augsburger Reichstag 1530 wollte Karl V. der Einheit der römischen Christenheit wieder Geltung verschaffen, lehnte aber die Bedingungen der protestantischen Stände ab.

über wichtige theologische Fragen entschieden werden. Zwar waren die Parteien aufgerufen, ihre Glaubensbekenntnisse (Konfessionen) vorzulegen, Unterschiede zu diskutieren, doch die Absicht des Kaisers und der Kurie war klar: die Reformation zu beenden. Luther, der noch immer unter Reichsacht stand und auf der Veste Coburg weilte, wurde durch Philipp Melanchthon vertreten. In einer Bekenntnisschrift, der »Confessio Augustana«, war die evangelische Position zusammengefasst. Für die wahre Einheit der Kirche – so die Reformatoren – genüge es, wenn bei der Predigt des Evangeliums und dem rechten Gebrauch der Sakramente Übereinstimmung herrsche. Gleichförmiger Zeremonien bedürfe es nicht, auch keiner hierarchischen Verfassung und Bindung an Rom. Dem widersprachen katholische Theologen, insbesondere Johannes Eck. Kaiser Karl V. war nun entschlossener denn je, für den alten Glauben zu fechten.



**1568** 5.6.1568 Graf Lamoral von Egmond und andere werden in Brüssel auf Betreiben des spanischen Statthalters Herzog Alba enthauptet

**1570** 25.2.1570 Papst Pius V. exkommuniziert Englands Königin Elisabeth I.

**1570** 14.7.1570 Pius V. veröffentlicht ein einheitliches Messbuch, das Missale Romanum

## Religionskrieg

Als der Kaiser den Widerstand in der Religionsfrage zum Landfriedensbruch erklärte, schlossen sich die protestantischen Fürsten und Städte zu einem Verteidigungsbündnis zusammen: Am 27. Februar 1531 gründeten sie den – nach dem Ort in Thüringen benannten – »Schmalkaldischen Bund«. Neben Kursachsen, Hessen sowie Luthers Heimat Mansfeld schlossen sich unter anderen Anhalt, Braunschweig-Lüneburg, Braunschweig-Grubenhagen, Magdeburg, Bremen und Straßburg an. An der Spitze wechselten sich der hessische Landgraf Philipp und der Nachfolger des 1525 verstorbenen Friedrich des Weisen, Johann der Beständige, ab. Das Militärbündnis entstand gegen den Willen Luthers – Gewalt war für ihn kein legitimes Mittel zur Durchsetzung der Reformation. Erst als Landgraf Philipp ihn

Protestantische Fürsten und Städte gründeten den »Schmalkaldischen Bund«, um militärisch gegen den katholischen Kaiser und seine Verbündeten gewappnet zu sein.



**1571** 24.5.1571 Moskau wird von den Krimtataren niedergebrannt

**1571** 7.10.1571 Seesieg der christlichen Mittelmeermächte unter Führung von Don Juan d´ Austria über die Türken bei Lepanto

**1572** 23./24.8.1572 Bartholomäusnacht: Verfolgung der Kalvinisten in Frankreich

Kurfürst Johann Friedrich I. von Sachsen, Neffe Friedrichs des Weisen, führte im Schmalkaldischen Krieg das Bündnis der Protestanten.

darauf verwies, dass die Fürsten als Landesherren ihrer Untertanen Verantwortung auch für deren Seelenheil besäßen, ließ er sich umstimmen.

Karl V. wurde jedoch einmal mehr daran gehindert, mit aller Macht gegen die Protestanten vorzugehen – und zwar durch die Türken, die 1529 Wien erstmals belagert hatten. Während auch Luther zum Kampf gegen die »Feinde der Christenheit« aufrief und ebenso protestantische Reichsstände dem Kaiser Beistand leisteten, konnte die Reformation im Reich weiter Fuß fassen. Mitte des 16. Jahrhunderts waren Sachsen, Brandenburg, Pommern und Hessen fast vollständig protestantisch, die fränkischen Lande sowie Württemberg zu großen Teilen. Vor allem in den Städten sorgten Prediger und Schriften dafür, dass aus der Reformation eine regelrechte Volksbewegung erwuchs. Die Freien Reichsstädte galten seit jeher als Quell der Modernisierung: Sie hatten quasi eigenstaatlichen Charakter, waren unabhängig von Landesherren. Ihre Selbstverwaltung und der wirtschaftliche Wohlstand förderten ein Selbstbewusstsein, das weit über die Stadtmauern ausstrahlte. Auch in vielen Landstädten, hier vor allem in den mittel- und norddeutschen Hansestädten, fiel die Saat der Reformation auf besonders fruchtbaren Boden, erkannten doch zahlreiche Bürger im Protestantismus die Chance zu noch mehr Entfaltung und Eigenständigkeit. Mit Genf, durch das Wirken Johannes Calvins, und Zürich, wo Ulrich Zwingli predigte, waren weitere Zentren der Reformation in der Mitte Europas entstanden, allerdings in deutlicher Unterscheidung zur Lutherischen. Im Reichsgebiet konnte sich der römisch-katholische Glaube nur in Teilen Böhmens, Altbayerns und Österreichs sowie in den Gebieten westlich des Rheins behaupten.

Unter dem Eindruck der Reformation entstanden auch neue Landkarten, erste Deutschlandkarten. Auf der »Landtafel Teutscher Nation« des Sebastian Münster sind die Grenzen des Heiligen Römischen Reiches – wenngleich etwas voreilig – schon gar nicht mehr eingetragen. Fast zwei Drittel der deutschsprachigen Gebiete waren protestantisch.



1574 21.4.1574 Tod Cosimos I. Medici, der seit 1537 über Florenz herrschte

1576 12.10.1576 Rudolf II. folgt seinem Vater Maximilian II. als deutscher Kaiser (bis 1612)

1580 30.1.1580 Philipp II. usurpiert gewaltsam den Königsthron Portugals nach dem Tod des portugiesischen Königs Heinrich

Doch waren dem Kaiser über Jahre die Hände gebunden. Erst nachdem er mit seinem Dauerfeind Frankreich Frieden und mit den Türken Waffenstillstand geschlossen hatte, zog Karl 1546 in den Krieg gegen den Schmalkaldischen Bund.

Bezüglich ihrer Stärke war die protestantische der kaiserlichen Streitmacht durchaus ebenbürtig. Doch ihre Führung war zu schwerfällig. Karl V. hingegen machte sich eine alte Familienrivalität zunutze. Denn Sachsen war seit dem Spätmittelalter geteilt: in das Kurfürstentum, das nach dem Tod von Johann dem Beständigen (1532) von Johann Friedrich I., einem Neffen Friedrichs des Weisen, regiert wurde – und das Herzogtum, in dem sein Vetter Moritz herrschte. Der katholische Kaiser versprach dem evangelischen Herzog nun die Übertragung der Kurwürde Johann Friedrichs, wenn er mit ihm gemeinsam gegen den Schmalkaldischen Bund ziehe. Moritz stimmte zu.

Dank dieses taktischen Manövers gelang den kaiserlichen Truppen in der Schlacht bei Mühlberg im April 1547 ein triumphaler Sieg: Kurfürst Johann Friedrich wurde gefangen genommen, Landgraf Philipp ergab sich. Das Ende der Reformation schien gekommen zu sein – und die Erfüllung von Karls Lebenstraum: die Wiederherstellung der Einheit von Kaiser, Reich und Glauben.

Der Mann, der die Lawine ins Rollen gebracht hatte, musste nicht mit ansehen, wie sein jüngerer kaiserlicher Kontrahent sein Werk in Frage stellte, er erlebte die Belagerung von Wittenberg und die Kapitulation nicht mehr. Luther starb am 18. Februar 1546, dort, wo er 62 Jahre zuvor geboren worden war, in Eisleben. Er war gebeten worden, in einem Streit der Mansfelder Grafen zu vermitteln. Wohl aus Heimatverbundenheit, aber auch, weil ein Teil seiner Verwandtschaft dort wohnte, hatte er sich trotz Krankheit und körperlicher Schwäche bereit erklärt, die Vermittlung zu übernehmen. Den Streit konnte er schlichten, doch der Krankheit erlag er. Kurz vor seinem Tod hatte er noch sarkastisch bemerkt: »Wenn ich wieder heim gen Wittenberg komme, so will ich mich alsdann in Sarg legen und den Maden einen feisten Doktor zu essen geben.« Die Reise zur letzten Ruhe in die Stadt seines Wirkens trat der in einen Zinnsarg, der mit einem schwarzen Tuch, das mit einem weißen Kreuz bestickt

Kaiser Karl V. siegte bei Mühlberg gegen die Protestanten. Doch die Einheit der Kirche, wie er sie wollte, konnte er nicht mehr herstellen.



**1581** 26.7.1581 Konstituierung der Republik der Vereinigten Niederlande unter Statthalter Wilhelm I. von Oranien

**1582** 4.10.1582 Der gregorianische Kalender (nach Papst Gregor XIII.) tritt in den meisten katholischen Ländern in Kraft

**1584** 18.3.1584 Iwan dem Schrecklichen folgt sein debiler Sohn Fjodor, die Regentschaft führt der Bojar Boris Godunow

Bildnis des toten Luther. Er wollte die Kirche reformieren, Spaltung und Krieg wollte er nicht.

war, gebettete Leichnam auf einem vierspännigen Wagen an. Über Halle, Bitterfeld ging es, begleitet von Glockengeläut, über die Dörfer nach Wittenberg – im Gefolge seine Frau, einige seiner Kinder, Schüler und Geistliche, bedeutende Professoren und Studenten, Beauftragte des sächsischen Kurfürsten, zwei Grafen Mansfeld und mehr als 60 Berittene. In der Schlosskirche wurde ein Grab unter der Kanzel ausgehoben. Eine der viel beachteten Gedenkreden hielt Philipp Melanchthon. Anders als bei manchen anderen, die eine Ansprache zu Ehren des berühmten Reformators hielten, war Luther für den Freund und Mitstreiter trotz aller Verdienste kein »Heiliger«, sondern ein Mensch mit Ecken und Kanten.

*Martin Luther, eine riesenhafte Inkarnation deutschen Wesens. ... Ich liebe ihn nicht, das gestehe ich offen. Das Deutsche in Reinkultur, das Separatistisch-Antirömische, Antieuropäische befremdet und ängstigt mich.*

THOMAS MANN

In seinen letzten privaten Worten, die auf einem handgeschriebenen Zettel überliefert sind, hatte Luther sich demütig gezeigt: »Wir sind Bettler. Das ist wahr.« Der im Schmalkaldenkrieg siegreiche Kaiser ließ es sich nicht nehmen, persönlich den Symbolort der Reformation aufzusuchen. In der Wittenberger Schlosskirche wurde Karl. V. angeblich gefragt, ob man nicht Luthers Grab öffnen solle, um den Ketzer nachträglich noch auf den Scheiterhaufen zu bringen. Daraufhin soll der Kaiser geantwortet haben: »Er hat seinen Richter gefunden. Ich führe Krieg mit den Lebenden und nicht mit den Toten.«

## »Cuius regio, eius religio«

Die Erfolge Luthers hatten in Rom einen Schock ausgelöst. Mit Verzögerung von Jahrzehnten kam es nun zu Maßnahmen, die Luther ursprünglich beabsichtigt hatte: der Reform der alten, fortan als »katholisch« bezeichneten Kirche. Kaiser Karl hatte vor klerikalen Missständen keineswegs die Augen verschlossen. Ihm war es gelungen, die Kirche Spaniens nach seinen Vorstellungen zu erneuern, doch eine zen-



**1587** 8.2.1587 Die frühere schottische Königin Maria Stuart wird auf Befehl Elisabeths I. wegen Verschwörung hingerichtet

**1588** 31.7.1588 Niederlage der spanischen Armada im Ärmelkanal gegen die Engländer

**1589** 2.8.1589 Der französische König Heinrich III. (* 1551) stirbt an den Folgen eines Attentats eines Dominikanermönchs

Auf dem Konzil von Trient beschloss die katholische Kirche grundlegende Reformen in dem Bestreben, den Protestantismus wieder zurückzudrängen.

tralistische Reform wie dort hatte in Deutschland keine Aussicht auf Erfolg. In den Jahren nach dem Wormser Reichtag scheiterten der Monarch und die auf Leo X. folgenden Reformpäpste auch an unwilligen deutschen Ständen und streng katholischen Fürsten. Doch musste die Glaubwürdigkeit der römischen Kirche wieder hergestellt werden. Das lang erwartete Konzil trat 1545 in Trient zusammen. An eine Beteiligung der Protestanten war nicht zu denken. Spätestens in der dritten Periode 1562/63 kam es zur grundlegenden theologischen und kirchlichen Reorganisation des Katholizismus durch Glaubens- und Reformdekrete. Vor allem die Seelsorge wurde wieder mehr in den Vordergrund gerückt, die Priesterausbildung sollte verbessert werden, dem Ablassmissbrauch wurde ein Ende gesetzt. Es ging darum, die Reihen der eigenen Gläubigen zu schließen. Insbesondere der junge Jesuitenorden war zur Verbreitung der katholischen Reform bestimmt, die sich bewusst von der evangelischen Lehre



**1592** 13.9.1592 Tod des Philosophen und »Essayisten« Michel de Montaigne (* 1533)

**1594** 27.2.1594 Heinrich IV. von Frankreich tritt zum Katholizismus über, wird zum König gekrönt und beendet die Konfessionskriege

**1598** 13.4.1598 Heinrich IV. unterzeichnet das Edikt von Nantes: religiöse Toleranz und volle Bürgerrechte für die Hugenotten

abgrenzen sollte. Mit Unterstützung Österreichs, Bayerns und der geistlichen Fürstentümer gelang in den folgenden Jahrzehnten ein teilweiser »Rollback« der Reformation, der in etwa zu einem Gleichgewicht zwischen Katholiken und Protestanten im Reich führte.

Auf dem »geharnischten Reichstag« zu Augsburg (1547/48) dekretierte Karl V. das »Interim«, eine katholisch geprägte Ordnung, die den Protestanten nur die Priesterehe und den Laienkelch zugestand. An der alleinigen Autorität der römischen Kirche ließ er keinen Zweifel.

Doch abermals machten fürstliche Machtspiele den kaiserlichen Vorsätzen ein Ende. Was Karl V. nicht ahnte: Moritz von Sachsen hatte wieder die Seiten gewechselt – und zudem den französischen König Heinrich I. als Verbündeten gewonnen. Der rückte nun Richtung Westgrenze des Reiches und gegen dessen Bistümer Metz, Toule und Verdun vor. Diese Offensive wurde von einem »Fürstenaufstand« gegen Karl V. begleitet, an dem sich auch katholische Herrscher beteiligten. Allen war offenbar daran gelegen, die mächtigste Dynastie der Welt, die Habsburger, in die Schranken zu weisen. Gegen den Willen Karls V. suchte sein Bruder Ferdinand einen Friedensschluss mit den Protestanten.

Herzog Moritz von Sachsen, später Kurfürst, kämpfte im Schmalkaldischen Krieg für den Kaiser später für die Protestanten.

Darüber wurde 1555 erneut in Augsburg verhandelt, wo Ferdinand I. seinen Bruder, den Kaiser, vertrat. Es wurde Friede geschlossen mit protestantischen Ständen, nun waren sie nicht mehr reichsrechtlich zu verfolgende Ketzer. Der konfessionelle Streit sollte ein Ende finden, neben der katholischen wurde nun auch die lutherische Konfession anerkannt. »Cuius regio, eius religio«, lautet die später dafür gefundene Formel: Der Landesherr durfte entscheiden, welche Konfession künftig auf seinem Territorium gelten sollte. Für die Untertanen war das Bekenntnis zwingend – wer dagegen aufbegehrte, durfte allerdings auswandern. In den Freien Reichsstädten Süddeutschlands, die überwiegend evangelisch geworden waren, wurden der katholischen Minderheit Religionsausübung und Kirchengut garantiert. Wer als geistlicher Fürst evangelisch wurde, musste sein Amt aufgeben.

Der Augsburger Religionsfriede war eine Art »Grundgesetz« für eine konfessionelle Koexistenz – auf der Basis von über 100 Paragrafen. Das Reich, die »löbliche deutsche Nation«, sollte vor dem Untergang gerettet, der Weg zu einer Überwindung der Spaltung offengehalten werden.



**1600** 31.12.1600 Englische Kaufleute erhalten einen königlichen Freibrief für die Ostindienkompanie, Trägerin der Kolonialexpansion

**1603** 24.3.1603 Schottlands König Jakob VI. beerbt zusätzlich die kinderlos gestorbene Elisabeth I. von England und Irland als Jakob I.

**1608** 14.5.1608 Protestantische Reichsstände schließen sich unter Führung der Kurpfalz zur protestantischen Union zusammen

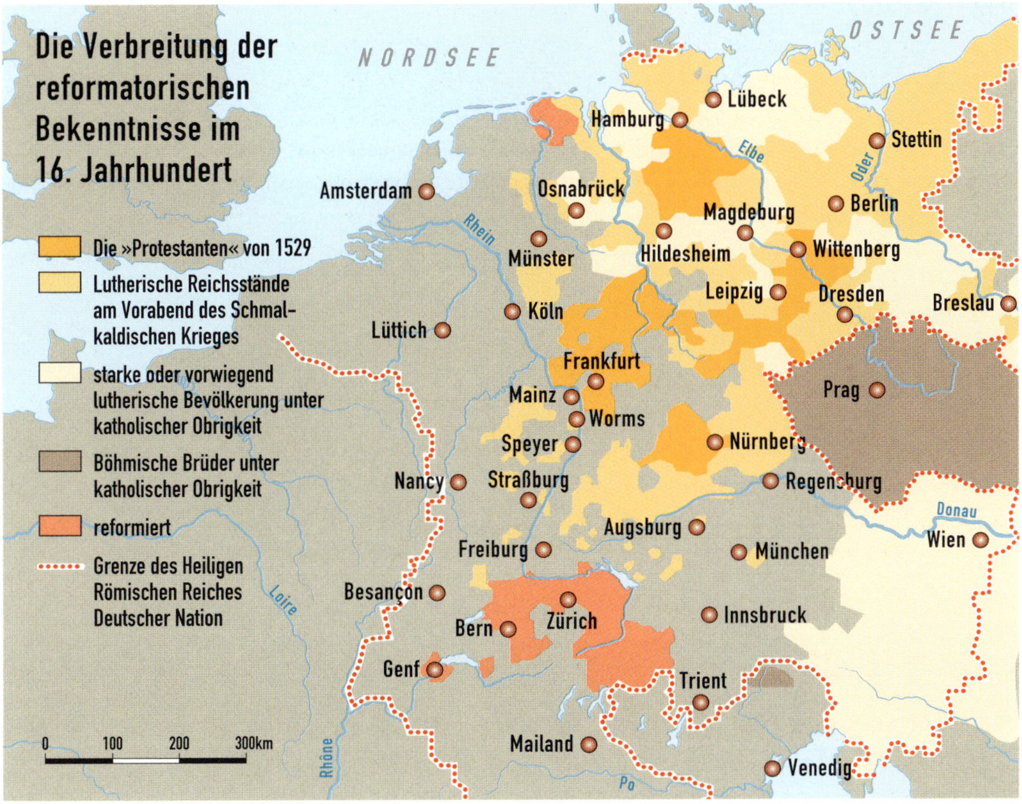


Kaiser Karl V., der die Einheit der Christen bis zuletzt wahren wollte, dankte ein Jahr nach der Einigung von Augsburg zutiefst resigniert ab und zog sich in eine Villa nahe dem Kloster San Yuste zurück. Bezüglich seiner Nachfolge hatte er sich mit den protestantischen Wahlfürsten arrangieren müssen. Zwei Jahre später starb er. Sein spanisches Königreich blieb erzkatholisch. Auch in Frankreich wurde der Katholizismus Staatsreligion, protestantische Minderheiten ließ der König brutal unterdrücken oder aus dem Land jagen. In England blieb die Kirche ebenfalls ungeteilt, löste sich jedoch von Rom, wurde anglikanisch – bis heute ist der König ihr Oberhaupt. Auch die skandinavischen Länder wurden protestantisch.

Und wie lautete die Bilanz für das »Alte Reich«?

*Luther [ist] nicht bloß der größte, sondern auch der deutscheste Mann unserer Geschichte; dass in seinem Charakter alle Tugenden und Fehler der Deutschen aufs Großartigste vereinigt sind; dass er auch persönlich das wunderbare Deutschland repräsentiert.*

HEINRICH HEINE



**1609** Johannes Kepler veröffentlicht seine »Astronomia nova« in Prag

**1609** 10.7.1609 Katholische Reichsstände verbünden sich unter Führung Maximilians I. von Bayern zur katholischen Liga

**1610** 14.5.1610 Bei einem Attentat stirbt Heinrich IV. von Frankreich (* 1553)

Die Habsburger stellten über Jahrhunderte hinweg fast durchgängig die Kaiser des Heiligen Römischen Reiches Deutscher Nation (bis 1806).

Der Versuch des Kaisers, die konfessionelle Trennung zu überwinden, blieb ohne Erfolg. Das Reichsgebilde war geschwächt, die Territorialstaaten wurden mächtiger. »Es sind jetzt die Fürsten, die das Kaisertum in deutschen Landen regieren«, sagte Martin Luther 1530. Nur der Rückzug auf friedlichen Ausgleich und der Verzicht, die religiöse Wahrheitsfrage zu lösen, retteten das Reich vor dem Zerfall. Zwar wurde mit der deutschen Sprache, der Luther neues Leben einhauchte, das einende Band der künftigen Kulturnation geknüpft, doch die religiöse Spaltung sollte die Frage nach der nationalen Einigung der Deutschen für Jahrhunderte bestimmen. Der Versuch, hundert Jahre später das Rad der Geschichte zurückzudrehen, sollte zum Auslöser des bis dahin verheerendsten Krieges auf deutschem Boden werden.



**1613** 21.2.1613 In Russland übernimmt Michail Fjodorowitsch den Zarenthron, die Dynastie der Romanows herrscht bis 1917

**1614** 1.7.1614 Das Augsburger Handelshaus Welser meldet Konkurs an, da Italien, Spanien und die Niederlande zahlungsunfähig sind

**1616** 23.4.1616 Tod von William Shakespeare (* 1564) und Miguel de Cervantes (* 1547)

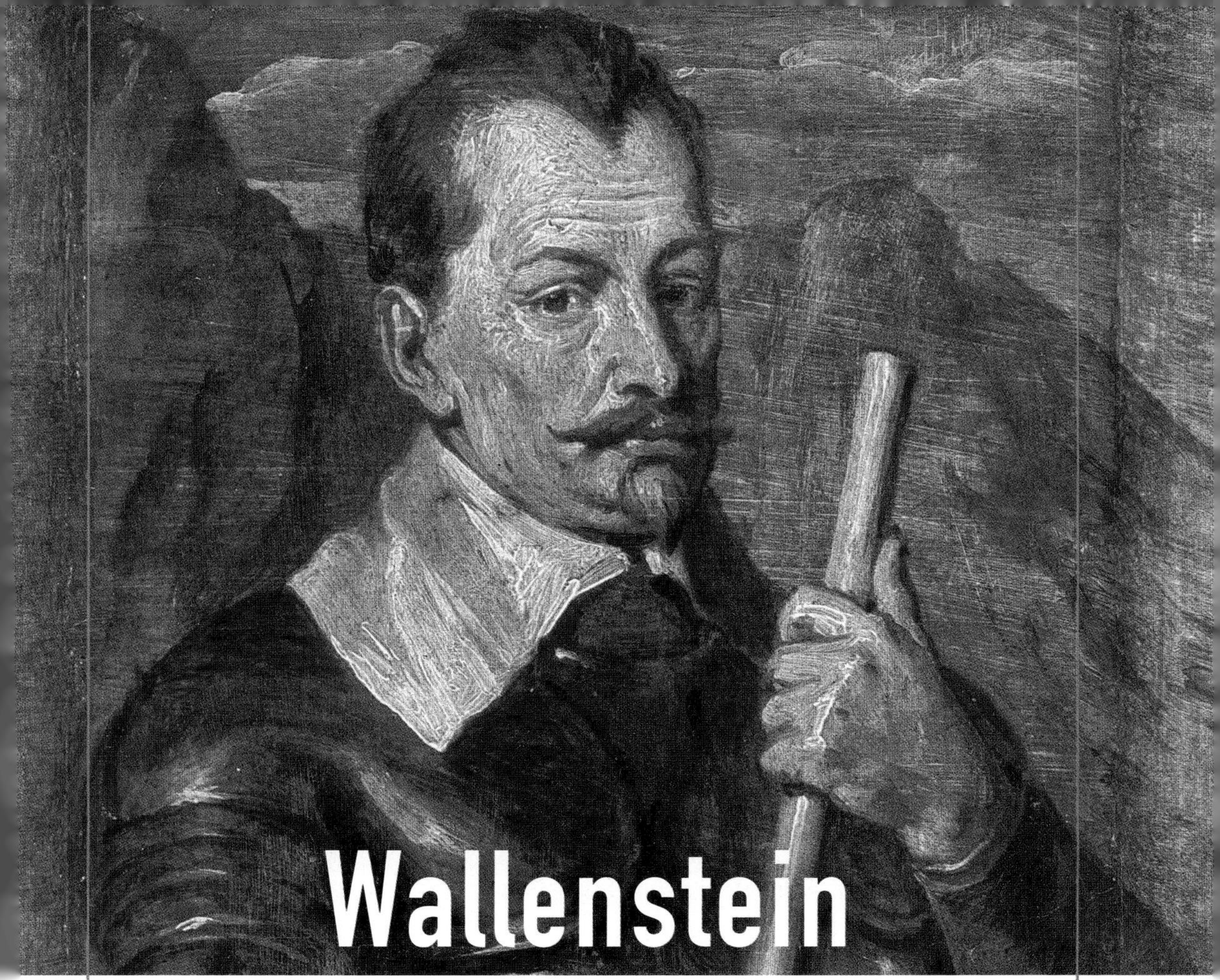

# Wallenstein

## und der Krieg

Er galt lange Zeit als der Krieg der Kriege. Millionen von Menschen starben durch Hunger, Seuchen und rohe Gewalt. Scheinbar endlose dreißig Jahre währte der »teutsche Krieg«, der im Namen des Glaubens, aber auch für Macht, Unabhängigkeit und um die Vormachtstellung in Europa ausgefochten wurde.

Albrecht von Wallenstein wusste die Chancen, die sich ihm in dieser Zeit boten, zu nutzen. Als Generalissimus des Kaisers stieg er zu einem der mächtigsten Männer im Reich auf. Am Ende erkannte er, dass dieser gnadenlose Krieg mit militärischen Mitteln nicht zu gewinnen war. Der Kaiser unterstellte ihm Hochverrat und ließ ihn ermorden. Manches von dem, was ihm zum Ausgleich der verschiedenen Interessen und zur Beendigung der kriegerischen Auseinandersetzungen vorschwebte, wurde später verwirklicht: im Westfälischen Frieden.

## Der Fenstersturz

Himmlischer Beistand: Dieses Votivbild führt die Rettung der kaiserlichen Statthalter nach dem Prager Fenstersturz auf das Wirken der Muttergottes zurück.

Schicksalstag war der 23. Mai 1618: Mit einem Gewaltakt auf der Prager Burg nahm eine der dunkelsten Epochen in der deutschen und europäischen Geschichte ihren Anfang. Teilnehmer einer böhmischen Ständeversammlung warfen zwei kaiserliche Statthalter und einen Geheimschreiber kurzerhand aus dem Fenster. Dank »göttlicher Fügung«, genau genommen eines Misthaufens im Burggraben, überlebten die Männer den Sturz aus 17 Meter Höhe.

Der »Prager Fenstersturz« war zweifellos ein Akt offener Rebellion, bedeutete den Bruch der böhmischen Stände mit dem Habsburger Ferdinand von Steiermark, ihrem katholischen Landesherrn, der im Vorjahr zum König von Böhmen gekrönt worden war – ohne Beteiligung der dortigen Landstände.

In Prag entzündeten sich die politischen und religiösen Konflikte der Zeit. Was waren die Hintergründe? Es ging um Religionsfreiheit und politische Eigenständigkeit. Um die Machtbalance zwischen Kaiser und Reichsgliedern, zwischen dem Landesherrn und den Ständen. Im Jahr 1555 war das Nebeneinander der Konfessionen, der Römischen Kirche und der »Confessio Augustana« (damit waren die Anhänger Luthers gemeint), im Reich geregelt worden. Doch der Augsburger Religionsfriede erwies sich als fragiles Gebilde, das schließlich in Böhmen zerbrach. Das Land, das seit den sogenannten Hussitenkriegen des 15. Jahrhunderts immer wieder von religiös motivierten Auseinandersetzungen erschüttert wurde, war um 1600 mehrheitlich protestantisch, der sogenannte »Majestätsbrief« garantierte den Ständen die Religionsfreiheit. Der Vorgänger Ferdinands, Kaiser Matthias, hatte aber in zwei Städten protestantische Kirchen abreißen lassen. Das provozierte den Widerstand der böhmischen Stände, und trotz eines Verbots kam es zu einer Versammlung in Prag, die mit dem »Fenstersturz« endete und den Herrscher in Wien unvorbereitet traf.

Der Historiker Johannes Burkhardt sieht in der böhmischen Erhebung eine Art Staatsgründungsexperiment. Eines, das beispielhaft war für die Situation im konfessionell gespaltenen, in viele Territorien und Reichsstädte zersplitterten Reich. Böhmen gehörte von alters her zum »Heiligen Römischen Reich



**1618** 23.5.1618 »Prager Fenstersturz«: Kaiserliche Statthalter werden aus einem Fenster im Hradschin gestürzt

**1619** 26.8.1619 Zum Nachfolger des abgesetzten böhmischen Königs Ferdinand wird Friedrich V. von der Pfalz (»Winterkönig«) gewählt

**1619** 28.8.1619 Ferdinand II. wird zum deutschen Kaiser gewählt

Deutscher Nation« – der König war Angehöriger des Kurfürstenkollegs. Nun bestand sogar die Aussicht, dass ein lebensfähiger Bundesstaat entstand, gegründet auf eine Verfassung, die für den Fall ihrer Verletzung durch den Landesherrn die Stände von allem Gehorsam entband. Vor allem die weitgehende Steuerhoheit, die wiederum für den Aufbau eines eigenständigen Heeres unerlässlich war, stellte ein wichtiges Machtinstrument dar. Als man in Böhmen zur Tat schritt, schien der Boden für eigene Staatlichkeit in konfessioneller, politischer und militärischer Hinsicht bereitet, so urteilt jedenfalls der Schweizer Historiker Burkhardt. Der Prager Fenstersturz gab den Anlass für eine entscheidende Kraftprobe mit dem Landesherrn, mit dem König: Über die religiösen Motive hinaus hatten die Stände die Machtfrage aufgeworfen.

In diesem Klima des Umsturzes wartete ein Mann, der zur wohl schillerndsten Figur des Dreißigjährigen Krieges werden sollte, auf seinen großen Auftritt: Albrecht von Wallenstein, kaiserlicher Obrist und zugleich solcher der mährischen Stände, ein Mann, der sich bereits als Militär und Kriegsunternehmer bewährt hatte. Niemand vermag zu sagen, inwieweit er die Sprengkraft der böhmischen Rebellion mit vorausschauendem Kalkül einzuschätzen wusste.

Wie viele seiner Zeitgenossen neigte er der Astrologie zu, suchte er in seinem Horoskop nach Hinweisen auf sein Schicksal. Johannes Kepler, der angesehene Astronom, hatte die Sterne in seinem Auftrag »befragt« und ihm jedenfalls »großen Ehrendurst und Streben nach Macht« bescheinigt.

Als sich der böhmische Konflikt ausweitete und Truppen der aufständischen Böhmen

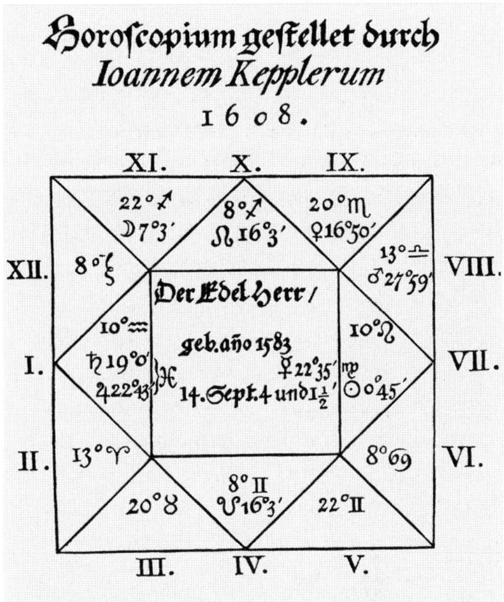


Das Horoskop des berühmten Astronomen Johannes Kepler für den schicksalsgläubigen Wallenstein.

Niederösterreich durchstreiften, war sich Wallenstein noch nicht sicher, auf welche Seite er sich schlagen sollte; die Frage war, wer die größeren Gewinne versprach.

Der Tag der Entscheidung nahte im Sommer 1619: In Wien war Kaiser Matthias kinderlos gestorben, sein Neffe Ferdinand von Steiermark, der zuvor schon die böhmische und ungarische Krone erlangt hatte, wurde am 28. August 1619 von den Kurfürsten zu seinem Nachfolger als römisch-deutscher Kaiser gewählt. Doch Ferdinand II. fehlten die Mittel, um ein schlagkräftiges Heer gegen die Aufständischen zu mobilisieren. Heeresorganisation und Steuerverwaltung oblagen auch in Österreich den Ständen – und diese zeigten sogar Sympathien für die Böhmen.



**1620** 8.11.1620 Schlacht am Weißen Berg: Der böhmische Aufstand wird von den kaiserlichen Truppen niedergeschlagen

**1620** 21.11.1620 Englische puritanische Auswanderer erreichen auf der »Mayflower« Nordamerika

**1621** 21.6.1621 Exekution der Anführer der an der Rebellion beteiligten böhmischen Ständevertreter am Altstädter Ring in Prag

Kaiser Ferdinand II. strebte die Alleinherrschaft an und führte Krieg im Namen der Religion.

Mit einem »Husarenstreich« setzte Wallenstein alles auf eine Karte. Er entschied sich für den neuen Kaiser als »Geschäftspartner« und befahl seinen Kürassieren den Überfall auf das Schatzmeisterquartier der mährischen Stände, die sich nach langem Zögern den böhmischen »Rebellen« angeschlossen hatten. Fast 100 000 Taler wurden geraubt, Mit der Beute und begleitet von 200 Kürassieren begab sich Wallenstein nach Wien.

Für Ferdinand II. kam der verwegene Oberst wie gerufen. Der Kaiser kannte ihn, und er wusste Wallensteins Loyalität seit dem Krieg gegen Venedig zu schätzen. Nun machte ihm der Condottiere, der schon als junger Mann zum katholischen Glauben übergetreten war, ein verlockendes Angebot: Auf eigene Kosten wollte er Truppen ausheben und gegen die aufständischen Böhmen ins Feld führen. Wallenstein pokerte hoch. Sein Coup im Schatzmeisterquartier wurde in Mähren als Hochverrat angesehen, er riskierte dort immensen Grundbesitz. Die Ständekasse habe er vor den »Rebellen« retten wollen, soll Wallenstein bei der kaiserlichen Audienz gesagt haben – dem Herrscher imponierte die Tat.

Zwar schickte Ferdinand das Beutegut später zurück, doch er ging auf Wallensteins Anerbieten ein, Truppen für den Kampf gegen die böhmischen Aufständischen anzuwerben und einzusetzen.

## Ein folgenschwerer Pakt

In der großen Politik setzte Ferdinand II. auf einen standesgemäßen Verbündeten. Herzog Maximilian I. von Bayern, der Direktor der 1609 gegründeten »Liga«, eines Zusammenschlusses katholischer Reichsstände, stellte Unterstützung in Aussicht und erklärte sich bereit, als Oberbefehlshaber der kaiserlich-ligistischen Truppen in den Kampf gegen die »Rebellen« zu ziehen. Der Bayer war »ein unermüdlicher Arbeiter und Bürokrat, der einen gut funktionierenden Territorialstaat regierte«, sagt der Zürcher Historiker Bernd Roeck. »Zugleich war er ein fanatischer Verfechter des katholischen Glaubens, dem er mit aller Macht wieder zum Durchbruch verhelfen wollte.« In der Hof-



**1624** 30 niederländische Familien gründen die Siedlung Neu-Amsterdam am Hudson, das heutige New York City

**1624** 29.4.1624 Kardinal Richelieu übernimmt die Regierungsgeschäfte Frankreichs unter König Ludwig XIII.

**1625** König Christian IV. von Dänemark stellt als protestantischer Herzog von Holstein eine eigene Streitmacht auf

kapelle der Münchner Residenz schloss der Kaiser mit dem Herzog einen folgenschweren Bund: Als Lohn für die Rückgewinnung Böhmens versprach Ferdinand II. dem Bayern die Pfälzer Kurwürde und die Übertragung der Oberpfalz. Das barg Sprengstoff. Der Pfälzer Kurhut gehörte nämlich Friedrich V., dem Führer der »Union«, eines Bundes von acht protestantischen Fürsten und 17 Städten im Reich. Doch damit nicht genug: Friedrich war auch eine Art Gegenkönig zu Ferdinand. Denn noch bevor dieser zum Kaiser berufen wurde, hatten ihn die böhmischen Stände als Landesherrn abgesetzt und dafür den Pfälzer Kurfürsten zum König von Böhmen gewählt. So war an einen territorial begrenzten Schlagabtausch nicht mehr zu denken, er würde von Anfang an bis in die Mitte des Reiches ausgreifen.

Maximilian von Bayern, der wichtigste Verbündete des Kaisers, war zugleich auch ein Gegner des habsburgischen Zentralismus.

Die Dynastie der Habsburger herrschte damals über große Teile Europas. 1522, in der Regierungszeit Karls V., war es in einem Hausvertrag zu einer Aufteilung in eine spanische und österreichische Linie gekommen, die sich – trotz oft unterschiedlicher Interessen – in vielen Konflikten unterstützten. Spanien versprach nun Waffenhilfe für den Kampf gegen die »Rebellen« in Böhmen – und rechnete im Gegenzug mit der Unterstützung des Kaisers im schwelenden Konflikt mit den abtrünnigen niederländischen Provinzen; so gab es viele potenzielle Brandherde für den künftigen Krieg.

Das Heer der katholischen Liga, vom Bayernherzog persönlich befehligt, marschierte 1620 Richtung Prag, um dem Kaiser und der katholischen Sache zum Sieg zu verhelfen. Am 7. November stand die Streitmacht vor der böhmischen Hauptstadt. Am Weißen Berg formierten sich die gegnerischen Heere zur ersten Schlacht des Dreißigjährigen Krieges – 28 000 ligistische Kavalleristen und Infanteristen nahmen im Morgengrauen den Kampf gegen die Truppen der böhmischen Rebellen auf, etwa 21 000 Soldaten. Vor der Schlacht wurde auf beiden Seiten gesungen, gepredigt und gebetet.

## Macht und Religion

»Der Dreißigjährige Krieg war zweifellos ein Religionskrieg – und er war es auch nicht«, urteilt der Zürcher Historiker Bernd Roeck: »Es ging natürlich um einen irdischen Machtpoker.«



**1625** 25.7.1625 Ferdinand II. ernennt Albrecht von Wallenstein (* 1583) zum Herzog Friedlands und kaiserlichen Oberkommandierenden

**1625** 9.12.1625 Dänemark, England und die Niederlande verbünden sich mit Friedrich V. gegen die Liga und Ferdinand II.

**1626** 25.4.1626 Schlacht bei Dessau: Wallensteins Truppen besiegen die des protestantischen Heerführers Ernst von Mansfeld

Die erste große Schlacht des Dreißigjährigen Krieges: Am Weißen Berg vor Prag besiegte ein katholisches Heer die böhmischen »Rebellen«.

Einige Konfliktlinien waren im irdischen Reich der Deutschen ja nicht neu. Neben dem Gegensatz der Konfessionen ging das Ringen um das Kräfteverhältnis von Kaisertum und Fürsten, Reich und Territorien, Landesherrn und Ständen weiter. So war die konfessionelle Lagerbildung keineswegs durchweg konsequent. Rückte die Machtfrage in den Vordergrund, war die religiöse Zugehörigkeit oft zweitrangig.

Aber dennoch war es auch ein Glaubenskrieg: »Die Soldaten in den Diensten der Mächtigen verstanden sich häufig als Werkzeuge eines höheren Willens, sie wussten sich in Gottes Hand, und es ging nicht um die sterblichen Leiber, sondern um die unsterblichen Seelen. Und genau deshalb wurde der Kampf bis zum Äußersten getrieben. Und als der Krieg auf dem Höhepunkt war, versuchte man wirklich ernst zu machen und das Reich wieder einer einzigen Konfession unterzuordnen«, so Roeck.



1626 27.8.1626 Die Liga unter Tilly schlägt Christian IV. bei Lutter am Barenberge

1626 18.11.1626 Der Petersdom in Rom wird von Papst Urban VIII. eingeweiht

1628 26.1.1628 Wallenstein erwirbt heimlich von Ferdinand II. die Herzogtümer Mecklenburg-Schwerin und Mecklenburg-Güstrow

Am Morgen des 8. November 1620 kam es vor den Toren Prags zur Schlacht am Weißen Berg. In nur zwei Stunden gelang es den Kaiserlichen, den Sieg zu erringen. Militärisch hätte der Krieg nun ein schnelles Ende finden können. Friedrich von der Pfalz, der gegnerische »Winterkönig«, wie die kaiserliche Propaganda ihn nun wegen seiner kurzen Regentschaft spöttisch nannte, floh in die protestantischen Niederlande. Prag war wieder fest in der Hand des katholischen Kaisers Ferdinand, der die protestantischen Böhmen erneut herausforderte. Mit einer Schere zerschnitt er den »Majestätsbrief«, der Adel, Bürgern und Bauern seit 1609 die Religionsfreiheit garantierte. Die Folge: Tausende Protestanten mussten Böhmen verlassen und verloren ihre Güter. An ihre Stelle traten landfremde katholische Adlige. Die Neuregelung der Eigentumsverhältnisse diente der Schaffung neuer Loyalitäten zum habsburgischen Herrscherhaus. Laut einer Schätzung wurden zwei Drittel des böhmischen Grundbesitzes im Wert von etwa 43 Millionen Talern beschlagnahmt, verhökert, umverteilt.

Das »Prager Blutgericht«: Die Sieger rächten sich fürchterlich, indem sie die Anführer der Revolte grausam hinrichten ließen.



**1628** 27.10.1628 Die hugenottischen Bewohner von La Rochelle kapitulieren nach über einjähriger Belagerung den Truppen Ludwigs XIII.

**1629** 6.3.1629 Ferdinand II. erlässt das Restitutionsedikt zur Rückgabe aller nach 1552 von Protestanten eingezogenen geistlichen Güter

**1629** 22.5.1629 Frieden von Lübeck: Dänemark verpflichtet sich zur Neutralität nach Rückgabe seiner besetzten Gebiete

Nach dem Sieg der Katholiken in der Schlacht am Weißen Berg löste Kaiser Ferdinand sein Versprechen ein und belehnte Maximilian von Bayern mit der Kurpfalz.

Auch Albrecht von Wallenstein schlug aus dem Sieg Kapital. Er erhielt seinen verlorenen Besitz zurück und nutzte die Gelegenheit, 50 weitere Adelsgüter weit unter Wert zu erwerben. Zudem wurde er zum Militärverwalter von Prag ernannt – es war der Beginn eines kometenhaften Aufstiegs. Als am 21. Juni 1621 auf dem Altstädter Ring in Prag die Todesurteile gegen gefangene »Rebellen« vollstreckt wurden, bewachten seine Soldaten die Hinrichtungsstätte. Er selbst schaute dem »Prager Blutgericht« von einer Tribüne aus zu. »Er war brutal, hart, ein Machtmensch, der die Gelegenheit beim Schopf zu ergreifen wusste und der es perfekt verstand, die Umbrüche der böhmischen Revolte zu seinen Gunsten zu nutzen«, urteilt Bernd Roeck. Am Fuße der Prager Burg ließ Wallenstein ein prächtiges Palais errichten, ein Deckengemälde zeugt von seinem Selbstverständnis: Es verherrlicht ihn als Kriegsgott auf einem Triumphwagen.

Mit dem »Prager Blutgericht« wurde ein Abschreckungsexempel zur rücksichtslosen Durchsetzung des kaiserlichen Rechtsstandpunkts statuiert, Böhmen in der Präambel der neuen Landesordnung als ein »mit dem Schwert zum Gehorsam gebrachtes Erbkönigreich« bezeichnet und die Gewalt über die Gesetzgebung allein dem König zugesprochen.

Der eigentliche Gewinner der ersten Kriegsjahre war jedoch Maximilian von Bayern. Der Kaiser löste sein brisantes Versprechen ein und belehnte ihn mit der pfälzischen Kur. Maximilian habe das Heer der Rebellen »durch Verleyhung Göttlicher Gnaden und Beistand obsiegt«. Friedrich V., der



**1630** 6.7.1630 Der schwedische König Gustav II. Adolf landet auf Usedom

**1630** 12.11.1630 Regensburger Kurfürstentag: Absetzung Wallensteins, Tilly (* 1559) ist neuer Oberkommandierender

**1631** 23.1.1631 Vertrag von Bärwalde: Frankreich unterstützt Schweden finanziell im Kampf gegen die katholische Liga

Der »Winterkönig« Kurfürst Friedrich von der Pfalz, so genannt, weil er nur kurz den böhmischen Thron innehatte.

Kurfürst und böhmische König von der Stände Gnaden, wurde zum Rädelsführer einer »im Reich deutscher Nation niemals erhörten, gesehenen noch gelesenen Rebellion« erklärt und unter »des Heiligen Reiches Acht« gestellt. Die Übertragung des Pfälzer Kurhutes auf Maximilian stabilisierte die katholische Mehrheit im Kurfürstenkolleg.

Für die protestantische Seite waren Vertreibung und Ächtung des unterlegenen »Winterkönigs« eine tiefe Demütigung, vor allem aber fürchtete sie einen weiteren Machtverlust, die kaiserliche und katholische Vorherrschaft.

## Der Krieg zieht weitere Kreise

Der sogenannte »Böhmisch-Pfälzische Krieg« (1618–1623) stand nur am Beginn einer Spirale der Gewalt, die – im Wortsinn – immer weitere Kreise zog. Der Berliner Historiker Heinz Schilling sieht die Einbeziehung internationaler Machtinteressen als wesentliche Triebkraft dieser Eskalation: Da waren die niederländischen »Generalstaaten«, die von Habsburg unabhängig sein wollten. Ihnen war an einer Schwächung Ferdinands gelegen, sodass sie sich »schon aus Selbsterhaltungstrieb«, so Schilling, als Finanziers der protestantischen Stände im Reich einmischten. Auch andere Parteien griffen ein.

Als der kaiserliche General Tilly nach Norden vorstieß, drohte die Rekatholisierung verschiedener protestantisch gewordener niederdeutscher Bistümer. Das rief König Christian IV. von Dänemark, der die Bistümer Bremen, Verden, Osnabrück und Magdeburg mit Administratoren aus seinem eigenen Haus besetzen wollte, auf den Plan. Als Herzog von Holstein war er auch deutscher Reichsfürst, wurde nun zum Führer des protestantischen Widerstands, überdies finanziell unterstützt durch englische Subsidien.

Für Ferdinand änderte sich damit die Lage erheblich. Die katholische Liga unter Führung Maximilians von Bayern konnte nicht an allen Fronten kämpfen. Der Kaiser sah sich gezwungen, eine eigene Streitmacht zu mobilisieren. Dies war der Moment, in dem Wallenstein seine große Chance witterte. Er machte das unwiderstehliche Angebot, binnen kurzer Zeit ein 24 000 Mann starkes Heer aufzustellen. Ferdinand II. willigte im Juni 1625 ein: Der Habsburger ernannte den Aufsteiger zum Herzog



**1631** 6.4.1631 Vertrag von Cherasco: Im Mantuanischen Erbfolgekrieg (seit 1628) verzichtet Ferdinand II. auf Mantua und Montferrat

**1631** 20.5.1631 Magdeburg wird durch kaiserliche Truppen unter Tilly und Pappenheim verwüstet

**1631** 17.9.1631 Die vereinigten Schweden und Kursachsen schlagen bei Breitenfeld Tillys Heer vernichtend

Idealisierende Darstellung von Söldnern des Dreißigjährigen Krieges. Ihr wahres Erscheinungsbild wurde von Zeitgenossen mit Begriffen wie »nackend«, »bloß« und »ausgemattet« beschrieben.

von Friedland (in Böhmen) und zum kaiserlichen Generalissimus. Wallenstein, nun mit einer außergewöhnlichen Machtfülle ausgestattet, erwies sich als Finanzgenie und glänzender Organisator. Es gelang ihm tatsächlich, mit 40 000 Mann eine weitaus größere Anzahl Söldner zu rekrutieren als versprochen. »Im Reich herrschte zu Beginn des Krieges eine wirtschaftliche Krise, die der Kriegsunternehmer für die Rekrutierung von Soldaten zu nutzen wusste«, nennt der Potsdamer Militärhistoriker Bernhard Kroener als Hintergrund. »Immer mehr Männer – und Frauen – suchten Unterschlupf in den Armeen, um der drohenden Verelendung zu entgehen.«

Doch wie sollten die Truppen versorgt werden? »Söldner können nicht von der Luft leben«, sagte Ernst von Mansfeld, einer jener Heerführer dieser Zeit, die ohne jede religiöse oder politische Überzeugung nur auf Kriegsgewinn und Beute aus waren, »wenn sie kein Geld haben, werden sie es finden und niemanden schonen, auch keine Kirchen, Gräber und Grüfte.« Der »tolle Christian«, Herzog aus dem Hause Braunschweig, antwortete auf die Frage, weshalb er ins Feld ziehe: »Dieweil ich Lust zum Kriege habe.« Den verwundeten linken Arm ließ er sich unter Trompetenschall abnehmen, zur Feier des Tages wurde eine Münze geprägt: »Altera restat« – »Der andere bleibt«.



**1631** 18.10.1631 Die Schweden dringen nach Süden vor und erobern Würzburg und seine Festung Marienberg

**1631** 15.11.1631 Prag wird von kursächsischen Truppen eingenommen

**1632** 14.4.1632 Wallenstein wird angesichts einer Niederlagenserie gegen die Schweden wieder zum Oberkommandierenden berufen

Was bei den einen wie wilde Plünderei anmutet, erklärte Wallenstein zum Prinzip seiner Militärmaschinerie: Der Krieg muss den Krieg ernähren!

Mit seiner Streitmacht zog der Generalissimus im September 1625 nach Norden, in Richtung Halberstadt und Magdeburg. So begann die zweite Phase des sich ausweitenden Flächenbrandes, der »Dänisch-Niedersächsische Krieg« (1625–1629). Der Feldherr baute auf die Strategie der Abschreckung durch sein gewaltiges Heer. Ziel war die kampflose Übergabe feindlicher Städte und Territorien – Wallenstein wollte seine Armee, sein »Kapital«, schonen. Im April 1626 musste er seine erste Schlacht schlagen. Er besiegte Mansfeld an der Dessauer Brücke und verfolgte ihn bis nach Ungarn.

Die Bevölkerung der besetzten Gebiete beutete er hemmungslos aus. »Mit dem schweren Körper des Heeres legt er sich auf das Reich und saugt so lange an seinem Blut, bis es um Gnade schreit«, hieß es über den Heerführer.

Tilliy, »Heiliger im Harnisch« und religiös motivierter Feldherr, befehligte die Truppen der katholischen Liga.

Der Krieg sollte den Krieg ernähren – eben auch mittels hemmungsloser Gewalt und Plünderungsorgien.

Um die Armee mit allem Lebensnotwendigen zu versorgen, wurden ganze Landstriche buchstäblich kahl gefressen und verwüstet. Immer mehr Stände verweigerten die Zahlung der Kriegssteuern, der Kontributionen. Mancherorts wurde der Bevölkerung eine Abgabe von bis zu zehn Prozent ihres Besitzes auferlegt: Geld und Schmuck, Land und Vieh. In einigen Gegenden erhöhte sich die Abgabenlast sogar auf ein Viertel des Vermögens. Konnten die Menschen kein Geld für den Krieg aufbringen, so fielen Wallensteins Eintreiber über sie her und raubten alles, was sie finden und aus ihren Opfern herauspressen konnten.



**1632** 15.4.1632 Gustav II. Adolf besiegt in der Schlacht bei Rain am Lech die Liga unter Tilly, der bald an Verletzungsfolgen stirbt

**1632** 3.9.1632 Schlacht an der Alten Veste: Wallenstein bringt Gustav II. Adolf vor Nürnberg die erste Niederlage bei

**1632** 16.11.1632 Gustav II. Adolf kommt in der Schlacht bei Lützen ums Leben. Neue schwedische Königin wird seine Tochter Christina

Im August 1626 brachten die vereinten Heere Wallensteins und Tillys, des Oberkommandierenden der Liga, dem Dänenkönig bei Lutter am Barenberge eine schwere Niederlage bei. Beide Feldherren stießen bis nach Holstein und Jütland vor – bis der dänische Widerstand vollständig zum Erliegen kam. Am 22. Mai 1629 übernahm Wallenstein erstmals auch die politische Regie und handelte in Lübeck den Frieden mit Dänemark aus. Schon vorher hatte ihn der Kaiser zum »General des Ozeanischen und Baltischen Meeres« ernannt.

*Und was wir, die wir die Armeen in unserer Macht haben, abhandeln und schließen, das müssen auch die anderen, ob sie gleich nicht wollen, annehmen und belieben. Und dabei soll es ganz vollkommen und beständig verbleiben.*

WALLENSTEIN

Das Vordringen der Gegenreformation bis an die Ostsee alarmierte König Gustav II. Adolf – denn neben Dänemark erhob auch Schweden Anspruch auf das »Dominium maris Baltici« und erklärte, »von undencklichen Jahren her« den Schutz über die Ostsee und ihre Städte auszuüben.

Einmal mehr zeigte sich, dass es auch den Staaten in der Peripherie Europas nicht gleichgültig war, wie sich die Machtverhältnisse in der Mitte Europas gestalteten. Die einen sorgten sich um das konfessionelle Gleichgewicht, den anderen ging es um eigene Hegemonie oder Unabhängigkeit.

## Fürsten gegen Wallenstein

Auch die Mächte im Innern des Reiches bangten um die Balance, ließen sich von Wallenstein herausfordern. Im eigenen Lager hatte der Feldherr wohl die schlimmsten Feinde. Der Kaiser hatte ihn zum Lohn für seine kriegerischen Erfolge mit den Herzogtümern Mecklenburg belehnt, Wallenstein hatte damit den Rang eines Reichsfürsten erworben. Voraussetzung für diesen Aufstieg aber war die Absetzung der legitimen Herzöge von Mecklenburg – ein gravierender Bruch des tradierten Reichsrechts, gegen den sich Widerstand von Reichsständen beider Konfessionen regte. Gemeinsam bangten sie um die fürstliche »Libertät«, die als »teutsche Freiheit« galt.

In den Augen der deutschen Fürsten schien der böhmische Parvenü zu einem heimlichen Kaiser aufzusteigen. Maximilian von Bayern ließ den Provokateur von dem Kapuzinermönch Valeriano Magni bespitzeln, der ein geheimes Gutachten über Wallenstein anfertigte, in dem er behauptete, dieser habe es auf die Krone abgesehen. »Wilt Du den Kaiser sehen?«, fragte eine Flugschrift und verdächtigte den Generalissimus, »den Meister vom Teutschland spielen« zu wollen.

Doch offenbar hatte Wallenstein ganz andere Hintergedanken in der Herrscherfrage. So soll er gegenüber französischen Gesandten zum Ausdruck gebracht haben, der Kaiser – und das war immer noch Ferdinand – müsse wie der französische König absoluter Herr werden über die deutschen Fürsten. Ein Kaiser sei genug, man brauche nicht noch einen in München. Das war nicht nur ein Affront gegen Kurfürst Maximilian, es war ein Angriff auf die föderale Tradition des Reiches, die fürstliche



1633 23.4.1633 Zusammenschluss der protestantischen Reichsstände mit Schweden unter Führung von Reichskanzler Axel Oxenstierna

1633 22.6.1633 Galileo Galilei muss vor der Inquisition in Rom seinen Lehren auf Basis des kopernikanischen Systems abschwören

1634 24.1.1634 Ferdinand II. erklärt Wallenstein zum Reichsrebellen

Die Eroberung Stralsunds durch das Heer Wallensteins. Der Siegeszug der Gegenreformation bis an die Ostseeküste alarmierte den Schwedenkönig Gusatv II. Adolf.

Eigenständigkeit. Die Gewichte auf der Waage der Macht verlagerten sich. »So stand das erste Jahrzehnt des Dreißigjährigen Krieges ganz im Zeichen des Kaisers«, kommentiert Historiker Heinz Schilling dessen Siegeszug. »Es sah eine Moment so aus, als wenn es Ferdinand gelingen würde, noch einmal die Entwicklung zurückzudrehen, die im 16. Jahrhundert zuungunsten des Kaisers verlaufen war und zugunsten der Stände.«

## Das Rad der Geschichte zurückdrehen

Des Kaisers Machtstellung schien nach dem Sieg über Dänemark so gefestigt, dass er sich zu einem folgenschweren Schritt entschloss und das sogenannte »Restitutionsedikt« erließ. Es zwang die Protestanten zur Rückgabe aller seit 1552 eingezogenen geistlichen (also vormals katholischen) Güter. Es galt laut kaiserlichem Willen, »emsiglich vorzugehen, damit durch ungleiche Auslegung des Religions-



1634 25.2.1634 Wallenstein wird in Eger auf kaiserliche Weisung hin erstochen

1634 6.9.1634 Schlacht bei Nördlingen: Nach ihrer Niederlage müssen sich die Schweden aus Süddeutschland zurückziehen

1635 2.1.1635 Die Académie française wird auf Betreiben Richelieus gegründet

## Restitutionsedikt und deutsche Freiheit

Am 6. März 1629 erließ Kaiser Ferdinand II. das sogenannte Restitutionsedikt und setzte damit den Augsburger Religionsfrieden außer Kraft. Kirchengut, das nach dem Jahr 1552 säkularisiert worden war, musste wieder zurückgegeben werden. Rund 500 Klöster und Konvente sowie zahlreiche Bistümer waren davon betroffen. Der Erlass gilt als wesentlicher Schritt auf dem Weg zu einer kaiserlich-zentralistischen Monarchie. Nicht nur die protestantische Seite reagierte empört, auch unter den Katholiken regte sich der Widerstand gegen den Alleingang des Kaisers. Denn mit dem »Cuius regio, eius religio«-Prinzip des Augsburger Religionsfriedens hatte sich der Gedanke der reichsständischen Libertät tief im allgemeinen Reichsbewusstsein verankert. Aus der Idee der »deutschen Freiheit« leiteten die Fürsten ein Mitspracherecht in fast allen Bereichen der Reichspolitik ab sowie größtmögliche Autonomie im eigenen Territorium. Mit dem Edikt gefährdete Ferdinand die Identität des Reiches als dezentral organisiertes politisches System.

Wir Ferdinand der Ander / von Gottes Gnaden / Erwöhlter Römischer Kaiser / zu allen Zeiten Mehrer deß Reichs / in Germanien zu Hungarn / Böheimb / Dalmatien / Croatien vnd Sclavonien / etc. König / Ertzhertzog zu Oesterreich / Hertzog zu Burgundt / zu Brabandt / zu Steyr / zu Kärndten / zu Crain / zu Lutzemburg / zu Württemberg / Ober vnd Nider Schlesien / Fürst zu Schwaben / Marggraff deß H: Röm: Reichs / zu Mähren / Ober vnd Nider Laußnitz / Gefürster Graff zu Habspurg / zu Tyrol / zu Pfürdt / zu Kyburg vnd zu Görtz / Landgraff in Elsäs / Herr auff der Windischen Marck / zu Portenaw vnd zu Salinß / etc.

Embieten N: Allen vnd Jeden Churfürsten / Fürsten / Geist: vnd Weltlichen / Praelaten / Graven / Freyen / Herrn / Rittern / Knechten / Landtvögten / Haubtleuten / Vitzdomben / Vögten / Pflegern / Verwesern / Ambtleuthen / Landtrichtern / Schultheissen / Burgermaistern / Richtern / Räthen / Burgern / Gmaindten / vnd sonst allen andern Vnsern vnd deß Reichs Vnderthanen vnd Getrewen / in was Würden / Standt oder Wesen die seynd / Vnser Freundtschafft / Gnad / vnd alles Guts. Vnd setzen ausser zweiffel / E. LL. AA. vnd Euch / auch Menniglich / werde mehr dann zuviel wissent vnd bekant seyn / in was schädliche Mißhelligkeit vnd Zerrüttung Vnser geliebtes Vatterlandt Teutscher Nation ... nun ein lange zeithero geschwebt / dessen Mißtrawen vnd hochgefährlicher Trennung / Anfang vnnd Brunnenquel / vrsprünglich zwar die laidige Spaltung in der Religion gewesen / vnd noch ist / nach derselben aber dieses vornemblich / daß gegen den Religion: vnd Landtfriden / so vornemblich deßwegen auffgerichtet / damit die Stände beider Religion, solchen Friden gemäß / einträchtig sich gegeneinander verhalten / auch kein Thail dem andern an seinen Rechten / Gütern / Landt vnd Leuthen / keinen eingriff / schaden oder nachthail zufügen solle / nicht allein vnderschidliche Spolia vnd andere hochschädliche attentata verübet / sonder auch noch darzu vnder allerhand gesuchten schein / vnnd durch hochschädliches disputat vber den Religionfriden selbsten / gleichsam derselbe in seinem Inhalt den

friedens die Reichsstände nicht weiter untereinander in Zwietracht und Misshelligkeit geraten«. So sollten die Erzbistümer Bremen und Magdeburg wieder katholisch werden, sodass vor allem die norddeutschen evangelischen Stände ihre konfessionelle und territoriale Integrität gefährdet sahen. Notfalls mit Waffengewalt sollten Kirchen und Klöster wieder den Besitzer wechseln.

Auf der Grundlage der während der Reformation angeeigneten Kirchengüter hatten die protestantischen Fürsten ihre Territorialherrschaften massiv ausgebaut, und das war nicht ohne Weiteres rückgängig zu machen. Außerdem hätte die Durchführung dieses Edikts einen solchen Machtgewinn für den Kaiser bedeutet, dass dies auch den Unwillen der katholischen Reichsstände hervorrufen musste. Doch Ferdinand war unbeirrbar und glaubte an seinen göttlichen Auftrag – er wollte das Rad der Geschichte zurückdrehen. Lange Zeit galt er in den Augen der Forschung als schwacher Herrscher, der von seinen Beichtvätern abhängig war und nur das tat, was ihm andere einflüsterten. Bernd Roeck sieht das heute anders: »Ich glaube, dass man keine



1635 19.5.1635 Das antihabsburgische Frankreich tritt in den Krieg ein und besetzt die spanischen Kolonien Martinique und Guadeloupe

1635 30.5.1635 »Prager Frieden« zwischen Ferdinand II. und den Kursachsen, dem sich andere protestantische Reichsstände anschließen

1635 18.9.1635 Kriegserklärung Ferdinands II. an Frankreich, das auf Schwächung des Hauses Habsburg abzielt

Beichtväter braucht, um die Motive eines Kaisers zu begreifen, der hier ein frommes Werk vollbringen wollte. Die Waffenerfolge, die er bis dahin erreicht hatte, mussten ihn in der Meinung bestätigen, dass Gott genau dies mit ihm vorhatte: nämlich die Erfolge auf dem Schlachtfeld in ein Edikt umzumünzen, das das Reich zum rechten Glauben zurückführt.« Doch selbst auf katholischer Seite wurde das Edikt als Angriff auf reichsständische Freiheiten erachtet, die der Kaiser mit Wallensteins gewaltiger Armee im Rücken einzuschränken gedachte.

Während Wallenstein Pläne zum Bau einer kaiserlichen Ostseeflotte verfolgte, zeichnete sich am Horizont das Eingreifen der Schweden ab. Der Generalissimus hatte das Restitutionsedikt heftig kritisiert, weil er eine Intervention der protestantischen Macht aus dem Norden befürchtete: »Die Erbitterung wird so groß sein, dass alle sagen, der Schwede soll nur kommen.«

Ein erbitterter Gegner Wallensteins war der Beichtvater Kaiser Ferdinands, Wilhelm Lamormaini, Jesuit und militanter Drahtzieher der Rekatholisierung. »Einen Feldherrn habt Ihr Euch gewählt, der die Religion für nichts achtet, der nicht Gott um Rat fragt, sondern die Magier, der den Krieg vernachlässigt, rasend schier und verblendet durch Hochmut«, so diskreditierte er Wallenstein immer wieder. Im Jahr 1630 schickten die »Soldaten Gottes«, wie man die Jesuiten nannte, eine Delegation zum Kurfürstentag nach Regensburg, um ihre Interessen durchzusetzen. In der Stadt an der Donau wollte man über Krieg und Frieden verhandeln – und es ging um die Zukunft des Generalissimus. Auf dem Kurfürstentag machten sich Maximilian von Bayern und die Jesuiten zu Wortführern einer Kampagne gegen Wallenstein. Sein steiler Aufstieg, seine Überheblichkeit und Missachtung der Fürsten hatten Neid und Hass hervorgerufen.

Der Jesuit Wilhelm Lamormaini war Initiator eines Verleumdungskomplotts gegen Wallenstein.

Die Landesherren setzten den Kaiser unter Druck und forderten Wallensteins Absetzung. Ferdinand saß zwischen allen Stühlen. Dass er die geplante Wahl seines Sohnes zum König nicht durchsetzen konnte, zeigt, wie abhängig er in seiner Stellung war – er konnte sich nicht einmal der Unterstützung der katholischen Kurfürsten sicher sein. »Für einen historischen Moment war selbst eine militärische Konfrontation zwischen dem Kaiser und der Liga katholischer Reichsfürsten nicht ausgeschlossen«, urteilt Johannes Burkhardt. Als heftige Klagen über die Gräueltaten der kaiserlichen Heere



**1636** 28.10.1636 In Cambridge/Massachusetts wird das Harvard College gegründet

**1637** 5.2.1637 Die in den Niederlanden seit 1634 grassierende Tulpenmanie endet jäh und führt zu Börsencrash und Rezession

**1637** 25.2.1637 Nach dem Tod seines Vaters wird Ferdinand III. zum Kaiser gekrönt

6. Juli 1630: Gusatv II. Adolf, der »Retter des Protestantismus«, landet mit seinem Heer an der deutschen Ostseeküste.

und ihres Generalissimus laut wurden, willigte Ferdinand widerstrebend ein, die Truppen zu reduzieren. Er musste in allen Punkten nachgeben – und opferte schließlich Albrecht von Wallenstein.

Die Stimmungslage beschreibt der Berliner Historiker Heinz Schilling wie folgt: »Bei den Reichsständen insgesamt, und zwar auch und gerade bei den weltlichen katholischen Fürsten, herrschte die Besorgnis, die Allmacht der Habsburger stieße noch im letzten Moment die seit Generationen zugunsten der Fürstenfreiheiten verlaufene Verfassungsentwicklung wieder um und führe letztlich zur Errichtung eines absolutistischen Kaiserstaates auf der Spitze der Wallenstein'schen Schwerter.« In Regensburg bekam der Kaiser nun die Folgen seiner autokratischen Reichspolitik zu spüren. In der kaiserlichen Armee sahen die Fürsten eine akute Bedrohung der ständischen Freiheiten und ein gefährliches Instrument für eine Umgestaltung des Reiches – in eine reale Monarchie oder eine von Wallenstein angeführte »Militärdiktatur«.

Der Gescholtene soll seine Entmachtung ruhig und gelassen vernommen haben. Vielleicht ahnte er, dass seine Zeit noch nicht abgelaufen war. Denn inzwischen wurde seine Prophezeiung Realität: Gustav II. Adolf, der »Löwe aus Mitternacht«, betrat die Bühne des Krieges.

Kein Zeitpunkt hätte für die Kriegspläne des Schwedenkönigs günstiger sein können Am 6. Juli 1630 landete er mit seinem 13 000 Mann starken Heer an der Ostseeküste. Er stieß auf keinen Widerstand, sondern wurde als »Retter des deutschen Protestantismus« begrüßt.

Gustav Adolf konnte in aller Ruhe seine Operationsbasis für die geplante Offensive ausbauen. Bis zum Jahresende gelang es ihm, sein Heer auf 40 000 Mann zu verstärken. Dabei profitierte er von den Zerfallserscheinungen in der kaiserlichen Streitmacht: Nach Wallensteins Absetzung brach das Kontributionssystem zusammen, zahlreiche Offiziere und Tausende von Söldnern wurden entlassen, von denen viele zu den Schweden überliefen. Geld für seinen Feldzug erhielt Gustav Adolf von Frankreich, wo Kardinal Richelieu, die »rote Eminenz« am Hof Ludwigs XIII., zielstrebig auf das Ende der habsburgischen Vormachtstellung in Europa hinarbeitete.

So wirkte die alte Rivalität der europäischen Herrscherhäuser in den Krieg auf deutschem Boden hinein. Es war der Beginn der dritten Phase des Dreißigjährigen Krieges, der »Schwedische Krieg« (1630–1635).

Im Bündnisvertrag von Bärwalde sicherte das katholische Frankreich den protestantischen Schweden Hilfsgelder in Höhe von 400 000 Reichstalern pro Jahr zu. Ziel der verdeckten französischen Intervention war die



**1640** 30.5.1640 Tod des Malers Peter Paul Rubens (* 1577)

**1640** 1.12.1640 Friedrich Wilhelm I., der Große Kurfürst, übernimmt nach dem Tod seines Vaters den Thron von Brandenburg-Preußen (bis 1688)

**1641** Japan schließt seine Häfen und isoliert sich von der Außenwelt (bis 1853)

Durchsetzung der Vorrangstellung des »allerchristlichsten Königs« (seit dem Spätmittelalter der Ehrentitel französischer Herrscher) in Europa mit allen Mitteln. Im Bündnis mit den Schweden lag die Chance, den französischen König zum mächtigsten Souverän Europas zu machen. Mit der Entscheidung für Schweden, das heißt für die konfessionell andere Seite, wich Frankreich eindeutig vom Schema des Religionskriegs ab.

Als Nachfolger Wallensteins musste sich Tilly zunächst der schwedischen Angriffe allein erwehren – mit einer verkleinerten und demoralisierten Streitmacht. Im Frühjahr 1631 trieb Gustav Adolf die Kaiserlichen vor sich her und bemächtigte sich der befestigten Stadt Frankfurt an der Oder, wo er acht gegnerische Regimenter überrumpelte.

In dieser Situation setzte Tilly auf die schnelle Einnahme der Stadt Magdeburg, um an die üppig gefüllten Depots zu gelangen – eine Entscheidung, die Gustav II. Adolf Veranlassung für einen einzigartigen Propagandafeldzug gab. Magdeburg, die »feste Burg«, eine Bastion des Luthertums, sollte unbedingt gehalten werden. Die katholische Liga wollte den symbolträchtigen Schauplatz um jeden Preis erobern.

Die Erstürmung Magdeburgs durch das Heer Tillys sollte als deutsches Trauma noch jahrhundertelang fortwirken.

## Der Untergang Magdeburgs

Im März 1631 begann Tilly mit der Belagerung der traditionsreichen Elbestadt. Tag und Nacht wurden Schanzen und Laufgräben gebaut. 32 000 Söldner gruben sich Kilometer um Kilometer an die Befestigungsanlagen heran. Unter den Eingeschlossenen machte sich Endzeitstimmung breit: Die Predigt im Dom nahm Bezug auf den Untergang der heiligen Stadt Jerusalem. Am Abend des 19. Mai 1631 verstummte das Donnern der kaiserlichen Kanonen – es war ein Zeichen für den bevorstehenden Sturm. Etwa 3000 Menschen suchten Zuflucht in der Kathedrale, weitere 35 000 verbarrikadierten sich in anderen Kirchen und Kellergewölben. Am frühen Morgen gab Tilly den Befehl zum Angriff. Nur drei Stunden vergingen, bis die Verteidiger überwältigt waren.

Die Soldaten brandschatzten, vergewaltigten und mordeten in der eroberten Stadt. Am Ende versank sie in Schutt und Asche. Das



**1642** 8.1.1642 Tod Galileo Galileis (* 1564)

**1642** 16.1.1642 Ausbruch des englischen Bürgerkriegs (bis 1648) zwischen Anhängern König Karls I. und puritanisch dominiertem Parlament

**1642** 4.12.1642 Tod Kardinal Richelieus: sein Nachfolger als Leiter der Regierungsgeschäfte wird Kardinal Jules Mazarin

Nach der Eroberung Magdeburgs legte eine entfesselte Soldateska die Stadt in Schutt und Asche – das Massaker sorgte für Entsetzen in ganz Europa.

Inferno ging als »Magdeburger Bluthochzeit« in die Geschichte ein, fast 30 000 Menschen verloren ihr Leben.

*Das ist der Tag des Verderbs und das unabwendbare Schicksal Magdeburgs!*

REINHARD BAKE, ERSTER DOMPREDIGER MAGDEBURGS, 1631

Binnen kurzer Zeit verbreitete sich die Kunde vom Magdeburger Massaker weit über die Grenzen des Reiches hinaus. Was geschehen war, vertiefte den Riss zwischen den Konfessionen, spaltete die Deutschen mehr als jedes andere Ereignis seit den Tagen der Reformation. Die Katholiken feierten die Erstürmung der Bastion der »Rebellen« mit Dankprozessionen und Freudenschüssen. Die protestantische Seite prangerte die hemmungslose Gewalt vonseiten der Katholiken an. Das Ausmaß des Grauens könne »mit Worten nicht beschrieben und mit Tränen nicht beweint werden«, berichteten Augenzeugen der Katastrophe. So beispiellos war das Geschehene, dass der deutschen Sprache ein neues Wort hinzugefügt wurde: »magdeburgisieren«.



1643 14.5.1643 Nach dem Tod Ludwigs XIII. besteigt vierjährig Ludwig XIV. den Bourbonenthron (bis 1715)

1645 3.8.1645 Schlacht bei Nördlingen: Die Franzosen unter Turenne bereiten den Kaiserlichen eine Niederlage

1647 14.5.1647 Bayern, Köln, Frankreich und Schweden unterzeichnen ein Neutralitätsabkommen

Das Ereignis beschwor den Ruf nach Vergeltung herauf. Triumph- und Revanchepublizistik heizten den Krieg weiter an. Fortan wurde der Schwedenkönig von den evangelischen Flugschriften zum Retter stilisiert, zum Rächer der »geschändeten Jungfrau Magdeburg«. Hatten die lutherischen und reformierten Landesherren in ihm bislang eher den Machtmenschen als den Befreier gesehen, so schwenkten sie nach Magdeburg bedingungslos auf seine Seite. Auf Flugblättern trat der »Löwe aus Mitternacht« mit seinem Schwert dem Drachen entgegen, einem Ungeheuer namens römische Kirche. Schon seit dem 16. Jahrhundert existierte eine Prophezeiung, der zufolge ein »Löwe aus Mitternacht« den Adler, den Kaiser, bekämpfen werde. Das realpolitische Motiv, der Drang Gustav II. Adolfs nach Vorherrschaft im Ostseeraum, verschwamm im konfessionell aufgeheizten Klima. Die schwedische Streitmacht landete auf Usedom, der Krieg ging in eine neue Runde.

## Der Durchmarsch der Schweden

»Sie empfangen ihn wie den Messias«, soll Wallenstein die Ankunft des Königs kommentiert haben. In seinem Herzogtum Friedland wartete der Feldherr geduldig auf den Tag, an dem man ihn wieder brauchen würde. Unterdessen trat Gustav Adolf seinen Eroberungszug durch Deutschland an. Dabei erwies sich der König als gewiefter Stratege. Seine Kriegskunst beruhte auf leichten, sehr mobilen Kanonen und flexiblen Einheiten, die den schwerfälligeren Heerhaufen des Kaisers und der Liga überlegen waren. Doch er mied zunächst die offene Schlacht. Zu viel stand auf dem Spiel: die Zukunft des Protestantismus im Reich, das Schicksal seiner protestantischen Alliierten – und die eigene Machtposition.

Er brauchte Verbündete: Alles hing von der Entscheidung des lutherischen Kurfürsten Johann Georg von Sachsen ab, der bis zu diesem Zeitpunkt loyal zum Kaiser gestanden hatte. 18 000 Mann hielt er unter Waffen, noch aber war er unschlüssig, gegen wen er sie richten sollte. Tilly wollte den Sachsenfürsten seinerseits mit Waffengewalt zwingen, sich der Liga anzuschließen, und ließ Kursachsen zu großen Teilen verwüsten. Schließlich setzte Johann Georg auf die schwedische Karte. Er unterschrieb einen Vertrag, der ihm zwar seine kurfürstlichen Herrschaftsrechte garantierte,

Verbündete: Johann Georg von Sachsen und Georg Wilhelm von Brandenburg nahmen mit Gustav Adolf den Kampf gegen Ferdinand auf.



**1648** 24.10.1648 Frieden von Münster und Osnabrück mit Territorialgewinnen für Frankreich und Schwächung der Stellung des Kaisers im Reich

**1649** 30.1.1649 Enthauptung Karls I. (* 1600) wegen Hochverrats, England wird unter Oliver Cromwell zur Republik

**1650** 11.2.1650 Tod des Philosophen René Descartes (* 1596)

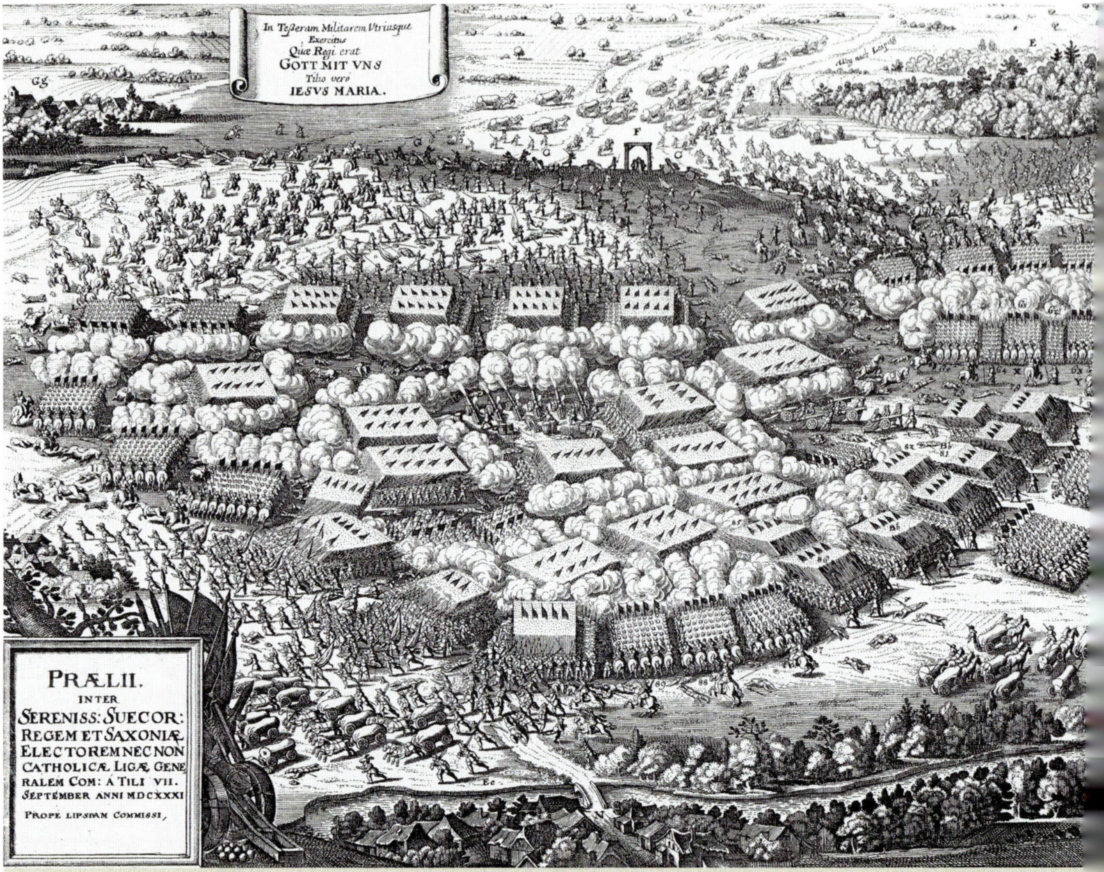


In der Schlacht von Breitenfeld errang die protestantische Koalition den ersten großen Sieg – dank der mobilen Taktik des klugen Strategen Gustav Adolf.

die »völlige Direktion« aller militärischen Operationen jedoch dem Schwedenkönig übertrug. Auch Georg Wilhelm von Brandenburg wurde zu einem Bündnis mit den Schweden genötigt.

Für das Reich markierten die Allianzen evangelischer Fürsten mit den Schweden eine entscheidende Wende: Reichsstände, Glieder des Reiches, an deren Spitze nominell der Kaiser stand, handelten nun wie souveräne Staaten. »Hatte für einen Moment die universale Monarchie des Kaisers zur Debatte gestanden«, schreibt Historiker Burkhardt, »kippte die Entwicklung in ihr Gegenteil um, die in der Konsequenz bis zum Auseinanderfallen des Reiches hätte führen können.«

Militärisch wendete sich das Blatt in der Schlacht von Breitenfeld am 17. September



**1653** 31.5.1653 In Augsburg wird der Habsburger Ferdinand IV. zum deutschen König (bis 1654) gewählt

**1653** 16.12.1653 England erhält erste geschriebene Verfassung, Cromwell wird zum »Lord Protector« ernannt

**1654** 17.5.1654 Otto von Guericke demonstriert mit seinen Magdeburger Halbkugeln die Existenz des Vakuums

1631, bei der das vereinte Heer der Schweden und Sachsen (man schätzt dessen Stärke auf etwa 42 000 Mann) auf die Armee der katholischen Liga traf. Gegen zwei Uhr nachmittags eröffnete Tilly den Kampf und zwang zunächst die Sachsen in die Flucht. Doch den Schweden gelang es, mehrere Kavallerieangriffe abzuwehren und mobile Kanonen mit hoher Schussfrequenz auf kurze Distanz einzusetzen. Tilly verlor seine gesamte Artillerie. Rund 7600 ligistische Soldaten starben im Geschützfeuer.

Nach zehn Jahren militärischer Erfolge war das katholische Übergewicht im Reich dahin – Schweden hingegen war auf dem besten Weg, zu einer europäischen Großmacht aufzusteigen.

In Schweden und im evangelischen Deutschland ließ Gustav II. Adolf sich als Verteidiger des Glaubens feiern. Dem verbündeten Frankreich gegenüber gab er vor, keinen Konfessionskrieg zu führen und allein aus Gründen des machtpolitischen Gleichgewichts gegen das Haus Habsburg zu kämpfen.

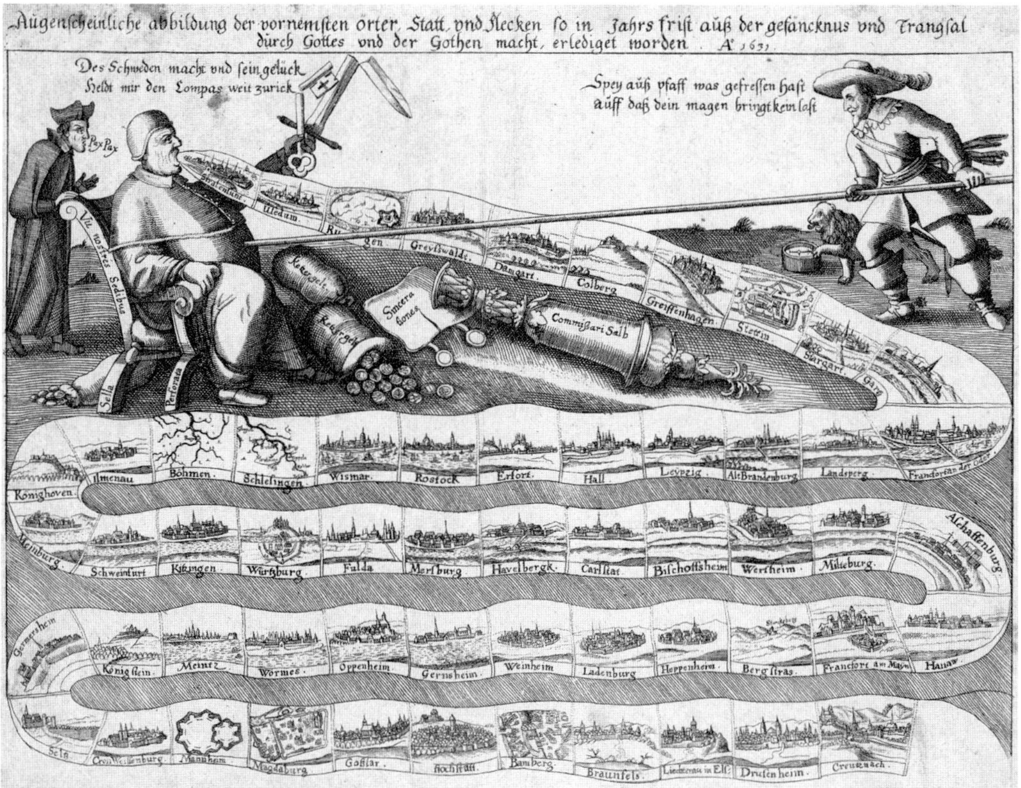


»Spey aus, Pfaff, was gefressen hast«: Flugschriften feierten den Siegeszug des Schwedenkönigs, den man in den eroberten Städten als Befreier willkommen hieß.



**1654** 7.6.1654 Nach der Niederschlagung der Fronde wird Ludwig XIV. in Reims feierlich gekrönt

**1656** 30.7.1656 Schlacht um Warschau: Schweden und Brandenburger setzen sich gegen Polen und Litauer durch

**1656** 20.11.1656 Vertrag von Labiau: Friedrich Wilhelm I. erhält von den Schweden die Anerkennung der Souveränität Preußens

Auf seinem Siegeszug eroberte König Gustav II. Adolf nach und nach die großen Städte in der Mitte und im Süden des Reiches: Er besetzte Erfurt, Würzburg, Aschaffenburg, Frankfurt und Mainz – und ließ sich allerorten enthusiastisch feiern. Den größten Triumph erlebte er in Augsburg, der Geburtsstadt des Protestantismus seit den Weichenstellungen auf den Reichstagen der Lutherzeit. Auch hier hatte Ferdinand II. das Restitutionsedikt gewaltsam durchsetzen wollen.

Die Bewohner sahen im Schwedenkönig den Befreier, empfingen ihn geradezu wie einen »zweiten Martin Luther«. Nach seinem feierlichen Einzug in die Stadt hörte er die Predigt in Sankt Anna, der Hauptkirche der Protestanten – anschließend hielt er eine leidenschaftliche Rede für den Frieden zwischen den Konfessionen.

Die Glorie des Glaubenshelden, des »Löwen aus Mitternacht«.

*Triumph! Viktoria! Der Lew aus Mitternacht / Hat endlich Rach geübt und Euch in Lauff gebracht / Ihr feistes Klostervolk! Ihr in der Pfaffen-Gasse / Laufft nun und trollet Euch aus Eurem festen Passe!*

AUS EINEM FLUGBLATT

Propagandistischer Triumph: Die Einnahme Augsburgs, gleichsam die Tötung der »katholischen Bestie«, durch Gustav Adolf.

Die »Befreiung« von Augsburg fand ihr Echo in einer Flut weitverbreiteter Flugschriften, die das Kriegsgeschehen noch mehr aufheizten. Darunter auch Abbildungen vom Löwen, der mit gewaltigen Schwerthieben die katholische Bestie erlegte. Man feierte Gustav Adolf gar als neuen Cäsaren und Herrscher der Welt. Es war ein Siegestaumel, der den Kaiser alarmieren musste. Würde der Gegner bald schon nach Wien vordringen? Gustav Adolf schien sich an die Stelle des Kaisers setzen zu wollen.

Ferdinand II. sah nur einen Ausweg, um seine Herrschaft im Reich zu sichern: Er brauchte wieder einen erfolgreichen Militär an seiner Seite – Wallenstein.



**1658** 18.7.1658 Nach dem Tod Ferdinands III. (1657) und über einjährigem Interregnum folgt ihm Leopold I. als deutscher Kaiser (bis 1705)

**1658** 3.9.1658 Nach dem Tod Oliver Cromwells folgt ihm sein Sohn Richard als Lord Protector nach (bis 1659)

**1659** 7.11.1659 Pyrenäenfrieden zwischen Spanien und Frankreich, dem u.a. das Roussillon zugesprochen wird

Der geschasste Feldherr im Wartestand wusste die schwierige Situation des Kaisers zu nutzen. Er ließ sich ein zweites Mal auf das Spiel um die Macht ein, forderte vom Kaiser nahezu unbeschränkte Vollmachten für Kriegführung und Friedensverhandlungen – und erhielt sie.

Die Lage wurde immer bedrohlicher, als der Schwedenkönig im März 1632 die Winterquartiere verließ, um in Bayern einzumarschieren. Kurfürst Maximilian schloss sich höchstpersönlich dem dezimierten Heer der Liga an. Die Not war so groß, dass selbst er auf die Unterstützung des wieder eingesetzten Generalissimus hoffte. Dessen Rekrutierungen verliefen überaus erfolgreich, seine Armee zählte bereits im April über 70 000 Mann. Wallenstein wollte jedoch dem Mann, der zuvor seine Absetzung betrieben hatte, zuerst einmal keine Waffenhilfe leisten.

In der Schlacht am Lech erlitt Tilly eine schwere Verwundung, der er kurz darauf erlag.

*Ich begehre den Frieden so hoch als meine Seligkeit, nichtsdestoweniger mache ich jetzt größere praeparatoria zum Krieg, als ich niemals vorher getan hab, und verhoffe, diejenigen, so die offerierten Friedenstractaten verwerfen und zu weiterer Blutstürzung Lust haben, an einem so zarten Orte anzugreifen, dass es ihnen wehe tun soll.*

WALLENSTEIN, 1632

Gustav Adolf führte eine Armee von etwa 37 000 Soldaten gegen Bayern. Er erstürmte das besetzte Donauwörth und besiegte am 4. April 1632 Tilly, der ihn am Lech aufzuhalten suchte. Der kaiserliche Feldherr erlag wenige Tage später seinen Verletzungen.

Im katholischen Bayern widerfuhr dem Schwedenkönig erstmals, dass er nicht als Befreier und Retter begrüßt wurde. Auf seinen Befehl kam es zu Morden und Plünderungen, um das Land zu »ruinieren«. »Bet', bet', morgen kimmt der Schwed'«, flüsterten besorgte Mütter ihren Kindern zu. Erstmals kam es auch zu Widerstand in der Bevölkerung, Bauern wie Städter setzten sich zur Wehr. Landleute übten Rache für die Gräueltaten der Soldateska. Gustav Adolf reagierte mit aller Härte. Nur in München, Maximilians Hauptstadt, ließ er Milde walten – »in beschämender Vergeltung für Magdeburg blieb die Stadt verschont«, schrieb ein Beobachter. Am Himmelsfahrtstag feierte der Schwedenkönig in der Residenz einen Gottesdienst und besichtigte anschließend die Frauenkirche. Würde sein Siegeszug andauern?



1660 29.5.1660 Mit Karl II. besteigt wieder ein Stuart den englischen Thron (bis 1685)

1660 6.8.1660 Tod des spanischen Malers Diego Velázquez (* 1599)

1661 10.3.1661 Ludwig XIV. übernimmt nach dem Tod Mazarins alle französischen Regierungsgeschäfte

München, die Hauptstadt Maximilians von Bayern, blieb von den Truppen Gustav Adolfs verschont.

Schon bald stand Gustav Adolf vor seiner größten Bewährungsprobe als Feldherr. Wallenstein folgte ihm mit seiner Streitmacht, hatte die Sachsen aus Böhmen vertrieben und sich schließlich bei Eger mit Maximilian und seinen Truppen vereinigt. Gustav II. Adolf wusste, dass er zahlenmäßig stark unterlegen und in offener Feldschlacht sicher chancenlos war. Doch Wallenstein stand schon kurz vor Nürnberg. Dem Schwedenkönig blieb keine Zeit. Er sah sich gezwungen, mit seinem Heer unter den Mauern der Stadt Stellung zu beziehen, um auf Entsatztruppen zu warten. Doch dafür benötigte er befestigte Stellungen. 20 000 Soldaten, zwangsweise ausgehobene Bauern und freiwillige Helfer schufen nach den Plänen Gustav Adolfs um Nürnberg herum ein Bollwerk aus mächtigen Schanzen und tiefen Gräben.

Geistlicher Beistand: In Wallensteins Lager fleht ein Kapuziner um Gottes Segen für die bevorstehende Schlacht.

## Wallensteins Lager

Unweit der Stadt ließ Wallenstein zeitgleich »sein« Lager errichten, nach Ansicht von Historikern das größte der Militärgeschichte. Sein Ziel war es, die Schweden von allen Nachschubwegen abzuschneiden und buchstäblich auszuhungern. Um Nürnberg und das schwedische Lager herum hoben rund 60 000 Landsknechte und Trossleute in nur drei Tagen ein 16 Kilometer langes Grabensystem aus. Männer, Frauen und Kinder schütteten Erdwälle auf, bauten Hütten und Schanzen. Die Zeit arbeitete für den Generalissimus. Das Kräftemessen zwischen ihm und dem Schwedenkönig führte zu einer bedrohlichen Situation für die Belagerten. Seuchen brachen aus, jeden Tag starben rund 300 Menschen an Krankheiten und Hunger; Gustav II. Adolf hatte am Ende mehr als 10 000 Mann verloren.

War der Schwedenkönig in eine Falle gegangen? Er wollte sich jedenfalls nicht damit abfinden. Anfang September erteilte er den Befehl zur Erstürmung von Wallensteins Lager. Doch seine Truppen gerieten in das Sperrfeuer der gegnerischen Kanonen – der Sturmangriff



**1661** Ludwig XIV. lässt die Schlossanlage von Versailles errichten (wird 1677 sein Regierungssitz)

**1662** 19.8.1662 Tod des Mathematikers und Philosophen Blaise Pascal (* 1623)

**1663** 20.1.1663 Der von Leopold I. nach Regensburg einberufene Reichstag tagt in Permanenz (bis August 1806)

Tod eines Helden: In der Schlacht bei Lützen geriet der kurzsichtige Gustav Adolf in eine Schwadron feindlicher Reiter und wurde von einer Musketenkugel getroffen. Er starb, doch die Propaganda hielt ihn am Leben.

scheiterte. Die Angreifer zogen sich zurück, ihr Rückzug kam einer Flucht gleich.

Daran gab es keinen Zweifel. Der kaiserliche Feldherr hatte den schwedischen Vormarsch gestoppt, dem ruhmreichen König in den Augen der Zeitgenossen eine bittere Niederlage zugefügt. Als Wallenstein weiter nach Sachsen zog, sah sich Gustav II. Adolf gezwungen, ihm zu folgen, um dem sächsischen Kurfürsten Beistand zu leisten und um die Verbindung zur Ostseeküste zu halten.

Am 16. November 1632 standen sich Gustav Adolf und Wallenstein bei Lützen gegenüber. Keinen Fußbreit werde er weichen und lieber krepieren, verkündete Letzterer am Abend vor der Schlacht. 20 000 Schweden und 16 000 Kaiserliche trafen aufeinander. Ein erbittertes Hauen und Stechen setzte ein, das rund acht Stunden dauerte und bei dem beide Kriegsparteien rund 9000 Mann verloren. Bis zum Anbruch der Dunkelheit konnte sich keine der beiden Seiten einen entscheidenden Vorteil verschaffen.

## Der Tod des Königs

Die Schweden behaupteten das Schlachtfeld und fühlten sich schon als Sieger. Gustav Adolf war seinem bedrängten linken Flügel zu Hilfe geeilt, doch dann geriet er mitten im Kampfgetümmel in eine Schwadron kaiserlicher Reiter. Das Unfassbare geschah. Er wurde von Schüssen getroffen, konnte sein Pferd nicht mehr führen und stürzte inmitten verbissen kämpfender Kürassiere zu Boden.



**1664** 1.8.1664 Die Schlacht bei Mogersdorf beendet für das siegreiche europäische Koalitionsheer den Türkenkrieg (seit 1663)

**1666** Isaac Newton entwickelt die klassische Mechanik, u.a. die Gravitationstheorie

**1666** 2.9.1666 Nach einem großen Pestausbruch im Vorjahr werden nun in vier Tagen drei Viertel des alten London durch Brand zerstört

Für einen Moment schien die Zeit stehen zu bleiben. Die Stilisierung des Schwedenkönigs zum Erlöser zeigte nun ihre Kehrseite. In jener abergläubischen Zeit mochte mancher seinen Tod wie ein Gottesurteil sehen. Der Tod Gustav II. Adolfs markierte eine militärische, eine politische, vor allem aber eine moralische Zäsur. Das tragische Ereignis war nach dem Untergang Magdeburgs das zentrale Thema der Publizistik des Dreißigjährigen Krieges. In den Flugblättern überschlugen sich die Meldungen. Die protestantische Seite versuchte zunächst, den König in ihrer Propaganda am Leben zu erhalten. Majestät seien wohlauf, hieß es. Gustav Adolf werde »zu Leipzig den Rest von Wallensteins Armee ganz umbringen«. Doch der hilflose Täuschungsversuch scheiterte. Auf der anderen Seite kursierten Gerüchte über ein Attentat: Ein kaiserlicher Kürassier, der mehrmals die Fahnen gewechselt habe, habe den Schwedenkönig aus unmittelbarer Nähe erschossen – so sollte der unglaubliche Tod zumindest die Folge katholischer Intrige oder eines verräterischen Hinterhalts sein.

*Der Schwede lebet noch / und wird auch ewig leben / Wenn Christus wird das Reich dem Vater übergeben / Wird ruffen alle Welt: Da liget Babels Joch im tieffen hellen Pful. Der Schwede lebet noch.*

FLUGBLATT, 1633

Die unter einem Hügel von Toten aufgefundene, von Pferdehufen zertretene Leiche des Königs wurde über Brandenburg und Pommern nach Stockholm gebracht, wo er in der Riddarholmskirche eine prächtige Ruhestätte fand. Seinen Marmorsarkophag schmückten die Fahnentrophäen seiner Siege. Das schwedische Volk verehrte ihn als Gustavus Adolphus Magnus. In Deutschland war die Reaktion erwartungsgemäß gespalten. Den Katholiken galt er als ein »neuer Attila«, als Geißel Gottes, die Protestanten sahen ihn weiterhin als Heldengestalt ihres Glaubens. In seinem Epos »Der Deutschen Dreyßig-Jähriger Krieg« (1657) schrieb der Dichter Georg Greflinger über den Tod des Monarchen: »Man lese, wo man dich von vielen Kugel-Wunden / Gustavus, theurer Held, hat gefunden: / Hier hat der Schweden Haupt für Deutschland seinen Geist / geopfert, den GOTT liebt, den alle Nach-Welt preist.«

War mit dem Tod des Schwedenkönigs für Wallenstein und den Kaiser etwas gewonnen? Politik und Führung Schwedens erfuhren keine Veränderung, der tatkräftige Kanzler Axel Oxenstierna übernahm die Leitung der Staatsgeschäfte, während Bernhard von Weimar und dem Feldmarschall Gustav Horn die militärische Leitung des Krieges oblag. Mit Durchhalteparolen riefen die Schweden zum Rachefeldzug auf. Unter neuem Kommando gingen die Kämpfe weiter. »Lauter Glück und lauter Sieg, folget ihm und seinem Krieg« – dieser Schlachtruf bedeutete, dass die Mission des Königs noch nicht erfüllt war.

So sprach nichts für ein absehbares Ende des Schlachtens. Vielmehr gelangte Wallenstein zu der Erkenntnis, dass der Krieg mit militärischen Mitteln nicht zu gewinnen war. Als Ökonom war es für ihn ein Gebot der Vernunft, unter solchen Bedingungen auch einen Friedensschluss in Erwägung zu ziehen. Die Logistik seiner Streitmacht funktionierte ohnehin nur noch auf dem Papier, alle Heere plagten Versorgungsengpässe: »Wir wissen aus zeitgenössischen Berichten, dass die Sol-



**1667** 31.7.1667 Frieden von Breda beendet den Englisch-Niederländischen Krieg (seit 1665): England erhält Neu-Amsterdam (New York)

**1668** 2.5.1668 Frieden von Aachen: Tripelallianz von England, den Niederlanden und Schweden weist Frankreich in die Schranken

**1668** »Der Abentheuerliche Simplicissimus Deutsch« von Hans Jacob Christoffel von Grimmelshausen erscheint in Nürnberg

Mit ihrer Unterzeichnung des »Pilsener Revers« gelobten Wallensteins Offiziere ihrem Generalissimus unverbrüchliche Treue.

daten etwa die Kirchenfenster herausbrachen, um mit dem Blei die Musketenkugeln zu gießen«, sagt der Militärhistoriker Kroener. »Es gibt Hinweise, dass Soldaten selbst die Wäsche von der Bleiche stahlen, um sich ihre Blöße zu bedecken. Man kann sich die Abgerissenheit der zeitgenössischen Soldaten, was ihre Kleidung angeht, nicht extrem genug vorstellen. ›Nackend‹, ›bloß‹, ›ausgemattet‹ sind zeitgenössische Begriffe.«

Die Kriegsparteien setzten auf die Strategie der verbrannten Erde, um sich gegenseitig auszuhungern. »Besser eine Wüste regieren als ein Land voller Ketzer«, soll der Kaiser gesagt haben. Doch irgendwann war nichts mehr zu holen.

Wallenstein handelte als Unternehmer, der seine Truppen, sein »Firmenkapital«, nicht aufs Spiel setzen wollte. Er agierte deshalb zögerlich, seine Kriegführung wurde defensiver. Vor allem aber erste Verhandlungen mit Sachsen und Schweden nährten am kaiserlichen Hof den Verdacht, er wolle die Seite wechseln. Nach dem Fall von Regensburg hatte ihm Ferdinand II. befohlen, nach Bayern zu marschieren. Der Generalissimus kam dieser Weisung zunächst nach, zog bis Cham in der Oberpfalz – um dann aber, wegen des einbrechenden Winters, nach Pilsen zurückzumarschieren, wo er die Quartiere beziehen ließ.

Das grenzte in den Augen seiner Gegner, bei den katholischen Fürsten und bei Hofe, an Sabotage. Man unterstellte dem Feldherrn sogar, eine Rebellion zu planen. Wallenstein ließ es auf eine Kraftprobe mit dem Kaiser ankommen und unternahm einen riskanten Schritt: Am 12. Januar 1634 ließ er seine Offiziere den »Pilsener Revers« unterschreiben. Darin verpflichteten diese sich, einzig und allein dem Befehl ihres Generalissimus zu folgen und ihm die Treue zu halten – auch im Falle einer Absetzung. Der Vorgang wurde nach Wien gemeldet – es war der Anfang vom Ende Wallensteins.

Ferdinand II. bangte um seine kaiserliche Autorität, und in seiner Umgebung wuchs die Kritik an den selbstherrlichen Attitüden des Emporkömmlings. Drahtzieher einer erneuten Kampagne waren wieder die Jesuiten. Sie bezichtigten den renitenten Militär, »den Krieg schmählich zu vernachlässigen, um dem törichten Gespinst eines Friedens nachzujagen«.

## Wallensteins Ende

Eigenmächtig begann der kriegsmüde Feldherr mit der protestantischen Seite zu verhandeln. Er hatte Gewicht als Verhandlungspartner, war ein Faktor im großen Machtspiel, weil er Piken und Kanonen hinter sich hatte.

Er glaubte, wie ein Staatsmann und Diplomat agieren zu können. »Man lasse mich nur machen«, soll er gesagt haben. Doch zu seinen genauen Plänen gibt es – neben Gerüchten und Spekulationen – so gut wie nichts Schriftliches. »Es existiert ein einziges Protokoll einer Unterredung Wallensteins mit kursächsischen Emissären, in denen er sehr pragmatische und vernünftige Vorstellungen von einem zu erreichenden Frieden äußert«, bestätigt Historiker Michael Busch. »Er dachte etwa an eine Wiederherstellung der Pfälzer Kurwürde, nicht an eine Allianz, aber an eine Abfindung der Schweden und an eine Aufhebung des Restitutionsedikts.«

Aus der Warte Ferdinands II. gesehen war das nicht nur Anmaßung, sondern Hochverrat. Wer das Heer hinter sich wisse, könne den Frieden diktieren, äußerte Wallenstein im Gespräch mit einem schwedischen Gesandten. Doch der Generalissimus verzettelte sich: Er verhandelte mit den Schweden gegen den Kaiser und umgekehrt, versprach allen alles – bis am Ende niemand mehr wusste, woran er bei Wallenstein war.

Diesen plagte längst ein schleichendes Siechtum. Schon während der Schlacht von Lützen konnte er sich nur unter Schmerzen auf seinem Pferd halten. Später ließ er sich liegend auf einer Sänfte transportieren. Heute (nach Untersuchungen seines Skeletts) geht man davon aus, dass es sich um Syphilis im Endstadium handelte; so gibt es auch Spekulationen über seinen damaligen Geisteszustand. War er überhaupt noch in der Lage, die komplexe Situation zu erfassen?

Womöglich trug die kaum mehr zu verbergende Hinfälligkeit zu seinem Autoritätsverlust bei. Zwar waren ihm seine Offiziere durch



1674 8.11.1674 Tod des englischen Dichters John Milton (* 1608)

1675 26.6.1675 Kurfürst Friedrich Wilhelm von Brandenburg besiegt bei Fehrbellin die Schweden unter König Karl XI.

1678 10.8.1678 Frieden von Nimwegen zwischen Frankreich und den Niederlanden

ihren Eid verpflichtet, doch einer von ihnen machte sich das undurchschaubare Spiel des Generalissimus zunutze, um selbst den Platz an der Spitze des Heeres einzunehmen: Octavio Piccolomini. Er war Kommandant von Wallensteins Leibgarde, einer der Wenigen, denen der misstrauische Kranke noch traute. Piccolomini schickte einen Denunziantenbrief zum Kaiser nach Wien, in dem er behauptete, die wahren Pläne des Feldherrn zu kennen: nämlich dass Wallenstein danach strebe, die Herrschaft in Böhmen zu übernehmen, den Kaiser zu entmachten und damit letztlich Hochverrat zu begehen.

In Wien überschlugen sich daraufhin die Ereignisse, als hätte man auf eine derartige Nachricht nur gewartet. In einer geheimen Sitzung erklärte Ferdinand II. Wallenstein am 24. Januar 1634 zum Reichsrebellen. In einem Ächtungspatent wurde der Feldherr der »meineidigen Treulosigkeit und barbarischen Tyrannei« beschuldigt. Wallenstein plane, das Haus Österreich zu stürzen, er müsse mit Waffengewalt unschädlich gemacht werden. Zunächst wurde noch strikte Geheimhaltung gewahrt. Doch dann setzte der Kaiser eine ganze Reihe von Maßnahmen in Gang. Mit persönlichen Sendschreiben ausgestattet, wurden Kuriere in die Feldlager geschickt, um die Offiziere für sich zu gewinnen. Wallenstein sollte so schnell wie möglich in Pilsen festgesetzt werden. Am 22. Februar wurde er öffentlich zum Hochverräter erklärt und seine Absetzung bekanntgegeben, seinen Offizieren hingegen Straflosigkeit zugesichert.

Wallenstein glaubte seine Streitmacht noch immer hinter sich zu haben. Am Weißen Berg bei Prag, wo sein kometenhafter Aufstieg mit einer erfolgreichen Schlacht begonnen hatte, wollte er seine Truppen zu einem »Generalrendezvous« versammeln. Doch diese letzte Parade des Generalissimus erwies sich als Illusion. Die Soldaten verweigerten ihm die Gefolgschaft.

Wallenstein begab sich mit einigen wenigen Getreuen auf die Flucht. Er wollte Schutz bei den Sachsen suchen, seinen einstigen

Octavio Piccolomini, der Kommandeur von Wallensteins Leibgarde, bezichtigte den Generalissimus des Hochverrats.



**1679** 12.7.1679 Karl II. billigt die vom englischen Parlament beschlossenen Freiheitsrechte der Habeas-Corpus-Akte

**1680** 9.8.1680 Ludwig XIV. lässt das Elsass zum französischen Staatsgebiet erklären

**1681** 14.3.1681 Wilhelm Penn gründet die amerikanische Kolonie Pennsylvania als Zuflucht für die verfolgten Quäker

Der Mord von Eger: Am 25. Februar 1632 drangen Schergen des Kaisers in das letzte Quartier Wallensteins ein und vollstreckten das Todesurteil gegen den »Reichsrebellen«.

Gegnern. Im böhmischen Eger fand der Feldherr sein letztes Quartier – gejagt von seinen Häschern, Am 25. Februar 1634 drangen sie zu nächtlicher Stunde in sein Zimmer ein – ihr Auftrag war klar: Sie sollten auf Geheiß des Kaisers das Todesurteil vollstrecken. Wallenstein wurde von dem irischen Hauptmann Devereux erstochen.

War ihm in jener Stunde bewusst, dass er sich überschätzt hatte? Offenbar konnte eine so provokante Figur wie er nur bestehen, wenn sein Leben mehr von Nutzen war als sein Tod. Als er als Kriegsherr ausgedient hatte, erkannten die Mächte in ihm wieder den Fremdkörper.

War er ein Verräter, den die gerechte Strafe ereilte, oder war er Opfer eines undankbaren Kaisers, der ihm sein politisches Überleben zu danken hatte? Sein tragisches Ende jedenfalls schied auch in der Nachwelt die Geister.

*Wallensteins Tod bleibt ein ungeheures Beispiel, sei es für die Undankbarkeit des Dienenden, sei es für die Grausamkeit des Herrn; denn in seinem an gefährlichen Zwischenfällen reichen Leben fand der Kaiser keinen Zweiten, dessen hilfreiche Dienste auch nur von ferne an die ihm von Wallenstein geleisteten herangekommen wären.*

KARDINAL RICHELIEU, 1634



1681 25.5.1681 Tod des spanischen Dramatikers Pedro Calderón de la Barca (* 1600)

1681 30.9.1681 Die Freie Reichsstadt Straßburg wird von den Franzosen belagert und an sie übergeben

1682 23.5.1682 Der Strelitzenaufstand nach dem Tod Fjodors III. führt zur doppelten Zarenkrönung von Peter I. und Iwan V.

Die Spirale des Krieges drehte sich auch ohne Wallenstein weiter. Blieb die Frage, wann sich seine Erkenntnisse und Schlussfolgerungen über Sinn und Unsinn des Gemetzels auch anderen aufdrängten.

Es ist vielleicht eine Ironie der Geschichte, dass die vagen Konturen seiner Pläne, die auf einen Frieden abzielten, schon ein Jahr nach seiner Ermordung klare Umrisse annahmen. Nachdem es den Kaiserlichen gelang, den Schweden in der Schlacht von Nördlingen eine schwere Niederlage zuzufügen, sah sich Kursachsen zu ernsthaften Verhandlungen mit Ferdinand II. genötigt.

»In der öffentlichen Meinung regte sich ein Reichspatriotismus, der die fremden Heere auf deutschem Boden als Ursprung allen Übels brandmarkte«, schreibt Heinz Schilling. Die protestantischen Stände waren nicht länger gewillt, sich von den Schweden dirigieren zu lassen, zumal deren einst diszipliniertes Heer »immer rascher zu einer marodierenden Soldateska entartete, der man den heiligen Glaubenseifer nicht mehr abnahm«.

Die Hoffnung auf ein Ende des Krieges keimte, als es dem jungen König Ferdinand III. nunmehr gelang, mit den Protestanten »für das geliebte Vaterland der hochedlen Teutschen Nation« einen deutschen Frieden auszuhandeln. In einer Art nationaler Aufwallung beschlossen die deutschen Fürsten, nie wieder gegeneinander zu kämpfen.

Am 30. Mai 1635 kam es zwischen Kaiser und Kursachsen zum »Prager Frieden«, dem nahezu alle Reichsstände beider Konfessionen beitraten. Die Unantastbarkeit von Territorialverfassung und Fürstenlegitimität wurde verankert, das Restitutionsedikt formell aufgehoben, der Kaiser wurde als Oberbefehlshaber eines von den Reichsständen aufzustellenden Heeres eingesetzt.

## Das Schlachtfeld Europas

Doch mit der Einigung auf Reichsebene war der Krieg keineswegs beendet. Seine letzte – und längste – Phase, der »Französisch-Schwedische Krieg« (1835–1648), wurde aus der Ferne angefacht, diesmal von Kardinal Richelieu, dem einflussreichen und entscheidenden Staatsmann Frankreichs. Die Monarchie der Bourbonen fühlte sich weiterhin bedroht und umklammert durch das Haus Habsburg, durch den römisch-deutschen Kaiser, dessen Machtstellung im Reich durch den Prager Frieden konsolidiert worden war, und durch den habs-

Nahezu alle Reichsstände erklärten am 30. Mai 1635 ihr Einverständnis, die Bedingungen des sogenannten »Prager Friedens« zu akzeptieren.



1683 12.9.1683 Erst nach zweimonatiger Belagerung Wiens werden die Osmanen am Kahlenberg zurückgeschlagen

1684 1.10.1684 Tod des französischen Dramatikers Pierre Corneille (* 1606)

1685 18.10.1685 Ludwig XIV. hebt das Toleranzedikt von Nantes auf: Hugenotten ziehen in die Niederlande und nach Brandenburg

Kardinal Richelieu wollte die Macht der Habsburger brechen – und paktierte als Katholik mit Protestanten.

burgischen König von Spanien. So wurde einmal mehr ein internationaler Machtkampf auf deutschem Boden ausgetragen.

»Die Prager Friedenshoffnung zerbrach«, so Heinz Schilling, »weil der Krieg längst kein deutsches Ereignis mehr war und daher auch der Friede nicht mehr allein unter Deutschen ausgehandelt werden konnte.«

Unter allen Umständen wollte Frankreich, das zuvor bereits die kaiserlich-spanische Vorherrschaft in Oberitalien erschüttert hatte, den Rückzug der Schweden aus Deutschland verhindern. Kardinal Richelieu schloss mit den Gegnern Habsburgs (den Generalstaaten, Schweden, Savoyen und einigen italienischen Stadtstaaten) Bündnisse und setzte Truppen in Marsch, die nun auf deutschem Boden in die Kämpfe eingriffen. »Die französischen Politiker strebten nach einer dauerhaften Präsenz im Reich«, erklärt Schilling, »um in politischen und militärischen Allianzen mit den deutschen Fürsten das deutsche und europäische Mächtesystem auszutarieren und dadurch dem habsburgischen Vormachtstreben in Europa ein Ende zu setzen.«

Das katholische Frankreich kämpfte somit an der Seite der deutschen Protestanten gegen seine Glaubensgenossen im Reich. Vor allem aber war Franzosen wie Schweden daran gelegen, die »teutsche Libertät« zu stärken, die Eigenständigkeit der Teile gegenüber dem Ganzen, damit in der Mitte des Kontinents kein Machtzentrum entstand.

*... den Knecht legten sie gebunden auf die Erde, steckten ihm ein Sperrholz ins Maul und schütteten ihm einen Melkkübel voll garstig Mistlachenwasser in den Leib; das nannten sie einen »schwedischen Trunk«.*

HANS JACOB CHRISTOPH GRIMMELSHAUSEN,. »SIMPLIZISSIMUS«



**1686** 2.9.1686 Kaiserliche Truppen unter Karl V. von Lothringen erobern das ungarische Buda von den Osmanen zurück

**1687** 5.7.1687 Isaac Newtons Hauptwerk »Philosophiae Naturalis Principia Mathematica« erscheint in London

**1687** 26.9.1687 Ein Treffer der venezianischen Flotte trifft den Parthenon von Athen, der als Pulvermagazin diente

Die Spirale der Gewalt drehte sich immer schneller, und am meisten zu leiden unter all den Gräueln hatte die Bevölkerung der ländlichen Gebiete.

Die Opfer dieses Kräftespiels waren die Millionen von Menschen, die dort lebten, wo der europäische Krieg mit immer höherem Blutzoll ausgetragen wurde. Im Angesicht des Schreckens und der Gräuel in den deutschen Landen schrieb Andreas Gryphius das bewegende Gedicht »Threnen des Vatterlandes«: »Wir sind denn nunmehr, ganz, ja mehr als ganz verheeret.« »Wir«, damit waren zunächst alle vom Krieg Betroffenen, wie der Dichter selbst, gemeint. Aber gab es auch so etwas wie ein gemeinsames Vaterland der Deutschen? Dies war eine Frage, die sich angesichts der scheinbar unüberbrückbaren Gegensätze und Verwerfungen mehr denn je stellte. Gryphius' Gedicht trug ursprünglich den Titel »Trawrklage des verwüsteten Deutschlands«. Vornehmlich eine kleine Minderheit von Gebildeten, Schriftstellern, Poeten und ihren Lesern dürfte damals ansatzweise gesamtdeutsch gedacht haben: Deutschland als der Schlachtplatz der Völker, als Opfer innerer Uneinigkeit – das machte die Deutschen zu einer tragischen Schicksalsgemeinschaft. »Ja Teutschland, du bist aufrührerisch, streitest wider dein eigenes Haubt ... Deine Hände waschest du im Blute und hast nichts anderes als Krieg im Sinn«, wie der evangelische Pastor und Dichter Johann Rist schrieb.



**1688** 30.6.1688 »Glorious Revolution«: Das House of Commons übergibt dem Holländer Wilhelm III. von Oranien den Thron des Katholiken Jakob II.

**1688** 30.10.1688 Pfälzischer Erbfolgekrieg: Die von den Franzosen belagerte Festung Philippsburg kapituliert

**1689** 13.2.1689 Die »Bill of Rights« befestigt die konstitutionelle Monarchie im britischen Königreich

Dörfer wurden gezielt geplündert und Landstriche verwüstet, um feindliche Truppen auszuhungern. Der Krieg hatte sich gegen das eigene Land und gegen die eigenen Leute gewendet.

Es ist vielleicht kein Zufall, dass gerade die literarischen Kreise in dem selbstzerstörerischen Krieg erste Anflüge von Einheitssehnsucht zum Ausdruck brachten.

In kleinen Zirkeln, sogenannten Sprachgesellschaften, wurden damals die deutsche Grammatik und die »Hochsprache« gepflegt – auch in Abgrenzung zu fremdländischen Einflüssen und zur Wahrung »deutscher Tugenden«. Eine solche Vereinigung war auch die »Fruchtbringende Gesellschaft«, der Mitglieder aus verschiedenen Schichten und Konfessionen angehörten. Ziel war es, »bei dem bluttriefenden Kriegsjammer unsre edle Muttersprache, welche durch fremdes Wortgepränge wässerig und versalzen worden, hinwieder in ihre uralte gewöhnliche und angeborne deutsche Reinigkeit« zu bringen. Noch vor dem Kriegsende erschien das Werk »Die deutsche Rechtschreibung«, der Duden von damals; seinerzeit war er ein Ausdruck von Einigkeit.



**1689** 12.6.1689 Peter I. verdrängt 17-jährig seine Halbschwester Sophie aus der Regentschaft und wird russischer Zar (bis 1725)

**1690** 12.7.1690 In der Schlacht am Boyne in Irland unterliegt Jakob II. den Protestanten unter Wilhelm III. von Oranien

**1692** 29.5.1692 Seeschlacht bei La Hogue: Die französische Flotte wird von Engländern und Niederländern vernichtend geschlagen

Doch angesichts von Verelendung, Verwüstung und Entvölkerung lag all das so fern. Eine ganze Generation wusste schon gar nicht mehr, was es hieß, in Frieden zu leben. Bei all diesen schrecklichen Schilderungen bleibt allerdings zu erwähnen, dass es auch Gebiete gab, die unbehelligt blieben oder nur peripher betroffen waren – beispielsweise die Reichsstadt Köln: Nur einmal, beim schwedischen Angriff auf Deutz im Jahr 1632, drohte die Stadt in die Kriegshändel verwickelt zu werden, ansonsten machten Kölner Kaufleute und Händler glänzende Geschäfte, mit allen Kriegsparteien übrigens.

Doch bald konnte der Krieg den Krieg nicht mehr ernähren. In manchen Regionen waren sämtliche landwirtschaftlichen Ressourcen vernichtet, die Dörfer geplündert und abgebrannt, die Bewohner ermordet oder vertrieben. Die Suche nach Lebensmittelvorräten und Nachschub bestimmte immer öfter den Verlauf von Truppenbewegungen. Doch die »fressenden Kolosse« aus Abertausenden von Soldaten fanden in dem verheerten Land kaum noch Proviant. Viele Söldner führten aus reiner Not Krieg gegen das eigene Land. Für die meisten ging es nur noch darum, zu überleben. Doch wollte die Landbevölkerung die Plünderei und das Morden nicht mehr wehrlos über sich ergehen lassen, leistete mehr und mehr Widerstand. So drehte sich die Spirale der Gewalt immer weiter.

*Was die Bauern müssen leiden*
*Jetzt in den betrübten Zeiten,*
*Dennoch sind sie sehr veracht,*
*Einem Hund schier gleich geacht.*

AUS EINER »BAUERNKLAGE«

Seuchen und Hungersnöte brachen aus, die in vielen Teilen des Reiches mehr Opfer forderten als die Militäraktionen. Die Verrohung in dieser letzten Phase des Dreißigjährigen Krieges war beispiellos. Mancherorts fielen die letzten Hemmungen. Auf den Friedhöfen bettelte mancher Verzweifelte um frisch verstorbene Leichen, heißt es in der Chronik eines schwäbischen Schusters. »Es war der Krieg aller Kriege«, so Bernd Roeck. »Dass es ein Urerlebnis gewesen sein muss für die Generationen des Krieges und die Generationen danach, steht außer jedem Zweifel.«

*Es sind zwen toden Menschen in dem Grab auffgeschniten worden, das eingeweid heraußgenomen und gefressen worden. Es sind auf eine Tag drey kinder geßen worden.*

AUS DEM »ZEYTREGISTER« DES SCHUSTERS HANS HEBERLE, 1638

Konnte es überhaupt einen Sieger geben? Eine militärische Entscheidung in den immer zielloser anmutenden Gefechten und letztlich sinnlos erscheinendem Krieg war offenbar nicht zu erzwingen, das wurde den beteiligten Mächten zunehmend bewusster. Doch erst nach jahrelangen Verhandlungen setzten die Kriegsparteien dem irrsinnigen Hauen und Stechen ein Ende.

»Da unter allen Wohltaten, die von Gott als Quelle alles Guten über die Menschen kommen, die des Friedens die allergrößte ist, sind die Könige und Fürsten der Christenheit umso mehr verpflichtet, sie all ihren Untertanen zukommen zu lassen, ihr Blut zu sparen und all den Übeln ein Ende zu machen, die unzertrennlich mit dem Krieg verbunden sind.« Mit dieser Botschaft schickte Frankreich im September



**1693** 22.5.1693 Pfälzischer Erbfolgekrieg: Die Franzosen erobern und verwüsten Heidelberg (mit dem Schloss) und die Kurpfalz

**1694** 27.4.1694 August I., der Starke, wird Kurfürst von Sachsen

**1694** 27.7.1694 Gründung der Bank von England

## Eine Bilanz des Schreckens

»Der Dreißigjährige Krieg hatte zur Folge«, so Karl Marx und Friedrich Engels, »dass Deutschland für 200 Jahre aus der Reihe der politisch tätigen Nationen Europas gestrichen wurde.« Der Krieg schlug sich als persönliche Heimsuchung und Quelle fortwährender Angst im kollektiven Gedächtnis der Deutschen nieder. Große Menschenmassen wurden entwurzelt, ganze Regionen verwüstet und entvölkert. Auf dem Land waren die Verluste durchweg höher als in den Städten, 15000 Dörfer verschwanden von den Landkarten. Die meisten Menschen starben nicht infolge von Kampfhandlungen, sondern durch Not, Hunger, Krankheit und Seuchen. Alle Angaben über die Opferzahlen sind Schätzwerte, die zwischen vier und elf Millionen schwanken – etwa 17 Millionen Menschen zählte Deutschland vor dem Krieg. Sicher ist, dass im Verhältnis zur Gesamtbevölkerung mehr Menschen auf deutschem Boden starben als in jedem anderen Krieg vorher und nachher. Bis ins 20. Jahrhundert blieb der Dreißigjährige Krieg »die mit Abstand traumatischste Epoche der deutschen Geschichte«, meint der britische Historiker Geoffrey Parker.

1643 seine Gesandten nach Münster, einem der beiden Verhandlungsorte. Fünf Jahre sollte es aber noch dauern, bis der Westfälische Friede endlich besiegelt war.

### Der Friede aller Frieden

Hunderte von hohen und niederen Würdenträgern, Diplomaten und Gesandten aus ganz Europa kamen zum großen Friedenskongress, um die Interessen von Dynastien, Staaten, Städten und Ständen zu vertreten.

Allein der päpstliche Nuntius Fabio Chigi, einer der beiden »Mediatoren«, hielt über 800 Einzelkonferenzen ab. In einem komplizierten Prozedere – es wurde nach Kriegsparteien und Konfessionen getrennt in Münster und Osnabrück verhandelt – musste jeder Verhandlungspunkt, jede Entscheidung mit den heimischen Höfen und Ständevertretern abgestimmt werden.

Das Friedensinstrument, das die Bevollmächtigten erarbeiteten, gilt heute mehr denn je als Vorbild internationaler Konfliktlösung



1696 20.10.1696 Die russische Duma folgt Peters I. Wünschen und beschließt den Bau einer Marine

1697 11.9.1697 Schlacht bei Zenta: Prinz Eugen von Savoyen entscheidet den Großen Türkenkrieg zugunsten Österreichs

1697 15.9.1697 Kurfürst August I. von Sachsen wird zum polnischen König gewählt und tritt zum Katholizismus über

Im westfälischen Münster gelangten Hunderte von Gesandten aller Kriegsparteien nach einem fünf Jahre währenden Verhandlungsmarathon endlich zu einem allseits anerkannten Friedensschluss.

Der päpstliche Nuntius Fabio Chigi widersetzte sich bis zuletzt der Aufhebung des Restitutionsedikts.

und als Meisterwerk der Diplomatie. Es schuf Grundlagen für künftiges Völkerrecht und Regeln für eine internationale Konfliktbewältigung. Die Machtverteilung in Mitteleuropa wurde für die nächsten 150 Jahre prinzipiell festgeschrieben.

Als das »interessanteste und charaktervollste Werk der menschlichen Weisheit und Leidenschaft« bezeichnete später Friedrich Schiller den Westfälischen Frieden, es »thürmte einen bleibenden Wall gegen politische Unterdrückung auf«. Der historisch überaus kundige Dichter und Schriftsteller war keineswegs unparteiisch, er sah Deutschland und Europa im 17. Jahrhundert durch die Habsburger und die römische Kirche »unterdrückt«.

Der Friede, in zwei Teilwerken in Münster und Osnabrück ausgehandelt und abgeschlossen, wurde am 24. Oktober in beiden Städten nochmals abschließend unterzeichnet. Mit dem komplizierten Regelwerk wollten die Mächte ein »ewiges Grundgesetz« für das



**1697** 20.9.1697 Der Frieden von Rijswijk beendet den Pfälzischen Erbfolgekrieg, das Elsass wird französisch

**1698** 4.9.1698 Peter I. kehrt von einer anderthalbjährigen Europareise nach Russland zurück

**1699** 26.1.1699 Frieden von Karlowitz: Österreich ist aus dem Großen Türkenkrieg als Großmacht aufgestiegen

**Deutschland nach dem Westfälischen Frieden (1648)**



**1699** 21.4.1699 Tod des französischen Dramatikers Jean Racine (* 1639)

**1700** 1.1.1700 In Russland wird der julianische Kalender eingeführt (anstatt des bisherigen byzantinischen)

**1700** 18.2.1700 In den protestantischen Teilen des Heiligen Römischen Reiches und in Dänemark gilt ab da der gregorianische Kalender

Reich schaffen. Frankreich und Schweden sollten als Garantiemächte die Einhaltung des Friedens gewährleisten. Die beiden Mächte konnten sich als die eigentlichen Sieger des Dreißigjährigen Krieges fühlen – Frankreich wurde im Besitz der Bistümer Toul, Metz und Verdun bestätigt und erhielt die habsburgischen Territorien am Oberrhein sowie die Landgrafschaft Elsass und weitere linksrheinische Städte und Herrschaften; Schweden bekam Vorpommern und die Stifte Bremen und Verden zugesprochen – der schwedische König war damit auch Reichsfürst.

Eines der frühen Ergebnisse der Verhandlungen war das Ausscheiden der niederländischen Provinzen aus dem Reichsverband und ihre Eigenständigkeit. Auch die Schweizer Eidgenossenschaft wurde souveräner Staat. So wurden zwei latente Konfliktherde an den Rändern des Reiches befriedet.

Und das Reichsgefüge selbst? Um die Balance zu halten, wollten die Parteien im Ergebnis eine geschwächte, geteilte, zu keinem Angriffskrieg fähige europäische Mitte.

Das Heilige Römische Reich Deutscher Nation blieb in mehr als 300 quasi-staatliche Gebilde aufgesplittert, die nicht einmal zusammenhängend waren, sodass sein Erscheinungsbild wie ein riesiges Puzzle anmutete: Kurfürstentümer, geistliche Hochstifte, Herzogtümer, Markgrafschaften, Grafschaften, Reichsstädte, Reichsabteien und zahlreiche Kleinstterritorien – zusammengehalten von einer erneuerten Reichsordnung, mit einem Kaiser als Oberhaupt, der künftig bei allen Reichsgeschäften an die Zustimmung der Reichsstände gebunden war. Die Fürsten verfügten von nun an über die volle Landeshoheit in weltlichen und religiösen Angelegenheiten – darunter vor allem Gesetzgebungsrecht, Steuerhoheit, Entscheidung über Krieg und Frieden sowie Bündnisrecht. Sie hatten auch das Recht, Allianzen unter sich und mit ausländischen Mächten abzuschließen – wenn auch nicht gegen das Reich und sein Oberhaupt.

Gemeinsame Institutionen waren weiterhin der Reichstag, die Reichskreise, das Reichskammergericht, der Reichshofrat. In der Gesamtbilanz waren der Kaiser und der Papst die Verlierer, die Territorialherren die Gewinner. Dem römisch-deutschen Kaiser blieben nur einige Vorrechte, die ihn über die Fürsten erhöhten, etwa das Recht der Belehnung der Reichsfürsten.

War der Westfälische Friede also ein Verhinderungsvertrag nationalstaatlicher Fortentwicklung auf deutschem Boden, weil er der Bildung eines Zentrums wie etwa in Frankreich entgegenwirkte und die Vielstaaterei scheinbar auf ewig besiegelte? Spätere Verfechter eines deutschen Nationalstaats – etwa im 19. Jahrhundert – argumentierten dahingehend.

Doch blockierte das Vertragswerk tatsächlich den Weg zu moderner souveräner Staatlichkeit im nationalen Sinne? Vielleicht ebnete er ihn sogar: Allerdings nicht ausgehend vom Reichsganzen unter dem Kaiser, sondern über die Souveränität mächtiger Reichsfürsten, denen die freie Ausübung ihrer Landeshoheit einschließlich Bündnisrecht verbrieft wurde. Sie gewannen damit einen Spielraum, der eine Nationalstaatsbildung – jedenfalls im föderativen Sinne – keineswegs ausschloss, gegebenenfalls sogar förderte.



1701 18.1.1701 Preußen wird Königreich unter Friedrich I.

1701 7.9.1701 Spanischer Erbfolgekrieg: Große Haager Allianz (u.a. Großbritannien, Kaiser und Generalstände, Preußen) gegen die Franzosen

1703 Bau des Buckingham Palace in London

Mit dem Westfälischen Frieden gelang den Delegierten ein Meisterwerk der Diplomatie, das erstmals die politische Balance der europäischen Mächte garantierte.

Doch schon zeitgenössische Staatsrechtler hatten an der Reichverfassung manches auszusetzen, sprachen von einem »Monstrum«. Unter einem Pseudonym schrieb 1667 der Jurist Samuel Pufendorf: »Es bleibt also nichts anderes übrig, als zu sagen, Deutschland sei, wenn man es nach den Regeln des Staatsrechts und nach dem Vorbild anderer Staaten klassifizieren will, ein unregelmäßiges Staatsgebilde, das seinesgleichen auf der ganzen Welt nicht hat. Es ist im Laufe der Zeit durch die energielose Nachgiebigkeit einiger Kaiser, den Ehrgeiz der Fürsten, die Agitation der Pfaffen, die Parteiungen der Stände und die dadurch hervorgerufenen inneren Kämpfe aus einer regelrechten Monarchie in eine so ungeschickte Gestalt verkehrt, dass es nicht einmal mehr eine beschränkte Monarchie ist, wenn auch äußere Zeichen darauf hindeuten, noch ein Föderativstaat, sondern ein zwischen beiden Liegendes und Schwankendes. Das nun ist der Anlass zu einer verzehrenden Krankheit und beständigen Zuckungen, da auf der einen Seite der Kaiser auf eine monarchische Gestaltung des Reiches hinarbeitet, auf der anderen Seite die Stände nach Erhaltung der erworbenen Freiheit trachten.«



1704 4.8.1704 Die englisch-niederländische Flotte erobert das spanische Gibraltar

1704 13.8.1704 2. Schlacht bei Hochstädt: Die Alliierten besiegen unter Prinz Eugen und dem Duke of Marlborough die Franzosen und Bayern

1704 28.10.1704 Tod des englischen Philosophen John Locke (* 1632)

Aber gab es überhaupt eine Alternative angesichts der Vielfalt der Konflikte? Noch komplizierter als die Architektur des inneren und äußeren Machtgefüges war die Befriedung der konfessionellen Gegensätze. Dies sollte in Abänderung des Augsburger Religionsfriedens von 1555 geschehen. Es galt aber, die Reichsverfassung so zu modifizieren, dass keine Glaubensrichtung mehr die andere dominieren konnte. Die Bestimmungen von Augsburg wurden so erweitert, dass auch die kalvinistisch Reformierten als dritte Konfession anerkannt wurden. Die konfessionellen Grenzen schrieb man im Wesentlichen nach dem Stand von 1624 fest, dem sogenannten »Normaljahr«. Man beschloss des Weiteren, die Reichsinstitutionen paritätisch zu besetzen; im Reichstag gab es fortan einen zweifachen »corpus«, den der katholischen und den der evangelischen Reichsstände, die in Religionssachen und anderen Fragen getrennt berieten. In konfessionellen Angelegenheiten galt nicht das Mehrheitsprinzip, da die katholische Seite davon profitiert hätte, sondern ein Zwang zu

Die Friedensurkunden bestätigten die Gleichberechtigung der Konfessionen und eine neue politische Ordnung für Europa, die bis zu den napoleonischen Kriegen Bestand haben sollte.



**1705** 5.5.1705 Nach dem Tod Leopolds I. folgt ihm sein Sohn Joseph I. als Kaiser

**1706** 13.2.1706 Schlacht bei Fraustadt: Karl XII. erringt einen großen Sieg über die vereinigten Russen und Sachsen

**1707** 29.4.1707 Der »Act of Union« vereinigt das schottische mit dem englischen Parlament

»freundschaftlicher Einigung«. In den Reichsstädten mit gemischter Bevölkerung sollten die Ämter stets bikonfessionell besetzt werden. Den vom jeweils herrschenden Bekenntnis abweichenden Gläubigen eines Landes sollte die private Religionsausübung gestattet sein. So traten zum ersten Mal verschiedene Religionen in ein vertraglich geregeltes Miteinander.

Einer, der den Frieden als Vermittler ausgehandelt hatte, fehlte bei der Unterzeichnung der Verträge: der päpstliche Gesandte Chigi. In Münster und Osnabrück war der Protestantismus als gleichberechtigte Konfession anerkannt worden – dafür erklärte Papst Innozenz X. in der Bulle »Zelo domus Dei« vom 24. November 1648 das ganze Vertragswerk für null und nichtig. Doch die Parteien hatten sich vertraglich gegen eine solche Intervention abgesichert; so bugsierte sich die römische Kurie ins politische Abseits.

Der Westfälische Friede war ein europäischer Friede, der einen europäischen Krieg beendete. »Hier wird zum ersten Mal eine Friedensordnung, die eine Rechtsordnung und eine Gleichordnung der einzelnen Länder Europas ist, etabliert«, resümiert Heinz Schilling. »Die Kriege sind damit nicht beseitigt, aber zu einem fundamentalistischen Krieg wie dem Dreißigjährigen kam es danach nicht mehr.«

Das Vertragswerk schuf eine Balance, die bis zu den napoleonischen Kriegen prinzipiell Bestand haben sollte. Die Konflikte in den folgenden anderthalb Jahrhunderten waren damit zumindest eingehegt. An die Stelle einer noch mittelalterlich und religiös geprägten inneren und äußeren Herrschaftsordnung rückten ein »Pluralismus rechtsgleicher Staaten« (Schilling) und die Verrechtlichung politischer Konflikte, die einen »totalen Krieg« wie den gerade beendeten für lange Zeit zu verhindern halfen.

Als die Urkunden im Herbst 1648 endlich unterzeichnet waren, läuteten im ganzen Reich und in vielen Teilen Europas die Glocken. Die Menschen feierten das Ende der mörderischen Zeit mit Dankgottesdiensten und Ehrenbanketten, mit Feuerwerken und Kanonensalven.

»Im Dreißigjährigen Krieg hat die Gefahr bestanden, dass das Reich sich ganz auflöst«, sagt der Marburger Historiker Christoph Kampmann. »Es hat aber auch die Möglichkeit gegeben, dass es eine zentralistischere Monarchie wird. Im Westfälischen Frieden sind beide Gefahren gebannt worden. Das Reich bestand fort als ein föderaler, defensiver, auf Verteidigung ausgerichteter Reichsverband. Und damit hat es die föderalen Traditionen, die tief in der deutschen Geschichte wurzeln, aufgegriffen und bestätigt.«

Welches Gesicht Deutschland am Ende haben würde, war der Bevölkerung damals wohl weithin gleichgültig. Für sie ging der Kampf ums Überleben weiter – im Alltag eines weithin verheerten Landes, auf kleineren und größeren Territorien, wer auch immer dort herrschte. Im Vordergrund stand ohnedies zuerst einmal die Hoffnung auf einen dauerhaften Frieden.



1709 8.7.1709 Schlacht bei Poltawa: Russische Truppen schlagen die bis in die Ukraine vorgedrungenen Schweden entscheidend

1710 23.1.1710 Durch ein Edikt von August I., dem Starken, wird die Porzellanmanufaktur in Meißen gegründet

1711 12.10.1711 Der Habsburger Karl VI. wird zum Kaiser gewählt

# Preußens Friedrich

## und die Kaiserin

Im Oktober 1740 marschierte der Preußenkönig Friedrich II. an der Spitze seiner Armee ohne Vorwarnung in die österreichische Provinz Schlesien ein. Doch er hatte seine Gegnerin, die junge österreichische Monarchin Maria Theresia, gründlich unterschätzt. Der Konflikt mit ihr gipfelte schließlich im Siebenjährigen Krieg. Erst der Hubertusburger Friede von 1763 beendete das zähe Ringen um die Vorherrschaft im Reich: Brandenburg-Preußen schloss zur Großmacht Österreich auf. Der preußisch-österreichische Dualismus sollte die nächsten hundert Jahre der deutschen Geschichte prägen.

Er war der widerspenstige Sohn des »Soldatenkönigs«, sie die innig geliebte Tochter Kaiser Karls VI.: der Hohenzoller Friedrich von Brandenburg-Preußen und die habsburgische Erzherzogin Maria Theresia – zwei starke Persönlichkeiten, die sich vierzig Jahre lang mit aller Härte bekämpften und doch nicht voneinander loskamen. Dem französischen Gesandten, der Maria Theresia im Siebenjährigen Krieg fragte, was sie täte, wenn es zum Äußersten käme, entgegnete sie selbstbewusst: »Ich würde dem König von Preußen eine Herausforderung schicken, er möge mich in einem Postwagen mit Pistolen, Pulver und Blei aufsuchen, wo wir in Person unseren Streit entscheiden wollen.« Die persönliche Konfrontation sollte der sechzehnfachen Mutter erspart bleiben. Ihrem Kontrahenten ist sie nie begegnet, doch wurden im politischen und militärischen »Duell« zwischen Friedrich und Maria Theresia die Weichen für die Zukunft Deutschlands und in gewisser Weise auch Europas gestellt.

Mit einem Machtkampf zwischen Österreich und Brandenburg-Preußen hatte Anfang des 18. Jahrhunderts noch niemand gerechnet. Friedrichs Vater, der Preußenkönig Friedrich Wilhelm I. (1713–1740), begnügte sich noch mit seiner Rolle als Mittler zwischen den Großmächten. Trotz einer hochgerüsteten Armee hielt er sich aus kriegerischen Konflikten möglichst heraus; anders als die Habsburger, die zu den einflussreichsten Fürstenhäusern Europas zählten und seit Jahrhunderten den Kaiser stellten. Das katholische Österreich war schon eine Großmacht, das protestantische Brandenburg-Preußen wollte es noch werden. Die Gelegenheit war günstig, da das Heilige Römische Reich Deutscher Nation, das beide Partikularmächte zu Partnern machte, zunehmend an einer fehlenden Zentralgewalt krankte. Dieses Machtvakuum nutzten Österreich und Brandenburg-Preußen gleichermaßen zu ihrem Vorteil. Beide ließen nichts unversucht, ihre Länder zu zentralisieren und an Deutschlands Ostgrenze weiter auszubauen.

## Brandenburg-Preußen

Brandenburg-Preußen war in der ersten Hälfte des 18. Jahrhunderts kaum mehr als ein »Königreich der Flicken und Fetzen«. Seine Besitzungen reichten vom Niederrhein und von Westfalen über Magdeburg, die Mark Brandenburg und Pommern bis zum Herzogtum Preußen. Distanzen von bis zu 1000 Kilometern und mehrere Landesgrenzen mussten überwunden werden, wollte man von einem Ende zum anderen gelangen. Mit Ausnahme der westlichen Provinzen am Niederrhein handelte es sich um ein agrarisch geprägtes, dünn besiedeltes Land. Nur wenige Gebiete waren wirklich ertragreich. Der Dreißigjährige Krieg, der fast die Hälfte der brandenburgischen Bevölkerung dahinraffte, und die Pest, die Anfang des 18. Jahrhunderts im Königreich Preußen wütete, hatten ganze Landstriche entvölkert. Zur Zeit von Friedrichs Geburt lebten lediglich 1,65 Millionen Menschen in Brandenburg-Preußen. Als erbuntertänige Bauern fristeten die meisten von ihnen ein armseliges Dasein.



**1712** 24.1.1712 Friedrich II. von Preußen wird in Berlin geboren

**1713** 25.1.1713 Nach dem Tod Friedrichs I. wird Friedrich Wilhelm I. (»der Soldatenkönig«) König in Preußen

**1713** 19.4.1713 Der Frieden von Utrecht mit Pragmatischer Sanktion beendet den Spanischen Erbfolgekrieg

Gerüchte über eine etwaige Heirat Friedrichs und Maria Theresias deuten darauf hin, dass Österreich das Potenzial Brandenburg-Preußens nicht völlig verkannte. Kein Geringerer als Prinz Eugen, der einst die Türken besiegt hatte, soll hinter diesem Plan gesteckt haben. Vielleicht hatte er gehofft, den Emporkömmling Brandenburg-Preußen durch die dynastische Verbindung enger an das Haus Habsburg binden und dadurch leichter kontrollieren zu können. Nicht ohne Grund hieß es von den Habsburgern: »Bella gerant alii! Tu, felix Austria, nube!« (»Kriege mögen andere führen! Du, glückliches Österreich, heirate!«) Doch wäre eine Verbindung zwischen Friedrich und Maria Theresia, falls sie jemals ernsthaft in Betracht gezogen worden war, nicht im persönlichen Interesse der beiden Protagonisten gewesen. Zu verschieden waren sie in ihrem Charakter, Temperament und Selbstverständnis, wie sich später zeigen sollte: hier der kinderlose Zyniker aus dem protestantischen Nordosten des Reiches, der die Frauen verachtete, dort die lebensfrohe Erzherzogin aus dem katholischen Österreich, Königin von Ungarn und Böhmen und schließlich als Ehefrau des römischen Kaisers Franz I. auch Kaiserin aus dem katholischen Österreich, die ihren Ehemann Franz Stephan und ihre Kinder über alles liebte. Während sich der Preußenkönig Friedrich als »erster Diener« seines Landes sah, empfand sich Kaiserin Maria Theresia als Landesmutter mit göttlicher Mission. Für sie war er das »Monstrum«, »der böse Mann«, der Teufel schlechthin. Für ihn spielte sie die maßgebliche Rolle in der sogenannten »Schürzenverschwörung«, hinter der er eine gegen ihn gerichtete Intrige der drei mächtigsten Frauen seiner Zeit, Maria Theresia, der russischen Zarin Elisabeth und der Geliebten des französischen Königs, Madame de Pompadour, vermutete. Seine eigene Schuld an dem blutigen Konflikt klammerte er dabei wie selbstverständlich aus.

## Das Kindheitstrauma

Nicht nur Charakter und Temperament, auch die Voraussetzungen der beiden Kontrahenten waren grundverschieden. Anders als Maria Theresia war Friedrich von frühester Kindheit an konflikterprobt. Der kleine »Fritz«, wie ihn die Eltern nannten, wurde am 24. Januar 1712 im Berliner Schloss geboren. Damals regierte noch sein Großvater, der prunkverliebte Friedrich I., der erste »König in Preußen«. Berühmte Architekten wie Andreas Schlüter und namhafte Gelehrte wie Gottfried Wilhelm Leibniz erfreuten sich seiner Gunst. Mit seinem großzügigen Mäzenatentum und der verschwenderischen Hofhaltung brachte er den Staatshaushalt an den Rand des Zusammenbruchs. Als der erste Preußenkönig im Jahr 1713 starb, hinterließ er seinem Sohn ein wirtschaftlich zerrüttetes Land. Kaum waren die Begräbnisfeierlichkeiten vorüber, ergriff sein Nachfolger Friedrich Wilhelm I., ein pietistisch religiöser, kalvinistisch geprägter Mensch, drastische Sparmaßnahmen. Die Kosten für den Hofstaat reduzierte er auf ein Minimum, wertvolle Einrichtungsgegenstände und Juwelen ließ er verkaufen.

*Das schönste Mädchen ist mir gleichgültig. Aber Soldaten, das ist meine Schwäche.*

FRIEDRICH WILHELM I.



1714 7.3.1714 Friede von Rastatt zwischen Frankreich und Kaiser Karl VI.

1714 1.8.1714 Georg I. aus dem Haus Hannover wird König von England (bis 1727)

1714 7.9.1714 Karl VI. beendet den Spanischen Erbfolgekrieg im Frieden von Baden endgültig

Die Armee des »Soldatenkönigs«, hier bei der Inspektion der »langen Kerls«, war die einheitlichste und modernste ihrer Zeit.

Die Mutter des Kronprinzen Friedrich, Königin Sophie Dorothea, galt unter den Fürstinnen Europas als eine ausgesprochene Schönheit.

Eine Schwäche hatte der neue König jedoch: das Militär. Er wusste, dass nur militärische Macht Preußen stabilisieren konnte. Drei Viertel der öffentlichen Ausgaben wanderten unter seiner Herrschaft in den Ausbau des Heeres. Eine persönliche Marotte leistete sich der König mit seinen über die Landesgrenzen hinaus berühmten »langen Kerls«, 2400 besonders hochgewachsenen Soldaten von mindestens 1,80 Meter, die im Ersten Grenadierregiment dienten. Daneben gelang es ihm, eine Armee von etwa 80 000 Mann aufzustellen, die zur Hälfte außerhalb des Landes rekrutiert worden waren. Trotz seiner starken Affinität für das Militär scheute der »Soldatenkönig«, wie man ihn später nannte, aus Sparsamkeitsgründen den Krieg und hielt sich, soweit es möglich war, aus außenpolitischen Verwicklungen heraus. Nicht von ungefähr stammt der Spruch »So schnell schießen die Preußen nicht« aus jener Zeit. In Anbetracht der mangelnden Ressourcen und Zerrissenheit seines Landes setzte Friedrich Wilhelm I. vielmehr auf die ökonomische, administrative und militärische Entwicklung, um sich langfristig wenigstens als Bündnispartner unentbehrlich zu machen. Er förderte gezielt das Manufakturwesen, die Urbarmachung bracher Landschaften und schuf einen in Europa einzigartigen Beamtenapparat. All das diente



1715 1.9.1715 Tod Ludwigs XVI.

1716 Friedrich Wilhelm I. schenkt Zar Peter I. das Bernsteinzimmer (seit 1945 verschollen)

1716 14.11.1716 Tod des Universalgelehrten Gottfried Wilhelm Leibniz (* 1646)

## Das Haus Hohenzollern

Die Ursprünge der Hohenzollerndynastie liegen im deutschen Südwesten. Die Zollernburg unweit der schwäbischen Stadt Hechingen war der Stammsitz der 1061 erstmals urkundlich erwähnten Familie. 1415 belehnte der Kaiser die Hohenzollern mit der Mark Brandenburg. Mit dem Land erreichte die Familie in der Goldenen Bulle auch die Kurwürde, die ihr das Recht zur Kaiserwahl verlieh. 1539 wandte sich der Kurfürst von Brandenburg von der Kirche in Rom ab und wurde lutherisch, 1613 in einer zweiten Reformation schließlich reformiert-kalvinistisch, während die Bevölkerung lutherisch blieb. Durch Erbvertrag fielen 1614 die am Niederrhein gelegenen, wirtschaftlich bedeutenden Gebiete Kleve, Mark und Ravensberg den Hohenzollern zu. Vier Jahre später gelang es ihnen, ihr Territorium auch noch um das im Nordosten außerhalb des Reiches gelegene, dem Königreich Polen lehnspflichtige Herzogtum Preußen zu erweitern. Um das stark zersplitterte Land verteidigen zu können, setzte der »Große Kurfürst« Friedrich Wilhelm auf ein stehendes Heer und innere Reformen. Die schlagkräftige Armee und der wirtschaftliche Erfolg stärkten die Position der brandenburgischen Kurfürsten in einer Weise, dass ihnen der Kaiser die Rangerhöhung nicht mehr verwehren konnte. Zwar durfte sich der Sohn des »Großen Kurfürsten«, Friedrich I., am 18. Januar 1701 im fernen Königsberg die Krone eigenhändig aufs Haupt setzen und sich »König in Preußen« nennen, doch hatte dieser Titel im Alten Reich keine Geltung. Er bezog sich ausschließlich auf das Herzogtum Preußen, das spätere Ostpreußen, das rechtlich betrachtet außerhalb des Reiches lag. Es dauerte aber nicht lange, bis man in Briefen und Urkunden ungeachtet der reichsrechtlichen Situation nur noch von »Brandenburg-Preußen« und schließlich einfach von »Preußen« sprach.

dem einen hohen Ziel, Brandenburg-Preußen nach innen stark und nach außen unabhängig zu machen. Nicht zufällig steht die Regierungszeit des »Soldatenkönigs« für die Werte, die seither als »preußische Tugenden« gelten: Sparsamkeit, Zuverlässigkeit, Bescheidenheit, Pflichtbewusstsein und Unbestechlichkeit.

Für das Land war dieser Mann ein Segen, für seine Familie eine Zumutung. Von den 14 Kindern, die aus seiner Ehe mit Sophie Dorothea hervorgingen, erlangten nur acht das Erwachsenenalter. Seine Frau, Königin Sophie Dorothea, eine Schwester des englischen Königs, nannte ihn verächtlich einen »Bettlerkönig«. Die spartanische Hofhaltung entsprach so überhaupt nicht ihrem Geschmack, auch nicht die rigiden Erziehungsmethoden ihres Mannes. Sie war vom Welfenhof in Hannover, von dem sie abstammte, Besseres gewöhnt. Überhaupt scheint die Ehe der beiden nicht besonders glücklich gewesen zu sein; umso mehr suchte die Königin die Nähe zu ihren Kindern. Der König dagegen verbrachte seine Freizeit am liebsten mit der Sauhatz oder in seinem Tabakskollegium. Seine groben Späße konnten schnell in Brutalität und Gewalt umschlagen. Dabei traktierte der Jähzornige seine Umwelt mit Stock und Knute und schonte auch seine eigenen Kinder nicht. Die beiden ältesten von ihnen, Friedrich und Wilhelmine, litten am meisten unter den Tobsuchtsanfällen



1717 13.5.1717 Maria Theresia wird als Tochter Karls VI. in Wien geboren

1717 24.6.1717 In London entsteht die erste Großloge der Freimaurerei

1717 22.8.1717 Prinz Eugen von Savoyen schlägt die Osmanen entscheidend mit der Eroberung der Festung Belgrad

Schon als kleiner Junge musste Kronprinz Friedrich nach dem Willen seines Vaters militärischen Drill über sich ergehen lassen.

des psychotischen Vaters, der eigentlich, wie er immer betonte, »nur geliebt« werden wollte. Von frühester Kindheit an ließ er den kleinen Kronprinzen, der sich vor Geschützlärm fürchtete, militärisch drillen. Mit drei Jahren musste sein Sohn reiten lernen und als Achtjähriger eine ganze Kadettenkompanie kommandieren. Religion stand ganz oben auf dem Lehrplan, Latein und Literatur hingegen waren verboten. Statt toter Sprachen und antiker Sagen sollte der Kronprinz nach dem Willen des pragmatischen Vaters Mathematik, Ökonomie und Geografie studieren. Friedrich begann seinen Vater, der ihn zu seinem Ebenbild formen wollte, zu hassen. Schon rein äußerlich war er das Gegenteil des ungeschlachten Königs. Auch intellektuell war er so ganz anders als Friedrich Wilhelm I. Zum Schein ließ sich Friedrich auf die Erziehungsmaßregeln seines Vaters ein, tatsächlich aber entzog er sich zunehmend dessen Kontrolle, spielte heimlich Flöte, las französische Romane und lernte Latein. Die Enttäuschung des Vaters war groß, wenn er den in seinen Augen missratenen Sohn bei verbotenen Übungen ertappte. Dann verprügelte er seinen Sprössling und nicht selten auch den Lehrer. Die Misshandlungen nahmen zuweilen gefährliche Formen an und fanden oft vor den Augen der Offiziere und Dienstboten statt. Einmal schrie der König seinen Sohn voller Verachtung an, dass er sich totgeschossen hätte, wenn er von seinem Vater so behandelt worden wäre, doch er, Friedrich, ließe sich ja alles gefallen. Unterstützung fand der Kronprinz bei seiner Mutter, der Königin, die, wo immer es möglich war, die Bemühungen ihres Ehemanns sabotierte, indem sie die Kinder verwöhnte und heimlich mit Romanen versorgte.

Das Verhältnis von Vater und Sohn verschlechterte sich von Jahr zu Jahr. »Wir erleben hier alle Tage die abscheulichsten Auftritte«, beklagte sich Friedrich bei seiner Schwester Wilhelmine. »Ich bin dessen so müde, dass ich lieber um mein Brot betteln möchte, als in diesem Zustand weiterleben.« Der Konflikt eskalierte, als sich im Jahr 1730 abzeichnete, dass die von seiner Mutter betriebene Doppelhochzeit – Friedrich sollte dabei die englische Prinzessin Amalia und Wilhelmine den englischen Thronfolger ehelichen – nicht durchsetzbar war. Frustriert beschloss der Kronprinz, dem verhassten väterlichen Hof den Rücken zu kehren. England erschien ihm als geeig-



**1718** 21.7.1718 Frieden von Passarowitz: Das Ende des sechsten Türkenkriegs markiert die größte territoriale Ausdehnung Österreichs

**1719** 25.4.1719 Daniel Defoe veröffentlicht seinen Roman »Robinson Crusoe«

**1720** 1.2.1720 Frieden von Stockholm: Preußen erhält von Schweden Stettin, Usedom, Wollin und Vorpommern bis zur Peene

neter Zufluchtsort, immerhin war der dortige König Georg II. sein Onkel. Ohne sich über die außenpolitische Brisanz seiner Pläne bewusst zu sein, ließ sich Friedrich auf das diplomatische Ränkespiel ein und führte eigenmächtig Sondierungsgespräche zunächst mit englischen, dann, nachdem man in England abgewinkt hatte, mit französischen Diplomaten. Unvorsichtigerweise weihte der Kronprinz zwei Freunde in seine Absichten ein und machte sie damit zu unfreiwilligen Mitverschwörern. Der fast gleichaltrige Peter Karl Christoph von Keith, Abkömmling einer schottischen Adelsfamilie, und Leutnant Hans Hermann von Katte, Sohn eines preußischen Feldmarschalls, waren dem Kronprinzen in besonderer Weise zugetan. Wie »ein Liebhaber mit seiner Geliebten«, behauptete ein Zeitgenosse, sei Friedrich mit Katte umgegangen. Der Leichtsinn des Kronprinzen führte schließlich dazu, dass der König von den Fluchtplänen erfuhr und die Bewachung seines Sohnes verstärken ließ. Obwohl Friedrich gewarnt wurde, hielt er an seinem Vorhaben fest. Eine Reise mit seinem Vater nach Süddeutschland im August 1730 wollte er endlich dazu nutzen, sich von der königlichen Entourage abzusetzen. Doch die Flucht, so heißt es, sei von einem seiner Bewacher vereitelt worden. Nachdem ihm dies gemeldet worden war, reagierte der König mit der zu erwartenden Schärfe. Immerhin hatte sein Sohn versucht, mit den Engländern gegen ihn zu paktieren. Juristisch wollte der König den Fluchtversuch als Desertionskomplott gedeutet sehen, das nicht ungestraft bleiben durfte. Zurück auf brandenburgisch-preußischem Gebiet, ließ er den abtrünnigen Sohn verhaften und in einem verplombten Wagen in die Festung Küstrin bringen. Auch Katte, der im fernen Berlin weilte, wurde sofort in Ketten gelegt; nur Keith konnte sich nach England in Sicherheit bringen. Bei den peinlichen Vernehmungen wirkte der Kronprinz gefasst. War das Ganze nur ein »Dummerjungenstreich«, oder

Hans Hermann von Katte war ein Mann von impulsivem Temperament. Mit Kronprinz Friedrich verbanden ihn Zuneigung und musisches Interesse.

hatte Friedrich die Tragweite seines Handelns wirklich begriffen? Oder ging es hier vielmehr um eine bewusste Zuspitzung des Vater-Sohn-Konflikts, wie der Psychoanalytiker Ernst Lürßen meint? Eine königliche Untersuchungskommission sollte Aufschluss über den Hergang des Komplotts geben. Die 185 Fragen, die der König teilweise selbst formuliert hatte, beantwortete der Kronprinz wie ein vollendeter Diplomat. Trotzdem musste Friedrich monatelang unter verschärften Haftbedingungen in einer kargen Zelle auf das Urteil warten. Auf Desertion stand schließlich die Höchststrafe, und Friedrich rech-



1727 31.3.1727 Tod Isaac Newtons (* 1643)

1730 6.11.1730 Exekution Hans Hermann von Kattes, des Freundes des preußischen Kronprinzen

1732 2.2.1732 Friedrich Wilhelm I. lässt per Einwanderungspatent 14 000 aus Salzburg vertriebene Protestanten ansiedeln

Als Hans Hermann von Katte zu seiner Hinrichtung geführt wurde, warf ihm der Kronprinz einen Handkuss zu und bat ihn flehentlich um Verzeihung.

nete mit dem Schlimmsten. Als in Sichtweite seines Kerkerfensters ein Schafott errichtet wurde, wähnte er sich schon an der Schwelle des Todes. Er ahnte nicht, dass ein anderer für ihn büßen sollte: sein Freund Hans Hermann von Katte. Der König selbst hatte Kattes Hinrichtung verfügt, wobei er sich über das Urteil der Richter hinwegsetzte. Am Morgen des 6. November 1730 wurde Friedrich noch vor Sonnenaufgang geweckt. Sein Vater hatte befohlen, dass er bei der Exekution seines Freundes im Beisein eines Geistlichen zuschauen sollte, auf dass diese, so der König, »ihm das Herz weich machen« möge. Letztendlich war das grausame Schauspiel nichts anderes als der Versuch des Vaters, den Willen des renitenten Sohnes zu brechen und diesen »zum ernstlichen und gründlichen Nachdenken zu bringen«. Als Friedrich seinen Freund Katte vom Zellenfenster aus auf dem Weg zum Schafott erblickte, drohten ihm die Sinne zu schwinden. Noch vor dem tödlichen Hieb des Henkers sank der Inhaftierte ohnmächtig zusammen. Zur Warnung ließ man auf Geheiß des Königs die Leiche einen Tag lang vor dem Fenster seines Sohnes liegen. Es war ein traumatisches Erlebnis, das Friedrichs weiteres Leben und Handeln prägen sollte. Noch viele Jahre später erschienen ihm die Bilder von der Hinrichtung immer wieder im Traum.



**1733** 1.2.1733 Polnischer Erbfolgekrieg (bis 1738) nach dem Tod König Augusts II., des Starken

**1733** 12.6.1733 Heirat des preußischen Kronprinzen Friedrich mit Elisabeth Christine von Braunschweig-Bevern

**1735** 22.9.1735 Mit Sir Robert Walpole bezieht erstmals ein britischer Premierminister den Amtssitz Downing Street 10

## Die Pragmatische Sanktion

Die Kunde vom Strafgericht des preußischen Königs drang bis an den Hof im fernen Wien, wo Kaiser Karl VI., Friedrichs Patenonkel, residierte. Alarmiert von den Ereignissen in Brandenburg-Preußen, schickte der Monarch ein Gnadengesuch an den Preußenkönig. »Möcht' Kaiser Karl, möcht' seine Erbtochter Maria Theresia nie bereuen, dass er für meinen ungeratenen Sohn gebeten hat!«, soll Friedrich Wilhelm I. das Schreiben aus Wien kommentiert haben.

Anders als am Berliner Hof ging es hinter den Mauern der Hofburg herzlich zu. Überhaupt unterschied sich das Leben in Wien mit seinen 100 000 Einwohnern erheblich von dem im reformierten Berlin. Bedeutende Künstler und Architekten wie Fischer von Erlach und Lucas von Hildebrand hatten das Zentrum der Donaumonarchie zu einer der schönsten Barockstädte Europas gemacht: Das Schloss Belvedere des Prinzen Eugen, zahlreiche Adelspalais und Bürgerhäuser und nicht zuletzt die Erweiterung der Hofburg mit der Hofbibliothek gaben Wien das bis heute unverwechselbare Gesicht. Als Maria Theresia hier am 13. Mai 1717 geboren wurde, war der Machtanspruch ihres Hauses noch ungebrochen. Allerdings erschien die Zukunft mehr als ungewiss, da Karl der letzte männliche Spross der Habsburger war. Der Druck auf den Kaiser muss immens gewesen sein, drohte doch beim Aussterben der Dynastie in der männlichen Linie der Staatszerfall. Karl VI. trug schwer an dieser Bürde, immerhin gehörte seine Dynastie seit dem Mittelalter zu den Ersten Europas, und im Reich stellte sie seit 300 Jahren den

Von ihrer Mutter, der Kaiserin Elisabeth Christine, erbte Maria Theresia Intelligenz, Charme und Kunstsinn.

Die Kaiserkrone des Heiligen Römischen Reiches Deutscher Nation brachte Kaiser Karl VI. wenig Macht, mehr Bürde und viel Würde ein.



**1736** 12.2.1736 Maria Theresia heiratet Franz Stephan von Lothringen

**1737** 18.12.1737 Tod des Geigenbaumeisters Antonio Stradivari (* 1644)

**1738** 4.2.1738 Joseph Süß Oppenheimer, Finanzberater des württembergischen Herzogs, wird in Stuttgart hingerichtet

Im Gegensatz zum preußisch-nüchternen Berlin war Wien ein pulsierendes Zentrum barocker Lebensart, wie diese Darstellung aus dem 18. Jahrhundert verdeutlicht.

Kaiser. Er und seine Frau, die aus dem Haus Braunschweig-Wolfenbüttel stammende Elisabeth Christine, hatten drei Töchter, der einzige Sohn war bereits nach wenigen Monaten gestorben. Die Sorge um den Bestand seines Imperiums machte den zur Melancholie neigenden Karl, der in jungen Jahren bereits den Verlust der ihm erbrechtlich zugefallenen spanischen Krone hatte verschmerzen müssen, nur noch depressiver. Was würde geschehen, wenn er eines Tages stürbe? Über die Vergabe der römisch-deutschen Kaiserkrone hatten die Kurfürsten zu entscheiden, doch wie konnte er verhindern, dass das gewaltige Habsburgererbe mit den österreichischen Erblanden, den Königreichen Böhmen und Ungarn, und anderen Besitzungen in Italien zum Spielball der Mächte wurde?

Aus der Ehe seines verstorbenen Bruders waren zwei Töchter hervorgegangen, von denen die eine den sächsischen und die andere den bayerischen Kurfürsten geheiratet hatte. Seine Nichten kamen als Erbinnen ebenso in Betracht wie seine eigenen Töchter. Um den Anspruch seiner Familie dennoch zu sichern, hatte er schon vier Jahre vor der Geburt Maria Theresias ein Gesetz erarbeiten lassen, das auch Frauen die Erbfolge in Österreich und



**1740** 31.5.1740 Nach dem Tod Friedrich Wilhelms I. wird Friedrich II. König in Preußen und Kurfürst von Brandenburg

**1740** 3.6.1740 Friedrich II. verbietet das Foltern (Ausnahmen: Hoch- und Landesverrat, »große« Mordtaten)

**1740** 20.10.1740 Österreichischer Erbfolgekrieg (bis 1748), als Maria Theresia die Nachfolge Karls VI. gemäß Pragmatischer Sanktion antritt

Böhmen erlaubte: die »Pragmatische Sanktion«. Dieses Gesetz besagte nichts anderes, als dass im Fall eines fehlenden männlichen Erben alle Territorien der ältesten Tochter zufallen sollten; ferner wurde die Unteilbarkeit der habsburgischen Länder verfügt. Als absehbar war, dass ihm ein männlicher Erbe versagt bleiben würde, verwandte er alle seine Energie darauf, dieses Gesetz nicht nur bei den Ständen in den habsburgischen Ländern durchzusetzen, sondern auch die deutschen und europäischen Mächte zu dessen Anerkennung zu bewegen. Darüber vernachlässigte er nicht nur wichtige Aufgaben wie die dringend notwendigen inneren Reformen, er betrieb auch eine fragwürdige Außenpolitik, die ihm an den europäischen Höfen den Ruf eines unberechenbaren, unzuverlässigen Monarchen einbrachte. Nicht von ungefähr meinte der diplomatisch versierte Prinz Eugen, Kaiser Karl VI. sei besser beraten, seiner Tochter eine schlagkräftige Armee zu hinterlassen als teuer erkaufte, wertlose Unterschriften auf einem vergilbten Stück Papier.

Die kleine Maria Theresia erlebte eine glückliche Kindheit im Kreis ihrer Familie.

Maria Theresias Kindheit blieb von der väterlichen Sorge um das Habsburgererbe unbelastet. Zwar galt an der Wiener Hofburg offiziell das strenge spanische Zeremoniell, doch im Familienkreis gab sich der Kaiser gern ungezwungen. Im bevorzugten, auf der Wieden am Stadtrand Wiens gelegenen barocken Lustschloss Favorita waren das Kaiserpaar und seine Kinder mehr oder weniger unter sich. Dort verbrachten sie ein Leben ohne übertriebene Etikette, aber mit viel Herzenswärme.

Unterrichtet wurde die kleine Maria Theresia von Jesuiten, was ein Grund für ihre spätere religiöse Sittenstrenge war. Statt Politik, Rechts- und Militärwesen lehrten sie die Prinzessin vor allem Fremdsprachen: Französisch, Spanisch, Italienisch und Latein. Letztere war die gültige Amtssprache in den vielsprachigen habsburgischen Ländern und deshalb von besonderer Bedeutung. Neben einem umfassenden Sprachenstudium sollten die Kinder insbesondere musisch erzogen werden. Malen, Singen und Tanzen gehörten auch später noch zu Maria Theresias Leidenschaften. Trotz ihrer sorgfältigen Ausbildung versäumte es ihr Vater, sie auf das schwere Amt vorzubereiten, das sie erwartete.

Die noch jugendliche Maria Theresia musste schleunigst mit einem geeigneten Mann verheiratet werden, der in der Lage war, das Habsburgererbe für seine junge Frau zu bewahren. An potenziellen Kandidaten mangelte es



**1740** 16.12.1740 Erster Schlesischer Krieg: Friedrich II. marschiert in der österreichischen Provinz Schlesien ein

**1741** 3.1.1741 Triumphaler Einzug Friedrichs II. in Breslau

**1741** 10.4.1741 Schlacht bei Mollwitz: Preußen siegt erstmals über ein österreichisches Heer

nicht. Die Wahl fiel schließlich auf den Sohn des Herzogs von Lothringen, den jungen Franz Stephan. Genau genommen war er keine ebenbürtige Partie, doch politisch machte diese Verbindung Sinn: Kein Nachbar fühlte sich von dem Lothringer bedroht, was in der Zeit der ständigen Allianzen ein unschätzbarer Vorteil war. Der Kaiser schloss den zukünftigen Schwiegersohn schnell ins Herz, und auch die neun Jahre jüngere Maria Theresia fand sehr bald Gefallen an dem gut aussehenden jungen Mann.

## Die Kunst der Verstellung

Während Maria Theresia zu einem schwärmerischen Backfisch heranwuchs, blieb der inhaftierte Kronprinz Friedrich fast ein Jahr über sein Schicksal im Ungewissen. Friedrich Wilhelm I. hatte seinen Sohn zwar nicht hinrichten lassen, er erwog aber, ihn von der Thronfolge auszuschließen. Schließlich hatte er neben Friedrich noch weitere Söhne, die als künftige Könige in Frage kamen. In dieser Situation begriff der Kronprinz, dass er sich seinem Vater bedingungslos unterwerfen musste, wollte er nicht alles verlieren. Fortan spielte Friedrich den reumütigen Büßer und scheute dabei auch vor Selbstverleugnung nicht zurück. Kein Wunder, dass der Gepeinigte seine eigenen Überlebensstrategien entwickelte. Sein späterer Zynismus, seine Illusionslosigkeit, seine Verstellungskunst, sein ständiges Vabanquespiel, seine Gleichgültigkeit gegenüber der Religion und die fast krankhafte Suche nach existenziellen Gefahren sind nach Meinung von Psychoanalytikern als Reaktionen auf die Bedrohung und die Demütigung durch den Vater zu verstehen.

In Küstrin stieß Kronprinz Friedrich an die Grenzen seiner psychischen Belastbarkeit. Die Inhaftierung prägte sein späteres Wesen.

Friedrichs unterwürfiges Verhalten zeigte Wirkung: Der König milderte die Härten der Haft und befahl seinem Sohn, sich in der Küstriner Kriegs- und Domänenkammer nützlich zu machen. Als der Vater nach fast einem Jahr Küstrin besuchte, warf sich Friedrich in aller Öffentlichkeit vor ihm in den Staub und küsste ihm die Stiefel. Diese Demutsgeste brachte die Wende, auch wenn der »Soldatenkönig« seinen Sohn längst durchschaut hatte. Nach wie vor war er fest davon überzeugt, dass »nichts Gutes« an dem Kronprinzen sei. »Aber seine Zunge ist gut«, sagte er, »da fehlet nichts daran.«

Friedrich Wilhelm I. knüpfte Bedingungen an die vollständige Rehabilitation seines Sohnes: Friedrich sollte Prinzessin Elisabeth Christine von Braunschweig-Bevern, eine Nichte der Kaisergattin in Wien, vor den Traualtar führen. »Die Prinzessin ist nicht hässlich, auch nicht schön«, konstatierte der spätere Preußenkönig trocken. »Sie ist ein gottesfürchtiger Mensch.« Dem Kronprinzen lag nichts ferner,



1741 25.6.1741 Der Erzherzogin von Österreich, Maria Theresia, wird die ungarische Stephanskrone überreicht

1741 28.7.1741 Tod des Komponisten Antonio Vivaldi (* 1678)

1741 24.11.1741 Elisabeth Petrowna, uneheliche Tochter Peters I., des Großen, wird nach einem Staatsstreich russische Zarin

Für seine Ehefrau Elisabeth Christine hegte der Kronprinz keine Gefühle. Sie sollte die einsamste Königin von Preußen werden.

Friedrich II. schätzte seinen jüngeren Bruder und designierten Erben August Wilhelm (1722–1758) als Ratgeber und Feldherr.

als zu heiraten, noch dazu aus rein dynastischen Gründen. »Ich beklage diese arme Person; denn es wird eine unglückliche Person mehr in der Welt sein«, schrieb der Bräutigam wider Willen über seine zukünftige Frau. »Wenn ich gezwungen werde, sie zu heiraten, werde ich sie verstoßen, sobald ich Herr bin.« Am Ende fügte er sich murrend in sein Schicksal. Nach der Trauung am 12. Juni 1733 meldete der österreichische Botschafter Seckendorff nach Wien, »dass der König mit viel Überredung und Drohung den Kronprinzen ins Brautbett habe bringen müssen, darin er nicht länger als eine Stunde geblieben ...«

Es ist ungewiss, ob die Ehe jemals vollzogen wurde. Friedrichs Leibarzt Zimmermann berichtete Jahrzehnte später, dass sich der Kronprinz kurz vor der Hochzeit eine Geschlechtskrankheit zugezogen habe. Ein chirurgischer Eingriff sei nötig gewesen, der den Thronfolger wenigstens für kurze Zeit »ehetauglich« habe machen sollen. Diese schmerzhafte Operation habe beim Kronprinzen zu einer »eingebildeten Eunuchtheit« geführt. Hinsichtlich der Frage, an welcher Krankheit der junge Friedrich konkret gelitten haben soll, geben die Dokumente keine eindeutige Auskunft. Tatsächlich distanzierte sich Friedrich schon sehr früh von eigener Nachkommenschaft. »Ich weiß nicht, ob es ein Glück oder Unglück für unsere Neffen und Großnichten sein würde«, schrieb er nach dreijähriger kinderloser Ehe, »die Königreiche finden immer Nachfolger, und es ist ganz ohne Beispiel, dass ein Thron leer geblieben ist.« Später,



1741 26.11.1741 Prag wird von einem mit Preußen verbündeten Heer aus Franzosen, Sachsen und Bayern eingenommen

1741 19.12.1741 Vitus Bering (* 1681), der Entdecker Alaskas, stirbt an Skorbut

1742 24.1.1742 Nach dem Interregnum wird ein Wittelsbacher zum Kaiser gewählt: Karl VII. (bis 1745)

In Rheinsberg erlebte Kronprinz Friedrich seine glücklichsten Jahre. Hier widmete er sich den Künsten und Wissenschaften.

als Friedrich endlich König war, machte er seine Drohung wahr und wies der Frau, deren einziges Verschulden darin bestand, ihn geheiratet zu haben, das Schloss Niederschönhausen vor den Toren Berlins als Residenz zu. Die verstoßene Königin litt unter der ihr zugefügten Schmach. Mit nur 31 Jahren schrieb sie frustriert, dass sie »ruhig den Tod erwarten kann, wenn Gott es für gut halten wird, mich von dieser Welt zu nehmen, in der ich nichts mehr zu tun habe«. Schloss Sanssouci durfte sie zu Lebzeiten ihres Mannes nicht betreten. Um vor aller Welt klarzustellen, dass aus dieser Ehe kein Kind zu erwarten sei, ernannte Friedrich seinen jüngeren Bruder August Wilhelm zum »Prinzen von Preußen«. Damit machte er ihn zu seinem Erben.

Immerhin erkaufte sich Friedrich mit seiner Ehe weitreichende Freiheiten: Endlich durfte er das verhasste Küstrin verlassen, um im brandenburgischen Neuruppin ein Garderegiment zu befehligen. Zum Lohn für seinen Gehorsam schenkte ihm sein Vater Schloss Rheinsberg in der Nähe der Garnisonsstadt, das Friedrich nach eigenen Vorstellungen von dem Architekten Georg Wenzeslaus von Knobelsdorff im Rokokostil umbauen ließ. In seinem ersten eigenen Schloss konnte er ungestört seinen Leidenschaften, dem Musizieren, Lesen und Dichten, nachgehen und Freunde nach Belieben um sich scharen. »Ich lebe jetzt wie ein Mensch«, ließ er seine Freunde wissen, »und ziehe dieses Leben der majestätischen Gewichtigkeit und dem tyrannischen Zwang der Höfe vor.« In Rheinsberg entdeckte er seine Liebe zur Querflöte, einer vergleichsweise jungen Kreation französischer Instrumentenbauer. Kein Tag verging, an dem er nicht stundenlang Flöte spielte. Daneben verschlang er unzählige Werke französischer, italienischer und antiker Autoren. Schließlich hatte er viel nachzuholen.



**1742** 17.5.1742 Schlacht bei Chotusitz: Friedrichs II. Heer besiegt das des Prinzen Karl von Lothringen

**1742** 11.6.1742 Vorfrieden von Breslau zwischen Preußen und Österreich unter englischer Vermittlung

**1742** 28.7.1742 Frieden von Berlin beendet den Ersten Schlesischen Krieg, Österreich verliert weite Teile Schlesiens

Mit dem französischen Schriftsteller und Aufklärer Voltaire, der ihn 1750 in Sanssouci besuchte, begann Friedrich von Rheinsberg aus eine rege Korrespondenz.

In jener Zeit begann auch die Korrespondenz mit dem französischen Philosophen und Aufklärer Voltaire. Frankreich und die französische Aufklärung nahmen fortan einen wichtigen Platz in Friedrichs Gedankenwelt ein. Seine Französischkenntnisse verfeinerte er mit Voltaires Hilfe, während er das Deutsche nur widerwillig im Umgang mit dem Vater und den Untertanen pflegte. Die deutschen Dichter seiner Zeit, Klopstock, Herder, Lessing und Wieland, strafte er zeitlebens mit Missachtung. Selbst an Goethes »Götz von Berlichingen« ließ er kein gutes Wort. Das Deutsche sei eine »halb barbarische Sprache«, in der es »also tatsächlich unmöglich ist«, selbst für einen »mit dem größten Talent begabten Schriftsteller«, sich elegant auszudrücken, meinte er noch als alter Mann.

## Aufklärung

»Aufklärung ist der Ausgang des Menschen aus seiner selbst verschuldeten Unmündigkeit«, antwortete 1783 der Königsberger Philosoph Immanuel Kant auf die Frage: »Was ist Aufklärung?« Mit der Parole »Sapere aude!« – »Habe Mut, dich deines Verstandes zu bedienen!« – brachte er eine jahrzehntelange Diskussion auf den Punkt. Für Kant war Aufklärung gleichbedeutend mit »Selbstdenken«, auch wenn dieses »Selbstdenken« im 18. Jahrhundert noch auf eine geistige Elite beschränkt blieb: Voltaire, Diderot, d´Alembert, Lessing, Kant, Mendelssohn – sie alle verbreiteten dieses Gedankengut in ihren Büchern und Zeitschriften, Akademien und Gesellschaften und prägten eine ganze Epoche.

Critik
der
reinen Vernunft

von
Immanuel Kant
Professor in Königsberg.

Riga,
verlegts Johann Friedrich Hartknoch
1781.



**1742** 7.12.1742 Die Königliche Hofoper eröffnet in Berlin Unter den Linden

**1743** 27.6.1743 Das eroberte Kurfürstentum Bayern wird unter österreichische Verwaltung gestellt

**1743** 27.6.1743 Schlacht bei Dettingen: Briten und Österreicher siegen über die Franzosen

Sein eigentliches Ziel, die Nachfolge seines kranken Vaters anzutreten, verlor er trotz seiner vielfältigen kulturellen Interessen nie aus den Augen. Dabei unterschied sich sein Verständnis von Herrschaft grundlegend von dem des alten Königs, der noch als »absoluter Monarch« regierte. Friedrichs Auffassung von einem »aufgeklärten Absolutismus«, in die neben der antiken und französischen Überlieferung auch die deutsche Naturrechtslehre eingeflossen war, basierte auf einer naturrechtlichen Grundlegung des Staates durch einen Vertrag zwischen Herrscher und Beherrschten. Pochte Friedrich Wilhelm I. noch auf das »Gottesgnadentum«, so sah sich sein Sohn als »erster Diener« seines Landes. In seinen politischen Schriften setzte sich Friedrich in späteren Jahren überwiegend mit dem Staat und dem Verhältnis des Fürsten zu diesem auseinander. Bei aller »Aufgeklärtheit« lag dem späteren friderizianischen Regierungsstil dennoch ein gewisser Widerspruch zugrunde: Aus seiner völligen Identifikation mit dem Staat leitete Friedrich II. das Recht ab, allein, persönlich und uneingeschränkt das Regiment zu führen.

Tatsächlich waren die Erwartungen der Zeitgenossen hoch: Wie würde dieser Flöte spielende Feingeist das Land regieren? Würde seine Herrschaft ein neues Zeitalter markieren, in dem die Moral vor der Macht kam? Der alte Preußenkönig Friedrich Wilhelm I., der sein Land mit strenger monarchischer Hand nach vorne gebracht hatte, litt zunehmend an Gicht und Atemnot. Drei Tage vor dem Tod des knapp über Fünfzigjährigen nahm Friedrich tränenreich Abschied von dem Sterbenden. Zum ersten und letzten Mal legte der dahinsiechende König seinem Sohn in einem über anderthalb Stunden dauernden Monolog die Richtlinien seiner Politik dar. Einer der anwesenden Minister will Zeuge gewesen sein, wie Friedrich Wilhelm I. den Thronfolger vor einem leichtfertig angezettelten Krieg warnte. Bis zu seinem Tod am 31. Mai 1740 dachte der Hohenzoller an nichts anderes als an das Wohl seines Landes. Doch jetzt war sein Sohn an der Reihe. Die Menschen in Brandenburg-Preußen erwarteten, dass sich mit ihm von Grund auf alles ändern und Friedrich seine Ideen der »Aufklärung« verwirklichen würde. Wer glaubte, dass es nun statt Pfennige Dukaten regnete, wurde bitter enttäuscht. Nichts dergleichen geschah. Zu lange hatte der Achtundzwanzigjährige auf diesen Moment gewartet. Jetzt, wo er die Macht und Mittel hatte, das zu tun, was er für richtig hielt, legte er einen erstaunlichen Pragmatismus an den Tag. Die Sparpolitik seines Vaters trieb er weiter voran, und seine Abscheu vor dem verhassten »Sterbekittel«, wie er einst die Uniform genannt hatte, wich einer unerklärlichen Begeisterung für alles Militärische. Allein sein Verhältnis zum Kaiserhof unterschied sich grundlegend von der Haltung seines Vaters. Tatenlos hatte er dabei zusehen müssen, wie der Kaiser den Preußenkönig wie einen beliebigen kleinen Reichsfürsten behandelte. Mit Genugtuung nahm deshalb Friedrich II. die Misserfolge des Kaisers in den Auseinandersetzungen mit den Osmanen im Oktober 1737 zur Kenntnis. »Blättern Sie in der Geschichte, wo Sie wollen«, schrieb er ungerührt an seinen Minister, »stets werden Sie finden, dass ein ins Übermaß gesteigerter Hochmut für die Reiche der Vorläufer ihres Niedergangs oder ihres Sturzes gewesen ist.« Wenn der Kaiser stürbe, »welche Umwälzungen wird man dann nicht in der Welt erleben!« Schon drei Jahre vor der Amtsübernahme malte er sich den Tod seines Patenonkels aus und die damit verbundenen Chancen für die eigene Machterweiterung.



1744 11.3.1744 Das Auktionshaus Sotheby's veranstaltet seine erste Versteigerung

1744 30.5.1744 Tod des englischen Dichters Alexander Pope (* 1688)

1744 16.8.1744 Zweiter Schlesischer Krieg: Friedrich II. marschiert im habsburgischen Böhmen ein

**1745** 13.1.1745 Friedrich II. verfügt den Bau von Schloss Sanssouci in Potsdam, das 1747 fertiggestellt ist

**1745** 22.4.1745 Frieden von Füssen: Österreich gibt den Wittelsbachern Bayern zurück, diese verzichten auf Kaiserthronansprüche

**1745** 4.6.1745 Schlacht bei Hohenfriedberg: Friedrichs II. Truppen siegen über ein österreichisch-sächsisches Heer

## Deutschland im 18. Jahrhundert

Das »Heilige Römische Reich Deutscher Nation« war Anfang des 18. Jahrhunderts in rund 300 Territorien zersplittert. Im Norden grenzten sie an Nord- und Ostsee, im Westen an Rhein und Maas, im Osten bis fast an die Weichsel und Polen; im katholischen Süden reichten sie bis über die Alpen nach Oberitalien. Unter ihnen befanden sich mächtige Territorien wie Österreich und Brandenburg-Preußen, aber auch kleinere Herzogtümer wie Sachsen-Weimar und die Reichsgrafschaft Castell.

Seit dem Westfälischen Frieden von 1648 verfügten die Stände des Reichs mit ihren Territorien über ein eigenes Bündnisrecht, das heißt, jeder Fürst konnte sich mit in- und ausländischen Mächten zusammenschließen. Das 1681 neu konstituierte Reichsheer wurde nur selten zusammengerufen. Ein Angriffskrieg war reichsrechtlich nicht vorgesehen. Anders als in England und Frankreich gab es keine zentrale Hauptstadt, dafür aber mehrere »Funktionsstädte«: Regensburg als Sitz des Ewigen Reichstags, Wetzlar als Sitz des Reichskammergerichts und vor allem Wien als Kaiserstadt und Sitz des kaiserlichen Hofes und der Reichsverwaltung. Der Kaiser, der von den sieben Kurfürsten gewählt wurde, stand an der Spitze des Reichs. Seit über 300 Jahren hatten bereits die mächtigen Habsburger im Reich das Sagen. Der Kaiser sollte das Reich beschützen, doch letztendlich war entscheidend, wie sich die mächtigen Territorien zum Reich verhielten, ob sie nur ihre eigenen Interessen verfolgten oder auch der gemeinsamen Sache dienen wollten.

Nicht nur Friedrichs Verhältnis zum Haus Habsburg, auch seine Haltung zum Heiligen Römischen Reich Deutscher Nation war problematisch. Der Reichsverband mit seinen Institutionen, dem Reichstag, dem Reichskammergericht und dem Reichsheer, war ihm gleichgültig. Friedrich interessierte einzig und allein Brandenburg-Preußen. Jetzt profitierte er vom strengen Regiment seines Vaters Friedrich Wilhelm I., der ihm eine effiziente Verwaltung, eine volle Staatskasse und eine fast 80 000 Mann starke Armee – immerhin die fünftgrößte Militärmacht Europas – hinterlassen hatte. Brandenburg-Preußen war inzwischen ein bedeutender Machtfaktor, ohne jedoch schon Sachsen, Bayern und das Haus Hannover überrundet zu haben. Tatsächlich nährten die ersten Regierungsmaßnahmen des neuen Monarchen die Hoffnung auf einen »Friedenskönig«. Friedrich II., der später die Folter und Zeitungszensur abschaffte, betätigte sich als eifriger Reformer und Bauherr. Mitten im Herzen Berlins plante er ein Spree-Athen, die Akademie der Wissenschaften erweckte er zu neuem Leben, und er löste die »langen Kerls«, die kostspielige Leibgarde seines Vaters, auf. In seinem Land sollte jeder »nach seiner Façon selig werden« und seine Religion frei ausüben können. Doch der Schein trog. Hinter der Maske des feinsinnigen Philosophen verbarg sich ein von Ruhmsucht und Abenteuerlust getriebener Machtpolitiker. Wie groß mag das Erstaunen gewesen sein, als Friedrich sein wahres Gesicht zeigte?



**1745** 13.9.1745 Maria Theresias Ehemann wird als Franz I. zum römisch-deutschen Kaiser gewählt

**1745** 25.12.1745 Frieden von Dresden beendet den Zweiten Schlesischen Krieg, Preußen erkennt Kaiser Franz I. an

**1746** 16.6.1746 Schlacht bei Piacenza: Österreicher besiegen ein spanisch-französisches Heer

## Krieg als Vorsichtsmaßnahme

Nur fünf Monate nach seinem Amtsantritt veränderte ein scheinbar harmloses Pilzgericht den Lauf der Welt. Als Kaiser Karl VI. im Oktober 1740 überraschend an einer Lebensmittelvergiftung starb, brach unter den europäischen Mächten der Streit um die Erbfolge in Österreich aus. Die Pragmatische Sanktion, das Hausgesetz, mit dem Karl seiner Tochter auf den Thron hatte verhelfen wollen, erwies sich, wie schon Prinz Eugen befürchtet hatte, als wertloses Stück Papier. Tatsächlich fühlte sich niemand mehr an seine Unterschrift gebunden. Wie sollte die erst dreiundzwanzigjährige Maria Theresia, Mutter zweier Kinder und das dritte Mal schwanger, dieses gewaltige Erbe verteidigen – ein Gebiet, das von den südlichen Niederlanden bis jenseits der Alpen, vom Breisgau am Oberrhein bis Böhmen, Ungarn und Siebenbürgen reichte? Etwa zwei Drittel ihrer Länder, wie Ungarn und Siebenbürgen, lagen außerhalb des Heiligen Römischen Reiches Deutscher Nation. Diesen von einem starken regionalen Adel geprägten Vielvölkerstaat, der weder über eine einheitliche Verwaltung noch eine gemeinsame Sprache verfügte, zusammenzuhalten, erforderte enormes Geschick und Erfahrung. Dass sie das Herz einer Königin hatte, sollte sie schon bald beweisen, doch fehlte es ihr an Erfahrung und fähigen Beratern. Wie kaum anders zu erwarten, pochten die Kurfürsten von Sachsen und Bayern nach dem Tod Kaiser Karls auf die alten Erbverträge. Der bayerische Kurfürst konnte dabei auf die Unterstützung des französischen Königs Ludwig XV. zählen. Überraschende Forderungen aus dem fernen Brandenburg-Preußen kamen hinzu. Endlich bot sich dem jungen Preußenkönig die Gelegenheit, sein noch »unfertiges« Land zu arrondieren.

Dabei hatte er schon seit Längerem mit Schlesien geliebäugelt. Die österreichische Provinz mit ihrer blühenden Textilindustrie war nicht nur wohlhabend, sondern darüber hinaus mit der Oder als verbindendem Fluss von hohem strategischem Wert. Als Sperrriegel zwischen Polen und Sachsen erschien sie Friedrich unentbehrlich. Der Preußenkönig wollte unter allen Umständen verhindern, dass Schlesien durch einen militärischen Handstreich oder als Erbteil des Kaiserhauses an Sachsen fiel. Der Erwerb Schlesiens hätte Sachsen zu einem Rang verholfen, den der Preußenkönig für sich reklamieren wollte. Wer Schlesien besaß, hatte Einfluss in Ostmitteleuropa. Seinem Minister Graf Podewils stellte er am 1. November 1740 die rhetorische Frage, ob man sich einen Vorteil, wenn er sich denn böte, nicht zunutze machen müsse. Bedenken seines Ministers, der auf die vertraglichen Verpflichtungen unter den Mächten verwies, wischte er mit einem Federstrich vom Tisch. »Rechtsfragen sind Sache der Minister, also die Ihren«, ließ er ihn in einer Randnotiz unwirsch wissen. »Es ist Zeit, im Geheimen daran zu arbeiten, denn die Befehle an die Truppen sind erteilt.«

*Das Haus Österreich, das seit dem Tod seines Hauptes und völligem Verfall seiner Angelegenheiten allen seinen Feinden offensteht, ist im Begriff, unter den Zugriffen derer zusammenzubrechen, die öffentlich ihre Ansprüche auf die Nachfolge vorbringen und heimlich den Plan hegen, einen Teil des Erbes an sich zu reißen. ... Mein einziger Zweck ist die Erhaltung und der wahre Nutzen des Hauses Österreich.*

FRIEDRICH II.,
4. DEZEMBER 1740



**1748** 18.10.1748 Frieden von Aachen beendet den Österreichischen Erbfolgekrieg: Anerkennung der Pragmatischen Sanktion

**1750** 28.7.1750 Tod Johann Sebastian Bachs (* 1685)

**1751** Der erste Band der Encyclopédie von Diderot und D'Alembert erscheint

Als Friedrich diese Zeilen schrieb, haftete ihm noch das Bild des aufgeklärten Monarchen an, des Philosophen auf dem Thron, der sich mit Künstlern und Intellektuellen umgab, der Flötensonaten und Arien komponierte und der, wie Voltaire spöttisch bemerkte, an die 500 Verse in acht Tagen verfasste. Dass sich dieser Schöngeist ohne sichtbare Not unter tollkühnem Einsatz seines Lebens in mehrere Angriffskriege stürzen würde, hatte wirklich niemand erwartet. Kurz zuvor hatte er noch seinen »Antimachiavell« verfasst, eine politische Abhandlung über die Thesen des Florentiners Niccolò Machiavelli. Darin erläuterte Friedrich, wie auf Drohgebärden potenzieller Gegner zu reagieren sei: nämlich indem man dem anderen zuvorkommt und als Erster losschlägt – Krieg als Vorsichtsmaßnahme gewissermaßen. Für Friedrich war dies die »unbezweifelbare Maxime« militärischen Handelns. Tatsächlich galt der Präventivkrieg in der frühen Neuzeit als legitimer Akt der Selbstverteidigung, wenn die Angriffsabsicht des Feindes offensichtlich war oder das Gleichgewicht der Mächte ins Wanken geriet. Diesen Umstand machte sich Friedrich mit kühlem Verstand zunutze, um Sachsen und Bayern im Ringen um die Macht zuvorzukommen.

## Der Überfall

Ein Maskenball im Berliner Schloss, den die Königin am 12. Dezember 1740 veranstaltete, sollte die Welt in Sicherheit wiegen. Von einem tanzenden König konnte doch unmöglich Gefahr drohen – oder doch? Um zwei Uhr nachts hatte die Maskerade Friedrichs ein Ende. Heimlich verließ er das Fest und bestieg eine bereitstehende Kutsche in Richtung Grenze. Das finanziell und wirtschaflich zerrüttete Österreich würde den 90 000 preußischen Soldaten höchstens 80 000 Mann entgegenstellen können, die zumeist fernab von Schlesien in den Winterquartieren stationiert waren, so sein Kalkül.

*Ich spiele ein hohes Spiel, ich bekenne es, und sollte sich alles Unheil der Welt in einer solchen Stunde wider mich verschwören, so bin ich verloren.*

FRIEDRICH II.
IM SCHLESISCHEN KRIEG

Am 16. Dezember, also mitten im Winter, erfüllte er seinen Traum vom Feldherrndasein. Ohne Vorwarnung marschierte er an der Spitze seiner Truppen in die österreichische Provinz Schlesien ein. »Ich habe den Rubikon überschritten«, schrieb er an seinen Minister in Berlin, »mit fliegenden Fahnen und klingendem Spiel.« Maria Theresia hatte dem Überfall erwartungsgemäß kaum etwas entgegenzusetzen. Hilflos musste die junge Erzherzogin von Wien aus mit ansehen, wie sich der dreiste Hohenzoller ihrer reichsten Provinz bemächtigte. Im Handumdrehen waren die Festungen Glogau, Neiße und Brieg eingeschlossen. Am 3. Januar 1741 hielt der Usurpator unter dem Beifall der schlesischen Protestanten einen triumphalen Einzug in der Hauptstadt Breslau. Ein schwerer Schlag für die katholische Maria Theresia, war doch die Universitätsstadt jahrzehntelang das Zentrum der Gegenreformation gewesen. Jesuiten hatten hier seit dem Ende des 17. Jahrhunderts den Ton angegeben.

Religiös indifferent, wie er war, ließ Friedrich sich von den protestantischen Ständen im November 1741 huldigen, ohne jedoch die katholischen zu brüskieren. So gewann



1752 2.9.1752 Großbritannien führt den gregorianischen Kalender ein

1753 23.3.1753 Voltaire verlässt nach dreijährigem Aufenthalt Berlin nach Differenzen mit Friedrich II.

1753 19.8.1753 Tod des Architekten Balthasar Neumann (* 1687)

Nach der Invasion Schlesiens ließ Friedrich II. sich im Fürstensaal des Rathauses von Breslau im November 1741 von den protestantischen und katholischen Ständen huldigen.

er schnell die Sympathien der Breslauer, die schon seit über hundert Jahren keinen Habsburger mehr zu Gesicht bekommen hatten. »Meine Jugend, die Glut der Leidenschaft und die Begierde nach Ruhm haben mich verführt«, brachte er später als Begründung für seinen Eroberungsfeldzug vor – keine ungewöhnliche Triebfeder in der höfischen Adelswelt des 18. Jahrhunderts. Tatsächlich war der Handstreich lange geplant, waren alle Kriegsvorbereitungen, für den König »das schönste Spiel der Welt«, längst in die Wege geleitet. Doch die Geister, die er rief, sollten ihn nie wieder zur Ruhe kommen lassen. Friedrichs Gier nach Ruhm machte ihn blind für die Konsequenzen seiner Tat. Denn schließlich ging es um sehr viel mehr als um die Eroberung einer wohlhabenden Provinz der Habsburger: Das Schicksal Österreichs und des Heiligen Römischen Reiches Deutscher Nation stand auf dem Spiel.



**1754** 1.9.1754 Die Wallfahrtskirche Wies, entworfen von den Brüdern Zimmermann, wird nach neunjähriger Bauzeit geweiht

**1755** 10.2.1755 Tod des Staatstheoretikers und Schriftstellers Montesquieu (* 1689)

**1755** 1.11.1755 Lissabon wird durch ein Erdbeben zu zwei Dritteln zerstört

## Die Unbeugsame

Mit allem hatte Friedrich gerechnet, nur nicht mit dem Widerstand Maria Theresias. Für die dreiundzwanzigjährige Habsburgerin war der Überfall ihres entfernten Cousins ein persönlicher Affront. Trotz ihrer politischen Unerfahrenheit beschloss sie, den Kampf gegen alle Aggressoren aufzunehmen, die ihr das Erbe streitig machen wollten. Eine Frau als Kaiserin war in der Reichsverfassung nicht vorgesehen, doch sie war nicht willens, ihre Länder herzugeben. Friedrich war nicht als Einziger auf Raub aus: Der bayerische Kurfürst schielte begehrlich auf Böhmen und Teile Österreichs, Sachsen gierte nach Mähren, Frankreich erhob Ansprüche auf die österreichischen Niederlande, und in Italien gehörten Machtwechsel schon zur Tagesordnung. Was für die Gegner Maria Theresias leicht wie ein Kinderspiel begann, entpuppte sich schon nach kurzer Zeit als Trugschluss mit fatalen Konsequenzen.

Bereits im Frühjahr 1741 schickte Maria Theresia eine Antwort in Gestalt ihrer Armee nach Schlesien. In Mollwitz kam es im April zur ersten großen Schlacht zwischen brandenburgisch-preußischen und österreichischen Truppen. Ohne Rücksicht auf sein Leben warf sich der ruhmsüchtige Friedrich immer wieder ins Kampfgeschehen. Zwar waren die Österreicher zahlenmäßig unterlegen, doch fegte ihre Kavallerie die preußische vom Schlachtfeld. Erst auf Drängen seines erfahrenen Feldmarschalls Schwerin zog sich Friedrich im gestreckten Galopp aus der Gefahrenzone zurück, wobei er nur knapp einer Gefangennahme durch gegnerische Truppen entging. Dass am Ende sein treuer Feldmarschall doch noch siegte, konnte ihm über seine persönliche Niederlage nicht hinweghelfen. Eine solche Schmach, so schwor er sich, sollte ihm nicht noch einmal im Kampf widerfahren. Was auch immer um ihn herum geschah, stets kämpfte er unerschrocken weiter, so als wollte er sein Schicksal herausfordern. Auch wenn der Sieg von Mollwitz für Friedrich nur ein halber war, machte er ihn über Nacht zu einem umworbenen Akteur auf der politischen Bühne, dem »Theatrum Europaeum«. Sogar für die Großmächte England und Frankreich, die sich unabhängig vom europäischen Kriegsschauplatz einen erbitterten Kampf auf den Weltmeeren um Nordamerika und Indien lieferten, war er nun ein ernst zu nehmender Partner.

In der Folge schlossen Preußen, Frankreich, Bayern, Sachsen, Spanien und Sardinien ein Bündnis, während Österreich lediglich von England unterstützt wurde. Der sogenannte Österreichische Erbfolgekrieg, der bis 1748 dauerte und von dem die beiden Schlesischen Kriege (1740–1742 bzw. 1744/45) nur Teilstücke bildeten, entbrannte mit voller Wucht. Jeder wollte sich ein Stück vom Kuchen sichern. Die Gegner Habsburgs hatten sich bereits im Vorfeld auf folgende Neuordnung geeinigt: Preußen sollte Schlesien erhalten, während Frankreich sich die österreichischen Niederlande, Bayern sich Böhmen und die Kaiserkrone aneignete, Spanien sich die Toskana, Parma und die Lombardei sowie Sachsen sich Mähren einverleibten. Bei Habsburg sollten lediglich die ungarische Königskrone und die Erblande verbleiben. Preußische Truppen standen bereits in Schlesien, die Bayern in Österreich und die Franzosen auf der rechten Rheinseite, als in Wien am 13. März 1741 der ersehnte habsburgische Thronfolger Joseph zur Welt kam. Die Geburt eines männlichen Erben erschien



1756 16.1.1756 Konvention von Westminster als Defensivbündnis zwischen Preußen und Großbritannien

1756 1.5.1756 Vertrag von Versailles: Bündnis Frankreichs mit Österreich mit Zusicherung gegenseitiger Truppenhilfe

1756 29.8.1756 Siebenjähriger Krieg beginnt mit Einmarsch preußischer Truppen in Sachsen

der jungen Mutter wie ein Wink Gottes. Die Erzherzogin stand zwar mit dem Rücken zur Wand, aber jetzt war sie noch fester entschlossen zu kämpfen, ging es nun doch um das Erbe ihres Sohnes.

Eigentlich waren ihr nur die Ungarn geblieben, die nicht einmal zum Heiligen Römischen Reich Deutscher Nation gehörten. Mit den Ungarn war das so eine Sache: Sie fühlten sich nicht als Untertanen, sondern als Partner der Habsburger. Mit der Krönung war von jeher die Anerkennung der Eigenständigkeit der Ungarn und ihrer Sonderrechte verbunden. So manche fragten laut, ob man sich in dieser Situation nicht besser von den Habsburgern trennen sollte. Die Mehrheit jedoch plädierte für ein Verbleiben im habsburgischen Verbund.

Maria Theresia als Herrscherin Ungarns in vollem Krönungsornat auf dem Rücken eines Pferdes.

*Ihrer Treue vertrauen Wir Uns und Unsere Kinder an. In dieser gegenwärtigen Gefahr muss ohne Zögern Rat geschafft, das Schwert ergriffen werden, um Unsere und des Reiches Feinde zurückzudrängen.*

**MARIA THERESIA VOR DEN UNGARN, 1741**

Im Juni 1741 reiste Maria Theresia mit dem Mut der Verzweiflung nach Pressburg, um sich dort zum »König von Ungarn« krönen zu lassen. Doch erst nachdem Maria Theresia den ungarischen Ständen weitreichende Zugeständnisse gemacht hatte, bekam sie am 25. Juni 1741 die Stephanskrone ausgehändigt. Nach monatelangen Verhandlungen um Geld und Hilfstruppen trat Maria Theresia im September 1741 mit dem weinenden Söhnchen auf dem Arm und der Stephanskrone auf dem Haupt vor die Stände. Sie begriff, dass dies ihre letzte Chance war. Mit tränenerstickter Stimme beschwor sie in einem flammenden Appell die Herzen der Magyaren. Nach dem Ende ihrer Rede sollen die Fürsten ihre Säbel geschwungen und der jungen Mutter den Treueschwur geleistet haben: »Moriamur pro rege nostro Maria Theresia.« (»Wir wollen sterben für unseren König Maria Theresia.«) Es war eine Szene, um die sich Legenden ranken.



**1756** 1.10.1756 Schlacht bei Lobositz: Preußen und Braunschweig siegen über Österreich

**1756** 15.10.1756 Schlacht bei Pirna: Die sächsische Armee wird vernichtend geschlagen

**1757** 18.6.1757 Schlacht von Kolin: Ein österreichisches Entsatzheer siegt über preußische Truppen

Ihren Beistand hatten sich die Ungarn teuer bezahlen lassen. Während Maria Theresia die Magyaren auf ihre Seite brachte, nahm ein bayerisches Heer unter Führung eines ihrer Widersacher, des Wittelsbachers Karl Albrecht, die oberösterreichische Stadt Linz ein. Kurze Zeit später eroberten seine Truppen Prag, die Hauptstadt Böhmens, und er ließ sich von den Ständen zum König von Böhmen krönen – eine Würde, die eigentlich den Habsburgern gebührte. Doch Karl Albrecht konnte sich nicht lange halten, da bereits österreichische Truppen gegen Prag marschierten. Hals über Kopf musste er die böhmische Hauptstadt verlassen. Der bayerische Kurfürst war quasi auf der Flucht, als die Mächtigen des Reiches ihn am 12. Februar 1742 in Frankfurt am Main zum römisch-deutschen Kaiser krönten. Dass ihr Haus die Kaiserkrone verloren hatte, war für Maria Theresia eine nur schwer zu verkraftende Niederlage. Außerdem war der neue Kaiser ein Verbündeter Brandenburg-Preußens und Frankreichs, der Feinde Österreichs. Dass ihre Truppen am Tag der Kaiserkrönung ihres Gegners Karl Albrecht dessen Residenzstadt München besetzten und ihn damit zum Kaiser ohne Land machten, muss ihr eine große Genugtuung gewesen sein.

Der bayerische Kurfürst Karl Albrecht aus dem Haus Wittelsbach profitierte zunächst von der Schwäche Maria Theresias.

Trotz des zermürbenden Mehrfrontenkriegs gab die mehrfache Mutter nicht auf. Obwohl fast alles in Scherben lag, hielt sie an ihrer göttlichen Mission fest, wobei ihre Lage allerdings mit jedem Kriegsmonat prekärer wurde. Doch erst nach mehreren Siegen über die österreichischen Truppen gelang es Friedrich im Juni 1742, unter Vermittlung Englands in Breslau ein Friedensabkommen mit den Habsburgern zu schließen. Darin zwang er Maria Theresia, ihm weite Teile Schlesiens zu überlassen. Die Erzherzogin mag sich damit getröstet haben, dass wenigstens die habsburgische Flagge wieder über dem Prager Hradschin wehte.

Während sich Friedrich vorübergehend vom Kriegsgeschehen, das er eigentlich zu verantworten hatte, zurückzog, war Maria Theresia gezwungen, den Kampf gegen die anderen Feinde fortzusetzen. Doch nur zwei Jahre später, als die Österreicher gerade im Elsass militärische Erfolge feierten, mischte sich Friedrich wieder ein, indem er das schutzlose



**1757** 5.11.1757 Schlacht bei Roßbach: Friedrichs II. Heer siegt über Franzosen und die Reichsarmee

**1757** 5.12.1757 Schlacht bei Leuthen: Friedrichs II. Truppen bezwingen Österreichs Hauptarmee

**1758** 25.8.1758 Schacht bei Zorndorf mit Sieg Preußens über Russland

Böhmen besetzen ließ. Damit wollte er Habsburgs unerwartetem Machtzuwachs und einer möglichen Rückeroberung Schlesiens zuvorkommen. Aber diesmal wussten sich die österreichischen Truppen zu wehren. Im Eiltempo kehrten sie vom Rhein zurück und zwangen die Soldaten des Preußenkönigs zum Rückzug über regendurchweichte Straßen. Kälte und mangelnde Versorgung sorgten dafür, dass Friedrichs Soldaten trotz drakonischer Strafmaßnahmen scharenweise desertierten. Rund 17 000 Soldaten, ein Viertel der brandenburgisch-preußischen Streitmacht, meist ausländische Zwangsrekrutierte, liefen zu den Feinden über. England, Russland und Sachsen sahen sich gut beraten, die Fronten zu wechseln. »Kein General beging mehr Fehler in diesem Feldzug als der König«, schrieb Friedrich später selbstkritisch.

## Ein unmoralisches Angebot

Auch für Friedrichs Gegner war das Kriegsglück wechselhaft. Der überraschend frühe Tod des Kaisers aus Bayern im Jahr 1745 veränderte die politische Landschaft grundlegend. Friedrich verstand es glänzend, auch diese Situation zu seinen Gunsten zu nutzen, indem er Maria

Die Feierlichkeiten zur Krönung ihres Ehemanns Franz I. am 4. Oktober 1745 auf dem Frankfurter Römerplatz verfolgte Maria Theresia mit großer Genugtuung.



**1758** 14.10.1758 Schlacht bei Hochkirch: Preußen unterliegt den Österreichern unter Daun

**1759** 14.4.1759 Tod Georg Friedrich Händels (* 1685)

**1759** 12.8.1759 Schlacht bei Kunersdorf: schwere Niederlage Friedrichs II. gegen die mit den Russen verbündeten Österreicher unter Laudon

Einzug eines Triumphators: Bei seiner Rückkehr nach Berlin bereitete die Bevölkerung ihrem König einen begeisterten Empfang.

Theresia ein Tauschangebot unterbreitete: die Kaiserkrone für ihr Haus, konkret für ihren Ehemann Franz von Lothringen, gegen Schlesien. Ohne jemals wirklich ihren Anspruch auf Schlesien aufgegeben zu haben, ließ sich die Erzherzogin auf den faulen Handel ein. Am 25. Dezember 1745 verzichtete sie im Frieden von Dresden ein zweites Mal auf ihre Provinz. Im Gegenzug erkannte Friedrich ihren Gemahl Franz Stephan als den rechtmäßigen deutschen Kaiser Franz I. an, dessen Krönung in Frankfurt schließlich Tausende beiwohnten. Maria Theresia verzichtete bewusst auf eine Krönung zur Kaiserin, da sie dadurch ihrem Ehemann rangmäßig unterstellt gewesen wäre. Sie selbst schob ihre Schwangerschaft vor, was sie aber nicht daran hinderte, nach Frankfurt zu reisen, um von einem Balkon aus das illustre Treiben auf dem Römerplatz zu verfolgen.

*Wer hätte gedacht, dass die Vorsehung einen Poeten ausersehen hätte, um das politische System Europas umzustürzen und die Berechnungen seiner Könige vollständig auf den Kopf zu stellen?*

FRIEDRICH II.

Noch drei Jahre nach den Feierlichkeiten ging der Österreichische Erbfolgekrieg für Maria Theresia weiter. Bei der Suche nach neuen Verbündeten stieß sie auf die russische Zarin Elisabeth, eine Tochter Peters des Großen, die schon seit einiger Zeit argwöhnisch den Aufstieg Preußens beobachtete. Der Defensivvertrag zwischen Österreich und Russland sollte später noch wichtig werden. Dass England zum Frieden drängte, nahm die Erzherzogin ihrem alten Verbündeten persönlich übel. Im Frieden von Aachen, den Wenzel Anton Graf Kaunitz 1748 mit großem diplomatischem Geschick für sie aushandelte, verlor sie zwar Schlesien und die meisten italienischen Besitzungen, doch konnte sie mit dem Erreichten fürs Erste zufrieden sein: Sie erhielt die südlichen Niederlande zurück, ferner wurde die Pragmatische Sanktion von allen europäischen Mächten endlich anerkannt. Maria Theresia hatte ihr Erbe behauptet, und Österreich sich seinen Platz unter den Großmächten zurückerobert, wenn auch mit Blessuren.



**1760** 15.8.1760 Schlacht bei Liegnitz: Preußen besiegt die zahlenmäßig überlegenen Österreicher

**1760** 25.10.1760 In England tritt George III. die Thronfolge an (bis 1820)

**1760** 3.11.1760 Schlacht bei Torgau: Preußen siegt über Österreich in einer besonders blutigen Massenschlacht

## Sanssouci und Schönbrunn

Drei Tage nach dem Friedensschluss von Dresden am Weihnachtstag des Jahres 1745 kehrte Friedrich in seine Residenzstadt zurück. Die Berliner bereiteten ihrem König einen triumphalen Empfang. Auch außerhalb von Brandenburg-Preußen wurde der König bejubelt – als »Friedrich der Einzige«. »Vivat Fridericus Magnus«-Illuminationen schmückten die Straßen Berlins. Schon drei Jahre zuvor hatte Voltaire ihn als »Frédéric le Grand« bezeichnet, doch jetzt skandierte auch das Volk: »Hoch lebe Friedrich der Große!« Für die Protestanten war Friedrich der Mann der Stunde, der Bezwinger des katholischen Kaiserhauses.

Der Preußenkönig selbst fühlte sich keineswegs als Triumphator. Die Strapazen auf den Schlachtfeldern hatten dem Helden sichtlich zugesetzt. Als selbstbewusster, jugendlich wirkender Schöngeist war er für Ruhm und Ehre losgezogen, als desillusionierter Heerführer kehrte der knapp Vierunddreißigjährige zurück. Er hatte genug vom Krieg, der für ihn einst das »schönste Spiel der Welt« gewesen war. Nun wollte er endlich die Früchte seines Sieges auskosten. Ein Schlaganfall, den der junge König 1747 erlitt, setzte ihn allerdings für kurze Zeit außer Gefecht.

Schon vor dem Einmarsch in Schlesien hatte er den Architekten Georg Wenzeslaus von Knobelsdorff mit der Konzeption eines Spree-Athens im märkischen Sand beauftragt. Das Forum Fridericianum mit der Oper und der Königlichen Bibliothek prägt das Berliner Stadtbild bis heute. Der groß angelegte architektonische Entwurf sollte Friedrichs königliche Autorität versinnbildlichen, aber auch den kulturellen Auftrag des Staates deutlich

Die Bauten des Architekten Georg Wenzeslaus von Knobelsdorff (1699–1753) prägten das Bild der Residenzstädte Berlin und Potsdam.

machen. Nicht zufällig war das Opernhaus Unter den Linden nach seiner Vollendung mit 2000 Plätzen eines der größten in ganz Europa. Wie bei der später errichteten Bibliothek handelte es sich um ein frei stehendes Gebäude, ohne räumliche Verbindung zur königlichen Residenz. Der König hatte bewusst auf die Errichtung der Oper im Schlossbezirk verzichtet. Das Forum Fridericianum war ein Residenzplatz ohne Residenz – ein Novum in der Architekturgeschichte.

Die Berliner Bürger, für die er die Oper hatte erbauen lassen, dankten es ihrem König. Bei Friedrichs Amtsantritt im Jahr 1740 lebten nicht zuletzt wegen der jahrzehntelangen Einwanderungspolitik der Hohenzollern schon 100 000 Menschen in der Stadt. Allein 7000 Hugenotten, protestantische Flüchtlinge aus



**1761** 5.10.1761 Nach Sturz von Premierminister William Pitt d.Ä. scheidet Großbritannien aus dem kontinentalen Krieg aus

**1761** 16.12.1761 Die preußische Festung Kolberg kapituliert nach langer russischer Belagerung

**1762** 5.1.1762 Tod der Zarin Elisabeth

Das Forum Fridericianum war das bedeutendste Bauvorhaben zu Beginn von Friedrichs Regierungszeit. Der Architekt Knobelsdorff entwarf nördlich der Straße »Unter den Linden« einen ausgedehnten Komplex mit Ehrenhof, Kolonnaden, Opernhaus, Bibliothek, Kirche und Palais.

dem katholischen Frankreich, sowie viele Salzburger Protestanten und einige Türken hatten in Brandenburg-Preußen eine neue Heimat gefunden. Weil in seinem Land »jeder nach seiner Façon selig werden« sollte, genehmigte Friedrich II. sogar den Bau der katholischen Hedwigskirche am Rande seines Forum Fridericianum. Ohne Zweifel hatte der Preußenkönig die religiöse Toleranz als klaren Standortvorteil erkannt.

Doch war ihm Berlin, dem er zu Größe verholfen hatte, zu turbulent. Der Bauherr suchte zunehmend Distanz und politische Zurückgezogenheit. Auf einem einsamen Weinberg bei Potsdam, etwa 30 Kilometer von Berlin entfernt, ließ er ein neues Schloss nach seinen Plänen errichten – Sanssouci. Der Name war Programm: Ohne Sorgen wollte er hier leben, fern vom strengen Hofzeremoniell, fern von seinen Brüdern und seinen Ministern. In Sanssouci hoffte Friedrich

Auf einer Anhöhe bei Potsdam ließ Friedrich II. das Rokokoschloss Sanssouci errichten.



**1762** 5.5.1762 Der neue Zar Peter III. schließt mit Preußen den Frieden von Sankt Petersburg

**1762** 22.5.1762 Frieden von Hamburg zwischen Preußen und Schweden

**1762** 28.6.1762 Sturz Zar Peters III. durch seine Frau, die als Katharina II., die Große, bis 1796 regiert

endlich das Leben führen zu können, das er sich immer erträumt hatte – frei von den Zwängen des Hofes und nur von Männern umgeben.

*Nach Potsdam, nach Potsdam. Das brauche ich, um glücklich zu sein! Wenn Sie diese Stadt sehen, wird sie Ihnen sicherlich gefallen. Zu meines Vaters Zeiten war es ein elendes Nest; wenn er jetzt wiederkäme, würde er seine Stadt sicherlich nicht wieder erkennen, so habe ich sie verschönert.*

FRIEDRICH II., 1758

1747 wurde das intime Rokokojuwel fertiggestellt: ein zierlicher flacher, kuppelgekrönter Bau über einem Terrassenhang, umgeben von Weinreben, Feigen- und Orangenbäumen, marmornen Nymphen und Göttinnen. Vor dem Fenster seiner Bibliothek ließ Friedrich die Statue des »Betenden Knaben« aus Rhodos aufstellen, einen zartgliedrigen Jüngling, in dem man die Darstellung eines Lustknaben des römischen Kaisers Hadrian vermutete. Einige Forscher sehen darin ein Indiz für Friedrichs homoerotische Neigungen, doch gibt es keinen Beweis, dass er sie auch gelebt hat. Dass der König zeitlebens die Nähe zu Männern suchte und Frauen bis auf wenige Ausnahmen verachtete, war schon damals kein Geheimnis. »Das ist kein Hof«, beklagte sich Voltaire später, »sondern eine Klausur, aus der die Frauen verbannt sind.« Wie glücklich war Friedrich, als er nach jahrelangen Bemühungen den französischen Philosophen und Aufklärer endlich hatte überreden können, an seinen Musenhof zu kommen. »Sie sind Philosoph, ich bin es auch«, hatte er ihm nach Frankreich geschrieben. »Was ist natürlicher, als dass zwei Philosophen miteinander leben?« In

In Friedenszeiten speiste Friedrich II. täglich mit einem auserlesenen Freundeskreis im Marmorsaal von Sanssouci. Ölskizze von Adolph Menzel, 1850.

Sanssouci überboten sich beide in gegenseitiger Schmeichelei und Bewunderung. Voltaire korrigierte die Verse des Königs und erhielt als Gegenleistung den preußischen Orden Pour le Mérite sowie überaus großzügige finanzielle Zuwendungen.

*Die Mahlzeiten verliefen meist nicht weniger philosophisch. Wäre jemand plötzlich eingetreten, hätte dieses Bild gesehen und uns zugehört, er hätte geglaubt, die sieben Weisen Griechenlands unterhielten sich im Bordell.*

VOLTAIRE,
ERINNERUNGEN, 1759



**1762** 3.11.1762 In Fontainebleau schließt Frankreich mit Großbritannien einen Präliminarfrieden

**1763** 10.2.1763 Frieden von Paris: Kriegsende in Übersee zwischen Frankreich, Spanien und Großbritannien

**1763** 15.2.1763 Friede von Hubertusburg: Preußen, Sachsen und Österreich beenden den Siebenjährigen Krieg

Der Höhepunkt eines jeden Tages war das gemeinsame Mittagessen im Marmorsaal von Sanssouci – die berühmte »Tafelrunde«. Adolph von Menzel hat sie, 110 Jahre nach Friedrichs Herrschaftsbeginn, in Öl auf Leinwand gebannt und damit dem erlauchten Kreis ein Denkmal gesetzt: Voltaire, d'Argens, die Brüder Keith, Algarotti, de Maupertuis und andere – ein ausgewählter Freundeskreis in gelöster Atmosphäre mit dem König als »Gleichem unter Gleichen«. Witz und Esprit beherrschten die Runde, vor allem, als noch Voltaire dazugehörte. Doch mit der Harmonie innerhalb des Freundeskreises war es nicht

## Die deutsche Kulturnation

Friedrich II. war kein Freund der deutschen Kunst. Er verkannte das Potenzial deutscher Literaten und Philosophen und nahm kaum Notiz von den Werken Gottscheds, Klopstocks, Herders, Goethes und Schillers. Diese Schriftsteller suchten ihr Heil an kleineren deutschen Fürstenhöfen, an denen ihre Kunst geschätzt wurde. Die deutsche Literatur blühte nicht in Berlin oder Wien, sondern entwickelte sich unabhängig davon am Hof der Herzogin Amalia in Weimar, am Hof des württembergischen Herzogs in Ludwigsburg und an anderen weniger bedeutenden Höfen des Reiches. Abseits der großen politischen Zentren bildete sich später das heraus, was wir als »deutsche Kulturnation« bezeichnen. Ein deutscher Einheitsgedanke formierte sich im Kulturellen, lange bevor er im Politischen Wirklichkeit werden konnte. Hat Friedrich eine Chance verpasst? Für Goethe war der Preußenkönig trotz allem ein wichtiger Förderer der deutschen Kunst, wenn auch wider Willen. »Die Abneigung Friedrichs gegen das Deutsche war für die Bildung des Literarwesens ein Glück«, meinte er später. »Man tat alles, um sich von dem König bemerken zu machen, nicht etwa, um von ihm geachtet, sondern nur beachtet zu werden.« Kaum besser als den Dichtern erging es einem anderen großen Deutschen: Johann Sebastian Bach. Immerhin wurde der Komponist und Virtuose von Friedrich freundlich empfangen. Mehr aber nicht!

1765 18.8.1765 Maria Theresias Sohn Joseph II. wird Kaiser (bis 1790) als Nachfolger des verstorbenen Franz I.

1768 18.3.1768 Tod des Schriftstellers Laurence Sterne (* 1713)

1768 15.5.1768 Genua verkauft das von Unruhen gezeichnete Korsika an Frankreich

immer zum Besten gestellt. An Friedrichs berühmter Tafelrunde gärte es: Klatsch und Tratsch, Intrigen und Ränkespiele, Eifersucht und Eitelkeit waren an der Tagesordnung – mit dem Resultat, dass so mancher Gast nach einiger Zeit das Weite suchte. Berühmte Franzosen, Italiener, Engländer gaben sich die Ehre; die Kultur, die Sprache waren nicht deutsch, sondern französisch.

Anders als in Sanssouci hatte in Wien eine Frau das Sagen. Trotz der Kaiserkrönung ihres Mannes Franz Stephan behielt Maria Theresia auch weiterhin die Zügel fest in ihren Händen. Fast zur gleichen Zeit, in der Sanssouci erbaut wurde, ließ sie das Sommerschloss Schönbrunn vor den Toren Wiens erweitern. Die Anlage – ein Gegenentwurf zu Versailles – sollte gigantische Ausmaße erhalten und aller Welt die Macht der Habsburger vor Augen führen. Doch es fehlte das Geld, das groß angelegte Projekt bis ins letzte Detail zu verwirklichen. Mit seinen 1000 Räumen wies das Schloss Maria Theresias ganz andere Dimensionen auf als das vergleichsweise einfach konzipierte Sanssouci. Letztlich spiegeln beide Schlösser – Schönbrunn und Sanssouci – die unterschiedliche Herrschaftsauffassung und Persönlichkeit ihrer Auftraggeber wider: der sich fast bescheiden ausnehmende Rokokobau in Potsdam und das gewaltige Lustschloss vor den Toren Wiens.

*Sie [Maria Theresia] begründete ihre Herrschaft in allen Herzen durch eine Leutseligkeit und Beliebtheit, die wenige ihrer Vorfahren je besessen hatten; sie verbannte Förmlichkeit und Steifheit von ihrem Hof.*

VOLTAIRE

Eine intakte Familie: Maria Theresia und Franz I. Stephan, umrahmt von ihren Kindern. Ölgemälde um 1754/55.

Trotz aller Gegensätze hatten die beiden Monarchen eines gemeinsam: Sie waren ungeheuer fleißig und diszipliniert. Maria Theresia führte Krieg gegen halb Europa und schenkte nebenbei sechzehn Kindern das Leben. Für ihre Leidenschaften, das Singen, Tanzen und Theaterspielen, blieb ihr aber immer weniger Zeit. Dennoch ließ sie es sich nicht nehmen, große Siege über ihre Feinde ausgiebig mit Bällen und Feuerwerken zu feiern. Große deutsche Künstler und Schriftsteller sucht man allerdings auch am Wiener Hof vergebens. Immerhin war das Wunderkind Wolfgang Amadeus



1768 6.12.1768 Der erste Band der Encyclopaedia Britannica erscheint

1768 6.10.1768 Russisch-türkischer Krieg (bis 1774), vom Sultan auf Betreiben Frankreichs und Polens eröffnet

1769 5.1.1769 James Watt erhält ein Patent für eine deutlich verbesserte Dampfmaschine

Mozart zweimal bei ihr zu Gast. Einmal sogar soll es sich der kleine Junge ganz unbefangen auf dem Schoß der Herrscherin gemütlich gemacht haben.

## Reformen um jeden Preis

Schon vor dem Überfall auf Schlesien hatte Friedrich ein umfangreiches Reformwerk mit dem Ziel gestartet, sein Land stark und unabhängig zu machen. Dabei führte er das fort, was sein Vater, der »Soldatenkönig«, bereits begonnen hatte. Alles unterlag der königlichen Kontrolle, nichts sollte dem Zufall überlassen bleiben. Friedrichs Forderung, »alles mit eigenen Augen zu sehen«, ist typisch für seinen Regierungsstil. Ihm konnte so schnell niemand etwas vormachen. Regelmäßig unternahm er Inspektionsreisen, um sich selbst Eindrücke vom Zustand seines Landes zu verschaffen. Dabei notierte er akribisch, woran es jeweils haperte. Was er über die unwürdigen Lebensbedingungen der Landbevölkerung aufschrieb, wissen wir nicht. Als »erbuntertänige Bauern« waren die meisten Menschen in Brandenburg-Preußen gezwungen, Frondienste auf den

Ein Herrscher begibt sich unters Volk. Im 19. Jahrhundert wurden Leben und Taten des Preußenkönigs, der sich hier mit schlesischen Weberinnen unterhält, auch in der Kunst idealisiert. Holzstich nach einer Zeichnung von Adolph Menzel, 1856.



1769 7.10.1769 James Cook nimmt Neuseeland für die britische Krone in Besitz, im Folgejahr Australien

1770 5.3.1770 »Boston Massacre«: Tod von fünf amerikanischen Kolonisten durch britische Truppen

1770 16.5.1770 Der französische Thronfolger Ludwig heiratet die habsburgische Prinzessin Marie Antoinette

Rittergütern ihrer Herren zu leisten. Auf den Staatsdomänen, seinen eigenen Ländereien, milderte Friedrich die Härten der bäuerlichen Abhängigkeit, doch er wagte es nicht, sie im ganzen Land abzuschaffen. Denn damit hätte er gegen die Interessen des Adels verstoßen. Da dieser jedoch das Offizierskorps und die höhere Beamtenschaft stellte, konnte er ihm nicht die wirtschaftliche Grundlage entziehen. Die Bauern hatten das Nachsehen.

Um den Hunger unter der Bevölkerung einzudämmen, führte Friedrich gegen den anfänglichen Widerstand der Gutsbesitzer und Bauern die nahrhafte Kartoffel ein. Aus Spanien importierte er das Merinoschaf, das die dringend benötigte Wolle für die Textilindustrie lieferte. Um neues Ackerland zu erschließen, ließ er Wälder roden und Sümpfe trockenlegen. Mit seinen ambitionierten Projekten, der Entwässerung des Oderbruchs und des Warthegaus, gewann er, wie er sich ausdrückte, »eine ganze Provinz ohne Krieg«. Zwischen 300 000 und 350 000 Einwanderer lockte er so nach Brandenburg-Preußen. Schließlich waren Menschen das eigentliche Kapital in einem dünn besiedelten Land.

*Soll ein Fürst selbst regieren? In einem Staate wie Preußen ist es durchaus notwendig, dass der Herrscher seine Geschäfte selbst führt. Denn ist er klug, wird er nur dem Staatsinteresse folgen, das auch das seine ist. Ein Minister dagegen hat, sobald seine eigenen Interessen in Frage kommen, stets Nebenabsichten. … Der Herrscher ist der erste Diener des Staates.*

FRIEDRICH II.,
POLITISCHES TESTAMENT, 1752

Eine Besonderheit von Friedrichs Regierungspraxis war, dass seine Minister in Berlin weilten, während er »aus dem Kabinett« seinen Sekretären Anordnungen und Verfügungen, sogenannte »Kabinettsordres«, in die Feder diktierte. Da er sich um alle Angelegenheiten seines Landes persönlich kümmerte, hatten die meist bürgerlichen Minister lediglich ausführende Funktion. Nur selten wurden sie zu Einzelgesprächen empfangen.

Eines von Friedrichs Großprojekten war die Reform des Rechtswesens. Unfähige und korrupte Richter sollten nach dem Willen des Königs aus dem Dienst entfernt und die Rechtsnormen seines Landes vereinheitlicht werden. Das »Allgemeine Preußische Landrecht«, das Friedrich initiiert hatte, trat aber erst nach seinem Tod in Kraft.

Innenpolitik war für Friedrich gleichbedeutend mit Wirtschaftspolitik. Handel, Gewerbe und Landwirtschaft unterlagen seiner Kontrolle. Bis ins kleinste Detail schrieb der König seinen Untertanen vor, wie im Einzelnen zu verfahren wäre. An der Wirtschaftskraft hing das Steueraufkommen, und das entschied im Zweifelsfall über Sein oder Nichtsein, über Größe und Stärke des Heeres. Das hatte er schon von seinem Vater gelernt. Noch mangelte es Brandenburg-Preußen an einem selbstbewussten Bürgertum, das eigenständig Gewerbe und Handel trieb. Zwar existierte in den zahlreichen Klein- und Mittelstädten ein durchaus aktives Bürgertum, aber eben kein »Wirtschaftsbürgertum«. Neben Berlin gab es nur wenige große Städte wie beispielsweise Königsberg, Magdeburg, Halle, Breslau und Frankfurt an der Oder. In den neu errichteten Manufakturen Friedrichs arbeiteten zuweilen über 400 Menschen. Der König holte Spezialisten



**1772** 28.4.1772 Der dänische Leitende Minister Struensee wird hingerichtet (* 1737)

**1772** 5.8.1772 Vertrag von Sankt Petersburg: Erste Teilung Polens zwischen Russland, Preußen und Österreich

**1773** 21.7.1773 Papst Klemens XIV. löst den Jesuitenorden auf Drängen Frankreichs, Spaniens und Portugals auf

aus allen Teilen Europas nach Brandenburg-Preußen, um Tuche, Seide, Tabak, Bier, Waffen und sogar das »weiße Gold« im eigenen Land zu produzieren. Die berühmte königliche Porzellanmanufaktur, die in erster Linie Überschüsse für die Kasse des Monarchen erwirtschaften sollte, zählte schon bald zu den besten Europas. Noch gab es keine allgemeine Schulpflicht in Brandenburg-Preußen, doch erkannte der König, wie wichtig sie war.

Bei all seinen Reformbestrebungen lag sein Hauptaugenmerk auf dem Ausbau und der Modernisierung seiner Armee. Hatte ihm sein Vater fast 80 000 Soldaten hinterlassen, so waren es 1753 schon 135 000. Die eine Hälfte waren ausländische Söldner, die andere Hälfte bestand aus einheimischen Bauernsöhnen. Wie schon Friedrich Wilhelm I. setzte sein Sohn auf eine Dienstpflicht der Untertanen – der erste Schritt zu einer allgemeinen Wehrpflicht, wenn auch noch mit vielen Einschränkungen. Nach einem ausgeklügelten System, dessen Urheber ebenfalls Friedrich Wilhelm I. war, wurden regelmäßig Musterungen durchgeführt. Dazu wurde das Land in militärische Bezirke, die »Kantone«, aufgeteilt. Jedem Regiment stand ein Kanton zur Verfügung, aus dem es seine Soldaten nach einem bestimmten Schlüssel rekrutieren konnte. Die örtlichen Pfarrer halfen bei der Durchführung. Doch nicht jeder Mann im wehrfähigen Alter wurde eingezogen. Viele entgingen der Dienstpflicht, weil sie entweder Bauern mit eigenem Hof oder Handwerker waren, die in wichtigen Bereichen arbeiteten. Auch Bürgerfamilien blieben weitgehend verschont, da sie für die wirtschaftlichen Grundlagen der Armee sorgen mussten.

Auch unter Friedrich II. blieb den preußischen Soldaten der Drill nicht erspart, wie hier auf einem Exerzierplatz.

Während Friedrich aufrüstete, war auch Maria Theresia in Wien nicht untätig geblieben. Pragmatisch, wie sie war, nahm sie sich unverhohlen ein Beispiel an ihrem Gegner, der aus Schlesien mehr Steuern herausholte, als Österreich es je vermocht hatte. Acht schwere Kriegsjahre hatten die Schwachstellen Österreichs erbarmungslos offengelegt: Die Armee, die Verwaltung, die Justiz, das Finanz- und Schulwesen bedurften einer grundlegenden Reform. Maria Theresia hatte ein klares Ziel vor Augen: Sie wollte Schlesien zurückerobern und Friedrich bestrafen. Dazu war ihr jedes Mittel recht: Warum sollte sie nicht das »Monstrum« in Berlin mit seinen eigenen Mitteln schlagen? Der preußische Informant am Wiener Hof, der Diplomat Graf Podewils, setzte Friedrich über ihre Pläne in Kenntnis. Der Preußenkönig verstand die Welt nicht mehr: eine Frau, die ihn von ganzem Herzen hasste, gleichzeitig aber



1773 16.12.1773 »Boston Tea Party«: Aus Protest gegen die Teesteuer werden Schiffe der Ostindienkompanie gestürmt

1774 10.5.1774 Ludwig XVI. folgt nach dem Tod seines Großvaters auf den Bourbonenthron

1775 21.1.1775 In Moskau wird der Anführer des Donkosakenaufstands, Pugatschow, hingerichtet

sein Reformprogramm kopierte! Maria Theresia hatte am Beispiel Brandenburg-Preußens begriffen, dass sie die verkrusteten Verwaltungsstrukturen ihrer Länder dringend modernisieren musste. Ohne ein intaktes stehendes Heer konnte Österreich nicht verteidigt werden. Also musste sie zunächst dafür sorgen, dass von den Ständen genügend Steuern bereitgestellt wurden. Dazu ließ sie neue, zentrale Behörden nach preußischem Vorbild einrichten. Das war keine leichte Aufgabe, da diese Reform eine Schwächung der ständischen und territorialen Teilgewalten mit sich brachte. Dem ihr auf den Landtagen und in den Hofkanzleien prompt entgegenschlagenden Widerstand trotzte sie erfolgreich. »Und ist überhaupt anzumerken«, entgegnete sie ihren Kritikern, »dass die ständische ad abusum eingeschlichene allzu große Freiheit an dem Verfall meiner Erbländer hauptsächlich die Schuld trage.« Wie Friedrich in Brandenburg-Preußen ließ sie auch das Rechts- und das Schulwesen reformieren. Bei Letzterem ging sie sogar weiter als ihr Erzfeind. So gründete sie 1746 das »Institutum Theresianum«, eine Lehranstalt für Adels- und Bürgerkinder, deren erklärtes Ziel die Ausbildung von kompetenten Beamten war. Weltliche Lehrer wie der Aufklärer Karl Justi und der Naturrechtslehrer Martini, aber auch Jesuiten unterrichteten gleichzeitig am Theresianum, das zu einer Hochburg der Staatspädagogik wurde.

*Alle Welt tut mehr aus Neigung als aus bloßem Pflichtgefühl. Sind die Menschen zufrieden, so leisten sie das Doppelte, handeln sie aus Furcht, dann tun sie nichts als gerade nur ihre Pflicht.*

MARIA THERESIA

Im Gegensatz zum Preußenkönig gab Maria Theresia nur Anstöße zu Reformen, die Ausführung aber überließ sie ihren Ministern. Verfehlungen ihrer Untertanen begegnete sie meist mit Milde. Maria Theresia hatte das Herz auf dem rechten Fleck und immer ein offenes Ohr für die Sorgen ihres Landeskinder. Auch wenn sie in Richtung eines aufgeklärten Absolutismus tendierte, so sorgte ihre starke Religiosität doch dafür, dass sie weiterhin ihrer barock geprägten, katholischen Welt verhaftet blieb. Anders als ihr Gegner, der Atheist Friedrich, hielt die Katholikin an ihrer, wie sie meinte, »allein selig machenden Kirche« als staatsbildender Kraft bedingungslos fest. Der Historiker Wolfgang Neugebauer sieht in der Konkurrenzsituation beider Territorien den entscheidenden Impuls zur Modernisierung. Der Dualismus hemmte zwar das Alte Reich, brachte aber die Entwicklung Deutschlands letztlich weiter.

## Der Siebenjährige Krieg

Wie bereits erwähnt, hatte Maria Theresia den Plan, Schlesien zurückzuerobern, nie aus den Augen verloren. Mit Wenzel Anton Graf Kaunitz, der 1753 Staatskanzler wurde, stand ihr ein exzellenter Berater zur Seite. Was Maria Theresia nun benötigte, war eine neue außenpolitische Konstellation: eine große Koalition der europäischen Mächte gegen das »Monstrum« in Sanssouci. Kaunitz, der zwischen 1750 und 1753 als österreichischer Gesandter in Paris agierte, wurde zum Architekten dieses Bündnisses, indem ihm die Annäherung an Frankreich gelang. Der Preußenkönig spielte ihm dabei mit seinem Frauenhass unwillentlich in die Hände. Friedrich beleidigte nicht



1775 19.4.1775 Ausbruch des amerikanischen Unabhängigkeitskriegs in Lexington

1775 25.12.1775 George III. verkündet ein absolutes Handelsembargo gegen die Kolonien ab März 1776

1776 9.3.1776 Der schottische Nationalökonom Adam Smith veröffentlicht »An Inquiry into the [...] Wealth of Nations«

Der österreichische Staatskanzler Wenzel Anton Graf Kaunitz (1711–1794) arbeitete unbeirrt auf die militärische Revision der Schlesienfrage hin.

nur die einflussreiche Mätresse des französischen Königs Ludwig XV., die Marquise de Pompadour, er ließ auch kein gutes Haar an der russischen Zarin Elisabeth. Seine abfälligen Reden über Maria Theresia, Elisabeth und die Marquise de Pompadour, die »drei Erzhuren Europas«, sollten ihn noch teuer zu stehen kommen.

Wie gesagt, beobachtete Russland misstrauisch ein stetig erstarkendes Brandenburg-Preußen in Ostmitteleuropa. Um sich abzusichern, hatte die Zarin schon Jahre zuvor einen Defensivvertrag mit Maria Theresia unterzeichnet. Im Norden lauerte Schweden, im Westen Frankreich und im Süden die kaiserliche Streitmacht: Friedrich II. sah sich von potenziellen Feinden umzingelt. Um einer Allianz zwischen Österreich, Russland und England zuvorzukommen, schloss er am 16. Januar 1756 ein Defensivbündnis mit dem Inselkönigreich. Das war ein nicht wiedergutzumachender Fehler, weil er nun Frankreich, das einen erbitterten Seekrieg mit England führte, direkt in die offenen Arme Österreichs trieb. Der Konflikt in Nordamerika und Indien, in dem es letztlich um die gewaltsame Etablierung des britischen und französischen Kolonialreichs ging, wirkte sich dadurch unmittelbar auf die Mächteverhältnisse in Europa aus. Im Mai 1756 unterzeichneten Frankreich, das seit dem 16. Jahrhundert der Erzfeind der Habsburger

Im Verbund mit Maria Theresia erwies sich die russische Zarin Elisabeth als gefährliche Gegnerin Friedrichs.



**1776** 1.5.1776 Adam Weishaupt gründet in Ingolstadt den Geheimbund des Illuminatenordens

**1776** 12.5.1776 Ludwig XVI. entlässt nach einer Adelsintrige den reformerischen Finanzminister Turgot

**1776** 4.7.1776 Verabschiedung der Unabhängigkeitserklärung der amerikanischen Kolonien durch den Kongress

gewesen war, und Österreich ein Neutralitätsabkommen, das im folgenden Jahr in ein Offensivbündnis umgewandelt wurde. England, das stets auf Österreichs Seite gestanden hatte, unterstützte Preußen, um Frankreich zu schwächen und seine eigenen kolonialen Interessen in Nordamerika und Indien zu stärken. Ein Stellvertreterkrieg auf deutschem Boden schien unvermeidlich. Kaunitz hatte das Unmögliche zuwege gebracht: Das »renversement des alliances«, der Umsturz der Koalitionen, war Wirklichkeit geworden. Dabei nahm er billigend in Kauf, dass der nächste Krieg die gesamte damals bekannte Welt umfassen würde. Durch seinen Informanten am sächsischen Hof alarmiert, beschloss Friedrich, die Gunst der Stunde zu nutzen und seinen Feinden zuvorzukommen.

Die Marquise de Pompadour (1721–1764) war nicht nur die Mätresse des französischen Königs, sie nahm auch großen politischen Einfluss.

*Jedermann weiß, dass die Wirren, die Europa aufwühlen, ihren Anfang in Amerika genommen haben, dass der zwischen Engländern und Franzosen ausgebrochene Streit um den Stockfischfang und um einige unbekannte Gebiete in Kanada den Anstoß zu dem blutigen Krieg gegeben hat, der unseren Erdteil in Trauer versetzt.*

FRIEDRICH II.

Am 28. August 1756 marschierten seine Truppen ohne vorherige Kriegserklärung bei seinem alten Konkurrenten Sachsen ein. Damit hatte der Preußenkönig wieder einen Rechtsbruch begangen. Formell war Sachsen neutral, tatsächlich aber mit Österreich verbunden. Für Friedrich war es aus mehreren Gründen von Interesse: Aus dem reichen Land konnte er genügend Steuern für seinen Kriegszug herauspressen, außerdem war es als Operationsbasis gegen Böhmen von größter Wichtigkeit. Schon seit mehreren Jahren hatte er auf den Nachbarstaat spekuliert. Doch diesmal standen 200 000 Preußen gegen mehr als 400 000 feindliche Soldaten. Ein grausames Schlachten und Sterben begann. Nach nur sechs Wochen kapitulierten sächsische Truppen bei Pirna. Als Anfang des Jahres 1757 eine Allianz aus Österreich, Sachsen, Frankreich, Schweden und Russland den antipreußischen Pakt besiegelte, sah sich Friedrich von allen Seiten umstellt. Wie so oft trat er die Flucht nach vorne an und führte seine Streitmacht bis vor die Tore Prags. Diese wurde allerdings am 18. Juni 1757 auf den Höhen von Kolin von den Österreichern schwer geschlagen. Friedrichs Nerven lagen blank.



1777 17.10.1777 Schlacht von Saratoga: Die aufständischen Amerikaner siegen über die waffentechnisch überlegenen Briten

1778 30.5.1778 Tod Voltaires (* 1694)

1778 2.7.1778 Tod Jean-Jacques Rousseaus (* 1712)

Die Schuld an der Niederlage wies er seinem Bruder und Thronfolger August Wilhelm zu.

Nur durch unermüdlichen Einsatz gelang es Friedrich in der Folgezeit, das Blatt zu seinen Gunsten zu wenden. Immer wieder galoppierte er auf seinem Pferd mitten ins Schlachtengetümmel und kämpfte nicht minder tapfer als seine Soldaten. Bei diesen verbreitete er mit solch selbstmörderischem Auftreten Mut und Zuversicht, bei seinen Feinden Furcht und Schrecken.

Maria Theresia waren als Frau die Hände gebunden. Im Unterschied zu ihrem Todfeind konnte sie nicht selbst auf dem Schlachtfeld agieren. Doch aus ihren schriftlichen Instruktionen, die heute vom Österreichischen Staatsarchiv bewahrt werden, wird ersichtlich, dass sie Einfluss auf das Kriegsgeschehen nahm, Anweisungen erteilte, Kritik übte und sich alles detailliert berichten ließ.

Ende des Jahres 1757 war das Kriegsglück wieder auf Friedrichs Seite. Bei Rossbach konnte seine Armee französische Truppen und die Reichsarmee – Kontingente deutscher Klein- und Mittelstaaten – in die Flucht schlagen. Militärisch bedeutsamer war jedoch der zweite Sieg Preußens über die zahlenmäßig weit überlegenen Österreicher am 5. Dezember bei Leuthen. Vor der entscheidenden Schlacht hielt Friedrich eine Ansprache an die Generäle und Offiziere – nicht wie üblich auf Französisch, sondern auf Deutsch. So etwas hatte es bei ihm vorher noch nie gegeben. »Leben Sie wohl, meine Herren«, schloss er seine Rede, »morgen

Am Vorabend der legendären Schlacht von Leuthen hielt Friedrich II. einen flammenden Appell an die Offiziere und Generäle. Chromotypie (1895) nach einer Zeichnung von Richard Knötel.



1778 5.7.1778 Bayerischer Erbfolgekrieg beginnt mit dem Einmarsch preußischer und sächsischer Truppen im habsburgischen Böhmen

1779 14.2.1779 James Cook wird auf Hawaii von Einheimischen erschlagen

1779 13.5.1779 Der Frieden von Teschen beendet den Bayerischen Erbfolgekrieg: Der Pfälzer Kurfürst Karl Theodor erhält Bayern

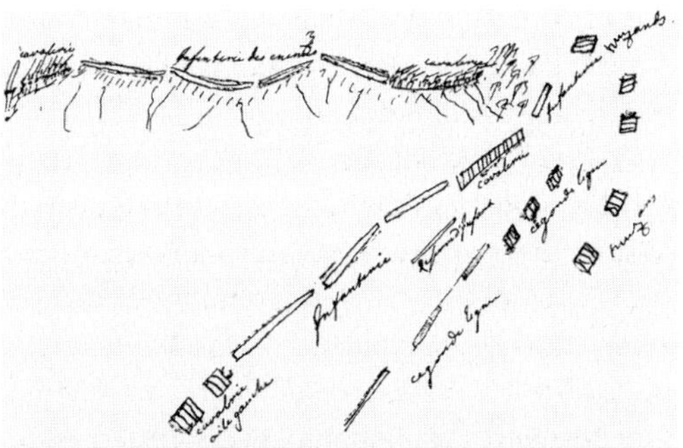

Skizze der in die Militärgeschichte eingegangenen berühmten »schiefen Schlachtordnung«.

um diese Zeit haben wir den Feind geschlagen, oder wir sehen uns nie wieder.« Den Feind überraschte Friedrich am folgenden Tag mit einem raffinierten Manöver: Statt einen Zusammenprall mit dem Gegner auf breiter Front zu riskieren, schickte er einen verstärkten Flügel nach vorne, wobei er eine zu frühzeitige Feindberührung vermied. Durch die Truppenkonzentration auf der einen Seite wurde der Einbruch der gegnerischen Front erzwungen. Der strategische Coup ging als »schiefe Schlachtordnung« in die Annalen der Militärgeschichte ein. Nach dem triumphalen Ende der Kämpfe versammelten sich seine Soldaten, von denen inzwischen zwei Drittel Landessöhne waren, und stimmten den Choral »Nun danket alle Gott« an.

*So war ich denn auch preußisch oder, um richtiger zu reden, fritzisch gesinnt. Denn was ging uns Preußen an? Es war die Persönlichkeit des großen Königs, die auf alle Gemüter wirkte.*

JOHANN WOLFGANG VON GOETHE, »DICHTUNG UND WAHRHEIT«

Der Sieg von Leuthen machte Friedrich zum Idol vieler Generationen. Wie schon Napoleon feststellte, war diese Schlacht ein »Meisterwerk der Bewegungen, des Manövers und der Entschlossenheit«. Sie allein schon genüge, so der Korse bewundernd, »um Friedrich unsterblich zu machen und ihm einen Rang unter den höchsten Feldherrn zuzuweisen«. Napoleon, Bismarck, Hitler – sie alle nahmen sich den »Alten Fritz«, wie er später genannt wurde, zum Vorbild. Dabei huldigten sie einem Friedrich-Mythos, der mit der Wirklichkeit nur wenig gemein hatte. Tatsächlich war Leuthen nur eine Episode in einem sieben Jahre dauernden Krieg, den Friedrich mitverschuldet hatte.

Was nutzten einzelne Siege, wenn sie keine endgültige Entscheidung erzwangen? Die Soldaten waren erschöpft, auch Friedrich, der das harte Leben seiner Männer teilte. Im vierten Kriegsjahr war Friedrichs Lage fast hoffnungslos. Die Franzosen rückten bis nach Halberstadt vor, und auch die Russen machten ihm zu schaffen.

Die Schlacht von Kunersdorf mündete für den Preußenkönig in einer selbst verschuldeten Katastrophe.



1780 29.11.1780 Tod Maria Theresias – Joseph II. übernimmt sämtliche Regierungsgeschäfte

1781 15.2.1781 Tod Gotthold Ephraim Lessings

1781 19.5.1781 Finanzminister Jacques Necker veröffentlicht die katastrophale Staatsbilanz und wird sofort entlassen

Sachsen, der Hauptkriegsschauplatz, war ausgeblutet, unter den Menschen breitete sich Kriegsmüdigkeit aus. Am 12. August 1759 musste sich der Preußenkönig bei Kunersdorf östlich von Frankfurt an der Oder einer Übermacht von Österreichern und Russen stellen. Wie so oft spielte er va banque und griff in aussichtsloser Situation den Gegner an. Wieder war das Überraschungsmoment auf seiner Seite. Doch statt sich zurückzuziehen, kämpfte er weiter – ein schwerer Fehler, denn frische gegnerische Kontingente rückten nach. In der Schlacht wurden zwei Pferde unter Friedrichs Leib getötet, den König selbst erwischte eine Kugel. Dass er überlebte, verdankte er seiner Schnupftabaksdose, die das Geschoss abfing. Das Gemetzel endete für Friedrich mit einer Katastrophe: Von 48 000 preußischen Soldaten blieben ihm nur wenige tausend. Die weitaus meisten überlebten die Kämpfe nicht oder wurden versprengt. Nicht zum ersten Mal dachte der Preußenkönig an Selbstmord, doch nun war es ihm bitterernst. Um seinen Hals trug er stets eine goldene Dose mit 18 Opiumpillen – für einen Abgang in eigener Regie. Weil sich seine Feinde uneins waren und die Russen unverrichteter Dinge vorzeitig abzogen, kam Friedrich noch einmal mit dem Schrecken davon. Doch am Niedergang Brandenburg-Preußens, der selbst ernannten Großmacht, schien niemand mehr zu zweifeln, am wenigsten der König selbst.

*Ich habe keine Hilfsmittel mehr, und um nicht zu lügen, ich halte alles für verloren. Den Untergang meines Vaterlandes werde ich nicht überleben ...*

FRIEDRICH II.
NACH DER NIEDERLAGE VON KUNERSDORF

Der Krieg tobte unvermindert noch mehrere Jahre weiter, mit Siegen und Niederlagen für beide Seiten. 1761 schien das Ende gekommen zu sein. Die Russen eroberten Kolberg in Hinterpommern, der österreichische General Laudon setzte sich in Oberschlesien fest, und die Engländer zogen sich vom europäischen Kriegsschauplatz zurück. In dieser hoffnungslosen Situation brachte die Nachricht vom Tod der Zarin Elisabeth am 5. Januar 1762 die Wende. »Tot ist die Bestie«, soll Friedrich das Ereignis kommentiert haben. In seinen Augen war Elisabeth das »Medusenhaupt der Schürzenverschwörung«. Von ihrem Neffen und Thronfolger, einem Verehrer Friedrichs, drohte keine Gefahr; einem Frieden mit Russland stand nun nichts mehr im Wege. Ohne die russische Unterstützung sah sich Maria Theresia zum Einlenken gezwungen. Es war das »Mirakel des Hauses Brandenburg«.

Maria Theresias Sohn Joseph II. schwebte eine andere Form der Regierung vor als seiner Mutter.



**1781** 19.10.1781 Sieg der amerikanisch-französischen Armee über die Briten in der Schlacht um Yorktown beendet faktisch den Unabhängigkeitskrieg

**1781** 1.11.1781 »Untertanenpatent« Josephs II. beendet die Leibeigenschaft in den österreichischen Ländern

**1783** 3.9.1783 Frieden von Paris: Großbritannien erkennt die Unabhängigkeit seiner 13 ehemaligen amerikanischen Kolonien an

Der Friedensschluss von Hubertusburg beendete am 21. Februar 1763 endgültig den Siebenjährigen Krieg. »Besser ein mittelmäßiger Frieden als ein glorreicher Krieg«, lautete die Devise der Habsburgerin, die mit zitternder Hand den Vertrag unterschrieb. Nach sieben Jahren der Gewalt, des Elends und der Zerstörung hatten Brandenburg-Preußen und Österreich nicht mehr erreicht als den Status quo vor Kriegsbeginn.

Anders sah die Situation auf den Weltmeeren aus, auf denen parallel zum kontinentaleuropäischen Krieg Engländer und Franzosen um die Hegemonie in Nordamerika und Indien gekämpft hatten. England hatte Frankreich besiegt und war nun unbestrittene See- und Kontinentalmacht. Der kontinentaleuropäische Siebenjährige Krieg stellte im Prinzip »nur einen Teilaspekt eines schon weltkriegsartigen Großkonflikts dar«, wie Wolfgang Neugebauer feststellt. Doch trotz erheblicher Verluste – allein in Brandenburg-Preußen hatten die Kämpfe rund 400 000 Menschen das Leben gekostet – sieht der Historiker darin noch keinen Vernichtungskrieg. Dennoch waren viele Städte zerstört, die Dörfer verödet und weite Landstriche verwüstet. Der Wiederaufbau sollte Jahre dauern. Im Dunkeln kehrte der Preußenkönig nach fast siebenjähriger Abwesenheit nach Berlin zurück, »grau, von Kummer zerfressen, von Krankheit heimgesucht, mit einem Wort, reif für den Schindanger«, wie er selbstkritisch konstatierte.

Auch Maria Theresia sollte nicht mehr richtig glücklich werden. Nach dem Tod ihres geliebten Mannes Franz Stephan 1765 regierte sie noch viele Jahre gemeinsam mit ihrem Sohn Joseph II. Während die Habsburgerin jedoch mäßigend wirkte, drängte ihr Sohn im Innern auf Reformen, nach außen auf Landgewinn.

Die Jahre auf dem Schlachtfeld hatten Friedrich den Großen gezeichnet. Am Ende seines Lebens war er ein verbitterter alter Mann.

Mit seinen Expansionsgelüsten stand er nicht allein. Nur acht Jahre nach dem Frieden von Hubertusburg geriet das wehrlose Polen ins Visier der Mächte: Russland, das seine Machtposition im Südosten Europas im Kampf gegen die Türken hatte ausbauen können, drängte nun nach Westen. Von Brandenburg-Preußen war kein ernsthafter Einspruch zu erwarten, hatte es sich doch seit dem Siebenjährigen Krieg an Russland angelehnt. Und nicht nur das: Schon lange blickte der Preußenkönig auf den Teil Preußens, der unter polnischer Hoheit stand, das spätere »Westpreußen«. Gleichzeitig beschwor der russische Machtzuwachs im Südosten die



**1783** 19.9.1783 Die Brüder Montgolfier lassen in Versailles im Beisein Ludwigs XVI. einen Heißluftballon aufsteigen

**1786** 17.8.1786 Tod Friedrichs II., Nachfolger wird sein Neffe Friedrich Wilhelm II. (bis 1797)

**1787** 17.9.1787 Die auf dem Prinzip der Gewaltenteilung beruhende Verfassung der Vereinigten Staaten von Amerika wird verabschiedet

Gefahr eines »russisch-österreichischen Krieges« herauf. Warum sollte man nicht Österreich ein Stück Polens anbieten, wenn sich dadurch ein neuer »Weltkrieg« verhindern ließe? Allein Maria Theresia äußerte berechtigte Skrupel, die gleichgewichtsstörenden Machtgewinne zulasten eines vierten wehrlosen Landes auszugleichen. Trotz ihrer heftigen Bedenken fiel Polen 1772 dem Länderschacher Österreichs, Brandenburg-Preußens und Russlands zum Opfer.

Die Landverteilung bestätigte Brandenburg-Preußens Position als eine der fünf Großmächte Europas neben England, Frankreich, Österreich und Russland.

Maria Theresia und Friedrich, die sich immerhin vier Jahrzehnte bekämpften, sind sich nie persönlich begegnet. Als die Erzherzogin im Jahr 1780 starb, machte ihr der Preußenkönig, der sie mit den Jahren schätzen gelernt hatte, das größte Kompliment: »Sie hat ihrem Thron und ihrem Geschlecht Ehre gemacht«, sagte er anerkennend. »Ich habe mit ihr Kriege geführt, doch ich war nie ihr Feind.«

Friedrich, den man »den Großen« nannte, starb sechs Jahre nach Maria Theresia als einsamer alter Mann in Potsdam. Es sollten 200 Jahre vergehen, bis er dort bestattet wurde, wo er immer begraben sein wollte: in einem einfachen Grab in der Erde von Sanssouci.

*Es herrscht Totenstille, aber keine Trauer. Man sieht in kein Gesicht, das nicht den Ausdruck von Erleichterung, von Hoffnung trüge. Kein Bedauern wird laut, man hört keinen Seufzer, kein lobendes Wort.*

GRAF GABRIEL HONORÉ DE MIRABEAU
ZUM TOD FRIEDRICHS II.

Erst durch Friedrich II. war Brandenburg-Preußen neben Österreich zur zweiten Großmacht im Reich und zur fünften Macht in Europa geworden. Doch das Erbe des »Alten Fritz«, wie man den König im Volksmund nannte, wog schwer: Sein Land war in einem Maße gewachsen, dass der friderizianische Regierungsstil, der auf persönlicher Kontrolle beruhte, nicht mehr funktionierte. Es mussten neue Kapazitäten geschaffen werden, wollte Brandenburg-Preußen auch in Zukunft gegen Österreich bestehen. Der Dauerkonflikt der beiden Großmächte sollte die Geschichte der Deutschen in den nächsten Jahrzehnten entscheidend prägen. Erst die Reichsgründung unter Ausschluss Österreichs beendete 1871 das Ringen um die Vorherrschaft in Deutschland.



1787 15.11.1787 Tod des Komponisten Christoph Willibald Gluck (* 1714)

1788 26.8.1788 Nach der Erklärung des französischen Staatsbankrotts beruft Ludwig XVI. Necker ein zweites Mal

1789 30.4.1789 George Washington tritt einstimmig gewählt sein Amt als 1. Präsident der USA an

# Napoleon

## und die Deutschen

Ein Jahrhundertherrscher, der kein Deutscher war, sorgte für eine historische Wende. Napoleon brachte das Heilige Römische Reich Deutscher Nation zum Einsturz. Aus einem Puzzle territorialer Zersplitterung gingen größere Staaten hervor, unter dem Druck französischer Vorherrschaft begann der Weg in die Moderne. So katapultierte eine Macht von außen die Deutschen in ihr nationales Zeitalter. Als Reformer säte Bonaparte das Verlangen nach Freiheit, als Tyrann weckte er das deutsche Nationalgefühl wie kein anderer Mächtiger auf deutschem Boden zuvor. Schuf vor allem er, der französische Kaiser, die Grundlagen für die spätere Vereinigung der Deutschen?

## Liebe und Hass

»Sire, der Gemeinderat unserer Stadt umarmt Ihre Knie, bebend vor dem mächtigsten Mann auf Erden!« Mit solchen Huldigungen durfte Bonaparte rechnen, wenn er in die von Frankreich eroberten deutschen Gebiete kam. Im Jahr 1804 besuchte er Bonn. Seine Krönung zum Kaiser von Frankreich stand kurz bevor.

Zu dieser Zeit hatten die Deutschen selbst noch ein kaiserliches Oberhaupt. Bei der Krönung des Habsburgers Franz II. in Frankfurt 1792 hatte das Volk noch wohlwollend und vielleicht auch ein wenig sentimental applaudiert. Doch sein Reich, das Heilige Römische Deutscher Nation, schien irgendwie nicht mehr von dieser Welt.

Joseph von Görren (1776-1848) war überzeugter Republikaner und entschiedener Gegner Napoleons.

*Von der Sense des Todes gemäht, atemlos und bleich, liegt hier das heilige römische Reich.*

JOSEPH GÖRRES,
PUBLIZIST UND REPUBLIKANER

Nun war ein neuer Potentat auf der historischen Bildfläche erschienen, der wie ein Heilsbringer gefeiert wurde, eben Napoleon. Wie alle deutschen Territorien links des Rheins gehörte die Stadt Bonn damals zum französischen Staat, und nicht nur dort brandete Jubel auf. Auch auf der anderen Seite des inzwischen zum Grenzfluss avancierten europäischen Stromes konnte sich der siegreiche Feldherr untertäniger Gesten sicher sein – im Oktober 1806 selbst in der Metropole Preußens, nachdem er dem Hohenzollernstaat bei Jena und Auerstedt eine vernichtende Niederlage zugefügt hatte. Nach dem Triumphzug durch Berlin notierte der französische Hauptmann Coignet: »Es war erhebend zu sehen, wie eine so begeisterte Bevölkerung uns in Massen Spalier bildete und uns folgte.«

*Es ist in der Tat eine wunderbare Empfindung, ein solches Individuum zu sehen, das hier, auf einen Punkt konzentriert, auf einem Pferd sitzend, über die Welt übergreift und sie beherrscht.*

DER PHILOSOPH GEORG WILHELM FRIEDRICH HEGEL ÜBER NAPOLEON, 1806

Napoleons Ruf eilte seinem »Erscheinen« voraus, flankiert von einer geballten wie gesteuer-



1789 5.5.1789 Versammlung der Generalstände

1789 17.6.1789 Die Abgeordneten des Dritten Standes erklären sich zur Nationalversammlung

1789 20.6.1789 »Ballhausschwur« der Generalstände

ten Öffentlichkeitsarbeit und Propaganda, die ihn zum »Medienstar« seiner Zeit machte. Nach und nach erst wich die Euphorie der Ernüchterung. Napoleon sollte sich keineswegs nur überschwänglicher Verehrung erfreuen. Je mehr sich der reformfreudige Hoffnungsträger als machtbesessener Herrscher und Kriegsherr entpuppte, desto erbitterter schlugen ihm auf deutschem Boden Hass und Verachtung entgegen. Der Dichter Heinrich von Kleist wetterte schon im Jahr 1805: »Warum sich nur nicht einer findet, der diesem bösen Geiste der Welt die Kugel durch den Kopf jagt.« Königin Luise von Preußen nannte den Kaiser der Franzosen »den Quell alles Bösen! Die Geißel der Erde! Alles Gemeine und Niederträchtige in einer Person vereinigt!« Der wohl prominenteste Reformer in Preußen, der Freiherr vom Stein, attestierte dem Eroberer »leidenschaftliche blinde Wut« und »systematische Rachesucht«.

Es ist keineswegs überraschend, dass der Jahrhundertherrscher Bonaparte, der Europa nach eigener Willkür umkrempelte und mit dem Schicksal von Mächten und Völkern spielte wie ein Jongleur mit Bällen, im Guten wie im Bösen mit Superlativen bedacht wurde. Galt er anfangs für viele als der Genius und Held einer neuen Epoche, so hatte er am Ende so viel Blut auf Schlachtfeldern vergossen, dass er ganze Völker gegen sich aufbrachte und sich die Verbündeten in Scharen von ihm abwendeten.

»Napoleon und die Deutschen« – das jedenfalls ist eine vielschichtige Liaison, für die es keine klare Formel gibt. Die Vielstimmigkeit der Zeitgenossen variierte je nach Zeit und Raum: Wer wurde wann und wie mit dem Phänomen Bonaparte konfrontiert? Dichter und Philosophen sahen in ihm mal den »Weltgeist«, mal den Dämon, die Bauern mal den Befreier, mal den Plünderer, die Bürger mal den Reformer, mal den Despoten, die Soldaten mal den genialen Feldherrn, mal den Menschenschlächter. Fürsten buckelten zunächst vor ihm und verachteten ihn zuletzt als gescheiterten Emporkömmling.

Die Wahrnehmung von Napoleon war so unterschiedlich wie die Lage Deutschlands unübersichtlich. Es gab keinen geeinten Staat wie in Frankreich, Spanien oder Großbritannien, kein geeintes Volk, keine bindende Idee, keinen verbindlichen gemeinsamen Standpunkt. Die »Kulturnation« war erst im Entstehen begriffen, ein deutsches Bewusstsein keimte allenfalls bei den gebildeten Eliten. In der Hülle des Alten Reiches konnte man sich zwar als »Teutscher« fühlen, doch die meisten Menschen waren zunächst Untertanen, preußische, bayerische oder auch Schwarzburg-Sondershausener. Adlige und Fürsten dachten an das Wohlergehen ihrer Dynastien und keineswegs national. Zudem standen die deutschen Territorien in ganz unterschiedlicher Beziehung zum bonapartistischen Frankreich. So ist das pluralistische Napoleonbild auch ein Spiegelbild Deutschlands – genau genommen der »Deutschländer«. Doch wie ging Napoleon damit um?

Mit historischem Abstand von mehr als hundert Jahren wagte ein Politiker der Weimarer Zeit eine Antwort zu geben, die der nationalistisch und preußisch dominierten Geschichtsschreibung im späteren 19. Jahrhundert widersprach. Kurt Eisner – Bayerns sozialistischer Ministerpräsident nach der Novemberrevolution 1918 – schrieb geradezu ketzerisch: »Die erfolgreichsten Vorkämpfer der deutschen Einheit sind die Französische Revolution und Bonaparte gewesen.«

Damit stand Eisner, der von der radikalen Rechten später ermordet wurde, ziemlich einsam da gegen einen Mainstream, der nur die preußisch-deutschen Wurzeln der Vereinigung von 1871 gelten lassen wollte. Aber was ist dran an der These? Hatte Bonaparte tatsächlich einen solchen Anteil an der deutschen Nationwerdung? Und da die nationale Einheit das große Ziel des Jahrhunderts war – stellt sich der Franzose in dieser Hinsicht womöglich als »bester« Kaiser dar, den die Deutschen jemals hatten? Wie sah Deutschland aus, bevor er die politische Bühne betrat, und wie war es beschaffen, als er vom historischen Parkett verschwand?

## Das »Alte Reich« und die Revolution

Die politische Landkarte Deutschlands vor 1800 bot immer noch jenes Bild, das der Westfälische Friede von 1648 hinterlassen hatte: einen Puzzle mit mehr als 300 Herrschaftsgebieten, die nicht einmal zusammenhängend waren – neben über 1000 weiteren mehr oder weniger selbstständigen territorialen Winzlingen. Das Heilige Römische Reich Deutscher Nation war alles andere als ein Nationalstaat und auch kein Staatenbund wie etwa die heutige EU, sondern nach wie vor jener historisch gewachsene Verband sehr unterschiedlicher Glieder. Dieses Reich sei weder »Heilig« noch »Römisch«, noch »Deutsch« gewesen, meinten Zeitgenossen. Und doch gewährte es Schwächeren gegenüber Stärkeren Rechte und Schutz, trug zum Gleichgewicht in Europa bei. Die Dynastie der Habsburger stellte seit Jahrhunderten den römisch-deutschen Kaiser, dieser war gewähltes Oberhaupt und Repräsentant des Reiches nach außen. Aber es gab keine lenkende Zentralmacht, keine Reichsregierung.

Den größten Einfluss übten die beiden Großmächte Österreich und Brandenburg-Preußen aus, deren Gebiete deutlich über die Reichsgrenzen hinausragten, gefolgt von weltlichen Kurfürstentümern wie dem pfälzisch-bayerischen oder dem sächsischen und geistlichen wie Mainz oder Köln. Daneben gab es weiterhin die von den Territorialherren unabhängigen Reichsstädte, Reichsdörfer, auch Reichsabteien und – auf allen Stufen der Adelspyramide – Dutzende von Grafschaften oder Rittergüter, zum Teil zwergenhafte Gebilde. All das führte zu einer vielfältigen kulturellen Blüte in Kunst, Musik und Architektur, denn fast jeder Souverän war auch Mäzen. Politisch-kulturell herrschte jedoch ein provinzieller und obrigkeitsstaatlicher Gestus, in einer Welt, die für viele Untertanen schon mit dem Blick aus dem Fenster endete, an der nächsten Landesgrenze.

Das Reichsgebiet war – gemessen an Frankreich oder Großbritannien – rückständig; die Zersplitterung behinderte die Entwicklung eines einheitlichen Wirtschaftsraums. Wer ein Produkt von Süd nach Nord, Ost nach West oder umgekehrt übers Land bringen wollte, musste an der Menge von Zollschranken schier verzweifeln. Doch nicht nur Güter- und Kapitalverkehr waren eingeschränkt, es gab keine Gewerbefreiheit, keine Mobilität. Vier Fünftel der Bevölkerung lebten auf dem Land, meist in Erbuntertänigkeit, Standesschranken zwischen Adel, Bürgern und Bauern hemmten den Fortschritt. Wer aber sollte daran rütteln?

Die Schockwellen jenes politischen Erdbebens, das 1789 ganz Europa aufrüttelte, stellten die Fundamente des Alten Reiches



1789 26.8.1789 Erklärung der Menschen- und Bürgerrechte

1789 2.11.1789 Säkularisierung des Kirchenbesitzes in Frankreich

1790 12.7.1790 Zivilverfassung des französischen Klerus

Mit dem Sturm auf die Bastille begann am 14. Juli 1789 die Französische Revolution. Sie katapultierte Europa in ein neues Zeitalter.

jedenfalls gründlich auf die Probe: die Französische Revolution. Der Sturm auf die Bastille am 14. Juli läutete ein neues Zeitalter ein, mit den fundamentalen Forderungen »Freiheit, Gleichheit, Brüderlichkeit«. Sie galten nicht nur für die Franzosen, sondern für die ganze Menschheit. Auch die deutsche Öffentlichkeit wurde aufgeschreckt. Es gab viel Aufregung, Misstrauen, aber auch viel Sympathie und Begeisterung für den »Völkerfrühling« im Nachbarland, vor allem unter den Gebildeten. Berühmte deutsche Dichter und Denker machten aus ihrer Ergriffenheit keinen Hehl: »Rings um den hohen Altar siehst du die Franken zu Brüder / Und zu Menschen sich weih'n« – schwärmte der Philosoph Johann Gottfried Herder. Goethe rief »eine neue Epoche der Weltgeschichte« aus. Schiller stimmte in den Lobgesang mit ein – daraufhin erklärte der Nationalkonvent in Paris den berühmten Dichter zum französischen Bürger. Auch Deutsche konnten nun Franzosen werden, wenn sie wollten – »Nation« war hier eine Frage politischen Willens, nicht eine der sprachlichen, kulturellen oder ethnischen Abgrenzung.

Doch zunächst blieben die Deutschen vor allem Beobachter, verfolgten mit Staunen und Interesse, wie ihr Nachbarvolk Privilegien des Adels abschaffte, Menschen- und Bürgerrechte ausrief, Reformen von Justiz und Verwaltung



**1790** 27.7.1790 Mit Blick auf die Revolution legen Preußen und Habsburg ihre Konflikte bei

**1791** 26.3.1791 Einführung des Urmeters

**1791** 7.5.1791 Eröffnung des Weimarer Hoftheaters unter der Leitung von Goethe (* 1749)

Friedrich Schiller, hier beim Rezitieren vor Weimarer Geistesgrößen, wurde zum französischen Bürger ernannt.

anstrengte, die Gewerbefreiheit einführte und sich schließlich eine Verfassung gab. Auf das königliche Gottesgnadentum folgte die konstitutionelle Monarchie. War dieses Frankreich nicht vorbildlich?

Die Wende kam bald, die Radikalisierung, die »Herrschaft des Pöbels« – wie es hieß – und des Terrors. Während der Schreckensherrschaft der Jakobiner starben Tausende durch die Guillotine, 1793 auch der gestürzte König Ludwig XVI. und Marie Antoinette. Solcher Furor erschütterte viele Gemüter in Deutschland, wo Obrigkeit weithin als von Gott gegeben galt. Für das denkende Deutschland war Freiheit stets verbunden mit Sittlichkeit, Ordnung und auch Religion – Immanuel Kant etwa zog aus der Entwicklung folgenden Schluss: »Alle Widersetzlichkeit gegen die oberste gesetzgebende Macht, alle Aufwiegelung, um Unzufriedenheit der Untertanen tätlich werden zu lassen, aller Aufstand, der in Rebellion ausbricht, [ist] das höchste und strafbarste Verbrechen im Gemeinen Wesen.« Diese Einstellung hatte Tradition.

Allerdings wurden auch in deutschen Landen Stimmen gegen Fürstenzwang, Zensur und Kleinstaaterei laut. Vereinzelt entbrannten Aufstände von Bauern und Handwerkern in den westlichen Grenzgebieten des Reiches, aber auch in Schlesien. Im Rheinland kam es sogar zu republikanischen Erhebungen und Bemühungen um einen Anschluss an Frankreich. Doch im Gegensatz zum Nachbarland hatte das Heilige Römische Reich Deutscher Nation kein Machtzentrum, wo sich revolutionäre Energie hätte so explosiv aufstauen und entladen können wie in Paris. Zudem mochte der »aufgeklärte Absolutismus« in den Staaten der Hohenzollern und Habsburger manchen Missstand abgemildert haben, auch viele Untertanen in den Zwergländern fühlten sich offenbar von ihren Herrscherfamilien ganz leidlich regiert.

Die Monarchen auf den alten Thronen Europas reagierten auf die Revolution teils aufgeschreckt, teils überheblich und gelassen. Es waren vor allem Emigranten aus dem französischen Hochadel, die schon aus eigenem Interesse ihr »Ancien Régime« retten wollten und nun die deutsche Verwandtschaft bestürmten, dem revolutionären Treiben ein Ende zu setzen – breche doch sonst die dynastische Ordnung auf dem ganzen Kontinent zusammen. So schlossen 1791 die beiden Vormächte des römisch-deutschen Reiches, namentlich der habsburgische Kaiser Leopold II. und König Friedrich Wilhelm II. von Preußen, einen Pakt gegen Frankreich. Die »Gegenrevolution« war



1791 17.7.1791 Massaker auf dem Marsfeld

1791 27.8.1791 Deklaration von Pillnitz: Österreichisch-preußische Interventionsdrohung gegen Frankreich

1791 7.9.1791 Erklärung der Rechte der Frau und Bürgerin durch Olympe de Gouges (1748–1793)

wohl nicht einmal ihr Hauptmotiv, die Gelegenheit schien auch günstig für einen territorialen Beutezug, wähnte man doch den Gegner aufgrund seiner inneren Wirren geschwächt.

Aber es kam anders. Als hätten Frankreichs Revolutionäre nur darauf gewartet, dass Druck von außen sie zu innerer Einigung zwang, gingen sie eigens in die Offensive, kamen den Monarchen mit ihrer Kriegserklärung zuvor – zunächst noch mit ihrem König an der Spitze, der, so die Ironie der Geschichte, auf eine Niederlage seines Landes hoffte, um vielleicht dadurch wieder zu alter Macht zu gelangen.

Die Bürger Frankreichs sahen das anders: Der Ruf erscholl nach einer nationalen Mission: Die Heimat sollte sich nicht nur der Reaktion erwehren, es galt auch den Völkern in Europa die Freiheit zu bringen. »Levée en masse« hieß die Parole, sie führte in die Volksbewaffnung. Eine Art Wehrpflicht galt für jeden jungen Mann zwischen 18 und 25 Jahren. Die Rekruten waren nicht mehr »Söldner«, sondern galten nun als Bürger der »einen unteilbaren Nation«, die für »Freiheit, Gleichheit, Brüderlichkeit« focht, so jedenfalls der Anspruch. In dieser Stimmung entstand auch die französische Hymne: »Allons enfants de la patrie ...«

## Die Mainzer Republik

Und es gab sie doch, eine kleine Revolution in Deutschland. Nur wenige Wochen nach der Kanonade von Valmy entstand die erste (kleine) Republik auf deutschem Boden. Zu ihren Gründern zählte Georg Forster, Universalgelehrter, kurfürstlicher Bibliothekar und einer der berühmtesten Sachbuchautoren seiner Zeit. Er war Mitglied der »Gesellschaft der Freunde der Freiheit und Gleichheit«, des Mainzer Jakobinerclubs, der etwa 400 Mitglieder zählte. So wurde Mainz Schauplatz für ein deutsches Pilotprojekt in Sachen Demokratie. Die Ideen waren revolutionär, egalitär und sogar auf die sozialen Interessen der sich entwickelnden Arbeiterschaft gerichtet. Ähnliche Gedanken gab es nicht nur in Mainz, sondern auch in Straßburg, Norddeutschland, etwa Hamburg und andernorts. Doch das blieb Episode. Mit dem Abzug der französischen Truppen schlossen im Sommer 1793 die Preußen das kurfürstliche »Moguntia« ein. Eine Hetzjagd begann. Goethe rettete einige Jakobiner durch mutiges Eingreifen vor der Lynchjustiz. Die kurze Episode Republik gilt dennoch als Beispiel, dass ein republikanischer Wurf innerhalb des Reiches damals durchaus möglich war.



**1791** 14.9.1791 Frankreich wird mit Verabschiedung der Verfassung konstitutionelle Monarchie

**1791** 27.9.1791 Französische Nationalversammlung erklärt Gleichberechtigung der Juden

**1791** 1.10.1791 Einberufung der Gesetzgebenden Versammlung in Frankreich

Zunächst verzeichneten Europas Monarchien militärische Erfolge gegen die schlecht ausgerüsteten Truppen unter der blau-weiß-roten Fahne. Im September 1792 allerdings wendete sich das Blatt durch eine militärisch zweitrangige, aber dennoch bedeutungsvolle Niederlage. Frankreichs Bürgersoldaten hielten bei der Kanonade von Valmy den preußischen Angreifern stand. »Von hier und heute geht eine neue Epoche der Weltgeschichte aus, und ihr könnt sagen, ihr seid dabei gewesen«, deutete Dichterfürst Goethe im Feldlager der monarchistischen Truppen auf seine Weise die Zeichen der Zeit. Die Söldnerheere der Monarchen traten den Rückzug an. Die Franzosen besetzten die Gebiete links des Rheins. Es war die Ouvertüre zu einem zwanzigjährigen Krieg. Der Countdown zum Untergang des Heiligen Römischen Reiches Deutscher Nation hatte begonnen.

Napoleon Bonaparte: Seine atemberaubende Karriere begann als General der Revolution, mit der er Europa überziehen wollte.

## Napoleons Aufstieg – Abstieg des Reiches

Jeder große Revolutionskrieg bringe einen neuen Cäsar hervor, meinte Erzjakobiner Robespierre, der 1794 selbst der Guillotine zum Opfer fiel. Und in der Tat bot ein derartiger Krieg damals die Kulisse für die wohl atemberaubendste Karriere des 19. Jahrhunderts, die ohne die Zeitenwende nur schwer vorstellbar gewesen wäre. Napoleons Aufstieg begann auf einem Nebenschauplatz. Der Sohn des korsischen Advokaten Buonaparte wuchs mit sieben Geschwistern auf der Mittelmeerinsel auf. Korsika war erst 1769 von der Republik Genua an Frankreich abgetreten worden. Napoleon – der junge »Beute«-Franzose war gerade zwanzig Jahre alt, als die Bastille gestürmt wurde – neigte der Revolution zu, focht für demokratische Grundsätze. Während seiner Dienstjahre in der französischen Armee ließ es der begabte Offizier auch mal an Disziplin mangeln. Nur mit Mühe gelang es ihm, im Juni 1792 sein Patent zurückzuerhalten. Doch ein heikler Auftrag wurde 1793 zur Schicksalsstunde. Immer wieder kam es zur Erhebung gegen die Revolutionsregierung, Royalisten hatten mit britischer Unterstützung die Stadt Toulon besetzt. Napoleon bereitete den Engländern und der Gegenrevolution eine empfindliche Niederlage. Seinem entschlossenen Vorgehen folgte die Ernennung zum kommandierenden Gene-



**1791** 5.12.1791 Tod Mozarts (* 1756)

**1792** 20.4.1792 Frankreich erklärt Österreich und Preußen den Krieg: Beginn des ersten Koalitionskrieges

**1792** 14.7.1792 Krönung des Habsburgers Franz II. (* 1768) zum römisch-deutschen Kaiser

ral der französischen Heimatarmee (Oktober 1795), und schon ein halbes Jahr später erhielt er den Oberbefehl im Italienfeldzug.

Weiterhin versuchten die europäischen Monarchien, das revolutionäre Frankreich mit wechselnden Koalitionen in die Knie zu zwingen. In Italien (1796) traf Napoleon erstmals auf einen seiner späteren Hauptgegner, das habsburgische Österreich und damit auf den Kaiser des Heiligen Römischen Reiches Deutscher Nation. Der Revolutionsgeneral bezwang die Österreicher, schwächte damit nicht nur ihre Dynastie, auch das Alte Reich war angezählt.

Der Verteidigungskrieg der Französischen Revolution wandelte sich endgültig in einen Eroberungskrieg. Bonaparte stellte rigide Forderungen, bot aber auch Gegenleistungen. Habsburger und Hohenzollern kümmerten sich zunächst um eigene Belange und weniger um die des Reiches, auch die anderen Fürsten wollten teilhaben am aufgezwungenen Geben und Nehmen. Der Sieger gab den Takt an, beanspruchte die endgültige Abtretung der linksrheinischen Gebiete des Reiches an Frankreich. Im Gegenzug sollten sich die Mächte vor allem an den geistlichen Reichsgebieten rechts des Rheines schadlos halten – die konnten sich nicht wehren und schienen ohnehin nicht mehr in diese säkularen Zeiten zu passen. Der Habsburger Franz II. geriet dabei in die Zwickmühle, war er doch als römisch-deutscher Kaiser immerhin auch Schutzherr der schwächeren Reichsglieder. Bei der territorialen Neuordnung wollte er dennoch nicht zu kurz kommen. Im Frieden von Lunéville 1801 wurde der Länderschacher amtlich. Rechtsrheinisch kam es zu einem radikalen Umbau, zu einer gigantischen Umverteilung von Gütern und Ländereien.

Der erste entscheidende Schritt nannte sich »Säkularisierung«: Kirchenbesitz, Territorien und Güter wurden in die weltlichen Hände vor allem der größeren Fürstentümer überführt. Die Reichskirche hörte damit praktisch auf zu existieren – ein schwerer Schlag für das »alte Gebäude«, das damit tragende Stützpfeiler verlor. Mit dem »Reichsdeputationshauptschluss« 1803 wurden der Kirche 35 Bistümer und 44 Reichsabteien mitsamt Ländereien entrissen.

Zugleich erfolgte die »Mediatisierung«: 112 kleine, bis dahin nur dem deutschen Kaiser unterstehende Territorien des mittleren Adels wurden ebenfalls den größeren Staaten zugeschlagen. Auch hier war Gewinner, wer sich mit Frankreich gut stellte. Doch das alles hatte seinen Preis. Die Herrscherhäuser mussten sich der Großmacht Frankreich unterordnen, kreisten künftig wie Planeten um die napoleonische Sonne.

Napoleons Machtzuwachs in Europa ließ ihn auch in der Heimat Triumphe feiern. Als Feldherr war er zu Ruhm gekommen, als Erster Konsul mit quasi-diktatorischen Vollmachten stellte er nach dem Staatsstreich sein administratives Geschick unter Beweis. Das Regime wandelte sich zu einer absoluten Monarchie bürgerlichen Typs. Doch er wollte mehr, irgendwie haben, was die anderen auch hatten, eine eigene Herrscherdynastie. »Ich bin die Revolution«, hatte er einst gesagt. Nun führte er der Welt vor Augen, dass sich darauf auch ein erbliches Kaisertum begründen ließ. Die feierliche Zeremonie, die am 2. Dezember 1804 in der Kathedrale Notre-Dame veranstaltet wurde, war im sprichwörtlichen Sinn die Krönung seiner eigenwilligen Karriere. Zehntausend Gäste wurden Zeuge. Napoleon – in purpurroter Robe mit Hermelinbesatz – nahm dem



1792 10.8.1792 Sturm der Tuilerien. Gefangennahme Ludwigs XVI. (* 1754) durch die Sansculotten

1792 2.9.1792 »Septembermorde« in französischen Gefängnissen

1792 20.9.1792 Kanonade von Valmy. Rückzug der Preußen

Papst das Diadem mit goldenen Lorbeerblättern aus der Hand, setzte es sich selbst auf den Kopf und kürte sich damit eigenhändig zum »Kaiser der Franzosen«. Papst Pius VII. durfte ihn lediglich salben und den religiösen Teil der Zeremonie beisteuern. Es ging Napoleon nicht nur um Macht und Würde, sondern auch um Tradition und Legitimation. Er wollte das karolingische Erbe antreten, vom Nimbus des Glorreichen profitieren, hob sich in die Ahnenreihe des legendären Frankenkaisers und schrieb an den Papst: »Ich bin jetzt Karl der Große.«

Es war eine weitere Strophe im Abgesang des römisch-deutschen Reiches. Per Definition existierte innerhalb des abendländischen Christentums bislang nur ein Kaisertum, das seit fast 1000 Jahren an den deutschen Königstitel und die Zustimmung der deutschen Fürsten gebunden war. Der amtierende Kaiser, der Habsburger Franz II., sah sich nun veranlasst, Vorsorge zu treffen. Noch vor der Krönung Napoleons begründete er aus der Zusammenlegung seiner Erblande ein eigenes, österreichisches Kaisertum. So wollte er mit dem französischen Herrscher auf jeden Fall Ranggleichheit wahren. Das Amt des römisch-deutschen Kaisers hatte er zwar noch inne – aber, wie sich zeigte und wie er wohl ahnte, nur noch eine befristete Zeit.

Als im September 1805 erneut Krieg auf deutschem Boden aufflammte, trat das Reich als militärischer Bund schon gar nicht mehr in Erscheinung – im Gegenteil. Bayern paktierte offen mit Napoleon, schien doch eine gemeinsame Zukunft mit dem mächtigsten Mann in Europa allenfalls sicherer als eine Feindschaft. Im Dezember 1805 schlug der geniale Stratege das vereinigte und zahlenmäßig weit überlegene österreichisch-russische Heer in der »Dreikaiserschlacht« bei Austerlitz.

Habsburg musste auf seine Ansprüche in Italien, in der Schweiz und am Rhein verzichten und hatte nunmehr Bayern und Württemberg als Königreiche sowie Baden als Großherzogtum anzuerkennen. Die süddeutschen Staaten, die sich zwar spät und widerwillig, aber dennoch rechtzeitig auf Napoleons Seite geschlagen hatten, kamen damit nicht nur in den Genuss einer Rangerhöhung durch den Sieger, sie wurden auch fürstlich aus österreichischem Besitz entlohnt.

Kaiser Franz II. (links) unterlag Napoleon (rechts) in der Dreikaiserschlacht von Austerlitz.

Das hatte seinen Preis. Im Juli 1806 hob Napoleon in Paris den sogenannten »Rheinbund« aus der Taufe, dem sich die drei süddeutschen Souveräne aus München, Stuttgart und Karlsruhe sowie 13 weitere deutsche Fürsten anzuschließen hatten. Damit stand das Alte Reich vor dem Aus. Die deutschen Mittelstaaten fanden Gefallen an dem Bündnis mit



1792 21.9.1792 Frankreich wird Republik

1792 22.9.1792 Einführung des Revolutionskalenders in Frankreich

1793 21.1.1793 Ludwig XVI. wird geköpft

Napoleon krönte sich eigenhändig zum Kaiser der Franzosen, wobei er dem anwesenden Papst demonstrierte, dass keine Macht über ihm stehen würde.

Europas stärkster Militärmacht, es war aus ihrer Sicht die sicherste Alternative. In den folgenden Jahren sollte der Bund um weitere 23 Mitglieder wachsen.

Die »Rheinbundakte« legte fest, dass die Angehörigen aus dem Heiligen Römischen Reich Deutscher Nation austreten und den Habsburgerkaiser nicht mehr als ihr Oberhaupt anerkannten. Darauf war Franz II. längst eingestellt. Mit schmucklosen Worten legte er die Reichskrone nieder – endgültig: »Wir erklären, dass Wir das Band, welches Uns bis jetzt an den Staatskörper des Deutschen Reiches gebunden hat, als gelöst ansehen.« Bewusst deklarierte er die römisch-deutsche Kaiserwürde für erloschen, um zu verhindern, dass



**1793** 10.3.1793 Gründung des Revolutionstribunals, dessen Urteile nicht mehr angefochten werden können

**1793** 18.3.1793 Gründung der Mainzer Republik

**1793** 23.7.1793 Ende der Mainzer Republik

## Medienstar Bonaparte

Auch in Fragen der Selbstdarstellung überließ Bonaparte nichts dem Zufall. Je autokratischer sein Regierungsstil wurde, desto mehr suchte er sein öffentliches Bild zu diktieren, bemühte dafür Schreiber, Maler, Architekten, Bildhauer, aber auch Spitzel und Pressezensoren. Die Bulletins der Grande Armée erreichten Auflagen von bis zu 35 000 Exemplaren und wurden in mehrere Sprachen übersetzt. Seine Siege wurden überall publik gemacht, die Verlustangaben meist gefälscht. Es schien, als hätte die neue säkulare Zeit auf einen »Ersatzgott« wie ihn gewartet, die Begeisterung für Bonaparte erfasste ganz Europa. Um seinen dynastischen Anspruch herauszustellen, umgab er sich mit den Insignien monarchischer Pracht: Symbole, Zeremonien, Triumphzüge. Auch eine neue Ikone schuf er, das unverkennbare »N«, das vielerorts prominent platziert war. Gemälde, Skulpturen, Münzen, Drucke, Literatur und Historiografie stilisierten ihn zum berufenen Herrscher eines neuen Europa, Feiertage und Gebete wurden ihm gewidmet, mit dem Empire-Stil prägte er seine eigene Architektur. Nach heutigem Verständnis war er der »Medienstar« seiner Zeit. Als sein Stern zu sinken begann, schlug die Stimmung allerdings um. Er war auch die erste historische Figur, die in fast ganz Europa sarkastisch und spöttisch karikiert wurde, ob als »Sohn des Satans« oder als skrupelloser »Menschenschlächter«.

Napoleon als »neuer Karl der Große« womöglich doch noch Anspruch auf den traditionsreichen Titel erhob.

Die meisten Deutschen nahmen die Tatsache, dass das Alte Reich untergegangen war, eher gelassen hin. Goethe – gerade mit eigenem Gefährt unterwegs – meinte später, der Streit seines Kutschers habe ihn mehr interessiert als der historische Moment. Seine Mutter hatte andere Empfindungen: »Mir ist übrigens zumute, als wenn ein alter Freund sehr krank ist, die Ärzte geben ihn auf, man ist versichert, dass er sterben wird, und mit all der Gewissheit wird man doch erschüttert, wenn die Post kommt, er ist tot.«

*Dass das okzidentalische Reich wiederauflebe im Kaiser Napoleon, so wie es war unter Karl dem Großen, zusammengesetzt aus Italien, Frankreich und Deutschland.*

ERZBISCHOF KARL THEODOR VON DALBERG, FÜRSTPRIMAS DES RHEINBUNDES

Bei aller Unstaatlichkeit gab es wohl doch so manches Verbindende an dem unbeholfenen



1793 1.8.1793 Einführung des metrischen Systems in Frankreich

1793 10.8.1793 Eröffnung des Louvre als Museum

1793 23.8.1793 Einführung der allgemeinen Wehrpflicht durch den französischen Nationalkonvent

»Monstrum«. Vielleicht hat der Ausdruck »Reich« zumindest die Illusion von deutscher Einigung erweckt. So ist der Moment des Untergangs mehr als nur der Abschied von einer alten Ordnung. Der Zerfall weltlicher und religiöser Ordnung, die zunehmende Säkularisierung des Lebens und des Denkens, das Aufbrechen gesellschaftlicher Strukturen – all das waren Herausforderungen an die Zeitgenossen, sich neu zu orientieren. Und so stellte sich auf deutschem Boden nicht nur die Frage nach der politischen Zukunft, sondern auch die nach der Identität, gerade im Angesicht der fremden Macht: Wer sind wir? Woher kommen wir? Wohin gehen wir? Wohin gehören wir? Darüber rätselten vor allem Gebildete – zu einer Politisierung der Massen sollte es im »Entwicklungsland« Deutschland erst später kommen.

Er war der letzte Kaiser des Heiligen Römischen Reiches Deutscher Nation, der Habsburger Franz II.

Das ehemalige Reichsgebiet zerfiel nun in mehrere Räume: Es gab die von Frankreich annektierten Lande links des Rheins, dann den Rheinbund, der schließlich weit über die Elbe reichte, dann das geschwächte Vielvölkergebilde Österreich-Ungarn und die lavierende Macht im Osten: Brandenburg-Preußen. Schon in diesem Stadium hatte sich Deutschland grundlegend verändert. Die zersplitterte Staatenwelt war durch die von Napoleon angestoßene Flurbereinigung auf weniger als 50 Territorien zusammengeschmolzen. Damit wuchs etwas heran, das leichter zu vereinigen war und vor allem die Genese moderner Staatlichkeit begünstigte. Doch wie würde es weitergehen?

## Links und rechts des Rheins

Das linksrheinische Deutschland war schon vor Napoleon, in den Revolutionskriegen, französisch vereinnahmt worden. Mit der Trikolore hielt dort auch der Fortschritt Einzug. Die Parole »Krieg den Palästen, Friede den Hütten« klang vor allem bei der Landbevölkerung verlockend. Die Armen reicher – die Reichen ärmer? Solche Hoffnungen spiegelten sich in den Stimmungsberichten damals. Nach der offiziellen Anerkennung der Rheingrenze 1801 fiel der Entschluss, das Gebiet dem französischen Empire einzuverleiben. Napoleon wollte die Bewohner – als gleichberechtigte Bürger – zu Franzosen machen. Das Rheinland wurde in vier Departements (Roer, Rhein-Mosel, Saar und Donnersberg) gegliedert. Nach und nach wurden Gesetze und Verordnungen aus dem »Mutterland« übertragen, die Präfekten in der Regel von Franzosen gestellt, auf nachgeordneten Ebenen gab es Mitwirkung der Deutschen. Alle Fäden liefen jedoch in Paris zusammen.



**1793** 16.10.1793 Marie Antoinette (* 1755) stirbt unter der Guillotine

**1794** 4.2.1794 Frankreich schafft auf seinen Territorien die Sklaverei ab

**1794** 28.7.1794 Robespierre (* 1758) wird guillotiniert

Prägend wurde dabei ein epochales Werk: Mit Napoleons »Code Civil« erhielten die eroberten Gebiete das erste bürgerliche Gesetzbuch und kamen damit in den Genuss von Errungenschaften der Revolution: Abschaffung des Feudalismus und der Ständegesellschaft, Reform von Justiz und Verwaltung, Gleichheit vor dem Gesetz, Freizügigkeit, Mitbestimmungs- und Wahlrechte, Einführung der Berufs- und Gewerbefreiheit, Trennung von Staat und Kirche, die Einführung der Zivilehe, Gleichberechtigung der Juden. Unter französischer Herrschaft lernten die Neubürger auch eine moderne, effektiv organisierte Verwaltung kennen. Die Abgabe des »Zehnten«, eine große Belastung für die Bauern, wurde abgeschafft, vor allem die Erbuntertänigkeit, die in Deutschland um 1800 noch existierte. Straßen und Chausseen wurden gebaut, Maßeinheiten wie Meter und Kilogramm eingeführt – viele Regelungen, die heute selbstverständlich sind. Bei den Landleuten fand Napoleon begeisterte Anhänger – im Rheintal nannte man ihn den »Bauernkaiser«. Auch die Bildungs- und Wirtschaftsbürger jubelten – zunächst. Das Verhältnis zur Kirche entspannte sich ebenfalls, sogar eifrig gebetet wurde für den Herrscher.

Der wohl berühmteste Franzose aller Zeiten legte vor allem im Westen den Grundstein für ein modernes Deutschland. Doch es gab auch die Kehrseite. Die linksrheinischen »Beute«-Franzosen mussten selbstverständlich Kriegsdienst leisten. Sie hatten nicht nur Soldaten zu stellen, sondern auch ihre Wirtschaftskraft für die europäischen Feldzüge des französischen Kaisers zu mobilisieren. Daran sollten sich die Geister scheiden.

Der Rheinbund wiederum stellte für Napoleon eine Art »drittes Deutschland« dar, als Gegengewicht zu Österreich und Preußen. De facto war es ein »Cordon sanitaire«, eine Konföderation als Militärallianz, dem Willen Bonapartes als »Bundesprotektor« unterworfen. Zu einem echten Staatenbund mit Frankreich kam es aus Rücksicht auf die um einen Rest an Eigenständigkeit bemühten Länder wie Bayern und Württemberg allerdings nicht. Handlungsspielraum hatten die Monarchen und Fürsten vor allem im Innern, konnten ihre Macht konsolidieren – solange sie dabei nicht in Konflikt mit den Zielen Napoleons gerieten. Ihm ging es vor allem um leistungsfähige Bündnispart-

Napoleon setzte Familienmitglieder als Statthalter ein, um seine Machtposition auszubauen. Sein Bruder Jérôme wurde König von Westfalen.



1795 5.4.1795 Sonderfrieden von Basel zwischen Frankreich und Preußen

1795 31.5.1795 Abschaffung des Revolutionstribunals

1795 14.7.1795 Marseillaise wird französische Nationalhymne

ner an der Seite Frankreichs. Auch deshalb forderte er von den Rheinbund-Herrschern politische und ökonomische Reformen. Sie sollten sozusagen ihre eigenen Revolutionäre sein.

Es gab drei Gruppen von Rheinbund-Vasallen: zunächst die süddeutschen Mittelstaaten. Neben den von Napoleon zu Königreichen erhobenen Bayern und Württemberg gehörten dazu auch die neuen Großherzogtümer Baden und Hessen-Darmstadt – sie versprachen sich von der Bindung an Frankreich die meisten Vorteile.

Die zweite Gruppe, die 1806 beigetretenen Gebiete wie Sachsen oder Nassau, waren mehr Bündnispartner als Reformländer. Auch sie hatten Napoleon Rangerhöhungen zu verdanken.

*Welches Volk wird zu der willkürlichen preußischen Regierung zurückkehren, wenn es einmal von den Wohltaten einer weisen und liberalen Verwaltung gekostet hat.*

NAPOLEON ZU SEINEM BRUDER JÉRÔME, DEM KÖNIG DES »MODELLSTAATS« WESTFALEN, 1807

Und schließlich schuf Bonaparte – teils ohne historische Rücksichtnahmen – neue Gebilde: etwa das Königreich Westfalen, das sein Bruder Jérôme als König zum napoleonischen Musterstaat auf deutschem Boden ausbauen sollte, und das Großherzogtum Berg, das er zunächst seinem Schwager Murat überantwortete.

Alle Mitglieder des Bundes waren Napoleon tributpflichtig, mussten beträchtliche Truppenkontingente für seine Kriege bereitstellen. Die Fürsten hatten vom Königsmacher Napoleon profitiert, der forderte im Gegenzug unbedingte Loyalität. Natürlich waren die Rheinbund-Vasallen dabei bemüht, französische Forderungen und eigene Interessen im Gleichgewicht zu halten. Ob mit oder ohne napoleonische Nachhilfe – Reformen waren allenthalben erforderlich. Getreu der Devise, dass nur effektive Bündnispartner gute Bündnispartner seien, übte Bonaparte Druck aus. Kam hinzu, dass durch den Ländertausch neu gewonnene Gebiete integriert werden mussten. Das war auch für Bayern eine Herausforderung: Dort führte der leitende Minister Maximilian Montgelas eine zentralistische Verwaltung ein und eine nach Ressorts aufgeteilte Ministerregierung. Die Privilegien des Adels und die ständische Ordnung des Staates wurden schrittweise abgebaut, Bauernbefreiung und die Gleichstellung der Juden in Gang gesetzt, die Armee und das Bildungssystem von Grund auf erneuert, die Infrastruktur verbessert. Außerdem wurde eine Verfassung erlassen, die der des napoleonischen Musterkönigreichs Westfalen von 1807 nachempfunden war. So entstand auch im Rheinbund ein Stück modernes Deutschland.

Doch klafften Anspruch und Wirklichkeit künftig immer weiter auseinander. Partner Napoleons waren nicht die Bürger, sondern die Fürsten – vor allem als Militärlieferanten. Der Reformeifer ließ in dem Maße nach, in dem Unterstützung für die Kriege eingefordert wurde – mitsamt Soldaten aus den Reihen der Untertanen. Mit Spitzeln und einem Polizeistaat kam es zur Unterdrückung jedweder Opposition, eine Tatsache, welche die Bevölkerung zunehmend verbittern ließ. So entpuppte sich das eigentliche Gesicht der Rheinbund-Politik. Die Reformen dort hatten vor allem das Ziel, Ressourcen für weitere Großmachtpläne zu mobilisieren.



1795 5.10.1795 Napoleon (* 1769) wird zum kommandierenden General der französischen Armee ernannt

1796 14.5.1796 Weltweit erste Impfung (gegen Pocken) in England

1796 Napoleon besiegt die österreichischen Truppen in Italien

## Die preußische Katastrophe

Zehn Jahre lang, seit 1795, hatte Preußen vor allem Neutralität gegenüber Frankreich gewahrt und davon profitiert, sich einen Teil Polens einverleibt. Doch Napoleon gab keine Ruhe, bekundete immer wieder neue Ansprüche. Im Jahr 1805 sollen Zar Alexander und das preußische Königspaar am Grab Friedrichs des Großen ihre Freundschaft und den gemeinsamen Willen beschworen haben, den Eroberer in die Schranken zu weisen. Allerdings wollten die Hohenzollern zunächst vermittelnd eingreifen. Ehe es dazu kam, tobte schon die Dreikaiserschlacht von Austerlitz (1805), bei der sich eindrucksvoll herausstellte, wer Herr im Hause Europa war – nicht Österreichs Kaiser Franz I. oder der russische Zar, sondern der Kaiser der Franzosen.

Preußen wurde wieder Kriegsgegner, als es Bonaparte opportun erschien, den Briten die Rückgabe Hannovers anzubieten, das er den Hohenzollern doch zuvor zugesprochen hatte. Der ansonsten eher unentschlossene Friedrich Wilhelm III. reagierte übereilt, ließ sich zu einem Ultimatum und einer nachgerade halsbrecherischen Forderung verleiten: Bonaparte solle sich aus den Gebieten rechts des Rheins zurückziehen. Der war fassungslos, hielt das Ansinnen für größenwahnsinnig, geradezu »lächerlich«.

Das preußische Ultimatum endete am 8. Oktober 1806. Dann schlug die Stunde der Wahrheit. Was nun binnen weniger Tage geschah, war mehr als eine verheerende Niederlage – es war das Ende einer Großmacht, die »preußische Katastrophe«. Militärisch und politisch prallten zwei Welten aufeinander: Preußens Armee sonnte sich noch immer in den militärischen Erfolgen Friedrichs II. Nun demonstrierte Napoleon einmal mehr, was eine modern geführte Bürgerarmee zu leisten vermochte. Schnelle Märsche, überraschende Truppenkonzentration an entscheidender Stelle, systematische Verwendung einer beweglichen Artillerie, Schützengefecht statt starrer Formationen. Die Grande Armée kämpfte hoch motiviert, patriotisch, war kampferprobt, und sie hatte vor allem ihn: Napoleon, der von seinen Soldaten geradezu vergöttert

Napoleon sah die preußische Königin Luise als Kriegstreiberin, fühlte sich durch sie mehr provoziert als durch ihren Gemahl, Friedrich Wilhelm III.



1797 17.10.1797 Frieden von Campo Formio. Abtretung der linksrheinischen Gebiete von Österreich an Frankreich

1797 16.11.1797 Friedrich Wilhelm III. (* 1770) wird König von Preußen

1798 19.5.1798 Expedition Napoleons nach Ägypten

Die vernichtende Niederlage in der Doppelschlacht bei Jena und Auerstedt besiegelte das Ende Preußens als Großmacht. Den französischen Truppen gelang es dank ihrer Beweglichkeit, die starren preußischen Linien binnen kurzer Zeit zu überrennen.

wurde. Das stehende preußische Söldnerheer hatte dem wenig entgegenzusetzen, die Armee war überaltert, schlecht ausgerüstet, der sturen Linientaktik verhaftet. Da half es auch nicht viel, dass Königin Luise ihre Truppen persönlich aufsuchte, um sie für den Kampf gegen die Franzosen zu motivieren – obwohl sie als Landesmutter überaus populär war. Napoleon fühlte sich durch die preußische Königin provoziert, allein weil sie sich als Frau in die Politik einmischte. An seine kaiserliche Gemahlin Joséphine schrieb er: »Sie ist als Amazone gekleidet, in der Uniform eines Dragonerregiments. Von allen Seiten facht sie den Krieg an. Sie ist eine Frau mit hübschem Gesicht, aber unfähig, die Folgen ihrer Handlungen vorauszusehen. Doch anstatt sie zu beschuldigen, kann man sie heute nur bedauern.«

In der Doppelschlacht bei Jena und Auerstedt machte der französische Kaiser mit seinem Gegner kurzen Prozess. »Blitzkrieg« würde man es heute nennen. Der Staat Fried-



1799 12.3.1799 Beginn des zweiten Koalitionskrieges

1799 9.10.1799 Napoleon kehrt aus Ägypten zurück

1799 24.12.1799 Ende der Französischen Revolution

Mit dem Einzug in Berlin erreichte Napoleon den Gipfel seiner Macht. Die Quadriga auf dem Brandenburger Tor wurde als Trophäe nach Paris geschickt.

richs des Großen befand sich nach der vernichtenden Niederlage in Auflösung. Friedrich Wilhelm III. floh nach Königsberg, wenig später weiter in den äußersten Zipfel Ostpreußens, nach Memel. »Unser Dämel sitzt in Memel«, riefen ihm kritische Bürger nach. Napoleon aber marschierte nach Berlin, nicht ohne vorher in Potsdam Station zu machen, wo er am Grab Friedrichs des Großen jene viel zitierten Worte fand: »Wenn er noch gelebt hätte, wäre ich nicht hier.«

Am 27. Oktober 1806 zog der französische Kaiser, erhaben auf einem Schimmel reitend, in die preußische Hauptstadt ein. Vor dem Brandenburger Tor überreichte ihm eine Abordnung der Bürgerschaft die Schlüssel der Stadt auf einem Tablett. Schaulust, Neugier, aber auch Ehrfurcht und Bewunderung mögen Tausende von Berlinern damals auf die Straße Unter den Linden getrieben haben. Auch der Ruf »Vive l'Empereur« (»Es lebe der Kaiser«) war zu vernehmen, wenngleich Berliner Polizisten ein wenig nachgeholfen haben sollen, um die Sieger gnädig zu stimmen.

Wenig später traf der Generaldirektor des Musée Napoléon in Paris, Dominique-Vivant Denon, in der preußischen Metropole ein, nahm auch die Quadriga auf dem Brandenburger Tor ins Visier. Der Franzose präsentierte den kaiserlichen Befehl zum Abbau: »Wenn endlich dies Werk auch nicht als ein Kunstwerk betrachtet werden sollte, so könne und müsse es doch als Trophäe dienen und gelten.« Das geraubte Standbild wurde zum Symbol nicht nur preußischer, sondern auch nationaler Schmach, denn angesichts der Lasten der französischen Besatzungs- und Kriegspolitik verstummten die Jubler bald.

Für Preußen ging es ums nackte Überleben. Der König war fern und schien in Resignation erstarrt. Wer aber konnte das Schicksal des preußischen Staates in die Hand nehmen? Während französische Offiziere in den Schlössern und Herrenhäusern Berlins Quartier bezogen, verließ ein Mann die Stadt, der das Zeug dazu hatte: Heinrich Friedrich Freiherr Karl vom und zum Stein. Der preußische Finanz- und Wirtschaftsminister nassauischer Provenienz war ein jähzorniger Dickkopf – ganz und gar kein umgänglicher Mann, seine Zunge so scharf wie sein Verstand, sein aufbrausendes Temperament legendär. Mitunter genoss er es geradezu, das Gegenteil eines geschmeidigen Diplomaten darzustellen, dafür war er ein hervorragender Fachmann und ein erprobtes Verwaltungsgenie. Oft genug hatte er seinen König vor den Kopf gestoßen. Doch seine Loyalität gegenüber Preußen stand außer Zweifel. Trotz heftiger Gichtanfälle rettete Stein auf abenteuerlichen Wegen die Staatskasse vor den Franzosen.



**1800** 28.7.1800 Bündnis zwischen Russland und Preußen

**1801** 1.1.1801 England, Schottland, Wales und Irland schließen sich zum Vereinigten Königreich Großbritannien zusammen

**1801** 9.2.1801 Frieden von Lunéville zwischen Frankreich und Österreich

Friedrich Wilhelm III. wollte den Freiherrn nach der vernichtenden Niederlage zum Außenminister machen. Dem Hohenzoller lag daran, sich mit Napoleon zu arrangieren. Vom Stein verzichtete jedoch – er sei nicht ausreichend beschlagen. Dann kam es zum Eklat: Der König trug auch für die Hofhaltung der Besatzer Sorge, doch Stein kam einer Anweisung zum Unterhalt des französischen Hofmarschallamts in Berlin nicht nach. »Sie sind … als ein widerspenstiger, trotziger, hartnäckiger und ungehorsamer Staatsdiener anzusehen«, ereiferte sich Friedrich Wilhelm. Es kam zum Rauswurf – vorübergehend. Stein war kein geborener Preuße und kehrte im März 1807 auf sein Gut in Nassau zurück, nahm sich dort Zeit zum Nachdenken über die Zukunft des Hohenzollernstaats und Deutschlands.

Ein Versuch des Königs, im Bündnis mit dem russischen Zaren das Blatt militärisch

Aus Gegnern wurden Partner. Zar Alexander I. und Napoleon verhandelten nach der Schlacht bei Friedland in Tilsit über die Zukunft Preußens.



**1802** 27.3.1802 Frieden von Amiens zwischen Frankreich und Großbritannien

**1803** 25.2.1803 Reichsdeputationshauptschluss: Säkularisierung von Kirchenbesitz, Territorien und Gütern der rechtsrheinischen Gebiete

**1803** 18.5.1803 Großbritannien erklärt Frankreich erneut den Krieg

Königin Luise versuchte Napoleon milde Friedensbedingungen abzuringen – vergeblich.

*Ich könnte den Gedanken nicht ertragen, unglücklichen Wesen das Leben geschenkt zu haben. Sie haben selbst eine zahlreiche Familie und bei jeder Gelegenheit bewiesen, wie sehr Ihnen das Schicksal der Ihrigen am Herzen liegt.*

DIE PREUSSISCHE KÖNIGIN LUISE IN TILSIT ZU NAPOLEON

doch noch zu wenden, scheiterte im Schlagabtausch mit französischen Truppen bei Friedland. So kam es im Juli 1807 zu Friedensverhandlungen. Die Monarchen trafen sich im ostpreußischen Tilsit. Zar Alexander und Napoleon begegneten sich auf Augenhöhe, kamen beim Treffen auf einem Pontonboot mitten auf der Memel einander näher. Bonaparte, auf dem Gipfelpunkt seiner Macht, gab sich als Gönner, Richter und Partner. Der Hohenzoller blieb Zaungast, wurde regelrecht vorgeführt.

Es war nicht die einzige demütigende Szene im Drama von Tilsit. Königin Luise hatte noch am Vorabend des Friedensschlusses das Gespräch mit Napoleon gesucht. Mit ihrem weiblichen Charme und der Würde einer beliebten Landesmutter wollte sie den Sieger milder stimmen – es war ein Opfergang, sie war erkrankt und zum siebten Mal schwanger.

Napoleon machte keine Zugeständnisse, blieb ungerührt, wenn er auch künftig mit weitaus mehr Respekt von der Königin sprach. Ihre Appelle änderten nichts an dem harten Verdikt, das Preußen nun traf. Eine Macht, die ihrerseits nie verlegen war, wenn es um die Verteilung von Beute ging, geriet nun selbst zum Objekt der Willkür. Die preußischen Gebiete westlich der Elbe wurden dem Königreich Westfalen zugeschlagen. Der Hohenzollernstaat musste seinen Teil Polens zurückgeben, büßte insgesamt fast die Hälfte seiner Fläche ein. Hinzu kamen enorme Summen Kriegsentschädigung, die das Land zu ruinieren drohten. Um die Zahlung sicherzustellen, ließ Napoleon Besatzungstruppen zurück, behielt die Kontrolle.

## Reformen gegen Napoleon

Wie ermöglicht man einem besiegten und besetzten Land den Wiederaufstieg? Man lässt fähige Köpfe an die Macht, möglichst von außen, und bezahlt sie, so gut es geht. Es sollten vor allem die nichtpreußischen Reformer in preußischen Diensten sein, die den Hohenzollern aus der Misere halfen: durch einen fundamentalen Umbau von Staat, Wirtschaft, Gesellschaft und Armee. Einige Namen ragen



1804 21.3.1804 Einführung des Code Civil

1804 11.8.1804 Kaiser Franz II. konstituiert durch die Vereinigung der österreichischen Erblande das Kaiserreich Österreich

1804 21.11.1804 Der als »Schinderhannes« bekannte Johann Bückler wird in Mainz mit 19 weiteren Bandenmitgliedern hingerichtet

hier besonders heraus: der Freiherr vom Stein, Karl August von Hardenberg, die Militärs Scharnhorst und Gneisenau und Wilhelm von Humboldt, er allerdings war Preuße.

Auch Napoleon wollte die Modernisierung des besiegten Staates – auf seine Weise. Er sollte hohen Tribut entrichten, Geld für seine Kriegskasse aufbringen und später auch Soldaten stellen. Dafür galt es das verkrustete System aufzubrechen und wirtschaftliche Kraft zu entfalten. Eine Ironie der Geschichte, selbst der französische Kaiser sah im Freiherrn vom Stein den geeigneten Mann aufgrund seiner großen Fachkompetenz. Doch schätzte er diesen, was seine innere Haltung anlangte, völlig falsch ein, denn der nassauische Landjunker wollte Preußen nicht für, sondern gegen Napoleon reformieren.

Aber hatte sich nicht der König in Unfrieden von dem Nassauer Rittergutsbesitzer getrennt? Die Lage war so desaströs, dass es offenbar keine Alternative gab. Auch auf Drängen der Königin holte der preußische Monarch den Freiherrn vom Stein zurück. Der nur sechs Monate zuvor Geschasste folgte dem »Befehl« pflichtbewusst: »In diesem Augenblick des allgemeinen Unglücks wäre es sehr unmoralisch, die eigene Persönlichkeit in Anrechnung zu bringen.«

Vom Stein hatte die Revolution in Frankreich genau verfolgt. Was ihn daran beeindruckte, war die Bindung der Bürger an den Staat. Die Terrorjahre aber bezeichnete er schlicht als »Raserei«. Emporkömmlinge solcher Wirren, ob sie nun Robespierre oder Napoleon hießen, waren für ihn »Ungeheuer aus der Hölle«. Für Stein kam allenfalls eine Revolution von oben in Betracht, selbstverständlich durch Männer wie ihn. Der Freiherr gab dem fürstlichen Absolutismus und dem Feudalismus gehörige

Sie sollten Preußens Wiederaufstieg ermöglichen: die Reformer Scharnhorst, Hardenberg und Freiherr vom Stein (von links)

Mitschuld für die preußische, ja die deutsche Misere. Künftig wollten er und seine Mitstreiter die Bürger am politischen Leben beteiligen, aus Untertanen Patrioten machen, die sich der Fremdherrschaft und Unterdrückung erwehren sollten.

In den Monaten ohne Amt hatte Stein die sogenannte »Nassauer Denkschrift« verfasst, die zum Programm seiner neuen Regierung werden sollte. Friedrich Wilhelm III. ernannte ihn zum leitenden Minister mit fast unbeschränkten Vollmachten. Unter der nüchternen Überschrift »Über die zweckmäßige Bildung der Obersten und der Provinzial-Finanz- und Polizei-Behörden in der Preußischen Monarchie« stellte Stein seine Forderungen auf. Sein Kerngedanke war, die »gebildeten Klassen« durch »Überzeugung, Teilnahme und Mitwirkung bei den National-Angelegenheiten an den Staat zu knüpfen, den Kräften der Nation eine freie



1804 2.12.1804 Krönung Napoleons zum Kaiser der Franzosen

1805 25.9.1805 Beginn des dritten Koalitionskrieges

1805 2.12.1805 »Dreikaiserschlacht« bei Austerlitz

Tätigkeit und eine Richtung auf das Gemeinnützige zu geben«. Dabei ging es dem Reformer keineswegs um demokratische Partizipation im modernen Sinne, er meinte nicht die Tagelöhner, Arbeiter, Handwerksgesellen, er richtete sich an die kundigen und besitzenden Bürger, liberale Grundherren, Kaufleute und Fabrikanten – sie wollte er zur Mitwirkung bewegen, zu tragenden Säulen im Staat machen.

Im Herbst 1807 begann Stein – unterstützt von Karl August von Hardenberg – mit einer grundlegenden Modernisierung Preußens. Die Regierung wurde den Einflüsterern des Monarchen entzogen und einem Kollegium von fünf Fachministern (für Inneres, Finanzen, Auswärtiges, Krieg und Justiz) übertragen. Das sogenannte »Oktoberedikt« war geeignet, den Hohenzollernstaat endgültig aus dem Mittelalter herauszukatapultieren: Die Erbuntertänigkeit auf dem Land wurde abgeschafft: »Nach dem Martini-Tag 1810 gibt es nur freie Leute«, hieß es in einem der Paragrafen, das galt für Millionen von Menschen. »Jeder Edelmann ist, ohne allen Nachteil seines Standes, befugt, bürgerliche Gewerbe zu treiben.« Die Standesgrenzen Bürger/Bauer wurden zumindest de iure aufgehoben, das feudale Monopol der ländlichen Ordnung gebrochen. Grundbesitz konnte nun jeder erwerben, der dazu finanziell in der Lage war. Damit stießen die Reformer Tore auf für Marktwirtschaft und Industrialisierung. Preußens Städte wurden unter Selbstverwaltung gestellt. Ihre Magistrate standen fortan an der Spitze der Verwaltung, erhielten die volle Finanzgewalt. Leistung und Vermögen sollten ab jetzt über die Chancen eines Preußen entscheiden, nicht Geburt und Stand. Dabei gab es eine weitere Schlüsselressource, die ein anderer wegweisender Reformer erschließen sollte. Wilhelm von Humboldt reformierte in Steins Auftrag das preußische Bildungswesen, führte das humanistische Gymnasium ein. »Bildung, Weisheit und Tugend« galten als gleichberechtigte Erziehungsziele. Humboldt gründete auch die Berliner Universität, wo die Einheit von Forschung und Lehre praktiziert wurde. Ein weiterer Mitstreiter Steins, der preußische General Gerhard Johann David von Scharnhorst, reformierte – gemeinsam mit Neidhardt von Gneisenau – das Militär. Die Armee lag nach dem Trauma von Jena und Auerstedt am Boden. Umso tiefer konnte die Heeresreform greifen. Künftig sollte es jeder tapfere und fähige Soldat zum Offizier bringen können – bis dahin war das dem Adel vorbehalten. Prügelstrafen wurden abgeschafft, die preußischen Männer zur allgemeinen Wehrpflicht herangezogen. Auch hier erste Schritte auf dem Weg vom Untertanen zum Bürger – das französische Beispiel hatte es vorgemacht.

So wuchsen auch in Preußen die Fundamente moderner Staatlichkeit und Ökonomie. Viele Reformanläufe zeigten erst in späteren Jahren Wirkung, es gab noch immer genügend Widerstand im Adel und bei den Junkern, auch zeigten sich bald die sozialen Folgen von Bauernbefreiung und Gewerbefreiheit, viele Menschen verarmten in der Konkurrenz des neuen Marktes.

## Widerstand gegen Napoleon

Die inneren Reformbemühungen waren das eine, die äußeren Umstände das andere. Die französische Besatzung, für deren Kosten Preußen aufkommen musste, die immer wieder angehobenen Kontributionszahlungen, die Schädigung der Wirtschaft durch den Versuch,



1805 15.12.1805 Vertrag von Schönbrunn zwischen Frankreich und Preußen

1805 26.12.1805 Frieden von Pressburg zwischen Österreich und Frankreich

1806 26.2.1806 Napoleon erteilt Auftrag zum Bau des Arc de Triomphe

1808 revoltierten die Spanier gegen einen der Brüder Napoleons. Das Keramikbild von 1929 stellt eine Kampfszene gegen napoleonische Truppen dar.

Europa ökonomisch von Frankreich abhängig zu machen – das alles hatte dafür gesorgt, dass die Existenz des Hohenzollernstaats mehrmals am seidenen Faden hing. Einmal zog vom Stein sogar den Beitritt zum Rheinbund in Erwägung, verbot antifranzösische Zeitschriften und Reden. Doch Napoleon ließ sich nicht auf ein Arrangement ein. Nach so viel vergeblicher Mühe platzte dem Freiherrn der Kragen, zwischen Gichtanfällen und Wutausbrüchen reifte Steins Wille zum Widerstand. Ein Vorbild gab es: das besetzte Spanien, wo ein Guerillakrieg der französischen Besatzung zu schaffen machte und französische Truppen band.

Stein registrierte genau, wie sich auch die Stimmung auf deutschem Boden veränderte, verfolgte mit, was in seiner rheinbündischen Heimat Nassau geschah. Seine Wut galt nicht nur dem französischen Kaiser, sondern ebenso den deutschen Fürsten, die von Napoleon profitierten und dafür ihre Landeskinder opferten. Je mehr Blutzoll die deutschen Soldaten für die Feldzüge Bonapartes entrichten mussten, desto mehr wuchs der Unmut über die Fremdherrschaft.

Vom Stein versuchte auch jenseits von Preußen Widerstand zu schüren, sein König lehnte solche Pläne kategorisch ab. An den Fürsten von Wittgenstein schrieb er: »Die Erbitterung nimmt in Deutschland täglich zu, und es ist ratsam, sie zu nähren und auf die Menschen zu wirken.« Das Schreiben geriet jedoch nicht

Österreich rief im Namen aller Deutschen zum Krieg gegen Napoleon auf. Erzherzog Karl in der Schlacht bei Aspern.



**1806** 12.7.1806 Gründung des Rheinbundes, dem nach und nach die meisten deutschen Fürsten beitreten

**1806** 6.8.1806 Kaiser Franz II. legt die Kaiserkrone nieder: Ende des Heiligen Römischen Reichs Deutscher Nation

**1806** 9.10.1806 Vierter Koalitionskrieg: Friedrich Wilhelm III. erklärt Frankreich den Krieg

Major Ferdinand von Schill zettelte mit seinem Regiment einen »Privatkrieg« gegen Napoleons Truppen an, um den preußischen König zu militärischem Handeln zu zwingen, und starb bei der Verteidigung Stralsunds.

in die Hände des Adressaten, sondern in die der Franzosen. Napoleon war schockiert, veröffentlichte den Brief sogar in der Presse. Er hatte Stein falsch eingeschätzt, keineswegs als Gegner gesehen, ihn einst gar für einen Ministerposten in einem der napoleonischen Staaten in Betracht gezogen. Der preußische König fürchtete nun, dass die Stein'sche Konspiration am Ende auch ihm angelastet würde. Dem Rücktrittsgesuch des Freiherrn Ende November 1808 gab er statt. Napoleon erklärte den Aufrührer zum »Feind Frankreichs und des Rheinbundes«. Im Fall seiner Ergreifung drohte ihm gar die Erschießung. Sein Besitz in Nassau wurde konfisziert. Welch ein Absturz – vom leitenden Minister zum getriebenen Flüchtling. Er musste seine Familie zurücklassen, floh mit Billigung des Habsburgerkaisers ins Exil nach Böhmen, schließlich nach Prag.

Hatte sich Stein nicht völlig verhoben, als er sich mit dem mächtigsten Mann Europas anlegte, oder hatte er wirklich das Zeug zum großen Widersacher Napoleons? Vorerst waren dem trotzigen Exilanten jedenfalls die Hände gebunden, was seinen Hass auf Bonaparte nur noch steigerte.



1806 14.10.1806 Niederlage Preußens bei Jena und Auerstedt, Friedrich Wilhelm III. flieht nach Ostpreußen

1806 27.10.1806 Napoleon marschiert in Berlin ein

1806 21.11.1806 Kontinentalsperre gegen England: Verbot der Einfuhr englischer Waren in das europäische Festland

Andere traten nun auf den Plan, um dem französischen Kaiser Paroli zu bieten. Während vom Stein vergeblich für einen Aufstand geworben hatte, hielten der österreichische Kanzler Graf Stadion und weitere Berater aus dem Umfeld des Habsburgerkaisers die Zeit für einen Schlag gegen den »Tyrannen« gekommen. Im April 1809 rief der österreichische Oberbefehlshaber Erzherzog Karl zur Befreiung vom napoleonischen Joch auf: »Nicht bloß für seine Selbstständigkeit, sondern für Deutschlands Unabhängigkeit und Nationalehre.« Bemerkenswert war, dass er ausdrücklich an alle Deutschen appellierte, auch an die Rheinbund-Staaten; einen solchen gesamtnationalen Aufruf hatte es vorher noch nicht gegeben. Karl nannte Napoleons deutsche Verbündete »... Brüder, jetzt noch in den feindlichen Reihen, die ihrer Erlösung harren«. Würden sie dem Appell folgen? Die Enttäuschung war groß. Die »Brüder« wagten keine Erhebung gegen ihren mächtigen Protektor. Auch Preußen verhielt sich neutral, was den Freiherrn vom Stein, der große Hoffnung auf den Befreiungsversuch gesetzt hatte, nur noch mehr verbitterte.

Österreich fühlte sich bei seiner gesamtdeutschen Mission im Stich gelassen. Nach einem ersten Sieg bei Aspern musste sich Erzherzog Karl bei Wagram geschlagen geben. Und auch andernorts brach der in diesen Tagen entfachte Widerstand zusammen. Ein Tiroler Volksaufstand unter Andreas Hofer (1767–1810)

Auch er wurde zur Symbolfigur im Widerstand gegen das napoleonische Besatzungsregime: der Tiroler Freiheitskämpfer Andreas Hofer.



1807 14.6.1807 Sieg Napoleons über das russisch-preußische Heer bei Friedland

1807 9.7.1807 Friede von Tilsit zwischen Frankreich, Russland und Preußen

1807 9.10.1807 Erlass zur Abschaffung der Leibeigenschaft durch Friedrich Wilhelm III.

wurde von französisch-bayerischen Truppen niedergeworfen, Hofer in Mantua hingerichtet. Die Erhebung des preußischen Majors von Schill scheiterte im Straßenkampf in Stralsund. Auch er wurde erschossen. Bei einer Parade in Wien versuchte sich ein junger Deutscher aus Naumburg dem siegreichen Eroberer mit einem Messer bewaffnet zu nähern: Friedrich Staps. Napoleon verhörte den Attentäter persönlich. Auf die Frage, wer ihn zu diesem Plan verleitet habe, antwortete der Pfarrerssohn: »Niemand. Nur die innerste Überzeugung, dass ich, wenn ich Sie töte, meinem Vaterland und ganz Europa den größten Dienst erweise.« Der Kaiser wollte Gnade walten lassen. Doch Staps bat nicht um Verzeihung, wie gefordert, und bezahlte dafür mit seinem Leben. Nach außen war Bonaparte einmal mehr der Sieger, doch gab ihm der Fall zu denken, er wurde vor der Öffentlichkeit geheim gehalten.

Für die Habsburger war die Erfahrung ihres gesamtdeutschen Befreiungsversuchs so ernüchternd wie lehrreich. Sie verloren weitere Gebiete, unter anderem Salzburg an Bayern. Künftig galt in Wien die Parole »Österreich zuerst«. Die Hoffnung auf eine Befreiung aller Deutschen vom Joch Frankreichs musste sich nun auf andere richten.

## Der Angriff auf Russland

Doch noch war es Napoleon, der das Heft des Handelns in der Hand hielt. Er wollte die uneingeschränkte Vormacht in Europa. Dem stand ein alter Rivale im Weg, England. Nachdem er anfängliche Pläne für eine Invasion des Inselreichs – nach dem Desaster von Trafalgar – zu den Akten hatte legen müssen, ersann er eine neue Form der Kriegführung: Die Häfen

Warenkontrolle zur Überwachung der Kontinentalsperre gegen England durch französische Soldaten.

auf dem Festland sollten für Waren aus dem britischen Empire geschlossen bleiben. Nach dem Sieg über Preußen 1806 hatte Napoleon die sogenannte »Kontinentalsperre« verhängt. Im Frieden von Tilsit verpflichtete er auch den russischen Zaren zu der Blockade. Um sie in ganz Deutschland durchzusetzen, verleibte er 1810 zudem das deutsche Gebiet entlang der Nordseeküste – Oldenburg, Bremen, Hamburg bis Lübeck – dem französischen Staat ein.

*Urteilen Sie doch selbst. Was ist zu befürchten von einem so braven, so vernünftigen, so kalten, so geduldigen Volke. … Wenn eine Bewegung in Deutschland ausbrechen sollte, dann wird sie am Ende für uns gehen und gegen die kleinen Fürsten.*

NAPOLEON IM DEZEMBER 1811 AN MARSCHALL LOUIS NICOLAS DAVOUT



1807 Beginn der preußischen Reformen (bis 1814) unter Freiherr vom Stein (* 1757)

1809 9.4.1809 Fünfter Koalitionskrieg: Österreich erklärt Frankreich den Krieg

1809 16.8.1809 Gründung der Universität zu Berlin durch Wilhelm von Humboldt

Auch auf die Russen musste der Machthunger Bonapartes bedrohlich wirken, 1811 scherten sie aus der Kontinentalsperre aus und verhängten Einfuhrzölle für französische Importe. Die Art und Weise, wie Napoleon darauf reagierte, lag in seinem Wesen. Er fasste den verwegenen Plan, das Riesenreich anzugreifen. Schwelte doch weiterhin der Streit um Polen und mochte sich letztlich sogar die Perspektive ergeben, England nach dem Marsch nach Osten in Indien zu bezwingen. Wieder nahm Bonaparte die Verbündeten in die Pflicht, den Rheinbund, aber auch die geschlagenen Großmächte Preußen und Österreich; ihnen hatte er einen Pakt aufgezwungen, sie mussten ebenfalls Truppen stellen.

Am 24. Juni 1812 überquerte die Grande Armée die Memel. Mehr als 600 000 Mann (mit fast 1400 Kanonen) fielen in Russland ein. Doch dieses Heer war nicht mehr das von Austerlitz: Über zwei Drittel der Soldaten waren keine Franzosen, Österreich stellte etwa 40 000, Bayern 30 000, Preußen ein Kontingent von 23 000 Mann.

Napoleon setzte wiederum auf einen schnellen Feldzug: Ein paar große Umfassungsschlachten, dann sollte der russische Koloss bezwungen sein. Doch die Truppen des Zaren wichen aus, führten lediglich kleine Rückzugsgefechte, die Weite des Raumes war ihr wichtigster Verbündeter. Am 7. September, bei Borodino, 120 Kilometer vor Moskau, schlug Napoleon seine bisher blutigste Schlacht. General Kutusow verlor 52 000, die Grande Armée 28 000 Mann, davon allein 47 Generäle. Der Kampfesmut des Gegners überraschte den Franzosen: »Die Russen lassen sich töten wie Maschinen; sie ergeben sich nicht«, notierte ein nachdenklicher Napoleon. Am 14. September marschierte er in Moskau ein. Doch die geräumte Stadt war in Brand gesetzt worden. Jeder Versuch, Zar Alexander I., der in Sankt Petersburg residierte, zu einem Friedensangebot zu bewegen, scheiterte. Der russische Kaiser reagierte nicht.

Die Grande Armée stand ohne Nahrung und Unterkunft auf verlorenem Posten. Am 24. Oktober 1812 zog der unbesiegte und doch geschlagene Feldherr unverrichteter Dinge wieder ab. Während russische Einheiten immer wieder aus dem Hinterhalt angriffen, rafften Kälte, Krankheiten und Hunger den größten Teil der französischen Streitmacht hinweg. Napoleon selbst trug um den Hals einen Flakon mit Gift, um der Gefangenschaft notfalls durch Selbstmord zu entgehen. Der Rückmarsch über die Beresina Ende November geriet zur Katastrophe. Von den 600 000 Mann, die er nach Russland geführt hatte, kehrte nur jeder zwanzigste zurück.

Das brennende Moskau symbolisierte den Anfang vom Ende napoleonischer Herrschaft über Europa.



**1809** 14.10.1809 Frieden von Schönbrunn: Österreich verliert unter anderem Salzburg

**1810** 2.3.1810 In London beginnt das erste Gaswerk mit der Energieversorgung

**1810** 1.4.1810 Heirat Napoleons mit Marie Louise, Tochter von Kaiser Franz I. von Österreich

**1810** 25.4.1810 Erfindung der Konservendose

**1810** 13.12.1810 Frankreich besetzt die Gebiete entlang der Nordseeküste zur Aufrechterhaltung der Kontinentalsperre

**1811** 1.4.1811 Gründung der ersten Kriminalpolizei in Deutschland

## Vom Stein beim Zaren

Schon im März 1812 hatte Zar Alexander den Freiherrn vom Stein gebeten, als Berater in seine Dienste zu treten. Er konnte kaum einen entschlosseneren Gegner Napoleons finden. Dem geschassten Reformer kam der Ruf wie eine Erlösung vor, tiefe Depressionen lagen hinter ihm. Nun war die Zeit der Ohnmacht vorüber, er hatte viele Ideen, gegen das »Ungeheuer« mobil zu machen. Während Napoleon in Russland einmarschierte, nahm Stein ganz gezielt die deutschen Kontingente der Grande Armée ins Visier. Er formulierte einen »Aufruf an die Deutschen, sich unter der Fahne des Vaterlands und der Ehre zu sammeln«. Darin hieß es: »Teutsche! Unglückliche schmachvolle Werkzeuge zur Erreichung ehrgeiziger Zwecke, ermannt und erhebt Euch.« Im Namen des Zaren bot er Überläufern an, fürs Vaterland zu kämpfen. Ziel sei die »Wiedereroberung der Freiheit Deutschlands«. Es waren gezielte Appelle, die sich an die Soldaten nicht als Sachsen, Preußen, Österreicher oder Bayern richteten, sondern ausdrücklich als Deutsche. War nun die Stunde ihrer Selbstfindung gekommen? Immerhin wurde die Flugschrift in 10 000 Exemplaren unter den Truppen verteilt. Zwar hielt sich die Zahl der Überläufer in Grenzen, doch der Aufruf machte vielleicht einen Anfang, dass sich Deutsche im zermürbenden französischen Kriegsdienst mehr und mehr als eine Schicksalsgemeinschaft begriffen.

Nach Napoleons Debakel in Russland wollte Freiherr vom Stein die Deutschen für den Krieg gegen Frankreich mobilisieren.

Der nassauische Freiherr wurde nicht müde, den Zaren zu beschwören, dass er der berufene »Retter Europas« sei und deshalb den Krieg bis zur endgültigen Niederlage Napoleons weiterführen müsse, auch auf deutschem Boden. Alexander leuchtete ein, dass es anders keinen Frieden geben könnte. Wie aber würden sich die deutschen Mächte verhalten, war doch selbst der preußische König noch offizieller Bündnispartner Frankreichs. Stein wurde vom Zaren in aller Form damit beauftragt, den Widerstand auf deutschem Boden zu organisieren.

Die Ausführung begann mit dem Plan, das preußische Kontingent aus der besiegten Grande Armée herauszulösen. General Yorck von Wartenburg war der entscheidende Adressat, er führte ein Hilfskorps von fast 20 000 Mann, das während des Feldzugs im Hintergrund geblieben war und deshalb nur geringe Verluste zu verzeichnen hatte. Ein Mitstreiter Steins, Hans Karl von Diebitsch, ein deutschstämmiger General in der Zarenarmee, erhielt



1811 19.6.1811 Friedrich Ludwig Jahn (* 1778) eröffnet in Berlin den ersten Turnplatz

1811 2.9.1811 Aufhebung des Zunftzwanges in Preußen

1811 30.10.1811 Erfindung der Zylinderschnellpresse

Nach Verhandlungen in einer Mühle bei Tauroggen wechselte der preußische General Yorck von Wartenburg die Seiten.

den Auftrag, Yorck zum Seitenwechsel zu bewegen. Dies gelang ihm Tage später in der Mühle des Dorfes Poscherun bei Tauroggen in Ostpreußen. So spontan, wie später oft kolportiert, kam die Zustimmung Yorcks allerdings nicht – aus einem Bündnis ausscheren war keine Lappalie. »Ihr habt mich«, hat er dann erst nach einigem Hin und Her gesagt. Seine Truppen würden sich zunächst neutral verhalten.

Der preußische König war darüber erbost, fürchtete den Zorn Napoleons, verfügte die Entlassung Yorcks, der sich widersetzte – auch weil ihn kein entsprechendes Dokument erreichte, sondern nur eine Aufforderung über die Zeitung. Friedrich Wilhelm stand unter doppeltem Druck. Viele Militärs und Bürger forderten, endlich gegen den Feind loszuschlagen. Der betagte, aber dadurch nicht weniger temperamentvolle preußische General Blücher verfasste in seiner blütenreichen Schriftsprache: »Wenn es jetzt nicht Sr. Majestät unseres Königs und aller übrigen deutschen Fürsten und der ganzen Nation Fürnehmen ist, alles Schelmfranzosenzeug mitsamt dem Bonaparte und all seinen ganzen Anhang vom deutschen Boden weg zu vertilgen: so scheint mich, dass kein deutscher Mann mehr des deutschen Namens wert sei.«

## Aufgebot gegen Aufgebot

Napoleon war außer sich über das Ausscheren des Preußen. Umgehend wollte er neue Truppen ausheben, die Niederlage wettmachen. Wieder wurden Zigtausende junger Franzosen rekrutiert, wieder wandte er sich an seine Vasallen im Rheinbund. An den württembergischen König schrieb er: »Die Lage der Dinge hat sich soeben jählings geändert durch den Verrat des Generals Yorck. Die Folge ist, dass sich der Krieg nun den Grenzen Deutschlands nähert. Ich werde alles tun, um den Rheinbund zu decken. Aber die verbündeten Staaten müssen ihrerseits solche Anstrengungen machen, wie sie der eingetretenen Lage entsprechen.«

Der Monarch von Württemberg hatte wie viele Landesherren von Napoleon profitiert, verdankte ihm gar die Königswürde: Doch der Preis war kaum mehr bezahlbar. Napoleon verlangte wieder Geld, Waffen und Truppen. König Friedrich sah sein Land am Rande des Ruins. Napoleon warnte: »Nicht nur gegen den äußeren Feind gilt es, sich vorzusehen! Viel gefährlicher droht im Innern der Geist der Revolution und Anarchie. Da hat der Kaiser von Russland den Herrn vom Stein zum Staatsminister ernannt. Gerade der Rheinbund und das Fortbestehen der Fürstenhäuser werden sehr bald von diesen subversiven Bestrebun-



1811 21.11.1811 Freitod Heinrich von Kleists (* 1777)

1811 Russland schert aus Kontinentalsperre aus

1812 11.3.1812 Gleichstellung der Juden in Preußen

Napoleon forderte von seinen Verbündeten im Rheinbund, wie König Friedrich von Württemberg, weiterhin Soldaten und Geld. Doch die Stimmung wendete sich gegen ihn.

gen bedroht sein. Die Schaffung dessen, was sie Deutschland nennen, ist das Ziel aller ihrer Anstrengungen.«

Welche Ironie der Geschichte! Napoleon, einst General der Französischen Revolution, warnt die deutschen Fürsten vor den Geistern, die das revolutionäre Frankreich und er selbst wachgerufen hatten: der Sehnsucht der Völker nach freier Selbstbestimmung und nationaler Einheit. Nun sprach mit keiner Silbe mehr der Bürgergeneral von einst, sondern nur noch der um eigene Macht ringende absolutistische Herrscher.

Der aus seiner kaiserlichen Sicht zum subversiven Revoluzzer verkommene Freiherr vom Stein trieb unterdessen mit Vollmachten des russischen Zaren von Gottes Gnaden die Bewaffnung Preußens voran: In Königsberg holte er sich von den ostpreußischen Ständen die Zustimmung, 13 000 Mann reguläre Einheiten, 20 000 Mann Landwehrtruppen und 7000 Freiwillige einzuberufen. Berlin und andere Städte waren noch immer französisch besetzt. König Friedrich Wilhelm hatte seinen Hof nach Breslau verlegt. Ende Februar 1813 spitzte sich die Lage zu. Eine Entscheidung

# Die »Lützower«

Mit königlicher Einwilligung wurden in Preußen Freiwilligenverbände aufgestellt, zu besonderer Bekanntheit brachten es die »Lützow'schen Jäger«, benannt nach ihrem Kommandanten. Ihr Vorbild war die spanische Guerilla, Männer aus ganz Deutschland traten ein. Die Freiwilligen mussten sich selber ausrüsten. Die »Lützower« trugen schwarze Uniformen mit roten Aufschlägen und goldenen Knöpfen. Ihre Farben sollten später die des freiheitlichen Deutschland werden.

Jeder zweite Angehörige des Korps war Handwerker, jeder fünfte ein Arbeiter, jeder zehnte Student. Das wichtigste Vorbild, Carl Ludwig Jahn, wurde der »Turnvater« genannt. Seit Jahren schon hatte er junge Menschen bei Leibesübungen versammelt, um sie auf den Militärdienst gegen Napoleon vorzubereiten, zugleich ging es ihm um die Vermittlung deutscher Gesinnung.

Unter die preußischen Freiwilligen mischten sich auch Professoren. Mit alten Rüstungen, Büchsen, Messern, Morgensternen und Nickelbrille bewaffnet, boten sie einen eher kuriosen Anblick. Auch berühmte Dichter wie Theodor Körner, der das Liedgut der Befreiungskriege verfasste, schlossen sich an – mit markigen Tönen: »Es ist ein Kreuzzug, s'ist ein heil'ger Krieg.« Die Lützower Jäger waren populär, doch die Einheit wurde noch vor der entscheidenden Schlacht bei Leipzig aufgerieben. Theodor Körner fiel, wurde zum Märtyrer stilisiert ebenso wie Eleonore Prochaska, die sich als Mann verkleidet hatte und nach ihrer tödlichen Verwundung als »Jeanne d'Arc von Potsdam« gefeiert wurde. Doch entgegen mancher Legende waren es am Ende nicht die patriotischen Freiwilligenverbände, die Napoleon besiegten, sondern vor allem reguläre Truppen.

stand an. Nach langem Zaudern schließlich lenkte König Friedrich Wilhelm ein und stimmte dem Militärbündnis mit Russland zu. Vom Stein, der unermüdlich für das Abkommen geworben hatte, konnte in diesem historischen Moment nicht einmal Zaungast sein: Ein Nervenfieber zwang ihn, das Bett zu hüten. Dem König war es offenbar ganz recht, dem widerborstigen Exminister nicht begegnen zu müssen.

Nun wurde der Hohenzoller so lange von seinen Beratern bedrängt, bis er sich sogar an die Untertanen selbst wandte. So kam es am 17. März 1813 zum Aufruf »An mein Volk«: »Es ist der letzte, entscheidende Kampf, den wir bestehen, für unsere Existenz, unsere Unabhängigkeit, unsern Wohlstand. Keinen andern Ausweg gibt es, als einen ehrenvollen Frieden, oder einen ruhmvollen Untergang.« Es war ein



**1812** 14.9.1812 Einzug Napoleons in Moskau. Die Stadt wurde von den Russen geräumt und in Brand gesteckt

**1812** 24.10.1812 Rückzug Napoleons. Die französische Armee wird aufgerieben, Napoleon flieht nach Paris

**1813** 17.1.1813 Entdeckung des Lichtbogens und damit der Möglichkeit zur Erzeugung künstlichen Lichts

ungewöhnlicher Schritt: Erstmals erbat ein preußischer König Unterstützung direkt vom Volk: »Große Opfer werden von allen Ständen gefordert werden; denn unser Beginnen ist groß, und nicht gering die Zahl unserer Feinde.« Und er spielte auch auf der gesamtnationalen Klaviatur: »Weil ehrlos der Preuße und der Deutsche nicht zu leben vermag.«

Hatte der Preußenkönig wirklich Deutschland entdeckt, wie später Historiker der preußisch-deutschen Schule glauben machen wollten? Worum ging es Friedrich Wilhelm III. wirklich? Um die Nation? Um Preußen? Um den Erhalt seiner Monarchie? Und was erwarteten die Menschen, die seinem Ruf bereitwillig folgten?

Das Bündnis mit dem Zaren stand jedenfalls. Nun galt es, weitere Verbündete für die Allianz zu gewinnen. Und der prädestinierte Dritte im Bunde war Österreich. Eine prompte Entscheidung aber war nicht zu erwarten. Die letzte Demütigung der Donaumonarchie durch den französischen Eroberer lag nur vier Jahre zurück. Ein gewiefter Kanzler in Diensten des Habsburgerkaisers hatte daraus seine Schlüsse gezogen, Clemens Wenzel Fürst von Metternich. Getreu der neuen Devise »Österreich zuerst« arrangierte er jene Heirat, die Spannungen aus dem Konflikt mit Frankreich nehmen sollte: Napoleon ehelichte die Tochter von Kaiser Franz I., Marie Luise, die dem um seine Dynastie bangenden Bonaparte auch den lang ersehnten Sohn schenkte.

Sollte Österreich nun dem angeheirateten Kaiser Frankreichs wirklich den Krieg erklären? Im Sommer 1813, da Napoleons Macht wie nie zuvor auf dem Spiel stand, wollte Metternich die Lage ausloten, stellte aber immerhin Bedingungen, die sein Gegenüber aufs Äußerste herausfordern mussten. Frankreich müsse – wenn es Frieden wolle – auf alle Eroberungen rechts des Rheins verzichten, ansonsten trete ein Beistandspakt Österreichs mit Preußen und Russland in Kraft. Im Dresdner Palais Marcolini kam es zu einem legendären neunstündigen Wortgefecht. Der Staatskanzler protokollierte den Verlauf Jahre später aus seiner Sicht, danach soll Napoleon gesagt haben: »Ich trete keinen Handbreit Boden ab. Eure Herrscher, geboren auf dem Throne, können sich zwanzigmal schlagen lassen und doch immer wieder in ihre Residenzen zurückkehren. Meine Herrschaft überdauert den Tag nicht, an dem ich aufgehört habe, stark und folglich gefürchtet zu sein.«

Schlesische privilegirte Zeitung.

No. 34. Sonnabends den 20. März 1813.

Se. Majestät der König haben mit Sr. Majestät dem Kaiser aller Reußen ein Off- und Defensiv-Bündniß abgeschlossen.

An Mein Volk.

So wenig für Mein treues Volk als für Deutsche, bedarf es einer Rechenschaft, über die Ursachen des Kriegs welcher jetzt beginnt. Klar liegen sie dem unverblendeten Europa vor Augen.

Wir erlagen unter der Uebermacht Frankreichs. Der Frieden, der die Hälfte Meiner Unterthanen Mir entriß, gab uns seine Segnungen nicht; denn er schlug uns tiefere Wunden, als selbst der Krieg. Das Mark des Landes ward ausgesogen, die Hauptfestungen blieben vom Feinde besetzt, der Ackerbau ward gelähmt so wie der sonst so hoch gebrachte Kunstfleiß unserer Städte. Die Freiheit des Handels ward gehemmt, und dadurch die Quelle des Erwerbs und des Wohlstands verstopft. Das Land ward ein Raub der Verarmung.

Durch die strengste Erfüllung eingegangener Verbindlichkeiten hoffte Ich Meinem Volke Erleichterung zu bereiten und den französischen Kaiser endlich zu überzeugen, daß es sein eigener Vortheil sey, Preußen seine Unabhängigkeit zu lassen. Aber Meine reinsten Absichten wurden durch Uebermuth und Treulosigkeit vereitelt, und nur zu deutlich sahen wir, daß des Kaisers Verträge mehr noch wie seine Kriege uns langsam verderben mußten. Jetzt ist der Augenblick gekommen, wo alle Täuschung über unsern Zustand aufhört.

Brandenburger, Preußen, Schlesier, Pommern, Litthauer! Ihr wißt was Ihr seit fast sieben Jahren erduldet habt, Ihr wißt was euer trauriges Loos ist, wenn wir den beginnenden Kampf nicht ehrenvoll enden. Erinnert Euch an die Vorzeit, an den großen Kurfürsten, den großen Friedrich. Bleibt eingedenk der Güter, die unter

Erst spät entschloss sich der preußische König zum Kampf gegen Napoleon und appellierte schließlich auch an das Volk um Unterstützung.



1813 9.2.1813 Einführung der Wehrpflicht in Preußen

1813 24.2.1813 Bündnis zwischen Russland und Preußen

1813 10.3.1813 Stiftung des Eisernen Kreuzes als Tapferkeitsauszeichnung durch Friedrich Wilhelm III.

Der neunstündige Disput zwischen Napoleon und Metternich im Dresdner Palais Marcolini wurde Legende.

Er, so schreibt Metternich, habe erwidert: »Bedenken Sie, das Kriegsglück kann Sie wieder im Stiche lassen. In gewöhnlichen Zeiten bilden die Armeen nur einen kleinen Teil der Bevölkerung, heute ist es das ganze Volk, das Sie unter die Waffen rufen. Ich habe Ihre Soldaten gesehen, es sind Kinder.«

Darauf Napoleon: »Sie sind nicht Soldat. Ich aber bin im Felde aufgewachsen, und ein Mann wie ich schert sich wenig um das Leben einer Million Menschen. Zudem können sich die Franzosen nicht über mich beklagen. Um sie zu schonen, habe ich zigtausende Deutsche und Polen vor Moskau geopfert.«

Worauf Metternich lakonisch erwiderte: »Sie vergessen, Sire, dass Sie zu einem Deutschen sprechen.«

Damit waren die Würfel gefallen, Bonaparte hatte die letzte Chance zum friedlichen Rückzug verspielt.

## Deutsche Erhebung

Nun standen Russland, Preußen und Österreich gegen Napoleon. Wie aber war es um die Stimmung der Bevölkerung im geteilten Deutschland bestellt? Bei aller Verschiedenheit der Verhältnisse je nach Staat und Region war zunehmend Opposition, mancherorts sogar Hass gegen Frankreich spürbar. Viele Gebildete, die in Bonaparte zunächst den Fortschrittsbringer sahen, fühlten sich betrogen. Unternehmer, die auf wirtschaftliche Freiheit hofften, stöhnten unter den Zwangsabgaben und Handelsbeschränkungen. Bauern und Handwerker litten unter den Rekrutierungen und Lieferungen, die gesamte Bevölkerung ächzte unter den Kriegslasten und Verlusten. Allenfalls linksrheinisch waren die Zustände noch weithin erträglich; der Anschluss an Frankreich hatte hier die größten Vorteile gebracht, vormals benachteiligte Schichten nutzten ihre Aufstiegschancen. Doch in den rheinbündischen Staaten, in Süddeutschland, auch in Sachsen überwog längst die dunkle Kehrseite der napoleonischen Ära.

Zu patriotischen oder gar nationalistischen Aufwallungen kam es vor allem dort, wo die Demütigung und Ausplünderung am gravierendsten empfunden wurde. Vor allem in Preußen erlebten Begriffe wie »Vaterland« und »Nation« eine antifranzösische Aufladung, wurden zu öffentlichen Losungen. Der Aufruf Friedrich Wilhelms III. »An mein Volk« vom 17. März 1813 traf mitten hinein in die aufbrandende vaterländische Stimmung – angefeuert durch eine Flut von Hetzschriften und Kriegslyrik, an der zu beteiligen sich kaum ein Poet zu schade war. Hunderte griffen zur Feder, um den Wehrwillen zu wecken oder zu stärken. Die



**1813** 17.3.1813 Aufruf Friedrich Wilhelms III. »An mein Volk«. Kriegserklärung Preußens an Frankreich

**1813** Eintritt Österreichs in den Krieg aufseiten Russlands und Preußens

**1813** 16.10.1813 Völkerschlacht bei Leipzig. Rückzug Napoleons nach Frankreich. Auflösung des Rheinbundes

Freiheitskämpfe gegen Napoleon wurden zum Volkskrieg deklariert. Die Konflikte gewannen eine neue, eine nationale Dimension im Vergleich zum früheren Ringen der Dynastien. Der Volksdichter Theodor Körner (1791–1813) reimte: »Es ist kein Krieg, von dem die Kronen wissen, es ist ein Kreuzzug, s'ist ein heil'ger Krieg.« Die Waffen wurden von Pastoren gesegnet. Menschen aus allen Schichten, Bildungsbürger wie Handwerker, meldeten sich freiwillig, Frauen spendeten ihren Schmuck für den Opfergang zum Altar des Vaterlandes. De facto war es auch ein Schritt hin zum »totalen Krieg« des 20. Jahrhunderts. Ging es doch von nun an darum, die gesamte Gesellschaft militärisch zu mobilisieren. Clausewitz etwa nannte Freiheit und Ehre höchste Güter des Volkes, für die es zu kämpfen gelte. Für knapp anderthalb Jahre wurde »deutsche Nation« nun für viele zum sinnlichen Erlebnis – mit manch bedenklicher Übersteigerung: »Ich will den Hass gegen die Franzosen, nicht bloß für diesen Krieg, ich will ihn für lange Zeit, ich will ihn für immer«, so Ernst Moritz Arndt 1813. Der Poet und Schrift-

## Der Nationbegriff

Auf deutschem Boden gewann ein anderer Nationbegriff Bedeutung als in Frankreich. Auf die Frage »Was ist eine Nation?« hat der französische Philosoph Ernest Renan einmal gesagt: »Un plébiscite de tous les jours.« Maßgeblich ist der politische Wille in einer Gemeinschaft gleichberechtigter Staatsbürger. Dort, wo bereits der Staat existierte, in gesicherten Grenzen, getragen von einer Mehrheit wie in Frankreich, lag dieses Denken nahe – die Nation wurde von unten nach oben begründet.

Nicht so in Deutschland, das staatlich keine Einheit darstellte, keine klaren Grenzen hatte, wo viele Regenten herrschten. Hier entstand die Idee vom Volk, von der Nation in den Köpfen. Nicht der politische Wille der Einzelnen war ausschlaggebend (der sollte erst geweckt werden), sondern die ethnische, sprachliche, geistig-kulturelle oder auch rassische Gemeinsamkeit. Nationale »Freiheit«, das bedeutete vor allem die Unabhängigkeit Deutschlands von äußerem Zwang und fremder Überlagerung – auch im Innern. Damit gingen auch antijüdische Affekte einher. Der deutsche Nationbegriff lud sich während der napoleonischen Besatzungszeit auf, mündete in eine mehrfache Abwehrhaltung: gegen den mächtigen Nachbarn, aber auch gegen seine politische Botschaft. Die Früchte der Revolution, die egalitären Ideen von 1789 wurden von konservativ und national gestimmten Kreisen der deutschen Bevölkerung ähnlich fremd empfunden wie die westliche Demokratie in manchen Entwicklungsländern und archaisch geprägten Gesellschaften heute.

Karikatur Johann Gottlieb Fichtes, der in Berlin seine »Reden an die deutsche Nation« hielt.



1814 Stephensons Lokomotive, Gasbeleuchtung in London

1814 30.3.1814 Schlacht bei Paris

1814 31.3.1814 Einzug der Verbündeten in Paris

steller war Steins persönlicher Mitarbeiter und mauserte sich zu einer Art Chefpropagandist, gleich tausendfach kamen seine nationalen Pamphlete, auch mit antisemitischen Untertönen, unters Volk.

Der Kreis derer, die vor der Französischen Revolution über das Selbstverständnis der Nation reflektiert hatten, dürfte sich auf einige zehntausend beschränkt haben. Doch nach dem epochalen Ereignis war die Öffentlichkeit aufgewühlt. Der nationale Diskurs nahm an Fahrt auf, Lesegesellschaften schossen zu Hunderten aus dem Boden. Die gemeinsame Sprache wurde von Gelehrten wie Johann Gottfried Herder als Ausdruck nationaler Wesensart entdeckt. In der geschichtlichen Überlieferung, den Schriften, Liedern, Erzählungen, sei der »Volksgeist« zu ergründen. Schiller versuchte in seinem Gedicht »Deutsche Größe« eine erste Antwort auf die Frage nach der politischen Identität zu geben: »Deutsches Reich und deutsche Nation sind zweierlei Dinge. Die deutsche Würde wohnt in der Kultur und im Charakter der Nation, der von ihrem politischen Schicksal unabhängig ist.« Die Nation als geistige, als kulturelle Gemeinschaft, ein »Volk der Dichter und Denker« – das mochte den Weltbürgern wie Schiller, Goethe und anderen Dichterkollegen noch genügen.

*Schüttelt nur an Euren Ketten, der Mann ist Euch zu groß, Ihr werdet sie nicht zerbrechen.*

JOHANN WOLFGANG VON GOETHE
AN SEINE JÜNGEREN DICHTERKOLLEGEN

Goethe und Napoleon in Erfurt. Zeitlebens sollte der Dichterfürst von »meinem« Kaiser sprechen. Den Franzosenhass mancher Dichterkollegen teilte er nicht.

Die kommende Generation von Literaten, die mit der napoleonischen Herrschaft konfrontiert war, dachte anders; sie vollzog die Politisierung des Kulturnationbegriffs. »Was ist des Deutschen Vaterland?«, fragte Ernst Moritz Arndt in seinem berühmten Gedicht »Soweit die deutsche Zunge klingt«. Doch bei einer Sprachgemeinschaft sollte es nicht bleiben, er wollte ein »gestaltetes Leben unten am Erdboden, welches allein durch die Einheit des Volkes und des Staates geboren werden kann«. Im Winter 1807 auf 1808 hatte der Philosoph Johann Gottlieb Fichte (1762–1814) im französisch besetzten Berlin seine »Reden an die deutsche Nation« gehalten: Die Deutschen, erklärte er, seien das ursprüngliche, das unverfälschte Volk, sie seien durch ihre Innigkeit und Religion dazu berufen, dem weltlichen, seichten, sittenlosen imperialen Frankreich entgegenzutreten. Auch Fichte dachte an eine alle



1814 6.4.1814 Abdankung Napoleons

1814 11.4.1814 Verbannung nach Elba

1814 Die Quadriga wird zurück nach Berlin gebracht

Stände umfassende staatliche Gesamtheit, die der Knechtschaft ein Ende bereiten sollte.

So wurde allenthalben über Deutschlands Zukunft nachgedacht. Auch der Freiherr vom Stein hatte Vorstellungen, für die er am liebsten noch vor dem großen Schlagabtausch mit Napoleon die Weichen gestellt hätte. Sein Ziel war ein weitgehend geeinter deutscher Ständestaat unter der Führung Habsburgs und/oder Preußens. Vor allem die Fürsten des Rheinbunds wollte er entmachten, sie waren für ihn verachtenswerte selbstherrliche Sultane. Als Angehöriger des alten Ritterstands war er verhaftet im Hochmittelalter, hing einer imaginären Unmittelbarkeit von Kaiser und kleineren Reichsgliedern an; da störten die Territorialherrscher.

*Diese kleinen Tyrannen freuen sich ihrer Souveränität, des Genusses des Geraubten und sind gleichgültig gegen das Leiden und die Schande des Vaterlandes.*

FREIHERR VOM STEIN
ÜBER DIE RHEINBUND-FÜRSTEN
JUNI 1813

Metternich aber dachte anders. Es wollte die Eigenständigkeit der deutschen Fürsten erhalten und blieb verhaftet in der Räson vom föderativen Gleichgewicht der Dynastien. Er warnte eindringlich vor nationalen oder gar gesamtdeutschen Visionen, wie sie manche Patrioten vortrugen. Der »Turnvater« Friedrich Ludwig Jahn etwa forderte im Sinne des Postulats von der Sprachnation die Schaffung eines Großdeutschlands; er und Gesinnungsgenossen wollten die Schweiz, die Niederlande, Dänemark, Preußen und das deutsche Österreich einbeziehen, das »alte erwürdige Volk Mitteleuropas« wieder aufrichten. Arndt forderte, Elsass und Lothringen »mit dem Eisen« wieder an Deutschland zu ketten. Das barg Sprengstoff für die innere und internationale Lage.

Für diese Art pangermanistischer Ideen fand man bei Denkern wie Stein keineswegs Zustimmung. Zwar dachte auch er in nationalen Kategorien, doch das Sicherheitsbedürfnis des Kontinents verlor er nicht aus dem Auge. Stein begründete in seinen Entwürfen eine Art »Gleichgewichtsidee«, in der er der Mittelmacht Deutschland eine besondere Rolle zuwies. Er wünschte, »dass Deutschland groß und stark werde, um seine Selbstständigkeit, Unabhängigkeit und Nationalität wiederzuerlangen und beides in seiner Lage zwischen Frankreich und Russland zu behaupten«, das komme dem ganzen Kontinent zugute.

So zogen viele Parteien mit ganz verschiedenen Erwartungen an die deutsche Zukunft in die Entscheidungsschlacht.

## Die Völkerschlacht bei Leipzig

Bevor es um die Neuordnung der Mitte Europas ging, musste Napoleon erst einmal bezwungen werden. Bei Leipzig bezogen riesige Armeen Stellung. 205 000 Russen und Deutsche – darunter Österreicher, Preußen, Bayern – standen der 190 000 Mann starken Streitmacht Bonapartes gegenüber, mit ihren rheinbündischen Truppenteilen. Bayern hatte kurz entschlossen die Seiten zugunsten der Alliierten gewechselt, dafür waren den Wittelsbachern der durch Napoleon erlangte königliche Rang und die erworbenen Territorien bestätigt worden – Stein war über das partikulare Vorspiel wenig erbaut.

Mehr als ein Dutzend »Völker« – über eine halbe Million Menschen – gaben der kommen-



1814 30.5.1814 Erster Frieden von Paris: Frankreich nimmt seine Grenzen von 1792 wieder ein

1814 18.9.1814 Beginn des Wiener Kongresses

1815 1.3.1815 Landung Napoleons in Frankreich: Beginn der »Herrschaft der 100 Tage«

den Schlacht ihren Namen, bis zum Beginn des Ersten Weltkriegs sollte es die größte der Weltgeschichte bleiben. In den Tagen zwischen dem 16. und dem 19. Oktober 1813 kam es zum großen Showdown. Der österreichische Stabschef Joseph Graf Radetzky, die preußischen Generäle Blücher und Gneisenau hatten die Initiative an sich gerissen. Ganz anders als bei Jena und Auerstedt 1807 war Napoleon nun der Getriebene, und die Frage, welche Seite mit größerer patriotischer Leidenschaft in die Schlacht ziehen würde, schien ebenfalls beantwortet.

Mit drei Kanonenschüssen eröffnete die Allianz die entscheidende Kraftprobe. Das Schlachtenglück wechselte in den ersten Tagen mehrmals die Seiten. Doch die Zeit arbeitete gegen die Franzosen, die Gegner hatten dazugelernt, Taktiken kamen zur Anwendung, die man von Napoleons Siegen kannte.

Während der Gefechte wurde hinter den Kulissen Diplomatie betrieben – mit Erfolg. Baden und Württemberg scherten ebenfalls aus dem Bund mit Frankreich aus, wieder um den Preis einer Bestandsgarantie. Das System Napoleons befand sich in Auflösung. Der bedrängte Feldherr wurde auf dem Schlachtfeld Zeuge eines für ihn verheerenden Schauspiels. Einer seiner Generäle beschrieb das Szenario später so: »Ich sah die Sachsen, als sie die vom Feinde verlassene Stellung erreicht hatten, plötzlich wendeten sie sich um und feuerten in unsere Reihen – kalten Blutes, in himmelschreiender Weise, schossen sie die Ahnungslosen nieder, mit denen sie bis hierher in treuer Waffenbrüderschaft gefochten.«

Dass Deutsche nicht mehr auf Deutsche schießen wollten, jetzt auch noch die Sachsen, zählte zu den erschütternden Erfahrungen des selbstgewissen Feldherrn. Sein Hauptgegner gegenüber triumphierte. General Blücher hatte seine Truppen angewiesen, die Überläufer wie Brüder aufzunehmen.

## Leipzig – ein Albtraum

Drei Tage hatte das Blutvergießen um Leipzig gedauert. Erschütternde Zeitzeugenberichte künden von dem Grauen auf dem Schlachtfeld. 115 000 Menschen wurden getötet oder verletzt. Die Lage der Verwundeten in den Lazaretten war katastrophal. Der Medizinprofessor Johann Christian Reil schrieb dem Freiherrn vom Stein einen ergreifenden Bericht: »In Leipzig fand ich ohngefähr 20 000 verwundete und kranke Krieger von allen Nationen. ... Ihre Glieder sind, wie nach Vergiftungen, furchtbar aufgelaufen, brandig und liegen in allen Richtungen neben den Rümpfen. ... Auf dem offenen Hof der Bürgerschule fand ich einen Berg, der aus Kehricht und Leichen meiner Landsleute bestand, die nackend lagen und von Hunden und Ratten angefressen wurden.«

Nach einem kurzen Abschied vom sächsischen König, der, anders als seine Soldaten, immer noch zu Frankreich hielt, wollte Bonaparte den Schauplatz möglichst rasch verlassen. Am 18. Oktober 1813 war seine Niederlage besiegelt. Zar Alexander, König Friedrich Wilhelm und Fürst Schwarzenberg erschienen mit großem Gefolge in Leipzig. Die Freude über den entscheidenden Sieg ging über den grauenvollen Anblick des Schlachtfelds mit seinen zigtausenden Toten und Verwundeten hinweg. Die Allianz hatte ihr Ziel erreicht.



1815 20.3.1815 Einzug Napoleons in Paris

1815 30.4.1815 Friedrich Wilhelm III. verfügt Einteilung Preußens in zehn Provinzen

1815 8.6.1815 Unterzeichnung der Deutschen Bundesakte. Gründung des Deutschen Bundes

In und um Leipzig prallten mehr als eine halbe Million Menschen drei Tage lang in der Entscheidungsschlacht der Befreiungskriege aufeinander.

Der alte Haudegen Blücher wurde vom Preußenkönig zum Generalfeldmarschall ernannt. Ihm war es ein persönliches Anliegen, den Feind bis nach Paris zu verfolgen. Er hatte noch eine Rechnung offen, wollte die Quadriga wieder nach Berlin holen. Im April 1814 schließlich konnte er aus der französischen Hauptstadt vermelden: »Es ist gelungen, den von Kaiser Napoleon im Jahre 1807 … weggeführten Siegeswagen nächst den Pferden hier wieder aufzufinden, … in dem besten Zustande.«

Umgehend veranlasste er den Rücktransport des Raubguts. Je näher die Fracht ihrem Ziel kam, desto triumphaler die Begleitmusik, die ihr zuteil wurde. Auf Weisung des Königs erhielt die Quadriga von Hofarchitekt Friedrich Schinkel einige neue Zutaten. Das antike Palladium wich dem preußischen Panier mit Eichenkranz, Eisernem Kreuz und Adler.

An einem Sonntag im August 1814 ritt der König an der Spitze seiner Generäle und Soldaten durch das Brandenburger Tor. Als



1815 18.6.1815 Schlacht bei Waterloo

1815 22.6.1815 Abdankung Napoleons

1815 7.7.1815 Zweite Einnahme von Paris. Verbannung Napoleons nach St. Helena

## Das Eiserne Kreuz

Steins frühere Fürsprecherin bei Hofe, Königin Luise, lebte nicht mehr. Sie starb 1810 nach schwerer Krankheit. Zum dritten Jahrestag ihres Todes stiftete Friedrich Wilhelm das »Eiserne Kreuz«, den wohl bedeutendsten aller deutschen Orden: Er war – wegen der leeren Staatskasse – bewusst aus erschwinglichem Material gefertigt, sollte erstmals Offiziere und Mannschaften, ob von Adel oder nicht, für besondere Leistungen dekorieren, ein ständeübergreifender Ansporn. Bis 1945 sollte er an Millionen von deutschen Soldaten verliehen werden.

die Truppen auf Höhe des Tiergartens kamen, wurden sie mit allgemeinem »Hurra« willkommen geheißen. »In diesem Augenblick«, so war später in den *Berlinischen Nachrichten* zu lesen, »fiel die zeltähnliche Bedachung, durch welche bis dahin der Siegeswagen der Victoria verschleiert geblieben war, wie durch einen Paukenschlag. Sie stand nun im Angesicht des Heeres und des Volkes, in ihrer neu errungenen Glorie da.«

War das alles, was das Volk sich erhofft hat – Symbolik und königliche Siegerposen? Hatte der Monarch nicht während der Befreiungskriege eine Verfassung versprochen? Was blieb von den liberalen Hoffnungen, von den patriotischen Forderungen nach Einheit und Freiheit?

### Wiener Kongress und »Deutscher Bund«

»Gerecht und bescheiden ist der Wunsch jedes Deutschen, das Resultat eines zwanzigjährigen blutigen Kampfes sei für sein Vaterland ein beharrlicher Zustand der Dinge, der dem Einzelnen Sicherheit des Eigentums, der Freiheit und des Lebens, der Nation Kraft zum Widerstande gegen Frankreich als ihren ewigen unermüdlichen zerstörenden Feind verschaffe«, so verlieh der Freiherr vom Stein den eigenen Erwartungen Ausdruck. Ob er ahnte, dass es anders kommen würde?

Nicht er, der nimmermüde Motor des Widerstands, sondern der reflektierte Diplomat und Staatskanzler war der Mann der Stunde. Die Monarchen, Fürsten und der hohe Adel Europas folgten dem Ruf Metternichs nach Wien. Dort begann im September 1814 ein Kongress, der in seiner Dimension und Bedeutung nur mit den Verhandlungen zum Westfälischen Frieden von 1648 vergleichbar war. Diesmal ging es um eine dauerhafte innere und äußere Ordnung auf dem Kontinent nach 20 Jahren Krieg. Und einmal mehr sollte sich zeigen, dass die deutsche auch eine europäische Frage war. Unter dem



**1815** 26.9.1815 »Heilige Allianz« gegen Bonapartismus und revolutionäre Bewegungen

**1815** 20.11.1815 Zweiter Frieden von Paris: Frankreich in den Grenzen von 1790

**1816** 12.1.1816 Generalamnestie für Teilnehmer der Französischen Revolution

Vorsitz »Seiner Majestät Staats-, Konferenz- und die auswärtigen Angelegenheiten dirigierender Minister« begann die Arbeit an der Nachkriegsarchitektur. Neben Metternich waren die Hauptakteure der russische Zar, der britische Außenminister Castlereagh, der preußische Staatskanzler Fürst von Hardenberg und der von Napoleon wegen verräterischer Umtriebe geschasste Exaußenminister Talleyrand. Ihm gelang es mit Geschick, das besiegte Frankreich in eine nahezu gleichberechtigte Position zu manövrieren. Zwar sollte der nach Elba verbannte Bonaparte den Kontinent noch einmal 100 Tage lang in Schrecken zu versetzen – doch besiegelte die Niederlage von Waterloo 1815 endgültig das Schicksal des gestürzten Kaisers. Von seinem zweiten Exil auf Sankt Helena gab es kein Zurück mehr.

»Der Kongress tanzt«, hieß ein geflügeltes Wort. Zeitgenossen zählten 250 Bälle in nur wenigen Wochen. Und auch andere Bonmots machten die Runde: »Der König von Württemberg frisst für alle, der von Bayern säuft für alle, und Zar Alexander liebt für alle …« Die Rheinbund-Fürsten, die sich spät, aber offenbar rechtzeitig von ihrem französischen Protektor gelöst hatten, drehten erhobenen Hauptes ihre Runden im Walzertakt, sie durften behalten, was Napoleon ihnen gegeben hatte. Als warnendes Beispiel galt der König von Sachsen, der zu spät die Seiten wechselte und nun die Hälfte seines Territoriums verlor.

Ein Bild, das die Heimkehr der aus Berlin »geraubten« Quadriga verherrlicht. Tatsächlich war sie in Kisten verpackt und wurde erst am Brandenburger Tor enthüllt.



**1816** 6.11.1816 Eröffnung der Bundesversammlung in Frankfurt/Main

**1817** 12.6.1817 Erfindung der Draisine, des Vorläufers des Fahrrades

**1817** 18.10.1817 Wartburgfest für freiheitliche Verfassung und deutsche Einheit

Bei Waterloo wurde Napoleon endgültig durch die Truppen der europäischen Mächte besiegt.

So fiel der Diplomatenschacher auf dem Spielfeld Europa eher nüchtern aus. Man wollte Deutschland nicht zu sehr stärken, Frankreich nicht zu sehr schwächen. Folglich wurde für die deutsche Mitte Europas ein eher loser Bund favorisiert, der alte Dualismus Preußen–Österreich sollte zur Balance beitragen, das neue Gebilde einen Puffer darstellen zwischen der Zarenherrschaft im Osten und dem französischen Nationalstaat und der englischen Monarchie im Westen.

Die Vorstellungen eines Freiherrn vom Stein oder eines Ernst Moritz Arndt prallten an der Wirklichkeit ab: Die gewonnene Eigenständigkeit der deutschen Länder und das euro-

Der Freiherr vom Stein wollte offenbar nicht wahrhaben, dass mit den reformierten Rheinbund-Staaten respektable Mächte entstanden waren, die eher eine föderale Zukunftslösung nahelegten. Auch dürften die Menschen in Bayern, Baden und Württemberg doch eher landespatriotisch empfunden haben als gesamtnational. Und auch der Preußenkönig wollte jetzt von der Einheit der Nation nichts mehr hören und ebenfalls nichts von einer Verfassung, die er seinen Untertanen versprochen hatte.

Stein, beschränkt auf die Rolle eines Beraters und Beobachters und nur im offiziellen Auftrag des Zaren vor Ort, reichte immer wieder neue Vorschläge nach. Doch Wien war nicht sein Parkett; seine Forderungen verhallten in den Wandelgängen der Konferenz. Mehr Freiheit für die Bürger und nationale Selbstbestimmung für das Volk – das galt im Kreis der Adligen Europas als Schreckgespenst. Ein Vielvölkergebilde wie Österreich konnte durch Einigungsbewegungen ebenso aus den Fugen geraten wie das kontinentale Gleichgewicht.

In Wien entschieden die alten Mächte und nicht die Völker über die Zukunft Europas.



1818 29.9.1818 Aachener Kongress: Europäische Großmächte wollen revolutionär-demokratische Entwicklung bekämpfen

1818 15.11.1818 Aufnahme Frankreichs in die »Heilige Allianz«

1819 23.3.1819 Ermordung August von Kotzebues (* 1761)

päische Kräftespiel duldeten damals weder einen Bundesstaat noch ein nationales Reich in der Mitte des Kontinents. »Alles, was ich gehofft habe, hat sich zerschlagen. Die Fürsten haben triumphiert über das Volk«, resümierte der Reformer am Ende verbittert. Vom Stein hatte zwar geholfen, Napoleon zu bezwingen, aber Metternich war es, der über beide triumphierte. Dies war zu viel für den alten Freiherrn, er kehrte Wien im Zorn den Rücken. Als Gutsherr im westfälischen Cappenberg widmete er sich künftig vor allem Forschungen zur Geschichte, begann zu sammeln, zu studieren und zu dokumentieren, was den Weg der Deutschen als Deutsche ausmacht.

Das Ergebnis der Wiener Konferenz war die Gründung des »Deutschen Bundes«, eines Staatenvereins auf völkerrechtlicher Grundlage mit Österreich als Führungsmacht. Ihm gehörten 35 Königreiche, Fürsten- und Herzogtümer sowie vier Freie Städte an. Das Motto der Stunde aber lautete: »Restauration«.

*Deutschland, das von allen die höchsten Anstrengungen gemacht und das Härteste erduldet hatte, wird in Wien von allen überlistet und preisgegeben.*

**JOSEPH GÖRRES, PUBLIZIST UND REPUBLIKANER**

Buchstabengetreu konnte diese freilich nicht erfolgen. Durch Revolution und Okkupation hatte sich die Mitte Europas unumkehrbar verändert. Besonders das deutsche Staatensystem ging nach dieser Generalbereinigung verjüngt und modernisiert hervor. Das Staatenpuzzle war verschwunden, die Fürstentümer und Monarchien gestärkt. Es gab nun einen festeren Zusammenhalt in den vergrößerten Ländern. Die Grundlagen für einen Rechtsstaat waren vielfältig – insbesondere unter französischem Einfluss – geschaffen worden. Durch Reformen und Unterdrückung, Umverteilung und Besatzung, Bereicherung und Ausbeutung, Krieg und Neuordnung hatte Napoleon für Fakten gesorgt und eine nationale und freiheitliche Bewegung in Gang gesetzt, die zwar zu diesem Zeitpunkt bei Weitem noch nicht so homogen und geschlossen war, wie später oft behauptet wurde, doch in den kommenden Jahrzehnten zunehmend an Bedeutung gewinnen sollte.

Wer war also nun der »Nationbuilder« der Deutschen? Der Sozialist Kurt Eisner schrieb hundert Jahre nach der napoleonischen Ära: »die Französische Revolution und Bonaparte«. Preußische Historiker hingegen betonten die besondere Rolle des Hohenzollernstaats. Seine Erneuerung – aus sich selbst heraus – habe den entscheidenden gesamtnationalen Impuls gegeben, der in die deutsche Einheit 1871 mündete. Diese Lesart klammert allerdings aus, dass sich das moderne Preußen ohne Napoleons »Nachhilfe« wohl kaum hätte bilden können. Auch wird darüber hinweggetäuscht,

Aufstieg und Fall Napoleons – Stoff für zahllose zeitgenössische Karikaturen.



**1819** 31.8.1819 Karlsbader Beschlüsse. Ende der preußischen Reformen

**1819** 20.9.1819 Bundestag in Frankfurt billigt Karlsbader Beschlüsse

**1820** 15.5.1820 Wiener Schlussakte zu den Grundlagen des Deutschen Bundes dass der preußische Monarch die nationale Karte nur so lange spielte, wie es ihm opportun erschien. Dennoch wurde an der Legende von Preußens »deutscher Mission« gestrickt. Was weiter westlich geschah, wurde hingegen schlechtgeredet: Allzu lange habe man im Rheinbund mit dem Tyrannen paktiert und in »undeutscher« Manier dem Vorbild Frankreich nachgeeifert.

Tatsächlich aber war manches, was links und rechts des Rheins während der napoleonischen Ära geschah, im Sinne moderner Nationalstaatsbildung weitaus fortschrittlicher als in den preußischen Landen, erst recht, wenn man von Prinzipien spricht, die auf eine freiheitliche Verfassungsentwicklung hindeuten, an die später das Grundgesetz der Bundesrepublik Deutschland anknüpfen konnte. Bis dorthin war es allerdings noch ein weiter Weg. Überschätzte sich der gestrauchelte Bonaparte also nicht, als er im Exil auf Sankt Helena nicht ohne Erbitterung sinnierte: »Hätte der Himmel gewollt, dass ich als deutscher Fürst geboren würde, so hätte ich durch all die vielen Wechselfälle unserer Tage hindurch die dreißig Millionen vereinigter Deutscher regiert, und soweit ich sie zu kennen glaube, scheint mir noch heute, dass, wenn sie mich einmal zu ihrem Kaiser gewählt und ausgerufen hätten, sie nie von mir abgefallen wären und ich jetzt nicht hier sitzen müsste.«?

*Napoleons Name wird kommenden Geschlechtern wie Kanonendonner und gellender Pfeifenklang ins Ohr tönen.*

HEINRICH VON TREITSCHKE,
PREUSSISCHER HISTORIKER

Zunächst hätte Napoleon dafür vielleicht nicht einmal deutscher Fürst sein müssen, sondern nur ein anderer, weniger von Größenwahn und Machtgier befallener Herrscher. Vielleicht hätte ihm Deutschland zu Füßen gelegen, wenn er mit seinen Militärstiefeln nicht die Saat der Freiheit niedergetrampelt hätte, die er den Menschen ursprünglich verhieß. Deutsche Zeitgenossen wie der Aachener Landgerichtsdirektor Freiherr von Führt verstanden nach Jahren die Spreu vom Weizen zu trennen, nachdem die ersten Wellen der Entnapoleonisierung infolge von Wiener Kongress und Restauration verebbt waren. Führt schrieb 1827: »Mag der gewesene Kaiser Napoleon als Welterschütterer einem Dschingis Khan ... oder Attila zur Seite stehen«, als Gesetzgeber aber dürfe er »immer mit den größten Männern verglichen werden«.



1820 8.6.1820 Inkrafttreten der Wiener Schlussakte als zweites Bundesgrundgesetz neben der Bundesakte

1820 8.4.1820 Ein griechischer Bauer findet auf Milos die Venus von Milo

1821 5.5.1821 Tod Napoleons auf St. Helena

# Robert Blum

## und die Revolution

Freiheit und Einheit lautete das Doppelziel des deutschen Bürgertums während der Revolution von 1848. Es ging nicht nur darum, um eine Beteiligung an der Macht zu ringen, sondern auch, einen geeinten Staat zu schaffen wie in Frankreich oder England. Im ersten gesamtdeutschen Parlament war Robert Blum ein entscheidender Wortführer. Sein Werdegang ist beispielhaft für das Schicksal der Paulskirchenversammlung. Am Ende starb er für die Demokratie. Gemessen an ihren hohen Zielen, ist die Revolution gescheitert – am Streit über die Staatsform und die Grenzen eines künftigen Deutschland. Doch war das Vermächtnis von 1848 Grundlage für die parlamentarische Demokratie heutiger Prägung.

Nun schien es doch unabwendbar: das fatale und klägliche Ende eines Wirklichkeit gewordenen Traums. Es war noch dunkel an diesem frühen Morgen des 9. November 1848. Wie ein Warnsignal drehte sich der Schlüssel in der Zellentür des Wiener Stabsstockhauses, eines Militärgebäudes der k. u. k. Armee. Der uniformierte Wärter blickte sich kurz suchend um. Doch der prominente Gefangene wusste sofort, dass diese Morgenvisite ausschließlich ihm galt. Nach nächtlichen Gesprächen mit seinen drei Zellengenossen waren ihm zwar nur wenige Stunden Schlaf vergönnt gewesen, aber jetzt war er hellwach. Und doch vermochte Robert Blum, der sich stets durch seinen Wirklichkeitssinn auszeichnete, immer noch nicht so recht zu fassen, was hier geschah.

Kurz nach fünf Uhr morgens wurde ihm in einer Nachbarzelle das Urteil verkündet: Da erwiesen sei, verlas der Offizier mit monotoner Stimme, dass Robert Blum »zum Aufruhre aufgeregt und am 26. Oktober an dem bewaffneten Aufruhre in Wien« teilgenommen habe, werde er zum »Tode durch den Strang« verurteilt. In Ermangelung eines Henkers sei die Todesstrafe »mit Pulver und Blei durch Erschießen zu vollziehen«.

Es war ein krasses Fehlurteil, das vor einem ordentlichen Gericht keinen Bestand gehabt hätte. Doch was nutzte diese Erkenntnis dem auswärtigen Häftling, der ohne Rechtsbeistand der Willkür einer feindlich gesinnten Staatsmacht ausgeliefert war? Allzu offensichtlich sollte an der Symbolfigur der demokratischen Bewegung ein Exempel statuiert werden – unter bewusster Missachtung seiner Immunität als Abgeordneter der deutschen Nationalversammlung in Frankfurt am Main. Der Todeskandidat fügte sich indes in sein

Robert Blum mit seiner Frau Louise Eugenie (Jenny) und den Kindern Hans, Alfred, Ida und Richard im Garten seines Hauses.

Schicksal. Ihm war schon vorher klar gewesen, worauf er sich eingelassen hatte. »Es gilt nur siegen oder sterben«, hatte er ein Vierteljahr zuvor an seine Ehefrau Eugenie, liebevoll »Jenny« genannt, nach Leipzig geschrieben, »und wer das Erstere will, muss zeigen, dass er zum Letzteren bereit ist.«

Selbst noch in dieser Stunde bat der Delinquent einen Pater, den man ihm zum seelischen Beistand aus dem nahe gelegenen Schottenstift geholt hatte, um etwas Schreibzeug. Er wollte seine Galgenfrist für letzte Abschiedsgrüße nutzen. »Mein teures, gutes liebes Weib«, ließ er in Tinte und Tränen auf den Briefbogen fließen, »lebe wohl, wohl für die Zeit, die man ewig nennt, die es aber nicht sein wird. Erziehe unsre – jetzt Deine Kinder zu edlen Menschen, dann werden sie ihrem Vater nimmer Schande machen. Unser kleines Vermögen verkaufe



1830 27.7.1830 Beginn der Pariser Julirevolution

1830 2.8.1830 Karl X. (* 1757) von Frankreich dankt ab

1830 9.8.1830 Louis Philippe (* 1773) wird König von Frankreich

mithilfe unserer Freunde. Gott und gute Menschen werden Euch ja helfen. Alles, was ich empfinde, rinnt in Tränen dahin, daher nochmals: leb wohl, teures Weib!«

Es war ihm kein Leichtes, sich nun mit seinem Sterben abzufinden. Der gebürtige Rheinländer mit fülliger Gestalt und rotbraun gelockter Haarpracht hatte immer unbändige Lebenskraft verströmt. Jetzt wirkte er in sich gekehrt, wie abwesend. Stumm drückte er den Mitgefangenen die Hand. Dann sortierte Robert Blum seine verbliebenen Habseligkeiten: Geldmünzen, eine Taschenuhr, einen Siegelring, eine Kette und einen Knopf aus Diamant, packte sie in eine Kiste und übergab sie dem Geistlichen als Nachlass für die Familie.

*Für Freiheit und Fortschritt gab ich alles hin.*

ROBERT BLUM

Seinem Land und der Geschichte hat dieser Häftling indes weit mehr hinterlassen. Vor der Nachwelt hatte der Überzeugungstäter unter Beweis gestellt, dass ungerechte Herrschaftsbedingungen und allgegenwärtige Unfreiheit keine unabänderlichen Naturgesetze sind. Einen politischen Frühling lang hatte er zusammen mit seinen Mitstreitern vorgeführt, dass Wille und Entscheidungskraft im richtigen Moment ein ganzes Land, einen Kontinent, ein Zeitalter auf den Kopf stellen konnten.

Das schier Undenkbare war geschehen: ein Umsturz auf deutschem Boden, Wille zur Einigkeit in einem zerrissenen Land. Und zwar keineswegs eine Revolution, zu der die Deutschen, wie Lenin ihnen später süffisant nachsagte, eine ordnungsgemäße Bahnsteigkarte lösten. In dieser Märzrevolution des Jahres 1848 hatten sich brave Untertanen als zähe Barrikadenkämpfer entpuppt. Die Erhebung geriet zu einem Volksaufstand ohne Beispiel in der deutschen Geschichte, und Robert Blum war einer ihrer imponierendsten und zugleich tra-

»Freiheit war der Grundton seiner Seele«: ein Zeitgenosse über Robert Blum.



1830 Freiheitliche Bewegungen in Deutschland unter Einfluss der französischen Julirevolution (bis 1831)

1830 1.11.1830 Der erste Leuchtturm mit Blinkfeuer wird an der deutschen Nordseeküste in Betrieb genommen

1830 29.11.1830 Novemberaufstand in Polen

gischsten Gestalten – Visionen und Ideen, die er verfocht, sollten die Geschichte des 19. Jahrhunderts überdauern. Viele der demokratischen Freiheiten und Verfassungsrechte, die heute als pure Selbstverständlichkeit erscheinen, sind späte Errungenschaften jener Zeit. Auch der demokratische Bundestag heutiger Prägung hatte seine Urform in der Frankfurter Paulskirche, der ersten gesamtdeutschen Volksversammlung vor über 160 Jahren. Robert Blum brillierte dort als Redner und gehörte doch zu einer Minderheit, die mehr Demokratie wagen wollte als die meisten anderen Parlamentarier. Bis heute ist er eine der nicht eben zahlreichen Lichtgestalten der deutschen Geschichte im Kampf um Einheit, Recht und Freiheit – und gleichwohl weithin vergessen.

Die herausragende Rolle war ihm nicht in die Wiege gelegt. Zwar waren Roberts Eltern durchaus an Bildung interessiert; der katholische Vater hätte ursprünglich sogar Theologie studieren sollen. Aber materielle Nöte und die Willkür der Obrigkeit nötigten den gelernten Fassbinder, zusammen mit seiner Frau durch Gelegenheits- und Heimarbeiten das tägliche Brot für die Familie zu verdienen. Im Alter von drei Jahren bangte der kleine Robert neun Monate lang um sein Augenlicht, Folge einer heftigen Masernerkrankung, und behielt zeitlebens eine Sehschwäche zurück. Nach dem Tod des Vaters 1815 musste auch er als ältester Sohn seinen Teil zum Unterhalt der Familie beisteuern. Die Erfahrung von Armut und einfachem Dasein blieb lebenslang prägend für Robert Blum. Sein Ausweg war die Welt des Wissens. Er ergriff die Chance der Epoche. Mit außergewöhnlicher Begabung, Bildungshunger und Fleiß schuf der Autodidakt die Grundlage für seinen späteren Aufstieg in das situierte Bürgertum. Doch der Weg dorthin führte über mühevolle Lehr- und Wanderjahre. Als Handwerksgeselle und Handlungsreisender lernte Robert auf ausgedehnten Streifzügen die Misere seines zersplitterten Vaterlands aus unmittelbarer Anschauung kennen.

Über Deutschland lag ein grauer Schleier der Reaktion, noch immer hatten vor allem die Monarchen, Fürsten und Herzöge das Sagen. Die Hoffnungen vieler Bürger auf mehr politische Teilhabe und die Vereinigung der Nation hatten sich in den 1820er-Jahren zunächst zerschlagen. Und so herrschten wie in grauer Vorzeit allenthalben selbstherrliche Potentaten über größere und kleinere Territorien, manche gar über wahre Dornröschenreiche. Mitbestimmung der Untertanen, garantierte Rechte oder freie Meinungsäußerung muteten an wie Fremdworte aus fortschrittlichen westlichen Nachbarländern. Die immer noch 34 deutschen Fürstenstaaten und vier Freien Städte, mit den Führungsmächten Preußen und Österreich, waren in einem lockeren Bund zusammengefügt, der seinen Sitz in Frankfurt hatte. Die Einigkeit dieses »Deutschen Bundes« beschränkte sich indes weitgehend auf die gemeinsame Unterdrückung oppositioneller Kräfte und die Aufrechterhaltung der internationalen Ordnung im Kräftespiel der Souveräne.

Robert Blums Geburtsurkunde, die »acte de naissance«, vom 10. November 1807 war noch in französischer Sprache verfasst: Köln war zu jener Zeit Teil des französischen Kaiserreichs gewesen. Napoleon Bonaparte hatte seine Macht auf dem europäischen Kontinent weidlich ausgedehnt und dabei auch viele Errungenschaften der Französischen Revolution von 1789 exportiert. Links des Rheins



1830 24.12.1830 Münchener Dezemberunruhen

1831 10.3.1831 Louis Philippe gründet die französische Fremdenlegion

1831 26.5.1831 Die Cholera bricht von Osten nach Europa ein

## Der Deutsche Bund zur Zeit Robert Blums

**1831** 1.6.1831 Entdeckung des magnetischen Nordpols

**1831** 29.8.1831 Entdeckung der elektromagnetischen Induktion

**1831** 8.9.1831 Niederschlagung des Novemberaufstandes in Polen durch russische Truppen

Marianne trägt die Fackel der Freiheit. Seit der Französischen Revolution von 1789 ist das westliche Nachbarland Vorbild für Fortschrittsfreunde in ganz Europa.

lernte das aufstrebende deutsche Bürgertum ein einheitliches Schul- und Rechtssystem wie auch die westlichen Ideale von Freiheit und Fortschritt zu schätzen. Nach dem erzwungenen Abzug der französischen Besatzer 1815 reklamierten fortschrittliche Volksvertreter vor allem im Südwesten von ihren Landesherren Verfassungen, die ihrem Wortlaut gerecht werden sollten. Sie pochten auf Bürgerrechte und politische Mitsprache in einem geeinten Deutschland. Nachdruck und neuen Schwung erhielten diese Forderungen durch eine Welle revolutionärer Aufstände im Anschluss an die Revolution von 1830 in Frankreich. Einem seismischen Beben gleich erfasste diese neue Bewegung in kürzester Zeit fast alle deutschen Teilstaaten, verbreitete sich zuerst in den neoabsolutistisch geführten mittel- und norddeutschen Staaten und später auch in Süddeutschland. »Ringet kühn für Recht und Freiheit. Jauchzet: Hoch, die freie Welt«, jubelte auch Robert Blum, wie viele aus seiner Generation, den Pariser »Freiheitshelden« zu.

## Für Freiheit und Einheit

Die Entwicklungen in Frankreich hatten den Maßstab für die neue Zeit gesetzt. »Freiheit im Innern und Unabhängigkeit nach außen oder persönliche Freiheit und Nationalität sind die beiden Pole, nach denen alles Leben des Jahrhunderts strömt«, schrieb der deutsche Liberale Paul A. Pfizer: »Nationalität und Freiheit müssen forthin Hand in Hand gehen.« Doch standen die Deutschen – anders als ihre westlichen Nachbarn – vor einem Doppelproblem. Zwei Hürden zugleich waren zu nehmen: der Eintritt in das Zeitalter der Volkssouveränität und der Übergang in die Epoche des nationalen Einheitsstaats. Bislang gab es Dutzende Deutschländer, wie sollte sich da ein Forum gemeinsamer politischer Willensbildung finden?

Wie eine Initialzündung für das Streben nach Einheit und Freiheit wirkte die erste deutsche Großkundgebung auf dem Hambacher Schloss zwei Jahre nach dem neuerlichen französischen Beben. »Deutsche! Eilt in hehrer Stunde / Zu dem großen Völker-Bunde!«, grüßte Blum die Fortschrittsfreunde von seiner Schreibstube aus. Mehr als 30 000 Demons-



1832 22.3.1832 Tod Goethes (* 1749)

1832 7.5.1832 Londoner Konferenz: Griechenland wird unabhängiges Königreich

1832 27.5.1832 Hambacher Fest

»Deutsche, eilt in hehrer Stunde zu dem großen Völker-Bunde!« Wie Robert Blum erlebten viele Freiheitssinnige das Hambacher Fest als Initialzündung.

tranten aus allen Schichten der Gesellschaft, aus allen Ländern des Bundes und aus ganz Europa versammelten sich im Mai 1832 auf der pfälzischen Burg. »Dort auf Hambach, jubelte die moderne Zeit ihre Sonnenaufgangslieder, und mit der ganzen Menschheit ward Brüderschaft getrunken«, rühmte Heinrich Heine das damals einmalige Ereignis. Hier trafen sich das »junge Deutschland« und das junge Europa. Über den Zinnen von Hambach wehten neben der schwarz-rot-goldenen auch die französische Trikolore und andere Nationalfahnen. Es war die Vision von einem Europa der freien Völker – ein wohlklingender, gefälliger, im Angesicht der Wirklichkeit aber überaus brisanter Entwurf. Die Ideen machten nicht halt vor den Institutionen und Grenzen der Mächte. Welche Energien aber würden nötig sein, welche Umstürze unabdingbar, welche Schlachten zu schlagen, um zu einem solchen Ziel zu gelangen?

Zunächst gab es aber Belange, die etwas näherlagen: Unbeirrt vom Verbot der Kundgebung durch die Obrigkeit, forderten die Teilnehmer der Kundgebung in bis dahin unerhörter Deutlichkeit Versammlungs-, Presse-,



**1832** 5.7.1832 Einschränkung der Presse- und Versammlungsfreiheit infolge des Hambacher Festes

**1832** 8.8.1832 Otto von Wittelsbach (* 1815) wird als Otto I. König von Griechenland

**1832** 26.11.1832 Erste von Pferden gezogene Straßenbahn in New York

Meinungsfreiheit, Bürgerrechte. Für die Hüter der alten Ordnung war diese gesamte Bewegung ein rotes Tuch. Die Freiheitsfreunde galten mitsamt ihren Fahnen, Liedern, Appellen und Flugblättern als »aufrührerisch« und »demagogisch«, stellten die Demonstranten die restaurative Ordnung, die der Wiener Kongress 1815 zementiert hatte, doch grundlegend in Frage. Folgerichtig wurden sie mit allen verfügbaren Mitteln polizeistaatlicher Repression und Zensur verfolgt. Per Dekret zog Friedhofsruhe in den deutschen Landen ein. Doch die Gedanken waren frei, sie ließen sich nicht mehr auslöschen. Getarnt in Turnverbänden, Gesangs- und Redeübungsvereinen, pflegten Unentwegte die freiheitsträchtigen Ideen weiter. Hambach wurde somit zu einer Geburtsstätte der liberalen Bewegung in Deutschland, die zunächst im Verborgenen gedieh.

Der Wunsch, das Land aus seiner Lähmung zu erlösen, trieb zu jener Zeit auch Robert Blum an. »Das unterjochte Vaterland zu retten«, schrieb er 1832 als Kommentar zum gescheiterten Aufstand in Polen, »aus der Gewalthand finsterer Tyrannen, zu brechen seine schmachbedeckten Ketten und wonnevoll zu jauchzen: wir sind frei.« Es war eine Sehnsucht, die er wie viele Vertreter des »jungen Deutschland« auch ganz besonders auf sein eigenes Vaterland münzte, das in vielfältiger Provinzialität so treu, redlich – biedermeierlich – den Wandel der Zeiten zu ignorieren schien.

Unterdessen hatte der umtriebige Blum in der Bücherstadt Leipzig eine neue Heimat

## Biedermeier

Robert Blum wuchs in eine Epoche hinein, in der auch der Rückzug ins Private als Ausweg galt – Folge bürgerlicher Ernüchterung und Entmündigung nach dem Sieg der Restauration. Politik war nicht mehr die eigene Sache, sondern die der gottgegebenen Mächte. Statt politischen Visionen nachzueifern, sich in öffentlichen Belangen zu echauffieren, vertrieben sich viele Klein- und Großbürgerliche ihre Zeit lieber beschaulich, in den biedermeierlich gestalteten eigenen vier Wänden, bei Literatur, Kunst, Hausmusik. Der revolutionäre Dichter Ludwig Pfau kommentierte die idyllische Konformität jener Jahre so:

»Schau, dort spaziert Herr Biedermeier / und seine Frau, den Sohn am Arm. / Sein Tritt ist sachte, wie auf Eiern. / Sein Wahlspruch: Weder kalt noch warm; / gemäßigt stimmt er bei den Wahlen, / denn er missbilligt allen Streit, / obwohl kein Freund vom Steuerzahlen, / verehrt er sehr die Obrigkeit.«



1833 3.4.1833 Frankfurter Wachensturm

1833 28.8.1833 Britisches Empire schafft Sklaverei ab

1833 Erfindung des Telegrafen durch Gauß und Weber

Die Bücher- und Messestadt Leipzig, seit 1832 Wirkungsstätte für den vor Tatendrang nur so strotzenden Blum, galt als Hort von Geist und Handel.

gefunden. Der frisch berufene Direktor des dortigen Stadttheaters, Friedrich Sebald Ringelhardt, dem er schon in Köln zu Diensten gewesen war, hatte ihn zu seiner neuen Wirkungsstätte als seinen Sekretär mitgenommen. Neben dem Broterwerb hinter den Theaterkulissen entfaltete Blum von Beginn an eine schier unerschöpfliche publizistische und politische Aktivität.

*Das Theater dient der Volksbildung, vereinigt alle Staaten und Provinzen des Volkes und wirkt der unheilvollen staatlichen Zerrissenheit der Deutschen entgegen.*

ROBERT BLUM

Er schrieb eigene kleine Bühnenstücke, die dann doch nicht zur Aufführung gelangten, veröffentlichte Gedichte, Buchbeiträge und Artikel in politischen Blättern und fungierte schließlich auch als deren Redakteur und Herausgeber. Es war zumeist weniger die literarische Brillanz, die sein schreiberisches Schaffen auszeichnete, als vielmehr die klare Logik seiner Gedanken, die er geschickt durch das Raster der königlich-sächsischen Zensurbürokratie ranken ließ.

Doch das war ihm nicht immer beschieden. Den von Blum redigierten *Sächsischen Vaterlandsblättern* wurde auf behördliche Weisung der Garaus bereitet. Ende 1844 sollte der streitbare Publizist sogar durch eine mehrwöchige



1834 1.1.1834 Gründung des Deutschen Zollvereins

1834 9.4.1834 Aufstand der Seidenweber in Lyon

1834 15.4.1834 Aufstand der Seidenweber wird blutig niedergeschlagen

Gefängnisstrafe gezüchtigt werden. Doch mit ungebrochenem Tätigkeitsdrang, zahlreichem Freundesbesuch, gutem Essen und viel Wein verstand der Genussmensch es, sich die Tage in der Zelle erträglich zu gestalten. Außerdem mehrte die Haftstrafe Blums Popularität und bestärkte ihn in seiner politischen Mission. »Es hätte nie ein Christentum u. eine Reformation u. keine Staatsrevolution u. überhaupt nichts Großes u. Gutes gegeben, wenn jeder stets gedacht hätte: ›Du änderst doch nichts!‹«, schrieb er aus der Haft mit tadelndem Unterton an seine besorgte Schwester. »Glaubst Du etwa, es sei ein Spiel, dieser Kampf gegen die Übergriffe u. unrechte Stellung der Staatsgewalten, aus der man sich zurückzieht, wenn es keinen Spaß mehr macht?«

Blum war ein Mann der Tat, beließ es nicht bei Worten. Er war zur Ochsentour durch die Institutionen bereit und erkannte vor allem, dass es galt, für die Menschen da zu sein und sie zusammenzubringen. Kräftig mischte er sich in das öffentliche Geschehen an seinem neuen Wohnort. Er rief einen Schiller-Verein ins Leben, dessen alljährliche Festveranstaltung unverkennbar als politische Manifestation zu verstehen war. Blum war es auch, der die Leipziger Gemeinde der antiklerikalen Altkatholiken gründete und prägte. Über die Stadtgrenzen hinaus machte er sich bald als wortgewaltiger Volksredner einen Namen und gehörte schließlich als einer von ganz wenigen Nichtakademikern der Leipziger Stadtverordnetenversammlung an.

Wegweisender noch für die weitere Entwicklung war Blums Teilnahme an den konspirativen Treffen des sogenannten »Hallgarten-Kreises« – benannt nach dem Rheingauer Wohnsitz des Gastgebers Johann Adam von

Johann Adam von Itzstein, führender Kopf der Liberalen, fungierte bei den konspirativen Treffen des »Hallgarten-Kreises« als Gastgeber.

Itzstein. Von hier aus fiel der Blick auf Metternichs Schloss Johannisberg, das Metternich als Siegesbeute nach dem Wiener Kongress zugefallen war und wie eine Gegenbastion auf dem gegenüberliegenden Hügel thronte.

Auf Itzsteins Gut versammelten sich alljährlich die führenden Köpfe der liberalen Bewegung, wie Heinrich von Gagern, Friedrich Daniel Bassermann oder Johann Jacoby, darunter auch Abgeordnete verschiedener Landtage, um einen Tisch. Umgeben von Weinbergen, stimmten sie eine gemeinsame Vorgehensweise ab und schufen die Grundlagen für den späteren



1834 30.6.1834 Georg Büchners Streitschrift »Der Hessische Landbote« wird heimlich verbreitet

1835 1.1.1835 Erstes Bahnbetriebswerk Deutschlands wird eröffnet

1835 2.3.1835 Ferdinand I. (* 1793) wird Kaiser von Österreich

Heinrich von Gagern, Blums Gesinnungsfreund aus dem »Hallgarten-Kreis«, wurde 1848 Präsident des Paulskirchenparlaments.

Parlamentarismus in Deutschland. Hätten es die deutschen Einzelstaaten noch bis in die 1840er-Jahre vermocht, etwa durch weitere Reformen die Loyalität der Bürger zu gewinnen, wäre Deutschland wohl auf Dauer ein territorialer Begriff geblieben. So verband sich auch bei den Teilnehmern des Hallgarten-Kreises die Forderung nach politischer Freiheit immer stärker mit der nach der deutschen Einheit.

Bei aller Einmütigkeit im Widerstreit gegen die bestehende Ordnung zeichnete sich in dem Kreis jedoch auch ab, an welchen Fragen die Geister sich zu scheiden begannen. Während die eher wirtschaftsfreundlich orientierten Liberalen auf eine Reform des bestehenden Systems setzten, die besonders dem Besitzbürgertum zugute kommen sollte, strebten die Demokraten mit revolutionärem Nachdruck eine Republik an, an der auch die unteren Bevölkerungsschichten gleichberechtigt beteiligt sein sollten.

Der Mannheimer Rechtsanwalt und Abgeordnete Friedrich Hecker gehörte zu den vehementesten Verfechtern eines radikalen Umsturzes. Robert Blum teilte zwar dessen entschieden republikanische Grundhaltung, zeigte sich jedoch moderater, was die Umsetzung dieser Ideen betraf. Das Recht, das Wort und die Verfassung waren für ihn Maßstäbe für politische Veränderungen. Vor Gewalt zur Durchsetzung von Forderungen warnte er eindringlich.

*Wir wollen in Preußen friedliche volkstümliche Reform und liberale Verfassung, aber unter keinen Umständen Revolution.*

FRIEDRICH HARKORT,
RHEINISCHER FABRIKANT

Einig waren sich die versammelten Vorkämpfer der Freiheitsbewegung indes darin, dass der Bund quasi-absolutistisch regierter Kleinstaaten reif für einen Umsturz war. »Vor uns liegt eine offene, eine ebene Bahn«, beschrieb Blum in seiner Rede zur Eröffnung des ersten Schiller-Festes 1840 die vorherrschende Stimmung, »weil die Forderung so tausendstimmig laut geworden, dass man ihr nicht mehr Schweigen gebieten kann.«



1835 25.7.1835 Erfindung der Glühlampe

1835 28.7.1835 Attentat auf Louis Philippe schlägt fehl

1835 7.12.1835 Erste deutsche Eisenbahn zwischen Nürnberg und Fürth

## Die 48er-Revolution

Eine ganze Epoche befand sich im Aufbruch. Bei aller politischer Erstarrung vollzog sich Revolutionäres zunächst auf wirtschaftlich-technischem Gebiet. Wesentliche Antriebskraft der Moderne war der Dampf: Ihm verdankten Maschinen nie zuvor gekannte Produktionsleistungen; er bewegte schwere Motoren und riesige Schiffe, wälzte das Verkehrswesen um. Mit der Eröffnung der ersten deutschen Eisenbahnstrecke zwischen Nürnberg und Fürth 1835 begann auch hierzulande das Zeitalter der Industrialisierung, das Städte und Länder enger zusammenrücken ließ. Schon 1834 war unter preußischer Führung der »Deutsche Zollverein« entstanden, dem 1848 fast drei Viertel der Bundesstaaten angehörten, sodass der Zuchtmeister des Status quo, Metternich, allein schon dadurch die »höchst gefährliche Lehre von der deutschen Einheit« befördert sah.

»Altdeutschland, wir weben dein Leichentuch.« Der Vormärz-Dichter Heinrich Heine machte die Wut der Weber publik.

Die Not der schlesischen Weber in einem Gemälde von Carl Wilhelm Hübner. Heimwerker waren Hauptopfer des wirtschaftlichen Wandels.

5000 Kilometer frisch verlegte Schienenwege liefen adligem Parzellendenken davon und halfen, ein einheitliches Wirtschaftsgebiet zu bilden, das produzierende Gewerbe erlebte einen rasanten Aufschwung, vor allem aber kam die Schwerindustrie allmählich richtig in Gang.

Doch an den weitaus meisten der mehr als 37 Millionen Deutschen ging die Entwicklung zunächst vorbei. Sie lebten zu drei Vierteln auf dem Land, in kleinen Dörfern, litten unter der ungerechten Verteilung des Bodens, unter Missernten und der industriellen Konkurrenz aus dem Ausland. Besonders die Textilheim-werker in Schlesien und dem Erzgebirge



**1835** 10.12.1835 Verbot der literarischen Bewegung »Junges Deutschland« durch den Frankfurter Bundestag

**1836** 5.3.1836 Samuel Colt produziert den ersten Trommelrevolver

**1836** 29.7.1836 Fertigstellung des Pariser Arc de Triomphe

konnten an ihren Webstühlen nicht mit der ausländischen Billigproduktion mithalten und gerieten vielerorts an das Existenzminimum. Obwohl selbst vierjährige Kinder Tag und Nacht beim Weben helfen mussten, blieb als Lohn häufig nicht mehr als eine Handvoll Kartoffeln übrig. »Ganze Gemeinden leben hier von sogenannten Knollen, Moos, Baumrinde und ähnlichen Dingen«, schrieb Robert Blum 1843 nach einem Besuch in einem erzgebirgischen Weberdorf. In die Empörung über die sozialen Missstände stimmten damals viele intellektuelle Befürworter eines radikalen Umbruchs ein. »Das Schiffchen fliegt, der Webstuhl kracht«, reimte Heinrich Heine, der bedeutendste unter ihnen, düster. »Wir weben emsig Tag und Nacht. Altdeutschland, wir weben dein Leichentuch. Wir weben hinein

## Die Rheinkrise

Die Forderung nach einem Staat der Deutschen erhielt auch Nachdruck durch den aufkommenden Nationalismus. Dazu trugen auch Ereignisse wie die sogenannte »Rheinkrise« bei. Die Pariser Regierung Thiers – in innenpolitische Bedrängnis geraten – erneuerte 1840 den französischen Anspruch auf die linksrheinischen Gebiete, drohte mit Krieg und goss damit Öl ins Feuer. Die öffentliche Reaktion in Deutschland war außergewöhnlich, führte zu einer neuen Welle patriotischer Publizistik. Es herrschte eine antifranzösische Stimmung, die an die Befreiungskriege gegen Napoleon erinnerte, die Feindbilder waren die gleichen. Mit dem Rheinmotiv kam ein ungemein wirkungsmächtiges Symbol hinzu. Nicolaus Beckers Lied »Der deutsche Rhein« wurde, mannigfach vertont, zum Nationallied: »Sie sollen ihn nicht haben, / Den freien deutschen Rhein, / Bis seine Flut begraben / Des letzten Manns' Gebein.«

Den Nationalisten ging es nicht nur um Selbstbehauptung oder Macht, sondern um die Darstellung überlegener deutscher Größe. Die Rheinkrise wurde zu einer Etappe der Bewusstseinsbildung im deutschen Bürgertum. Daneben gab es die alltäglichen Formen neuer nationaler Gesinnung: Gesangsvereine, Sängerfeste, gesamtdeutsche Kongresse. Die Nationaldenkmale erlebten ihre Blütezeit, der Kölner Dom wurde fertiggestellt, bei Detmold entstand das Hermannsdenkmal, die Walhalla bei Regensburg. Man suchte vor allem in der Vergangenheit den Schlüssel gemeinsamer Identität.



1836 9.9.1836 Beginn der Septemberrevolution in Portugal

1836 25.10.1836 Der Obelisk von Luxor wird auf der Pariser Place de la Concorde aufgestellt

1837 10.5.1837 Schwere Wirtschaftskrise in den USA

Einziger Ausweg aus Armut und Unfreiheit war für hunderttausende Deutsche die Auswanderung nach Übersee.

den dreifachen Fluch, wir weben, wir weben!« Doch suchten die verarmten Landbewohner ihr Heil nicht im Protest, sondern vielfach in der Flucht aus dem Land. Allein zwischen 1820 und 1850 verließen rund 740 000 Deutsche ihre Heimat – die meisten in Richtung Amerika, dem Mekka der Sehnsucht, auch in politischer Hinsicht. Für Robert Blum jedoch war Auswanderung keine Lösung. »Nein, liebe Jenny«, erklärte er 1839 seiner Braut Eugenie Günther, die er im Jahr darauf ehelichen sollte, »nach Amerika gehen wir nicht, wenigstens nicht, solange noch ein Fünkchen Hoffnung vorhanden ist, für die Freiheit und einen besseren Zustand des Vaterlandes wirken zu können.«

In den Vierzigerjahren eskalierten die sozialen Spannungen. Der Aufstand der schlesischen Weber im Juni 1844 geriet zum Fanal. Eine allgemeine Wirtschaftskrise und Massennöte führten zu Krawallen in den Städten, die unteren Schichten rebellierten. Ohne diese erheblichen Verwerfungen ist kaum zu erklären, mit welcher Wucht das Land dann 1848 erschüttert werden sollte.

Der revolutionäre Funke am Pulverfass wurde wieder einmal westlich des Rheins gezündet. Im Februar 1848 hatte sich die aufmüpfige Bevölkerung von Paris gegen die französische Monarchie erhoben und nach zweitägigen Barrikadenkämpfen den Bürgerkönig Louis Philippe zur Abdankung gezwungen. Die Kunde von der siegreichen Revolution frischte den Mythos auf, der von Frankreich seit der Erstürmung der Bastille 1789 in ganz Europa ausging, und verbreitete sich dank Dampflokomotive und moderner Nachrichtentechnik in Windeseile. Nun schien auch in den Nachbarstaaten die Vision vom europäischen Völkerfrühling Gestalt anzunehmen. Auf dem ganzen Kontinent, so in Italien, Polen,

Auch 1848 kam der Zündfunke zum Aufstand in Deutschland aus dem revolutionserprobten Frankreich.



1837 20.6.1837 Victoria (* 1819) wird Königin von England (bis 1901)

1837 26.8.1837 Erste dampfbetriebene Eisenbahnlinie in Frankreich

1837 18.11.1837 Die »Göttinger Sieben« protestieren gegen die Rücknahme der Verfassung im Königreich Hannover

Ungarn und dem Balkan, griff das Lauffeuer um sich. Frankreich, das Jahre zuvor durch Forderungen nach den linksrheinischen Gebieten feindselige Stimmung und nationalstaatliche Ambitionen bei vielen Deutschen geschürt hatte, galt nun wieder als leuchtender Hoffnungsträger: »All ihr Völker seid eingeladen! / Feiert der Freiheit Siegeslauf! / An den Pariser Barrikaden / Flammt ihr blutiger Morgen auf«, dichtete der demokratische Schriftsteller Rudolf Gottschall. Und Ferdinand Freiligrath schrieb euphorisch: »Die Republik! Die Republik! Vive la Republique!«

Bei den blutigen Auseinandersetzungen in Wien kamen 48 Menschen ums Leben.

Auf dem Gebiet des Deutschen Bundes sprang der Funke zuerst in den ohnedies vom Nachbarland geprägten Südwesten über. Im badischen Mannheim verstießen 2500 Bürger selbstbewusst gegen das geltende Versammlungsverbot und verlangten von der Regierung Reformen. Ihr Beispiel machte rasch Schule. Eine Residenzstadt nach der anderen, darunter Darmstadt, Stuttgart, Mainz, Wiesbaden, Kassel, München oder Hannover, wurde Anfang März 1848 zum Schauplatz von Protestkundgebungen. Bürgerliche Delegationen bedrängten die fürstlichen Potentaten und stellten ihre »März-Forderungen«, die meist den Ruf nach frei gewählten Parlamenten, Pressefreiheit, Schwurgerichten und Volksbewaffnung beinhalteten. Binnen weniger Tage waren die braven deutschen Biedermeierlande nicht mehr wiederzuerkennen. Allerorten brach ein Aufruhr aus wie nie zuvor. Bauern verbrannten in ihrer Empörung Grundbücher, die sie um ihre Scholle brachten. Gesellen stürmten neuartige Maschinen, Handwerker verlangten die alte Zunftordnung zurück, Tagelöhner rebellierten gegen ihre Ausbeutung. Während die bürgerliche Reformbewegung vom Geist der Aufklärung getragen war, mischten sich in ländlichen Gegenden mitunter auch reaktionäre und antisemitische Ressentiments in das wütende Aufbegehren. Zeitungen und Flugblätter, die, vom Zensurdruck befreit, dem Volkszorn Ausdruck verliehen, machten das neue Gedankengut allgegenwärtig. »Gebt uns, was wir wollen, die Freiheit, oder wir werden sie uns nehmen!«, hieß es in einer Flugschrift. Erhebliches Drohpotenzial erhielten die Forderungen und Petitionen durch den Druck der Straße. Vielerorts verschanzten sich gewaltbereite Kleinbürger, Handwerker oder Studenten hinter rasch errichteten Barrikaden. Kämpfe entbrannten mit Soldaten, die zum Schutz der Landesherren



1837 20.11.1837 Kölner Kirchenstreit um interkonfessionelle Ehen

1837 12.12.1837 Ernst August II. von Hannover entlässt die »Göttinger Sieben« wegen Hochverrats

1838 23.4.1838 Planmäßige Dampfschifffahrt über den Nordatlantik aufgenommen

Die Aufständischen in Österreich zwangen den mächtigen Staatskanzler Metternich zum Rücktritt.

aufmarschierten. Zurück blieben Tote, Verwundete, zerstörte Gebäude.

Häufig war es allein die Furcht vor unkontrollierbarer Gewalt, die die Machthaber zum Einlenken brachte. In der Hoffnung, die aufgebrachte Bevölkerung zu besänftigen, bewilligten die meisten Könige und Fürsten in ihrem Herrschaftsbereich elementare Grundrechte und ersetzten ihre konservativen Administrationen durch reformbereite »März-Minister«. In Wien, der Kapitale des mächtigsten Bundes-Staates, dessen Imperium sich weit nach Osteuropa und auf den Balkan erstreckte, spitzte sich die Lage besonders dramatisch zu. Nach blutigen Straßenkämpfen, denen 48 Aufständische zum Opfer fielen, ergriff Österreichs Staatskanzler Metternich die Flucht. Der Rückzug des reaktionären Staatsmanns, der wie keine andere Führungsfigur das System der alten Mächte verkörperte, war ein bedeutender Durchbruch für die Revolutionsbewegung.

Nur in der preußischen Hauptstadt blieb die Lage merkwürdig ruhig. Zwar versammelten sich auch hier die Protestierenden Abend für Abend, bestürmten Delegationen aus dem Bürgertum die Regierung unter König Friedrich Wilhelm IV., Reformen und eine tragfähige Verfassung zu garantieren. Aber die gefürchtete Militärmacht sorgte zunächst noch für trügerische Ruhe. Erst als bei Zwischenfällen die ersten Demonstranten verletzt wurden oder starben, zeigte sich der Hohenzoller zum Einlenken bereit. Doch just als Friedrich Wilhelm IV. am Nachmittag des 18. März vom Bal-

Der preußische König Friedrich Wilhelm IV. nahm dem Aufstand den Schwung, indem er sich selbst an die Spitze der nationalen Bewegung setzte.



1838 30.7.1838 Einführung des Doppeltalers als gemeinsame Münze des Deutschen Zollvereins

1838 22.9.1838 Erste Eisenbahnlinie Preußens geht in Betrieb

1839 Schutzgesetz für jugendliche Fabrikarbeiter in Preußen

kon seines Stadtschlosses die Zugeständnisse verkünden wollte, eskalierte die Situation.

Schüsse, die Wachsoldaten aus nie geklärtem Grund in die Menge feuerten, wirkten wie ein Zündfunke. Die Menge, die sich eigentlich zur Huldigung des reformbereiten Königs versammelt hatte, fühlte sich verraten. Das Vertrauen in die Staatsmacht war dahin. Der Aufruf zum Barrikadenbau verbreitete sich über die ganze Stadt. Bald waren die wichtigsten Straßen der angehenden Metropole mit Möbeln, Fässern, Pflastersteinen und Leitern abgeriegelt. Aufständische und Anwohner mitsamt ihren Familien rüsteten sich zum Gefecht, mit allem, was sich als Waffen verwenden ließ. Aus Bleibesteck schmolzen Gassenjungen am offenen Feuer Gewehrkugeln. Noch am Abend entbrannte die ungleiche Schlacht zwischen mehr als 15 000 für das Feldgefecht geschulten Soldaten und rund 3400 schlecht bewaffneten Straßenkämpfern, die aber die Stadtbevölkerung in großer Breite hinter sich wussten.

*Schlächtermeister Prinz von Preußen, komm doch, komm doch nach Berlin! Wir wollen dich mit Steinen schmeißen und die Barrikaden ziehn.*

SPOTTLIED AUF KRONPRINZ WILHELM, BERLIN, 1848

»Die Aufrührer schossen mit allen Arten Gewehren«, schilderte der preußische Leutnant Kraft Prinz zu Hohenlohe-Ingelfingen empört, »aus Kellerfenstern und Dachfenstern, mit Projektilen der verschiedensten und grausamsten Art. Ein unglücklicher Soldat ward schwer verwundet durch einen Schuss Stahlfedern in den Unterleib. Unsere Leute wurden dadurch wütend. ... Öfter hatten sie, ruhig dastehend, einen Hagel von Steinen ausgehalten. Die Disziplin war stark genug, um jede Vergeltung zu verhindern. ... Sowie aber der Befehl zur Wegnahme der Barrikade erfolgte, waren die Truppen losgelassen, und ihre Wut machte sich Luft.«

Durch solche Vergeltungsschläge reizten die Soldaten ihre Gegner, für die die preußischen Uniformen Inbegriff des verhassten

»Preußen geht fortan in Deutschland auf.« Der preußische König beim Umritt durch Berlin.

Militärregimes waren, nur noch zu größerer Gewaltbereitschaft. »Die Vorgänge haben etwas Wunderbares«, registrierte der pensionierte Diplomat Karl August Varnhagen von Ense mit sichtlicher Genugtuung. »Zehn, zwölf junge Leute, entschlossen und todbereit, haben Barrikaden mit wohlgezielten Schüssen, hinter den Barrikaden hervor, aus den Fenstern der Häuser, mit Steinhagel von den Dächern herab, siegreich verteidigt gegen Kanonen, Reiter und Fußvolk, ganze Regimenter mussten mit Verlust weichen. ... So konnte es geschehen, dass

20 000 Mann Truppen nichts ausrichteten.« Die Armee des Preußenkönigs mochte sich auf den Schlachtfeldern Osteuropas glorreich bewährt haben, die entschlossenen Stadtbewohner bekam sie nicht zu fassen. Sobald eine Barrikade erstürmt worden war, hatten Anwohner in der Nachbarstraße den nächsten Kampfplatz errichtet. Gegen die eigene Bevölkerung vermochte eines der bestausgerüsteten Heere des Kontinents in den Häuserschluchten keinen Sieg zu erringen. Nach dem erbitterten Schlagabtausch zogen sich die Truppen am folgenden Tag aus der Stadt zurück.

Feierlaune kam indes nicht auf. Allein die Aufständischen hatten neben ungezählten Verletzten mehr als 300 Todesopfer zu beklagen. Die Berliner verehrten sie als Märtyrer. Wie zur Mahnung reihten sie 183 Särge auf den Stufen des Deutschen Doms am Gendarmenmarkt auf. Selbst König Friedrich Wilhelm IV. sah sich in dieser Lage gezwungen, den »März-Gefallenen« Ehre zu erweisen, indem er vor ihren Särgen sein Haupt entblößte. Es war wie ein öffentliches Signal. Der wandlungsfähige Monarch schien sich symbolhaft selbst an die Spitze der Bewegung zu setzen, als er während seines Ausritts deutlich sichtbar die schwarz-rot-goldene Kokarde an seiner Uniform trug und dazu verkünden ließ: »Ich habe heute die alten deutschen Farben angenommen und mich und mein Volk unter das ehrwürdige Banner des Reiches gestellt. Preußen geht fortan in Deutschland auf.« Im ganzen Land wurde diese Ankündigung als Parteinahme des Königs für die nationale Verfassungsbewegung verstanden. Dass der König bei seiner Ehrerbietung sicher nicht von Sympathien für den von ihm stets geschmähten »Pöbel« geleitet war, sondern viel eher von der schlichten Notwendigkeit, nach der militärischen Niederlage seine Herrschaft zu retten, ließ sich indes aus der Bemerkung ableiten, die er an diesem Tag einem Begleiter zuraunte: »Diese neuen Reichsfarben habe ich mir ›freiwillig‹ aufgesteckt. Um alles zu retten. Ist der Wurf einmal gelungen, so lege ich sie natürlich umgehend wieder ab.«

Für die Demokratiebewegung aber war das demonstrative Einlenken des Königs die Bestätigung ihres Erfolgs. Überraschend schnell und umfassend schien die März-Revolution an ihrem Ziel angelangt. Wie in der Hauptstadt Preußens hatten sich die Herrscher in ganz Deutschland den Hauptforderungen der Straße gebeugt, sie hatten Rechte und Freiheiten zugebilligt, Symbolfiguren der überkommenen Ordnung durch Männer des Fortschritts ausgetauscht, den Weg für freie Wahlen und repräsentative Parlamente freigeräumt. So durchschlagend war der Erfolg, dass die Beteiligten selbst davon überwältigt, bisweilen geradezu überfordert waren. Nie zuvor war die Macht der Einzelstaaten so geschwächt, nie war die Aussicht auf eine Verwirklichung des demokratischen Traums in einem vereinten Deutschland besser als in jenen Frühjahrstagen 1848.

## Viele Wege führen nach Frankfurt

Auch für Robert Blum schlug nun die Stunde, auf die er seit Jahren hingearbeitet hatte. Als die Freudenbotschaft aus Paris mitten in einen Wohltätigkeitsball der Leipziger Demokraten platzte, richteten sich alle Blicke unwillkürlich auf ihn als tonangebenden Organisator. Als Stadtverordneter, Publizist, Herausgeber, Vereinsgründer, Netzwerker, Salonlöwe, charismatischer Prediger, Volksredner und nicht



1839 31.12.1839 Inbetriebnahme der ersten Pferdeomnibuslinie zwischen Hamburg und Altona

1840 6.5.1840 Die erste Briefmarke der Welt wird in Großbritannien herausgegeben

1840 7.6.1840 Friedrich Wilhelm IV. (* 1795) wird König von Preußen

zuletzt wegen seiner diplomatisch geschickten Vermittlungstätigkeit nach einem heiklen Zusammenstoß zwischen Armee und Volk drei Jahre zuvor hatte er sich weit über Leipzig hinaus den Ruf eines politischen Anführers erworben, der doch stets ein Mann aus dem Volk geblieben war.

In diesen turbulenten Märztagen war er ganz in seinem Element. Er organisierte, dirigierte, antichambrierte, korrespondierte, hielt Ansprachen, schrieb Aufrufe und brachte die Leipziger Bürgervertreter mit dem Druck der Straße immerhin dazu, eine vorsichtige Eingabe an den König zu richten. Tatsächlich sah sich nach hartnäckigem Ringen schließlich auch der sächsische Hof gezwungen, seine konservative Regierung zu entlassen und bürgerliche Freiheiten einzuräumen.

Viel bedeutsamer für Robert Blum und das ganze Land war aber ein anderes Ergebnis der Unruhen: Zum ersten Mal durften die Liberalen eine demokratische Verfassung für ganz Deutschland in die Wege zu leiten. Auf Initiative des Hallgarten-Gastgebers Johann Adam von Itzstein hatte eine Gruppe von Liberalen und Demokraten, diesmal ohne Blum, Anfang März im badischen Heidelberg den Grundstein für die Zusammenkunft eines sogenannten »Vorparlaments« gelegt, das die Wahl einer verfassunggebenden Nationalversammlung vorbereiten sollte. Zum Versammlungsort erwählten die Gründungsväter Frankfurt am Main, wo früher schon die Kaiser des Heiligen Römischen Reiches gekrönt worden waren und der Deutsche Bund seinen Hauptsitz hatte.

Zu den Abgesandten aus dem ganzen Land, die die Demokratie dort aus der Taufe heben sollten, gehörte Robert Blum. Am 29. März 1848 machte er sich per Bahn von

Feierlicher Einzug der Delegierten. Die Paulskirche in Frankfurt am Main war die Geburtsstätte der Demokratie in Deutschland.

Leipzig aus auf den Weg in die ehemals Freie Reichsstadt. An jeder Station standen Anwohner und schwenkten in ehrlicher Begeisterung die schwarz-rot-goldenen Farben. Die Vision einer neuen Staatsordnung war jetzt zum Greifen nah, Euphorie lag in der Frühjahrsluft. »Süß, bezaubernd, schwelgerisch, wie ein Champagnerrausch«, erschienen dem reisenden Revolutionär aus Leipzig die ersten Gehversuche der Demokratie in Deutschland.

Mit zeit- und landestypischer Feierlichkeit, eskortiert von Bürgerwehr, Turnern und Soldaten, begleitet von Glockengeläut, Böllerschüssen und Hochrufen, umweht von den früher verbotenen Fahnen und dem Hauch der Geschichte, zogen die Wegbereiter des künftigen Parlaments in den erst 1833 eingeweihten klassizistischen Rundbau der Frankfurter



1840 28.6.1840 Gründung des ersten Kindergartens in Preußen

1840 15.7.1840 Londoner Vertrag zur Befriedung der Levante

1841 24.6.1841 Bau der ersten deutschen Lokomotive durch August Borsig

## Schwarz-Rot-Gold

Schwarz-rot-gold waren die Bestandteile der Uniformen des Lützower Freikorps, das gegen Napoleon gekämpft hatte. Als 1815 im Jenaer Gasthaus »Zur Grünen Tanne« die Urburschenschaft gegründet wurde, waren viele der Veteranen versammelt. An das Erbe anknüpfend, wählte man die Farbtöne zu den deutschen Erkennungsfarben. Die entsprechende Fahne war erstmals auf dem Wartburgfest 1817 zu sehen, wenn auch noch in Gold-Rot-Schwarz. Auf Hambach 1832 wehte die geänderte Reihenfolge im Zeichen von Einheit und Freiheit. Im Frankfurter Paulskirchenparlament zeigte ein riesiges Transparent die mit der Fahne bewehrte Germania als Schutzpatronin der Deutschen. Mit dem Scheitern der Revolution von 1848 verloren die Farben an Bedeutung. Im Deutschen Reich von 1871 bestimmte Schwarz-Weiß-Rot die Symbolik. Die wiederbelebte Fahne der Revolution wehte seit 1919 in der Weimarer Republik, von den Nazis als »Schwarz-Rot-Senf« verunglimpft. Nach zwölf Jahren Hakenkreuz-Diktatur nahmen 1949 beide deutschen Staaten die Farben wieder an, die DDR später zusätzlich mit Kranz, Hammer und Zirkel auf der Flagge. Heute weht das Schwarz-Rot-Gold aus dem frühen 19. Jahrhundert über dem geeinten Deutschland.

Paulskirche, der zum Versammlungsraum erkoren wurde.

In der Stunde des Triumphs offenbarten sich allerdings auch erste Hürden auf dem Weg in die Moderne – und die Gräben. Im revolutionären Überschwang hatte noch Einigkeit darüber geherrscht, dass das überkommene Polizeistaatssystem alter Prägung überwunden werden musste. Doch über die Richtung des Neuaufbruchs waren die Meinungen nun geteilt. Die moderaten Vertreter unter den Abgesandten suchten, zufrieden mit den erreichten Zugeständnissen, die neuen Kräfte mit den alten Gewalten zu versöhnen. Die Radikalen wollten, die Gunst der Stunde nutzend, weitereilen. Für sie galt es, jetzt unverrückbare Fundamente für ein demokratisches Gemeinwesen zu legen, solange die monarchischen Mächte zu geschwächt für einen wirksamen Gegenschlag waren. In diesem Sinne stellte der badische Delegierte, Heckers Gesinnungsfreund Gustav von Struve, schon am ersten Sitzungstag den Antrag, einen föderativen Bundesstaat nach amerikanischem Muster, mit freiheitlichen Grundrechten, Volksbewaffnung, Abschaffung von Erbmonarchie und Beamtentum, zu



1841 13.7.1841 Dardanellenvertrag: Verbot der Passage von Kriegsschiffen

1842 1.1.1842 Gründung der *Rheinischen Zeitung* als Blatt des bürgerlichen Liberalismus

1842 15.10.1842 Karl Marx (* 1818) übernimmt die Leitung der *Rheinischen Zeitung*

gründen. Doch die überwiegende Mehrheit der Abgesandten lehnte den Vorstoß kategorisch ab und erklärte diese Versammlung für unbefugt, ohne Legitimation durch allgemeine Wahlen solch weitreichende Entscheidungen zu treffen. Damit war der Elan gedämpft, ein erster Richtungsentscheid bahnte sich an.

Auch Robert Blum, zu einem der Vizepräsidenten dieses Konvents erkoren, musste mit einer gewissen Verbitterung erkennen, dass sein Traum von einer freiheitlichen deutschen Republik schon ausgeträumt schien, bevor er Formen annehmen konnte. Während er und andere gemäßigte Demokraten der Mehrheit im Vorparlament wenigstens ein paar Zugeständnisse abzuringen suchten, mochte sich hingegen eine kompromisslos gesinnte Minderheit nicht mit der Tatsache abfinden, die Errungenschaften der Revolution lediglich auf den kleinsten gemeinsamen Nenner eines reformierten Ständestaats abschmelzen zu sehen. Nach einigen heftigen Abstimmungsniederlagen stürmten die Radikaldemokraten unter Führung von Friedrich Hecker und Gustav von Struve aufgeregt von dannen, um ihre Republik dann eben außerhalb der Paulskirche herbeizuzwingen. In Südbaden versuchten sie kurz darauf die Bevölkerung für einen Aufstand zu gewinnen. »Struve und Hecker sind wahre Viehkerls«, schrieb Blum den gesinnungsverwandten Mitstreitern hinterher, »rennen durch die Wand wie geschlagene Ochsen und haben uns den Sieg furchtbar schwer gemacht.« In der Tat scheiterten die badischen Rebellen mit ihrem Feldzug, zu dem sie nur ein Häuflein wackerer Streiter um sich zu scharen vermochten. Bei Kandern im Schwarzwald lösten

In einem Feuergefecht mit preußischen Bundestruppen bei Kandern im Schwarzwald endete Heckers Aufstandsversuch.

»Sie haben uns den Sieg schwer gemacht.« Wie Blum beklagten viele Parlamentarier den Alleingang von Hecker und Struve (rechts im Bild) in Baden.



**1842** 29.12.1842 Vertrag von Nanking beendet ersten Opiumkrieg

**1843** 18.3.1843 Karl Marx verlässt die *Rheinische Zeitung* wegen politischer Zensur

**1843** 26.6.1843 Hongkong wird britische Kronkolonie

Bundestruppen den Marsch der erschöpften Bauernkrieger am 20. April 1848 mit Gewalt auf. Den Anführern gelang die Flucht in die Schweiz, von wo aus Hecker nach Amerika weiterzog. Dank seiner imposanten Erscheinung und seines rhetorischen Talents blieb er als Volksheld im kollektiven Gedächtnis.

Wie andere Weggefährten war Robert Blum erbittert über die Spaltung der demokratischen Kräfte durch die Aufständischen. Sie hätten, schrieb er, »das Volk verraten durch ihre wahnsinnige Erhebung und es mitten im Siegeslauf aufgehalten; das ist ein entsetzliches Verbrechen«. Sosehr er selbst der Vision einer sozial gerechten, gesamtdeutschen Republik anhing, so sah der versierte Vermittler doch keine Alternative zu einer Verständigung auf dem Boden jener Rechtsordnung, die es den alten Gewalten zunächst einmal abzutrotzen galt. Immerhin war es dem Vorparlament ja gelungen, einen gangbaren Weg für die erste gesamtdeutsche und freie Wahl zu einer verfassunggebenden Nationalversammlung zu bereiten – ein gewaltiger Sprung in die Moderne, weg von der partikularen Zergliederung des Deutschen Bundes.

Sich im Angesicht erster Zerwürfnisse geschlagen zu geben, das entsprach ohnedies nicht Blums rheinischer Sturm-und-Drang-Natur. Das öffentliche Wirken war längst sein Lebensinhalt. Den Broterwerb beim Theater hatte er schon im Jahr zuvor an den Nagel gehängt, um sich als Publizist und seit Kurzem auch als Verlagsgründer ganz dem politischen Geschehen widmen zu können, mit Haut und Haaren. Immer wieder sollte er dabei zwischen die Fronten geraten. Und er teilte gern in alle Richtungen aus: hier sein Wettern gegen die allzu aufbrausenden Radikalen, dort Wutausbrüche gegen die Zögerer und Zauderer, deren revolutionärer Elan bald schon erschlafft war: »Diese Lumpen, die jahrelang als freisinnig und entschieden galten, die man verehrte«, schäumte er in einem Brief an Jenny, »sie sind jetzt Stillstands- und Rückschrittsmenschen. Die Tyrannei ist überwunden, aber dieses feige Geschlecht stellt sich in den Weg auf der Bahn zur Freiheit.« Robert Blum sah sich von einer Mehrheit mahnender Bedenkenträger umgeben und zusehends an den Rand gedrängt.

Doch war es auch für ihn eine persönliche Sternstunde und Höhepunkt seines Werdegangs, als am 18. Mai 1848 der Parlamentarismus in Deutschland seine Geburtsstunde zelebrierte.

## Im ersten gesamtdeutschen Parlament

Zum ersten Mal versammelten sich in Frankfurt Volksvertreter aus ganz Deutschland, die durch die freie Wahl (zumindest des männlichen, nicht fronabhängigen Teils) der Bevölkerung bestimmt waren. Sie traten an, eine einheitliche Verfassung auszuarbeiten, die allen Deutschen Grundrechte und Mitbestimmung garantieren sollte. Wie in einem Festtagsgewand empfing die schwarz-rot-gold ausstaffierte Paulskirche am Premierentag 330 der insgesamt mehr als 600 gewählten Abgeordneten. Die Versammlung wuchs durch Nachrücker und Nachwahlen rasch auf 809 Mandatsträger.

Unter ihnen waren die führenden Vertreter der Freiheitsbewegung, die sich oft schon vom »Hallgartener Kreis« her kannten, und auch zahlreiche Prominente, wie der Dichter Ludwig Uhland, Turnvater Jahn oder Mär-



1844 4.6.1844 Beginn des Weberaufstandes in Schlesien

1846 Allgemeine Wirtschaftskrise und Hungerkatastrophe in Irland

1846 18.2.1846 Aufstand in Krakau

chensammler Jacob Grimm. Insgesamt hatten die Wähler in der Regel angesehenen Repräsentanten aus der Bildungselite den Vorzug gegeben. 87 Prozent der Abgeordneten konnten ein Hochschulstudium vorweisen. Mehr als die Hälfte der Volksvertreter stand in Staatsdiensten. Adlige gab es demgegenüber auffällig wenige: 15 Prozent. Bauernstand und Handwerk stellten gerade vier Parlamentarier. Allerdings war die Paulskirche keineswegs das viel geschmähte und dem Volk irgendwie entrückte »Professorenparlament«; Juristen und höhere Beamte waren typischere Berufe. Viele der Volksvertreter erfreuten sich hoher Reputation. Einiges spricht dafür, dass die Nationalversammlung in der Bevölkerung mehr Rückhalt fand als lange Zeit angenommen.

Als entscheidender erwies sich die politische Anschauung. Von Beginn an gruppierten sich die Abgeordneten gemäß ihrer jeweiligen Weltsicht: Königstreue, Verfassungsverfechter,

Einlass-Karte

Diese Karte wird beim Eintritte nur vorgezeigt nicht abgegeben.

Einlasskarte für den Abgeordneten Robert Blum. Die Wahl zum Volksvertreter war der Höhepunkt seines politischen Werdegangs.

gemäßigte Freiheitsfreunde, radikale Republikaner, oder welcher Richtung auch immer sie sich zugehörig fühlten, formierten sich zu Fraktionen, die nach ihren Versammlungslokalen in Frankfurt benannt wurden und die Sitzordnung aller künftigen Parlamente vorprägten. Vom Rednerpult aus betrachtet, umrahmten am linken Rand die Demokraten, am rechten Rand die Monarchisten ihre Abgeordnetenkollegen aus dem politischen Mittelfeld. Das Paulskirchenplenum war maßstabgetreues Abbild des politischen Meinungsspektrums und Urzelle des späteren Parteiensystems. Allerdings fanden sich über diese programmatisch ausgerichteten Fraktionen hinaus Abgeordnete auch nach konfessionellen oder regionalen Kriterien zusammen.

Die Nationalversammlung in der Frankfurter Paulskirche war das erste frei gewählte Parlament der deutschen Geschichte.

Robert Blums Platz war stets links von der Mitte. Im »Holländischen Hof« und kurz darauf im »Deutschen Hof« sammelte er die Parlamentarier der Linken um sich, deren radikalerer Flügel sich jedoch nach einer kurzen Phase der Gemeinsamkeit abspaltete und in den »Donnersberg« abwanderte. Bei all seinen politischen Visionen vertrat Blum nie die illusionäre Ansicht, seine Vorstellungen gegen die



1846 16.4.1846 Ein Attentat auf Louis Philippe scheitert

1846 16.10.1846 Geburtsstunde der Anästhesie

1846 16.11.1846 Österreich annektiert die Republik Krakau

Zu den prominenten Abgeordneten der Paulskirche gehörte auch der Dichter Ludwig Uhland.

konservative Mehrheit im Parlament durchsetzen zu können. In einer seiner legendären Reden, am 20. Juni 1848, verglich er die Nationalversammlung mit »Prometheus«: Ihre »Riesenkraft« scheine zuweilen angekettet zu sein »an den Felsen des Zweifels, den sie sich selbst aufbaut«. In der Tat stand dieses Parlament vor Herausforderungen, die enorme Anstrengungen erforderten.

Die Aufgabe schien tatsächlich einem antiken Titanen gemäß. Die Abgeordneten mussten nicht nur eine Staatsform mit allen Rechten und Regeln neu erfinden und durchsetzen, die diesem Land bis dahin vollkommen fremd war. Sie mussten auch erst einmal definieren, was dieses Deutschland überhaupt war – auch territorial. Gerade die Vormachtstaaten Österreich und Preußen umfassten große Gebiete, die nicht deutschen Landsmannschaften wie Polen oder Tschechen Heimat war. Gehörten nun Regionen, in denen Deutsche zahlenmäßig nicht die Mehrheit stellten, auch zum neuen Reich? Ausgehend vom Postulat der Sprach- und Kulturnation, war vor allem der Vielvölkerstaat habsburgischer Prägung als Ganzes kaum integrierbar; die Österreicher auszuschließen hätte nach damaligem Verständnis die Teilung der Nation bedeutet.

Und wie sollte die Verfassung der Deutschen eigentlich aussehen, mit einem Monarchen an der Spitze oder mit dem Volk als Souverän in einer Demokratie gleichberechtigter Bürger? Wie föderal oder zentral sollte das Staatsgebilde beschaffen sein? Angesichts der anstehenden folgenschweren Entscheidungen mochte sich da Prometheus durchaus noch Sisyphos hinzugesellen.

Schon die Wahl des Parlamentspräsidenten offenbarte die künftigen Kräfteverhältnisse. Heinrich von Gagern, auf den 305 von 397 Stimmen entfielen, war ein weithin anerkannter und aufrechter Liberaler mit großem rhetorischem Geschick. Doch als Verfechter einer durch Verfassungsregeln gezähmten Monarchie stand er für einen eher behutsamen Umgang mit den alten Gewalten. Gegen diese Identifikationsfigur des Bürgertums hatte der Volksmann Robert Blum, dessen persönliche Eignung für ein solches Amt kaum jemand in Abrede stellte, nicht die geringste Chance. Mit gerade einmal drei Stimmen erhielt er nicht einmal das Mandat seiner Getreuen, die ihn lieber als einen der Ihren im Plenum behalten wollten.



1847 11.4.1847 Einberufung des Vereinigten Landtags in Preußen

1847 12.9.1847 »Offenburger Versammlung« proklamiert Grund- und Menschenrechte

1847 10.10.1847 »Heppenheimer Tagung« entwirft liberales Programm zur Einigung Deutschlands

## Der Präsident

Freiherr Heinrich von Gagern war einer der bekanntesten und populärsten Politiker seiner Zeit. Der 1799 in Bayreuth Geborene stammte aus einer politisch engagierten Familie. Als Sechzehnjähriger nahm er an der Schlacht von Waterloo teil, wurde zum Augenzeugen von Napoleons Fall. Während seines Jurastudiums in Heidelberg schloss er sich der Burschenschaft »Teutonia« an. Die schnell wachsenden Burschenschaften – 1818/19 umfassten sie ein Drittel der Studierenden – wurden wichtige Träger des nationalen Gedankens. Nach seinem Studium begann Gagerns politische Laufbahn als hessischer Staatsdiener und Abgeordneter der Landeskammer. Wegen seiner liberalen Ansichten vom Staatsdienst suspendiert, schloss er sich dem »Hallgarten-Kreis« an, wurde dort – wie Blum – zu einem der führenden Köpfe der Revolution in Deutschland. In Distanz zum französischen Republikanimus und mit Blick auf eigene deutsche Traditionen sah er in der konstitutionellen Monarchie die adäquate Regierungsform. Das unterschied ihn von Blum, der republikanisch dachte.

Blum blieb ein Mann der »Basis« mit Leib und Seele. Auch auf den Abgeordnetenrängen ließ er sich gern und heftig in Anspruch nehmen. Von morgens bis tief in die Nacht hetzte er zwischen Plenums-, Fraktions- und Ausschusssitzungen hin und her, hielt Reden und Plädoyers, mühte sich um Kompromisse in der Fraktion, zwischen den Fraktionen oder mit der Außenwelt, sandte an seine Frau Anweisungen für die Kindererziehung, führte nebenher noch aus der Ferne seinen Verlag, schrieb Zeitungsaufsätze, Buchbeiträge und Dutzende von Briefen. Für Schlaf blieben da oft nicht mehr als drei Stunden übrig. Der Vollblutpolitiker war ganz in seinem Element und rieb sich zugleich darin auf – mit, wie er immer wieder erfahren musste, insgesamt mäßigem Ergebnis. »Uns geht es ziemlich schlecht«, klagte er müde seiner Frau, »die Mehrheit wird alle Tage frecher und unverschämter, steckt mit den Regierungen unter einer Decke, spielt in und mit der Versammlung Komödie und treibt ihren Verrat ziemlich offen.«

*Der kurze Traum der Einheit und Freiheit geht zu Ende, und das Erwachen wird schrecklich sein.*

ROBERT BLUM, JUNI 1848



**1847** 8.12.1847 Gründung des »Bundes der Kommunisten« durch Karl Marx und Friedrich Engels (* 1820) in London

**1847** 22.12.1847 Algerien wird französische Provinz

**1848** 21.2.1848 Februarrevolution in Paris

Er musste lernen, dass im Parlament doch eine Menge »Volksvertreter« saßen, die sich weiterhin zur Loyalität ihren Territorialherren gegenüber verpflichtet fühlten. Mehr als die Hälfte der Abgeordneten befand sich im Staatsdienst – als Beamte, Justiziare, Lehrer –, was ihre Konfliktbereitschaft nicht eben erhöht haben dürfte. Sie wollten Verantwortung übernehmen, ohne gleich die Köpfe der Könige rollen zu sehen – ganz im Gegenteil: Vor der Macht der Massen, der Straße, war der Mehrheit in der Versammlung bange. Einen gewaltsamen Umsturz der politischen Ordnung à la française wollten sie in Deutschland auf jeden Fall vermeiden.

»Es ist entsetzlich, dass man diesem Menschen Deutschland vertrauen will.« Der Regierungsantritt des österreichischen Erzherzogs Johann erntete viel Kritik.

*An unsere Fürstenhäuser knüpft sich die alte Gewohnheit des Gehorsams, welche sich durchaus nicht beliebig anderswohin übertragen lässt.*

FRIEDRICH CHRISTOPH DAHLMANN, HISTORIKER UND STAATSRECHTLER

In diesem politischen Umfeld erwachte wie schon so oft Blums Kämpfernatur zu neuem Leben: »Wie unangenehm auch die Stellung nur sein mag, so muss sie doch ertragen werden, und wir sind auch guten Mutes und donnern nur umso mehr los.« Das erste größere Donnerwetter nahte mit der Entscheidung über die künftige Regierung. Im Grunde ging es auch hier um die Schlüsselfrage, wie sich das neue Parlament gegenüber den weiterhin bestehenden Monarchien verhalten sollte. Nicht viele konnten sich damals vorstellen, die in Jahrhunderten gewachsenen monarchischen Staatsverfassungen überhaupt auch nur in Frage zu stellen. Nach einer beinahe zwei Wochen währenden Debatte, in der auch Robert Blum sich durch brillante Redebeiträge hervortat, einigte sich die Versammlung auf den »kühnen Griff«, den ihr Präsident Heinrich von Gagern als Lösung nahegelegt hatte: Die provisorische Zentralgewalt sollte nicht von fürstlichen Gnaden, sondern vom Parlament selbst geschaffen werden. Dafür allerdings entstammte der mehrheitsfähige Kandidat dem monarchischen Establishment: Die Wahl fiel auf den habsburgischen Erzherzog Johann, einen halbwegs aufgeklärten Mann, der aber als Großonkel des reaktionären österreichischen Kaisers im



**1848** 24.2.1848 Abdankung Louis Philippes. Ausrufung der Zweiten Französischen Republik

**1848** 27.2.1848 Badische Revolution, Märzrevolutionen in den meisten deutschen Staaten, Ernennung reformbereiter »März-Minister«

**1848** 5.3.1848 »Heidelberger Versammlung« beschließt »Siebenerausschuss«

habsburgischen Traditionsgefüge fest verankert war. Als »Reichsverweser« sollte er bis zur Entscheidung über die endgültige Staatsform die Regierungsgeschäfte der zu schaffenden Nation führen. Die Kür des betagten Fürsten war somit eine Vorentscheidung zugunsten der konstitutionellen Monarchie.

»Es ist entsetzlich, dass man diesem Menschen Deutschland vertrauen will«, beklagte Blum sich über den »Vermoderer«, wie er den Reichsverweser gerne titulierte, wenngleich er ihn als Privatperson durchaus zu schätzen wusste. »Allein Bestand kann die Sache nicht haben oder vielmehr, er kann nur eine unbedeutende Puppe sein, die aber hemmt auf Schritt und Tritt.« Von seiner Zuversicht ließ sich der politische Stratege auch durch diese Personalie nicht abbringen. »Wenn der Herbst kommt, wendet sich die Sache«, prophezeite Blum seiner Frau. Den Umschwung erwartete er allerdings nicht mehr aus der Mitte der Volksvertretung, die sich zunächst einmal in langwierigen Debatten über die geografische Ausdehnung ihres Zuständigkeitsbereichs erging. Nach Blums Überzeugung konnte die sich in zunehmender Erstarrung befindende Revolution nur von außen neu entfacht und vollendet werden.

## Die europäische Dimension

Ein europäischer Konflikt dräute am Horizont. Der angestrebte Aufbruch in die Moderne würde wohl nicht im Einvernehmen, sondern nur in der Auseinandersetzung mit den alten Mächten in Europa gelingen. Dies war damals nicht nur Blums Credo. Immerhin hatte auch in Frankreich nach 1789 ein Krieg gegen widerstrebende Nachbarstaaten die Nation mobilisiert und der Revolution zum Durchbruch verholfen. In dieser Erwartung setzte der sonst um Frieden und Ausgleich bemühte Volksvertreter nunmehr notgedrungen auf die Sprache der Waffen. »Unsere drohendste Gefahr: der Krieg wird unser einziges Rettungsmittel sein«, schrieb er Anfang August 1848, und es klang wie ein Stoßseufzer.

Ganz so abwegig war der Gedankengang indes nicht. War es allein schon fraglich, ob sich die deutschen Fürsten- und Königtümer auf Dauer mit Verfassungen und Machteinbußen auf Anweisung demokratischer Parlamente abfinden würden, so blieb die beinahe noch entscheidendere Frage: Würden die europäischen Großmächte, wie etwa das zaristische Russland, tatenlos zusehen, wie im Herzen des Kontinents ein einiges, zentral gelenktes Machtzentrum erstand – und das unter bürgerlichen Vorzeichen? Und wie würde sich Frankreich verhalten, das den Verlust der deutschsprachigen Regionen Elsass und Lothringen fürchten musste?

Im hohen Norden schien sich nun der Testfall anzubahnen. Angesichts des durch die Revolution neu entfachten Nationalitätenstreits hatte das dänische Königreich kurzerhand das teilweise dänisch besiedelte, nicht zum Deutschen Bund gehörende Schleswig seinem Herrschaftsgebiet einverleibt. Für deutsche Vaterlandsfreunde im Hochgefühl des Triumphs kam diese Provokation gerade zur rechten Zeit. Mit Wort und Gewehr sicherten Patrioten aus allen Landesteilen den vermeintlich bedrängten deutschen Brüdern an der Küste ihre Unterstützung zu. Doch militärisch war dieser Konflikt nur mit kampferprobten Truppen zu entscheiden. Und dafür kam realistisch lediglich eine Autorität in Frage: die den Fortschrittskräften verhasste preußische Militär-



1848 13.3.1848 Revolution in Wien. Flucht des Staatskanzlers Metternich (* 1773)

1848 15.3.1848 Ferdinand I. verspricht den Österreichern eine Verfassung

1848 18.3.1848 Revolution in Berlin

macht. So wurde der Streitfall zur Nagelprobe: Würde der Preußenkönig, gemäß seinem Versprechen, dass Preußen fortan in Deutschland aufgehe, im Einvernehmen mit der demokratischen Nationalversammlung die Konfrontation mit den dynastischen Mächten in Europa suchen? Würde die Nation vom Thron bis zur Straße bei der gemeinsamen Sache gar zusammengeschmiedet?

Zu Beginn sah es in der Tat so aus. Begleitet von schwarz-rot-goldener Begeisterung, errang die preußische Landstreitmacht einige entscheidende Siege, während sie der Schlagkraft der dänischen Flotte allerdings nichts entgegensetzen konnte. Zugleich aber drohte sich der regionale Konflikt zu einem Krieg mit argwöhnischen Hegemonialmächten, wie Russland und England, auszuweiten. Russische Truppen gingen an der ostpreußischen Grenze in Stellung, die Briten demonstrierten die Stärke ihrer Flotte in der Nordsee. Französische Gesandte appellierten an die deutschen Regierungen, an der bestehenden territorialen Ordnung und dem europäischen Gleichgewicht nicht zu rütteln.

So kam es zu einer Wende: Der preußische König war schließlich doch nicht bereit, das Risiko eines kriegerischen Showdowns auf dem Kontinent einzugehen. Ende August 1848 schloss er im schwedischen Malmö auf eigene Faust einen befristeten Waffenstillstand mit Dänemark. Im Ergebnis kam dies einer Preisgabe des schleswigschen Gebietes gleich. Das war für die Paulskirche ein Schlag ins Gesicht. Die Abgeordneten gerieten in das Dilemma, dass wohl kein gesamtdeutsches Nationalparlament vor einer breiten Öffentlichkeit würde bestehen können, das in der Frage, wie es den Deutschen unter fremder Hoheit ergeht, nicht resolut oder durchsetzungsfähig war. Ein Ausgreifen der deutschen Nation aber, etwa über die Grenzen des Deutschen Bundes hinaus, wurde von den Nachbarn als Angriff auf das kontinentale Gleichgewicht gesehen und verstärkte noch das Misstrauen gegenüber der neuen Zentralmacht in der Mitte Europas. Fast alle Fraktionen im Parlament hatten verkannt, welche Widerstände eine deutsche Vereinigung womöglich im Ausland hervorrief. So drohte ein Scheitern der Revolution auch am Einspruch europäischer Mächte.

Preußen hatte sich mit Dänemark über die Köpfe des Volkes hinweg arrangiert. Der landesweite Unmut über den »Verrat« fand seinen Widerhall auch in empörten Redebeiträgen aus dem Paulskirchenplenum. Der Vertrag von Malmö sei mit der Ehre der Nation unvereinbar, wetterte der Abgeordnete Friedrich Christoph Dahlmann vom Rednerpult herab. Eine knappe Mehrheit der Nationalversammlung teilte seine Überzeugung und lehnte den Waffenstillstand ab – einer der seltenen Triumphe der Linken im Parlament. Die Regierung kündigte daraufhin ihren Rücktritt an. Zum ersten Mal verspürte auch Robert Blum wieder Oberwasser. »Zudem ist die Revolution wieder in Fluss gekommen«, schrieb er seiner Frau. »In 6 Wochen kann jetzt die Welt umgestaltet sein.«

Durchaus auch zu seinen eigenen Gunsten, wie der notorische Optimist hoffte. In der Erwartung, schon in Kürze selbst als Minister einer neuen, liberaleren Regierung anzugehören, ließ sich Blum eigens einen Frack schneidern. Noch stand die Ratifizierung des Malmöer Vertrags aus. Konnte sich das souveräne Parlament gegen die Monarchen durchsetzen? »Ich hoffe noch, wir werden siegen. Jedenfalls



1848 19.3.1848 Barrikadenbau und Straßenschlachten in Berlin. Hunderte Tote

1848 20.3.1848 Unruhen in München. Abdankung Ludwigs I., ihm folgt Maximilian II.

1848 21.3.1848 Friedrich Wilhelm IV. bekundet unter Druck seinen Willen zur deutschen Einigung

Nagelprobe im Norden. Zu Beginn unterstützten preußische Truppen die patriotischen Freikorps im Krieg um Schleswig.

ist sie entscheidend, selbst bei einer Niederlage – dann ist der Traum aus, und die Barrikaden müssen wieder beginnen.«

Mit dieser Prophezeiung sollte Robert Blum recht behalten. Da einige Abgeordnete der Mitte in der Zwischenzeit die Seiten gewechselt hatten, erteilte eine knappe Parlamentsmehrheit Preußens Alleingang nun doch nachträglich ihren Segen und bekundete damit offen die faktische Einflusslosigkeit der Paulskirche gegenüber den etablierten Militärmächten. Die Entscheidung kam einer Unterwerfungsgeste gleich – und machte mit einem Streich Blums Hoffnungen zunichte. Wie er vorhergesagt hatte, trieb nun einhellige Empörung die Anhänger der demokratischen Bewegung auf die Straße. Vor allem die Bevölkerungsschichten, die den März-Aufstand aktiv mitgetragen und sich davon auch eine Verbesserung ihrer Lebensverhältnisse versprochen hatten, fühlten sich um die Früchte ihres Opfergangs betrogen. Eine zweite Welle des Aufruhrs rollte über das Land. Tausendfach versammelten sich enttäuschte Bürger zum Protest, zur größten Kundgebung fanden sie sich in Frankfurt ein.



1848 22.3.1848 Aufbahrung der »März-Gefallenen« auf den Stufen des Berliner Doms

1848 24.3.1848 Auftakt der Kämpfe mit Dänemark um Schleswig und Holstein

1848 30.3.1848 Einzug des Vorparlaments in die Frankfurter Paulskirche

Die Abgeordneten der Linken, die sich um Robert Blum (3. unten rechts) scharten, blieben Minderheit in der Frankfurter Paulskirche.

So kam es zu einer weiteren entscheidenden Zäsur: Die Provisorische Zentralgewalt forderte zum »Schutz der Nationalversammlung« preußische und österreichische Soldaten aus der nahe gelegenen Mainzer Bundesfestung an, um die Revolution vor weiterer Revolution zu bewahren. Als sich die Abgeordneten am Morgen des 18. September 1848 durch die aufgebrachte Menge zur Paulskirche begaben, waren Aufständische schon dabei, rund um den Frankfurter Römer Barrikaden aufzuschichten.

Verfechter eines Gemeinwesens auf dem Boden des Rechts wie Robert Blum stürzte der Konflikt in einen Zwiespalt. Einerseits hatte er stets beteuert, Mehrheitsentscheidungen des Parlaments als »heiligen Willen der Nation« zu akzeptieren. Andererseits war ihm durchaus bewusst, dass ohne neuerlichen Druck von der Straße an eine Umkehrung der Verhältnisse nicht mehr zu denken war. Die Basis der Demokraten verlangte lautstark von den Abgeordneten der Linken, das Parlament zu verlassen und sich, als Sachwalter der Revolution, selbst zur eigentlichen Volksvertretung zu erklären. Doch damit fanden sie bei den moderaten Parlamentariern um Robert Blum wenig Zustimmung. Bei aller Verbitterung über die Machtverhältnisse in der Paulskirche waren sie nicht bereit, das so mühsam erkämpfte Parlament als Ort der Entscheidung in Frage zu stellen. Die revolutionäre Bewegung war gespalten. Gleichzeitig spitzte sich der Konflikt dramatisch zu, die Entscheidungsschlacht zwischen Bajonetten und Barrikaden stand bevor.



1848 2.4.1848 Aufhebung der Karlsbader Beschlüsse (von 1819)

1848 15.5.1848 Zweiter Aufstand in Wien

1848 18.5.1848 Eröffnung der Frankfurter Nationalversammlung in der Paulskirche

## Zwischen Volk und Volksvertretung

Wohin aber würde der bewaffnete Schlagabtausch führen? Wem nutzte das vergossene Blut? Für Blum war es nur zu ersichtlich, dass diese Konfrontation lediglich Verlierer zurücklassen würde. Der Demokrat konnte gar nicht anders – als zu vermitteln. Er wollte das Schlimmste verhindern, die Katastrophe noch aufhalten, und er traute sich das auch zu. Dem Reichsinnenminister, der den Truppeneinsatz befürwortet hatte, rang er eine Feuerpause ab, bevor er sich auf den schwierigen Gang zu den Barrikaden machte. Doch das Verhandlungsgeschick, dank dem der Vermittler noch drei Jahre zuvor einen blutigen Militärschlag in Leipzig abgewendet hatte, war ihm offenbar abhanden gekommen. Nun stand Blum buchstäblich zwischen den Fronten. In den Augen der Aufständischen trat er ihren Gewehrläufen nicht als Volksmann entgegen, sondern als Abgesandter einer feindlichen Staatsgewalt; für die konservativen Fraktionen der Paulskirche hingegen war er selbst einer der Wegbereiter des Aufruhrs. Blums Appell an die Vernunft und zum Vertrauen auf friedliche Veränderungen erntete nur das Hohngelächter der Barrikadenkämpfer, in deren Namen er doch einstmals angetreten war. Die Situation wurde auch für ihn zur Zerreißprobe.

*Wir wollen die tatsächliche Revolution beim wahren Namen genannt wissen.*

ROBERT BLUM

Es war nicht die Stunde für Vernunft. Der ungleiche Straßenkrieg war nicht mehr abzuwenden. Bis zum Abend hatten die Soldaten alle Barrikaden gestürmt und geräumt. Zurück blieben über 80 Tote, darunter auch zwei Abgeordnete der Rechten, die von wild gewordenen Aufständischen regelrecht massakriert worden waren, was den Aufstand in den Augen des Bürgertums endgültig desavouierte: Das waren die »französischen Verhältnisse«, die man fürchtete. In Blums politischer Laufbahn markierten diese Erlebnisse den Tiefpunkt. Der anfangs so kraftstrotzende Freiheitskämpfer wurde von einer tiefen Sinnkrise befallen. Seine Briefe nach Leipzig sind ein Zeugnis seiner Zerrissenheit in jenen Tagen. »Die Zersplitterung Deutschlands hat nicht bloß Staaten und Stämme auseinandergerissen, sie frisst sogar wie ein böses Geschwür an einzelnen Menschen und trennt sie von ihren Genossen, von aller notwendigen Gemeinsamkeit. Die letzten Wochen sind Kräfte vergeudet und törichterweise vernichtet worden, die bei weiser Zusammenfassung und sorgsamer Verwendung hingereicht hätten, das Schicksal Deutschlands vollständig umzugestalten.« Zum ersten Mal in seinem bewegten Werdegang erwog Blum, in diesen frühen Oktobertagen alles hinzuwerfen. »Nie bin ich so lebens- und wirkungsmüde gewesen wie jetzt; wäre es nicht eine Schande, sich im Unglück von den Kampfgenossen zu trennen, ich würde zusammenraffen, was ich allenfalls habe, und entweder auswandern oder mir in irgendeinem friedlichen Tale des südlichen Deutschlands eine Mühle oder dergl. kaufen und nie wieder in die Welt zurückkehren, sondern teilnahmslos aus der Ferne ihr Treiben betrachten.« Es blieb beim Gedankenspiel, selbstverständlich ließ der gewissenhafte Revolutionär seine »Kampfgenossen« nicht im Stich.



1848 20.6.1848 Zweites Wartburgfest

1848 28.6.1848 Frankfurter Nationalversammlung beschließt Auflösung des Deutschen Bundes

1848 11.7.1848 Wahl des Erzherzogs Johann zum Reichsverweser

## Letzter Anlauf – Wien

Blum hatte auch private Sorgen, denn erschwerend kam hinzu, dass das kärgliche Abgeordnetensalär bei gleichzeitigem Verdienstausfall seine finanzielle Misere verschärfte und seine Frau überdies ernsthaft erkrankt war. Doch als er die genesende Gemahlin in Leipzig gut eine Woche später nach langer Abwesenheit in die Arme schließen konnte, schien der Reisende schon wieder wie verwandelt. Wie in alten Zeiten wirkte Robert Blum von Zuversicht und Kampfeslust durchströmt: Ausgerechnet in Wien, einst Bollwerk der Reaktion, taten sich neue Perspektiven auf, im Anschluss an seinen Abstecher nach Leipzig machte er sich auf den Weg dorthin: »Wien ist prächtig, herrlich«, schwärmte er unmittelbar nach seiner Ankunft in der österreichischen Hauptstadt Mitte Oktober, »die liebenswürdigste Stadt, die ich je gesehen; dabei revolutionär in Fleisch und Blut. Die Leute treiben die Revolution gemütlich, aber gründlich.«

Tatsächlich hatten sich an der Donau die Ereignisse überschlagen. Nach einem Volksaufstand, der durch revolutionäre Erhebungen im Nachbarland Ungarn ausgelöst wurde, waren Teile der kaiserlichen Armee übergelaufen. Der gesamte österreichische Hofstaat sah sich zur Flucht in das mährische Städtchen Olmütz gezwungen. Im mächtigsten deutschen Teilstaat hatte die Revolution gesiegt. Ausgestattet mit einem Mandat seiner Fraktion, eilte Robert Blum daher zusammen mit drei Gesinnungsfreunden an den Schauplatz des Geschehens, um die österreichischen Brüder ihrer Verbundenheit zu versichern. »Wir preisen uns glücklich, in diesem verhängnisvollen Augenblicke in eurer Mitte zu weilen«, verkündeten die Abgesandten bei jedem ihrer Antrittsbesuche in ehrlichem Enthusiasmus, »und wenn es das Schicksal will, eure Gefahren zu teilen, mit euch zu stehen und zu fallen.«

»In Wien entscheidet sich das Schicksal Europas.« Habsburgische Truppen bei der Rückeroberung im Oktober 1848.

Für Robert Blum wurde Wien zur Endstation seiner Sehnsüchte. Nach all dem zähen Ringen um kümmerliche Kompromisse in den zurückliegenden Monaten schien es für ihn nur noch den entscheidenden Befreiungsschlag, die Wahl zwischen allem oder nichts zu geben. In lange nicht mehr empfundenem Elan verfasste er flammende Aufrufe, eilte von einem Solidaritätsauftritt zum nächsten und schlug seine Zuhörer durch kämpferische Entschlossenheit in den Bann. Auch wenn der Realist in ihm sich sehr bald eingestehen musste, dass angesichts der dilettantischen Verteidigungsstrategie der provisorischen Regierung die Aussichten auf einen militärischen Erfolg gegen die herannahenden kaiserlichen Truppen rapide schwanden, stilisierte der Revolutionsromantiker das bevorstehende Abwehrgefecht zur Entscheidungsschlacht: »In Wien entscheidet sich das Schicksal Deutschlands, vielleicht Europas«, schrieb Blum unver-



1848 18.9.1848 Radikaldemokratische Unruhen in Frankfurt

1848 24.9.1848 Einführung der Schutzhaft

1848 6.10.1848 Dritter Aufstand in Wien

drossen an Jenny. »Siegt die Revolution hier, dann beginnt sie von Neuem ihren Kreislauf; erliegt sie, dann ist wenigstens für eine Zeit lang Kirchhofsruhe in Deutschland.« Dass er durchaus damit rechnete, in diesem Fall möglicherweise selbst den ewigen Frieden zu finden, daran ließ der neu belebte Agitator keinen Zweifel.

Für Blum waren die Fronten jetzt geklärt. Vom Rednerpult und vom diplomatischen Parkett aus war er hinter die Barrikade gewechselt. Am 25. Oktober trat er mit seinem Begleiter Julius Fröbel als Hauptmann in das frisch gegründete »Elite-Corps« ein und erhielt sogleich ein militärisches Kommando: Mit seiner Kompanie sollte er die Sophienbrücke im Osten der Stadt verteidigen.

Als am folgenden Tag kroatische Soldaten unter dem Banner des österreichischen Doppeladlers heranstürmten, bewies der Hauptmann in seiner neuen Rolle durchaus Geschick. Auch durch einen Streifschuss am linken Arm nicht weiter beirrt, hielt Blum seine Stellung 36 Stunden lang gegen die Angreifer. Doch als die erhoffte Schützenhilfe vonseiten der ungarischen Bündnispartner ausblieb, musste er einsehen, dass Wiens Verteidiger der habsburgischen Übermacht nicht gewachsen waren. Mordend und plündernd nahmen die kaiserlichen Soldaten ihre Bastion an der Donau wieder in Besitz, und das alte Regime kehrte zurück in die Hofburg, dem Symbolort seiner Macht. Für Hauptmann Blum war die Schlacht geschlagen. Resigniert legte er die Waffen ab, um seine Abreise vorzubereiten.

Doch damit bereitete er sein eigenes Verhängnis. Ausgerechnet auf die Rückseite seines Ausreiseantrags notierte der neue Stadtkommandant den Befehl für Blums Verhaftung.

Der Mitabgeordnete und Kampfgefährte Julius Fröbel stand Blum bis zuletzt zur Seite.

Offenbar wollte sich das wieder installierte Militärregime die Gelegenheit nicht entgehen lassen, mit den Abgesandten aus der Paulskirche zugleich Galionsfiguren der demokratischen Bewegung in Gewahrsam zu nehmen. »Ich werde unfreiwillig hier zurückgehalten, bin verhaftet«, ließ der Festgenommene seine Frau wissen. »Denke Dir indessen nichts Schreckliches, ich bin in Gesellschaft Fröbels, und wir werden sehr gut behandelt.«

## Opfer für die Demokratie

Mit Recht musste Blum davon ausgehen, dass die Fürsorge seiner sächsischen Landesregierung und seine Immunität als Abgeordneter ihm bald wieder die Freiheit bescheren würden. Doch beides war nicht der Fall. Die sächsische Gesandtschaft blieb untätig, und der frisch ernannte Ministerpräsident Österreichs, Felix Fürst zu Schwarzenberg, setzte sich über diplomatische Gepflogenheiten hinweg. »Blum



**1848** 31.10.1848 Einnahme Wiens durch kaiserliche Truppen

**1848** 4.11.1848 Französische Nationalversammlung verabschiedet Verfassung, die Wahl eines Präsidenten vorsieht

**1848** 9.11.1848 Robert Blum (* 1807) füsiliert. Preußische Nationalversammlung wird von Berlin nach Brandenburg verlegt

bleibt Dir zur freiesten Disposition«, schrieb er an den militärischen Oberbefehlshaber, seinen Schwager Alfred Fürst zu Windischgraetz, »und verdient Alles.«

Das war unverkennbar ein Freibrief für das Todesurteil, ein deutliches Fanal der Gegenrevolution. Dabei konnte sich das in aller Eile vollzogene Justizverfahren gegen Blum auf nicht viel mehr stützen als auf widersprüchliche Aussagen von Zeugen, die den Abgesandten aufrührerischer Reden bezichtigten. Am frühen Morgen des 9. November 1848 erhielt der Häftling die Todesbotschaft.

Sein Schicksal und das der Revolution schien sich vor seinen Augen zusammenzufügen. Blum nahm das Urteil gefasst entgegen. »Lebe wohl, Du und alle Freunde. Bereite meine Frau langsam vor auf das Geschick des – Kriegs«, schrieb er einem Freund zum Abschied. »Ich sterbe als Mann – es muss sein. Lebt wohl!«

Die historischen Bildnisse von jenem 9. November 1848 zeigen einen Mann, der den Todesschützen ohne Augenbinde entgegensieht. Ort der Vollstreckung war ein Schießübungsplatz im Wiener Vorort Brigittenau. Drei Kugeln des Exekutionskommandos eines habsburgischen Jägerregiments bereiteten Blums Leben ein Ende. »Ich sterbe für die Freiheit«, soll er kurz zuvor noch ausgerufen haben, »möge das Vaterland meiner eingedenk sein!«

Ob so geschehen oder nicht – dieser letzte Wunsch sollte umgehend in Erfüllung gehen. So viel hatte die Revolution erreicht, dass eine solche Kunde schnell in alle Lande ging. Sein märtyrerhafter Tod erhöhte Blum vollends zum Volkshelden, die Nachricht schlug in Frankfurt wie eine Bombe ein. In einer Mischung aus ohnmächtiger Wut und verletztem Rechtsempfinden blieb nur Protest: »Deutsches Volk! Deine Ehre, Dein Recht trat man mit Füßen, als man Deinen Vertreter gegen das Gesetz verhaftete! Deiner Freiheit hat man eine tödliche Wunde geschlagen, als man einen Deiner würdigsten Söhne mordete!«

»Blum bleibt Dir zur freiesten Disposition.« Der habsburgische Ministerpräsident Felix Fürst zu Schwarzenberg.

*»Nicht nur ein Mord, ein Verbrechen, ihr habt eine Raserei, eine wahre Tollheit begangen. Den Mann des Volkes habt ihr erschossen und dadurch zum Märtyrer erhöht. Ihr wolltet ihn vernichten und habt einen unvermeidlichen Lorbeerkranz um seine Schläfe gewunden!«*

KOMMENTAR IN DER DEUTSCHEN REICHSTAGSZEITUNG, 23. NOVEMBER 1848



1848 2.12.1848 Franz Joseph I. (* 1830) wird Kaiser von Österreich (bis 1916)

1848 5.12.1848 Friedrich Wilhelm IV. oktroyiert Verfassung und löst Preußische Nationalversammlung auf

1848 10.12.1848 Louis Napoleon (* 1808) wird zum Präsidenten der französischen Republik gewählt

»Deutsches Volk! Deiner Freiheit hat man eine tödliche Wunde geschlagen ...« Die Hinrichtung Blums in Wien löste in der Bevölkerung eine Welle der Trauer und der Empörung aus.

In Hunderten großer und kleiner Städte kam es zu Trauerkundgebungen, allein in Leipzig versammelten sich 12 000 Menschen zum Gedenken an ihren prominenten Mitbürger. Schwarz-rot-goldene Flaggen wurden im ganzen Land auf halbmast gesetzt, österreichische Reichsadler an den Konsulaten zu Bruch geschlagen. In einem bis dahin unbekannten Ausmaß überschwemmten Devotionalien, Kartenspiele, Tabakspfeifen, Uhren mit Blums Konterfei das Land. Aufsätze, Lieder und Gedichte wurden ihm nachgerufen. Für seine hinterbliebene Frau und ihre Kinder wurden Geldsammlungen organisiert. Allein bis Ende 1848 erbrachte eine Kollekte mehr als 11 000 Gulden – eine gewaltige Summe, die es Blums Witwe erlaubte, Leipzig zu verlassen, um in die Schweiz überzusiedeln und ihren Kindern dort eine vorzügliche Schulbildung zukommen zu lassen.

Blums Tod war es, der gleichsam symbolhaft für den Niedergang der parlamentarischen Idee in Deutschland stand. Im Habsburgerreich hatten die alten Gewalten ihre monarchische Herrschaft zurückerobert, und von hier aus wurden die Fortschritte, die aus der März-Revolution resultierten, schrittweise wieder rückgängig gemacht. Das Parlament war weitestgehend machtlos, es hatte keinen Hebel, der es ihm erlaubt hätte, sich gegen den Willen der Fürsten durchzusetzen. Die Paulskirche hatte ihre Lähmung offenbart. Wo keine



1849 4.1.1849 Oktroyierung einer Verfassung in Österreich

1849 7.1.1849 Gewaltsame Auflösung des Reichstages in Österreich

1849 28.3.1849 Frankfurter Nationalversammlung beschließt Reichsverfassung. Wahl Friedrich Wilhelms IV. zum deutschen Kaiser

Exekutive, keine durchgreifende Verwaltung, kein Polizeiapparat, keine Truppen der parlamentarisch begründeten Macht unterstehen, ist diese Volksvertretung im Konfliktfall handlungsunfähig und damit zahnlos. Dass es der Aufstandsbewegung, anders als 1789 in Frankreich, nicht gelang, das Militär nachhaltig auf ihre Seite zu ziehen, erwies sich als besonders folgenreich.

Nach dem Tod des Leipziger Volkstribuns blieb den Abgeordneten zunächst kaum mehr als Protestreden und -resolutionen. Auch ehedem schwankende Militärs standen inzwischen wieder fest auf der Seite ihrer Monarchen.

## Die Verfassung

Worum ging es jetzt noch? Was war geblieben von den bewegenden Fragen nach Einheit und Nation?

Es galt zu retten, was noch irgendwie zu retten war. Trotz aller Widrigkeiten setzte die Nationalversammlung ihr Bemühen fort, eine deutsche Verfassung zu erarbeiten. Am 28. März 1849 wurde sie mit einer Mehrheit von 42 Stimmen angenommen. Vorangestellt war ein Grundrechtskatalog, immerhin ein bemerkenswerter historischer Schritt. Damit wollte die Paulskirche an die Tradition der anderen westlichen Verfassungen anknüpfen.

Staatsform sollte eine an die Konstitution gebundene Monarchie sein – mit dem preußischen König Friedrich Wilhelm IV. als kaiserlichem Oberhaupt. Der Geltungsbereich sollte sich auf die Staaten des Deutschen Bundes erstrecken, allerdings in der sicheren Annahme, dass Österreich außen vor blieb: die sogenannte kleindeutsche Lösung. Doch schon die Ratifizierung durch die deutschen Staaten warf Probleme auf. Österreich, Bayern, Preußen, Sachsen und Hannover lehnten ab. Es kam zum Eklat, und die Abgeordneten der beiden Vormächte verließen die Nationalversammlung. Dennoch versuchten die Parlamentarier, das politische Werk fortzusetzen, bildeten eine »Kaiserdeputation«, die Anfang April 1849 nach Berlin reisen sollte, um dem Hohenzoller die Kaiserwürde anzutragen. Der wiedererstarkte preußische Regent aber fühlte sich keineswegs geschmeichelt und überhaupt nicht an irgendwelche Vorgaben einer zerfallenden Volksvertretung gebunden. Die Einladung zur Führung in Deutschland hätte er vielleicht angenommen, wenn sie von den Fürsten gekommen wäre. Die nunmehr demokratisch verabreichte Kaiserkrone wies er jedoch empört von sich – als »Lumpenkrone der Nationalversammlung«, wie er sie einem General gegenüber bezeichnete, die »nur Ekel und Verachtung« verdiene.

Seine preußischen Truppen waren es auch, mit deren Schützenhilfe im folgenden Jahr alle weiteren Volkserhebungen, die das Blatt noch wenden wollten, niedergekämpft wurden. Das erste gesamtdeutsche Parlament zerbrach, als ihm ein Staat nach dem anderen seine Legitimation entzog. Am 18. Juni trieben monarchietreue Truppen die letzten verbliebenen Volksvertreter auseinander. Im Mai 1849 brachen überall in Deutschland wieder Aufstände aus, um die Verfassung in einigen Einzelstaaten dennoch zu etablieren.

*Der Anfang einer traurigen Reihe von Selbstschändungen.*

JOHANN GUSTAV DROYSEN,
HISTORIKER UND POLITIKER



1849 3.4.1849 Friedrich Wilhelm IV. lehnt Kaiserwahl ab

1849 3.5.1849 Beginn des Dresdner Maiaufstandes unter Teilnahme von Bakunin, Semper und Richard Wagner

1849 11.5.1849 Badische Revolution

Das Nationalparlament in der Paulskirche löste sich auf. Die Reste flohen am 30. Mai 1849 als »Rumpfparlament« nach Stuttgart, in den traditionell eher demokratischen Süden Deutschlands, um der Restauration zu entgehen. Doch württembergische Truppen beendeten das demokratische Experiment am 18. Juni 1849 endgültig. Die Gegenrevolution hatte auf der ganzen Linie gesiegt. Die Rückkehr der beiden mitteleuropäischen Großmächte zur Fürstenherrschaft und damit zur »alten Ordnung« wurde von Russland, Frankreich und England überaus wohlwollend aufgenommen.

»Ich sterbe für die Freiheit. Möge das Vaterland meiner eingedenk sein!« Robert Blum ist heute weithin vergessen.

## Zu viel für eine Revolution?

»War, was Morgenrot wir tauften, Abendrot nur des verkauften Deutschland, dem kein Tag mehr scheint?«, wie Wilhelm Zimmermann, ein Weggefährte Blums, ahnungsvoll nach dessen Tod reimte. Gab es am Ende nichts als Scheitern?

Viel ist über das Erbe der Paulskirchenversammlung räsoniert und debattiert worden. Schnell liegt der vordergründige Befund nahe: Keines der Ziele wurde erreicht, keine Einheit, keine gemeinsame Verfassung. Das Parlament ist offenkundig an seiner Doppelaufgabe zerbrochen. Doch war die Bilanz wirklich so verhagelt?

Es war allein schon eine historische Leistung, Hunderte von Volksvertretern aus den vielen deutschen Landen in einem gesamtdeutschen Parlament zu vereinen, Formen der gemeinsamen Willensbildung und Entscheidung zu finden und zu erproben. In der Debatte fand das ganze Volk seinen Raum, nicht nur in Frankfurt. Die gelockerte Zensur, die Verbreitung von Zeitungen im politischen Alltag schufen eine blühende Presselandschaft, eine riesige Plattform für das nationale Gespräch über die Ländergrenzen hinweg. Die Deutschen kamen einander näher. Und es waren sehr verschiedene Gruppen, die sich während der Revolution in Frankfurt zu politischen Allianzen zusammenfanden. Die Paulskirche raufte sich – trotz aller Gegensätze – immer wieder zu Mehrheitsbeschlüssen durch. Zudem wurden erstmals öffentlich die bestehenden gesellschaftlichen Schranken durchbrochen. Ein demokratischer Aufsteiger aus armen Verhältnissen wie Robert Blum hätte in einer allein von Klassendünkel beherrschten Standesgesellschaft niemals das Wirkungsfeld erhalten, auf dem er sein Ansehen erwarb.

Und was bedeutete das Geschehen von 1848 für die territoriale Entwicklung auf deut-



**1849** 30.5.1849 Auflösung der Frankfurter Nationalversammlung. Rumpfparlament zieht nach Stuttgart

**1849** 18.6.1849 Gewaltsame Auflösung des Rumpfparlaments der Frankfurter Nationalversammlung

**1850** 31.1.1850 Revidierte preußische Verfassung tritt in Kraft. Preußen konstitutionelle Monarchie mit Dreiklassenwahlrecht

schem Boden und für die Entfaltung künftiger Staatsmacht? Anders als vor der Revolution waren die Herrscher nun überall im Deutschen Bund an geschriebene Konstitutionen gebunden, sie mussten nun die Gesetzgebung mit Parlamenten teilen und hatten es mit politisch zunehmend profilierten Eliten zu tun. Mittelmächte wie Bayern, Württemberg, Sachsen gewannen gegenüber Österreich und Preußen an Gewicht, hier lag auch ein föderales Potenzial künftigen Zusammenwachsens.

Und die Wirtschaft? Industrie und Handel kamen durch den revolutionären Wandel in Schwung, drängten mehr denn je auf vereinheitlichte Räume. Die Idee eines Wirtschaftsgebiets mit einem gemeinsamen Markt, mit finanzieller und rechtlicher Planungssicherheit, mit halbwegs gleichberechtigten ökonomischen Spielregeln brach sich weiter Bahn. Wenn auch die Nationalversammlung ihre selbst erklärten Ziele nicht erreichen konnte, so stellten die Ereignisse doch die Weichen für wichtige Entwicklungen in der Geschichte Deutschlands. Der deutsche Weg zum Nationalstaat Bismarck´scher Prägung war dabei keineswegs determiniert, auch wenn preußisch-deutsche Historiker das später so darstellten.

*Man hat gelernt, dass ein bedeutendes Reich nicht mit Worten und konstitutionellen Paragrafen hergestellt werden kann.*

HEINRICH VON SYBEL,
PREUSSISCHER HISTORIKER, 1866

Fakt ist, dass die schwarz-rot-goldene Tradition nach 1848 erst einmal unterbrochen wurde, doch auf lange Sicht haben nicht nur die Toten des Freiheitskampfs von 1848 den Nimbus einer die Zeiten überdauernden Unsterblichkeit erworben. Die vorausschauenden Verfechter einer demokratischen Ordnung wie Robert Blum hatten vorgeprägt, was erst nach schmerzhaften Verwerfungen der Geschichte allmählich zum Allgemeingut der Deutschen werden sollte. »Was dort erfochten worden«, so hatte Robert Blum in der Paulskirche diese Revolution mit eindringlichen Worten charakterisiert, »ist der Umstand, dass man dort den Glauben an den Gott der Geschichte wieder erweckt hat in der Menschenbrust; es ist die Überzeugung …, dass der Gedanke größer und stärker und gewaltiger ist als die Macht der Bajonette und Kanonen.«

Nachdem das preußisch-deutsche Kaiserreich mit der Niederlage im Ersten Weltkrieg 1918 zusammengebrochen war, knüpfte die Verfassung der Weimarer Republik an das freiheitliche Erbe an. Auch die Väter des Grundgesetzes 1949 errichteten den neuen Staat auf Fundamenten der Paulskirche, gaben Westdeutschland eine Ordnung in Freiheit, wenn auch erst noch ohne Einheit. Mit dem Fall der Mauer 1989 tat sich für alle Deutschen die Chance auf, ihren historischen Traum zu verwirklichen.



**1850** 20.3.1850 Erfurter Unionsparlament möchte kleindeutschen Staat unter preußischer Führung errichten, scheitert

**1850** 2.7.1850 Frieden von Berlin beendet Schleswig-Hosteinischen Krieg

**1850** 29.11.1850 Olmützer Punktation. Wiederherstellung des Deutschen Bundes. Sieg der Reaktion über die Revolution

# Bismarck

## und das Deutsche Reich

1866 galt der preußische Ministerpräsident Otto von Bismarck als Reaktionär, der die deutsche Einheit nur wünschte, um die Macht Preußens zu stärken. Nach den Siegen über Österreich und Frankreich, die 1871 zur Bildung des deutschen Kaiserreichs führten, und nach der Etablierung eines demokratisch gewählten Parlaments ehrten ihn die Deutschen als den Gründer des modernen deutschen Nationalstaats. Zwar bewahrte der neue Reichskanzler von nun an den Frieden und begründete den Wohlfahrtsstaat, doch zugleich bekämpfte er interne Kritiker seiner Herrschaft mit unerbittlicher Härte.

## Der Anschlag

»Bismarck ist ganz entschieden ein Verräter an Deutschland!« Der zweiundzwanzigjährige Student Ferdinand Cohen-Blind, ein Stiefsohn des im Exil lebenden 1848er-Revolutionärs Karl Blind, schrieb in seinem Abschiedsbrief nieder, was viele im Deutschland des Frühjahrs 1866 empfanden, auch wenn sie seinen Entschluss zur Gewalt missbilligen mochten: »Weder das preußische noch das österreichische Volk wollen ja Krieg, er wird rein von oben diktiert, und da fällt der größte Teil der Schuld auf Bismarck. Ein gewöhnlicher Mensch, wenn er den hundertsten Teil von dem begangen hätte, was Bismarck sich hat zuschulden kommen lassen, wäre schon längst dem Gesetz verfallen. Bismarck, der jedoch hochgestellt ist, kann von den Gesetzen nicht belangt werden, und achtet sie nicht. Lässt sich dann nicht ganz logisch der Schluss ziehen, dass derjenige, der außerhalb der Gesetze steht, von dem Einzelnen belangt werden kann?«

Am nächsten Tag, dem 7. Mai 1866, brachte Cohen-Blind den Brief zur Post, bevor er gegen 17 Uhr, wie die *Neue Preußische Zeitung* genüsslich rekonstruierte, im Café Hering eine »Tulpe Bairisch Bier« bestellte: »Den Kellner, der ihm das Bier brachte, fragte Blind, ob der Ministerpräsident nicht öfter Unter den Linden entlanggehe, und erhielt die Antwort, dass dieses fast täglich geschehe, da Bismarck gewöhnlich vom Königlichen Palais aus zu Fuß nach Hause gehe. Es sei sehr wahrscheinlich, dass er auch heute, und zwar in nächster Zeit, vorüberkommen werde. Blind warf, als er das hörte, dem Kellner ein Viergroschenstück hin, ließ sein Bier stehen und stürzte auf die Straße, um gleich darauf den Grafen Bismarck meuchlings anzufallen ...«

Das Attentat auf Bismarck auf der Berliner Prachtstraße Unter den Linden war kein Blitz aus heiterem Himmel, sondern der Höhepunkt einer Reihe heftiger Anfeindungen, mit denen sich der preußische Ministerpräsident Otto von Bismarck seit seiner Ernennung im September 1862 auseinanderzusetzen hatte. »Mit der Verwendung dieses Mannes«, kommentierte die Wochenschrift des »Kleindeutsch-Liberalen Nationalvereins« seine Berufung, »ist der schärfste und letzte Bolzen der Reaktion von Gottes Gnaden verschossen.« In der Tat sah der preußische König Wilhelm I. die Berufung Bismarcks als letzte Alternative zu seiner eigenen Abdankung. Seit er 1861 die Krone von seinem kinderlos verstorbenen Bruder, Friedrich Wilhelm IV., übernommen hatte, befand er sich im Streit mit dem preußischen Parlament. Vordergründig ging es um inhaltliche Differenzen über die Reform des preußischen Heeres, das vergrößert und neu strukturiert werden sollte. Für den König aber wurden die Querelen zur Prinzipienfrage: Herrschertum oder Parlamentarismus? Während Wilhelm I. sich erbittert jedem Abstrich an der von ihm höchstselbst entworfenen Armeereform widersetzte, verweigerte das Parlament unter Hinweis auf sein Budgetrecht die hierfür erforderlichen finanziellen Mittel.

In der aufgeheizten Atmosphäre des Herbstes 1862 war die Ernennung Bismarcks eine Kampfansage des Königs an das Parlament. Während der Revolutionsjahre 1848/49 hatte sich der damals dreiunddreißigjährige Gutsbesitzer Otto von Bismarck als glühender Verfechter der alten preußischen Königsherrschaft einen Namen gemacht. Für seinen Einsatz gegen die Revolution war er reich belohnt worden. Obwohl ohne jede diplomatische



**1851** 18.8.1851 Otto von Bismarck (* 1815) wird preußischer Gesandter am Frankfurter Bundestag

**1851** 2.12.1851 Louis Napoleon lässt sich per Volksabstimmung auf zehn Jahre zum Präsidenten wählen

**1851** 31.12.1851 Franz Joseph I. unterzeichnet »Silvesterpatent« und löst Märzverfassung auf

# Das Attentat

(Aussage Bismarcks vom 9. Mai 1866 gegenüber dem Staatsanwalt)

»Ich mochte ein paar Schritte von der die Linden durchschneidenden Schadowstraße aus getan haben, als ich hinter mir kurz aufeinander zwei laute Schüsse fallen hörte. Ich drehte mich um und gewahrte einen jungen Menschen, welchen ich in der mir vorgelegten Photographie wiedererkenne. Derselbe hatte einen Revolver in der rechten Hand und legte in einer Entfernung von 5 bis 6 Schritt, als ich mich umdrehte, gerade wieder auf mich an und schoss. Ich lief ihm entgegen und erfasste ihn, soweit ich mich erinnere, an der rechten Hand und am Halse oder am Rockkragen. Ich sah, wie der Mensch abermals den Revolver, und zwar dicht auf meiner Brust, abfeuerte. Der Mensch musste den Revolver inzwischen in die linke Hand genommen haben, und es gelang ihm noch einmal, aus unmittelbarer Nähe auf meine Brust zu feuern ...«

1852 8.5.1852 Londoner Protokoll bekräftigt Integrität Dänemarks. Schleswig und Holstein bleiben eigenständig

1852 4.10.1852 Beginn des Kölner Kommunistenprozesses

1852 2.12.1852 Louis Napoleon lässt sich nach Volksabstimmung als Napoleon III. zum Kaiser der Franzosen ausrufen

Erfahrung, wurde er 1851 als preußischer Gesandter zum Frankfurter Bundestag, 1859 als Botschafter nach Sankt Petersburg und 1862 für kurze Zeit in der gleichen Funktion nach Paris entsandt. Nacheinander bekleidete er damit drei der wichtigsten Posten der preußischen Diplomatie. Bei seinem Antritt als preußischer Ministerpräsident machte Bismarck klar, dass er den Machtanspruch der Krone auch diesmal ohne Abstriche durchzusetzen gedenke. Wenn zwischen Regierung und Parlament eine verfassungsmäßige Einigung über den Staatshaushalt nicht zu erzielen sei, erklärte er den empörten Abgeordneten, dann müsse die Regierung diesen eben einseitig festlegen, um die Handlungsfähigkeit des Staates zu erhalten. Unbekümmert regierte er fortan im offenen Verfassungsbruch.

Während er einerseits im Innern auf Konfrontationskurs ging, lockte Bismarck andererseits die liberale Opposition mit einem deutlichen Wink, dass ein von ihm geführtes Preußen der Motor der 1848 gescheiterten deutschen Einigungsbewegung sein könne. »Nicht auf Preußens Liberalismus sieht Deutschland, sondern auf seine Macht«, erklärte er wenige Tage nach seinem Regierungsantritt. »Preußens Grenzen nach den Wiener Verträgen sind zu einem gesunden Staatsleben nicht günstig; nicht durch Reden und Majoritätsbeschlüsse werden die großen Fragen der Zeit entschieden – das ist der große Fehler von 1848 und 1849 gewesen –, sondern durch Blut und Eisen.« Doch sein Angebot stieß auf scharfe Ablehnung und handelte ihm lediglich den Vorwurf ein, die gewaltsame Einigung Deutschlands unter preußischer Führung als ein bloßes Entlastungsmanöver zu betreiben, um von den heftigen inneren Konflikten abzulenken.

Die Erstürmung der Düppeler Schanzen durch preußische Truppen besiegelte die Niederlage Dänemarks im Krieg um Schleswig und Holstein.

*Du weißt, wie leidenschaftlich ich Preußen liebe, höre ich aber einen so flachen Junker wie diesen Bismarck von dem »Eisen und Blut« prahlen, womit er Deutschland unterjochen will, so scheint mir die Gemeinheit nur noch durch die Lächerlichkeit überboten.*

HEINRICH VON TREITSCHKE,
HISTORIKER, AN SEINEN SCHWAGER
WILHELM NOKK, SEPTEMBER 1862

Die Haltung der nationalliberal gesinnten Öffentlichkeit gegenüber Bismarck blieb auch dann skeptisch, als seine Außenpolitik bereits erste Erfolge verbuchte. 1863/64 führte Preußen gemeinsam mit der anderen deutschen Großmacht Österreich Krieg gegen Dänemark und nahm diesem die deutschsprachigen Elbherzogtümer Schleswig, Holstein und Lauenburg ab – eine alte Forderung der deutschen Nationalbewegung, die 1848 unerfüllt blieb. Doch statt Schleswig und Holstein als neues



1853 16.10.1853 Beginn des Krimkrieges zwischen Russland und der Türkei

1854 27.3.1854 Eintritt Frankreichs und Englands auf Seiten der Türkei in den Krimkrieg

1854 24.4.1854 Hochzeit Franz Josephs I. mit der Wittelsbacher Prinzessin Elisabeth (»Sissi«)

Fürstentum im Deutschen Bund zu integrieren, wie es Österreich und die Mehrheit der anderen deutschen Staaten forderten, wollte Bismarck sie Preußen einverleiben. Hinter den Streitigkeiten über Schleswig-Holstein stand längst die grundsätzliche Frage, wer in Deutschland zukünftig das Sagen haben würde: Berlin oder Wien.

In der Kronratssitzung vom 28. Februar 1866, in der die Weichen für den Krieg gestellt wurden, erteilte Bismarck dem bis dahin ausgeübten Dualismus in Deutschland eine klare Absage. Preußen, so erklärte er dem König und der versammelten Staatsführung, sei »die einzige lebensfähige politische Schöpfung, die aus den Ruinen des Alten Reiches hervorgegangen« sei. Darauf beruhe sein Recht, an die Spitze Deutschlands zu treten. Österreich habe dieses »natürliche und wohlberechtigte« Streben Preußens aus Eifersucht stets bekämpft und Preußen die Führung Deutschlands nicht gegönnt, obwohl es selbst dazu unfähig sei. Selbstbewusst formulierte er eine historische Mission Preußens, das dazu berufen sei, an die Spitze der nationalen Bewegung zu treten. Um diesen Anspruch zu untermauern und die nationale Bewegung für sich zu gewinnen, reichte er am 9. April 1866 im Frankfurter Bundestag den offiziellen Antrag ein, ein gesamtdeutsches Parlament zu berufen, das aus allgemeinen und gleichen Wahlen hervorgehen sollte – was eine bewusste Provokation Österreichs darstellte, das als Vielvölkerreich das nationale Selbstbestimmungsrecht entschieden ablehnte. Im Gegenzug forderte Wien nun eine Entscheidung des Bundestags über Schleswig-Holstein. Die Fronten verhärteten sich. Anfang Mai 1866 befahl der preußische König die Generalmobilmachung.

Es ist historisch nicht ohne Reiz, darüber zu spekulieren, was wohl geschehen wäre, wenn in ebendiesem Moment das Attentat Cohen-Blinds Bismarck von der politischen Bühne entfernt hätte: kein Krieg, kein Kaiserreich, kein Weltkrieg, kein Hitler, keine Bundesrepublik Deutschland? Mit großer Wahrscheinlichkeit wäre 1866 kein Jahr der Weichenstellung in der deutschen Geschichte geworden.

Bis heute ist rätselhaft, wie Bismarck die Kugeln des Attentäters überlebte. Fünf Schüsse feuerte Cohen-Blind auf den Ministerpräsidenten ab, alle aus unmittelbarer Nähe, die letzten zwei sogar direkt auf der Brust seines Opfers, das ihn in Gegenwehr gepackt hatte.

Die zeitgenössische Kreidelithografie von E. Müller zeigt Bismarck bei der Abwehr des Attentäters Ferdinand Cohen-Blind.

Tatsächlich entdeckte Bismarck zu Hause Schusslöcher in seinem Überzieher sowie in Rock, Weste und Hemd; lediglich an der seidenen Unterjacke waren die Kugeln abgeglitten, ohne die Haut zu verletzen. Nur eine Rippe schmerzte für einige Tage. Hatte ihn die Tatsache gerettet, dass er für die Jahreszeit ungewöhnlich dick angezogen war, da er eine Erkältung auskurierte? Waren die letzten beiden Schüsse ohne Durchschlagskraft, weil die Mündung des Revolvers direkt auf Bismarcks Kleidung aufgesetzt war? Oder hatte seine Rippe die letzten Schüsse abgefedert, wie er selber vermutete? So erstaunlich blieb seine Rettung, dass Gegner wie der Kommunist Friedrich Engels vermuteten, Bismarck trage heimlich ein Panzerhemd. Bismarcks Anhänger schlossen sich hingegen eher der Meinung des königlichen Leibarztes Gustav von Lauer an, der keine andere Erklärung sah »als die, dass Gottes Hand dazwischen gewesen ist«.

Bismarck hat die Ansicht Lauers offenbar ein Stück weit geteilt und göttliche Vorsehung am Werk gesehen. Er ließ sich die Tatwaffe aushändigen und verwahrte sie zeitlebens in seiner Schreibtischschublade. Auch das Unterhemd, das er beim Attentat trug, wurde mitsamt den Einschusslöchern wie eine Reliquie aufbewahrt und ist wie die Pistole noch heute im Besitz der Familie Bismarck. Der Attentäter überlebte seine Tat nur um wenige Stunden. In einem Arrestzimmer des Berliner Polizeipräsidiums schnitt sich Ferdinand Cohen-Blind mit einem Messer, das er verborgen am Leib getragen hatte, die Halsschlagader durch. »Es wird sich niemand getrauen, den jungen Mann für einen schlechten Menschen zu erklären, der sein Leben darangegeben hat, um das Vaterland von einem solchen Unhold zu befreien«, schrieb ihm der *Beobachter*, das Blatt der württembergischen Liberalen, zum Nachruf.

Der Sitzungssaal der Bundesversammlung im Thurn- und Taxis-Palais in Frankfurt am Main.

## Der Deutsch-Deutsche Krieg

Den Gang der Ereignisse hat Cohen-Blind nicht aufhalten können. Am 14. Juni 1866 fiel in Frankfurt am Main die Entscheidung über Krieg oder Frieden in Deutschland. An diesem Tag kamen im Thurn-und-Taxis-Palais in der Seckenheimer Landstraße die Deputierten der »Bundesversammlung«, auch »Bundestag« genannt, zusammen. Der Frankfurter Bundestag war das zentrale Gremium des Deutschen Bundes, des Nachfolgers des 1806 aufgelösten Heiligen Römischen Reiches Deutscher Nation. Der Deutsche Bund war 1815 auf dem Wiener Kongress gegründet worden mit dem Ziel, in Mitteleuropa nach den napoleonischen Eroberungskriegen wieder ein stabiles



1855 8.2.1855 Auf Initiative Bismarcks im Bundestag bleibt Preußen im Krimkrieg neutral

1855 28.4.1855 Scheitern eines Attentatsversuchs auf Napoleon III.

1855 8.9.1855 Einnahme von Sewastopol durch die Alliierten

Gleichgewicht der Mächte zu schaffen. Die deutschsprachige Mitte Europas sollte einerseits über genügend Stärke verfügen, etwaigen Vormachtansprüchen Frankreichs und Russlands entgegenzutreten, jedoch andererseits nicht so stark sein, um sich selbst zur Vormacht aufzuschwingen. Die Staaten des Deutschen Bundes waren verpflichtet, untereinander Frieden zu wahren und etwaige Angriffe von außen auf eines der Mitglieder gemeinsam abzuwehren, ähnlich der heutigen NATO. Wie diese war der Deutsche Bund kein Staat, sondern eine internationale Organisation souveräner Mitgliedstaaten. Im »Bundestag« saßen keine gewählten Abgeordneten des deutschen Volkes, sondern weisungsgebundene Abgesandte von 35 Fürstentümern und vier Freien Städten.

Die Sitzung vom 14. Juni 1866 war nur zu einem Zweck einberufen worden. Zur Abstimmung stand der Antrag Österreichs, das gemeinsame Bundesheer gegen Preußen mobil zu machen, da dessen Politik in Schleswig-Holstein den inneren Frieden des Bundes gefährde. Mit dem Antrag wollte sich Österreich die Legitimation des Deutschen Bundes für den bevorstehenden Krieg gegen Preußen sichern, seine Annahme bedeutete praktisch eine Kriegserklärung des Bundes an Preußen. Auf Bismarcks Weisung legte der preußische Gesandte von Savigny daher sofort Protest gegen die Abstimmung ein – vergeblich. Bei der anschließenden Stimmabgabe zeigte sich, dass Preußen im Kreis der Bundesstaaten nahezu isoliert war. Außer Preußen sprachen sich nur die Hansestädte, die beiden Mecklenburg, Luxemburg und eine Reihe mitteldeutscher Kleinstaaten gegen den Wiener Antrag aus, während sich das Großherzogtum Baden als einziger Staat außerhalb des unmittelbaren preußischen Machtbereichs der Stimme enthielt. Österreich und die Mittelstaaten des Bundes, Hannover, Sachsen, Württemberg und Bayern, stimmten für den Antrag, der mit neun gegen sechs Stimmen angenommen wurde. Savigny blieb nichts anderes übrig, als eine von Bismarck längst vorbereitete Note zu verlesen, womit er im Namen des preußischen Königs den Bundesvertrag für erloschen und seine Tätigkeit am Bundestag für beendet erklärte. Er verließ den Saal, während seine Kollegen noch protestierten. Bereits am nächsten Tag, dem 15. Juni 1866, marschierten preußische Truppen in Hannover, Sachsen und Kurhessen ein.

Die Abstimmung im Frankfurter Bundestag war für Bismarck eine Niederlage, Preußen stand allein auf weiter Flur. Auch Bismarcks Appell an die deutsche Nationalbewegung verhallte weithin ungehört. Sein Antrag, den Bund um ein gewähltes gesamtdeutsches Parlament zu erweitern, wurde in der Öffentlichkeit als reine Taktik begriffen, um die deutsche Nationalbewegung vor den preußischen Karren zu spannen. Nur in der Außenpolitik hatte er einen wichtigen Erfolg erzielt: Am 8. April war ein Geheimvertrag zwischen Preußen und Italien geschlossen worden. Darin verpflichtete sich Italien, Österreich im Falle eines preußisch-österreichischen Konflikts sofort den Krieg zu erklären, und erhielt für den Fall des Sieges das österreichische Venetien zugesprochen. Tatsächlich löste Italien sein Versprechen ein und band damit österreichische Kräfte in Italien. Die eigentliche Entscheidung aber, daran zweifelte niemand, würde nördlich der Alpen fallen. Der Erfolg von Bismarcks Politik ruhte jetzt auf den Schultern der preußischen Militärs.



1855 17.10.1855 Patentierung des für die Stahlproduktion wichtigen Bessemerverfahrens

1856 30.3.1856 Frieden von Paris: Ende des Krimkrieges

1856 13.12.1856 Preußen bricht diplomatische Beziehungen zur Schweiz wegen Konfliktes um Kanton Neuenburg ab

## Der Sieg von Königgrätz

Per Befehl vom 2. Juni 1866 hatte König Wilhelm I. die Führung des Feldzugs dem preußischen Generalstabschef Helmuth von Moltke übertragen, der den König durch seinen kühnen Angriffsplan beeindruckt hatte. In den ersten Tagen ließ Moltke die feindlichen Staaten Norddeutschlands, Hannover, Sachsen und Kurhessen, von preußischen Truppen besetzen, um die Verbindung Berlins zu den Westprovinzen herzustellen, danach konzentrierte er sich ganz auf den Hauptgegner Österreich. Während die süddeutschen Staaten noch mobil machten, marschierten preußische Truppen bereits in Böhmen ein, wo Moltke die österreichische Nordarmee vernichten wollte. »Getrennt marschieren, vereint schlagen«, lautete Moltkes Formel für den Sieg. Er teilte das preußische Heer in drei Armeen auf, die jede für sich gegen den Feind ziehen und sich erst im Moment der Schlacht vereinigen sollten. Der getrennte Aufmarsch erlaubte eine schnellere Bewegung, als wenn das Heer in einer einzigen Masse vorgerückt wäre. Virtuos nutzte Moltke die modernen Bahnverbindungen Preußens,

Helmuth Karl von Moltke (1800–1891). Der preußische Generalstabschef war maßgeblich für den Sieg über Österreich verantwortlich.

Ludwig August Ritter von Benedek. Unter seinem Kommando verloren die Österreicher und ihre Verbündeten die Schlacht von Königgrätz.



**1857** 26.5.1857 Vertrag von Paris: Verzicht Preußens auf Kanton Neuenburg

**1858** 14.2.1858 Erneuter Attentatsversuch auf Napoleon III.

**1858** 20.7.1858 Geheimvertrag zwischen Sardinien und Frankreich über Krieg gegen Österreich

Die fortschrittlichere und daher effizientere Waffentechnik der Preußen erwies sich in der Schlacht von Königgrätz am 3. Juli 1866 als ausschlaggebend.

um die Truppen zu transportieren, und dirigierte den Aufmarsch telegrafisch von Berlin aus. Genaue Planung, Schnelligkeit und Koordinierung sollten den Preußen den entscheidenden Vorteil über den Gegner sichern. Doch Moltkes Strategie besaß einen Schönheitsfehler: Die 2. preußische Armee unter dem Kommando des Kronprinzen Friedrich Wilhelm hinkte den beiden anderen Armeen hinterher. Nur wenn sie rechtzeitig eintraf, konnte das taktische Konzept aufgehen.

Am 3. Juli 1866 – einem trüben und regnerischen Sommertag – kam es nordwestlich der Stadt Königgrätz zur Entscheidungsschlacht. 200 000 Mann standen Moltke zur Verfügung, ebenso viele befehligte sein Gegner, der österreichische Oberkommandierende Ludwig von Benedek. Der Österreicher hatte seine Ver-



1859 25.4.1859 Baubeginn für den Suezkanal

1859 29.4.1859 Beginn des Sardinischen Krieges: Frankreich und Sardinien gegen Österreich

1859 4.6.1859 Niederlage Österreichs in der Schlacht von Magenta

Die Sieger von Königgrätz: Treffen des preußischen Königs Wilhelm I. mit seinem Sohn, Kronprinz Friedrich Wilhelm, auf dem Schlachtfeld am 3. Juli 1866.

bände auf einer Hügelkette nördlich von Königgrätz eine stark befestigte Defensivstellung beziehen lassen. An ihr sollten sich die beiden vorauseilenden preußischen Armeen ausbluten, danach wollte Benedek mit überlegenen Kräften die verbleibende Armee des Kronprinzen besiegen. Zunächst schien sein Plan zu funktionieren. Unter hohen Verlusten rannten die Preußen stundenlang gegen die österreichischen Linien an, ohne entscheidende Geländegewinne zu erzielen. Am frühen Nachmittag traf jedoch die Armee des Kronprinzen nach einem Gewaltmarsch überraschend auf dem Schlachtfeld ein und überrannte den rechten Flügel der Österreicher. Benedek, dessen Truppen in eine Zange zu geraten drohten, befahl den Angriff der Reserven auf die von den Preußen eroberten Stellungen. Jetzt konnten die Preußen ihren entscheidenden Vorteil ausspielen: das Zündnadelgewehr, den ersten relativ zuverlässig funktionierenden Hinterlader. Während früher Pulver und Geschoss separat, das heißt nacheinander, in den Lauf gestopft wurden, lud man das Zündnadelgewehr mittels einer Patrone, die Geschoss und Treibladung enthielt, bequem von hinten. Im Gegensatz zum Vorderlader musste sich der Schütze beim Laden nicht aus der Deckung erheben, wodurch er ein leichtes Ziel abgab, sondern er konnte im Liegen und wesentlich schneller nachladen. Ein tödlicher Vorteil: Durch das Schnellfeuer der preußischen Zündnadelgewehre wurden die angreifenden österreichischen Reserven aufgerieben. Noch heute markiert der sogenannte »Hohlweg der Toten« den Ort, an dem die Schlacht ihre Wende nahm. In nur einer halben Stunde fielen hier tausende österreichische Soldaten und wurden an Ort und Stelle begraben.

Dem österrreichischen Oberkommandierenden blieb nur der Rückzug. Mit Mühe gelang es Benedek, mit dem Gros seiner Truppen der preußischen Umklammerung zu entgehen und sich über die nahe Elbe zu retten. Doch er zahlte einen hohen Preis: 5658 Gefallene, 7574 Verwundete, 7410 Vermisste und 22 170 Gefangene bilanzierte das österreichische Generalstabswerk die kaiserlichen Verluste. Ein Viertel der österreichischen Nordarmee existierte nicht mehr, die Kampfmoral des Rests war gebrochen. Die preußische Armee verzeichnete »nur« 1929 Gefallene, 6948 Verwundete und 276 Vermisste; ihr Sieg war spektakulär. Der Weg nach Wien lag offen vor ihr. Dort zog die kaiserliche Regierung schnell ihre Konsequenzen aus der Katastrophe von Königgrätz. Obwohl ihre Truppen an der zweiten Front in Italien erfolgreich waren, setzte sich die Einsicht durch, dass nur eine politische Lösung die völlige militärische Niederlage des Kaiserreichs abwenden konnte.

Die Art, wie Bismarck den Triumph von Königgrätz in politische Münze umwandelte, gilt zu Recht als eine Sternstunde seiner Politik. Während er die Grenzen auslotete, welche die europäischen Großmächte, insbesondere Frankreich, den preußischen Kriegszielen setzen könnten, musste er zugleich den Überschwang im eigenen Lager bremsen. »Wenn wir nicht übertrieben in unseren Ansprüchen sind und nicht glauben, die Welt erobert zu haben, so werden wir auch einen Frieden erlangen, der der Mühe wert ist«, schrieb er wenige Tage nach der Schlacht an seine Frau Johanna. »Aber wir sind ebenso schnell berauscht wie verzagt, und ich habe die undankbare Aufgabe, Wasser in den brausenden Wein zu gießen und geltend zu machen, dass wir nicht allein in Europa leben, sondern mit noch drei Mächten, die uns hassen und neiden.«

Napoleon III. und Kaiser Franz Joseph I. von Österreich (hier bei einem Treffen in Villafranca 1859) hatten einen Sieg über Preußen fest einkalkuliert.

Da England und Russland sich zurückhielten, erwies sich der französische Kaiser Napoleon III. (1808 – 1873) als der eigentliche Gegenspieler Bismarcks auf der europäischen Bühne. Schon einen Tag nach dem Sieg von Königgrätz sandte er ein Telegramm in das preußische Hauptquartier, in dem er – auf Wunsch Österreichs – seine Vermittlerdienste anbot. Dahinter stand unausgesprochen die Drohung, ein französisches Mitspracherecht notfalls mit Waffen einzufordern. Napoleon III. sah durch den schnellen preußischen Sieg alle seine Pläne über den Haufen geworfen. Der Kaiser hatte mit einem längeren Krieg und einem österreichischen Sieg gerechnet und sich in einer Geheimkonvention von 12. Juni 1866 bereits mit der Regierung in Wien arrangiert. Für das Versprechen, Neutralität zu wahren und österreichische Gebietserwerbe in Mitteleuropa zu dulden, erlangte Frankreich die mündliche Zusicherung, dass Österreich »keinen Einwand zu erheben haben würde gegen eine territoriale Umgestaltung, welche Sachsen, Württemberg und sogar Bayern auf Kosten mediatisierter Fürsten vergrößern und aus den Rheinprovinzen einen neuen unabhängigen deutschen Staat machen würde«. Im Grunde wollte Napoleon III. die alte Rheinbund-Politik seines Onkels Napoleon I. wieder aufnehmen und an der Ostgrenze seines Landes ein Glacis abhängiger deutscher Satellitenstaaten schaffen. Der preußische Sieg bei Königgrätz machte einen Strich durch seine Rechnung. Stattdessen sah sich Napoleon III. nun mit der Gefahr konfrontiert, dass an der französischen Grenze ein von Berlin regierter starker deutscher Nationalstaat entstand, der Frankreichs Interessen und Sicherheit bedrohte.



1859 10.11.1859 Frieden von Zürich: Ende des Sardinischen Krieges

1860 20.10.1860 Franz Joseph I. erlässt das »Oktoberdiplom«

1860 6.11.1860 Abraham Lincoln (* 1809) wird zum Präsidenten der Vereinigten Staaten von Amerika gewählt

# Napoleon III.

Charles Louis Napoleon Bonaparte war der Sohn eines jüngeren Bruders Kaiser Napoleons I. Aufgewachsen in der Schweiz, wo seine Familie nach dem Sturz des Onkels ein Exil gefunden hatte, entwickelte er früh den Ehrgeiz, die Kaiserwürde für die Familie zurückzuerlangen. Zwei Putschversuche, 1836 und 1840, scheiterten und trugen ihm eine langjährige Haft ein, der er sich durch Flucht nach England entzog. Erst nach der Februarrevolution 1848 kehrte er zurück und wurde mit großer Mehrheit legal zum Präsidenten gewählt. Dem Ende seiner Amtszeit kam er durch einen Staatsstreich zuvor und ließ sich – nach einer Volksabstimmung – im Dezember 1852 zum Kaiser der Franzosen ausrufen. Er regierte Frankreich 22 Jahre lang, länger als jeder andere in der jüngeren französischen Geschichte. Wie sein Onkel Napoleon I. errichtete er ein autoritäres Regime auf populärer Basis, das einige Jahre sehr erfolgreich war. Erst außenpolitische Niederlagen und eine wirtschaftliche Rezession unterspülten ab Mitte der 1860er-Jahre die Popularität des Kaisers und führten zu spektakulären Wahlerfolgen kaiserkritischer Parteien. Anfang 1870 musste Napoleon III. den Führer der Opposition, Emile Ollivier, zum Ministerpräsidenten ernennen und eine neue liberale Verfassung verkünden. Seine Hoffnung, durch einen Sieg über Preußen die kaiserliche Autorität wieder zu stärken, erfüllte sich nicht. Nach seiner Gefangennahme in Sedan stürzte das Kaiserreich. Napoleon III. wurde auf Schloss Wilhelmshöhe bei Kassel interniert, von wo aus er im März 1871 ins Exil nach England ging. Am 9. Januar 1873 starb er in Chislehurst bei London an den Folgen einer Operation.



1861 2.1.1861 Wilhelm I. (* 1797) wird König von Preußen

1861 4.2.1861 Gründung der Konföderierten Staaten von Amerika

1861 26.2.1861 Franz Joseph I. erlässt das »Februarpatent« und hebt damit das »Oktoberdiplom« wieder auf

In den Verhandlungen mit Napoleon III. gelang es Bismarck, geschickt jedes konkrete Zugeständnis zu vermeiden, da er wusste, dass die deutsche Nationalbewegung ihm diese als Verrat angekreidet hätte. Die späteren Forderungen des Kaisers, die Pfalz und Rheinhessen mit Mainz als Preis für sein Wohlwollen zu erhalten, lehnte er entschieden ab. Gleichzeitig besänftigte er Napoleon III., indem er preußische Kriegsziele formulierte, die angesichts des triumphalen Sieges von Königgrätz maßvoll erschienen: Nur im Norden Deutschlands beanspruchte Berlin die uneingeschränkte Vorherrschaft, die deutschen Staaten südlich des Mains sollten unabhängig bleiben. Ähnlich moderat verhielt sich Bismarck gegenüber dem besiegten Österreich. Je rascher er sich mit Wien verständigte, so sein Kalkül, desto geringer war die Gefahr einer französischen Intervention. Eine schnelle Verständigung ließ sich jedoch nur dann erreichen, wenn er dem österreichischen Kaiser keine direkten Landabtretungen abverlangte. Neben einer moderaten finanziellen Kriegsentschädigung forderte Bismarck daher von Wien lediglich, die preußische Vorherrschaft im Norden Deutschlands zu akzeptieren wie auch die Unabhängigkeit der süddeutschen Staaten. Die Zeche sollten andere bezahlen: Nach Schleswig und Holstein sollten jetzt auch Hannover, Kurhessen

Preußisch-österreichische Verhandlungen in Schloss Nikolsburg im Juli 1866. Der dort unterzeichnete Vorfriede beendete den Deutsch-Deutschen Krieg von 1866.



1861 17.3.1861 Einigung Italiens: Viktor Emanuel II. (* 1820) proklamiert das Königreich Italien

1861 12.4.1861 Beginn des Amerikanischen Bürgerkrieges

1862 22.9.1862 Otto von Bismarck wird preußischer Ministerpräsident

Kronprinz Friedrich Wilhelm von Preußen um 1859. Seine Vermittlerdienste söhnten den König und Bismarck wieder aus.

und Nassau sowie die bisherige Freie Reichsstadt Frankfurt am Main an Preußen fallen, das dadurch die schon seit Langem angestrebte Landverbindung zu seinen Westprovinzen erhalten würde.

## Der Vorfriede von Nikolsburg

Mit diesem Programm, auf das Paris und Wien eingingen, stieß Bismarck beim preußischen König Wilhelm I. auf heftigen Widerstand. Im böhmischen Schloss Nikolsburg, in das Mitte Juli das preußische Hauptquartier verlegt worden war, kam es am 24. Juli zu einem Streit zwischen Ministerpräsident und Souverän, der an den Rand des Bruchs führte. Dem traditionell geprägten König schien es ungeheuerlich, den Hauptgegner Österreich ohne Gebietsverluste oder hohe Entschädigung davonkommen zu lassen, während die »verführten« Verbündeten Wiens bluten sollten. Man müsse in Preußen sagen können, »dass wir Österreich auch ins Fleisch geschnitten und es am eigenen Leibe gezüchtigt hätten«, notierte der Kronprinz Friedrich Wilhelm entsprechende Äußerungen seines Vaters im Tagebuch. Auf der anderen Seite widerstrebte es dem König, die alteingesessenen Herrscherhäuser in Hannover, Kurhessen und Nassau aus preußischem Machtinteresse zu eliminieren. Untergrub er damit nicht selber die monarchische Idee, die ihm so teuer war? Vergeblich führte Bismarck seinem Herrn die Notwendigkeit einer schnellen Verständigung mit Wien, die Gefahr einer französischen Intervention vor Augen – der König bestand entweder auf einer Landabtretung oder einer hohen finanziellen Reparationsleistung Wiens. Bismarcks Widerspruch führte schließlich, wie er in seinen Erinnerungen schrieb, »eine so lebhafte Erregung des Königs herbei, dass eine Verlängerung der Erörterung unmöglich war und ich mit dem Eindruck, meine Auffassung sei abgelehnt, das Zimmer verließ mit dem Gedanken, den König zu bitten, dass er mir erlauben möge, in meiner Eigenschaft als Offizier in mein Regiment einzutreten. In mein Zimmer zurückgekehrt, war ich in der Stimmung, dass mir der Gedanke nahetrat, ob es nicht besser sei, aus dem offen stehenden, vier Stock hohen Fenster zu fallen.«

Am Ende war es der Kronprinz, der Bismarck und den König aussöhnte und die Waagschale zugunsten des Ministerpräsidenten senkte. Auf sein Zureden hin versah der König am nächsten Tag den Rand eines Schreibens,



1862 13.10.1862 Verfassungsstreit in Preußen. Heereskonflikt. Parlamentsauflösung

1863 22.1.1863 Januaraufstand in Polen gegen russische Herrschaft

1863 8.2.1863 Alvenslebensche Konvention zwischen Preußen und Russland

**1863** 23.5.1863 Ferdinand Lassalle (* 1825) gründet den Allgemeinen Deutschen Arbeiterverein

**1863** 3.7.1863 Schlacht bei Gettysburg: Wende im Amerikanischen Bürgerkrieg zugunsten der Nordstaaten

**1863** 17.8.1863 Beginn des Frankfurter Fürstentages zur Beratung über Reformen im Deutschen Bund

in dem Bismarck seine Argumente noch einmal resümiert hatte, mit der entscheidenden Notiz: »Wenn trotz dieser pflichtmäßigen Vertretung vom Besiegten nicht das zu erlangen ist, was Armee und Land zu erwarten berechtigt sind, das heißt eine starke Kriegskostenentschädigung von Österreich als dem Hauptfeind oder Landerwerb in einigem in die Augen springenden Umfang, … so muss der Sieger an den Toren Wiens in diesen sauren Apfel beißen und der Nachwelt das Gericht dieserhalb überlassen.« Bereits am nächsten Tag, dem 26. Juli, wurde in Nikolsburg ein Vorfriede mit Österreich geschlossen. Einen knappen Monat später, am 23. August 1866, folgte in Prag der endgültige Friedensschluss.

## Der Norddeutsche Bund

Nikolsburg ist ein Wendepunkt der deutschen Geschichte. Zwar behielt der österreichische Kaiser sein Land, doch gab er viel preis. Mit einem Federstrich verabschiedete sich Österreich aus gut 900 Jahren gemeinsamer Vergangenheit. Die Frage, »großdeutsch« oder »kleindeutsch«, die die Revolutionäre von 1848 bewegte, war im Sinne Preußens entschieden. Von nun an beschritt Wien einen getrennten Weg, der zu zwei eigenständigen Nationalstaaten, Österreich und Deutschland, führte, während Preußen zugleich zum Kristallisationspunkt des Letzteren wurde. An die Stelle des aufgelösten Deutschen Bundes trat der von Preußen dominierte Norddeutsche Bund, der sich bis zur Mainlinie erstreckte. Ihm gehörten neben Preußen 22 norddeutsche Fürstenstaaten und Freie Städte an, die den preußischen Annexionen nicht zum Opfer gefallen waren. Einen Sonderfall stellte Hessen-Darmstadt dar, das nur mit seiner nördlich des Mains gelegenen Provinz Oberhessen dem Norddeutschen Bund angehörte.

Der Norddeutsche Bund war im Unterschied zu seinem Vorgänger, dem Deutschen Bund, kein völkerrechtliches Bündnis mehr, sondern ein Staat mit gemeinsamer Regierung. Die süddeutschen Staaten Bayern, Württemberg und Baden blieben außerhalb und wurden unabhängig. Anders als von Napoleon III. erhofft, suchten sie jedoch keine Annäherung an Frankreich, um sich dessen Beistands angesichts der neuen deutschen Macht im Norden zu versichern. Die unverhohlen geäußerten Ansprüche Napoleons III. auf Gebiete in Süddeutschland führten vielmehr dazu, dass sie mit dem Norddeutschen Bund Verträge abschlossen, die ein militärisches »Schutz-und-Trutz-Bündnis« enthielten.

*Soll Revolution sein, so wollen wir sie lieber machen, als erleiden.*

BISMARCK
AN EDWIN VON MANTEUFFEL,
11. AUGUST 1866

Auch im Innern wurde 1866 zum Wendepunkt in der deutschen Geschichte. In den Monaten vor Königgrätz war die von Bismarck vorgeschlagene Reform des Deutschen Bundes, die ein aus allgemeinen Wahlen hervorgehendes Parlament vorsah, als taktisches Manöver abgetan worden: Der preußische Ministerpräsident, so hieß es, wolle die nationalliberale Bewegung nur durch eine demokratische Fata Morgana vor den Karren preußischer Machtpolitik spannen. Umso überraschter war man, als Bismarck sich nach dem Sieg Preußens selbst beim Wort nahm und in die Verfassung



1864 1.2.1864 Beginn des Krieges von Österreich und Preußen gegen Dänemark um Schleswig-Holstein

1864 22.8.1864 Genfer Konvention. Gründung des Internationalen Roten Kreuzes

1864 30.10.1864 Frieden von Wien: Abtretung Schleswigs und Holsteins an Österreich und Preußen

des Norddeutschen Bundes ein Bundesparlament diktierte, das aus allgemeinen, direkten und gleichen Wahlen hervorgehen sollte. Mehr noch: Der Mann, der Preußen gegen die Verfassung regiert hatte, reichte dem preußischen Parlament jetzt die Hand zur Versöhnung. In einer von Bismarck sorgfältig ausgefeilten Rede, mit der Wilhelm I. am 5. August den neu gewählten Landtag eröffnete, warb der König bei den Abgeordneten um »Indemnität«, das heißt um den Verzicht auf Sanktionen dafür, dass seine Minister in den Jahren zuvor ohne einen vom Parlament gebilligten Staatshaushalt regiert hatten. Auch wenn der König dieses Vorgehen als Notstand weiterhin rechtfertigte, wurde damit stillschweigend das Budgetrecht des Landtags anerkannt.

Die Indemnitätsvorlage und die Einführung eines Bundesparlaments änderten das Bild Bismarcks in der Öffentlichkeit nachhaltig. Bis dahin hatte er vielen als reaktionärer Junker gegolten, der den alten monarchischen Obrigkeitsstaat um jeden Preis erhalten wollte. Dass der Sieger von Königgrätz auf der Höhe seines Triumphs jetzt die Hand zum Ausgleich reichte und die Forderung nach parlamentarischer Mitbestimmung des Volkes akzeptierte, nahm seinen Kritikern den Wind aus den Segeln, die Front seiner Gegner bröckelte. Am 3. September 1866 stimmten die Abgeordneten mit 230 gegen 75 Stimmen der Indemnitätsvorlage zu und billigten nachträglich die Haushalte der letzten Jahre. Der preußische Verfassungskonflikt war beigelegt.

Über die inneren Motive, die Bismarcks Kurswechsel wie auch seine ganze Politik bestimmten, wurde von Zeitgenossen und der Nachwelt viel gerätselt. War der Saulus von 1848 und 1862 zum Paulus von 1866 geworden? Hatte sich der reaktionäre preußische Junker nun auf einmal in einen deutschen Patrioten verwandelt? Dabei übersah man, dass Bismarck sich bei allen Kurswechseln treu blieb. Er dachte vom Staat her, nicht von der Nation, und sah es als das natürliche Recht jedes Staates an, sich zu behaupten und seine Macht, wenn möglich, zu erweitern. Bei ihrem Streit in Nikolsburg hatte er König Wilhelm I. erklärt, »Österreichs Rivalitätskampf gegen uns« sei »nicht strafbarer als der unsrige gegen Österreich«. Aus der Perspektive kühlen Machtkalküls war ihm nicht entgangen, dass ein Zusammengehen mit der kleindeutschen Nationalbewegung die Position Preußens ungemein befördern konnte, gerade nach dem Sieg von Königgrätz. Die Schlacht mochte den Führungsanspruch Preußens in Norddeutschland militärisch zwar untermauert haben, allerdings konnte Berlin eine dauerhafte willige Unterordnung der annektierten und verbliebenen Fürsten- und Stadtstaaten nur dann erwarten, wenn der nationale Gedanke die Gegensätze zwischen Siegern und Besiegten überbrückte, wenn der Norddeutsche Bund von seinen Bürgern als Kern eines deutschen Nationalstaats angesehen wurde. Der Zustimmung der kleindeutschen Nationalbewegung aber konnte er sich nur gewiss sein, wenn er ihre innere Kernforderung erfüllte: eine parlamentarische Mitbestimmung des Volkes. Die Indemnitätsvorlage und die Zusicherungen eines norddeutschen Parlaments zielten daher auf Sicherung und Ausbau der durch den Krieg erlangten Machtposition. Bismarcks Politik wurde weder von deutschem Patriotismus noch von ideologischen Prinzipien entscheidend beeinflusst. Grundstruktur und Voraussetzung seiner politischen Leistung waren vielmehr, wie sein Bio-



**1865** 9.4.1865 Kapitulation der konföderierten Südstaaten im Amerikanischen Bürgerkrieg

**1865** 14.4.1865 Tödliches Attentat auf Abraham Lincoln

**1865** 14.8.1865 Vertrag von Gastein regelt die Verwaltung von Schleswig und Holstein zwischen Preußen und Österreich

graf Lothar Gall zu Recht urteilte, »die unbedingte Entschlossenheit und Bereitschaft, mit dem Strom der Zeit zu fahren, geleitet von dem Ziel der Selbstbehauptung der Macht der eigenen Person und des eigenen Staates«.

Wie sein Vorgänger, der Deutsche Bund, war auch der Norddeutsche Bund dem Prinzip nach ein Zusammenschluss souveräner Fürsten und Freier Städte, nur dass diesmal der König von Preußen als dessen erbliches Oberhaupt amtierte: »Je mehr man an die früheren Formen anknüpft«, bestimmte Bismarck, »umso leichter wird sich die Sache machen.« In der Form kam er den Empfindlichkeiten der einst souveränen Einzelstaaten gerne entgegen, solange inhaltlich der für ihn wesentliche Punkt gesichert war: die unbedingte Vorherrschaft des preußischen Staates und der preußischen Regierung mit ihm an der Spitze. An einer tatsächlichen Gewaltenteilung mit dem »Bundesrat«, dem Mitbestimmungsgremium der Länder auf Bundesebene, war er nie interessiert. Stattdessen sorgte er dafür, dass das Amt des preußischen Vorsitzenden des Bundesrats eine eminente Bedeutung erhielt – als eigenständiges Verfassungsorgan, das vom preußischen König ernannt wurde und nur ihm verantwortlich war. Für das Amt war der Titel »Bundeskanzler« gefunden worden, der an die Kanzler des alten deutschen Kaiserreichs erinnerte – auch hier diente die »frühere Form« dazu, die neue »Sache« zu kaschieren. Dem Bundeskanzler stand neben dem Vorsitz im Bundesrat die »Leitung der Staatsgeschäfte« zu. Er war praktisch die Bundesregierung in einer Person. Anders als in Preußen gab es im Norddeutschen Bund keine Ministerien und Minister, sondern nur »Ämter«, wie beispielsweise das »Auswärtige Amt«, die von Staatssekretären unter Leitung des Bundeskanzlers geführt wurden. Ursprünglich war als Bundeskanzler der frühere preußische Gesandte am Frankfurter Bundestag, von Savigny, im Gespräch gewesen. Als sich jedoch im Laufe der Verfassungsberatungen die enorme Machtfülle, die mit diesem Amt verbunden war, herausschälte, gab es für Bismarck nur noch einen Kandidaten: ihn selbst.

Im Norddeutschen Bund sahen Bismarck und die überwältigende Mehrheit des neuen Reichstags von Anfang an nur einen Torso, eine Etappe auf dem Weg zu einem kleindeutschen Nationalstaat. Dass auch die süddeutschen Staaten ihm beitreten würden, sobald es die Umstände erlaubten, war die allgemeine Erwartung. Deshalb war in Abschnitt XV der Verfassung auch festgehalten worden, dass ein Eintritt süddeutscher Staaten »auf Vorschlag des Bundespräsidiums im Wege der Bundesgesetzgebung« möglich sei.

## Die spanische Erbfolgefrage

Schon bald erwies sich die Erwartung, dass die Wirtschaft ein Motor der Einigung sein würde, als Trugschluss. Mit der Bildung des Norddeutschen Bundes war der bis dahin tätige Deutsche Zollverein obsolet geworden. Der Norddeutsche Bund schloss daher mit den vier süddeutschen Staaten Abkommen, mittels deren die bestehende Zollvereinbarung verlängert wurde. Die Zollverträge sahen vor, dass neue Beschlüsse von nun an durch eine gemeinsame parlamentarische Vertretung, das Zollparlament, gefasst werden sollten. Doch Bismarcks Hoffnung, die süddeutschen Staaten auf diese Weise fester an Berlin zu binden, erhielt einen Dämpfer. Die preußischen Anne-



1865 18.12.1865 Der 13. Verfassungszusatz beendet die Sklaverei in den USA

1866 8.4.1866 Geheimbündnis Preußen-Italien gegen Österreich

1866 14.6.1866 Streit über Schleswig-Holstein-Frage zwischen Österreich und Preußen. Austritt Preußens aus dem Deutschen Bund

xionen nördlich des Mains hatten die Sympathien für die Einigungspolitik Bismarcks in den süddeutschen Staaten deutlich abkühlen lassen. Bei der Wahl des gemeinsamen Zollparlaments 1868 siegten in Bayern und Württemberg Parteien, die gegen den Anschluss an den Norddeutschen Bund Front machten. Die deutsche Einigungsbewegung lahmte. Nur ein Anstoß von außen konnte die Dinge wieder ins Rollen bringen. Er erfolgte schließlich aus einer ganz unerwarteten Richtung.

1868 hatte ein Aufstand in Spanien Königin Isabella vertrieben. Da die Revolutionäre die Monarchie erhalten wollten, suchten sie für den vakanten Thron einen Kandidaten, der nicht mehr der bis dahin regierenden Dynastie der Bourbonen entstammen sollte. Wie so oft in der Geschichte Europas richteten sie dabei ihr Augenmerk auf Deutschland, das aufgrund seiner jahrhundertelangen Kleinstaaterei eine Vielzahl von Herrscherhäusern und damit eine große Auswahl standesgemäßer Kandidaten für den spanischen Thron bot. Die Wahl der Spanier fiel schließlich auf das Fürstliche Haus von Hohenzollern, eine katholisch-schwäbische Linie der auch in Preußen regierenden Dynastie. Im Februar 1870 boten sie dem ältesten Sohn des Hauses, Erbprinz Leopold, offiziell die spanische Königskrone an. Doch der Prinz und sein Vater zögerten, da bereits frühere Sondierungsgespräche auf den heftigen Protest des französischen Kaisers gestoßen waren. Zwar waren die preußischen und schwäbischen Hohenzollern mehr als 600 Jahre lang getrennte Wege gegangen, doch nach der Revolution von 1848/49 hatte der amtierende Fürst Karl Anton die Geschicke des kleinen Fürstentums in preußische Hände gelegt und den König von Preußen als Oberhaupt der Familie anerkannt. Napoleon III. fürchtete daher ein Band dynastischer Loyalität zwischen Madrid und Berlin, wenn Leopold König würde. Im schlimmsten

Leopold von Hohenzollern (1836–1905) zwischen König Wilhelm I. (links) und Kaiser Napoleon III. (rechts). Leopolds Kandidatur für den spanischen Königsthron war Anlass für den Deutsch-Französischen Krieg von 1870/71.



1866 15.6.1866 Deutscher Krieg zwischen Preußen und Österreich

1866 3.7.1866 Schlacht bei Königgrätz: Preußen besiegt Österreich

1866 26.7.1866 Vorfrieden von Nikolsburg

Fall mochte daraus ein Bündnis werden, das Frankreich in die Zange nahm wie zu Zeiten des Habsburgerkaisers Karl V. Auf jeden Fall aber würde die französische Öffentlichkeit darin einen weiteren Sieg Bismarcks sehen und es ihm, dem Kaiser, verübeln, dass er es erneut nicht vermocht hatte, der seit Königgrätz bedrohlich anwachsenden Macht Berlins wirksam entgegenzutreten.

Bismarck, den die Spanier unter der Hand über ihr Vorhaben informierten, war sofort dafür. In geheimen Unterredungen und Briefen bestürmte er die Hohenzollern und König Wilhelm I., die Kandidatur anzunehmen beziehungsweise ihr zuzustimmen – zunächst vergeblich. Da der König sich dagegen aussprach, sandten Leopold und sein Vater am 20. April 1870 einen Brief nach Spanien, in dem sie das Angebot ablehnten. Es bedurfte der ganzen Überredungskunst des Kanzlers, die Hohenzollern und den widerstrebenden König in den nächsten Monaten umzustimmen. Erst nach vielem Hin und Her wurde am 21. Juni die Annahme der Kandidatur durch Leopold per Telegramm von Berlin nach Madrid mitgeteilt.

Über Bismarcks Motive ist viel gerätselt worden. Wollte er Frankreich bewusst zum Krieg provozieren in der Hoffnung, dass der Kampf gegen einen äußeren Gegner Nord- und Süddeutschland zusammenschweißen und der stagnierenden Einigungsbewegung neuen Schwung verleihen würde? Oder aber wollte er Frankreich mit einem Hohenzollern auf dem spanischen Thron in Schach halten? Eine prodeutsche Regierung in Spanien, so hatte er Wilhelm I. geschrieben, würde Frankreich zwingen, seine Grenze zu Spanien abzusichern, und in Paris würde man sich dann noch genauer überlegen, sich auf einen Krieg mit Deutschland einzulassen. Wahrscheinlich trifft es seine Haltung am ehesten, dass er einen bewaffneten Konflikt mit Frankreich in Kauf nahm, ohne andere Lösungen auszuschließen. Immer wieder in seiner langen Laufbahn sprach Bismarck sich dagegen aus, einen Krieg mit all seinen unwägbaren Risiken vom Zaun zu brechen, solange andere Optionen offen schienen. Andererseits wusste er, dass der größte Widerstand gegen die Vereinigung der süddeutschen Staaten mit dem Norddeutschen Bund aus Paris kommen würde. Es lag für ihn daher nahe, jede Gelegenheit zu nutzen, um Frankreichs militärische Position zu schwächen, vor allem wenn dies heimlich und indirekt geschehen konnte. Offiziell, darauf legte er größten Wert, durfte Berlin nichts mit der Thronkandidatur zu tun haben. »Die ganze Sache ist nur möglich, wenn sie fürstlich-hohenzollersche bleibt, nur preußische darf sie nicht werden«, notierte er an den Rand eines Telegramms. Er setzte darauf, dass Leopold Tatsachen schaffen würde, bevor die Franzosen davon Wind bekamen. Saß dieser erst einmal auf dem Thron, lag der Ball bei Napoleon III. und den Spaniern, während er, Bismarck, seine Hände in Unschuld waschen konnte. Sollte dies wirklich sein Plan gewesen sein, so schlug er völlig fehl.

*Der Staatsmann gleicht einem Wanderer im Wald, der die Richtung seines Marsches kennt, aber nicht den Punkt, an dem er aus dem Forste heraustreten wird.*

OTTO VON BISMARCK,
ZUM HISTORIKER HEINRICH FRIEDJUNK, 1890

Aufgrund einer Panne sickerte die Nachricht von Leopolds Annahme Anfang Juli nach



1866 23.8.1866 Frieden von Prag

1866 24.8.1866 Auflösung des Deutschen Bundes. Ausscheiden Österreichs aus Deutschland und Anerkennung der Neugestaltung Deutschlands

1866 3.9.1866 Indemnitätsgesetz von Preußischem Landtag angenommen. Verfassungskonflikt beigelegt

Er wollte der »französische Bismarck« werden: Antoine Herzog von Gramont. Foto um 1860.

Paris durch, bevor das spanische Parlament den Hohenzollernprinzen zum König ausrufen konnte. Alarmiert eilte der französische Außenminister Antoine de Gramont am 3. Juli 1870 zu Napoleon III., der sich gerade in seiner Residenz im Pariser Vorort Saint-Cloud aufhielt. Die Ernennung Gramonts im Mai 1870 war allgemein als Zeichen für eine härtere Gangart gegenüber Berlin gewertet worden. Als französischer Gesandter in Wien hatte er die österreichische Niederlage von 1866 hautnah miterlebt und sie als Debakel für Frankreich empfunden. Seitdem warb er für ein Bündnis von Wien und Paris, das Bismarck bremsen und ihm, Gramont, zu Ruhm verhelfen sollte. »Ich werde der französische Bismarck sein«, schrieb er einem Freund kurz vor seiner Ernennung zum Außenminister. In Saint-Cloud traf Gramont einen Kaiser an, der nicht nur von Krankheit gezeichnet, sondern auch politisch schwer angeschlagen war. Außenpolitische Rückschläge und eine wirtschaftliche Rezession hatten die Popularität des Kaisers unterspült und zu spektakulären Wahlerfolgen monarchiekritischer Parteien geführt. Im Januar 1870 hatte Napoleon III. den Führer der Opposition, Emile Ollivier, zum Ministerpräsidenten ernennen müssen und eine neue, liberalere Verfassung verkündet. Doch er und seine Umgebung taten sich schwer, die Macht zu teilen, und liebäugelten mit einer Rückkehr zum alten Regime.

Bei ihrer Unterredung in Saint-Cloud spielte Gramont vermutlich diese Karte aus. Eine weitere außenpolitische Niederlage, so dürfte er dem Kaiser erläutert haben, könnte dessen Herrschaft beenden, ein neuer Sieg ihr dagegen frischen Schwung verleihen. Vielleicht ließ sich Napoleon III. auch durch die Überlegung überzeugen, dass dies eine Chance sei, Berlin in die Schranken zu weisen, ohne die deutsche Nationalbewegung zu provozieren: Kein Süddeutscher würde gegen Frankreich ziehen, um einen Hohenzollern auf den spanischen Thron zu heben. Schließlich gab ihm Napoleon III. grünes Licht für eine außenpolitische Offensive. Noch am Abend des 3. Juli sandte Gramont Telegramme nach Berlin und Madrid, in denen er gegen die Kandidatur Leopolds heftig protestierte. Am 6. Juli

König Wilhelm I. und der französische Botschafter Graf Benedetti in Bad Ems am 13. Juli 1870. Zeitgenössischer Holzstich.

1870 trat er vor die französische Nationalversammlung und machte in einer aufsehenerregenden Rede deutlich, dass für ihn Berlin hinter der Kandidatur Leopolds stehe und die französische Regierung diese um jeden Preis verhindern werde.

*Wir glauben nicht, dass die Achtung vor den Rechten eines Nachbarlandes uns verpflichtet zu dulden, dass eine fremde Macht, indem sie einen ihrer Prinzen auf den Thron Karls V. setzt, dadurch zu ihrem Vorteil das gegenwärtige Gleichgewicht Europas stört und so die Interessen und die Ehre Frankreichs gefährdet.*

ANTOINE HERZOG VON GRAMONT ZUR FRANZÖSISCHEN NATIONALVERSAMMLUNG, 6. JULI 1870

Gramonts Worte verfehlten ihre Wirkung nicht. Bedrängt von König Wilhelm I., der eine schnelle Beilegung der Krise wünschte, gab Fürst Karl Anton von Hohenzollern am 12. Juli den Verzicht seines Sohnes auf den spanischen Thron bekannt. Doch Gramont gab sich damit nicht zufrieden: Da er die Kandidatur als Intrige Berlins angeprangert hatte, würde er in den Augen der aufgeheizten Öffentlichkeit nur dann einen Sieg verbuchen können, wenn der Name des preußischen Königs mit dem Verzicht verbunden war. Nach Absprache mit Napoleon III. wies er den französischen Gesandten in Berlin, Graf Benedetti, an, den zur Kur in Bad Ems weilenden preußischen König aufzusuchen und ihm das offizielle Versprechen abzunehmen, nie wieder einer Kandidatur Leopolds zuzustimmen.

## Ein Telegramm als Kriegsauslöser

Am folgenden Tag, dem 13. Juli 1870, stellte sich Benedetti kurz nach acht Uhr morgens dem König bei seinem Morgenspaziergang auf der Emser Brunnenpromenade in den Weg. Heute markiert ein Gedenkstein die Stelle ihres Zusammentreffens, das zu einem Wendepunkt der deutschen Geschichte wurde. Über das, was gesprochen wurde, informierte der König Bismarck kurz darauf per Telegramm: »Graf Benedetti fing mich auf der Promenade ab, um auf zuletzt sehr zudringliche Art von mir zu erlangen, dass ich für alle Zukunft mich verpflichtete, niemals wieder meine Zustimmung zu geben, wenn die Hohenzollern auf ihre Kandidatur zurückkämen. Ich wies ihn, zuletzt etwas ernst, zurück, da man à tout jamais dergleichen Engagements nicht nehmen dürfe, noch könne.«



**1867** 15.3.1867 Gründung von Österreich-Ungarn

**1867** 1.7.1867 Verfassung des Norddeutschen Bundes tritt in Kraft. Bismarck wird Bundeskanzler

**1868** Deutsches Zollparlament. Abschluss eines Zollvereinigungsvertrages zwischen Norddeutschem Bund und mehreren süddeutschen Staaten

# Die Emser Depesche

(Der von Bismarck redigierte Text)

»Nachdem die Nachrichten von der Entsagung des Erbprinzen von Hohenzollern der kaiserlich französischen Regierung von der königlich spanischen amtlich mitgeteilt worden sind, hat der französische Botschafter in Ems an Seine Majestät noch die Forderung gestellt, ihn zu autorisieren, dass er nach Paris telegraphiere, dass Seine Majestät der König sich für alle Zukunft verpflichte, niemals wieder seine Zustimmung zu geben, wenn die Hohenzollern auf ihre Kandidatur zurückkommen sollten. Seine Majestät der König hat es darauf abgelehnt, den französischen Botschafter nochmals zu empfangen, und demselben durch den Adjutanten vom Dienst sagen lassen, dass Seine Majestät dem Botschafter nichts weiter mitzuteilen habe.«

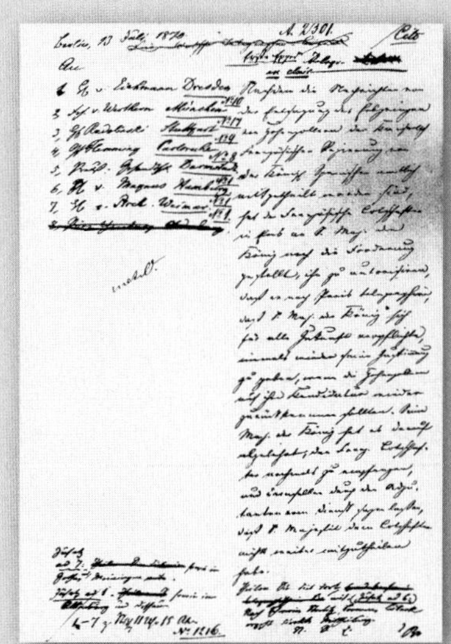

Freundlich, aber bestimmt lehnte Wilhelm I. es ab, noch einmal mit Benedetti zu sprechen. Bei ihrem Treffen hatte er jedoch angekündigt, in Bälde einen Brief des Fürsten von Hohenzollern zu erhalten. Als er das Schreiben tatsächlich kurz darauf in Händen hielt, schickte der König einen Adjutanten zu Benedetti und ließ ihm ausrichten, dass er vom Fürsten von Hohenzollern nur eine Bestätigung des Verzichts Leopolds erhalten habe, was Benedetti schon wisse, und er daher dem »Botschafter nichts weiter zu sagen« habe. Im Schlussteil des Telegramms, in dem der König die Ereignisse von Bad Ems zusammenfasste, stellte er Bismarck anheim, die neue französische Forderung und ihre Zurückweisung öffentlich zu machen.

Als das Telegramm des Königs am Abend des 13. Juli in Berlin eintraf, saß Bismarck gerade beim Abendessen mit dem preußischen Kriegsminister Albrecht Graf von Roon und dem Chef des Generalstabs, Helmuth Graf von Moltke. Er habe seinen Gästen das Telegramm vorgelesen, schilderte Bismarck später die berühmte Szene, »deren Niedergeschlagenheit so tief wurde, dass sie Speise und Trank verschmähten«. Beide empfanden die französische Forderung an den König als tiefe Demütigung ihres preußischen Ehrgefühls.

Im Unterschied zu ihnen erkannte Bismarck sofort die Gelegenheit, den Spieß umzudrehen. Ausgangspunkt war für ihn die Erlaubnis des Königs, das Telegramm zu veröffentlichen. In Gegenwart seiner beiden Tisch-



1868 30.9.1868 Spanische Königin Isabella II. (* 1839) wird gestürzt

1869 3.7.1869 Gleichberechtigung der Konfessionen im Norddeutschen Bund

1869 7.8.1869 Gründungskongress der Sozialdemokratischen Arbeiterpartei, aus der später die SPD hervorgeht

gäste strich Bismarck dessen Inhalt auf zwei Sätze zusammen, die als die berühmte »Emser Depesche« noch am Abend an die Presse gingen. Er fälschte das Telegramm nicht, wie später behauptet wurde, aber er nahm der Zurückweisung Benedettis durch den König jede Verbindlichkeit, ließ sie schroff und endgültig klingen: »Seine Majestät der König hat es darauf abgelehnt, den französischen Botschafter nochmals zu empfangen, und demselben durch den Adjutanten vom Dienst sagen lassen, dass Seine Majestät dem Botschafter nichts weiter mitzuteilen habe.« In der Tat waren die Formulierungen »nichts weiter mitzuteilen« beziehungsweise »nichts weiter zu sagen« auch im Urtext enthalten gewesen. Dort aber hatten sie sich ausdrücklich darauf bezogen, dass der König keine neuen Informationen für Benedetti hatte, die über das diesem bereits Bekannte hinausgingen. In ihrer verkürzten, zugespitzten Form und der prompten Veröffentlichung war die Emser Depesche eine bewusste Provokation. Sie würde, erklärte Bismarck seinen durch diese Wende förmlich elektrisierten Tischgästen, den »Eindruck des roten Tuches auf den gallischen Stier machen«. Nach den Ehrbegriffen der Zeit konnte sie vom französischen Kaiser, wollte er sein Gesicht nicht verlieren, nur mit einem beantwortet werden: Krieg.

Bismarcks Kalkül ist nachvollziehbar. Indem die französische Regierung den preußischen König mit Forderungen bedrängte, als die Kandidatur Leopolds schon vom Tisch war, hatte sie den Bogen überspannt. Wenn sie jetzt nach Ablehnung ihrer Forderung den Krieg erklärte, würde sie in den Augen der deutschen und europäischen Öffentlichkeit als Angreifer dastehen. Beherzt und skrupellos nahm Bismarck die Chance wahr, die stagnierende Einigungsbewegung wieder in Schwung zu bringen und zugleich ihren größten Gegner, Frankreich, auszuschalten. Andererseits war es nicht so, dass er eine arglose französische Regierung in den Krieg trieb: Gramont und Napoleon III. nahmen dieses Risiko bewusst in Kauf, als sie Berlin wegen der Kandidatur Leopolds öffentlich angriffen. Sie hofften, das kaiserliche Regime durch einen diplomatischen oder militärischen Sieg zu stabilisieren und – im besten Fall – die österreichische Schmach von Königgrätz tilgen zu können. Bereits am 14. Juli 1870 beschloss die französische Regierung die Mobilmachung, am 19. Juli übergab sie in Berlin ihre Kriegserklärung.

## Der Deutsch-Französische Krieg

Der Beginn des Krieges ließ in Paris viele Illusionen platzen. Anders als erhofft, blieben die süddeutschen Staaten nicht neutral. Durch die französische Kriegserklärung war der Bündnisfall gegeben, den ihre vertraglich festgelegten »Schutz-und-Trutz-Bündnisse« mit dem Norddeutschen Bund vorsahen. Die überwiegende Mehrheit der deutschen Öffentlichkeit stand seit der Emser Depesche ohnehin hinter Berlin und dem vermeintlich schwer gekränkten preußischen Monarchen. Seite an Seite mit der preußischen Armee marschierten bayerische, badische und württembergische Soldaten in Richtung französische Grenze. Auch die vage französische Hoffnung, sich mit Wien zur Revanche von Königgrätz zu verbünden, verflüchtigte sich rasch. Einen neuen »deutschen Bruderkrieg« wollte die österreichische Öffentlichkeit nicht, und auch die nach der Niederlage von Königgrätz an die Stelle der zweiten Reichsnation gerückten Ungarn lehnten eine



1869 16.11.1869 Eröffnung des Suezkanals

1870 21.6.1870 Kandidatur Prinz Leopolds von Hohenzollern (* 1835) für den spanischen Thron

1870 3.7.1870 Frankreich protestiert heftig gegen Kandidatur Leopolds

Revision von 1866 ab. Briten und Russen waren ebenfalls zu keiner Intervention bereit und hegten Sympathien eher für die deutsche Seite. Im Fall eines deutschen Sieges erwarteten sie einen Anschluss der süddeutschen Staaten an den Norddeutschen Bund, der vielen ohnehin nur als Provisorium erschien. Dagegen war man nicht sicher, ob ein französischer Sieg nicht zu einem Wiederaufleben der alten Hegemonialpläne Napoleons I. führen würde.

Solche Bedenken machten bald anderen Platz, als die französische Armee sich im August 1870 als unerwartet schwach erwies. Nach Niederlagen an der Grenze zogen sich fünf französische Korps in die Festungsstadt Metz zurück, wo sie von den Deutschen eingeschlossen wurden. Die Hauptmacht unter Befehl Napoleons III. sammelte sich bei Chalons. Von dort marschierte sie Richtung Metz, um die Belagerten zu befreien und sich mit ihnen zu vereinigen. Am 31. August erreichten Napoleons Truppen die Gegend um die Festungsstadt Sedan, wo die Generäle den erschöpften Soldaten eine Ruhepause gönnten – ein Fehler, den Moltke, der den Oberbefehl über die Koalitionsarmee führte, sofort ausnutzte. In Eilmärschen führte Moltke zwei Armeen von Osten und Süden an den Feind heran. Am Abend des 31. August hatten sie die französische Streitmacht fast umzingelt. »Sie sitzen in der Mausefalle«, jubelte Moltke. Einer seiner Gegner, der französische General Ducrot, formulierte es noch drastischer: »Wir hocken in einem Nachttopf, und morgen wird uns auf den Kopf geschissen.«

Diesmal war es nicht die Infanterie mit ihren Zündnadelgewehren, die die Schlacht entschied, sondern die Artillerie. Moltke ließ die Batterien der einzelnen Korps zusammenfassen und die Stellungen der französischen Infanteriesoldaten, die in ihrer Erschöpfung unterlassen hatten, provisorische Feldbefestigungen zu errichten, unter massives Feuer nehmen. Ungeschützt waren die Franzosen den

Im Trommelfeuer der preußischen Artillerie zerbrach 1870/71 die Kampfmoral der Franzosen.

Am Tag nach der Schlacht von Sedan am 1. September 1870 blieb für Napoleon III. (hier mit Bismarck) nur noch der bittere Weg in die Gefangenschaft.



1870 12.7.1870 Verzicht Leopolds auf spanischen Thron

1870 13.7.1870 Bismarck veröffentlicht »Emser Depesche«

1870 18.7.1870 Vatikanisches Konzil verkündet Unfehlbarkeit des Papstes

Französische Ballonfahrer zeigen den deutschen Belagerern eine lange Nase. Sie transportieren Post ins belagerte Paris und hinaus.

feindlichen Granaten und Schrapnellen ausgesetzt. Im Rhythmus von drei Salven pro Minuten zerbröckelte die Moral der französischen Armee. Zunächst Kompanien, dann Bataillone und zuletzt selbst Regimenter »lösten sich in formlose Horden auf, die nicht mehr wollten als überleben«. Am Nachmittag des 1. September 1870 gab Napoleon III. auf und ließ auf einem Tor der Festung Sedan eine weiße Flagge hissen. An der Spitze von mehr als 100 000 Soldaten begab er sich am nächsten Morgen in deutsche Gefangenschaft. Als die Kapitulation des Kaisers in Berlin gemeldet wurde, war der Jubel riesengroß. Der Tag des Sieges von Sedan wurde im deutschen Kaiserreich später als nationaler Feiertag begangen.

In Paris brach auf die Nachricht von der Niederlage und Gefangennahme Napoleons III. ein Aufstand los, der die Monarchie stürzte. Die neu gebildete republikanische »Regierung der nationalen Verteidigung« signalisierte sofort Friedensbereitschaft und distanzierte sich vom »napoleonischen« Krieg. Wie einst Österreich nach Königgrätz mochte auch sie freilich einen schnellen Frieden nur dann schließen, wenn Frankreich »nicht einen Zentimeter seines Bodens oder einen Stein seiner Festungen« aufgeben müsse.

Im Gegensatz zu 1866 lehnte Bismarck dies entschieden ab und schloss sich der Forderung der Militärs und der deutschen Nationalbewegung nach einer Annexion der einst zum Heiligen Römischen Reich Deutscher Nation gehörenden Gebiete Elsass und Lothringen an. Für ihn stand fest, dass sich Frankreich nicht mit einem starken deutschen Nationalstaat an seiner Grenze abfinden würde, sondern früher oder später auf seine alte Mitteleuropapolitik des »Teile und herrsche« zurückkommen werde. »Die einzige richtige Politik ist unter solchen Umständen«, hatte er bereits zehn Tage vor Sedan geschrieben, »einen Feind, den man nicht zum Freund gewinnen kann, wenigstens etwas unschädlicher zu machen und uns mehr gegen ihn zu sichern, wozu nicht die Schleifung seiner uns bedrohenden Festungen, sondern nur die Abtretung einiger derselben genügt.« Indem er auf dieser Forderung beharrte und den Krieg fortdauern ließ, setzte er den Deutschen in Nord und Süd zugleich



1870 19.7.1870 Französische Kriegserklärung: Beginn des Deutsch-Französischen Krieges

1870 20.8.1870 Beginn der Belagerung von Metz

1870 1.9.1870 Kapitulation Napoleons III. bei Sedan

Nach der Kapitulation von Paris gipfelten Streitigkeiten zwischen der provisorischen republikanischen Regierung und der Pariser Kommune in blutigen Kämpfen. Wieder einmal wurden in der französischen Hauptstadt Barrikaden, diesmal gegen Regierungstruppen, errichtet.

eine verlockende Siegprämie in Aussicht und verschaffte sich Zeit, um die trotz des gemeinsamen Kampfes bestehenden Widerstände gegen einen Beitritt der süddeutschen Staaten in den Norddeutschen Bund zu überwinden.

Aus heutiger Sicht hatte er damit wahrscheinlich eine große Chance vertan. Denn je länger der Krieg andauerte, desto mehr wandelte er sich von einem Krieg der Kabinette zu einem Krieg der Völker. Auf Jahrzehnte riss er tiefe Gräben zwischen Franzosen und Deutschen und wurde zu einer der wichtigsten Ursachen für den Ersten Weltkrieg. Ende September 1870 schlossen die Deutschen Paris ein, ab Dezember lag die Stadt unter dem Dauerbeschuss deutscher Kanonen. Französische Versuche, die Belagerung aufzubrechen, wurden zurückgeschlagen, dennoch hielt die provisorische Regierung den Widerstand aufrecht. Allmählich bahnte sich in der vom Nachschub abgeschnittenen Hauptstadt eine humanitäre Katastrophe an. Weniger die deutsche Beschießung, die sich auf militärische Anlagen konzentrierte, als Hunger, Kälte und Krankheiten forderten hohe Opfer unter der Zivilbevölkerung. Mitte Januar 1871 starben in Paris jede Woche 5000 Menschen an den Folgen der Belagerung.



1870 2.9.1870 Napoleon III. begibt sich in deutsche Gefangenschaft

1870 4.9.1870 Proklamation der Dritten Republik in Frankreich

1870 19.9.1870 Beginn der Belagerung von Paris

## Die Reichsgründung in Versailles

Währenddessen war das deutsche Hauptquartier Anfang Oktober 1870 nach Versailles verlegt worden, der einstigen Residenz der französischen Könige. Mit seinem engsten Stab richtete sich Bismarck im Palais einer Madame Jessé ein, der Witwe eines reichen Tuchfabrikanten, die später behauptete, die Deutschen hätten ihr Silberzeug und ihre Tischwäsche mitgenommen. Von hier aus zog er die Fäden, um die mit wachsendem Unbehagen nach Paris schauenden Großmächte von einer Intervention abzuhalten und zugleich den Anschluss der süddeutschen Staaten an den Norddeutschen Bund vorzubereiten. Während Baden und Hessen-Darmstadt sich kurz nach Sedan bereit erklärten, sich dem Bund ohne Weiteres einzufügen, waren Württemberg und vor allem Bayern zögerlicher. Erst nach erheblichen Zugeständnissen und unter dem Druck der öffentlichen Stimmung in ihren Ländern fanden sich die Regierungen in Stuttgart und München zu einem Beitritt bereit. Ende November 1870 waren die Verträge unter Dach und Fach. Was zu tun blieb, war ein möglichst symbolträchtiger Gründungakt des neuen kleindeutschen Nationalstaats, der in Beschwörung alter Zeiten den Namen »Deutsches Reich« tragen sollte. Hierfür setzte Bismarck auf den bayerischen König Ludwig II. Den Widerwillen des exzentrischen Monarchen gegen die Einigung überwand er durch eine heimliche Finanzspritze in dessen Privatschatulle, in der aufgrund der Errichtung exotischer Märchenschlösser chronische Ebbe herrschte. Dafür war Ludwig II. bereit, einen von Bismarck entworfenen Brief zu schreiben, in dem er im Namen der deutschen Fürsten dem preußischen König Wilhelm I. die Würde eines »Deutschen Kaisers« anbot.

Die Ausrufung des Kaisers sollte der symbolische Gründungakt des kleindeutschen Nationalstaats sein. Mit Bedacht wurde als Datum der 18. Januar 1871 festgelegt. 170 Jahre zuvor, am 18. Januar 1701, hatte sich Kurfürst Friedrich von Brandenburg zum »König in Preußen« gekrönt. Nun sollte einer seiner Nachfolger Kaiser werden. Wie einst in Nikolsburg stieß Bismarck jetzt, da seine Pläne aufzugehen schienen, auf den Widerstand seines Monarchen. Die Aussicht auf die Kaiserwürde reizte den König nicht. Wilhelm I. sah ein »großes Unglück« darin, in seinem 74. Lebensjahr »die glänzende preußische Krone mit dieser Schmutzkrone vertauschen« zu müssen. Wenn schon, dann wollte er nicht »Deutscher Kaiser«, sondern »Kaiser von Deutschland« heißen, erklärte er Bismarck am Tag vor der Proklamation, woraufhin dieser entschiedenen Widerspruch einlegte. Der Titel »Kaiser von Deutschland« beinhalte einen landesherrschaftlichen Anspruch auf die nichtpreußischen Gebiete, den die deutschen Fürsten ablehnten. Im Übrigen sei der Titel »Deutscher Kaiser« bereits durch Beschluss des Reichstags des Norddeutschen Bundes in die geänderte Verfassung für das künftige, um die süddeutschen Staaten vergrößerte »Deutsche Reich« aufgenommen worden. Seine Argumentation vermochte den Monarchen nicht umzustimmen, er bestand darauf, zum »Kaiser von Deutschland« proklamiert zu werden.

Am Morgen des nächsten Tages – die Zeremonie war für zwölf Uhr im Versailler Schloss anberaumt worden – eilte Bismarck zu Großherzog Friedrich von Baden, der als Ranghöchster unter den anwesenden Fürsten das Hoch auf den Kaiser anstimmen würde. Er schilderte ihm seine Bedenken, Wilhelm I. als



1870 27.10.1870 Kapitulation der belagerten Stadt Metz

1870 25.11.1870 Abschluss der Novemberverträge zwischen Bismarck und den süddeutschen Staaten über die deutsche Einigung

1871 18.1.1871 Kaiserproklamation und Gründung des Deutschen Reiches

»Es lebe Seine Majestät, der Kaiser Wilhelm!« Die Reichsgründung in Versailles am 18. Januar 1871. Ölgemälde von Anton von Werner.

»Kaiser von Deutschland« zu huldigen, danach begab er sich ins Versailler Schloss. Dort war im berühmten Spiegelsaal der französischen Könige alles für den feierlichen Akt gerichtet. Längs der Fensterseite standen rund 150 Soldaten, die für ihre Tapferkeit das Eiserne Kreuz erhalten hatten. An der Spiegelseite, ihnen gegenüber, hatten sich Offiziere aus allen deutschen Landen aufgestellt, deren Regimenter in Frankreich kämpften. Unter den Versammelten, insgesamt mehreren hundert, war auch eine kleine Abordnung des Reichstags, deren Zivilkleidung sich unter den vielen Uniformen fast verlor – ein scharfer Kontrast zur tatsächlichen Bedeutung ihrer Anwesenheit. Auch wenn das deutsche Kaiserreich nach Bismarcks Willen bewusst als Bund der Fürsten gegründet wurde, so war die Reichsgründung doch nicht von oben diktiert, sondern von der Zustimmung der breiten Mehrheit des deutschen Volkes getragen und nur durch sie ermöglicht.

Nach einem kurzen Gottesdienst versammelten sich die anwesenden Fürsten auf einem



1871 28.1.1871 Kapitulation von Paris. Waffenstillstand

1871 26.2.1871 Vorfrieden von Versailles

1871 18.3.1871 Beginn der Pariser Kommune

Podest an der Schmalseite des Spiegelsaals, dessen Hintergrund Regimentsfahnen einnahmen. Während Bismarck die Proklamation verlas, wuchs in ihm die Spannung, wie der Großherzog von Baden dem neuen Kaiser huldigen würde: als »Deutschem Kaiser« oder »Kaiser von Deutschland«? Mit dem Ruf »Es lebe Seine Majestät, der Kaiser Wilhelm!« wand sich der Großherzog geschickt aus der Bredouille. Unter den Hochrufen der Versammelten ging der leidige Titelstreit für immer unter. Wie oft zuvor und danach gab Wilhelm I. Bismarck am Ende nach und akzeptierte den Titel »Deutscher Kaiser«. Dennoch nahm der frisch gekürte Kaiser die Sache so übel, dass er, wie Bismarck sich erinnerte, »beim Herabtreten von dem erhöhten Stande der Fürsten mich, der ich allein auf dem freien Platze davor stand, ignorierte, an mir vorüberging, um den hinter mir stehenden Generalen die Hand zu bieten«. Der Groll des Kaisers währte allerdings nicht lange. Zwei Monate später, am 21. März 1871, erhob er Bismarck in den erblichen Fürstenstand.

Deutsche Truppen marschieren am 1. März 1871 durch den Pariser Arc de Triomphe. Zeitgenössische Darstellung von F. W. Heine.

*Diese Kaisergeburt war eine schwere. Könige haben in solchen Zeiten ihre wunderlichen Gelüste, wie Frauen, bevor sie der Welt hergeben, was sie doch nicht behalten können. Ich hatte als Accoucheur mehrmals das dringende Bedürfnis, eine Bombe zu sein und zu platzen, dass der ganze Bau in Trümmer gegangen wäre.*

**OTTO VON BISMARCK
AN SEINE FRAU JOHANNA,
21. JANUAR 1871**

Die Stunde der deutschen Einigung war für Frankreich die Stunde der bitteren Niederlage. Wenige Tage nach der Reichsgründung signalisierte die provisorische Regierung im hungernden Paris Friedensbereitschaft. Am 28. Januar wurde ein Waffenstillstand, am 26. Februar ein Vorfriede vereinbart.

*Dieser Krieg bedeutet die deutsche Revolution, ein größeres Ereignis als die Französische Revolution des vergangenen Jahrhunderts.*

**BENJAMIN DISRAELI,
POLITIKER, 9. FEBRUAR 1871**

Bevor die deutschen Truppen sich von Paris zurückzogen, marschierten sie durch den Triumphbogen, wie einst Napoleon I. durch das Brandenburger Tor Berlins gezogen war. Der endgültige Friede wurde am 10. Mai 1871 in Frankfurt am Main geschlossen. Frankreich musste das Elsass und einen Teil Lothringens mit der Festung Metz abtreten, dazu eine Kriegsentschädigung von fünf Milliarden



1871 21.3.1871 Eröffnung des ersten Reichstags in Berlin. Bismarck wird Reichskanzler

1871 16.4.1871 Verfassung des deutschen Kaiserreiches wird verabschiedet

1871 10.5.1871 Frieden von Frankfurt zwischen Frankreich und Deutschland

Goldfranken zahlen – eine schwere Hypothek für die künftigen Beziehungen zwischen den beiden Nachbarstaaten.

## Das deutsche Kaiserreich

In Berlin wurde den siegreich heimkehrenden Truppen ein triumphaler Empfang bereitet. Zum ersten Mal in ihrer Geschichte lebten die Deutschen vereint in einem Nationalstaat mit einer gemeinsamen Hauptstadt: Berlin. »Wodurch hat man die Gnade Gottes verdient, so große und mächtige Dinge erleben zu dürfen?«, jubelte der Historiker Heinrich von Sybel im Brief an einen Freund. »Und wie wird man nachher leben. Was zwanzig Jahre der Inhalt alles Wünschens und Strebens gewesen, das ist nun in so unendlich herrlicher Weise erfüllt!«

Der triumphale Einzug Kaiser Wilhelms I. an der Spitze seiner Truppen in Berlin, 16. Juni 1871.

## Mark und Pfennig

Mit Hilfe der französischen Kriegsentschädigung wurde die bis dahin größte Währungsreform der deutschen Geschichte finanziert: die Einführung der Mark. Der neue Nationalstaat erfüllte damit die alte Forderung der Wirtschaft nach einer einheitlichen Währung in deutschen Landen, die komplizierte Wechselkurse im innerdeutschen Handel überflüssig machte. Statt in Talern, Gulden oder Groschen konnte durch Gesetz von 1871 nach einer Übergangsphase überall im Deutschen Kaiserreich in Mark und Pfennig bezahlt werden. Die neue Mark war ein Kunstprodukt wie der spätere Euro. Ursprünglich stand »Mark« für eine Gewichtseinheit, 233 Gramm; nur in Hamburg und Lübeck existierten bereits Münzen dieses Namens. Über die Kehrseite der Mark kam es sofort zum Streit. Auf der Rückseite des Reichsadlers müsse das Konterfei des deutschen Kaisers, des Symbols der deutschen Einheit, stehen, forderten die Zentralisten. Die Fürsten legten ein Veto ein und setzten sich durch. Auf die Rückseite des Reichsadlers wurde das Bildnis des jeweiligen deutschen Landesherrn geprägt – in Bayern also des bayerischen Königs. Auch in dieser Hinsicht war die Mark ein Vorbild für den heutigen Euro.



**1871** 15.5.1871 Einführung des Strafgesetzbuches im deutschen Kaiserreich

**1871** 28.5.1871 Ende der »Blutwoche« in Paris und Zerschlagung der Pariser Kommune

**1871** 10.12.1871 Beginn des »Kulturkampfes« zwischen Staat und katholischer Kirche

Die Wirtschaft boomte: Überall schossen während der »Gründerjahre« neue Werksanlagen wie Pilze aus dem Boden.

Der Reichsgründung folgte eine kurze Zeitspanne des Überschwangs – die »Gründerjahre«. Die Wirtschaft des neuen »Deutschen Reiches« boomte, getragen von einer allgemeinen Aufbruchstimmung und der französischen Kriegsentschädigung. Mit dem Geld aus Paris wurde auch die bis dahin größte Währungsreform der deutschen Geschichte finanziert: die Einführung der Mark im Jahr 1873. Wirtschaftlich gesehen war das Deutsche Reich ein junger, moderner, dynamischer Staat, und dies traf auch auf seine Bevölkerung zu: Zwischen 1871 und 1914 wuchs sie von rund 41 Millionen auf 67 Millionen, das heißt, im Schnitt kamen jährlich 600 000 Menschen dazu. Zwei Drittel der Deutschen waren 30 Jahre und jünger.

1871 stand Bismarck im Zenit seiner Macht. Als Ministerpräsident der schwächsten europäischen Großmacht Preußen hatte er 1862 sein Amt angetreten, jetzt war er »Reichskanzler« des neuen Deutschen Reiches, das Österreich und Frankreich überholt und als stärkste Macht Mitteleuropas zu den beiden europäischen Flügelmächten England und Russland



1872 4.7.1872 Jesuitengesetz mit Verbot der Ordensniederlassungen auf deutschem Boden

1873 8.5.1873 Börsenkrach löst internationale Rezession und »Gründerkrise« aus

1873 11.5.1873 Maigesetze im Rahmen des »Kulturkampfes«

»Schloss« Friedrichsruh bei Hamburg, der Alterssitz Bismarcks. Foto um 1895.

aufgeschlossen hatte. Auch privat hatte ihm der Erfolg genutzt: Aus dem wohlhabenden Baron von einst war ein reicher Fürst geworden. Nach alter Tradition belohnte das dankbare Vaterland den Sieger mit einer großzügigen Dotation. Schon 1866, nach dem Sieg über Österreich, war ihm eine hohe Geldsumme überwiesen worden, für die er sich den Herrschaftssitz Varzin in Hinterpommern gekauft hatte. Jetzt schenkte ihm der Kaiser zum Fürstentitel 4000 Hektar Land: den Sachsenwald bei Hamburg. Es war ein Besitz wie gemacht für Bismarck. Anders als das abgelegene Varzin, wohin Post und Besuch nur mühselig gelangten, hatte er hier mitten im Wald das schnellste Verkehrsmittel seiner Zeit direkt vor der Haustür. Durch den Sachsenwald verlief die Bahnlinie Hamburg–Berlin, deren Züge ihn binnen weniger Stunden in die Hauptstadt bringen konnten.

Nur eines fehlte dem neuen Besitz: ein Schloss. Als Wohnsitz kaufte der Kanzler daher das Ausflugshotel »Frascati« unmittelbar neben dem Bahnhof »Friedrichsruh«. Trotz mancher Umbauten konnte das neue »Schloss Friedrichsruh« seine Herkunft nie abstreifen. An manchen Türen des Obergeschosses, berichteten Gäste, waren sogar noch die Zimmernummern zu sehen. Monatelang erledigte Bismarck die Amtsgeschäfte von hier, fern der Hauptstadt. Dort nannte man ihn bald spöttisch den »Reichs-Vakanzler«.

## Der Kampf gegen die katholische Kirche

Doch das Bild des knorrigen »Alten vom Sachsenwald«, das später populär wurde, trügt. Mit der gleichen Rücksichtslosigkeit, mit der er die äußeren Gegner der Einheit bekämpft hatte, ging er nun gegen alle vor, durch die er die von ihm geschaffene Ordnung des neuen Reiches und seine persönliche Macht gefährdet sah.

Unter der Maxime »Nach Canossa gehen wir nicht« entfesselte der Kanzler antikatholische Ressentiments in der protestantischen Mehrheit des Reiches. Das eigentliche Ziel seines »Kulturkampfs« war für ihn nicht die katholische Kirche, sondern die neue katholische Partei im Reich, das »Zentrum«, die bei der ersten gesamtdeutschen Wahl 1871 auf Anhieb die zweitstärkste Fraktion im Reichstag stellte. Ihre Abgeordneten repräsentierten die katholische Bevölkerung des Rheinlands, des Südens und der polnischen Minderheit im Osten. Bismarck sah im »Zentrum« das Sammelbecken für die Gegner des neuen Reiches und seines protestantischen Kaisers, den »inneren Reichsfeind«. Da kirchliche Angelegenheiten jedoch weitgehend in die Kompetenz der Länder fielen, blieb der »Kulturkampf« im Wesentlichen auf Preußen beschränkt.



1873 9.7.1873 Erste deutsche Währungsunion

1873 22.10.1873 »Dreikaiserabkommen« zwischen Deutschland, Österreich und Russland zur Isolierung Frankreichs

1874 10.1.1874 Zweite Wahl zum deutschen Reichstag

Im Dezember 1871 wurde in Preußen der sogenannte Kanzelparagraf eingeführt, der Geistlichen politische Kommentare untersagte. Schritt für Schritt wurden der Kirche die geistliche Aufsicht über die Schule entzogen, die Zivilehe eingeführt und fast alle geistlichen Orden verboten. Etwaigen Widerstand ahndete die preußische Regierung mit rigorosen Maßnahmen. 1876 waren sämtliche Bischöfe in Preußen entweder verhaftet oder ausgewiesen, ein Drittel der Pfarrstellen unbesetzt. Doch politisch war der »Kulturkampf« kein Erfolg. Als das »Zentrum« nach der Reichstagswahl von 1874 die stärkste Fraktion stellte, lenkte Bismarck ein. Nach dem Tod von Papst Pius IX. 1878 legte er den »Kulturkampf« mit dessen Nachfolger bei. Der Kanzler brauchte die Stimmen des »Zentrums«, um einen für ihn noch gefährlicheren »inneren Reichsfeind« zu bekämpfen.

## »Sozialistengesetz« und Wohlfahrtsstaat

In den Mietskasernen der Städte wuchs – im Gleichschritt mit der Industrie – eine neue selbstbewusste Schicht heran: die Arbeiterschaft. Um 1880 zählte man im Deutschen

Der Nährboden der Sozialdemokratie: In der Regel mussten Arbeiter und kleine Handwerker wie dieser Schusterbetrieb 12 Stunden am Tag, auch samstags, schuften, um ihr kärgliches Einkommen zu sichern.



**1874** 1.10.1874 Einführung von Standesämtern, Zivilehe und Scheidung in Preußen

**1875** 27.5.1875 Gründung der Sozialistischen Arbeiterpartei Deutschlands

**1878** 13.6.1878 Beginn des Berliner Kongresses zur Balkanpolitik unter Vorsitz Bismarcks

Reich rund fünf Millionen Arbeiter in Gewerbe, Handel und Verkehr, anderthalb Jahrzehnte später waren es schon über sieben Millionen. Ihr Wohnraum war so knapp bemessen wie die Freizeit. In den Fabriken war eine Arbeitszeit von 72 Stunden pro Woche die Regel: 12 Stunden pro Tag, auch samstags wurde voll gearbeitet. Und die wirtschaftliche Krise seit 1873 ließ die Realeinkommen sinken.

Hier rekrutierte eine neue politische Kraft ihre Stammwähler: die Sozialdemokratie. Inspiriert von der Philosophie Karl Marx' und Friedrich Engels', vertraten ihre Führer nicht nur die sozialen Interessen der Arbeiterschaft, sondern sie propagierten auch einen revolutionären Gesellschaftsentwurf. Monarchie und Adel waren für sie Relikte einer vergangenen Zeit, die politische Zukunft gehörte der Arbeiterschaft als der fortschrittlichsten Klasse. Bismarck verdammte ihre Thesen als Hochverrat, obwohl die tatsächliche Politik der Sozialdemokraten sozialreformerisch und nicht sozialrevolutionär war. Für den Kanzler waren sie schlicht Demagogen, »Mörder und Mordbrenner«, die die besitzlosen Massen zum Umsturz der bestehenden Ordnung aufhetzten.

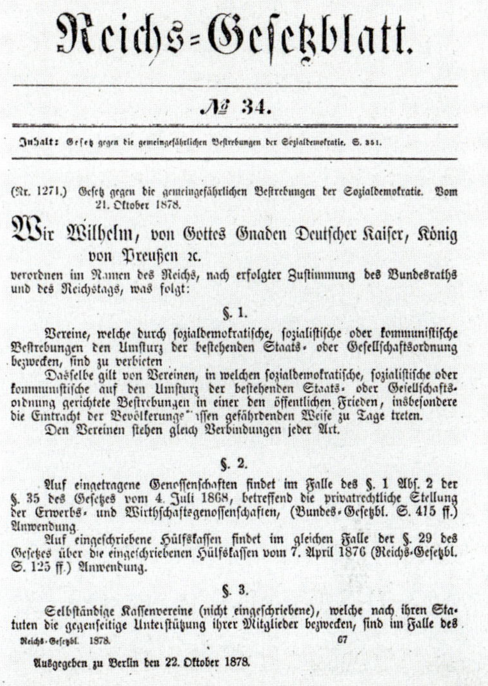
# Reichs-Gesetzblatt.

№ 34.

Inhalt: Gesetz gegen die gemeingefährlichen Bestrebungen der Sozialdemokratie. S. 351.

(Nr. 1271.) Gesetz gegen die gemeingefährlichen Bestrebungen der Sozialdemokratie. Vom 21. Oktober 1878.

Wir Wilhelm, von Gottes Gnaden Deutscher Kaiser, König von Preußen 2c.

verordnen im Namen des Reichs, nach erfolgter Zustimmung des Bundesraths und des Reichstags, was folgt:

§. 1.

Vereine, welche durch sozialdemokratische, sozialistische oder kommunistische Bestrebungen den Umsturz der bestehenden Staats- oder Gesellschaftsordnung bezwecken, sind zu verbieten

Dasselbe gilt von Vereinen, in welchen sozialdemokratische, sozialistische oder kommunistische auf den Umsturz der bestehenden Staats- oder Gesellschaftsordnung gerichtete Bestrebungen in einer den öffentlichen Frieden, insbesondere die Eintracht der Bevölkerungsklassen gefährdenden Weise zu Tage treten.

Den Vereinen stehen gleich Verbindungen jeder Art.

§. 2.

Auf eingetragene Genossenschaften findet im Falle des §. 1 Abs. 2 der §. 35 des Gesetzes vom 4. Juli 1868, betreffend die privatrechtliche Stellung der Erwerbs- und Wirthschaftsgenossenschaften, (Bundes-Gesetzbl. S. 415 ff.) Anwendung.

Auf eingeschriebene Hülfskassen findet im gleichen Falle der §. 29 des Gesetzes über die eingeschriebenen Hülfskassen vom 7. April 1876 (Reichs-Gesetzbl. S. 125 ff.) Anwendung.

§. 3.

Selbständige Kassenvereine (nicht eingeschriebene), welche nach ihren Statuten die gegenseitige Unterstützung ihrer Mitglieder bezwecken, sind im Falle des

Reichs-Gesetzbl. 1878. 67

Ausgegeben zu Berlin den 22. Oktober 1878.

Titelseite des *Reichs-Gesetzblattes* von 1878. Am 21. Oktober 1878 wurde das berüchtigte »Sozialistengesetz« verabschiedet.

1878 verabschiedete der Reichstag auf sein Betreiben das »Gesetz gegen die gemeingefährlichen Bestrebungen der Sozialdemokratie« – ein Ausnahmegesetz, das bis 1890 regelmäßig erneuert wurde. Alle Versammlungen, Gewerkschaften, Vereine, Zeitungen und sonstige Druckschriften, die sozialdemokratisches Gedankengut verbreiteten, wurden verboten. Durchsuchungen waren an der Tagesordnung. Besonders verhasst und umstritten war der Ausweisungsparagraf des Gesetzes, dem zufolge verdächtige Personen aus Städten und Gebieten, über die der »Kleine Belagerungszustand« verhängt wurde, entfernt werden konnten. Tausende sozialdemokratische Funktionäre wurden durch ihn aus ihren Heimatstädten ausgewiesen und von ihren Familien getrennt. Manche hielten den staatlichen Repressionen nicht stand und verließen ihre Heimat.

Neben der Peitsche bot Bismarck das Zuckerbrot. 1883 führte der Kanzler im Deutschen Reich die Krankenversicherung ein, 1884 die Unfallversicherung und 1889 die Rentenversicherung – Meilensteine auf dem Weg zum modernen Sozialstaat. Doch sein Ziel, die Arbeiter von der Sozialdemokratie zu trennen und an den Staat zu binden, verfehlte er.



**1878** 19.10.1878 Das »Sozialistengesetz« legalisiert die Bekämpfung der Sozialdemokratie durch Bismarck

**1879** 7.10.1879 »Zweibund« zwischen Deutschland und Österreich

**1882** 20.5.1882 Deutschland, Österreich und Italien schließen »Dreibund«

AUSWEIS.

Die Unterzeichneten bestätigen, daß der nachbenannte Parteigenosse am:
15 September 1883
auf Grund des § 28 des Socialisten-Gesetzes aus dem Belagerungszustandsgebiet von
Berlin u. Umgegend
und Umgegend ausgewiesen wurde und ersuchen alle Gesinnungsgenossen, demselben in seinem Fortkommen nach Kräften behilflich zu sein.

Vor- und Zuname: Friedr. Heinke
Beruf: Bildhauer
Alter: 24 Verheirathet: ja
Kinder: nein
Ort Dresden Datum 14 Febr 1885

Unterschriften:
J. Auer. A. Bebel C. Grillenberger
W. Hasenclever W. Liebknecht

Ausweiskarte für ausgewiesene Sozialdemokraten z. Zt. des Sozialistengesetzes, mit Unterschriften der Parteiführer

Ausweiskarte für sozialdemokratische Funktionäre, die ihrer Heimatstadt verwiesen wurden.

*Wer eine Pension hat für sein Alter, der ist viel zufriedener und viel leichter zu behandeln wie, wer darauf keine Aussicht hat.*

BISMARCK ZU MORITZ BUSCH, 1880

Trotz des »Sozialistengesetzes« durften Sozialdemokraten wählen und gewählt werden. Bei der Reichstagswahl 1881 erhielten sie sechs Prozent der Stimmen, 1890 wurden sie mit 20 Prozent stärkste Fraktion im Reichstag. Für eine Verlängerung des unpopulären Sozialistengesetzes fand Bismarck jetzt keine Mehrheit mehr.

Aus heutiger Sicht ist die Gesamtbilanz von Bismarcks Innenpolitik gemischt. Auf der einen Seite steht die Einführung einer modernen Volksvertretung und des Sozialstaats. Der Konservative Bismarck war hier ein Revolutionär, der dem modernen Staat zum Durchbruch verhalf und damit die Zustimmung breiter Kreise zur Reichsgründung sicherte. Auf der anderen Seite wollte er die Macht der Krone und damit seine eigene um jeden Preis erhalten. Hierfür verfolgte er politische Gegner und riss Gräben in die noch junge Nation. Der Kanzler einte und trennte die Deutschen.

*Wir müssen begreifen, dass die Einigung Deutschlands ein Jugendstreich war, den die Nation auf ihre alten Tage beging und seiner Kostspieligkeit halber besser unterlassen hätte, wenn sie der Abschluss und nicht der Ausgangspunkt einer deutschen Weltmachtpolitik sein sollte.*

MAX WEBER, ANTRITTSVORLESUNG AN DER FREIBURGER UNIVERSITÄT, 1895

Nur in der Außenpolitik blieb er unangefochten der Meister. Im Spiel der europäischen Großmächte demonstrierte Bismarck nach der Reichsgründung kluge Bescheidenheit: Das Deutsche Reich sei ein »saturierter« Staat und habe keine Gebietsansprüche mehr. Höhepunkt seiner Außenpolitik war der Berliner Kongress im Sommer 1878. Bismarck vermittelte einen Interessenausgleich der Großmächte auf dem Balkan und verhinderte damit einen



1883 15.6.1883 Bismarck führt die Krankenversicherung ein

1884 27.6.1884 Bismarck führt die Unfallversicherung ein

1887 23.5.1887 Beilegung des „Kulturkampfes«: Kirche akzeptiert Zivilehe, staatliche Schulaufsicht und Politikverbot für Priester

Das Ende einer Ära: Nach der Thronbesteigung Wilhelms II. (hier auf dem Gemälde von Anton von Werner am 25. Juni 1888 bei der Eröffnung des Reichstags im Berliner Schloss) waren Bismarcks Tage gezählt.

europäischen Großkrieg. Sein Bild in der europäischen Öffentlichkeit erlebte dadurch eine radikale Wandlung. Der Mann, der Europa durch drei Kriege erschüttert hatte, galt jetzt als Garant des Friedens und der Stabilität.

## Der Sturz

Seine ganze Macht aber hing am Herzschlag eines Mannes: Wilhelm I. Nur der Kaiser konnte laut Verfassung den Kanzler ernennen und stürzen. Der Tod des alten Monarchen am 9. März 1888 unterspülte das Fundament von Bismarcks Macht. Sein Sohn, Kronprinz Friedrich Wilhelm, war beim Thronwechsel bereits todkrank und regierte als Kaiser Friedrich III. nur 99 Tage. Im Juni 1888 bestieg sein ältester Sohn, der neunundzwanzigjährige Prinz Wilhelm, als Wilhelm II. den deutschen Kaiserthron. Wie bei der Kaiserproklamation in Versailles war es wieder der Maler Anton von Werner, der den historischen Moment festhielt. Noch einmal steht Bismarck in weißer Uniform im Mittelpunkt. Doch er ist allein, isoliert – ein symbolisches Bild. Der Kanzler hatte die Mehrheit des Reichstags gegen sich, und der junge Kaiser wollte sein eigener Herr sein. Über das Scheitern des Sozialistengesetzes kam es zum



1887 18.6.1887 »Rückversicherungsvertrag« zwischen Deutschland und Russland

1888 9.3.1888 Tod Kaiser Wilhelms I.

1888 15.6.1888 Wilhelm II. (* 1859) wird deutscher Kaiser

Der »Alte vom Sachsenwald« in seinem Arbeitszimmer in Friedrichsruh. Kolorierte Xylographie von Henry Deppermann.

endgültigen Bruch zwischen beiden. Im März 1890 entließ Wilhelm II. Bismarck aus dem Amt.

*Sechs Monate will ich den Alten verschnaufen lassen, dann regiere ich selbst.*

WILHELM II. ÜBER BISMARCK 1888

»Der Lotse geht von Bord«, titelte das englische Satiremagazin *Punch,* gleichwohl hielt sich bei Bismarcks Abschied die Wehmut der Deutschen in Grenzen. Viele begrüßten seinen Abgang, hofften auf eine neue Zeit. Der Schriftsteller Theodor Fontane schrieb: »Es ist ein Glück, dass wir ihn los sind, und viele, viele Fragen, werden jetzt besser, ehrlicher, klarer behandelt. Er war eigentlich nur noch ein Gewohnheitsregent. Seine Größe lag hinter ihm.« Für viele Zeitgenossen war der Kanzler am Ende ein Symbol für Bewahrung und Stillstand. Die Zeichen der Zeit aber standen auf Aufbruch, nach innen und in der Weltpolitik.

Nach dem Abschied wurde Bismarck, was er in seiner Amtszeit trotz aller Bewunderung nie gewesen war: populär. Bis 1914 wurden dem 1898 verstorbenen Reichsgründer an die 500 Denkmale errichtet, heute sind es nahezu 1000. Kein anderer deutscher Staatsmann wurde mehr geehrt.



1889 24.5.1889 Bismarck führt die Rentenversicherung ein

1890 25.1.1890 Der Deutsche Reichstag lehnt Verlängerung des »Sozialistengesetzes« ab

1890 20.3.1890 Entlassung Bismarcks († 1898), ihm folgt Leo von Caprivi (* 1831)

# Wilhelm

## und die Welt

Er war wie ein Relikt aus alter Zeit in einer völlig neuen und gab doch einer ganzen Epoche seinen Namen: Wilhelm II. Wie ihr Monarch schwankten auch die Deutschen jener Zeit zwischen Tradition und Moderne: eine wache, politisierte Gesellschaft mit einem ungesunden Hang zu Obrigkeitsgläubigkeit und Militarismus. Beide, der Kaiser und sein Volk, träumten von einem »Platz an der Sonne« – und stürzten in einen Krieg, der so grausam war wie keiner zuvor. Als er verloren war, kehrten die Deutschen ihrem Kaiser den Rücken – und der Weg war frei für die erste demokratische Staatsform auf deutschem Boden.

1918 ziehen Berliner Arbeiter zur Gardeulanen-Kaserne in der Invalidenstraße und verbrüdern sich dort mit den Soldaten des Kaisers.

Ausgerechnet die kaiserliche Marine gab den Anstoß zur Revolution. Kapitän zur See Karl Weniger traute seinen Augen nicht: Als die Sonne am 5. November 1918 über dem Kieler Hafen aufging, wehte auf den Schiffen Seiner Majestät nicht die Kriegsflagge, sondern die rote Fahne – das Symbol des Umsturzes. Auf keinen Fall wollte der Kommandant der im Dock liegenden »König« sich dem Aufruhr beugen. »Setzt die kaiserliche Fahne«, befahl er und stellte zu ihrer Verteidigung einige Offiziere an den Mast – unter empörtem Gemurre einer Menge wütender und bewaffneter Matrosen an Land. Auf einmal fielen Schüsse. Zwei der Offiziere sanken tödlich getroffen zu Boden. Kapitän Weniger hob sein Gewehr und konnte noch einen Matrosen töten, der die Reichskriegsflagge niederzuholen versuchte. Doch kurz darauf streckte auch ihn ein Schuss nieder. Nun wurde auch auf der »König«, begleitet von einem lauten »Hurra« der Matrosen, die rote Fahne gehisst. Kapitän Weniger sollte der einzige Kommandant der gesamten kaiserlichen Hochseeflotte bleiben, der in diesen Tagen bereit war, sein Leben für Kaiser und Flaggenehre einzusetzen. Die anderen ergaben sich kampflos den Aufständischen.



1890 27.3.1890 Nichterneuerung des Rückversicherungsvertrages zwischen Deutschland und Russland

1890 1.7.1890 Helgoland-Sansibar-Vertrag zwischen England und Deutschland

1890 12.10.1890 Umbenennung der SAPD in SPD

*»8. November 1918. Überall mehr oder minder begeistert begrüßt, bewegte sich der gewaltige Zug durch die Werft. Bei der Peterstraße stand eine etwa 40 Mann starke Offizierspatrouille. Mitsamt den Gewehren lief sie zu uns über, es gewährte einen fast komischen Anblick, als sich der Leutnant plötzlich allein sah.«*

RICHARD STUMPF, MATROSE IN WIHELMSHAVEN, TAGEBUCHEINTRAG

Begonnen hatte die Meuterei am 29. Oktober 1918 in Wilhelmshaven, dreizehn Tage vor dem Waffenstillstand, der den Ersten Weltkrieg beendete. An diesem Tag erhielt die deutsche Hochseeflotte den Befehl, zur letzten Seeschlacht gegen England auszulaufen. Schnell verbreitete sich unter den Mannschaften das Gerücht, die Offiziere planten einen heroischen Untergang, ein Todeskommando. Angesichts des nahenden Kriegsendes wollten sie aber nicht mehr für den Kaiser sterben. Sie waren kriegsmüde, und sie hatten Hunger. Die Matrosen verweigerten den Dienst. Was als Streik begann, wuchs sich in rasender Geschwindigkeit zum Aufstand aus. Der Funke des Protests sprang über von Schiff zu Schiff, von Kaserne zu Kaserne. Waffenkammern wurden gestürmt, Offiziere entwaffnet. Es kam zu Schießereien. Am 4. November war auch Kiel unter völliger Kontrolle der Aufständischen, denen sich revolutionäre Arbeiter angeschlossen hatten. Frisch gewählte Soldatenräte forderten die sofortige Beendigung des Krieges und die Abdankung des Kaisers. »Ein Zweifel ist nicht möglich«, rief der Sozialdemokrat Philipp Scheidemann aus, als er während einer Sitzung des Kriegskabinetts von den Unruhen in Kiel erfuhr, »das ist die offene Rebellion, das kann mehr sein: der Funke, der ins Pulverfass fliegt!« Er sollte recht behalten. Wie ein Steppenbrand breitete sich die Revolte innerhalb weniger Tage über ganz Deutschland aus. Bald befanden sich die meisten Großstädte in der Hand von »Arbeiter-und-Soldaten-Räten«, in Bayern wurde die Republik ausgerufen. Am 9. November erreichte die Aufstandswelle Berlin. Jetzt forderte auch die Reichsregierung das bis dahin Undenkbare: die Abdankung des Kaisers Wilhelm II.

## Der neue Kaiser

Dabei hatte die Ära Wilhelms II. drei Jahrzehnte zuvor so glänzend begonnen. Kurz nach der Besteigung des preußisch-deutschen Thrones am 15. Juni 1888 siedelte das neue Kaiserpaar, Wilhelm und seine Gattin Auguste Viktoria, von Potsdam ins Berliner Stadtschloss über. Als der Vierspänner das Brandenburger Tor durchquerte, begleitet vom aristokratischen Regiment des Garde-du-Corps, waren die Straßen ebenso von Menschenmassen gesäumt wie beim Begräbnis des alten Kaisers. Wilhelms Großvater, Wilhelm I., war am 9. März im Alter von 91 Jahren gestorben. Sein Nachfolger auf dem Thron, Wilhelms Vater Friedrich III., erlag nach nur 99 Tagen einem Krebsleiden. Mit einer prunkvollen Feier zur Eröffnung des Reichstags am 25. Juni unter Beteiligung des Hofes, der Bundesfürsten und der Abgeordneten übernahm nun der neunundzwanzigjährige Wilhelm II. das Zepter. Es sei »das Herrlichste von allem« gewesen, schwärmte sogar die spitzzüngige Baronin Hildegard von Spitzemberg von der Zeremonie, die »jedes deutsche Herz mit Freude und Stolz erfüllen muss und dem Auslande gegenüber einem gewonnenen Krieg gleichkommt.«



1892 17.8.1892 Militärkonvention Russland-Frankreich

1892 1.4.1893 Einführung der Mitteleuropäischen Zeit (MEZ) in ganz Deutschland

1894 23.6.1894 Internationaler Athletikkongress beschließt Wiedereinführung der Olympischen Spiele (ab 1896)

Von Krieg war zu diesem Zeitpunkt allerdings keine Rede. In Europas Mitte war Ende des 19. Jahrhunderts ein Reich voll Optimismus und Tatendrang entstanden: das vereinigte Deutschland. Mit eiserner Hand hatte Reichskanzler Otto von Bismarck die Nation 1871 zusammengeschmiedet. Nun wollte er bewahren, »was wir mühsam unter dem bedrohenden Gewehranschlag Europas ins Trockene gebracht haben«, und erklärte das Reich für »saturiert«. Er wusste sehr wohl, dass die neue, aufstrebende Großmacht in Europas Mitte von ihren Nachbarstaaten argwöhnisch beäugt wurde. Die Mittellage mahnte zur Vorsicht und erlaubte martialische Rhetorik nicht. Des Kanzlers Albtraum war eine Einkreisung Deutschlands durch ein französisch-russisches Bündnis. Das »Geheimnis der Politik«, verriet er einem Freund, sei die »Freundschaft mit Russland«. Im sogenannten Rückversicherungsvertrag verpflichtete sich das Zarenreich für den Fall eines deutsch-französischen Krieges zur Neutralität. Als Gegenleistung sicherte Bismarck dem Zaren für dessen Balkanpläne insgeheim Unterstützung zu. Damit – und mit dem »Dreibund«, bestehend aus Deutschland, Italien und Österreich-Ungarn – glaubte er das Überleben des Reiches sichern zu können.

Der Sedantag: Feierlichkeiten vor einem Denkmal zur Erinnerung an den Sieg der deutschen Truppen 1870 bei Sedan im Deutsch-Französischen Krieg.

Im Innern aber blieb das Reich zerrissen: Eine waffenklirrende Großmacht, in der 25 Bundesstaaten mit eigener Regierungsgewalt auf ihre Interessen pochten. Ein Obrigkeitsstaat, in dem Adel und Offiziere das Sagen hatten, während die Eliten des Wirtschaftsbürgertums zunehmend gesellschaftlichen Einfluss gewannen. Eine konstitutionelle Monarchie, in welcher der Reichskanzler nicht dem Parlament, sondern dem Kaiser verantwortlich war, die Dynamik der Demokratie aber auch die bürgerlichen Parteien erreichte. Ein aufstrebender Industriestaat, in dem konservative Kräfte bemüht waren, die stetig wachsende Arbeiterbewegung im Zaum zu halten. Ein Land, das zwischen Althergebrachtem und Moderne schwankte, das nach den Sternen griff und unter der Pickelhaube erstarrte. Eine Nation in einer prekären Balance.

Wilhelm II. schien zunächst der ideale Repräsentant für die junge Nation zu sein. Er machte sich sofort daran, die Identifikation der Deutschen mit ihrer Monarchie zu stärken. Kaiserdenkmale, vor allem solche seines Großvaters, sollten der Bevölkerung Glanz und Macht der Hohenzollerndynastie vor Augen führen



1894 29.10.1894 Chlodwig zu Hohenlohe-Schillingsfürst (* 1819) wird neuer Reichskanzler

1894 1.11.1894 Nikolaus II. (* 1868) wird Zar in Russland

1894 5.12.1894 Eröffnung des Reichstagsgebäudes durch Wilhelm II.

und die nationale Einheit festigen. Bis zum Ende der Monarchie entstanden im Deutschen Reich mehr als 300 Denkmale für Kaiser Wilhelm I., den sein Enkel nur noch den »Großen« nannte. Wilhelm II. selbst sah sich als würdigen Nachfahren König Friedrichs des Großen, des Schlachtenlenkers, dessen Feldzüge den Weg zu Preußens Macht geebnet hatten. Gerne gab er bei Kostümfesten den »Alten Fritz« und als er zum hundertsten Geburtstag seines Großvaters 1897 ein Hoffest veranstaltete, mussten sämtliche Gäste in der Rokokomode des 18. Jahrhunderts erscheinen. Die Meinungen über solche Auftritte waren durchaus nicht einhellig. »Der Kaiser bringt immer so ein Stück Mittelalter hinter sich her. Es ist, als ob die Toten auferstehen mit Zopf und Puder«, mäkelte 1905 sein späterer Generalstabschef Helmuth von Moltke (der Jüngere). In bürgerlichen Kreisen wurde Wilhelm II. dagegen nach Ansicht des Historikers Wolfgang J. Mommsen als Verkörperung eines neuen Nationalkaisertums begrüßt, »das die großen Ideale der Vergangenheit mit den Erwartungen der Zukunft in glücklicher Weise miteinander verknüpfte«.

Wilhelm II. im Gewand eines seiner Ahnen, des Großen Kurfürsten Friedrich Wilhelm I. von Brandenburg, für einen Kostümball bei Hofe.

Auch das großspurige Gehabe Wilhelms II. diente letztlich diesem Zweck. Wilhelm sah sich in gleichsam absolutistischer Manier als Herrscher von Gottes Gnaden, und entsprechend trat er auf. Während der Hofalltag von Bällen, prachtvollen Diners, Defiliercours und Ordensverleihungen bestimmt wurde, konnte das Volk auf der Straße seinen Monarchen bei Kaiserproklamationen, Kundgebungen und Truppenparaden bestaunen. Wilhelm liebte dramatische Inszenierungen – jeder seiner Auftritte war geprägt von Pomp, Theatralik und Gedröhn: sei es eine Parade mit Militärmusik und Kanonendonner, sei es, dass er zu einem Staatsbesuch in Sankt Petersburg mit einem ganzen Flottengeschwader aufkreuzte. Anfangs wurde die pompöse monarchische Selbstdarstellung, die er an den Tag legte, als Manifestation von Macht und Ansehen der deutschen Nation wahrgenommen. Allerdings rief das Auftreten des Kaisers mit der Zeit auch Kritik hervor, die im Lauf der Jahre immer lauter wurde. Vor allem im Ausland fragte man



1895 21.6.1895 Einweihung des Kaiser-Wilhelm-Kanals (heute: Nordostseekanal)

1895 8.11.1895 Entdeckung der Röntgenstrahlen

1895 28.12.1895 Erste öffentliche Filmvorführung in Paris durch die Brüder Lumière

sich skeptisch, was für ein Mensch dieser neue Kaiser sei, der in der ersten öffentlichen Proklamation sein besonderes Verhältnis zur Armee betont hatte.

*Was mir an dem Kaiser gefällt, ist der totale Bruch mit dem Alten, und was mir an dem Kaiser nicht gefällt, ist das im Widerspruch dazu stehende Wiederherstellenwollen des Uralten.*

THEODOR FONTANE, DICHTER

Wilhelm II. war mehr als eine schillernde Persönlichkeit, er war exzentrisch. Auf der einen Seite war er gebildet, von schneller Auffassungsgabe, begeisterungsfähig, sprachlich gewandt und lernbegierig. Er konnte sehr charmant sein, war ein kurzweiliger Unterhalter und hatte Humor – wenn auch einen ungeschliffenen. Doch die Liste seiner Charaktermängel ist lang. Er war sprunghaft, unbeherrscht und oberflächlich, mit einem Hang zu vorschnellen Urteilen. Mit seinem forschen Auftreten stieß er manchen »Untertan« vor den Kopf. Er liebte

»Willy« und »Nicky«, der russische Zar Nikolaus II. und der deutsche Kaiser, waren über ihre Mütter miteinander verwandt.

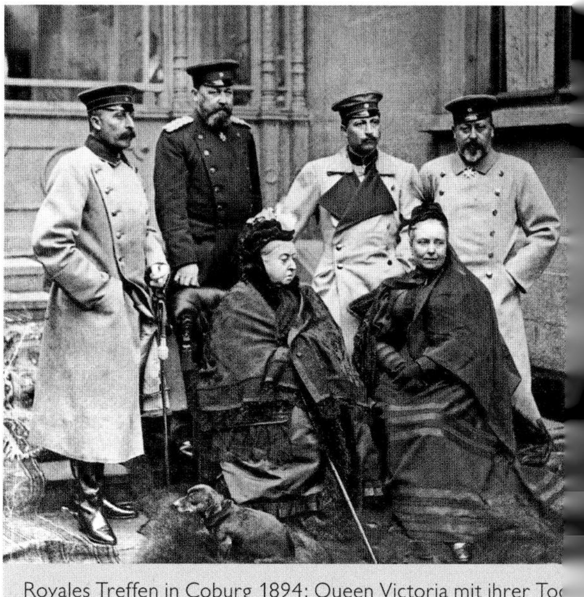

Royales Treffen in Coburg 1894: Queen Victoria mit ihrer Toc
der Kaiserin Victoria. Rechts ihr Sohn, der spätere König Edwar
neben ihm ihr vermeintlicher »Lieblingsenkel« Wilhelm II..

es, sich reden zu hören, während er Widerspruch gerne mit Ausdrücken wie »Quatsch« oder »Unsinn« quittierte. Diese Taktlosigkeit erstreckte sich auch auf das politische Parkett. Seinem Vetter Nikolaus, dem russischen Zaren,



1896 3.1.1896 »Krüger-Depesche« Wilhelms II. belastet das deutsch-britische Verhältnis

1896 5.3.1896 Antoine Henri Becquerel entdeckt die Radioaktivität

1898 13.1.1898 Émile Zola veröffentlicht seinen Artikel »J'accuse« zur Dreyfus-Affäre

erteilte er gerne unerbetene Ratschläge, wie er seine Kriege gewinnen könne. Queen Victoria, seiner englischen Großmutter, bot er an, ihr bei der Umgestaltung der britischen Flotte zu helfen. Das kam nicht besonders gut an. Dazu gesellten sich ein übersteigertes Geltungsbedürfnis und eine egozentrisch zur Schau gestellte Selbstgefälligkeit. Im Schwanken des Kaisers zwischen Euphorie und Depression lag eine tiefe Unsicherheit, die ihre Ursprünge in seiner Kindheit hatte.

Bei seiner Geburt am 27. Januar 1859 gab es Komplikationen, das Kind kam halbtot auf die Welt. Es blieben die Folgen eines ärztlichen Kunstfehlers. Der Junge war mit Gewalt im Geburtskanal gedreht worden, nun hing der linke Arm schlaff am Körper des Kindes. Zeitlebens blieb er gelähmt und verkürzt. Dazu kamen Schmerzen im linken Ohr und Gleichgewichtsstörungen. Das Haus Hohenzollern sah in der Behinderung des Prinzen einen schweren Schicksalsschlag: Wilhelm würde dereinst ein Monarch mit einem Makel sein. Dabei sollte er doch über ein Reich regieren, das im Krieg geschmiedet wurde. Ein Reich, dessen Regent ein ganzer Mann zu sein hatte. Die Eltern, der damalige Kronprinz und spätere Kaiser Friedrich III. und seine Gattin Victoria, älteste Tochter der englischen Queen, taten alles, um den Schaden zu beheben. Das Kind musste zum Teil schmerzhafte Behandlungen über sich ergehen lassen: heiße und kalte Bäder, elektrische Stromstöße, Streckapparate. Man band ihm den gesunden Arm auf den Rücken, um den verkrüppelten zu kräftigen, oder legte diesen zum gleichen Zweck in den aufgeschlitzten Körper eines frisch geschlachteten Hasen. Zwar war alles vergebens, doch ungeachtet dieser körperlichen Benachteiligung konnte er den Anforderungen monarchischer Repräsentation durchaus gerecht werden. Er kaschierte den verkürzten Arm, indem er Accessoires wie einen Säbel, Handschuhe oder eine Gerte in der Hand trug, und aß mit einer seitlich zum Messer geschliffenen Gabel. Er wurde ein passabler Reiter – auch wenn die Pferde speziell für ihn zugeritten werden mussten und er einen Schemel benötigte, um aufzusteigen – und ein guter Schütze.

Wilhelms liberal gesinnter Vater Friedrich III. war nur 99 Tage lang Kaiser. Er starb 1888 an Kehlkopfkrebs.

Vielleicht noch prägender für Wilhelms Charakter war das Verhältnis zu seiner Mutter. Victoria konnte sich nie mit dem körperlichen Makel ihres Erstgeborenen abfinden.



**1898** 28.2.1898 Reichstag beschließt Flottengesetz und löst Wettrüsten mit England aus

**1898** 11.10.1898 Wilhelm II. bricht zu einer Orientreise auf

**1898** 21.11.1898 Marie und Pierre Curie entdecken das Radium

»Ich halte ihn keineswegs für ein Genie oder einen Charakter. Beides steckt nicht in ihm« (Kaiserin Victoria über ihren Sohn Prinz Wilhelm).

»Ich kämpfte gegen die Enttäuschung und den nagenden Kummer, denn sein Arm verbitterte mir das Leben – und ich kam nie zur Freude über seinen Besitz«, klagte sie und ließ keine Gelegenheit aus, ihren Sohn zu kritisieren. Wilhelm erhielt zwar eine vielseitige, einem modernen Thronfolger angemessene Erziehung. Doch der Heranwachsende fiel bald durch arrogantes Gebaren auf, gepaart mit einem übertriebenen Bedürfnis nach Lob und Anerkennung, die ihm vonseiten seiner Eltern weitgehend verwehrt blieben. Deren Hoffnung, der Thronfolger möge wie sie zu einem Anhänger des liberalen Parlamentarismus nach britischem Modell heranwachsen, erfüllte sich nicht. Stattdessen erkor er den Großvater, Kaiser Wilhelm I., sowie dessen Kanzler Bismarck zu seinen Vorbildern und entwickelte eine starke Vorliebe für das preußisch-militärische Milieu und Uniformgepränge. Eine grundlegende Modernisierung von Staat und Gesellschaft war von diesem Kaiser nicht zu erwarten.

## Volle Kraft voraus …

Das hätte den alten Bismarck eigentlich freuen sollen. Doch der Kanzler hatte Wilhelms Entwicklung skeptisch begleitet und war wenig beeindruckt von seinem Ungestüm. »Der junge Kaiser ist wie ein Ballon, wenn man ihn nicht fest am Strick hielte, ginge er wer weiß wohin«, sagte er und versuchte beharrlich, die Fäden der Macht in der Hand zu behalten. Wilhelm hatte aber keine Lust, im Schatten des Dreiundsiebzigjährigen zu stehen – im Gegenteil. Nur einer sei der Herr im Reich, und das sei er, verkündete er und schrieb später in das Goldene Buch der Stadt München: »Suprema lex regis voluntas!« (»Des Königs Wille ist höchstes Gesetz!«) Unterstützt von einem Kreis einflussreicher Ratgeber, die Bismarck gerne loswerden wollten, strebte er ein »persönliches Regiment« an, was im industrialisierten Europa des ausgehenden 19. Jahrhunderts ungewöhnlich anachronistisch anmutete. Der deutsche Kaiser war ein konstitutioneller Monarch, die Verfassung setzte ihm im politischen Tagesgeschäft



1899 29.7.1899 Erste Friedenskonferenz in Den Haag und Gründung des Haager Schiedsgerichtshofes

1899 11.8.1899 Eröffnung des Dortmund-Ems-Kanals: Ruhrgebiet hat nun Schiffsweg zur Nordsee

1899 24.12.1899 Deutsche Bank erhält vom Osmanischen Reich vorläufige Konzession für den Bau der Bagdadbahn

Grenzen. Er ernannte und entließ die Reichsbeamten, auch den Kanzler, verkündete die Reichsgesetze, berief Bundesrat und Reichstag ein und entschied über Krieg und Frieden. Die Regierung jedoch führte der Kanzler: Anordnungen des Kaisers wurden erst durch seine Unterschrift gültig. Er war Vorgesetzter der Staatssekretäre, die die Reichsämter leiteten. Über diese Institutionen wollte Wilhelm II. nun hinwegregieren.

*Ich bin der dicke Schatten, der zwischen ihm und der Ruhmessonne steht.*

BISMARCK ÜBER WILHELM II.

Mit einem so starken Kanzler wie Bismarck als Gegengewicht konnte sich der Kaiser jedenfalls nicht austoben. »Sechs Monate will ich den Alten verschnaufen lassen, dann regiere ich selbst«, ließ er nassforsch verlauten. Konflikte blieben nicht lange aus. Während der Kanzler es versäumte, den Kaiser über laufende Geschäfte zu informieren, traf jener Entscheidungen, ohne Bismarck um Rat zu fragen. Der Streit zwischen Schloss und Reichskanzlei eskalierte. Nach zwei quälenden Jahren kam es schließlich zum Bruch. Äußerer Anlass waren große Bergarbeiterstreiks und damit einhergehend die Frage, wie mit der Arbeiterbewegung umzugehen sei. Bismarck wollte die harte Linie fahren und das »Sozialistengesetz« verschärfen, der Kaiser sich hingegen seinen Untertanen gegenüber versöhnlich zeigen und es aufheben.

Am 18. März 1890 reichte Bismarck sein Entlassungsgesuch ein und verließ nach 28 Dienstjahren die Reichskanzlei. Zu seinem Abschied versammelte sich eine riesige Menschenmenge am Lehrter Bahnhof. Doch die bewegende Szene mit Hüteschwenken und dem Anstimmen der »Wacht am Rhein« täuschte über die wahre Gemütsverfassung hinweg. Deutschland blühte, von der Last des autokratischen Bismarck-Systems befreit und vom beflügelnden Aktionsdrang des jungen Kaisers schwungvoll geführt, erkennbar auf. »Das Amt des wachhabenden Offiziers auf dem Staatsschiff ist mir zugefallen«, telegrafierte der Kaiser in die Welt. »Der Kurs bleibt der alte. Volldampf voraus!« Der Kurs sollte aber nicht der alte bleiben. Ein neues Zeitalter hatte begonnen, das nach seinem Kaiser das »Wilhelminische« genannt wird.

Der junge Kaiser war anders als sein Großvater Wilhelm I. nicht gewillt, sich dem Willen Bismarcks unterzuordnen.

Die Zeichen der Zeit wiesen ohnehin in Richtung Aufbruch. Im Wettbewerb der Staaten stand die junge deutsche Nation wirtschaftlich und wissenschaftlich an der Spitze



1900 1.1.1900 BGB und HGB treten im Deutschen Reich in Kraft

1900 12.6.1900 Zweites Flottengesetz heizt das Wettrüsten mit Großbritannien weiter an

1900 14.6.1900 »Boxeraufstand« in China richtet sich gegen den westlichen Imperialismus

# Der Kanzler des Kaisers

Die Kanzler des Deutschen Reiches wurden nicht demokratisch gewählt, sondern vom Kaiser persönlich ernannt oder abgesetzt. Wilhelm II. machte ausgiebig von diesem Recht Gebrauch. Acht Kanzler kamen und gingen während seiner dreißigjährigen Regentschaft, wobei der Kaiser in der Auswahl seiner Regierungschefs nicht immer politisches Gespür bewies.

| Name (Lebensdaten) | Amtsantritt | Ende der Amtszeit |
|---|---|---|
| Fürst Otto von Bismarck (1815–1898) | 16. April 1871 | 20. März 1890 |
| Graf Leo von Caprivi (1831–1899) | 20. März 1890 | 26. Oktober 1894 |
| Fürst Chlodwig zu Hohenlohe-Schillingsfürst (1819–1901) | 29. Oktober 1894 | 17. Oktober 1900 |
| Fürst Bernhard von Bülow (1849–1929) | 17. Oktober 1900 | 14. Juli 1909 |
| Theobald von Bethmann Hollweg (1856–1921) | 14. Juli 1909 | 13. Juli 1917 |
| Georg Michaelis (1857–1936) | 14. Juli 1917 | 1. November 1917 |
| Graf Georg von Hertling (1843–1919) | 1. November 1917 | 30. September 1918 |
| Prinz Max von Baden (1867–1929) | 3. Oktober 1918 | 9. November 1918 |



1900 20.6.1900 Der deutsche Gesandte in Peking wird beim Boxeraufstand erschossen

1900 27.6.1900 Wilhelm II. hält »Hunnenrede« und löst internationalen Protest aus

1900 29.6.1900 Gründung der Alfred-Nobel-Stiftung

des Fortschritts. Technikbegeisterung und Mobilität prägten das Kaiserreich. Das Schienennetz wuchs von 1866 bis 1913 auf vierfache Länge. Auf den Straßen lösten Autos die Pferdekutschen ab, 1900 stieg am Bodensee der erste Zeppelin auf. Röntgenstrahlen, Impfstoffe aus dem Reagenzglas, die unsichtbare Welt der Atome: Bis 1918 ging jeder dritte naturwissenschaftliche Nobelpreis an einen Deutschen. Die Triumphe der Forscher förderten das Geltungsbewusstsein des jungen Staates. Deutschland wandelte sich unter Wilhelm II. endgültig vom Agrar- zum Industriestaat und überholte in der Chemie und Elektroproduktion schon bald Großbritannien und die USA. »Made in Germany« wurde zum Gütesiegel. Es gab mehr Wohlstand als je zuvor, und die Bevölkerung wuchs rasant. Mitte des 19. Jahrhunderts zählte Berlin noch 400 000 Einwohner, 1910 drängten sich bereits 3,7 Millionen in der »Spree-Chicago« genannten Metropole.

In seiner Faszination für Technik befand sich Kaiser Wilhelm II. auf der Linie seiner Zeit. Dem passionierten Jäger kam die Forschung so »aufregend wie die Pirsch auf einen Zwanzigender« vor: »Immer von Neuem muss man staunen, welch ungewöhnliches Interesse der Kaiser für viele moderne Anforderungen und Fortschritte hat«, schreibt Hofmarschall Robert Graf von Zedlitz-Trützschler in seinen Memoiren. »Heute sind es die Radiumstrahlen, morgen die Ausgrabungen in Babylonien, dann wieder die freie und voraussetzungslose wissenschaftliche Forschung, und schließlich auch ganz besonders die Entwicklung der Maschinentechnik.« Gerne ließ sich der Kaiser mit lautem Hupen in einem elfenbeinfarbenen Daimler-Automobil durch Berlin chauffieren. Er stattete seine Schlösser mit Aufzügen, Bädern

Schon bald gab es die ersten Filmtheater, in denen »lebende Bilder« vom ersten deutschen Kinostar, Wilhelm II., über die Leinwände flimmerten.

und modernen Heizungsanlagen aus, ließ sich von Wilhelm Conrad Röntgen persönlich dessen Erfindung vorführen und nannte Graf Zeppelin »den größten Deutschen des 20. Jahrhunderts«. In einer Zeit, in der die Bilder gerade erst laufen lernten, war er der Erste, der ihre Macht erkannte und für die Inszenierung seiner Herrschaft und seine Popularisierung zu nutzen wusste. Bald konnte das Volk seinen Kaiser als Staatsmann bei Empfängen, Denkmalenthüllungen, auf der Jagd oder auf einer seiner zahlreichen Reisen bewundern. Da Filme damals noch in Varietétheatern oder auf Jahrmärkten gezeigt wurden, geriet der Kaiser zum Gegenstand der Massenunterhaltung und – aufgrund seines Unterhaltungswerts – zum ersten deutschen Kinostar.

Doch das Interesse des Monarchen an technischen Neuerungen war nicht nur spielerischer Art. Er trieb die Entwicklung von Hochschulen und Forschungseinrichtungen wie



1900 17.10.1900 Bernhard von Bülow (* 1849) wird neuer Reichskanzler

1901 22.1.1901 Nach dem Tod Victorias folgt ihr Edward VII. (* 1841) auf dem britischen Thron

1903 27.7.1903 Beginn des Baus der Bagdadbahn unter maßgeblicher Beteiligung deutscher Firmen

etwa der »Kaiser-Wilhelm-Gesellschaft« voran und sorgte für die nötigen Finanzen. Naturwissenschaftliche Forschung war im Wettbewerb der Staaten zum Prestigefaktor avanciert. Der Kaiser sah die Eroberung des Weltmarkts durch Produkte deutscher Technik und Industrie als Teil des imperialistischen Kampfes um Weltgeltung. Nicht von ungefähr interessierte sich der Monarch vor allem für Neuheiten, die industriell verwertbar oder militärisch sinnvoll waren, wie etwa Schiffsbau, Kommunikationstechnik oder Chemie. »Wir leben in einem Übergangszustand«, rief der Kaiser seinen Untertanen zu, »zu Großem sind wir noch bestimmt, und herrlichen Tagen führe ich euch entgegen.«

## Ein »Platz an der Sonne«

Mit solchen vollmundigen Ankündigungen sprach der Kaiser den Machteliten und einem Großteil seines Volkes aus der Seele. Das junge Kaiserreich befand sich um die Jahrhundertwende im Zenit seiner Macht und politisch auf Augenhöhe mit den anderen Großmächten. Doch noch war die Nation unvollendet, auf der Suche nach stabiler Identität. Gleichzeitig schäumte das Reich über vor Vitalität und Kraft. Die Mahnungen Bismarcks, vor allem außenpolitisch die Pferde zu zügeln, verhallten größtenteils ungehört. Europa war mittlerweile in die Epoche des Imperialismus eingetreten. Die großen Mächte konkurrierten um den Besitz der letzten freien Gebiete auf dem Erdball, um die wirtschaftliche Kraft der Märkte. Die internationale Politik wurde als Wettrennen der Nationen um Macht und Einfluss interpretiert. »Ruhmessehnsucht und Tatendurst traten an die Stelle von Nüchternheit und Bescheidung«, fasst der Historiker Klaus Hildebrand die Stimmung zusammen. »Nicht das Besinnen aufs Vertraute, sondern die Lust aufs Neue wurde zum Bewegungsgesetz der Nation und verdrängte die überlieferte Räson des Staates.« Deutschland folgte dem Trend der Zeit: Es wollte Weltpolitik betreiben, um zum exklusiven Club der führenden Weltmächte zu gehören.

*In der Geschichte des Kontraktes zwischen Wilhelm II. und den Deutschen liegt etwas Tragisches, auch wenn er selber nicht das Volumen hatte, dessen der Held einer Tragödie bedarf.*

GOLO MANN,
HISTORIKER UND PUBLIZIST

Nach Meinung des Historikers Michael Stürmer barg dieses Ziel die Hoffnung, aus der mitteleuropäischen Zwangslage auszubrechen und den Rang zu erreichen, den Großbritannien zu Wasser und Russland zu Lande behaupteten: nämlich »in allen großen Fragen der europäischen und außereuropäischen Machtverteilung ein Anspruch auf eine Schiedsrichterrolle und notfalls die Chance des Veto«. Der Wilhelm-II.-Experte John C. G. Röhl ist der Ansicht, dass sich der Kaiser der Gefahr dieses Zieles durchaus bewusst war: Aus Äußerungen und Schriften des Kaisers schließt er, dass ihm »die Errichtung der deutschen Vorherrschaft in Europa« vorschwebte, die er durch friedliche Mittel zu erreichen beabsichtigte. »Viel wahrscheinlicher, das ahnte wohl auch Wilhelm II., würden militärische Mittel eingesetzt werden müssen, um die neue europäische Ordnung unter deutscher Führung zu schaffen.«

In Übersee kam die deutsche Nation allerdings zu spät. Die Kolonien waren weitgehend verteilt. Nun klaubte man die Reste zusammen:



**1903** 17.11.1903 Russlands Arbeiterpartei spaltet sich in Bolschewiken und Menschewiken

**1903** 10.12.1903 Marie und Pierre Curie werden mit dem Nobelpreis für Physik ausgezeichnet

**1904** 12.1.1904 Beginn des Hereroaufstandes, der von General von Trotha grausam niedergeschlagen wird

1898 reiste Wilhelm II. mit seiner Gattin Auguste Viktoria nach Jerusalem, um die evangelische Erlöserkirche einzuweihen.

einen Flottenstützpunkt im chinesischen Kiautschou, in der Südsee die Karolinen, Palau und die Marianen, den Großteil Samoas. Zusammen mit Bismarcks Erwerbungen in der Südsee sowie den afrikanischen Kolonien Kamerun, Togo, Deutsch-Ostafrika und Deutsch-Südwest war das Imperium immerhin sechsmal so groß wie das Mutterland. Wirtschaftlich waren die Kolonien allerdings ein Zuschussgeschäft. Aber letztlich ging es darum, politische Zeichen zu setzen. »Die Zeiten, wo der Deutsche dem einen seiner Nachbarn die Erde überließ, dem anderen das Meer und sich selbst den Himmel reservierte, wo die reine Doktrin thront – diese Zeiten sind vorüber«, donnerte 1897 Wilhelms späterer Reichskanzler Bernhard von Bülow im Reichstag. »Wir verlangen auch unseren Platz an der Sonne.«

*Im Auslande ist unter den Völkern von Paris bis Moskau und Prag und von London bis New York viel Neid und Antipathie gegen das deutsche Volk vorhanden und an den Höfen viel ungerechteste Verkennung und lauernder Hass gegen Seine Majestät.*

BERNHARD VON BÜLOW
AN PHILIPP GRAF ZU EULENBURG,
20. JULI 1898



**1904** 8.4.1904 Entente Cordiale zwischen Frankreich und Großbritannien

**1905** 22.1.1905 Mit dem »Petersburger Blutsonntag« beginnt die Russische Revolution

**1905** 31.3.1905 Wilhelm II. besucht Tanger, um deutsche Interessen in Marokko gegenüber Frankreich zu demonstrieren

1898 brach Kaiser Wilhelm zu einer großen Orientreise auf, die von den europäischen Großmächten und Russland misstrauisch beobachtet wurde – gierten sie doch danach, sich Teile des Osmanischen Reiches, des »kranken Mannes am Bosporus«, einzuverleiben. Die Dardanellen und der Suezkanal, der Landweg nach Indien, die Rohstoffe Mesopotamiens, Persiens und des Kaukasus gaben dem Osmanischen Reich eine enorme geostrategische Bedeutung. Die Deutschen verfolgten im Türkischen Reich vor allem wirtschaftliche Interessen, und tatsächlich vereinbarte der Kaiser in Konstantinopel mit dem Sultan den Bau der Bagdadbahn bis zum Persischen Golf. Doch dabei ließ er es nicht bewenden. Anschließend zog er in selbst entworfener Uniform in Jerusalem ein, um eine evangelische Kirche einzuweihen, und verkündete in Damaskus, dass er immer »ein Freund« des Sultans und der »300 Millionen Mohammedaner« sein werde. Deutschlands Einfluss war nach dem Kaiserbesuch im Orient nicht nur gefestigt, sondern noch ausgeweitet worden. Obwohl dies in Paris und in Sankt Petersburg für Beunruhigung sorgen musste, wurde der neue außenpolitische Kurs des Reiches beibehalten.

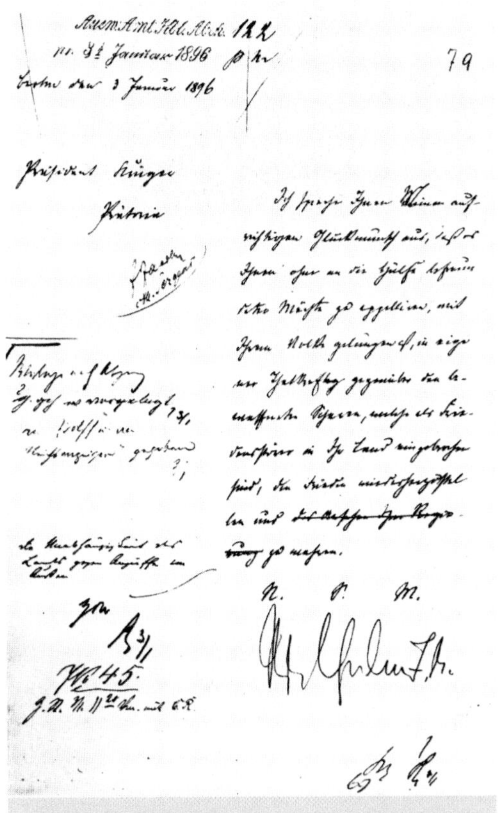

Das Telegramm Wilhelms II. vom 3. Januar 1896 an den Burenpräsidenten Paulus »Ohm« Krüger sorgte für Empörung bei den Briten.

Bismarcks Rückversicherungsvertrag mit Russland war 1890 von Wilhelms neuem Reichskanzler Leo von Caprivi nicht verlängert worden – woraufhin sich der Zar beleidigt Frankreich zugewandt hatte. Damit war das kunstvoll geknüpfte Bismarck'sche Bündnissystem zerbrochen und die Gefahr des Zweifrontenkriegs für das Deutsche Reich wieder akut. Ein Bündnis mit England wurde von Wilhelm II. und seinen Ratgebern zwar immer wieder erwogen. Eine wirkliche Chance bestand aber nicht, die Interessen der Länder waren zu verschieden. Hilfreich war es da sicherlich nicht, dass der Kaiser die Briten durch spontane öffentliche Äußerungen zusätzlich vor den Kopf stieß. So mit dem Telegramm, in dem Wilhelm II. 1896 dem Präsidenten der Südafrikanischen Republik, Paulus »Ohm« Krüger, zur Abwehr bewaffneter britischer Siedler gratulierte. Die »Krüger-Depesche« belastete das deutsch-britische Verhältnis für Jahre. Und sie sollte nicht die einzige verbale Entgleisung des Kaisers bleiben.



**1905** 27.6.1905 Meuterei auf dem Panzerkreuzer »Potemkin«

**1905** 23.7.1905 Wirkungsloser, persönlicher Vertrag zwischen Wilhelm II. und dem Zaren Nikolaus II.

**1905** 27.9.1905 Albert Einstein (* 1879) stellt die Formel $E=mc^2$ auf

»Pardon wird nicht gegeben, Gefangene werden nicht gemacht...« Der Aufstand der Boxer in China wurde 1900 durch ein internationales Expeditionskorps blutig niedergeschlagen.

Berühmt-berüchtigt ist bis heute seine »Hunnenrede«. Als im Sommer 1900 chinesische Rebellen, die sogenannten Boxer, ausländische Vertretungen angriffen und den deutschen Gesandten ermordeten, verlangte Wilhelm, dass Peking »dem Erdboden gleichgemacht« werde. Mit blutrünstigen Worten verabschiedete er am 27. Juli 1900 die deutschen Soldaten von Bremerhaven aus in den Fernen Osten: »Pardon wird nicht gegeben, Gefangene nicht gemacht. Wer euch in die Hände fällt, sei in eurer Hand. Wie vor tausend Jahren die Hunnen unter ihrem König Etzel sich einen Namen gemacht, der sie noch jetzt in der Überlieferung gewaltig erscheinen lässt, so möge der Name Deutschland in China in einer solchen Weise bekannt werden, dass niemals wieder ein Chinese es wagt, etwa einen Deutschen auch nur scheel anzuschauen.« Es war eine martialische Rede, die die politisch Verantwortlichen in der offiziellen Version zu entschärfen versuchten, was den Kaiser immens verwunderte: »Die Welt soll wissen, dass ich einmal forsch war«, fand er. Der Wortlaut seiner Ansprache drang



1905 30.10.1905 Oktobermanifest von Nikolaus II. läutet konstitutionelle Monarchie in Russland ein

1905 10.12.1905 Bertha von Suttner (* 1843) erhält als erste Frau den Friedensnobelpreis

1905 26.12.1905 Vorlage des Schlieffen-Plans

aber dennoch an die Öffentlichkeit und entsetzte die Welt. Mit seiner überzogenen Rhetorik trug er zweifellos mit dazu bei, dass der internationale Militäreinsatz in China tatsächlich mit äußerster Grausamkeit geführt wurde – wobei es nicht allein die deutschen Truppen waren, die »keinen Pardon« gaben. Im Ersten Weltkrieg wurde der Vergleich deutscher Soldaten mit den Hunnen von der britischen Propaganda weidlich gegen die deutsche Kriegführung ausgeschlachtet.

*Die gefangenen Chinesen haben wir alle totgeschossen, aber auch alle Chinesen, die wir sahen und kriegten, haben wir alle niedergestochen und -geschossen.*

ANGEHÖRIGER DES EXPEDITIONSKORPS, DAS IN CHINA IM EINSATZ WAR

Bis heute werden die Deutschen von den Briten als »Hunnen« bezeichnet.

Doch auch in Deutschland wurde die Rede zum Teil mit banger Beklemmung aufgenommen. Einer der schärfsten Kritiker des Kaisers, der Publizist Maximilian Harden, kam zu der Überzeugung, dass sich Deutschland durch die »persönliche Herrschaft« Wilhelms II. in einer »monarchischen Krise« befinde. Im Reichstag prangerten August Bebel, der Führer der Sozialdemokratie, und der Liberale Eugen Richter die »Hunnenrede« scharf an. »Nein, kein Kreuzzug ist's, kein heiliger Krieg«, rief Bebel den Abgeordneten zu, »es ist ein ganz gewöhnlicher Eroberungskrieg und Rachezug, und weiter nichts.«

## Des Kaisers »Lieblingsspielzeug«

In der Tat wollte die Reichsregierung die Niederschlagung des Aufstands in China dazu benutzen, den deutschen Einfluss dort auf Kosten der anderen Großmächte kräftig auszuweiten. Nichts jedoch brachte die Briten mehr in Harnisch als Wilhelms Flottenpolitik. Inwieweit der Kaiser tatsächlich ein »persönliches Regiment« führte und an den außenpolitischen Entscheidungen beteiligt war, ist unter Historikern umstritten. Während John C. G. Röhl ihn für die letzte Entscheidungsinstanz hält, der selbst im Krieg durchaus politisch noch eine Rolle spielte, sehen viele der Kollegen Röhls, etwa Wolfgang J. Mommsen, die zivile Reichsleitung im Zentrum der Verantwortung. Der Experte für preußische Geschichte, Frank-Lothar Kroll, befindet: »Hinter der Fassade des kraftstrotzenden Imperators verbarg sich eine vielfach entscheidungs- und durchsetzungsschwache Existenz, die sich nur allzu oft (und allzu gern) für Ziele und Zwecke vereinnahmen ließ, die dem Ansehen und der Autorität



1906 16.1.1906 Auf der Algeciras-Konferenz wird die französische Vormachtstellung in Marokko anerkannt

1906 27.10.1906 »Eulenburg-Affäre« schwächt Ansehen Wilhelms II.

1907 9.2.1907 Suffragetten demonstrieren in London für die Einführung des Frauenwahlrechts

des kaiserlichen Amts in hohem Maße abträglich waren.« Ein großes Maß an Verantwortung allerdings trug der Kaiser bei allen Personalfragen – und da bewies er keine glückliche Hand.

Die Entscheidung für den Bau einer Schlachtflotte ist jedoch direkt auf den Monarchen zurückzuführen. Wilhelm hatte schon als Kind britische Schiffe bestaunt und war ein passionierter Seebild-Maler. Am liebsten trat er in selbst entworfener Admiralsuniform auf und bombardierte das Reichsmarineamt mit Entwürfen für ein »Idealschiff«, das Fachleute allerdings für nicht schwimmfähig hielten. Auf politische Kreise in Berlin wirkte diese Marotte des Kaisers zunächst mehr als befremdlich. Ein Mitarbeiter des Auswärtigen Amtes spottete über eine Seereise des Kaisers, auf der »mit viel Kanonendonner« ein Seegefecht geübt wurde, um dann »mit der Revolverkanone auf eine ausgesetzte Tonne« zu schießen, »die denn auch S. M. zu seinem nicht geringen Jubel traf«. Wilhelm dagegen hielt seine Flottenbegeisterung für den Ausdruck seines englischen Erbes. »Meine ganz besondere Passion für die Marine entstammte nicht zum geringsten Teil dem von meiner Mutter herrührenden englischen Blut in mir«, verkündete er einmal.

Zu England verband Wilhelm eine Hassliebe. Die besseren Tage seiner Kindheit hatte der Kaiser auf der Isle of Wight verbracht, in der Sommerresidenz der Großmutter, der legendären Queen Victoria, die ihn, wie er glaubte, von Herzen liebte. Er sah sich als Mitglied der Königsfamilie, und als ihm die Queen zu seinem achtzehnten Geburtstag den Hosenbandorden verlieh, war er hingerissen und schrieb, dass er stolz darauf sei, »Dein Enkel zu sein«, und: »Ich bin froh, sagen zu können: Ich bin auch Brite.« Auf der anderen Seite nagte der Neid auf Englands Errungenschaften am Ego des Kaisers, der am liebsten sein Reich an erster Stelle in Europa gesehen hätte. Seine Mutter, die Preußen als zu militaristisch und reaktionär empfand, hatte keine Gelegenheit ausgelassen, Deutschlands Rückständigkeit in »vielen Dingen« zu betonen und Englands Überlegenheit zu preisen: »Da England die freieste, die fortschrittlichste und fortgeschrittenste, die liberalste und die am meisten entwickelte Nation der Welt ist, auch die reichste, so ist es besonders geeignet, um andere Länder zu zivilisieren.« Das hatte des Kaisers Wunsch nur bestärkt, mit England gleichzuziehen. Womit er im Reich nicht allein dastand. Großbritannien war der Maßstab dessen, was Weltmacht war, und aus einem Unterlegenheitsgefühl heraus bildete sich in Deutschland schon vor der Jahrhundertwende ein aus Angst und Arroganz gemischter Englandhass heraus.

Wilhelms Ansicht, die junge Nation brauche dringend eine starke Flotte, was er mit plakativen Aussprüchen wie »Der Dreizack gehört in unsere Faust!« oder »Deutschlands Zukunft liegt auf dem Wasser« lautstark bekräftigte, fiel in Deutschland daher auf fruchtbaren Boden. Vordergründig sollte die Flotte dazu dienen, deutsche Handelsinteressen und Kolonien zu schützen und, durch die Schaffung neuer Aufträge und Arbeitsplätze, die Wirtschaft anzukurbeln. Dem lag jedoch der Traum zugrunde, endlich in den Club der Weltmächte aufzusteigen. Die weltpolitische Sprengkraft, die in der Verwirklichung dieses Traums steckte, wollten damals nur wenige sehen. Sie geriet vielmehr, wie Wilhelm-Biograf Christian Graf von Krockow schreibt, zum »Riesen- und Lieblingsspielzeug der Epoche, und einmal mehr



1907 15.6.1907 Zweite Haager Friedenskonferenz zu Fragen des Kriegsrechts

1907 1.7.1907 Verlängerung des »Dreibundes« zwischen Deutschland, Österreich und Italien

1907 31.10.1907 Erweiterung der Entente Cordiale durch Beitritt Russlands zur »Tripleentente«

Die von Alfred von Tirpitz geplante »Risikoflotte« sollte England abschrecken.

erwies sich Wilhelm II. als ihr Repräsentant«. Doch zunächst galt es, die Deutschen und vor allem den Reichstag, der die Mittel für den Bau der Flotte bewilligen musste, von dem Vorhaben zu überzeugen.

Hierfür berief der Kaiser 1897 einen begnadeten Agitator und Organisator als Staatssekretär ins Reichsmarineamt: Alfred Tirpitz. Der Marineoffizier, der schnell zum Admiral aufstieg, setzte eine noch nie da gewesene Propaganda in Gang. Mit Presseartikeln, Büchern, Vorträgen, Plakaten, Fotos, Sammelbildchen in Schokoladentafeln und Yachtrennen wurde für die Marine geworben. Der Kaiser höchstpersönlich trat gern als erster Seemann der Nation auf und ließ Postkarten verteilen, auf denen er in Admiralsuniform posierte. 1898 wurde auf Betreiben von Kaiser und Tirpitz der Deutsche Flottenverein gegründet, der schon nach zwei Jahren eine halbe Million Mitglieder zählte. Ein wesentlicher Beitrag waren auch die finanziellen Zuschüsse des Industriellen Friedrich Alfred Krupp, dessen Unternehmen Stahl und Geschütze für die zukünftigen Schlachtschiffe liefern sollte und der dem Kaiser unbedingt verbunden war.

Die Tirpitz'sche Kampagne geriet zum vollen Erfolg. Vor allem der Mittelstand wurde von einem wahren Flottenfieber erfasst, zumal die Marine – im Gegensatz zur notorisch dünkelhaften Armee – auch Bürgerlichen Aufstiegschancen gewährte. Der Matrosenanzug wurde zum beliebtesten Kinderbekleidungsstück der Deutschen. Als das Gesetz über die Größe der Kriegsflotte 1898 im Reichstag verhandelt wurde, gelang es Tirpitz, nicht nur die Nationalliberalen, sondern auch manche der als »flottenfeindlich« eingestuften Linksliberalen und das katholische »Zentrum« auf seine Seite zu ziehen. Der Reichstag bewilligte 409 Millionen Mark für die Errichtung einer Flotte.

Die Söhne des Kaisers als Vorbilder: Der Matrosenanzug war beliebtestes Kleidungsstück deutscher Knaben.



**1908** 5.10.1908 Österreich annektiert Bosnien und Herzegowina und löst europäische Krise aus

**1908** 28.10.1908 Wilhelm II. belastet mit taktlosen Äußerungen im *Daily Telegraph* das deutsch-britische Verhältnis

**1909** 14.7.1909 Theobald von Bethmann Hollweg (* 1856) wird Reichskanzler

# Die Stahlbarone

Die Firma Krupp war das nationale Industrieunternehmen schlechthin, Stahlfabrik und Waffenschmiede des Kaiserreichs. Begonnen hatte ihr rasanter Aufstieg Mitte des 19. Jahrhunderts unter der Leitung von Alfred Krupp, dem »Kanonenkönig«. Er hatte mit der Produktion von Kanonen aus Gussstahl seine Essener Fabrik zu einem Industrieimperium geschmiedet. Sein Sohn Friedrich Alfred übernahm 1887 die Firma, nur ein Jahr danach bestieg Wilhelm II. den Thron. Wie der Kaiser, so verstand sich auch Friedrich Alfred als Vertreter einer neuen, aufstrebenden Generation und machte sich im Zeichen des weltpolitischen Aufbruchs daran, sein Unternehmen auf Wachstumskurs bringen. Auf Wunsch Wilhelms II., der einen Produzenten für seine Flotte brauchte, erwarb Krupp 1896 die Kieler Germania-Werft und baute in den folgenden Jahren Schlachtschiffe für Seine Majestät. Um die Öffentlichkeit und die Mehrheit des Reichstags für das Flottenprogramm zu begeistern, finanzierte er darüber hinaus den Deutschen Flottenverein mit Millionenbeträgen. Ein Skandal um Friedrich Alfreds angeblich homoerotische Eskapaden erschütterte das Haus Krupp und trieb den Firmenchef 1902 in den Tod. Seinem Nachfolger, Gustav Krupp von Bohlen und Halbach, gelang es, die gute Beziehung zum Monarchen aufrechtzuerhalten. Wirtschaftlich stand die Krupp AG damit auf der Sonnenseite: Die Essener lieferten den Armeen des Kaisers die Waffen und die Munition für die Materialschlachten des Ersten Weltkriegs.

**1910** 6.5.1910 George V. (* 1865) wird König von England

**1911** 1.7.1911 »Panthersprung nach Agadir« löst zweite Marokkokrise aus

**1911** 10.12.1911 Marie Curie erhält den Nobelpreis für Chemie

August Bebel (stehend), legendärer Mitbegründer und Führer der SPD, scheute auch im Reichstag nicht davor zurück, den Kaiser auf das Schärfste zu kritisieren.

Zwei Jahre später stimmte das Parlament dem Bau von zwei weiteren Geschwadern zu.

*Wir müssen unsere gesamte Kraft konzentrieren auf die Schaffung einer Schlachtflotte gegen England, die uns England gegenüber allein Seegeltung verschaffen kann. Außerdem muss erst die Schlacht geschlagen und gewonnen sein, ehe man an eine Ausnutzung derselben denken darf.*

ALFRED VON TIRPITZ, GROSSADMIRAL

Insgesamt wollte Tirpitz binnen zwei Jahrzehnten 60 große Schlachtschiffe und Schlachtkreuzer bauen. Gegen dieses monströse Vorhaben erhoben vor allem die Sozialdemokraten, allen voran SPD-Führer August Bebel, ihre Stimme. »In dem Maße, wie die Flotte wächst, wächst auch die Gefahr internationaler Verwicklungen«, warnte er im Dezember 1899 und fügte mit einem Seitenhieb auf den Kaiser hinzu: »Bei dem impulsiven Geist, der nun einmal in Deutschland herrscht – es scheint ja, dass in dem Zeitalter der Nervosität die persönliche Inkarnation dieser Nervosität in Deutsch-



1911 14.12.1911 Roald Amundsen (* 1872) erreicht den Südpol

1912 12.1.1912 SPD wird bei Reichstagswahl stärkste Fraktion

1912 8.2.1912 Vergebliches Bemühen um Flottenabkommen zwischen Deutschland und Großbritannien

land an der Spitze der Regierung steht –, … da dürfte Vorsicht sehr angebracht sein.« Doch mit der Zustimmung der »Sozen«, wie man sie abfällig nannte, der stärksten Kritiker des Kaisers, hatte ohnehin niemand gerechnet.

## Die »rote Gefahr«

Vor allem seit der Aufhebung des »Sozialistengesetzes« erfreute sich die sozialistische Arbeiterbewegung regen Zulaufs. Bei der Reichstagswahl 1898 errangen die Sozialdemokraten über 27 Prozent der Stimmen. Da sie sich – zumindest zu Anfang – dic Revolution auf die Fahnen geschrieben hatten, wurden sie von den Konservativen als »rote Gefahr« gefürchtet und waren dem Kaiser ein Dorn im Auge. Wilhelm sah sich zu Beginn seiner Regierungszeit zwar als sozialer Kaiser und hatte diverse Reformen zum Schutz des »braven deutschen Arbeiters« eingeleitet. Eine politische Emanzipation aber lehnte er ab. Die Sozialdemokraten waren für ihn eine »Rotte von Menschen, nicht wert, den Namen Deutscher zu tragen«. Die Tatsache, dass sie im Reichstag, den er ohnehin als »Schwatzbude« abtat, an Einfluss gewannen, ärgerte ihn maßlos. Bei einer Rekrutenvereidigung der Garderegimenter in Potsdam am 23. November 1891 sagte er: »Ihr seid jetzt Meine Soldaten, ihr habt euch Mir mit Leib und Seele ergeben; es gibt für euch nur einen Feind, und das ist Mein Feind. Bei den jetzigen sozialistischen Umtrieben kann es vorkommen, dass Ich euch befehle, eure eignen Verwandten, Brüder, ja Eltern niederzuschießen – was ja Gott verhüten möge –, aber auch dann müsst ihr Meine Befehle ohne Murren befolgen.« Den Worten folgten zwar keine Taten, zu einer Verständigung mit der parteipolitischen Vertretung der deutschen Arbeiterschaft kam es jedoch nie. Die Chance, die innere Spaltung der Gesellschaft zu überwinden, sollte sich erst 1914, im Zeichen des Burgfriedens und der Mobilmachung, ergeben.

Die ärmliche Behausung einer Arbeiterfamilie in einer Berliner Mietskaserne, fotografiert von Heinrich Zille.

*Ehe nicht die sozialdemokratischen Führer durch Soldaten aus dem Reichstag herausgeholt oder füsiliert sind, ist keine Besserung zu erhoffen.*

WILHELM II., 1899



1912 8.10.1912 Beginn des ersten Balkankrieges des »Balkanvierbundes« gegen die Türkei

1912 15.4.1912 Untergang der »Titanic«

1913 29.6.1913 Beginn des zweiten Balkankrieges, ausgelöst durch Verteilungsstreit

Mit dem Flottenbau und einer erfolgreichen Außenpolitik witterten der Kaiser, Tirpitz sowie Reichskanzler von Bülow die Chance, den Ansturm der Linken innerhalb und außerhalb des Parlaments zu stoppen und »den sozialdemokratischen Arbeiter dem Staat, der Monarchie zurückzugewinnen«, so Bülow. Und Tirpitz schrieb: »Meiner Ansicht nach sinkt Deutschland im kommenden Jahrhundert schnell von seiner Großmachtstellung, wenn jetzt nicht energisch ohne Zeitverlust und systematisch diese allgemeinen Seeinteressen vorwärtsgetrieben werden, nicht zu einem geringen Grade auch deshalb, weil in der neuen großen nationalen Aufgabe und dem damit verbundenen Wirtschaftsgewinn ein starkes Palliativ gegen gebildete und ungebildete Sozialdemokraten liegt.« Der Kaiser, der sich gerne als einzigen Repräsentanten des Nationalwohls darstellte, wollte beim Volk Stolz, Patriotismus, Loyalität – und vor allem Kaisertreue auslösen.

Kanzler Bernhard von Bülow (links) unterstützte lange das »persönliche Regiment« des Kaisers.

Tatsächlich wurde das Tirpitz'sche Flottenprogramm zu einer Arbeitsbeschaffungsmaßnahme für Zehntausende, und so mancher meldete sich begeistert und abenteuerlustig zum Dienst bei der Marine. Die Arbeiter hatten aber, auch bedingt durch ihren wachsenden Wohlstand, an politischem Selbstbewusstsein gewonnen. Sie wollten nicht nur höhere Löhne, sondern auch eine Interessenvertretung. Es gelang Wilhelm II. nicht, ihnen das Gefühl zu vermitteln, anerkannte Mitglieder der Gesellschaft zu sein. 1912 wurde die SPD im Reichstag stärkste Fraktion. Ihre Sorge, Wilhelms Flottenpolitik könnte die Lunte am Pulverfass Europa sein, sollte sich bewahrheiten.

## Herausforderung Englands

Vordergründig wurde der Flottenbau damit begründet, die deutschen Handelsinteressen in der Welt müssten durch eine starke Kriegsmarine geschützt werden. Eigentlich aber hatte die Reichsregierung – von Herbst 1900 bis Mitte 1909 unter der Leitung von Bernhard von Bülow – die Etablierung Deutschlands als europäische und überseeische Hegemonialmacht im Sinn. Auch wenn der Kaiser den Engländern gegenüber noch so oft beteuerte, dass die Flotte nicht gegen sie gerichtet sei – sein Vertrauter von Tirpitz sah in England den gefährlichsten Gegner Deutschlands und sprach davon, dass erst eine »siegreiche Schlacht« den Ozean für Deutschland öffnen werde. Zumindest sollte die deutsche Flotte die Briten abschrecken und im Kriegsfall unter Druck setzen. Bis sie fertiggestellt war, galt es jedoch in der Defensive zu bleiben. Da England in Europa die Politik der »Splendid Isolation« bevorzugte, sich also so wenig wie möglich auf dem Festland



1914 28.6.1914 Tödliches Attentat auf das österreichische Thronfolgerpaar ist Auslöser für den Ersten Weltkrieg

1914 6.7.1914 »Blankoscheck« Deutschlands an Österreich

1914 23.7.1914 Österreich stellt Serbien ein Ultimatum

Die »Waffenschmiede der Nation«: Die Stahlwerke Krupp in Essen bauten Schiffsgeschütze und Panzerplatten für die kaiserliche Kriegsmarine.

einmischte, fürchtete man auch keine unliebsamen Bündnisse.

Die Briten aber fühlten sich bestätigt, dass Deutschland die Vorherrschaft auf dem Kontinent anstrebte und damit das Mächtegleichgewicht zu kippen drohte. Darüber hinaus hegte König Edward VII. eine tiefe Abneigung gegen seinen Neffen Wilhelm II. Er hielt ihn für »den glänzendsten Versager der Geschichte« und »schärfsten Widersacher Englands«. 1904 verständigten sich Großbritannien und Frankreich über ihre kolonialen Ansprüche. Großbritannien bekam freie Hand in Ägypten, Frankreich in Marokko. Der Abschluss der »Entente

»The most brilliant failure in history« (Edward VII., vorne, über seinen Neffen Wilhelm II.).



**1914** 29.7.1914 Ausbruch des Ersten Weltkrieges mit Kriegserklärung Österreichs an Serbien

**1914** 1.8.1914 Deutschland erklärt Russland den Krieg

**1914** 2.8.1914 Bündnis Osmanisches Reich-Deutschland

Zar Nikolaus II. und Wilhelm II. trafen sich oft. Doch über die Balkanpolitik wurden sie zu Gegnern.

Cordiale« (»Herzliches Einvernehmen«) schlug in Berlin ein wie eine Bombe. Man sah sich umzingelt. In einer Flucht nach vorne überredete Reichskanzler von Bülow den Kaiser 1905, bei seiner traditionellen Mittelmeerreise im marokkanischen Tanger einen Zwischenstopp einzulegen und dort deutsche Ansprüche geltend zu machen. Die Reise wurde ein diplomatisches Fiasko. Die europäischen Mächte stellten sich auf die Seite Frankreichs, Deutschland war isolierter denn je.

Die dynastischen Verbindungen nutzend, wollte die Reichsregierung es nun noch einmal mit Russland versuchen. Ziel war es, das Zarenreich von Frankreichs Seite auf die deutsche zu ziehen, um gegen Frankreich und Großbritannien den Rücken freizubekommen. Immerhin waren der Zar und der Kaiser Vettern und redeten sich vertraulich mit »Willy« und »Nicky« an. Zwar unterschrieb Zar Nikolaus II. bei dem Treffen mit Wilhelm II. auf der finnischen Insel Björkö ein Bündnispapier, das sein Vetter aus der Tasche zauberte. »›Björkö‹ war, für einen kurzen Moment am Rande der Weltgeschichte, die Illusion zweier gutwilliger Männer in prächtiger Uniform, es könne die Lage Europas geordnet werden durch Tischreden und verwandtschaftliche Sympathie – und im Hintergrund die Ahnung, dass für beide, russische wie deutsche Machteliten, der künftige Krieg die Katastrophe beschwor«, urteilt Michael Stürmer. Es zeigte sich, dass die Unterschrift eines Zaren oder Kaisers nichts mehr zählte. Wenig später wischten die Regierungen beider Länder das Abkommen beiseite, woraufhin Wilhelm II., der sich seiner diplomatischen Fähigkeiten gebrüstet hatte, in tiefe Depressionen verfiel.

*Mir stand das helle Wasser der Freude in den Augen. … So ist der Morgen des 24. Juni 1905 bei Björkö ein Wendepunkt in der Geschichte Europas geworden, dank der Gnade Gottes.*

WILHELM II.
AN SEINEN KANZLER VON BÜLOW

Seine Stimmung besserte sich nicht angesichts der Entwicklung seiner Schlachtflotte. Großbritannien sah nicht tatenlos zu, wie seine Vormacht zur See, vor allem in den Heimatgewässern, herausgefordert wurde. Die Royal Navy rüstete ihrerseits auf. 1906 stach in England ein revolutionäres neues Schlachtschiff in See: die »Dreadnought« (»Fürchtenichts«). Größer, stärker bewaffnet und gepanzert und binnen nur eines Jahres gebaut, stellte sie alle anderen Kriegsschifftypen, inklusive der deutschen, in den Schatten. Daraufhin peitsche Admiral von Tirpitz – der Kaiser hatte ihn inzwischen



1914 3.8.1914 Kriegserklärung Deutschlands an Frankreich

1914 4.8.1914 Auch SPD stimmt für Bewilligung der Kriegskredite. England erklärt Deutschland den Krieg

1914 5.9.1914 Beginn der Marneschlacht

geadelt – eine Flottenvorlage nach der anderen durch den Reichstag. Es begann ein gnadenloser Rüstungswettlauf zwischen beiden Ländern, der zwischen 1908 und 1911 seinen Höhepunkt erreichte. Trotzdem gelang es den Deutschen nie, mit dem Inselreich gleichzuziehen. Begleitet wurde das Wettrüsten von einem Propagandafeldzug, der unter den Bevölkerungen beider Nationen die gegenseitigen Ressentiments noch anheizte.

## Skandale

Im Reich wuchs nun zunehmend die Kritik am »persönlichen Regiment« des Kaisers, nicht nur vonseiten der Sozialdemokraten. Das Scheitern der deutschen Außenpolitik, so die öffentliche Meinung, gehe in erster Linie auf das Konto des Monarchen. »Das Maß von Verachtung, welches uns, als Nation, im Ausland (Italien, Amerika, überall!) nachgerade – mit Recht! Das ist entscheidend – entgegengebracht wird, weil wir uns dieses Regime dieses Mannes ›gefallen lassen‹, ist nachgerade ein Faktor von erstklassiger ›weltpolitischer‹ Bedeutung für uns geworden«, entrüstete sich der Soziologe Max Weber. »Wir werden ›isoliert‹, weil dieser Mann uns in dieser Weise regiert und wir es dulden und beschönigen.«

Eine Reihe von Skandalen beschädigte zusätzlich das Ansehen Wilhems II. 1906 hatte der Journalist Maximilian Harden in seiner Zeitschrift *Die Zukunft* die Kamarilla um den Kaiser und damit das persönliche Regiment des Monarchen angegriffen. Im Kreuzfeuer stand vor allem der Kreis um Philipp Fürst zu Eulenburg, den engsten Freund und Berater des Kaisers. Die »Liebenberger Tafelrunde«, benannt nach den gemeinsamen Jagderlebnissen und Musikabenden auf Eulenburgs Landsitz, war Harden von jeher ein Dorn im Auge. Er unterstellte Eulenburg einen unheilvollen politischen Einfluss, »der mit unermüdlichem Eifer Wilhelm dem Zweiten zugeraunt, er sei berufen, allein zu regieren«, und bezichtigte ihn der Homosexualität. »Phili« hatte in der Tat eine fast romantische Zuneigung zum Kaiser entwickelt, wenn er auch sehr unter den Wutausbrüchen und Taktlosigkeiten des Kaisers litt und ihn wiederholt in vernünftigere Bahnen zu lenken suchte. In drei aufsehenerregenden Prozessen musste sich Eulenburg gegen den Vorwurf der Homosexualität und des Meineids

Philipp zu Eulenburg und Hertefeld war lange der beste und liebste Freund des Kaisers.



1915 22.4.1915 Erster Giftgaseinsatz

1915 3.5.1915 Italien tritt der »Tripleentente« bei und verlässt damit den »Dreibund«

1915 27.5.1915 Deportationsgesetz gibt dem türkischen Genozid an den Armeniern offizielle Form

Die vom Journalisten Maximilian Harden entfachte »Eulenburg-Affäre« wurde zum größten Skandal im Kaiserreich.

verteidigen. Auch wenn es zu keiner Verurteilung kam – Wilhelms Ansehen war ramponiert, Eulenburgs politischer Einfluss gebrochen. Sein kaiserlicher Freund ließ ihn fallen.

Die Eulenburg-Affäre war noch nicht ausgestanden, als eine zweite begann. Der Sturm der Entrüstung richtete sich diesmal direkt gegen den Monarchen. Ausgelöst wurde er durch ein Gespräch des Kaisers mit einem britischen Offizier während eines privaten Englandbesuchs, das am 28. Oktober 1908 in der britischen Zeitung *Daily Telegraph* veröffentlicht wurde. Darin betonte der Kaiser sein ständiges Bemühen um ein freundschaftliches Verhältnis zu Großbritannien, mit dem er im deutschen Volk aber nahezu allein dastehe. Habe er doch während des Burenkriegs einen Feldzugsplan entworfen, der letztlich den Engländern zum Sieg verholfen hätte. England werde eines Tages froh sein, sich bei seinen Unternehmungen in Ostasien auf die Hilfe der deutschen Flotte stützen zu können.

Diese undiplomatischen Aussagen lösten Empörung in Großbritannien und eine Staatskrise in Deutschland aus. Seit Jahren schon war die Öffentlichkeit in Deutschland über Wilhelms bramarbasierende Reden und impulsive Eingriffe in die Außenpolitik irritiert. Nun, da er sich plötzlich als Englandfreund und »Friedenskaiser« gebärdete, lief das Fass über. Das wollten die bürgerlichen Imperialisten nun gar nicht von ihrem sonst so forschen Flottenkaiser hören. »Schluss mit dem persönlichen Regiment des Kaisers!«, hieß die Parole. Zwei Tage lang debattierte der Reichstag über die Affäre, und die SPD nutzte die Stimmung, um zaghaft eine Parlamentarisierung nach westeuropäischem Vorbild vorzuschlagen. Allerdings vermochte sie sich nicht gegen die bürgerlichen Parteien durchzusetzen. »Die große Chance, durch den Übergang zur parlamentarischen Regierungsform die Missstände des bestehenden Herrschaftssystems zu beseitigen, wurde verspielt«, schreibt der Historiker Wolfgang J. Mommsen. Vergebens versuchte der Kaiser zu erklären, dass sein Kanzler, Bernhard von Bülow, den Text vor Abdruck geprüft und freigegeben habe. Dieser stahl sich jedoch aus der Verantwortung und behauptete, den Text nicht gelesen zu haben. Wilhelm knickte angesichts des Pressesturms



1915 6.9.1915 Bündnis Bulgarien-Deutschland

1916 21.2.1916 Beginn der Schlacht bei Verdun

1916 30.4.1916 Deutschland führt als erstes Land die Sommerzeit ein

## Das Pressewesen

Ende des 19. Jahrhunderts tauchte die öffentliche Meinung als neue politische Macht auf. Die Medienlandschaft des Kaiserreichs war von außergewöhnlicher Pluralität geprägt: Um 1900 erschienen in Deutschland 1200 Zeitungen, Magazine und Zeitschriften, darunter über 100 Tageszeitungen, die meisten davon mit klar politischer Ausrichtung. 1914 waren es bereits 4221 Zeitungen mit einer Gesamtauflage von 36,3 Millionen. Zu Deutschlands angesehensten Blättern zählten die liberale *Frankfurter Zeitung* sowie die linksliberale *Vossische Zeitung*. Über die Debatten des Reichstags wurde in der Presse ausführlich berichtet. Mit deutlicher Kritik am Kaiser hielten sich die meisten Zeitungen jedoch zurück. Bekannt und berüchtigt für die tagespolitische Informiertheit, die Prominenz der Autoren und die Scharfzüngigkeit des Herausgebers wurde Maximilan Hardens Wochenschrift *Die Zukunft*.

schließlich ein und versprach, sich künftig zurückzuhalten. Er war mit den Nerven am Ende, erkrankte, dachte sogar an Abdankung.

### »Dieser Kaiser ist euer Spiegelbild«

Trotz der Aufregung um Wilhelm II. wäre es verfehlt, den Kaiser als fremden Exoten zu betrachten, als Parvenü im Deutschen Reich. »Es gab eine intime Verwandtschaft zwischen ihm und gewissen Tendenzen der Zeit«, urteilt Golo Mann, eine »Affinität zwischen deutschem Industriebürgertum und schnarrender glänzender Kaisermacht. Der Liberale Friedrich Naumann behauptete sogar: »Dieser Kaiser, über den ihr euch aufregt, ist euer Spiegelbild!«

Wie der Kaiser, so war auch die Gesellschaft im Wilhelminischen Reich voller Gegensätze und Widersprüche, schwankte zwischen Tradition und Moderne. In seinem Geltungsdrang, dem Streben nach Weltmacht und Expansion, wusste Wilhelm den Großteil der Deutschen hinter sich. Auch der Hang zum Militärischen war ein Zeichen der Zeit. Schon als junger Mann hatte Wilhelm seine Begeisterung für das preußische Militär entdeckt. Das Soldatentum machte ihm Spaß, fand er doch darin trotz seiner Behinderung die Bestätigung, ein ganzer Mann zu sein. Als Kaiser wurde er oberster Kriegsherr und befehligte eine hochmoderne Militärmaschinerie. Kaum im Amt, benannte Wilhelm II. sein Hoflager in

»Kaiserliches Hauptquartier« um, führte am Hof ein militärisches Rangreglement ein und umgab sich am liebsten mit großen, gut aussehenden Offizieren. Schon damals spottete man über die Marotte Seiner Majestät, bis zu sechsmal am Tag die Uniform zu wechseln. Für die Kameras posierte er mal als Großer Kurfürst und Lord Nelson, dann wieder als Johanniter oder russischer Infanterist.

*Die meisten Deutschen waren nichts anderes als Taschenausgaben, verkleinerte Kopien, Miniaturdrucke Kaiser Wilhelms.*

EGON FRIEDELL, ÖSTERREICHISCHER KULTURHISTORIKER, 1927

Das Gaunerstück um den »Hauptmann von Köpenick« amüsierte sogar Seine Majestät den Kaiser.

Die Untertanen fanden sich in ihrem Kaiser wieder. Das Militär war als Folge der Einigungskriege zum Leitbild des jungen Reiches aufgestiegen – auch im Alltag. Zivile Minister legten sich militärische Ränge zu, Zivilisten räumten den Bürgersteig, um Soldaten den Vortritt zu lassen, selbst die Abgeordneten erschienen bisweilen mit Degen im Reichstag. »Der Bourgeois im Stechschritt, der Händler als Held, der Geschäftsreisende im Feldwebelton, der Jobber und Schnorrer mit den Gebärden Wotans«, beschrieb der Schriftsteller Hermann Bahr seine Zeitgenossen. Nicht von ungefähr konnte der arme Schuster Wilhelm Voigt in der Verkleidung eines Hauptmanns die Stadtkasse von Köpenick beschlagnahmen. Der Streich gelang, weil man sich vor der Autorität seiner Uniform beugte.

*Da kann man sehen, was Disziplin heißt. Kein Volk der Erde macht uns das nach!*

WILHELM II. ÜBER WILHELM VOIGT, DEN »HAUPTMANN VON KÖPENICK«

Zwar rüstete man auch in Ländern wie Frankreich und Russland auf und teilte die Vorliebe für Uniformen. Doch nirgendwo war der Militarismus so ausgeprägt wie in Deutschland. Kriegervereine und nationale Verbände gaben den Ton an. Das Kyffhäuser-Denkmal, 1896 eingeweiht, wurde Symbol des erwachten Nationalbewusstseins: Während Wilhelm I. die Reichsgründung personifizierte, symbolisierte der erwachende Barbarossa den Traum von der Wiederherstellung des mittelalterlichen Reiches der Staufer. Fatalerweise gewannen auch die Militärs in Wilhelms Umgebung an Einfluss – und mischten sich in die Politik ein.



1916 21.11.1916 Nach dem Tod von Franz Joseph I. wird Karl I. (* 1887) Kaiser von Österreich

1916 12.12.1916 Friedensangebot der Mittelmächte

1916 30.12.1916 Entente weist Friedensangebot ab

## Am Vorabend des Krieges

Inzwischen hatte sich das Mächtesystem in Europa gefährlich verändert. 1907 waren sich die Erzrivalen Russland und Großbritannien über die Aufteilung ihrer Kolonialinteressen im Mittleren Osten einig geworden. Zusammen mit Frankreich bildeten die Großmächte nun eine »Tripleentente«. In Deutschland ging die Angst vor der »Einkreisung« um. Dabei hatte sich das Reich in seiner Überhebung selbst ausgegrenzt. So blieb als Bündnispartner nur noch Österreich-Ungarn mit dem greisen Kaiser Franz Joseph an der Spitze. Der Donaumonarchie versicherte das Deutsche Reich nun seine unbedingte »Nibelungentreue«. Ein Garant für Frieden war dieser Partner nicht: Der Vielvölkerstaat war in seinem Innern von Nationalitätenstreitigkeiten geschüttelt und stand im Krisenherd Balkan mit russischen Interessen im Konflikt. Zur Verbesserung seiner bedrohlichen Lage standen dem Deutschen Reich nur zwei Möglichkeiten offen: Krieg oder Beschränkung des deutschen Weltmachtanspruchs. Für Letzteres fehlte die Einsicht, und es war wohl auch schon zu spät.

Wenn es zum Ernstfall kommen würde, wollten die Generäle jedenfalls gewappnet sein. Für den Fall eines Zweifrontenkriegs mit Frankreich und Russland entwarf der Chef des Generalstabs der deutschen Armee, Alfred Graf von Schlieffen, einen genialen Strategie-

Wilhelm II. gelobte dem greisen Kaiser Franz Joseph von Österreich-Ungarn für den Fall eines Krieges vollmundig Nibelungentreue.



1917 22.1.1917 US-Präsident Wilson proklamiert den »Frieden ohne Sieg«

1917 1.2.1917 Deutschland erklärt den uneingeschränkten U-Boot-Krieg

1917 8.3.1917 Beginn der Februarrevolution in Russland

Die zivile Reichsleitung unter Kanzler Theobald von Bethmann Hollweg leistete den Militärs wenig Widerstand.

plan. Zuerst sollten in einem überfallartigen Überraschungsschlag Frankreichs Streitkräfte ausgeschaltet werden, damit anschließend die gesamte Heeresmacht Russland entgegengeworfen werden konnte. Der Haken: Voraussetzung für die Durchführung des Schlieffen-Plans war der Durchzug deutscher Truppen durch das neutrale Belgien – und dessen Neutralität garantierte Großbritannien, mit dem die Deutschen eigentlich lieber keinen Krieg führen wollten. Außerdem setzte dieser Plan auf militärische Effizienz, nicht auf Diplomatie.

Der neue Reichskanzler Theobald von Bethmann Hollweg versuchte das Reich in ruhigeres außenpolitisches Fahrwasser zu manövrieren. Dem stand allerdings die zunehmend nationalistische Einstellung großer Teile des Bürgertums entgegen, die nach einer kraftvollen Außenpolitik dürsteten, allen voran der Flottenverein und der Alldeutsche Verband. Der Kanzler kämpfte für eine Verbesserung der Beziehung zu England und stemmte sich gegen den weiteren Flottenbau. Die Briten versuchten in diesen Jahren auch ihrerseits, die Deutschen zu einer Drosselung ihres Bauprogramms zu bewegen. Wenn es um sein Lieblingsspielzeug ging, ließ der Kaiser allerdings nicht mit sich reden. Wilhelm II., der Berichte seiner Beamten mit zornigen Randbemerkungen zu quittieren pflegte, kommentierte schon 1908 entsprechende Vorschläge aus England mit heftigsten Ausdrücken, wie John C. G. Röhl in seinem dritten Biografieband über den Monarchen zusammenfasst: »Derartige Forderungen seien allein die ›Folge englischer Uebergroßmachtsgelüste und Gespensterseherei‹, rief er aus. Sie würden von den Engländern nur gewagt werden, ›weil man glaubt, dass meine Diplomatie die Hosen voll hat und sich durch Kriegsgeschrei imponieren lässt‹. Jeden Versuch, die deutschen Flottenrüstungen einzuschränken, würde er, der Kaiser, als eine Kriegserklärung auffassen und ›mit Granaten beantworten‹.«

In persönlichen Unterredungen verhielt sich der Kaiser nicht viel diplomatischer. Als sich Edward VII. im August 1908 mit Wilhelm in Kronberg traf, wollte der entnervte englische König das Thema Flottenbau lieber nicht selbst ansprechen und schickte seinen Unterstaatssekretär Sir Charles Hardinge vor. Auch bei diesem Gespräch tat der Kaiser die britischen Sorgen als »Unsinn« ab, schwor, dass der Flottenbau nicht gegen England gerichtet sei, und drohte indirekt mit Krieg. 1912 kam es, auch auf Betreiben Bethmann Hollwegs, ein letztes



1917 16.3.1917 Abdankung von Zar Nikolaus II., Bildung der Provisorischen Regierung

1917 6.4.1917 Kriegserklärung der USA an Deutschland

1917 7.4.1917 Wilhelm II. kündigt in »Osterbotschaft« Aufhebung des Dreiklassenwahlrechts an

Mal zu einem Verständigungsversuch mit England. Doch auch dieser scheiterte am Widerstand des Kaisers und seines Admirals von Tirpitz. Die Situation war festgefahren. »Die Aufrüstung des Deutschen Reiches zu Wasser oder zu Land hat die britische Politik gleichermaßen geängstigt«, fasst der Historiker Sönke Neitzel zusammen. »Nur der bewusste Verzicht auf vermehrte Rüstungsanstrengungen hätte hier beschwichtigend wirken können.« Allerdings waren weder England noch Frankreich oder Russland bereit, dem Deutschen Reich einen »Platz an der Sonne« zu bewilligen. Der Druck im Kessel Europa stieg.

## Julikrise

Als der Kaiser im Frühjahr 1913 seine Tochter Viktoria Luise vermählte, trafen sich die Monarchen Europas zum letzten Mal. Das im selben Jahr glanzvoll begangene Silberne Regierungsjubiläum Wilhelms II. geriet ebenfalls noch einmal zu einer überwältigenden Inszenierung höfischen Prunks und kaiserlicher Selbstdarstellung. Hinter den Kulissen aber wetzten die Großmächte bereits die Messer. Europa fieberte der Explosion entgegen.

*Was waren das für eigenartige Tage, die wir jetzt in Berlin bei diesem Familienfeste verlebten, bei dem auch die fremden Monarchen nur als die Vettern des Kaisers auftraten, wir alle nur eine große Familie bildeten!*

VIKTORIA LUISE,
PRINZESSIN VON PREUSSEN

Der Unruheherd Balkan wurde die Zündschnur am Pulverfass Europa. Österreich-Ungarn bekam die Vielvölkerregion nicht mehr in den Griff. Das Königreich Serbien strebte nach Expansion – und bedrohte damit die labile Donaumonarchie. Am 28. Juni 1914 erschoss ein serbischer Nationalist den österreichischen Thronerben Franz Ferdinand und seine Gemahlin. Die Schüsse von Sarajevo bildeten den Auftakt zur europäischen Urkatastrophe. Das Attentat kam den Scharfmachern in Wien und Berlin gelegen. Österreich wollte mit Serbien abrechnen und sich die Vorherrschaft auf dem Balkan sichern, wobei es mit dem Beistand des deutschen Bündnispartners

Zur Hochzeit der Kaisertochter Viktoria Luise mit Ernst August von Braunschweig und Lüneburg am 24. Mai 1913 trafen sich die Monarchen Europas zum letzten Mal.



1917 11.4.1917 Spaltung der deutschen Sozialdemokratie

1917 16.4.1917 Lenin (* 1870) kehrt aus dem Exil nach Russland zurück

1917 14.7.1917 Georg Michaelis (* 1857) wird neuer Reichskanzler

Der österreichische Thronfolger Franz Ferdinand und seine Frau werden am 28. Juni 1914 in Sarajevo Opfer eines Attentats.

rechnete. Doch ein militärisches Vorgehen gegen Serbien würde unweigerlich die Gefahr eines Krieges mit dessen Bündnispartner Russland heraufbeschwören.

Die Falken in Berlin, allen voran die Generäle, fanden die Gelegenheit günstig, einen vermeintlich präventiven Krieg gegen das noch in der Mobilmachung begriffene Russland und seinen Verbündeten Frankreich zu führen. »Von militärischer Seite wird jetzt wieder gedrängt, dass wir es zum Kriege jetzt, wo Russland noch nicht fertig, kommen lassen sollten, doch ich glaube nicht, dass Seine Majestät der Kaiser sich hierzu verleiten lassen wird«, berichtete der sächsische Gesandte in Berlin am 2. Juli 1914 nach Orientierungsgesprächen im Auswärtigen Amt. In Potsdam schwankte der Kaiser zwischen Friedenssehnsucht und Kriegslust. Zunächst überwog Letzteres. Als sein Botschafter in Wien zur Mäßigung riet, kommentierte der Kaiser das Dokument mit der zornigen Randbemerkung: »Mit den Serben muss aufgeräumt werden, und zwar bald.« Und als Österreichs Kaiser Franz Joseph einen Gesandten nach Potsdam beorderte und um Rückendeckung für ein sofortiges Einschreiten gegen Serbien ersuchte, versprach Wilhelm II. spontan seine »volle Unterstützung«, machte seine Zusage aber von der Antwort des Reichskanzlers abhängig. Bethmann Hollweg gab am 6. Juli grünes Licht. Der Kanzler war es, der mit der Bestätigung von Wilhelms Zusicherung schließlich den letzten Anstoß zum »Sprung ins Dunkle« gab. Diese Zusage ist als »Blankoscheck« in die Geschichte eingegangen, denn damit war die Kriegsentscheidung der Habsburger so gut wie gefallen. Zwar hoffte der Kanzler noch, den Konflikt auf den Balkan begrenzen zu können, nichtsdestotrotz ging er bewusst das Risiko eines Kontinentalkriegs ein. Der Generalstab hatte ihn davon überzeugt, dass ein Krieg unvermeidbar war. Wenn er ausbrach, wollte er Russland als Angreifer darstellen.

Den Kaiser schickte Bethmann Hollweg zunächst auf seine traditionelle Nordlandreise, um den Eindruck der Normalität zu erwecken. Mit diesem Tarnmanöver wollte er jedoch auch den als wankelmütig bekannten Herrscher aus dem Weg haben, obwohl dieser beteuerte: »Diesmal falle ich nicht um.« Wilhelm II. hatte zwar regelmäßig mit dem Säbel gerasselt, war jedoch bis zu diesem Zeitpunkt vor einer Konfrontation stets zurückgeschreckt. »Wilhelm der Ängstliche«, höhnten die Militärs und Machteliten im Reich. Den Wortlaut des bewusst unannehmbar formulierten Ultimatums, das Wien den Serben am 23. Juli stellte, erfuhr Wilhelm jedenfalls erst zwei Tage später. »Das ist doch einmal eine for-



1917 19.7.1917 Friedensresolution der Mehrheitsparteien im Deutschen Reichstag

1917 28.8.1917 Hindenburg und Ludendorff übernehmen die Heeresführung

1917 1.11.1917 Georg von Hertling (* 1843) wird neuer Reichskanzler

Vor dem Berliner Stadtschloss hören am 1. August 1918 begeisterte Menschenmassen die kaiserliche Verkündung der Mobilmachung.

sche Note«, war seine lapidare Antwort, doch er machte sich unverzüglich auf den Rückweg nach Potsdam. Noch hoffte er auf einen Rückzieher Russlands.

*Die Stimmung im Volk ist prachtvoll. Es ist fast wie eine Erlösung, dass die lange Spannung weicht und die Entscheidung naht!*

MATHILDE GRÄFIN VON KELLER, 31. JULI 1914

Als die Nachricht von Österreichs Ultimatum an die Serben Ende Juli 1914 publik wurde, gingen Unter den Linden Tausende Kriegsbegeisterte auf die Straßen. »Der patriotische Lärm wirkte betäubend und putschte die kriegerischen Hetzer immer mehr auf. ›Es braust ein Ruf wie Donnerhall!‹ Heil! ›Siegreich woll'n wir Frankreich schlagen!‹ Hurra! ›Heil Dir im Siegerkranz!‹«, beschrieb der sozialdemokratische Fraktionsvorsitzende Philipp Scheidemann entsetzt das Bild, das sich ihm bot. »Waren die kampfbegeisterten Jünglinge, Männer und Greise von allen guten Geistern verlassen?« Doch bei Weitem nicht alle Bürger stimmten in den Jubel ein. In ganz Deutschland folgten in der letzten Juliwoche mehr als eine halbe Million Menschen dem Aufruf der SPD zu Friedenskundgebungen.



1917 7.11.1917 Beginn der Oktoberrevolution in Russland unter Lenin und Trotzki

1918 8.1.1918 US-Präsident Wilson verkündet 14-Punkte-Programm zur Beendigung des Krieges

1918 3.3.1918 Friedensvertrag von Brest-Litowsk zwischen Deutschland und Russland

Auch Wilhelm, »der Zögerer«, wollte auf einmal doch lieber Frieden. Denn wider Erwarten akzeptierte Serbien weitgehend das Ultimatum der Österreicher. »Damit fällt jeder Kriegsgrund weg«, schrieb der Kaiser nach Wien und unterbreitete vermittelnde Vorschläge zur weiteren Handlungsweise. Laut Röhl sorgten aber der Reichskanzler und die Beamten vom Auswärtigen Amt dafür, dass die kaiserliche Initiative nur bruchstückhaft ankam. Wilhelm II. hatte die Angelegenheit nicht mehr in der Hand. Am 29. Juli 1914 eröffneten österreichische Geschütze vom Donauufer aus die Kanonade auf Belgrad. Es war die Antwort des Hauses Habsburg auf die Schüsse von Sarajevo.

In den folgenden Tagen versuchte der Kaiser sein Bestes, um auf Monarchenebene den Frieden doch noch zu retten. Er begann einen fieberhaften Depeschenwechsel mit dem russischen Zaren, allerdings unter Anleitung des Auswärtigen Amtes, das darauf bedacht war, Russland die Verantwortung für einen Krieg zuzuschieben. Nikolaus II. äußerte seine Entrüstung über die Vorgänge und bat den »lieben Willy« um Hilfe. Der Kaiser riet dem »lieben Nicky«, Frieden zu bewahren. Mitten in den Schriftverkehr der beiden Vettern platzte am 30. Juli die Nachricht von der russischen Teilmobilmachung. Der Kaiser war am Boden zerstört, er fühlte sich hintergangen. Jetzt schien es unmöglich, den Zug, der rasende Fahrt aufgenommen hatte, noch zum Stehen zu bringen. Generalstabschef Helmuth Moltke und der preußische Kriegsminister Erich von Falkenhayn drängten den Kaiser, nun seinerseits die deutsche Mobilmachung zu verkünden. Es galt keine Zeit zu verlieren, Frankreich musste geschlagen sein, bevor die Russen marschbereit waren. Und England? Bis zum Schluss hegten der Kaiser und die Reichsleitung die Hoffnung, dass Großbritannien neutral bleiben würde. Wilhelm II. meinte sogar, diesbezüglich das Wort des englischen Königs zu haben. Ein Irrtum, wie sich herausstellte. Der britische Außenminister stellte klar: Wenn Frankreich angegriffen werde, könne England nicht passiv bleiben. Verwirrt notierte der Kaiser: »Der ganze Krieg ist offensichtlich zwischen England, Frankreich und Russland zur Vernichtung Deutschlands abgemacht worden.« Seine eigene Verantwortung an den Entwicklungen wollte oder konnte er nicht sehen.

## Kaiserdämmerung

Am 1. August 1914 erklärte das Deutsche Reich Russland den Krieg. Vom Balkon des Berliner Schlosses aus rief Kaiser Wilhelm II. die Deutschen zur Mobilmachung auf. »Mitten im Frieden überfällt uns der Feind. Darum auf zu den Waffen! Jedes Schwanken, jedes Zögern wäre Verrat am Vaterlande«, lauteten die später auf Tonband aufgenommenen Worte. Vor dem Reichstag postulierte der Kaiser: »Ich kenne keine Parteien mehr, ich kenne nur noch Deutsche.« Selbst die Sozialdemokraten glaubten den Beteuerungen der Reichsregierung, Deutschland führe einen Verteidigungskrieg gegen das verhasste zaristische Russland. Unter diesen Umständen wollten sie ein für alle Mal den Vorwurf, »vaterlandslose Gesellen« zu sein, abstreifen und sich als Patrioten erweisen. Am 4. August 1914 bewilligte die SPD-Fraktion im Reichstag einstimmig die Kriegskredite für den Ersten Weltkrieg. Innerhalb der Sozialdemokratie hatte sich eine Wandlung vollzogen. Die Mehrheit wollte zur staatstragenden Partei werden. Die Verfechter einer linksradikalen,



1918 21.3.1918 Beginn der letzten deutschen Westoffensive

1918 17.7.1918 Erschießung des Zaren Nikolaus II. und seiner Familie

1918 18.7.1918 Beginn der alliierten Gegenoffensive

Während der Reichstagssitzung am 4. August 1914 stimmte die Fraktion der SPD einstimmig der Aufnahme von Kriegskrediten zu.

revolutionären Position – wie Rosa Luxemburg und Karl Liebknecht – sahen sich auf einmal in der Minderheit. Der Krieg sollte zum Ursprung einer folgenschweren Spaltung der deutschen Arbeiterbewegung werden.

*Wir lassen in der Stunde der Gefahr das Vaterland nicht im Stich.*

HUGO HAASE, VORSITZENDER DER SPD, 4. AUGUST 1914

Anfang August befand sich Deutschland mit den Großmächten Russland, Frankreich und England im Krieg. Die industrielle Dynamik, mit der die Europäer zu Herrschern der Welt geworden waren, zeigte im Krieg ihre hässliche Fratze. Bis zum Kriegsende starben etwa 6000 Mann täglich, insgesamt fast neun Millionen Soldaten. Die in der Julikrise aufgetretenen Führungsmängel des Kaisers wurden im Krieg noch offensichtlicher. Er war seiner Rolle als oberster Kriegsherr nicht gewachsen und musste den Militärs das Kommando überlassen. »Der Generalstab sagt mir gar nichts und fragt mich auch nicht«, beklagte sich der Kaiser. »Ich trinke Tee und säge Holz und gehe spazieren, und dann erfahre ich von Zeit zu Zeit, das und das ist gemacht.« Sein Einfluss sank noch weiter, als Paul von Hindenburg und Erich Ludendorff im August 1916 die Oberste Heeresleitung übernahmen und eine Art Militärdiktatur errichteten. Nur die Fassade des souverän entscheidenden Monarchen wurde aufrechterhalten: Er blieb meist im Großen Hauptquartier, besuchte die Front und verlieh Orden. Von Kampfhandlungen hielt man ihn jedoch fern. Es war der Schein der Macht, der ihn umgab – seine Wirkung auf die Deutschen verfiel. »Der Kaiser wird mit jedem Tag mehr zum Schatten eines Herrschers«, schrieb die Fürstin Blücher im Juli 1917. »Die Leute sprechen ganz offen von einer Abdankung.«

Schon im Oktober 1914 war der Krieg im Westen in einen Stellungskrieg übergegangen,

Kaiser Wilhelm II. 1916 bei einem seiner Besuche an der Westfront. Die Entscheidungen trafen längst nur die Generäle.



1918 29.9.1918 Deutsche Heeresleitung fordert Waffenstillstandsangebot an die Entente

1918 3.10.1918 Max von Baden (* 1867) wird neuer Reichskanzler und bildet Kabinett auf parlamentarischer Grundlage

1918 28.10.1918 Parlamentarisierung der deutschen Reichsverfassung

Der SPD-Linke Karl Liebknecht gründete im Dezember 1918 mit Gleichgesinnten die Kommunistische Partei Deutschlands.

in dem trotz zahlreicher blutiger Offensiven von beiden Seiten die Frontlinien sich bis 1918 nicht wesentlich veränderten. Im Osten dagegen konnte die russische Armee, die in Ost- und Westpreußen zunächst erhebliche Erfolge errungen hatte, von den deutschen Streitkräften unter dem Kommando des aus dem Ruhestand zurückgeholten Generals Paul von Hindenburg niedergekämpft werden. Unterstützt durch die Russische Revolution von 1917 und die völlige Demoralisierung des russischen Heeres, gelang es den deutschen Truppen, bis zum Kriegsende 1918 weite Teile Russlands zu besetzen. Dafür befand sich das Deutsche Reich – weil es den uneingeschränkten U-Boot-Krieg erklärt hatte – seit dem 6. April 1917 auch mit den USA im Krieg. Deren frischen Truppen hatten die erschöpften deutschen Verbände an der Westfront nichts entgegenzusetzen.

Doch je länger das Blutvergießen an den Fronten dauerte, desto lauter wurden die Proteste der Untertanen zu Hause. Die Heimatfront war kriegsmüde. Die Bevölkerung litt Hunger, verursacht durch die alliierte Versorgungsblockade. Mehr als 700 000 Menschen starben in den Kriegsjahren 1914 bis 1918 an Hunger oder Mangelerkrankungen. Radikale Sozialisten wie Karl Liebknecht fachten die Demonstrationen und Massenstreiks der Arbeiter an. Seit klar war, dass der Kaiser keinen Verteidigungs-, sondern einen Eroberungskrieg führte, war die SPD gespalten. Doch auch die gemäßigten Sozialdemokraten zusammen mit den anderen Mehrheitsparteien im Reichstag forderten unmissverständlich einen Verständigungsfrieden ohne Annexionen – und demokratische Reformen.

Nach einer letzten großen Offensive im März 1918 war das deutsche Heer am Ende.

In den letzten Kriegsjahren griffen zunehmend Kriegsmüdigkeit und Hunger um sich: Menschenschlange vor einer Lebensmittelausgabe.



**1918** 31.10.1918 Ende der österreichisch-ungarischen Monarchie durch Austritt Ungarns

**1918** 4.11.1918 Waffenstillstand mit der Entente. Matrosenaufstand ist der Auftakt zur Novemberrevolution in Deutschland

**1918** 8.11.1918 Beginn der Waffenstillstandsverhandlungen

## Philipp Scheidemann

Geboren wurde Philipp Scheidemann 1865 im hessischen Kassel als Sohn eines Handwerkers. Nach seiner Ausbildung zum Schriftsetzer trat er der damals verbotenen SPD bei, gründete eine sozialdemokratische Zeitung und warb mit Artikeln, Flugblättern und auf Versammlungen für seine Partei. 1903 wurde Scheidemann als Abgeordneter in den Reichstag und 1911 in den Parteivorstand gewählt, nach dem Tod Bebels 1913 zu einem der beiden Fraktionsvorsitzenden. In dieser Funktion trat er bei Kriegsbeginn für die Bewilligung der Kriegskredite und für einen Burgfrieden mit der Reichsregierung ein. Im Verlauf des Ersten Weltkriegs tat er sich aber als Verfechter eines Verständigungsfriedens hervor. Im Herbst 1918 trat Scheidemann auf Druck der Partei kurzzeitig als Staatssekretär in die neue Regierung des Kanzlers Max von Baden ein. Die Republik rief Scheidemann gegen den Willen seines Parteivorsitzenden Friedrich Ebert aus, der »vor Zorn dunkelrot« anlief, wie sich Scheidemann erinnert. Vom 13. Februar bis zum 20. Juni 1919 war Scheidemann der erste Ministerpräsident einer demokratisch gewählten Regierung in Deutschland, trat jedoch aus Protest gegen den Versailler Vertrag zurück.

Ende September empfahl General Ludendorff dem Kaiser, um Waffenstillstand nachzusuchen. Darüber hinaus wurde Wilhelm II. von der Heeresleitung genötigt, am 30. September 1918 ein parlamentarisches Regierungssystem einzuführen – um die Friedensverhandlungen mit den Alliierten zu erleichtern. Der Kaiser von Gottes Gnaden hatte ausgedient. Unversehens fanden sich nun auch die Sozialdemokraten in der Reichsregierung wieder.

Als einen Monat später die Matrosen rebellierten, verlor der Monarch weitgehend den Bezug zur Realität. Obwohl ihn die Reichsregierung zur Abdankung drängte, tönte er noch am 1. November: »Wenn zu Hause der Bolschewismus kommt, stelle ich mich an die Spitze einiger



**1918** 9.11.1918 Philipp Scheidemann (* 1856) ruft Republik aus. Absetzung Wilhelms II.

**1918** 10.11.1918 Flucht Wilhelms II. nach Holland

**1918** 10.11.1918 Rat der Volksbeauftragten unter Friedrich Ebert (* 1871) übernimmt die Regierungsgeschäfte

Der Kaiser flieht von seinem Hauptquartier in die Niederlande und erhält dort Asyl. Offiziell wird er erst am 28. November abdanken.

Divisionen, rücke nach Berlin und hänge alle auf, die Verrat üben. Da wollen wir mal sehen, ob die Masse nicht doch zu Kaiser und Reich hält.« Obwohl ihm seine Offiziere erklärten, dass nicht einmal die Truppen zu ihm stünden, weigerte sich Wilhelm II. bis zuletzt, auf den Thron zu verzichten. Auf Druck der Straße verkündete der neue Kanzler Max von Baden am Mittag des 9. November der Welt eigenmächtig die Abdankung des Kaisers – und übergab den Sozialdemokraten die Regierung.

Der Kaiser wurde nicht mehr gefragt. Am 9. November um 14 Uhr rief der SPD-Abgeordnete Philip Scheidemann vom Fenster über dem Hauptportal des Reichstagsgebäudes die Republik aus. »Der Kaiser hat abgedankt, er und seine Freunde sind verschwunden. Über sie alle hat das Volk auf der ganzen Linie gesiegt. Das Alte und Morsche, die Monarchie ist zusammengebrochen. Es lebe das Neue! Es lebe die deutsche Republik!«

Einen Tag später setzte der Kaiser sich in Richtung Niederlande ab. Es war das Ende der Monarchie in Deutschland – und das Ende von Wilhelms Weltmachtträumen. Er sollte seine Heimat nie wieder sehen. Der deutsche Ex-Kaiser starb am 4. Juni 1941 auf seinem Schloss Doorn im holländischen Exil.



1918 11.11.1918 Annahme der Waffenstillstandsbedingungen

1918 12.11.1918 Frauen erhalten in Deutschland das aktive und passive Wahlrecht

1919 18.1.1919 Beginn der Friedenskonferenz in Versailles

# Literatur

## sowie Autorinnen und Autoren der Kapitel

### Otto und das Reich

Guido Knopp/Sebastian Scherrer


Althoff, Gerd: Die Ottonen – Königsherrschaft ohne Staat. Stuttgart, 2. Aufl. 2005.

Ders./Keller, Hagen: Heinrich I. und Otto der Große – Neubeginn auf karolingischem Erbe. 2 Bände, Göttingen/Zürich, 2. Aufl. 1994.

Becher, Matthias: Karl der Große. München, 5. Aufl. 1999.

Boockmann, Hartmut:: Einführung in die Geschichte des Mittelalters. München, 8. Aufl. 2007.

Borst, Arno: Lebensformen im Mittelalter. Hamburg 2004.

Ehlers, Joachim: Die Entstehung des Deutschen Reiches. Enzyklopädie deutscher Geschichte, 31. 2 Bände, München 1998.

Fossier, Robert: Das Leben im Mittelalter. München 2008.

Fried, Johannes: Das Mittelalter. München 2008.

Keller, Hagen: Die Ottonen. München, 3. Aufl. 2006.

Laudage, Johannes: Otto der Große – Eine Biographie. Darmstadt 2001.

Puhle, Matthias (Hrsg.): Otto der Große – Magdeburg und Europa. Katalog der 27. Ausstellung des Europarates und Landesausstellung Sachsen-Anhalt. Eine Ausstellung im Kulturhistorischen Museum Magdeburg vom 27. August bis 2. Dezember 2001. 2 Bände, Mainz 2001.

Schneidmüller, Bernd/Weinfurter, Stefan: Die deutschen Herrscher des Mittelalters. Historische Porträts von Heinrich I. bis Maximilian I. München 2003.

Schreiner, Peter: Byzanz 565–1453. München, 3. Aufl. 2007.

Schulze, Hans K.: Kaiserin Theophanu (971–991). Eine junge Frau zwischen Orient und Okzident. Magdeburg 2001.

Weinfurter, Stefan: Kleine deutsche Geschichte des Mittelalters. Das Reich von 500 bis 1500. München 2008.

Widukind von Corvey: Die Sachsengeschichte. Ditzingen 1981.

## Heinrich IV. und der Papst

Peter Arens/Friederike Dreykluft

Althoff, Gerd: Kaiser Heinrich IV. – Von der Parteien Gunst und Hass verzerrt. Darmstadt 2006.

Ders.: Die Macht der Rituale. Symbolik und Herrschaft im Mittelalter. Darmstadt 2003.

Ders.: Spielregeln der Politik im Mittelalter. Kommunikation in Frieden und Fehde. Darmstadt 1997.

Anonym: Das Leben Kaiser Heinrichs IV. Kapitel 1.

Becher, Matthias: »Heinrich IV (1050–1106)«. In: Bernd Schneidmüller und Stefan Weinfurter (Hrsg.): Die deutschen Herrscher des Mittelalters. Historische Porträts von Heinrich I. bis Maximilian I. München 2003, S. 154–180.

Black-Veldtrup, Mechthild: Kaiserin Agnes (1043–1077). Quellenkritische Studien (Münstersche Historische Forschungen 7). Köln/Weimar/Wien 1995.

Blumenthal, Uta-Renate: Gregor VII. zwischen Canossa und Kirchenreform. Darmstadt 2001.

Boshof, Egon: Heinrich IV. Herrscher an einer Zeitenwende. Göttingen, 2. überarb. Aufl. 1990.

Ders.: Die Salier. Stuttgart 2000.

Bosl, Karl: Die Reichsministerialität der Salier und Staufer. Ein Beitrag zur Geschichte des hochmitelalterlichen deutschen Volkes, Staates und Reiches (Schriften der MGH 10). Stuttgart 1950.

Brunos Buch vom Sachsenkrieg, Kapitel 1.

Dass.: Kap. 8.

Cowdrey, Herbert E.J.: Pope Gregory VII, 1073–1085. Oxford 1998.

Goez, Werner: »Markgräfin Mathilde von Canossa«. In: Werner Goez: Lebensbilder aus dem Mittelalter. Die Zeit der Ottonen, Salier und Staufer. Darmstadt 1998, S. 233–254.

Hechberger, Werner: Adel, Ministerialität und Rittertum im Mittelalter. München 2004.

Laudage, Johannes (Hrsg.): Der Investiturstreit. Quellen und Materialien. Köln/Wien 1990.

Ders.: Gregorianische Reform und Investiturstreit (Erträge der Forschung 282). Darmstadt 1993.

Oexle, Otto Gerhard: »Canossa«. In: François, Etienne/Schulze, Hagen (Hrsg.): Deutsche Erinnerungsorte, Band, 1, München, 3. Aufl. 2002.

Otto von Freising: Chronik. Buch VI, Kap. 35.

Rösener, Werner: »Bauern in der Salierzeit«. In: Stefan Weinfurter (Hrsg.): Die Salier und das Reich, Bd. 3. Sigmaringen, 2. Aufl. 1992, S. 51–73.

Schwarzmaier, Hansmartin: Von Speyer nach Rom. Wegstationen und Lebensspuren der Salier. Sigmaringen 1992.

Struve, Tilman: »War Heinrich IV. ein Wüstling?« In: Oliver Münch/Thomas Zotz (Hrsg.): Scientia veritatus. Festschrift für Hubert Mordek zum 65. Geburtstag. Ostfildern 2004, S. 273–288.

Ders.: »Gregor VII. und Heinrich IV. Stationen einer Auseinandersetzung«. In: Studi Gregoriani 14. Roma 1991, S. 29–60.

Tellenbach, Gerd: »Der Charakter Kaiser Heinrichs IV. Zugleich ein Versuch über die Erkennbarkeit menschlicher Individualität im hohen Mittelalter«. In: Person und Gemeinschaft im Mittelalter. Karl Schmid zum 65. Geburtstag. Sigmaringen 1988, S. 345–367.

Weber, Max: Wirtschaft und Gesellschaft. Frankfurt/Main 2005, S. 308.

Weinfurter, Stefan: Canossa – Die Entzauberung der Welt. München 2006, S. 208.

Ders. (Hrsg.): Die Salier und das Reich. 3 Bände, Sigmaringen 1991.

Ders.: Herrschaft und Reich der Salier. Grundlinien einer Umbruchzeit. Sigmaringen 1991.

Zotz, Thomas: »Die Formierung der Ministerialität«. In: Stefan Weinfurter (Hrsg.): Die Salier und das Reich, Band 3, Sigmaringen, 2. Aufl. 1992, S. 3–50.

## Barbarossa und das Kaisertum

Peter Arens

Althoff, Gerd: »Die Deutschen und ihr mittelalterliches Reich«. In: Bernd Schneidmüller/ Stefan Weinfurter (Hrsg.): Heilig – Römisch – Deutsch. Das Reich im mittelalterlichen Europa. Dresden 2006, S. 119–132.

Barber, Richard/Barker, Juliet: Die Geschichte des Turniers. Düsseldorf/Zürich 2001.

Behr, Hans-Joachim: »Dichtung und höfische Kultur des 12. und 13. Jahrhunderts«. In: Heiliges Römisches Reich Deutscher Nation 962 bis 1806. Von Otto dem Großen bis zum Ausgang des Mittelalters. Dresden 2006. S. 237–248.

Boockmann, Hartmut: Das Reich und die Deutschen. Stauferzeit und spätes Mittelalter – Deutschland 1125–1517. München 1987.

Boshof, Egon: Europa im 12. Jahrhundert. Auf dem Weg in die Moderne. Stuttgart 2007.

Duby, Georges: Die Zeit der Kathedralen. Kunst und Gesellschaft 980–1420. Frankfurt/Main 1980.

Engels, Odilo: Die Staufer. Stuttgart/Berlin/Köln, 8. Aufl. 2005.

Fleckenstein, Josef: Rittertum und ritterliche Welt. Berlin 2002.

Görich, Knut: Die Ehre Friedrich Barbarossas. Kommunikation, Konflikt und politisches Handeln im 12. Jahrhundert. Darmstadt 2001.

Ders.: Die Staufer. Herrscher und Reich. München 2006.

Großmann, Ulrich: »Burgen und Pfalzen des Reiches«. In: Heiliges Römisches Reich Deutscher Nation 962 bis 1806. Von Otto dem Großen bis zum Ausgang des Mittelalters. Dresden 2006, S. 223–236.

Haas, Wolfdieter: Welt im Wandel. Das Hochmittelalter. Stuttgart 2002.

Herbers, Klaus/Neuhaus, Helmut: Das Heilige Römische Reich. Schauplätze einer tausendjährigen Geschichte. Köln 2005.

Moore, Robert I.: Die erste europäische Revolution. Gesellschaft und Kultur um Hochmittelalter. München 2001.

Opll, Ferdinand: Friedrich Barbarossa. Darmstadt, 3. Aufl. 1998.

Schieffer, Rudolf: »Konzepte des Kaisertums«. In: Bernd Schneidmüller/Stefan Weinfurter (Hrsg.): Heilig – Römisch – Deutsch. Das Reich im mittelalterlichen Europa. Dresden 2006, S. 44–56.

Schneidmüller, Bernd/Weinfurter, Stefan (Hrsg.): Die deutschen Herrscher des Mittelalters. München 2003.

Weinfurter, Stefan: Das Reich im Mittelalter. Kleine deutsche Geschichte von 500 bis 1500. München 2008.

Ders. (Hrsg.): Stauferreich im Wandel. Ordnungsvorstellungen und Politik in der Zeit Friedrich Barbarossas. Stuttgart 2002.

Die Zeit der Staufer. Geschichte, Kunst, Kultur. Ausstellungskatalog des Württembergischen Landesmuseums Stuttgart, hrsg. von Reiner Haussherr. 5 Bände, Stuttgart 1977.

## Luther und die Nation

Stefan Brauburger

Beutel, Albrecht: Martin Luther. München 1991.

Blickle, Peter: Gemeindereformation. Die Menschen des 16. Jahrhunderts auf dem Weg zum Heil. München 1985.

Brecht, Martin: Martin Luther, 3 Bände, Stuttgart 1981–87.

Ders.: Luther als Schriftsteller. Zeugnisse seines dichterischen Gestaltens. Stuttgart 1990.

Homm, Bernd/Moeller, Bernd/Wendebourg Dorothea: Reformationstheorien. Göttingen 1995.

Junghans, Helmar: Martin Luther und Wittenberg. Berlin 1996.

Kaufmann, Thomas: Martin Luther. München 2006.

Kohnle, Armin: Reichstag und Reformation. Gütersloh 2001.

Krockow, Christian Graf von: Porträts berühmter deutscher Männer – Von Martin Luther bis zur Gegenwart. München 2001.

Leppin, Volker: Martin Luther. Darmstadt 2006.

Lohse, Bernhard: Martin Luther. Eine Einführung in sein Werk und sein Wirken. München 1997.

Ludolphy, Ingetraut: Friedrich der Weise. Göttingen 1984.

Moeller, Bernd (Hrsg.): Die frühe Reformation in Deutschland als Umbruch. Wissenschaftliches Symposion des Vereins für Reformationsgeschichte. Gütersloh 1998.

Ders.: Luther-Rezeption. Kirchenhistorische Aufsätze zur Reformationsgeschichte. Göttingen 2001.

Mörke, Olaf: Die Reformation. Voraussetzungen und Durchsetzung. (Enzyklopädische Deutsche Geschichte, Band 74), München 2005.

Müller, Gerhard: Zwischen Reformation und Gegenwart II. Vorträge und Aufsätze. Hannover 1988.

Oberman, Heiko A.: Luther. Mensch zwischen Gott und Teufel. Berlin 1982.

Ders.: Die Reformation. Von Wittenberg nach Genf. Göttingen 1986.

Rogge, Joachim: Martin Luther. Sein Leben – seine Zeit – seine Wirkungen. Gütersloh 1982.

Schilling, Heinz: Der Augsburger Religionsfrieden 1555. Wissenschaftliches Symposion aus Anlass des 450. Jahrestages des Friedensschlusses, Augsburg, 21. bis 25. September 2005, von Heinz Schilling und Heribert Smolinsky. Gütersloh 2007.

Ders.: Aufbruch und Krise. Deutschland 1517–1648 (Das Reich und die Deutschen). Berlin 1988.

Ders: Die Stadt in der frühen Neuzeit. München 2004.

Ders.: Handbuch der Geschichte der Internationalen Beziehungen. Band 2: Konfessionalisierung und Staatsinteressen (1559–1659). 9 Bde., Paderborn 2007.

Schulze, Manfred: Fürsten und Reformation. Geistliche Reformpolitik weltlicher Fürsten vor der Reformation. Tübingen 1991.

Schwarz, Reinhard: »Luther«. In: Die Kirche in ihrer Geschichte. Göttingen 1986.

Troeltsch, Ernst: Luther und die moderne Welt. Schutterwald/Baden 2000.

Wunderlich, Reinhard/Feininger, Bernd (Hrsg.): Zugänge zu Martin Luther. Ringvorlesung an der Pädagogischen Hochschule Freiburg zum Lutherjahr 1996. Frankfurt/Main 1997.

Zahrnt, Heinz: Martin Luther – Reformator wider Willen. München 1986.

## Wallenstein und der Krieg

Stefan Brauburger/Luise Wagner-Roos

Barudio, Günter: Gustav Adolf der Große. Frankfurt/Main 1982.

Beiderbeck, Friedrich/Horstkemper, Georg/Schulze, Winfried (Hrsg.): Dimensionen der europäischen Außenpolitik zur Zeit der Wende vom 16. zum 17. Jahrhundert. Berlin 2003.

Burkhardt, Johannes: Der Dreißigjährige Krieg (Moderne deutsche Geschichte, 2). Darmstadt 1997.

Burschel, Peter: Söldner im Nordwestdeutschland des 16. und 17. Jahrhunderts. Göttingen 1994.

Bußmann, Klaus/Schilling, Heinz (Hrsg.): 1648 – Krieg und Frieden in Europa. 1 Katalog und 2 Textbände. (Grundlegend, Katalog und Aufsatzbände zur Europaratsausstellung 1998 in Münster und Osnabrück). München 1998.

Dickmann, Fritz: Der Westfälische Friede. Münster, 4. Aufl. 1998.

Duchhardt, Heinz (Hrsg.): Der Westfälische Friede. Politische Zäsur, kulturelles Umfeld, Rezeptionsgeschichte. München 1998.

GEO Epoche 29: Der Dreißigjährige Krieg. Hamburg 2008.

Grimmelshausen, Hans Jakob Christoffel von: Der abenteuerliche Simplicissimus. Berlin 1955.

Kampmann, Christoph: Europa und das Reich im Dreißigjährigen Krieg. Stuttgart 2008.

Ders.: Reichsrebellion und kaiserliche Acht. Politische Strafjustiz im Dreißigjährigen Krieg und das Verfahren gegen Wallenstein 1634 (Schriftenreihe der Vereinigung zur Erforschung der Neueren Geschichte, 21). Münster 1993.

Lahne, Werner: Magdeburgs Zerstörung in der zeitgenössischen Publizistik. Magdeburg 1931.

Mannigel, Holger: Wallenstein in Weimar, Wien und Berlin. Das Urteil über Wallenstein in der deutschen Historiographie von Friedrich Schiller bis Leopold von Ranke. Husum 2003.

Mieck, Ilja: »Wallenstein 1634. Mord oder Hinrichtung?« In: Alexander Demandt (Hrsg.): Das Attentat in der Geschichte. Köln/Weimar/Wien 1996.

Peters, Jan (Hrsg.): Ein Söldnerleben im Dreißigjährigen Krieg. Eine Quelle zur Sozialgeschichte. Berlin 1993.

Policensky, Josef/Kollmann, Josef: Wallenstein – Feldherr des Dreißigjährigen Krieges. Köln/Weimar/Wien 1997.

Ranke, Leopold von: Geschichte Wallensteins. Leipzig 1869.

Repgen, Konrad: Dreißigjähriger Krieg und Westfälischer Friede – Studien und Quellen. Paderborn 1998.

Ders. (Hrsg.): Krieg und Politik 1618–1648. Europäische Probleme und Perspektiven (Schriften des Historischen Kollegs: Kolloquien, 8). München 1988.

Roeck, Bernd: Alls wollt die Welt schier brechen – Eine Stadt im Zeitalter des Dreißigjährigen Krieges. München 1991.

Schiller, Friedrich: Geschichte des Dreißigjährigen Kriegs. Mit einem Nachwort von Golo Mann. Zürich 1985.

Schilling, Heinz: Konfessionalisierung und Staatsinteresse. Internationale Beziehungen 1559–1606. Handbuch der Geschichte der Internationalen Beziehungen. Band 2, Paderborn 2007.

Schmidt, Georg: Der Dreißigjährige Krieg. München 1998.

Tschopp, Silvia Serena: Heilsgeschichtliche Deutungsmuster in der Publizistik des Dreißigjährigen Krieges. Frankfurt/Main u. a. 1991.

Wegwood, Cicely V.: Der Dreißigjährige Krieg. München 1976.

Zunckel, Julia: Rüstungsgeschäfte im Dreißigjährigen Krieg. Unternehmerkräfte, Militärgüter und Marktstrategien im Handel zwischen Genua, Amsterdam und Hamburg. Berlin 1997.


## Preußens Friedrich und die Kaiserin

Peter Arens/Annette Tewes


Albig, Jörg-Uwe: »Friedrich der Große – Feldherr und Philosoph«. In: GEO Epoche 28 (2006). Hamburg, S. 38–58.

Aretin, Karl Otmar von: Friedrich der Große. Freiburg im Breisgau 1985.

Arneth, Alfred von: Geschichte Maria Theresias. 10 Bände, Wien 1863–1879 (Neudruck Osnabrück 1971).

Büsch, Otto/Neugebauer, Wolfgang: Moderne Preußische Geschichte 1648–1947. 3 Bände, Berlin u. a. 1981.

Dollinger, Hans: Friedrich II. von Preußen. Sein Bild im Wandel von zwei Jahrhunderten. München 1986.

Duffy, Christopher: Friedrich der Große – Ein Soldatenleben. Köln 1986.

Externbrink, Sven: Friedrich der Große, Maria Theresia und das Alte Reich. Deutschlandbild und Diplomatie Frankreichs im Siebenjährigen Krieg. München 2006.

Friedrich der Große – Herrscher zwischen Tradition und Fortschritt. Mitarbeit u. a.: Karl Otmar von Aretin, Peter Baumgart. Gütersloh 1985.

Giersberg, Hans-Joachim: Friedrich als Bauherr. Studien zur Architektur des 18. Jahrhunderts in Berlin und Potsdam. Berlin 1986.

Günzel, Klaus: Der König und die Kaiserin – Friedrich II. und Maria Theresia. Düsseldorf 2005.

Guddat, Martin: Des Königs treuer Diener. Als Soldat unter Friedrich dem Großen. Hamburg/Berlin/Bonn 2006.

Herre, Franz: Maria Theresia – Die große Habsburgerin. Köln 1994.

Hinrichs, Carl (Hrsg.): Friedrich der Große und Maria Theresia. Diplomatische Berichte von Otto Christoph Graf von Podewils. Berlin 1937.

Iby, Elfriede/Koller, Alexander: Schönbrunn. Wien 2000.

Jessen, Hans (Hrsg.): Friedrich der Große und Maria Theresia in Augenzeugenberichten. Düsseldorf 1965.

Krockow, Christian Graf von/Jürgens, Karl-Heinz: Friedrich der Große – Lebensbilder. Bergisch Gladbach 1986/2000.

Kunisch, Johannes: Friedrich der Große – Der König und seine Zeit. München 2004.

Maria Theresia und ihre Zeit. Zur 200. Wiederkehr des Todestages. Ausstellungskatalog, hrsg. v. Walter Koschatzky. Salzburg/Wien 1980.

Mraz, Gerda und Gottfried: Maria Theresia. Ihr Leben und ihre Zeit in Bildern und Dokumenten. München 1979.

Neugebauer, Wolfgang: Die Geschichte Preußens. Von den Anfängen bis 1947. Hildesheim 2004.

Ders.: Die Hohenzollern. Band 1: Anfänge – Landesstaat und monarchistische Autokratie bis 1740. Stuttgart 1996.

Ders.: Die Hohenzollern. Band 2: Dynastie im säkularen Wandel – Von 1740 bis in das 20. Jahrhundert. Stuttgart 2003.

Schieder, Theodor: Friedrich der Große – Ein Königtum der Widersprüche. Frankfurt am Main/Berlin/Wien 1983.

Schilling, Heinz: Das Reich und die Deutschen – Höfe und Allianzen. München 1989.

Ders.: Die Stadt in der Frühen Neuzeit (Enzyklopädie deutscher Geschichte). München, 2. Aufl. 2004.

Vocke, Roland: Friedrich der Große (aus der Reihe: Geschichte in Lebensbildern, hrsg. von Heinrich Pleticha). Gütersloh 1977.

Walter, Friedrich (Hrsg.): Maria Theresia. Briefe und Aktenstücke in Auswahl. Darmstadt, 2. Aufl. 1968.

Wunderlich, Dieter: Vernetzte Karrieren. Friedrich der Große – Maria Theresia – Katharina die Große. Regensburg 2000.


## Napoleon und die Deutschen

Stefan Brauburger


Aretz, Paul und Gertrude (Hrsg.): Napoleon I. – Mein Leben und Werk. Schriften, Briefe, Proklamationen, Bulletins. Köln 2003.

Beßlich, Barbara: Der deutsche Napoleon-Mythos. Literatur und Erinnerung 1800–1945. Darmstadt 2007.

Clark, Christopher: Preußen. Aufstieg und Niedergang 1600–1947. München 2007.

Cronin, Vincent: Napoleon – Stratege und Staatsmann. München 2002.

Duchhardt, Heinz: Stein – Eine Biographie. Münster 2007.

Dufraisse, Roger: Napoleon – Revolutionär und Monarch. Eine Biographie. 3. Aufl. München 2002.

George, Marion/Rudolph, Andrea (Hrsg.): Napoleons langer Schatten über Europa. Dettelbach, 2008.

Hagemann, Karen: »Mannlicher Muth und Teutsche Ehre«. Nation, Militär und Geschlecht zur Zeit der Antinapoleonischen Kriege Preußens. Paderborn 2002.

Greiling, Werner: Napoleon in Thüringen. Wirkung – Wahrnehmung – Erinnerung. Landeszentrale für politische Bildung Thüringen. Erfurt 2006.

Kleßmann, Eckart: Napoleon und die Deutschen. Berlin 2007.

Ders.: Deutschland unter Napoleon in Augenzeugenberichten. München 1982.

Ders.: Die Befreiungskriege in Augenzeugenberichten. München 1973.

Ders.: Föderative Nation. Deutschlandkonzepte von Reformation bis zum Ersten Weltkrieg. München 2000.

Langewiesche, Dieter: Nation, Nationalismus. Nationalstaat in Deutschland und Europa. München, Neuaufl. 2003.

Markov, Walter: Napoleon und seine Zeit. Geschichte und Kultur des Grand Empire. Leipzig 1996.

Paas, Sigrun/Mertens, Sabine (Hrsg.): Beutekunst unter Napoleon. Die »französische Schenkung« an Mainz 1803. (Katalog-Handbuch zu Ausstellung). Mainz 2003.

Planert, Ute: Der Mythos vom Befreiungskrieg. Frankreichs Kriege und der deutsche Süden. Alltag – Wahrnehmung – Deutung 1792–1841. Paderborn 2007.

Rothenberg, Gunther: Die Napoleonischen Kriege. Berlin 2000.

Sellin, Volker: Die geraubte Revolution. Der Sturz Napoleons und die Restauration in Europa. Göttingen 2001.

Sieburg, Friedrich: Gespräche mit Napoleon. München 1962.

Töppel, Roman: Die Sachsen und Napoleon – Ein Stimmungsbild 1806–1813. Köln 2008.

Tulard, Jean: Napoleon oder der Mythos des Retters. Eine Biographie. Tübingen 1985.

Ullrich, Volker: Napoleon – Eine Biographie. Hamburg 2004.

Willms, Johannes: Napoleon – Eine Biographie. München 2005.

Winkler, Heinrich August: Der lange Weg nach Westen. 2 Bände, München 2000.

Vetter-Liebenow, Gisela: Napoleon – Genie und Despot. Ideal und Kritik in der Kunst um 1800. Hannover 2006.

Veltzke, Veit (Hrsg.): Napoleon. Trikolore und Kaiseradler über Rhein und Weser. Köln u. a. 2007.

Wehler, Hans-Ulrich: Deutsche Gesellschaftsgeschichte. Band 1, München 1996.

## Robert Blum und die Revolution

Stefan Brauburger/Peter Hartl

Blum, Hans: Robert Blum. Ein Lebens- und Charakterbild für das deutsche Volk. Leipzig 1878.

Botzenhart, Manfred: 1848/49 – Europa im Umbruch. Paderborn 1998.

Dipper, Christof/Speck, Ulrich (Hrsg.): 1848 – Revolution in Deutschland. Frankfurt am Main/ Leipzig 1998.

Dowe, Dieter/Haupt, Heinz-Gerhard/Langewiesche, Dieter (Hrsg.): Europa 1848 – Revolution und Reform. Bonn 1998

Freitag, Sabine (Hrsg.): Die Achtundvierziger – Lebensbilder aus der deutschen Revolution. München 1998.

Gall, Lothar (Hrsg.): 1848 – Aufbruch zur Freiheit. Ausstellungskatalog. Berlin 1998.

Hachtmann, Rüdiger: Berlin 1848 – Eine Politik- und Gesellschaftsgeschichte der Revolution. Bonn 1997.

Ders.: Epochenschwelle zur Moderne – Einführung in die Revolution von 1848/49. Tübingen 2002.

Hein, Dieter: Die Revolution von 1848/49. München 1998.

Häusler, Wolfgang: »Ein unbekannter Aufruf Robert Blums aus der Wiener Oktoberrevolution 1848. Robert Blums Wiener Aufenthalt«. In: Wiener Geschichtsblätter 22/1978, S. 173–187.

Hils-Brockhoff, Evelyn/Hock, Sabine: Die Paulskirche – Symbol demokratischer Freiheit und nationaler Einheit. Frankfurt/Main 2004.

Hirsch, Helmut: Robert Blum – Märtyrer der Freiheit. Köln 1977.

Jansen, Christian/Mergel, Thomas: Die Revolutionen von 1848/49. Erfahrungen – Verarbeitungen – Deutungen. Göttingen 1998.

Jesse, Martina/Michalka, Wolfgang (Bearbeiter): »Für Freiheit und Fortschritt gab ich alles hin.« Robert Blum (1807–1848) – Visionär, Demokrat, Revolutionär. (Offizieller Katalog der Blum-Ausstellung). Berlin 2006

Jessen, Hans (Hrsg.): Die deutsche Revolution 1848/49 in Augenzeugenberichten. Düsseldorf 1968.

Langewiesche, Dieter (Hrsg.): Demokratiebewegungen und Revolution 1847 bis 1849. Internationale Aspekte und europäische Verbindungen. Karlsruhe 1998.

Liebknecht, Wilhelm: Robert Blum und seine Zeit. 1888.

Nipperdey, Thomas: Deutsche Geschichte 1800–1866. Bürgerwelt und starker Staat. München 1987.

Reichel, Peter: Robert Blum – Ein deutscher Revolutionär 1807–1848. Göttingen 2007.

Schmidt, Siegfried: Robert Blum – Vom Leipziger Liberalen zum Märtyrer der deutschen Demokratie. Weimar 1971.

Siemann, Wolfram: Die Deutsche Revolution von 1848/49. Darmstadt 1997.

Speck, Ulrich: 1848. Chronik einer deutschen Revolution. Frankfurt am Main/Leipzig 1998.

Stadelmann, Rudolf: Soziale und politische Geschichte der Revolution von 1848. München 1970.

Valentin, Veit: Geschichte der deutschen Revolution 1848/49. Köln/Berlin, Neudruck 1977.

Wehler, Hans-Ulrich: Deutsche Gesellschaftsgeschichte. Bd. 2: Von der Reformära bis zur industriellen und politischen »Deutschen Doppelrevolution« 1815–1845/49. München 1996.

Zerback, Ralf: Robert Blum. Eine Biografie. Leipzig 2007.

## Bismarck und das Deutsche Reich

Guido Knopp/Ricarda Schlosshan

Engelberg, Waltraut: Das private Leben der Bismarcks. Berlin 1999.

Förster, Stig/Pöhlmann, Markus/ Walter, Dierk: Schlachten der Weltgeschichte – Von Salamis bis Sinai. München 2001.

Gall, Lothar: Bismarck – Der weiße Revolutionär. Frankfurt/Main 1980.

Ders./Jürgens, Karl-Heinz: Bismarck – Lebensbilder. Bergisch Gladbach 1990.

Ders. (Hrsg.): Otto von Bismarck und Wilhelm II. – Repräsentanten eines Epochenwandels? Paderborn 2001.

Heidenreich, Bernd/Kraus, Hans-Christof/Kroll, Frank-Lothar: Bismarck und die Deutschen. Berlin 2005.

Kolb, Eberhard: Der Kriegsausbruch 1870 – Politische Entscheidungsprozesse und Verantwortlichkeiten in der Julikrise 1870. Göttingen 1970.

Ders. (Hrsg.): Europa vor dem Krieg von 1870. Mächtekonstellation, Konfliktfelder, Kriegsausbruch. München 1987.

Krockow, Christian Graf von: Bismarck – Eine Biographie. Stuttgart 1997.

Mommsen, Wolfgang J.: Das Ringen um den nationalen Staat. Die Gründung und der innere Ausbau des Deutschen Reiches unter Otto von Bismarck 1850–1890. Berlin 1993.

Nipperdey, Thomas: Deutsche Geschichte 1866–1918. 2 Bände, München 1990–1992.

Pflanze, Otto: Bismarck – Der Reichsgründer. München 1997.

Ders.: Bismarck – Der Reichskanzler. München 1998.

Rall, Hans: König Ludwig II. und Bismarcks Ringen um Bayern. München 1973.

Scherer, Friedrich: Adler und Halbmond – Bismarck und der Orient 1880–1890. Paderborn 2001.

Schmidt, Rainer F.: Bismarck – Eine Biographie. München 2006.

Schoeps, Julius H.: Bismarck und sein Attentäter. Frankfurt/Main 1984.

Schulze, Hagen: Der Weg zum Nationalstaat. Die deutsche Nationalbewegung vom 18. Jahrhundert bis zur Reichsgründung. München 1985.

Schwarzmüller, Theo: Otto von Bismarck. München 1998.

Stürmer, Michael: Das ruhelose Reich. Deutschland 1866–1918. Berlin 1983.

Wetzel, David: Duell der Giganten. Bismarck, Napoleon III. und die Ursachen des Deutsch-Französischen Krieges 1870–1871. Paderborn 2005.

## Wilhelm und die Welt

Guido Knopp/Friedrich Scherer

Afflerbach, Holger: Kaiser Wilhelm II. als Oberster Kriegsherr im Ersten Weltkrieg. Quellen aus der militärischen Umgebung des Kaisers 1914–1918. München 2005.

Cowles, Virginia: Wilhelm der Kaiser. Frankfurt/Main 1963.

Dähnhardt, Dirk: Revolution in Kiel. Neumünster 1984.

Deutsches Historisches Museum (Hrsg.): Der letzte Kaiser Wilhelm II. im Exil. München 1991.

Domann, Peter: Sozialdemokratie und Kaisertum unter Wilhelm II. Wiesbaden 1974, S. 16.

Gall, Lothar: Krupp – Der Aufstieg eines Industrieimperiums. Berlin 2000.

Gellinek, Christian: Philipp Scheidemann – Eine biographische Skizze. Köln/Weimar/Wien 1994.

Groener, Wilhelm: Lebenserinnerungen, Göttingen 1957.

Hull, Isabel v.: The Entourage of Kaiser Wilhelm II. 1888–1918. Cambridge 1982.

Krockow, Christian von: Kaiser Wilhelm II. und seine Zeit – Biographie einer Epoche. Berlin 1999.

Kroll, Frank-Lothar (Hrsg.): Preußens Herrscher – Von den ersten Hohenzollern bis Wilhelm II. München 2000.

Mann, Golo: Wilhelm II. München 1964.

Mommsen, Wolfgang J.: War der Kaiser an allem schuld? Wihelm II. und die preußisch-deutschen Machteliten. München 2002.

Neitzel, Sönke: Blut und Eisen – Deutschland im Ersten Weltkrieg. Zürich 2003.

Ders.: Kriegsausbruch – Deutschlands Weg in die Katastrophe 1900–1914. Zürich 2002.

Rahn, Werner: »Die Kaiserliche Marine und der Erste Weltkrieg«. In: Huck, Stephan (Hrsg.): Ringelnatz als Mariner im Krieg 1914–1918. Bochum 2003.

Röhl, John C. G.: Wilhelm II. – Die Jugend des Kaisers 1859–1888. München 1993.

Ders.: Wilhelm II. – Der Aufbau der Persönlichen Monarchie 1888–1900. München 2001.

Ders.: Wilhelm II. – Der Weg in den Abgrund 1900–1941. München 2008.

Ders. (Hrsg.): Der Ort Kaiser Wilhelms II. in der deutschen Geschichte. München 1991.

Scheidemann, Philipp: Memoiren eines Sozialdemokraten. Dresden 1928.

Schulze, Hagen: Weimar – Deutschland 1917–1933. Siedler Deutsche Geschichte. München 2004.

Stürmer, Michael: Das ruhelose Reich – Deutschland 1866–1918. Siedler Deutsche Geschichte. München 2004.

Zedlitz-Trützschler, Graf Robert: Zwölf Jahre am deutschen Kaiserhof. Stuttgart 1923.

# Register

## Personen-, Orts- und Sachregister

*Kursive* Seitenangaben verweisen auf Abbildungen

### Personenregister

#### A



#### B

## L

## T



## U



## V



## W



## Y



## Z

# Orts- und Sachregister

## A



## B

## L

## T



## U

## V



## W



## Z

# Abbildungsnachweis

## Die Deutschen

### Titelei, Impressumseite, Vorwort

Bildredaktion: Dietlinde Orendi

AKG, Berlin: 3 li., 3 r., 6, 7, 8, 9

BPK, Berlin: 11

Ullstein Bild, Berlin: 1, 3 Mi., 10

### Otto und das Reich

Bildredaktion: Dietlinde Orendi

Toni Albrecht, Garmisch-Partenkirchen (www. archai.de): 37

AKG Images, Berlin: 26 (Schuetze/Rodemann), 17, 25, 28, 34, 44 u., 45, 46

BPK, Berlin: 36, 41, 47

Bridgeman, Berlin: 33

Andreas Herrmann, Aachen: 23

Herzog August Bibliothek, Wolfenbüttel: 51 (Cod. Geulf 74.3.Aug 2°, pag.226)

Interfoto, München: 18

Picture Alliance, Frankfurt: 30

Universität Jena: 19 (THULB. Thüringer Universitätsbibliothek. Friedrich Schiller Universität Jena/MS.Bos.q.6_Bl.78)

Ullstein Bild, Berlin: 20 (Imagno), 21 (Stary), 22 (Archiv Gerstenberg), 50 o. (Imagebroker.net)

Commons.Wikimedia.org: 44 o. (Foto Public domain)

Wikipedia: 39 (Wiener Schatzkammer, Foto Free documentation),

Werke:
Seite 17: Cambridge, Corpus Christi College Ms 373, fol. 42 v. in: Anonyme Kaiserchronik für Kaiser Heinrich V., um 1112/14 in: Otto der Große, Magdeburg und Europa, Katalogband zur Ausstellung in Magdeburg 2001, Hrsg.: Ministerium für Wirtschaft und Arbeit des Landes Sachsen-Anhalt , Magdeburg, 2002
Seite 31, 38 : Universitätsbibliothek Leiden MS. Peritz.F 17 in: Otto der Große, Magdeburg und Europa, Katalogband zur Ausstellung in Magdeburg 2001, Hrsg.: Ministerium für Wirtschaft und Arbeit des Landes Sachsen-Anhalt , Magdeburg, 2002, S. 218 f.
Seite 50 u.: Biblioteca Apostolica Vaticana, Rom, in: HRR Essays, Bd. 1, S. 114

## Heinrich IV. und der Papst

Bildredaktion: Tanja Nerger
AKG Images, Berlin: 53, 57, 62, 77, 78, 82, 83, 85 (N.N.), 67 (Schadach), 72 (Erich Lessing), 74 (Alfons Rath);
BPK, Berlin: 56, 86 (SBB);
Historisches Museum der Pfalz, Speyer (2008): 63 li., 63 re.;
Interfoto, München: 58 (Sammlung Rauch);
Picture-Desk, London, UK: 54 (The Art Archive/ Biblioteca Comunale Palermo/Dagli Orti);
Thüringer Universitäts- und Landesbibliothek, Jena: 68 (Ms.Bos.q.6, Bl.79r);
Ullstein Bild, Berlin: 76 (Granger Collection);
Universitäts- und Landesbibliothek Darmstadt: 59 (aus Hs 945, fol. 1v)
Wikipedia: 71 (gemeinfrei), 73 (Michail Jungierek/GNU-Free-Documentation License), 87 (Rennix/gemeinfrei)

## Barbarossa und das Kaisertum

Bildredaktion: Dietlinde Orendi
AKG Images, Berlin: 120 (British Library), 89, 90, 95, 98r., 98 li., 90, 95, 98, 100, 102, 122, 124
BPK, Berlin: 112 (Galleria d'Arte Moderna, Palazzo Pitti, Florenz / Scala), 111
Bayerische Staatsbibliothek, München: 101 (Clm 19411, fol. 24v.)
Bridgeman, Berlin: 97 (Musee Conde, Chantilly, France / Giraudon/ The Bridgeman Art Library), 113 (Palazzo Ducale, Venice, Italy, Cameraphoto Arte Venezia / The Bridgeman Art Library)
Corbis, Düsseldorf: 99 (Vanni Archive),
Herzog August Bibliothek, Wolfenbüttel: 105
Interfoto, München: 121 (Mary Evans Picture Library)
Mauritius Images, Mittenwald: 108 (Marth)
Picture Alliance, Frankfurt: 115 (dpa/ Beatrice Lux)
Superbild, München: 109 (Bernd Ducke)
Wikimedia / Archäologisches Zentrum Werla / Samtgemeinde Schladen: 117
Wikimedia commons: 93 (Public Domain), 118 (Miniatur aus der Welfenchronik (Kloster Weingarten, 1179-1191). Heute Landesbibliothek Fulda), 123 (Schedel´sche Weltchronik)
http://www.alaturka.info/tuerkische-riviera/staedte-und-orte/silifke.html: Seite 125

Werke:
Seite 104: Aus: Christian Väterlein, Hrsg., Die Zeit der Staufer. Katalog zur Ausstellung, Württembergisches Landesmuseum Stuttgart, 1977, Bd. 2, Abb.Nr. 697 (Berlin DDR, Staatliche Mussen, Kupferstichkabinett und Sammlung der Zeichnungen, Slg.d.Z. Nr. 65)

## Luther und die Nation

Bildredaktion: Sabine Kestler

AKG, Berlin: 128, 133, 134, 135, 136, 137, 140, 142, 143 u., 144, 147, 148, 149, 151, 152, 153, 154, 157, 159, 161, 163, 169; Bayerische Staatsbibliothek, München: 158; bpk, Berlin: 129, 138, 165, 172; Corbis, Düsseldorf: 141; Interfoto: 143 o., 145 (Bildarchiv Hansmann), 155, 166 (Sammlung Rauch), 170 (Thomas Höfler); Peter Palm, München: 171; Ullstein Bild, Berlin: 127 (Roger Viollet), 164, 167, 168

## Wallenstein und der Krieg

Bildredaktion: Tanja Nerger

AKG Images, Berlin: 173, 174, 175, 176, 177, 180, 183 o., 189, 190, 191, 192, 194 u., 195, 199, 205, 208, 209 o., 209 u., 213 (N.N.), 194 o. (Schütze/Rodemann), 201 (Erich Lessing), 204 (Sotheby´s);

Archiv der Universität Wien: 187 (Lamormaini);

Arthotek, Weilheim: 206 (Blauel/Gnamm);

BPK, Berlin: 179, 181 (N.N.), 196 u. (Dietmar Katz);

Germanisches Nationalmuseum, Nürnberg: 193 (HB 535);

Interfoto, München: 183 u. (Zeit Bild), 185 (Mary Evans Picture Library), 196 o. (Sammlung Rauch);

Landeshauptarchiv Sachsen-Anhalt, Magdeburg: 186 (Landeshauptarchiv Sachsen-Anhalt , Abteilung Magdeburg, U 1 Erzstift Magdeburg, XV Allgemeine Reichs- und Kreisangelegenheiten Nr. 117/LHASA, MD, U 1, XV Nr. 117);

Ullstein Bild, Berlin: 178 (Imago), 182, 212 (Archiv Gerstenberg), 188, 197, 202 (N.N.)

Die Abbildung auf Seite 203 stammt aus: Lahrkamp.

## Preußens Friedrich und die Kaiserin

Bildredaktion: Christa Jaeger

AKG Images, Berlin: 218 r., 220, 222, 223 li., 226, 228, 229 o., 240, 243, 244, 250 u., 251, 254,

Artothek, Weilheim: 238 (Bayer & Mitko)

BPK, Berlin: 215 (Stiftung Preußische Schlösser und Gärten/Jörg P. Anders), 227 li. (Hermann Burresch, 227 r., 241 (Eigentum des Hauses Hohenzollern), 248 (Dietmar Katz), 253 u. (Kupferstichkabinett, SMB/Jörg P. Anders), 223 r. (Hamburger Kunsthalle/Elke Walford), 218 li., 221, 239, 242 u., 246, 250 o., 252

Imagno, Wien: 245 (Schloss Schönbrunn Kultur- und Betriebsges. m.b.H.)

Ullstein Bild, Berlin: 225 (Imagno), 237 (Archiv Gerstenberg), 255 (Kraft), 224, 229 u.

Wikipedia: 242 o. (Stahlstich von G. Heisinger)

Zentralinstitut für Kunstgeschichte, München: 235

Werke:

Seite 253 o.: Faksimile aus: Hohenzollern Jahrbuch 15. Jhg., 1911 (GstA, PK, Bibliothek 14 A 10)

## Napoleon und die Deutschen

Bildredaktion: Elisabeth Franz

AKG Images, Berlin: 257, 258, 262, 269, 276, 277, 279 o., 281, 287, 288, 289, 290, 291, 297, 298 o.

BPK, Berlin: 272 (Stiftung Preußische Schlösser und Gärten), 286, 299
Interfoto, München: 292 (Sammlung Rauch)
KPA, Köln: 261 (Content Mine)
Ullstein Bild, Berlin: 263 (Abraham Pisarek), 264, 266 (Imagno), 267 (AISA), 268 (Imagno), 270 (Archiv Gerstenberg), 273 (Archiv Gerstenberg), 274 (Archiv Gerstenberg), 275 (Roger Viollet), 279 u. (Imagno), 280 (Archiv Gerstenberg), 282, 283 (Archiv Gerstenberg), 285, 295 (Archiv Gerstenberg), 296 (Kanus), 298 u. (Roger Viollet)

## Robert Blum und die Revolution

Bildredaktion: Elisabeth Franz
AKG Images, Berlin: 302, 306, 307, 309, 312 u., 313, 316, 317, 326, 334
Artothek, Weilheim: 308 (Joachim Blauel),
BPK, Berlin 319 (Dietmar Kalz)
Deutsches Historisches Museum, Berlin: 314 u. (199/33)
Frankfurter Sammlung Polkin: 323 o.
Graphische Sammlung Albertina, Wien 332 (Inv. Nr. Bd. V, Mp. 28, Tbl. 193)
Historisches Museum, Frankfurt: 321 u., 330
Historisches Museum, Wien: 315 (72937)
Interfoto, München: 301
Sammlung Heil, Stadtarchiv Butzbach: 335 (Inv. Nr.: Mp 1, Bl. 54, 08)
Ullstein Bild, Berlin: 303, 310, 311, 312 o., 314 o., 320 (Archiv Gerstenberg), 321 o. (Archiv Gerstenberg), 323 u., 324, 325, 329 (The Granger Collection), 337
Wikipedia: 333 (gemeinfrei)

## Bismarck und das Deutsche Reich

Bildredaktion: Annette Mayer
AKG Images, Berlin: 339, 341, 342, 343, 346 r., 347, 350, 352, 357, 360, 373
BPK, Berlin: 344, 363 u., 365 (N.N.), 375 (Stiftung Preußische Schlösser und Gärten)
Imagno, Wien: 372 (Austrian Archives)
Interfoto, München: 346 l., 351, 371, 376 (Sammlung Rauch), 363 o. (Illustrated London News/ Mary Evans Picture Library)
Ullstein Bild, Berlin: 348, 364 (Archiv Gerstenberg), 349 (Imagno), 359 (adoc-photos), 361, 367, 368, 369, 370 (Bayer AG), 374 (N.N.)

## Wilhelm und die Welt

Bildredaktion: Dietlinde Orendi
AKG Images, Berlin: 383, 385, 390, 391, 392, 398 (Otto Haeckel), 402, 406, 409, 411 u., 413,
BA, Koblenz Bild 183-R43302: 382 li.
Bayerische Staatsbibliothek, München: 412 o. (Archiv Hoffmann)
BPK, Berlin: 377, 381, 389, 394 u. (W. Niederastroth), 401, 403,
Corbis, Düsseldorf: 382 r. , 394 o. (Hulton-Deutsch Collection), 400 (Bettmann)
Imagno, Wien: 378,
Interfoto, München: 384, 399 o.,
Ullstein Bild, Berlin: 412 u. (Archiv Gerstenberg), 408 (Imagno), 380, 387, 395, 396, 397, 399 u., 405, 407, 408, 411 o., 414
www.koepenickia.de: 404